EUROPA-FACHBUCHREIHE
für elektrotechnische Berufe

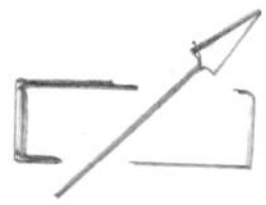

Elektrotechnik
Grundbildung

8. überarbeitete und erweiterte Auflage

Bearbeitet von Lehrern an beruflichen Schulen und von Ingenieuren
(siehe Rückseite)

Lektorat: Klaus Tkotz

VERLAG EUROPA-LEHRMITTEL · Nourney, Vollmer GmbH & Co. KG
Düsselberger Straße 23 · 42781 Haan-Gruiten

Europa-Nr.: 3141X

Autoren der Grundbildung Elektrotechnik:

Bastian, Peter	Kirchheim-Teck
Bumiller, Horst	Freudenstadt
Burgmaier, Monika	Stuttgart
Eichler, Walter	Kaiserslautern
Käppel, Thomas	Münchberg
Klee, Werner	Mehlingen
Kober, Karsten	Kaiserslautern
Manderla, Jürgen	Berlin
Spielvogel, Otto	Ohmden
Tkotz, Klaus	Kronach
Winter, Ulrich	Kaiserslautern
Ziegler, Klaus	Nordhausen

Lektorat und Leitung des Arbeitskreises:

Klaus Tkotz

Bildbearbeitung:

Zeichenbüro des Verlages Europa-Lehrmittel GmbH & Co. KG, Ostfildern

Das vorliegende Buch wurde auf der **Grundlage der aktuellen amtlichen Rechtschreibregeln** erstellt.

- Windows ist ein eingetragenes Warenzeichen der Microsoft Corporation
- INTEL ist ein eingetragenes Warenzeichen der INTEL Corporation
- Linux ist ein eingetragenes Warenzeichen von Linus Torvalds
- Nachdruck der Box-Shots von Microsoft-Produkten mit freundlicher Erlaubnis der Microsoft Corporation
- Alle anderen Produkte, Warenzeichen, Schriftarten, Firmennamen und Logos sind Eigentum oder eingetragene Warenzeichen ihrer Eigentümer

8. Auflage 2010

Druck 5 4 3 2 1

Alle Drucke derselben Auflage sind parallel einsetzbar, da bis auf die Behebung von Druckfehlern untereinander unverändert.

ISBN 978-3-8085-3148-8

Titelmotiv:
Idee: Klaus Tkotz
Ausführung: braunwerbeagentur, 42477 Radevormwald

http://www.europa-lehrmittel.de
Satz: Satz+Layout Werkstatt Kluth GmbH, 50374 Erftstadt
Druck: Triltsch Print und digitale Medien GmbH, 97199 Ochsenfurt-Hohestadt

Wegweiser zur Grundbildung Elektrotechnik

Kapitelnummer und Symbole

Allgemeines

Elektrotechnik

Inhaltsverzeichnis (Kurzform)

Wichtige Formeln der Elektrotechnik: Seite 276

Infoseiten

Praxistipps (Auswahl)

Liebe Leserin, lieber Leser,

die Grundbildung Elektrotechnik dient der Aus- und Weiterbildung im Berufsfeld Elektrotechnik. Sie wendet sich an alle, die in diesem Berufsfeld tätig sind.

Aufbau des Buches

- Das Buch ist fachsystematisch aufgebaut und fördert das selbstgesteuerte Lernen.
- Sie finden Erklärungen und Darstellung wichtiger Gesetze und Formeln der Elektrotechnik.
- Wiederholungsseiten festigen und vertiefen Ihr erworbenes Wissen.
- Praxistippseiten unterstützen Ihre berufliche Tätigkeit.
- Ein Infoteil am Buchende unterstützt Ihre handlungsorientierte und praxisnahe Ausbildung.

In dem Gesamtband Fachkunde Elektrotechnik finden Sie auf einer DVD fast alle Bilder, Tabellen und Infoseiten dieses Buches.

Auf einen Blick

Das folgende Mind-Map-Bild zeigt wichtige Informationen im Überblick.

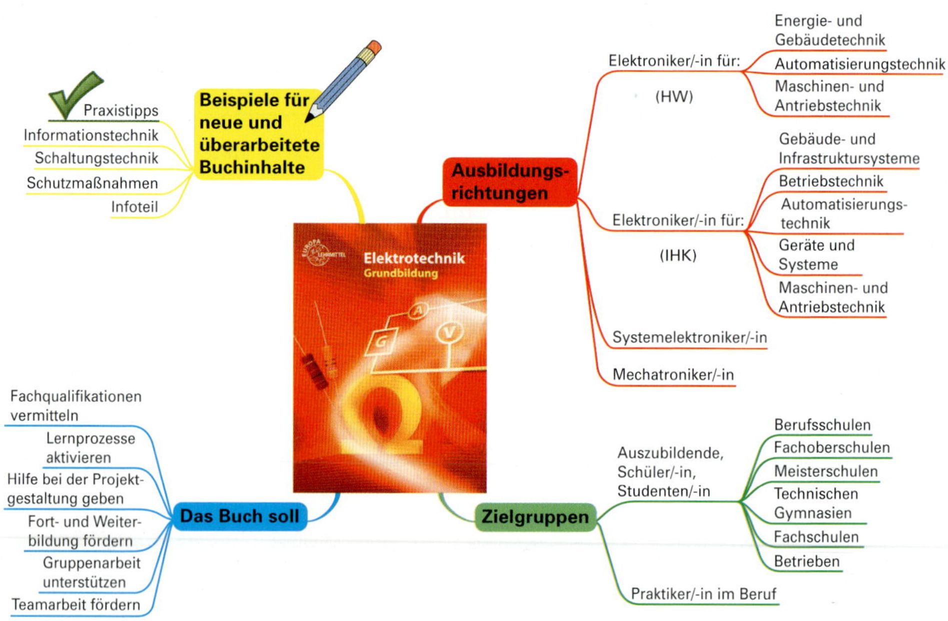

Ihre Meinung zu diesem Buch ist uns wichtig. Deshalb möchten wir Ihre Kritik, Ihre Ratschläge, aber auch Ihr Lob erfahren.
Schreiben Sie uns unter: info@europa-lehrmittel.de

Die Autoren und der Verlag Europa-Lehrmittel wünschen Ihnen viel Erfolg.

Sommer 2010

Information zur Abschlussprüfung in den Elektroberufen in Handwerk und Industrie

Die Prüfung wird grundsätzlich in zwei Teilen abgelegt (Tabelle).

Tabelle: Prüfungsteile und deren Gewichtung

	Prüfung Teil 1	Prüfung Teil 2
Wann?	Im 4. Halbjahr (nach 1 1/2 bis 2 Jahren)	Ende 7. Halbjahr (nach 3 1/2 Jahren)
Welche Inhalte?	Lernfelder 1 bis 6	Lernfelder 7 bis 13
Welche Prüfungsteile?	• Komplexe Arbeitsaufgabe mit begleitenden situativen Gesprächsphasen • Schriftliche Aufgabenstellung zu der komplexen Arbeitsaufgabe	• Systementwurf • Funktion- und Systemanalyse • Wirtschafts- und Sozialkunde • Arbeitsaufgabe und Fachgespräch
Welche Gewichtung?	40 %	60 %

Lernfelder zur Grundstufe Elektrotechnik (gekürzte Darstellung)

Folgende Beispiele dienen als Anregung. Sie können je nach Bundesland variieren.

Inhaltsverzeichnis

Entwicklung Technik – Elektrotechnik

1450
Buchdruck

1800
Dampfmaschine

1850
Fotografie
Eisenbahn
Telegrafie

Grammofon

1900
Kraftfahrzeug
Elektrizitätsversorgung
Flugzeug

1950
Transistor
Radio, Fernsehen,
Taschenrechner

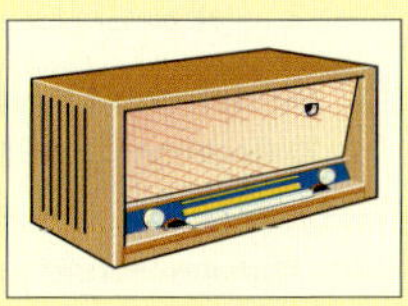

Walkman

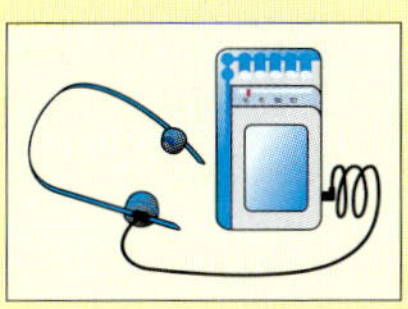

2000
Mikroelektronik
Computer
Internet
Handy

1672	Otto von Guericke untersucht die Reibungselektrizität.
1729	Stephen Gray unterteilt die Stoffe in Leiter und Nichtleiter.
1752	Benjamin Franklin erfindet den Blitzableiter.
1791	Luigi Galvani entdeckt „Kräfte der Elektrizität“ bei seinen Versuchen mit Froschschenkeln.
1800	Alessandro Volta bildet aus Silber- und Zinkscheiben eine „galvanische Säule“.
1820	Hans Christian Oersted entdeckt den Elektromagnetismus.
1820	André Marie Ampère findet das Prinzip des Elektromagneten.
1826	Georg Simon Ohm veröffentlicht das nach ihm benannte Gesetz.
1831	Michael Faraday entdeckt die elektromagnetische Induktion.
1834	Faraday findet die Grundgesetze der Elektrolyse.
1854	Heinrich Göbel konstruiert die erste Glühlampe.
1864	James Clerk Maxwell berechnet das elektromagnetische Feld.
1866	Werner von Siemens entdeckt das elektrodynamische Prinzip.
1880	Thomas Alpha Edison führt sein Beleuchtungssystem mit Kohlenfadenlampen ein.
1882	Lucien Gaulard und John Dixon Gibbs bauen den ersten Transformator.
1885	Galileo Ferraris gelingt die Erzeugung des Drehfelds.
1887	Michael von Dolivo-Dobrowolsky entwickelt das Drehstromsystem.
1888	Heinrich Hertz weist die Ausbreitungsgesetze elektromagnetischer Wellen nach.
1898	Carl Auer von Welsbach baut eine Glühlampe mit Osmium als Metallfaden.
1903	Cooper-Howitt konstruiert den gesteuerten Quecksilberdampf-Gleichrichter.
1911	Heike Kammerlingh Onnes entdeckt die Supraleitung.
1938	Robert Pohl und Rudolf Hilsch führen einen Dreielektrodenkristall vor.
1939	Walter Schottky erklärt die Funktion der Halbleiter-Metall-Randschicht.
1942	Die Firma Bell entwickelt Halbleiterdioden für Radardetektoren.
1947	J. Bardeen, W. Brattain und W. Shockley erfinden den Germanium-Punktkontakt-Transistor.
1948	William Shockley entwickelt den Germanium-Flächentransistor.
1951	Heinrich Welker entdeckt die III-V-Halbleiter.
1954	Die Firma Texas Instruments entwickelt den ersten Silicium-Transistor.
1958	Jack Kelby erfindet die integrierte Schaltung.
1959	Die Firma Fairchild baut die Planartechnologie aus.
1970	Ted Hoff entwickelt in der Firma Intel den Mikroprozessor.
1980	IBM baut supraleitende Schaltelemente aus Niob.
1985	Klaus v. Klitzing entdeckt den nach ihm benannten von Klitzing-Effekt (Quanten-Hall-Effekt)
1985	Die Integration von einer Million Schaltungselementen gelingt auf einem einzigen Chip.
1986	Die Energiesparlampe kommt auf den Markt.
1986	Herstellung der ersten 1-Megabyte-Chips.
1988	Inbetriebnahme der größten Fotovoltaikanlage Europas bei Kobern-Gondorf.
1990	Internet wird geschaffen.
1991	Die Lithium-Ionen-Batterie wird durch die Firma Sony präsentiert.
1992	Die Firma Sony bringt die Minidisc auf den Markt.
1993	Erster www-Browser „Mosaic“ wird an der Universität Illinois entwickelt.
1995	Betriebssystem „Windows 95“ der Firma Microsoft erscheint.
2000	Ausstieg aus der Nutzung der Kernenergie wird beschlossen.
2009	Betriebssystem „Windows 7“ der Firma Microsoft erscheint.

1 Arbeitssicherheit und Gesundheitsschutz

1.1 Sicherheit und Gesundheitsschutz am Arbeitsplatz

Elektrounfälle lassen sich meist auf **technische Mängel,** z. B. fehlende Schutzabdeckungen oder fehlerhafte Isolation, zurückführen. Auch **organisatorische Mängel,** z. B. fehlende oder ungenügende Arbeitsanweisungen, und **persönliche Fehler,** z. B. Fehlhandlungen, führen zu Unfällen. Die **persönliche Schutzausrüstung** am Arbeitsplatz ist von großer Bedeutung als Schutz vor Verletzung und Erkrankung. Persönliche Schutzausrüstung ist alles, was den Körper gegen schädigende Einflüsse schützt, z. B. Schutzkleidung oder Schutzhelm.

Schutzvorrichtungen und erklärende Hinweisschilder, z. B. das Hinweisschild zur Sicherheit am Arbeitsplatz **(Bild),** darf man nicht entfernen.

Die **Betriebssicherheitsverordnung (BetrSichV) (Übersicht)** beinhaltet Vorschriften für die Bereitstellung und die Benutzung von Arbeitsmitteln.

Arbeitsschutzgesetz (ArbSchG). Dieses Gesetz dient dazu, Sicherheit und Gesundheitsschutz der Beschäftigten bei der Arbeit durch Maßnahmen des Arbeitsschutzes zu sichern und zu verbessern.

Der Arbeitgeber ist verantwortlich für Sicherheit und Gesundheitsschutz im Betrieb. Mit der Durchführung einer gesetzlich vorgeschriebenen **Gefährdungsbeurteilung (Seite 14)** muss er die konkreten Gefährdungen der Arbeitsmittel und Anlagen sowie der Arbeitsbedingungen für die Beschäftigten und die Umwelt erfassen und beurteilen. Gefährdungen müssen durch geeignete Maßnahmen minimiert oder beseitigt werden.

Unfallverhütungsvorschriften (UVV) verpflichten die Arbeitgeber, Maßnahmen zur Verhütung von Arbeitsunfällen, Berufskrankheiten und arbeitsbedingten Gesundheitsgefahren sowie für eine wirksame erste Hilfe zu treffen. Die Berufsgenossenschaften bezeichnen die von ihnen erlassenen UVV als **Berufsgenossenschaftliche Vorschriften für Sicherheit und Gesundheit bei der Arbeit (BGV).**

Übersicht: Gesetze und Vorschriften (Beispiele)

- DIN-VDE-Vorschriften
- Betriebssicherheitsverordnung (BetrSichV)
- Arbeitsschutzgesetz (ArbSchG)
- Unfallverhütungsvorschriften (UVV)
- Berufsgenossenschaftliche Vorschriften (BGV)
  z. B. – BGV A1 Grundsätze der Prävention
  – BGV A2 Betriebsärzte und Fachkräfte für Arbeitssicherheit
  – BGV A3 Elektrische Anlagen und Betriebsmittel
  – BGV A4 Arbeitsmedizinische Vorsorge
  – BGV A8 Sicherheits- und Gesundheitsschutzkennzeichnung
- Geräte- und Produktsicherheitsgesetz (GPSG)
- Gefahrstoffverordnung (GefStoffV)

Bild: Hinweisschild zur Sicherheit am Arbeitsplatz

1.2 Geräte- und Produktsicherheitsgesetz

Das **Geräte- und Produktsicherheitsgesetz (GPSG)** gilt für das Inverkehrbringen und Ausstellen von Produkten. Als Inverkehrbringen versteht man jedes Überlassen eines Produktes, gleich, ob neu, gebraucht, wiederaufgearbeitet oder wesentlich verändert, an andere. Ausstellen meint hier das Aufstellen oder Vorführen von Produkten zur Werbung.

Technische Arbeitsmittel und Verbraucherprodukte

- **Technische Arbeitsmittel,** z. B. Werkzeuge, sind verwendungsfertige Arbeitseinrichtungen, die bestimmungsgemäß ausschließlich bei der Arbeit verwendet werden, deren Zubehörteile sowie Schutzausrüstungen.
- **Verbraucherprodukte,** z. B. Elektrohausgeräte, sind Gebrauchsgegenstände und sonstige Produkte, die entweder für Verbraucher bestimmt sind oder unter vernünftigerweise vorhersehbaren Bedingungen von Verbrauchern benutzt werden.

Produkte, die innerhalb der europäischen Union auf den Markt gelangen, müssen den Sicherheitsanforderungen der EG-Richtlinien genügen. Als Zeichen der Übereinstimmung tragen diese Produkte das **CE[1]-Zeichen (Bild 1a).** Der Hersteller erklärt damit die Übereinstimmung (Konformität) des Produktes mit den grundlegenden Anforderungen und bringt selbst die CE-Kennzeichnung am Produkt an.

Mit dem Anbringen der CE-Kennzeichnung bestätigt der Hersteller, dass das Produkt den geltenden europäischen Richtlinien entspricht.

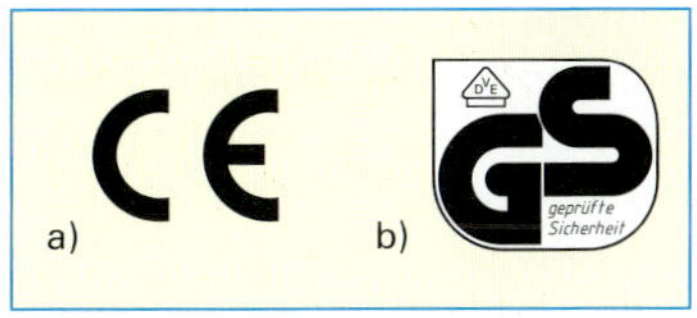

Bild 1: CE- und GS-Zeichen

www.bmas.de

Neben dem CE-Zeichen können technische Arbeitsmittel und Gebrauchsgegenstände das **GS-Zeichen (Bild 1b)** für **geprüfte Sicherheit** erhalten. Das GS-Zeichen beruht auf dem Geräte- und Produktsicherheitsgesetz. Hersteller können ihre Erzeugnisse freiwillig bei Prüfstellen, die vom Bundesministerium für Arbeit und Sozialordnung (BMAS) benannt sind, z. B. TÜV[2] und VDE[3], prüfen lassen.

Geräte mit dem GS-Zeichen garantieren die sicherheitsgerechte Ausführung des Gerätes. Die Anbringung dieses Zeichens ist nur nach einer Prüfung durch die Prüfstellen erlaubt.

Tabelle: Gefahrensymbole

Symbol	Kennbuchstabe	Gefahrenbezeichnug
	E	Explosionsgefährlich
	O	Brandfördernd
	F F +	Leicht entzündlich Hoch entzündlich
	N	Umweltgefährlich
	T T +	Giftig Sehr giftig
	C	Ätzend
	Xi Xn	Reizend Gesundheitsschädlich

1.3 Gefahrstoffverordnung

Die **Gefahrstoffverordnung (GefStoffV)** gilt für das Inverkehrbringen von Stoffen, Zubereitungen und Erzeugnissen. Weiterhin zum Schutz der Beschäftigten und anderer Personen vor Gefährdungen ihrer Gesundheit und Sicherheit durch Gefahrstoffe und zum Schutz der Umwelt vor stoffbedingten Schädigungen. Insbesondere sind gefährliche Stoffe und Zubereitungen ordnungsgemäß zu verpacken und zu kennzeichnen. Auf der Verpackung gefährlicher Stoffe und Zubereitungen müssen die in **Bild 2** gelb unterlegten Angaben vorhanden sein. Der Anwender kann daraus Hinweise auf Gefahren und für den sicheren Umgang entnehmen.

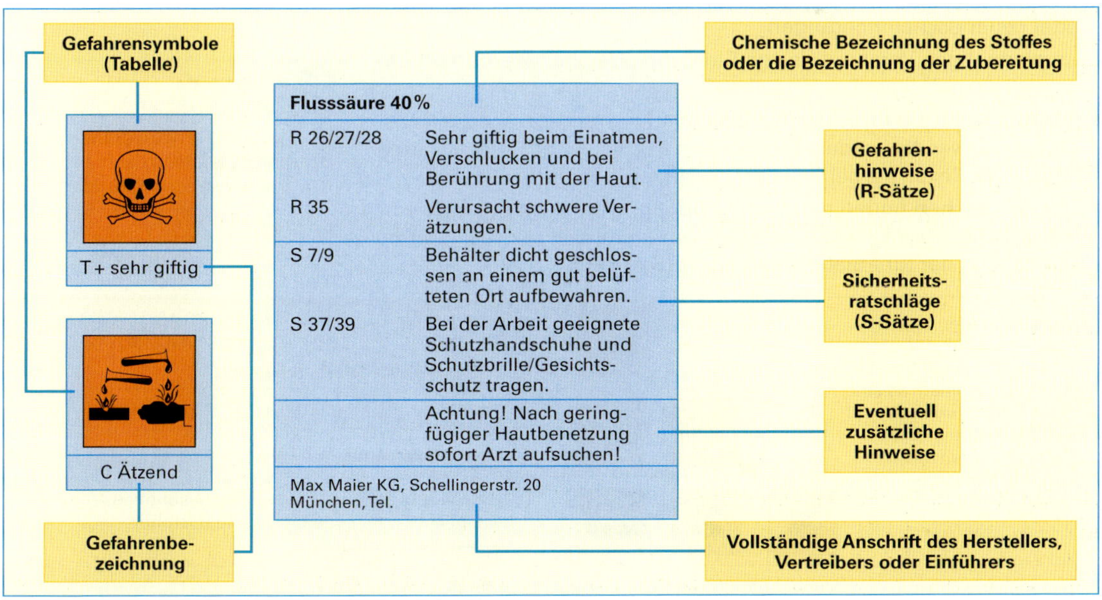

Bild 2: Beispiel für die Kennzeichnung eines gefährlichen Stoffes

[1] CE, Abk. für: Communauté Européenne (franz.) = Europäische Gemeinschaft
[2] TÜV, Abk. für Technischer Überwachungsverein
[3] VDE, Abk. für Verband der Elektrotechnik Elektronik Informationstechnik e.V.

Grundlage für die Tätigkeit mit Gefahrstoffen im Unternehmen ist die **Gefährdungsbeurteilung**. Bei der Gefährdungsbeurteilung sind Gefährdungen durch physikalisch-chemische Eigenschaften, insbesondere Brand- und Explosionsgefahren, toxische Eigenschaften sowie sonstige Gefährdungen zu unterscheiden und zu beurteilen.

Aufgrund der Gefährdungsbeurteilung werden Tätigkeiten mit Gefahrstoffen einer der vier Schutzstufen **(Bild 2)** zugeordnet.

1.4 Sicherheitszeichen

Das Vorschriftenwerk der Berufsgenossenschaften (BGV A8) enthält die Unfallverhütungsvorschrift (UVV) **„Sicherheits- und Gesundheitsschutzkennzeichnung am Arbeitsplatz"**. In der UVV werden die Unternehmen verpflichtet, an allen Arbeitsplätzen durch **Sicherheitszeichen (Hintere Umschlaginnenseite)** auf Gefahren und auf vorhandene Sicherheitseinrichtungen hinzuweisen. Dazu gehört ebenso das Aufzeigen von Verboten. Jede Sicherheitskennzeichnung soll schnell und unmissverständlich die Aufmerksamkeit auf Gegenstände und Sachverhalte lenken, die Gefahren verursachen können.

Sicherheitszeichen ermöglichen allein durch die Kombination von **Form** und **Sicherheitsfarbe** eine Aussage darüber, ob es sich dabei um Verbots-, Gebots-, Warn-, Rettungs- oder Brandschutzzeichen handelt **(Tabelle)**. Zusätzlich haben Sicherheitszeichen noch ein entsprechendes **Bildsymbol**.

- **Verbotszeichen** untersagen ein Verhalten, durch das eine Gefahr entstehen kann, z. B. nicht schalten **(Bild 1)**.
- **Gebotszeichen** schreiben ein bestimmtes Verhalten vor, z. B. Schutzhelm benutzen.
- **Warnzeichen** warnen vor Risiken oder Gefahren, z. B. Warnung vor Laserstrahl.
- **Rettungszeichen** kennzeichnen Rettungswege oder Notausgänge oder den Weg zu einer Erste-Hilfe-Einrichtung.
- **Brandschutzzeichen** kennzeichnen die Standorte von Feuermelde- oder Feuerlöscheinrichtungen.

Zum eindeutigen Verständnis von Sicherheitszeichen werden oft Zusatzzeichen und Hinweiszeichen benötigt.

- **Zusatzzeichen (Bild 1)** dürfen nur in Verbindung mit einem Sicherheitszeichen verwendet werden. Sie erläutern das Sicherheitszeichen durch Worte oder Texte, die bei Bedarf mehrsprachig auszuführen sind.
- **Hinweiszeichen** finden dann Verwendung, wenn sich der Sachverhalt nicht durch ein Sicherheitszeichen ausdrücken lässt, z. B. die Darstellung der fünf Sicherheitsregeln **(Seite 208)**.

Tabelle: Sicherheitszeichen Form und Farbe

Geometrische Form / Sicherheitsfarbe	○	△	□ ▭
ROT	Verbot	—	Material und Einrichtungen zur Brandbekämpfung
GELB	—	Warnung Vorsicht!	—
GRÜN	—	—	Rettung Erste Hilfe
BLAU	Gebot	—	Hinweis

Bild 1: Verbotszeichen mit Zusatzzeichen

KMR_F-Stoffe

K: krebserzeugend
M: mutagen (erbgutverändernd)
R_F: reproduktionstoxisch (fruchtbarkeitsgefährdend)

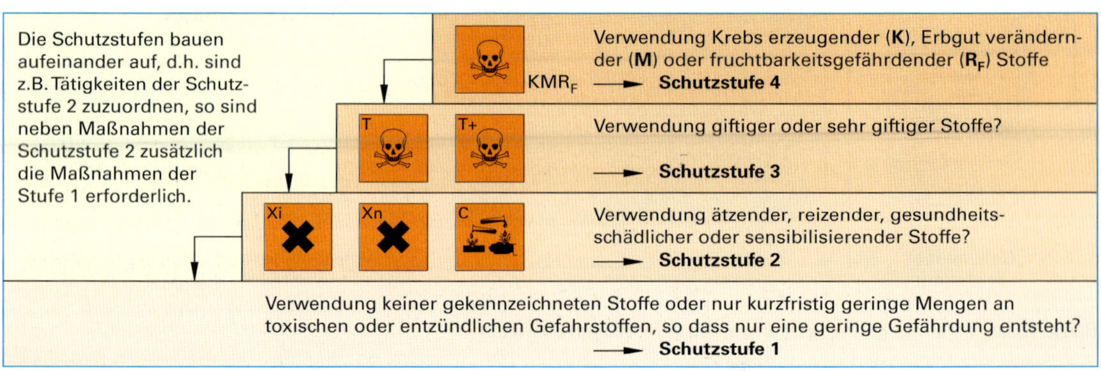

Bild 2: Zuordnung zu den Schutzstufen

1.5 Erste Hilfe

Notruf 112

- **Wo** geschah der Unfall?
- **Was** geschah?
- **Wie** viele Verletzte?
- **Welche** Verletzungen?
- **Warten** auf Rückfragen der Rettungsleitstelle! Niemals das Gespräch selbst beenden.

Unter Erster Hilfe versteht man Hilfeleistungen vor Ort, bevor der Verletzte oder Kranke ärztlich versorgt wird.

Häufig hängt das Leben eines Verletzten davon ab, dass möglichst rasch und noch am Unfallort **Erste Hilfe (Bild 2)** geleistet wird. Dies gilt besonders für Unfälle durch den elektrischen Strom. Jede Elektrofachkraft muss daher die wichtigsten Regeln für Erste Hilfe kennen und anwenden können. In Betrieben ausgehängte Hinweistafeln informieren u. a. über Maßnahmen zur Ersten Hilfe.

Bei Unfällen durch elektrischen Strom ist auf Selbstschutz zu achten und der über den Menschen fließende Strom muss unterbrochen werden.

In **Niederspannungsanlagen** (übliche Spannung im Haushalt und Gewerbe 230/400 V bis maximal 1000 V) erfolgt eine Unterbrechung des Stromkreises z. B. durch Ausschalten, Ziehen des Steckers oder Herausnehmen der Sicherung. Kann der Stromkreis nicht unterbrochen werden, so ist der Verunglückte durch einen nichtleitenden Gegenstand, z. B. eine Isolierstange, von den unter Spannung stehenden Teilen zu trennen.

Bild 1: Warnung vor gefährlicher elektrischer Spannung

In **Hochspannungsanlagen** (über 1000 V, durch Warnschild mit Blitzpfeil gekennzeichnete Anlagen, **Bild 1**) ist sofort der Notruf zu veranlassen und Fachpersonal zu verständigen. Die Rettung aus Hochspannungsanlagen erfolgt nur durch Fachpersonal. Der Stromkreis darf nur von einer Elektrofachkraft mit Schaltberechtigung abgeschaltet werden.

Bei **unbekannter Spannung** ist ebenso wie bei Hochspannung ein Sicherheitsabstand von mindestens 5 m zu halten. Es sind die gleichen Maßnahmen zu ergreifen wie bei Hochspannung.

Bevor weitere Maßnahmen zur Ersten Hilfe **(Bild 2)** eingeleitet werden, ist eventuell durch Notruf ärztliche Hilfe herbeizurufen. Der Verletzte sollte aber möglichst nicht allein gelassen werden.

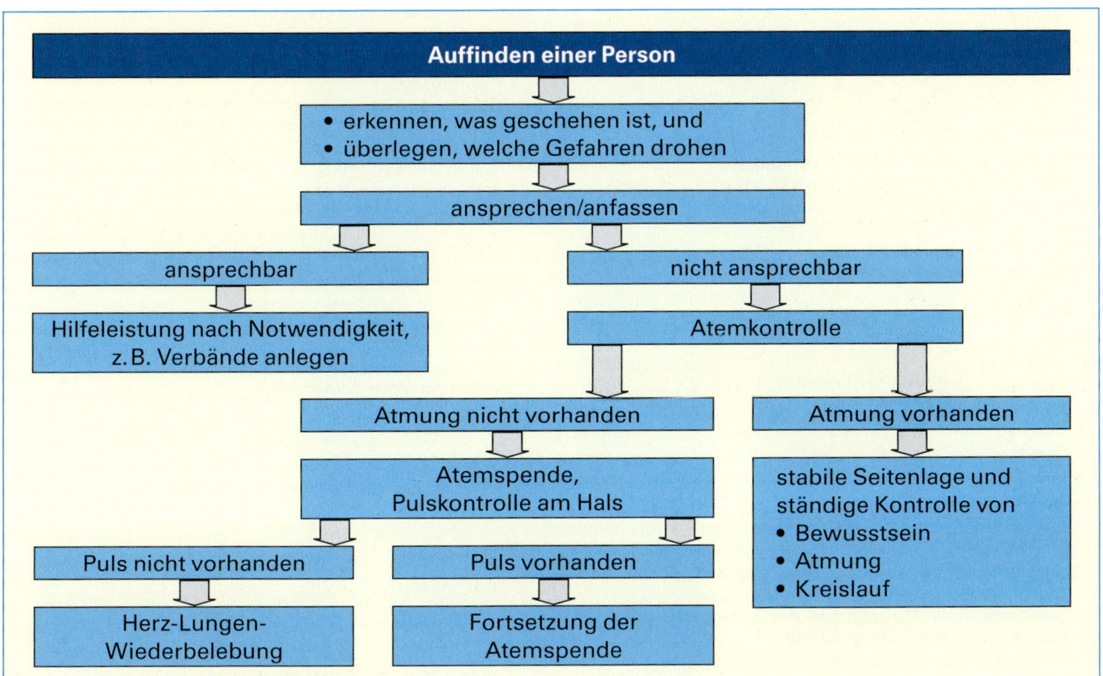

Bild 2: Maßnahmen zur Ersten Hilfe

Praxistipp: Gefährdungsbeurteilung (Nächster Praxistipp: Seite 139)

Handlungsanleitung zur Durchführung einer Gefährdungsbeurteilung

Jede Tätigkeit ist mit Unfall- und Gesundheitsrisiken verbunden. Damit die Risiken möglichst gering gehalten werden, **muss** nach dem Arbeitsschutzgesetz (ArbSchG) in Betrieben eine Gefährdungsbeurteilung durchgeführt werden.

Erfassen der Betriebsorganisation

Strukturierung des Betriebs in zu erfassende Arbeitsbereiche, z. B. Verwaltung, Werkstatt, Lager und Tätigkeiten

Welche Tätigkeiten werden ausgeführt?

→

Erfassen der Sicherheitsorganisation des Betriebs

Z. B. Organisation der Ersten Hilfe, Umgang mit Gefahrstoffen, Sicherheitsbeauftragte ...

↓

Erfassen und Ermitteln möglicher Gefährdungen und Belastungen

Gefährdungen bzw. Belastungen können z. B. unterteilt werden in
- **Mechanische Gefährdungen**, z. B. Stolpern, Rutschen, Stürzen ...
- **Elektrische Gefährdungen**, z. B. elektrische Körperdurchströmung infolge defekter Geräte
- **Gefährdung durch Gefahrstoffe**, z. B. Einatmen oder Verschlucken giftiger Stoffe
- **Biologische Gefährdung**, z. B. Infektionsgefahr durch Mikroorganismen
- **Physikalische Gefährdungen**, z. B. Einwirkungen von Lärm, Vibrationen, Strahlung
- **Gefährdungen durch physische Belastung**, z. B. schwere körperliche Arbeit
- **Gefährdungen durch Mängel der Sicherheitsorganisation**, z. B. mangelnde Regelung zur Ersten Hilfe, Kennzeichnung von Fluchtwegen, persönliche Schutzausrüstung, Unterweisungen, Betriebsanweisungen.

Was kann zu einer Gefährdung führen?

↓

Beurteilung der Gefährdungen

Beurteilung darüber, wie sich die ermittelten Gefährdungen auf die Gesundheit der Arbeitnehmer auswirken können.

Sind Sicherheit und Gesundheit der Arbeitnehmer gefährdet?

↓

Vorhandene Maßnahmen ausreichend?

nein →

Festlegen und Durchführen von Maßnahmen

Maßnahmen sind nach den allgemeinen Grundsätzen des ArbSchG festzulegen.

Daraus ergibt sich die Rangfolge technisch, organisatorisch und persönlich (TOP) der festzulegenden Schutzmaßnahmen.

- **Technische Schutzmaßnahmen**, z. B. Absauganlagen, Positionsschalter.
- **Organisatorische Schutzmaßnahmen**, z. B. Organisation der Ersten Hilfe, Unterweisung, Arbeitsmedizin, Hygiene.
- **Persönliche Schutzmaßnahmen**, z. B. persönliche Schutzausrüstung (Schutzbrille, Handschuhe), kommen erst zum Einsatz, wenn technische Maßnahmen die Beschäftigten nicht schützen können.

Wer macht Was bis Wann?

ja ↓

Getroffene Maßnahmen auf Wirksamkeit überprüfen!

Maßnahmen nicht wirksam → Festlegen und Durchführen von Maßnahmen

Maßnahmen wirksam ↓

Dokumentation

Die Dokumentation umfasst nach § 6 des ArbSchG:
- Das Ergebnis der Gefährdungsbeurteilung.
- Die festgelegten Maßnahmen des Arbeitsschutzes.
- Das Ergebnis ihrer Überprüfung.
- Unfälle im Betrieb, bei denen ein Beschäftigter getötet oder so verletzt wird, dass er stirbt oder für mehr als drei Tage völlig oder teilweise arbeits- oder dienstunfähig wird.

1. **a)** Auf welche Mängel bzw. Fehler lassen sich Elektrounfälle meist zurückführen? Nennen Sie Beispiele. **b)** Welche Forderungen lassen sich daraus für technische Anlagen ableiten?

2. **a)** Was versteht man unter persönlicher Schutzausrüstung? **b)** Welche Aufgabe erfüllt die persönliche Schutzausrüstung? **c)** Geben Sie Beispiele für die persönliche Schutzausrüstung an.

3. **a)** Zu welchem Zweck wird eine Gefährdungsbeurteilung durchgeführt? **b)** Nennen Sie die Schritte zur praktischen Durchführung einer Gefährdungsbeurteilung.

4. Welche Pflichten ergeben sich aus den Unfallverhütungsvorschriften für die Arbeitgeber?

5. Welche Gesetze bzw. Verordnungen werden durch die folgenden Abkürzungen beschrieben: **a)** BGV, **b)** GefStoffV, **c)** GPSG und **d)** UVV?

6. Welche Bedeutung hat auf Produkten das **a)** CE-Zeichen und **b)** GS-Zeichen?

7. Welche Verordnung dient dem Schutz von Beschäftigten vor einer Gefährdung ihrer Gesundheit durch Gefahrstoffe?

8. Geben Sie die Kennbuchstaben und die Gefahrenbezeichnungen für die in **Bild 1** dargestellten Gefahrensymbole von **a)** bis **g)** an.

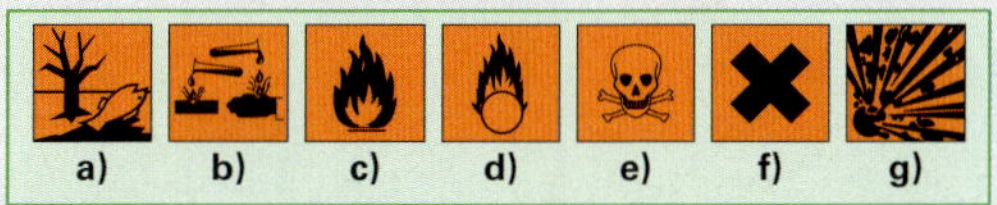

Bild 1: Gefahrensymbole

9. **a)** Welche Angaben müssen auf der Verpackung von gefährlichen Stoffen vorhanden sein? **b)** Was kann der Anwender aus diesen Angaben entnehmen?

10. **a)** Durch welche Beurteilung erfolgt die Zuordnung von Tätigkeiten mit Gefahrstoffen zu den einzelnen Schutzstufen? **b)** Welche Tätigkeiten fallen unter die Schutzstufe 4 der Gefahrstoffverordnung?

11. Welche Pflichten ergeben sich u. a. für die Unternehmen aus der Unfallverhütungsvorschrift „Sicherheits- und Gesundheitsschutzkennzeichnung am Arbeitsplatz"?

12. **a)** Was versteht man nach dem GPSG unter Produkten? **b)** Unter welchen Voraussetzungen dürfen Produkte auf den Markt gebracht werden, und durch welches Zeichen wird dies angegeben?

13. Durch welche zwei Merkmale lassen sich Sicherheitszeichen unterscheiden?

14. Nennen Sie die Sicherheitsfarben **a)** bis **d)** für die in der **Tabelle** angegebenen Sicherheitszeichen.

Tabelle: Form und Sicherheitsfarben von Sicherheitszeichen

Sicherheitsfarbe / Form	a)	b)	c)	d)
◯	Verbot	—	Gebot	—
△	—	—	—	Warnung Vorsicht
□ ▭	Material und Einrichtungen zur Brandbekämpfung	Rettung Erste Hilfe	Hinweis	—

15. **a)** Welche Sicherheitszeichen können unterschieden und **b)** welche Aussagen können durch die jeweiligen Zeichen gemacht werden?

16. Benennen Sie die im **Bild 2** dargestellten Sicherheitszeichen und geben Sie ihre Bedeutung an.

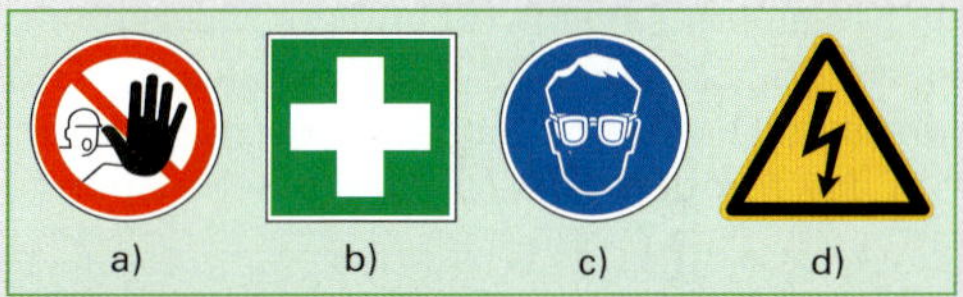

Bild 2: Sicherheitszeichen

17. Warum werden häufig bei Sicherheitszeichen **a)** Zusatzzeichen und **b)** Hinweiszeichen verwendet?

18. Welche Angaben müssen bei einem Notruf unbedingt gemacht werden?

19. Was versteht man unter Erster Hilfe?

20. Welche Sofortmaßnahmen sind bei Unfällen durch den elektrischen Strom zu treffen?

21. Wie kann man einem durch elektrischen Strom Verunglückten helfen, wenn der Stromkreis nicht unterbrochen werden kann?

22. Beschreiben Sie die Maßnahmen der Ersten Hilfe, wenn Sie einen Verletzten auffinden, der **a)** ansprechbar ist oder **b)** nicht ansprechbar ist.

2 Grundbegriffe der Elektrotechnik

2.1 Umgang mit physikalischen Größen

Gesetze und Normen
Das Gesetz über Einheiten im Messwesen schreibt Einheiten und Einheitenzeichen vor. Wichtige Normen sind in der **Übersicht** genannt.

Gleichungen und Formeln
Man unterscheidet
- Zahlenwertgleichungen, z. B. $3x = 8 + x$
- Größengleichungen (Formeln), z. B. $F_G = m \cdot g$

Zahlenwertgleichungen setzen zwei Terme z. B. ($3x$ und $8 + x$) mit Zahlen und Variablen (x) gleich. Die Zahl für die Variable (x), die beide Terme gleichwertig macht ($x = 4$), ist die Lösung der Gleichung.

Größengleichungen (Formeln) bestehen meist aus Variablen. Sie erfassen den mathematischen Zusammenhang zwischen physikalischen Größen.

Einheitenvorsätze
Sehr große oder sehr kleine Größenwerte drückt man mit einem Einheitenvorsatz aus **(Tabelle 1)**. Man schreibt z. B. 5432 **km** statt 5 432 000 **m**.

Physikalische Größen
Messbare Eigenschaften von Körpern oder physikalischen Zuständen nennt man **physikalische Größen,** z. B. Länge, Temperatur, Spannung. Sie bestehen aus einem Zahlenwert und der Maßeinheit, z. B. 3,4 m, 36 °C oder 230 V. Physikalische Größen werden mit Formelzeichen abgekürzt, z. B. l für Länge, T für Temperatur, U für elektrische Spannung.

In der Technik werden nur SI-Einheiten oder davon abgeleitete Einheiten benutzt **(Tabelle 2).**

Kursiv schreibt man nach DIN 1313 und DIN 1338
- Formelzeichen z. B. ***F*** (Kraft), • Variablen, z. B. ***x, y***.

Übersicht: Normen über Größen und Einheiten, Formelzeichen und Gleichungen
- DIN 1301 Einheiten
- DIN 1302 Mathematische Zeichen und Begriffe
- DIN 1304 Formelzeichen
- DIN 1313 Physikalische Größen und Gleichungen
- DIN 1338 Formelschreibweise

Gewichtskraft

Formel — $F_G = m \cdot g$

Maßeinheit der Kraft F — $[F] = \text{kg} \cdot \text{m/s}^2 = \text{N}$ — Einheitenzeichen, Maßeinheit

Formelzeichen — physikalische Größen:
- F_G Gewichtskraft eines Körpers (Gewicht)
- m Masse
- g Erdbeschleunigung (9,81 m/s²)

Beispiel:
Eine Kiste mit Werkzeugen hat die Masse $m = 15$ kg. Berechnen Sie die Gewichtskraft F_G.

Lösung:
$F_G = m \cdot g = 15\ \text{kg} \cdot 9{,}81\ \frac{\text{m}}{\text{s}^2} = \mathbf{147\ N}$

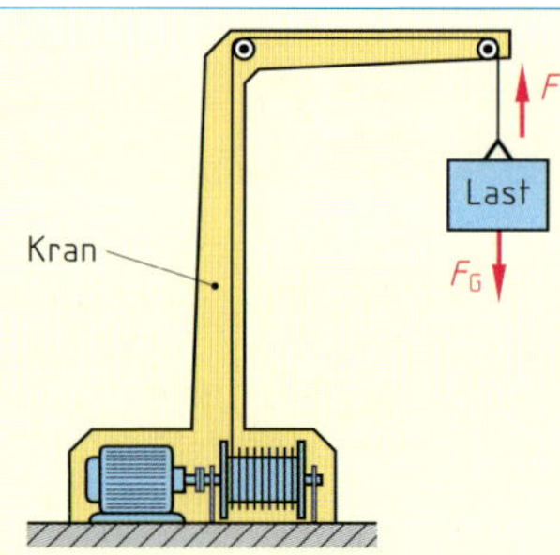

Bild: Kraft auf eine Last am Kran

Masse und Kraft

Den Materiegehalt einer Stoffmenge z. B. von einem Liter Wasser nennt man Masse. Die Masse hat das Formelzeichen m und die Maßeinheit kg. Die Masse ist ortsunabhängig. Auf der Erde wirkt auf jede Masse eine Anziehung. Diese Eigenschaft nennt man Gewichtskraft F_G **(Bild).**

Tabelle 1: Vorsätze für Vielfache und Teile der Einheiten

Vorsatz	Giga	Mega	Kilo	Dezi	Zenti	Milli	Mikro	Nano	Piko
Zeichen	G	M	k	d	c	m	µ	n	p
Faktor	10^9 1 000 000 000	10^6 1 000 000	10^3 1 000	10^{-1} 0,1	10^{-2} 0,01	10^{-3} 0,001	10^{-6} 0,000 001	10^{-9} 0,000 000 001	10^{-12} 0,000 000 000 001

Tabelle 2: SI-Basisgrößen und SI-Basiseinheiten

Basisgröße	Länge	Zeit	Masse	Stromstärke	Temperatur	Stoffmenge	Lichtstärke
Formelzeichen	l	t	m	I	T	n	I_v
Basiseinheit	Meter	Sekunde	Kilogramm	Ampere	Kelvin	Mol	Candela
Einheitenzeichen	m	s	kg	A	K	mol	cd

Mechanische Arbeit

Eine Arbeit wird immer dann verrichtet, wenn ein Körper durch Einwirkung einer Kraft F entlang eines Weges s bewegt wird, z. B. wenn der Kran in **Bild, Seite 16** die Last gegen die Gewichtskraft F_G hochhebt. Dabei müssen die Richtung der Kraft F und die Bewegungsrichtung des Körpers gleich sein. Die Arbeit W[1] wird in der Maßeinheit **Newtonmeter** (Einheitenzeichen Nm) oder mit dem besonderen Einheitennamen **Joule**[2] (Einheitenzeichen J) gemessen.

Energie

Die angehobene Last hat sich äußerlich nicht geändert. Sie hat jedoch beim Anheben Energie gespeichert. Beim Absenken der Last ist sie in der Lage, Arbeit zu verrichten, z. B. einen Generator anzutreiben.

Energie ist das Vermögen, Arbeit zu leisten.

Die Last am Kran kann beim Absenken genauso viel Arbeit verrichten, wie zuvor Arbeit aufgewendet wurde, um die Last anzuheben. Diesen Zusammenhang nennt man **Energieerhaltungssatz.**

Energie kann nicht erzeugt oder verbraucht werden. Energie kann man nur umwandeln.

Die Maßeinheit der Energie ist Newtonmeter (Nm) oder Joule (J), genau wie bei der Arbeit.

Die Energie, die in der angehobenen Last gespeichert ist, heißt **potenzielle Energie W_{pot}** (Lageenergie). Beim Absenken wird sie in Bewegungsenergie (**kinetische Energie W_{kin}**), beim Bremsen meist in **Wärme** umgewandelt. Man unterscheidet außer der **mechanischen Energie** noch andere Energiearten **(Übersicht).**

Beispiel:

Ein Gabelstapler hebt einen Elektromotor mit der Masse $m = 75$ kg den Weg $s = 1{,}2$ m hoch **(Bild).** Berechnen Sie
a) die Gewichtskraft des Elektromotors, **b)** die Arbeit, die zum Anheben nötig ist.

Lösung:

a) $F_G = m \cdot g = 75\ \text{kg} \cdot 9{,}81\ \frac{\text{m}}{\text{s}^2} = \mathbf{736\ N}$; **b)** $W = F \cdot s = 736\ \text{N} \cdot 1{,}2\ \text{m} = \mathbf{883\ Nm}$

Elektrische Energie, **Seite 37**

Mechanische Leistung

Die Leistung des Gabelstaplers ist umso größer, je schwerer die Last ist, die er anhebt, und je kürzer die Zeit ist, die er dafür benötigt. Allgemein gilt: Je größer eine Arbeit ist und je schneller sie verrichtet wird, desto mehr **Leistung P**[3] muss dazu aufgebracht werden. Die Maßeinheit für die Leistung ist Watt[4] (W).

Leistung ist verrichtete Arbeit geteilt durch die benötigte Zeit.

Beispiel:

Der Gabelstapler aus obigem **Beispiel** benötigt zum Anheben der Last 3 s. Berechnen Sie die erforderliche Leistung.

Lösung:

$$P = \frac{W}{t} = \frac{883\ \text{Nm}}{3\ \text{s}} = 294\ \frac{\text{Nm}}{\text{s}} = 294\ \frac{\text{Ws}}{\text{s}} = \mathbf{294\ W}$$

[1] W von work (engl.) = Arbeit, [2] Joule (sprich dschul), engl. Physiker, [3] P von power (engl.) = Leistung
[4] nach James Watt, engl. Physiker 1736–1819

Arbeit und Energie

$W = F \cdot s$ $\quad [W] = \text{Nm}$
$W_{pot} = m \cdot g \cdot h$

W	Arbeit, Energie
W_{pot}	potenzielle Energie
F	Kraft
s	Weg
m	Masse
g	Erdbeschleunigung (9,81 m/s²)
h	Höhe

Übersicht: Energiearten

- Mechanische Energie
- Kernenergie
- Wärme
- Elektrische Energie
- Lichtenergie
- Chemische Energie

1 Nm = 1 J = 1 Ws

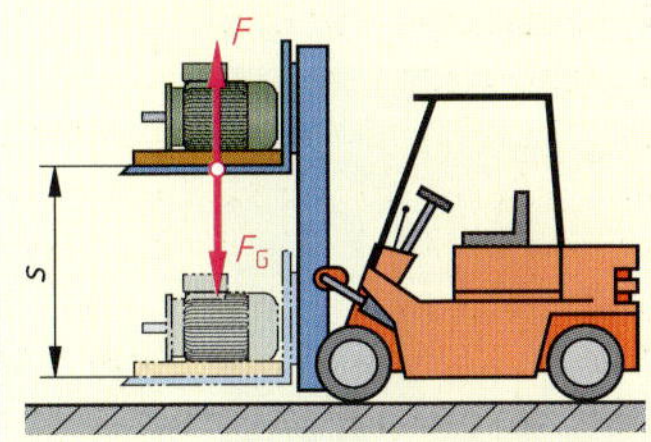

Bild: Verrichten einer Arbeit durch einen Gabelstapler

Leistung

$$P = \frac{W}{t} = \frac{F \cdot s}{t} = F \cdot v$$

$$[P] = \frac{\text{Nm}}{\text{s}} = \frac{\text{Ws}}{\text{s}} = \text{W}$$

P	Leistung	F	Kraft
W	Arbeit	s	Weg
t	Zeit		
v	Geschwindigkeit		

Leistung

- Formelzeichen: P
- Einheitenname: Watt
- Einheitenzeichen: W
- Einheitenvorsätze (Beispiele):
  1 mW = 0,001 W = $1 \cdot 10^{-3}$ W
  1 kW = 1000 W = $1 \cdot 10^{3}$ W
  1 MW = 1 000 000 W = $1 \cdot 10^{6}$ W

2.2 Arten von Stromkreisen

In der Elektrotechnik muss die elektrische Energie sicher und wirtschaftlich bis zum Verbraucher geliefert werden. Dazu benötigt man verschiedene Stromkreise. Man unterscheidet in der Praxis:

- **Gleichstromkreise,**
- **Einphasen-Wechselstromkreise** (vereinfacht **Wechselstromkreise** genannt),
- **Dreiphasen-Wechselstromkreise** (auch **Drehstromkreise** genannt).

Elektrischer Gleichstromkreis (Seite 19)

Betriebsmittel-anschluss	Kenn-zeichnung	Schaltplan
Positiver Pol	+	
Negativer Pol	–	
Leiter-benennung	**Kenn-zeichnung**	
Positiver Leiter	L+	
Negativer Leiter	L–	

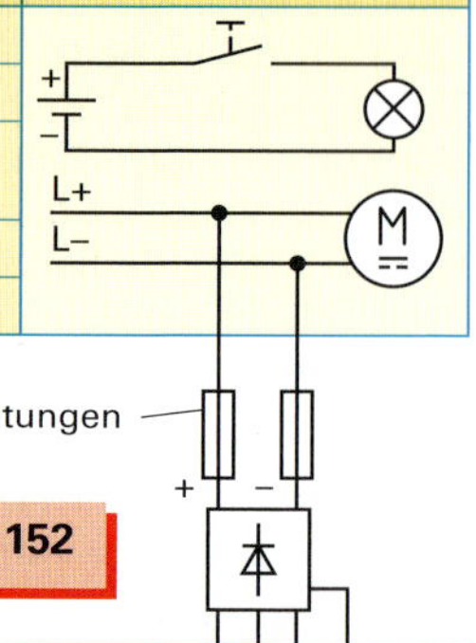

Gleichrichtung, **Seite 152**

Dreiphasen-Wechselstromkreis

Leiter-benennung	Kenn-zeichnung		Schaltplan
Außenleiter 1	L1	———	
Außenleiter 2	L2	———	
Außenleiter 3	L3	———	
Neutralleiter	N		
Schutzleiter	PE		
Neutralleiter mit Schutzfunktion	PEN		

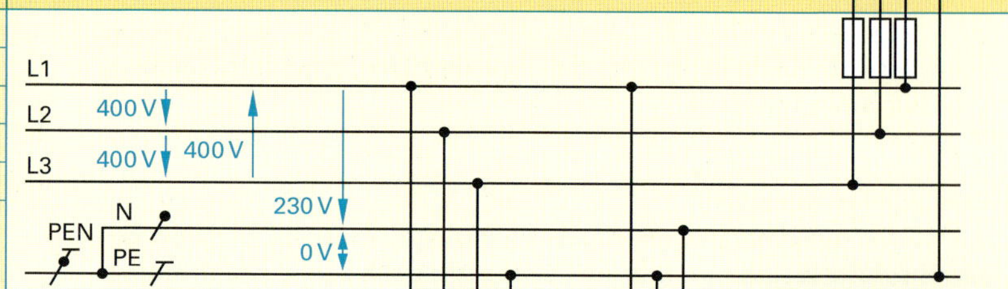

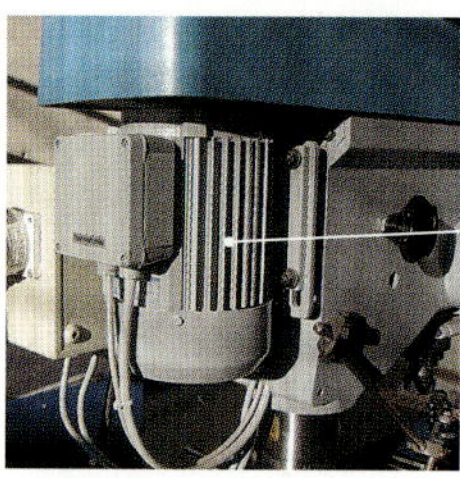

Drehstrommotor

Einphasen-Wechselstromkreis (Seite 110)

Leiter-benennung	Kenn-zeichnung	Schaltplan
Außenleiter	L*	
Neutralleiter	N	
Schutzleiter	PE	

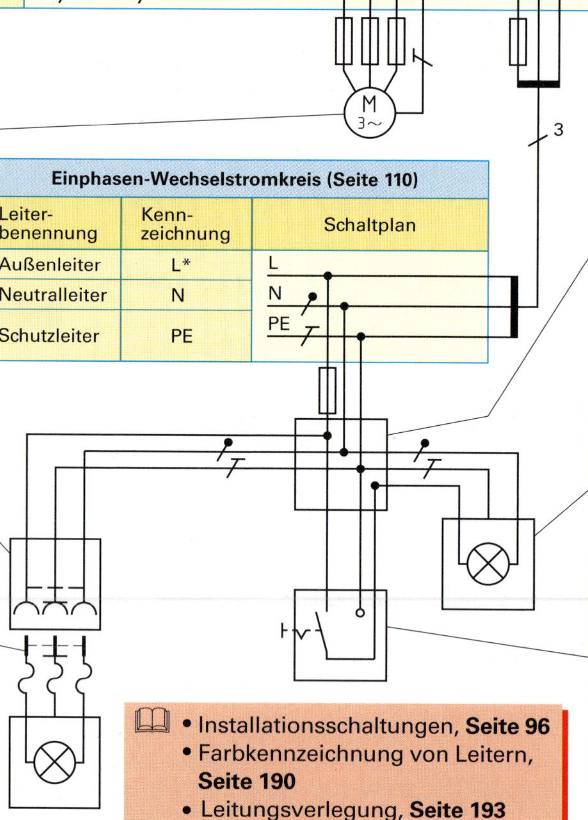

Abzweigdose

Schutzkontaktsteckdose

Leuchte mit Glühlampe

Schutzkontaktstecker

Ausschalter

- Installationsschaltungen, **Seite 96**
- Farbkennzeichnung von Leitern, **Seite 190**
- Leitungsverlegung, **Seite 193**

* Die Zahl nach „L", z. B. L1, L2, L3, wird nur in Stromkreisen mit mehr als einem Außenleiter angegeben.

Elektrischer Gleichstromkreis

Versuch 1: Verbinden Sie durch zwei Kupferdrähte eine Glühlampe für 1,2 V/0,22 A mit den Anschlüssen einer 1,5-V-Batterie, z. B. einer Mignon-AA-Batterie **(Bild 1)**.

Die Lampe leuchtet nur, wenn sie mit den Drähten verbunden ist und diese mit den Polen der Batterie Kontakt haben.

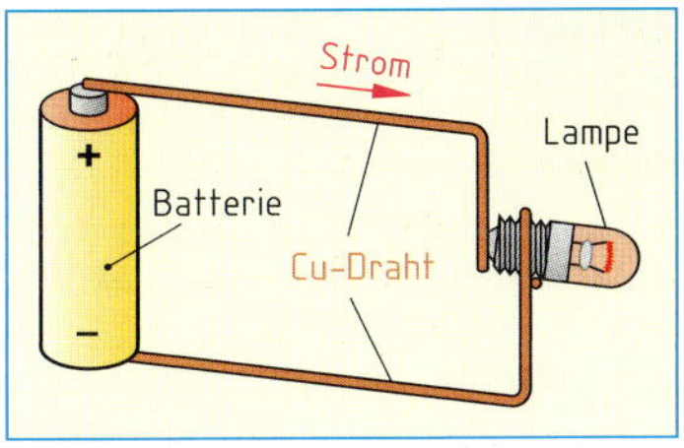

Bild 1: Einfacher Stromkreis

Die Batterie liefert die elektrische Energie, welche die Lampe zum Leuchten bringt. Die Batterie ist im Versuch der **Erzeuger** (nach DIN VDE 0100, Teil 200 auch **Stromquelle** genannt). Die Glühlampe ist das elektrische Verbrauchsmittel oder kurz der Verbraucher. (Für die Begriffe Erzeuger und Verbraucher siehe auch **Seite 37**.)

Die Lampe leuchtet, wenn sie vom **elektrischen Strom** durchflossen wird. Dieser Strom fließt vom Pluspol der Batterie durch den oberen Draht zum Fußkontakt der Lampe, durch den Glühfaden hindurch zum Lampengewinde und durch den unteren Draht zur Batterie zurück **(Bild 1)**. In der Praxis wird diese Schaltung z.B. in einer Taschenlampe verwendet **(Bild 2)**.

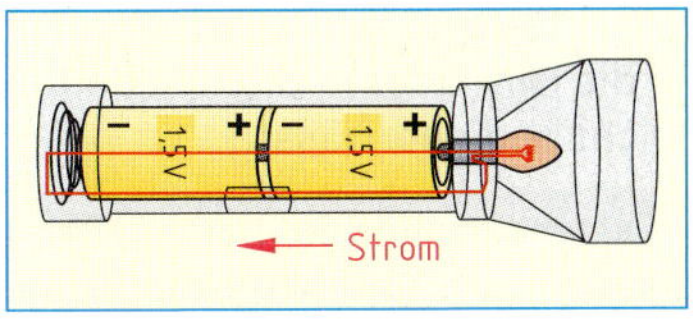

Bild 2: Taschenlampe

Der elektrische Strom fließt vom Erzeuger zum Verbraucher und wieder zurück zum Erzeuger. Diesen geschlossenen Weg nennt man elektrischen **Stromkreis.** Ändert der Strom seine Richtung im Stromkreis nicht, so spricht man von einem Gleichstrom.

- Elektrischer Strom fließt nur im geschlossenen Stromkreis.
- Ein Stromkreis besteht mindestens aus Erzeuger, Verbraucher und aus dem Hin- und Rückleiter.
- Im elektrischen Gleichstromkreis hat der Strom immer die gleiche Richtung. Die Höhe (Amplitude) des Stromes kann sich verändern.

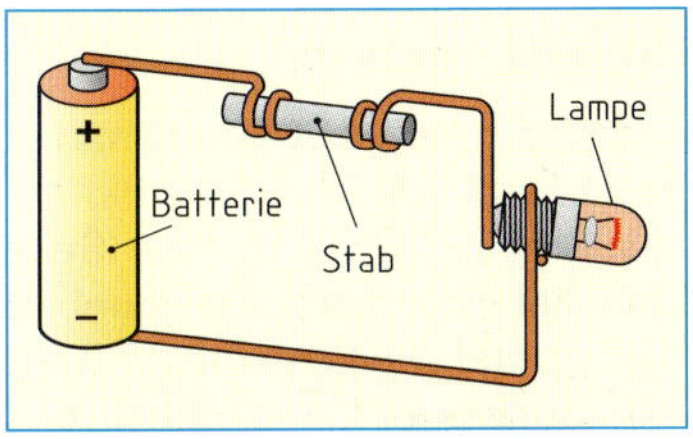

Bild 3: Leiter und Isolierstoffe im Stromkreis

Versuch 2: Fügen Sie in den Stromkreis des letzten Versuchs nacheinander Stäbe aus Kupfer, Aluminium, Stahl, Kohle, Glas, Porzellan und Kunststoff ein **(Bild 3)**.

Nur bei den Metallstäben und beim Kohlestab leuchtet die Lampe (allerdings mit unterschiedlicher Helligkeit).

Metalle leiten den elektrischen Strom gut, Kohle weniger; Glas, Porzellan und Kunststoffe leiten gar nicht.

Versuch 3: Füllen Sie einen Becher aus Glas mit destilliertem Wasser[1] und stecken Sie zwei blanke Kupferdrähte hinein. Verbinden Sie die Drähte mit der 1,5-V-Batterie und der Lampe. Schließen Sie den Stromkreis mit einem dritten Kupferdraht von der Lampe zur Batterie **(Bild 4)**. Geben Sie dann etwas Kochsalz in das Wasser und lösen Sie es durch Umrühren mit einem Glasstab.

Bei destilliertem Wasser bleibt die Lampe dunkel. Nach Auflösen des Salzes leuchtet sie.

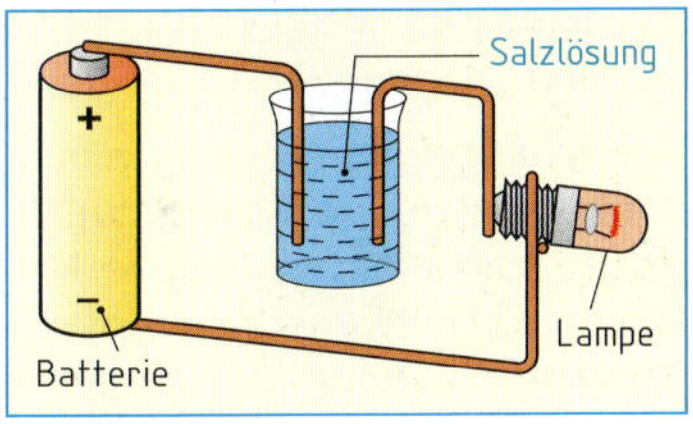

Bild 4: Salzlösung als Leiter

Reines Wasser leitet den elektrischen Strom fast nicht. Die Lösung eines Salzes oder einer Säure ist ebenso wie eine Salzschmelze stromleitend.

Die einzelnen Stoffe leiten also den elektrischen Strom mehr oder weniger gut. Metalle, z. B. Kupfer oder Aluminium, besitzen eine gute Leitfähigkeit. Man verwendet sie als **Leiter.** Stoffe, die den elektrischen Strom nicht leiten, wie Luft, Gummi, Glas, Porzellan oder Kunststoffe, werden als **Isolierstoffe** benutzt; sie bezeichnet man auch als **Nichtleiter.**

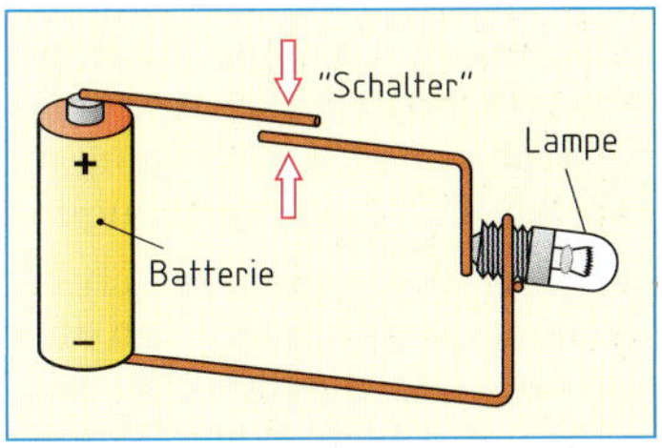

Bild 5: Unterbrechen des Stromkreises

Stoffe, deren elektrische Leitfähigkeit zwischen der von Leitern und von Nichtleitern (Isolierstoffen) liegt, nennt man **Halbleiter (Seite 141)**. Sie werden für Bauelemente der Elektronik verwendet.

Leiter sind alle Metalle, Kohle, feuchte Erde und manche Flüssigkeiten.
Nichtleiter (Isolierstoffe) sind z. B. Luft, Gummi, Glas oder Kunststoffe.
Halbleiter sind z. B. Silicium und Germanium.

[1] Destilliertes Wasser ist Wasser ohne die im normalen Leitungswasser vorkommenden Ionen, Spurenelemente und Verunreinigungen.

Versuch 4: Bauen Sie einen Stromkreis nach **Bild 5, Seite 19,** auf. Drücken Sie die losen Enden der Drähte zusammen und öffnen Sie danach diesen improvisierten Schalter wieder.

Die Lampe leuchtet nur, wenn der Schalter geschlossen ist, wenn also die Drähte Kontakt miteinander haben.

Ein Schalter besteht aus einem beweglichen Metallstück (Schaltstück), das mit festen Leiterwerkstoffen verbunden werden kann. Ein Isolierstoff, meist Luft, trennt in geöffnetem Zustand die Leiterwerkstoffe voneinander. Den Schalter baut man so in die Hin- oder in die Rückleitung ein, dass er sich leicht bedienen lässt.

Durch Schließen bzw. Öffnen des Schalters kann man den Verbraucher ein- bzw. wieder ausschalten.

Schaltzeichen

Schaltzeichen verwendet man zur Darstellung von Betriebsmitteln in Schaltplänen **(Seite 94),** hauptsächlich für Stromlaufpläne **(Seite 95).** Schaltzeichen **(Tabelle)** sind genormte Sinnbilder elektrischer Betriebsmittel wie Erzeuger, Verbraucher, Schalter, Widerstände oder Leiter. Schaltzeichen sollen die elektrischen Eigenschaften der Betriebsmittel zum Ausdruck bringen, über den konstruktiven Aufbau geben sie keine Auskunft. Glühlampen haben z. B. immer das gleiche Schaltzeichen, unabhängig von ihrer Größe, ihrer Leistung oder ihrer Ausführungsform.

Die Schaltzeichen können in beliebiger Lage dargestellt werden, man bevorzugt jedoch die waagerechte oder senkrechte Lage. Mit den Schaltzeichen lassen sich Stromkreise einfach und übersichtlich zeichnen. In einem Schaltplan werden die Schaltzeichen so zusammengestellt, wie die Teile der Stromkreise miteinander verbunden sind **(Bild).** Bei einer Verzweigung der Leiter kann die Verbindung der Leiter durch einen Punkt gekennzeichnet sein. Dieser Punkt darf auch weggelassen werden, wenn dadurch keine Verwechslung möglich ist **(Tabelle),** z. B. bei einer Leiterverzweigung.

Ob die einzelnen Schaltzeichen groß oder klein gezeichnet werden, hängt von der optischen Gesamtwirkung des Schaltbildes ab. Die Funktion der Schaltung muss auf alle Fälle gut erkennbar sein.

Tabelle: Schaltzeichen

Benennung	Bild	Schaltzeichen
Leiter		
Leiterkreuzung (nichtleitend)	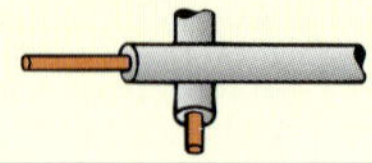	
Leiterverzweigung, einfach	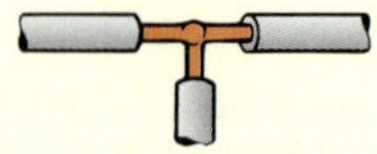	Form 1 Form 2 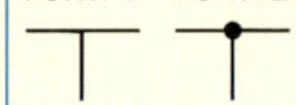
Leiterverzweigung, doppelt	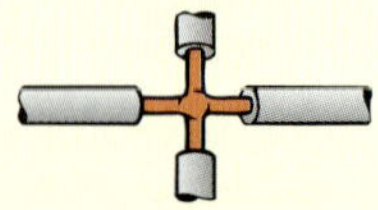	Form 1 Form 2 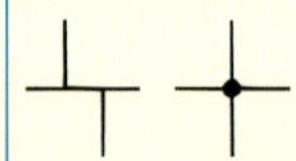
Batterie (Erzeuger)		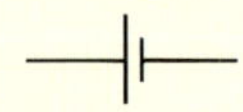
Glühlampe		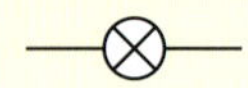
Widerstand		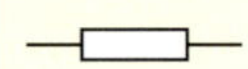
Schalter	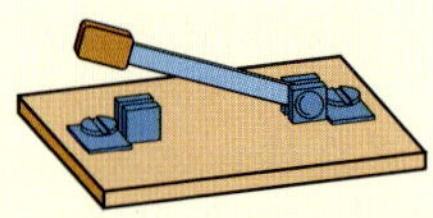	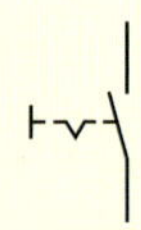

Schaltzeichen (Seite 279) sind nach DIN EN 60617 genormt.
Aus Gründen der Übersichtlichkeit wird bei Leitungsverzweigungen im Buch die Form 2 verwendet.

a) Praktische Darstellung

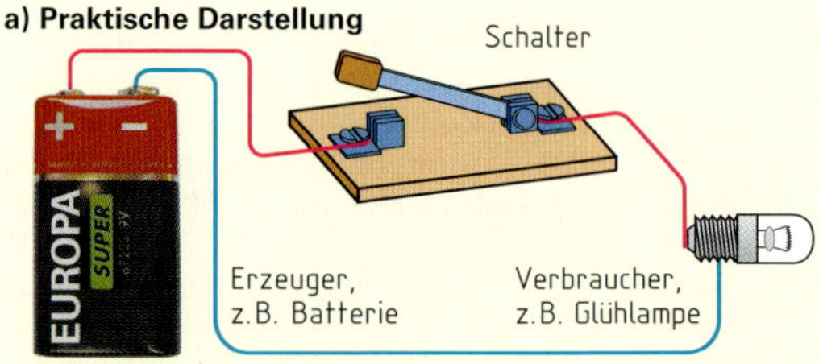

b) Zeichnerische Darstellung

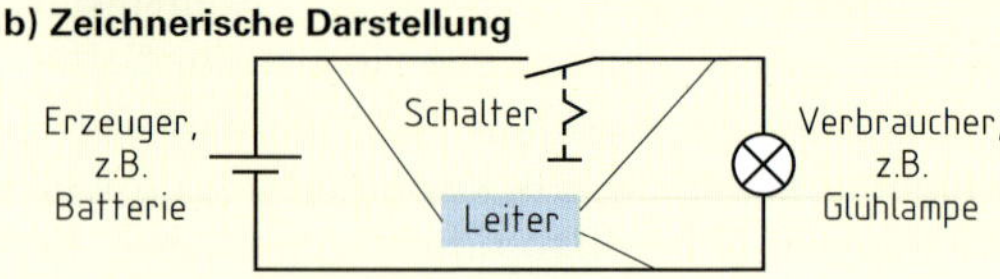

Bild: Schaltplan eines Stromkreises

Wiederholungsfragen

1 **Aus welchen Teilen besteht ein elektrischer Stromkreis?**
2 **Unter welcher Bedingung fließt in einem Stromkreis ein elektrischer Strom?**
3 **In welche Gruppen kann man alle Stoffe nach ihrer elektrischen Leitfähigkeit einteilen?**
4 **Wodurch unterscheiden sich elektrische Leiter von den Isolierstoffen?**
5 **Nennen Sie einige elektrische Leiter.**
6 **Zählen Sie gebräuchliche Isolierstoffe auf.**
7 **Was versteht man unter Schaltzeichen?**
8 **Worauf ist bei der Darstellung der Betriebsmittel eines Schaltplanes zu achten?**
9 **Was versteht man unter der Form 1 und Form 2 bei Schaltzeichen?**

2.3 Elektrische Ladung (Elektrizitätsmenge)

Versuch 1: Reiben Sie einen Stab aus Kunststoff, z. B. aus Polystyrol, mit einem trockenen Wolltuch und halten Sie ihn über Papierschnitzel, die auf einen Tisch gestreut sind **(Bild 1)**.

Der Kunststoffstab zieht die Papierschnitzel an.

Entdeckt wurden diese Kräfte durch den Menschen beim Umgang mit Bernstein. Da Bernstein im Griechischen ηλεκτρον (sprich elektron) heißt, nannte man diesen besonderen Zustand: **elektrisch**. Als Ursache für die Kräfte, die z.B. beim Reiben von Bernstein oder Kunststoff entstehen, hat man die physikalische Größe als **elektrische Ladung Q** festgelegt.

Versuch 2: Reiben Sie einen Polystyrolstab mit dem Wolltuch und hängen Sie ihn an einem dünnen Faden auf **(Bild 2)**. Bringen Sie einen zweiten mit dem Tuch geriebenen Polystyrolstab in seine Nähe.

Der drehbar aufgehängte Stab wird abgestoßen.

Versuch 3: Wiederholen Sie Versuch 2 mit Acrylglasstäben, die ebenfalls mit dem Wolltuch gerieben werden.

Geriebene Acrylglasstäbe stoßen sich ebenfalls ab.

Versuch 4: Reiben sie mit dem Wolltuch einen Polystyrolstab und danach einen Acrylglasstab. Hängen Sie einen der Stäbe drehbar auf und nähern Sie den anderen Stab **(Bild 3)**.

Polystyrolstab und Acrylglasstab ziehen sich an.

Da es abstoßende Kräfte und anziehende Kräfte gibt, musste man auch zwei verschiedene Ladungsarten festlegen. Die eine Ladungsart tritt am geriebenen Polystyrolstab auf und die andere Ladungsart am geriebenen Acrylglasstab. Die beiden entgegengesetzten Ladungen hat man **positive Ladung $+Q$** und **negative Ladung $-Q$** genannt. Zwischen elektrischen Ladungen wirken Kräfte **(Bild 4)**.

- Gleichartige elektrische Ladungen stoßen sich ab.
- Ungleichartige elektrische Ladungen ziehen sich an.
- Die elektrische Ladung hat das Formelzeichen Q.

Um das Wesen der elektrischen Erscheinungen genauer erklären zu können, hat man den Stoffaufbau untersucht. Alle Stoffe sind aus **Atomen**[1] aufgebaut. Die Atome sind so klein (Durchmesser etwa $^1/_{10\,000}$ µm), dass man sie auch unter dem besten Mikroskop nicht sehen kann. Deshalb verwendet man z.B. das bohrsche[2] Atommodell, mit dem man das Verhalten der Atome beschreiben kann.

[1] atomos (griech.) = unteilbar
[2] Niels H. D. Bohr, dän. Physiker, 1885 bis 1962

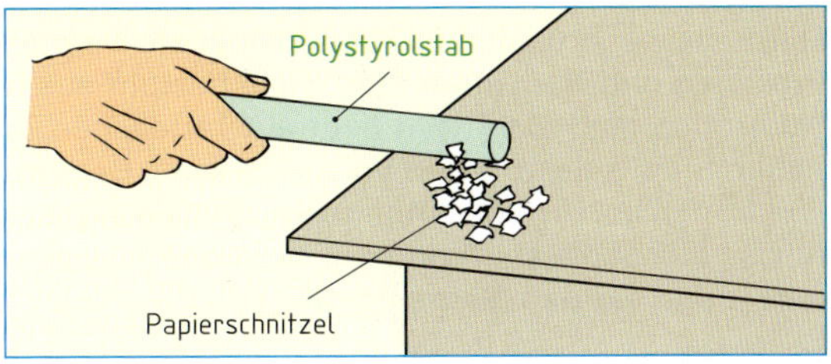

Bild 1: Anziehung durch Reibung

Elektrische Ladung

Elektrische Ladung nennt man die Eigenschaft von Stoffen, die besondere Kräfte (Anziehung oder Abstoßung) hervorrufen können. Die elektrische Ladung ist die Ursache für alle elektrischen Vorgänge.

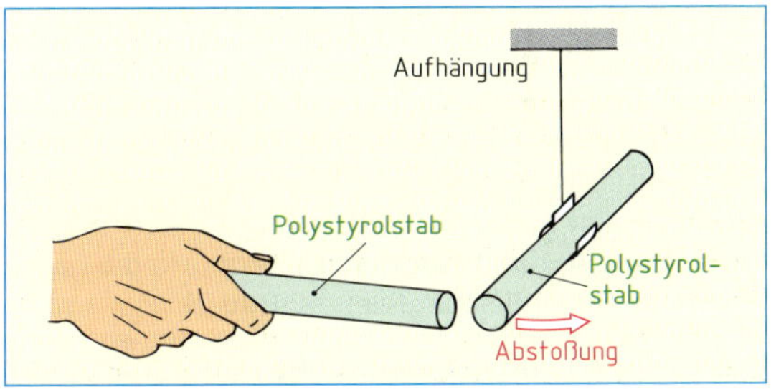

Bild 2: Abstoßung zwischen geriebenen Polystyrolstäben

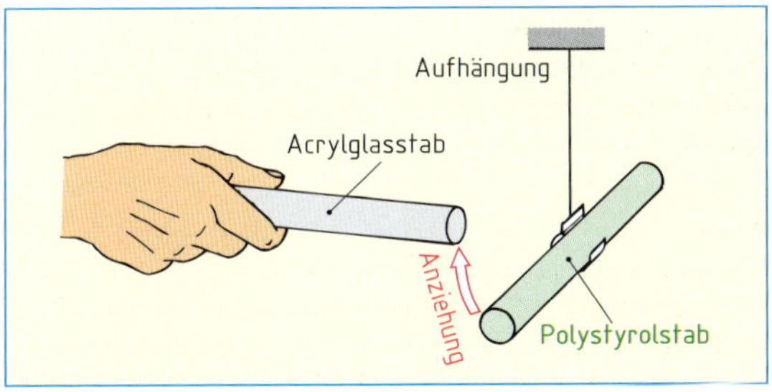

Bild 3: Anziehung von geriebenem Polystyrol- und Acrylglasstab

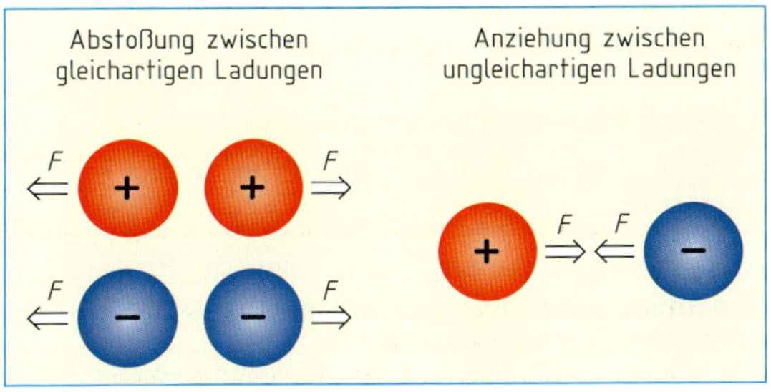

Bild 4: Kraftwirkungen zwischen elektrischen Ladungen

Aufbau der Atome (bohrsches Atommodell)

Ein Atom besteht aus einem Kern und einer Hülle. Der Kern ist im Durchmesser etwa 100 000-mal kleiner als die Hülle. Der Kern enthält **Protonen** und **Neutronen**. Die Hülle besteht aus **Elektronen (Bild 1)**. Neutronen sind elektrisch neutrale Tarteilchen des Atomkerns. Sie haben für die elektrischen Vorgänge keine Bedeutung. Protonen und Elektronen haben eine entgegengesetzte elektrische Ladung und ziehen sich deshalb an. Protonen, Neutronen und Elektronen sind nicht teilbar und werden **Elementarteilchen** genannt.

Protonen sind positiv geladene Elementarteilchen des Atomkerns, Elektronen sind negativ geladene Elementarteilchen der Atomhülle.

Da sich die Elektronen mit großer Geschwindigkeit um den Atomkern bewegen, entsteht eine Fliehkraft. Die Fliehkraft wirkt entgegen der Anziehungskraft zwischen Protonen und Elektronen, sodass die Elektronen nicht zum Kern angezogen werden. Die Neutronen halten den Kern zusammen, wenn sich mehr als ein Proton im Kern befindet. Die Protonen würden sich ohne die Neutronen mit großer Kraft abstoßen.

Die Atomhülle kann man sich aus verschiedenen Schalen (Elektronenbahnen) zusammengesetzt denken. Die Atome, z. B. des Lithiums **(Bild 2)**, des Metalls mit dem einfachsten Atomaufbau, haben in der inneren Schale zwei Elektronen. Die äußere Schale enthält ein Elektron. Der Lithium-Atomkern besteht aus drei Protonen und vier Neutronen. Nach außen wirkt das Atom elektrisch neutral, weil sich die Ladungen der drei Protonen im Kern und die Ladungen der drei Elektronen in der Hülle ausgleichen **(Bild 2)**.

Die Protonen und die Elektronen nennt man **Ladungsträger**. Sie tragen die kleinste elektrische Ladung, die möglich ist. Diese Ladung nennt man **Elementarladung *e* (Tabelle)** mit dem Wert von $1{,}602 \cdot 10^{-19}$ C (Einheit der elektrischen Ladung, Coulomb[1], abgekürzt C).

Tabelle: Träger der Elementarladung

Elementarteilchen	Elektronen	Protonen
Ladungsart	negativ	positiv
Formelzeichen	e	e
Zahlenwert	$-1{,}602 \cdot 10^{-19}$	$+1{,}602 \cdot 10^{-19}$
Einheitenname	Coulomb	Coulomb
Einheitenzeichen	C	C

Atome, bei denen sich die Anzahl der Protonen und die Anzahl der Elektronen unterscheiden, nennt man **Ionen**[2]. Fehlen einem Atom Elektronen, ist es positiv geladen und wird **positives Ion** genannt. Hat das Atom mehr Elektronen in der Hülle als Protonen im Kern, ist es negativ geladen und wird **negatives Ion** genannt.

Ionen sind negative oder positive Ladungsträger, die aus neutralen Atomen oder Molekülen durch Anlagerung oder Abgabe von Elektronen entstehen.

Aus der Anzahl der Elektronen bzw. der Protonen kann man die jeweilige **elektrische Ladung *Q* (Elektrizitätsmenge)** berechnen.

[1] Charles A. de Coulomb, franz. Physiker, 1736 bis 1806
[2] ion (griech.) = gehend, wandernd

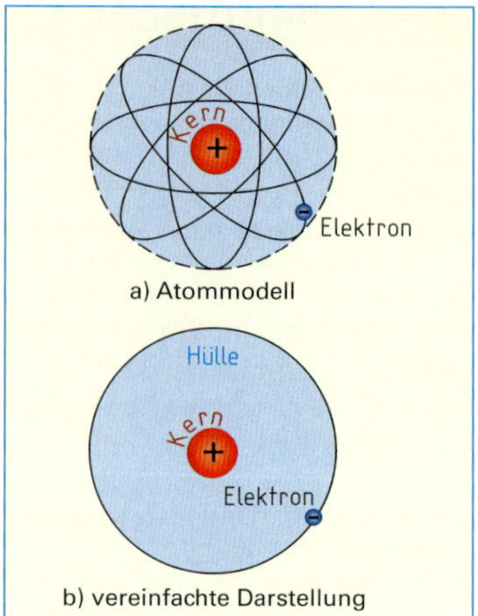

Bild 1: Aufbau eines Wasserstoff-Atoms

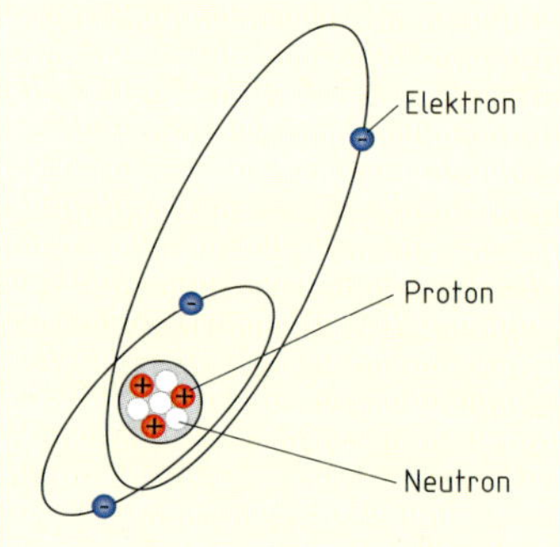

Bild 2: Aufbau eines Lithium-Atoms

Ladungsträger

- **Elektronen** sind negative Ladungsträger.
- **Protonen** sind positive Ladungsträger.
- **Ionen** können positive oder negative Ladungsträger sein.

Elektrische Ladung

$Q = n \cdot e$ $\qquad [Q] = \mathrm{C} = \mathrm{As}$

Q Ladung (Elektrizitätsmenge)
n Anzahl der Elementarladungen
e Elementarladung

Beispiel:

Aus wie vielen Elektronen besteht die Ladung $Q = -1$ C?

Lösung:

$$Q = n \cdot e \quad \Rightarrow \quad n = \frac{Q}{e}$$

$$n = \frac{-1\ \mathrm{C}}{-1{,}602 \cdot 10^{-19}\ \mathrm{C}} = \mathbf{6{,}242 \cdot 10^{18}}$$

2.4 Elektrische Spannung

Zwischen ungleichartigen Ladungen wirken Anziehungskräfte. Zum Trennen von Ladungen muss also Arbeit aufgewendet werden. Diese Arbeit ist dann als Energie in den Ladungen gespeichert. Die getrennten Ladungen haben das Bestreben, sich auszugleichen.

Spannung entsteht durch Ladungstrennung. Das Ausgleichsbestreben getrennter Ladungen ist die elektrische Spannung U.

Man kann sich die elektrische Spannung im Vergleich mit der mechanischen Spannung in einem Gummiband anschaulich erklären. Dabei stellt man sich eine positive und eine negative Ladung als zwei Tennisbälle vor, die an den beiden Enden eines Gummibandes befestigt sind. Sind die beiden Bälle (Ladungen) dicht beieinander, besteht keine Spannung im Gummiband **(Bild 1a)**. Zieht man mit einer Kraft F die Tennisbälle (Ladungen) auseinander, herrscht eine Spannung im Gummiband **(Bild 1b)**, die eine Anziehungskraft auf die Tennisbälle bewirkt. Erhöht man die Kraft, mit der die Tennisbälle auseinander gezogen werden, steigt die Spannung im Gummiband **(Bild 1c)**. Trennt man nun zwei Ballpaare mit der gleichen Kraft wie zuvor, können sie nur noch halb so weit auseinander gezogen werden, im Gummiband herrscht nur noch die halbe Spannung **(Bild 1d)**. Die Spannung ist umso größer, je mehr Arbeit zur Trennung pro Ladung aufgewendet wurde.

Spannung ist die zur Trennung aufgewendete Arbeit pro Ladung.

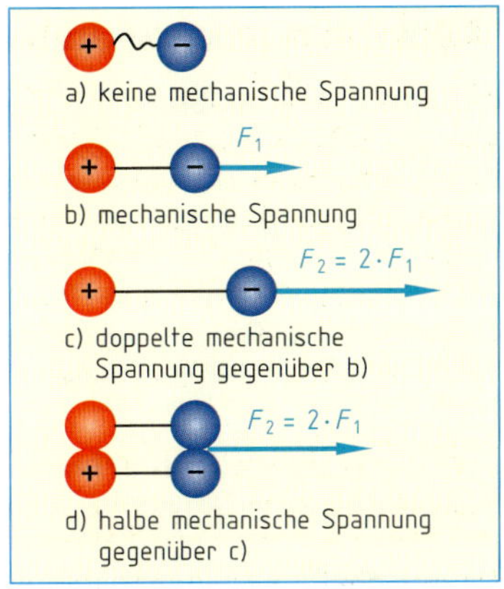

Bild 1: Mechanische Spannung

Spannung

$U = \frac{W}{Q}$ $[U] = \frac{\text{Nm}}{\text{C}} = \frac{\text{VAs}}{\text{As}} = \text{V}$

U Spannung Q Ladung
W Arbeit

Spannung

- Formelzeichen: U
- Einheitenname: Volt[1]
- Einheitenzeichen: V
- Einheitenvorsätze (Beispiele):
  1 mV = 0,001 V = $1 \cdot 10^{-3}$ V
  1 kV = 1000 V = $1 \cdot 10^{3}$ V
  1 MV = 1 000 000 V = $1 \cdot 10^{6}$ V

Tabelle: Beispiele elektrischer Spannungen

Thermospannung	40 µV
Monozelle	1,5 V
Autobatterie	12 V
Wechselstromnetz	230 V
Drehstromnetz	400 V
Höchstspannung	220 kV, 380 kV
Blitz	bis 10^3 MV

2.4.1 Spannungsquellen

In Spannungsquellen werden elektrische Ladungen voneinander getrennt. Dabei entsteht an den Klemmen des Spannungserzeugers ein Elektronenüberschuss bzw. ein Elektronenmangel. Die Klemme mit Elektronenüberschuss ist negativ geladen **(Minuspol)**, die Klemme mit Elektronenmangel ist positiv geladen **(Pluspol)**. Eine elektrische Spannung kann immer nur zwischen zwei Punkten herrschen, z. B. zwischen dem Pluspol und dem Minuspol einer Spannungsquelle **(Bild 2, Seite 25)** oder zwischen den beiden Anschlüssen eines Verbrauchers **(Bild 3, Seite 25)**.

2.4.2 Potenzial und Spannung

Netzgeräte liefern Gleichspannung und haben oft mehrere Ausgangsspannungen **(Bild 2)**. Alle angegebenen Ausgangsspannungen bestehen zwischen dem jeweiligen Ausgang und dem Bezugspunkt 1 mit 0 V, (Masse). Eine Spannung, die auf einen bestimmten Punkt, z. B. auf 0 V, bezogen ist, nennt man Potenzial φ[2]. Man sagt, ein Punkt liegt auf einem bestimmten Potenzial, z. B. Punkt 4 liegt auf dem Potenzial $\varphi_4 = 9$ V. Zwischen Punkten mit unterschiedlichem Potenzial herrscht eine Spannung. Zwischen Punkt 4 mit dem Potenzial $\varphi_4 = 9$ V und Punkt 3 mit dem Potenzial $\varphi_3 = 6$ V besteht eine Spannung von $U = 3$ V.

Spannung nennt man auch Potenzialdifferenz.

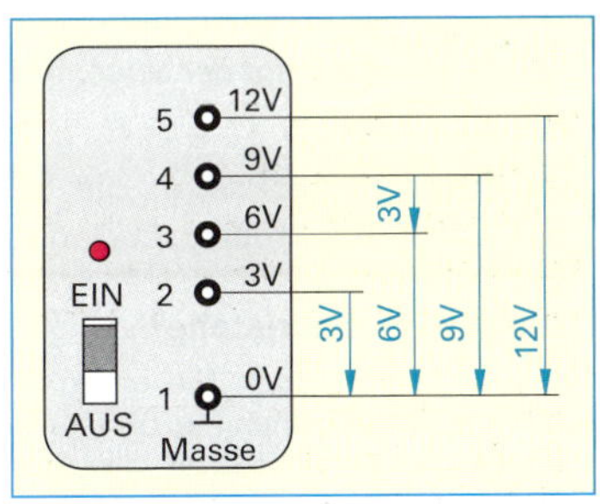

Bild 2: Potenziale

Spannung als Potenzialdifferenz

$U_{21} = \varphi_2 - \varphi_1$

U Spannung φ Potenzial

Beispiel:

Berechnen Sie die Spannung zwischen Anschluss 5 und Anschluss 2 des Netzgerätes **(Bild 2)**.

Lösung:

$U_{52} = \varphi_5 - \varphi_2 = 12\text{ V} - 3\text{ V} = \mathbf{9\text{ V}}$

[1] nach Volta, ital. Physiker, 1745 bis 1827; [2] φ griech. Kleinbuchstabe phi.

2.4.3 Arten der Spannungserzeugung

Induktion[1] in einer Spule

Versuch 1: Schließen Sie einen Spannungsmesser mit Millivolt-Messbereich (Nullpunkt in Skalenmitte) an eine Spule mit 600 Windungen an. Führen Sie einen Dauermagneten in die Spule ein und ziehen Sie ihn wieder aus der Spule heraus **(Tabelle)**.

Bewegt sich der Dauermagnet in der Spule, schlägt der Zeiger des Spannungsmessers aus, beim Herausziehen umgekehrt wie beim Hineinschieben.

Bei der Induktion **(Seite 87)** werden durch magnetische Energie elektrische Ladungen getrennt.

Chemische Reaktion im galvanischen Element[2]

Versuch 2: Schließen Sie einen Spannungsmesser (Messbereich 3 V) an zwei Kupferplatten in einem Becher mit Kochsalzlösung an. Ersetzen Sie dann eine der Platten durch eine Zinkplatte und messen Sie wieder die Spannung an den Platten **(Tabelle)**.

Der Spannungsmesser zeigt eine Spannung an, wenn sich zwei verschiedene Platten in der Salzlösung befinden.

Zwei unterschiedliche Metalle in einer leitenden Flüssigkeit (Elektrolyt) bilden ein galvanisches Element.

Im galvanischen Element **(Seite 58)** trennt eine chemische Reaktion elektrische Ladungen.

Wärme im Thermoelement[3]

Versuch 3: Schließen Sie einen Spannungsmesser mit Millivolt-Messbereich an einen Kupfer- und einen Konstantandraht an und verdrillen Sie die freien Drahtenden. Erwärmen Sie die Verbindungsstelle mit einer Gasflamme.

Beim Erwärmen der Verbindungsstelle zeigt der Spannungsmesser eine Gleichspannung an (etwa 40 µV je K[4]).

Im Thermoelement trennt die Wärme elektrische Ladungen.

Licht im Fotoelement[5]

Versuch 4: Schließen Sie einen Spannungsmesser mit Millivolt-Messbereich an ein Fotoelement an **(Tabelle)**. Beleuchten Sie das Fotoelement mit einer Glühlampe.

Bei Beleuchtung zeigt der Spannungsmesser eine Spannung an.

Im Fotoelement trennt die Strahlungsenergie des Lichtes elektrische Ladungen.

Druck auf Piezokristalle[6]

Versuch 5: Schließen Sie einen elektronischen Spannungsmesser an einen Piezokristall an **(Tabelle)**. Drücken Sie auf den Kristall.

Solange der Druck auf den Kristall zu- oder abnimmt, schlägt der Zeiger des Spannungsmessers nach rechts oder nach links aus (piezoelektrischer Effekt).

Bei manchen Kristallen, z. B. Quarz, werden durch Druck elektrische Ladungen getrennt.

Tabelle: Arten der Spannungserzeugung

Erzeugen der Spannung durch	Verwendung
Induktion 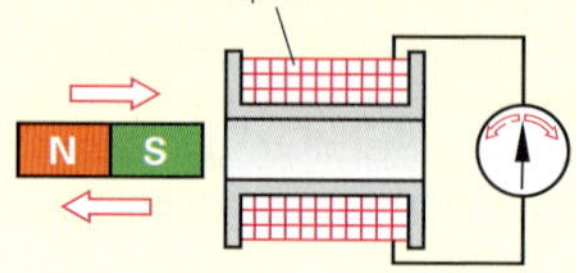	**Generatoren:** Fahrraddynamos, Kfz-Lichtmaschinen, Kraftwerks-generatoren, dynamische Mikrofone
chemische Wirkung 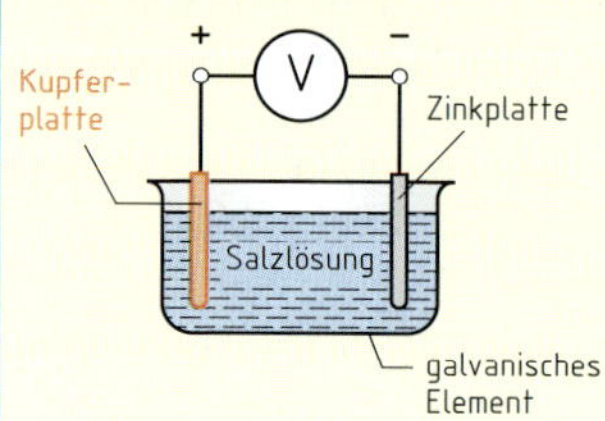	**Elektrochemische Spannungserzeuger:** Batterien, Monozellen (galvanische Elemente), Akkumulatoren
Wärme 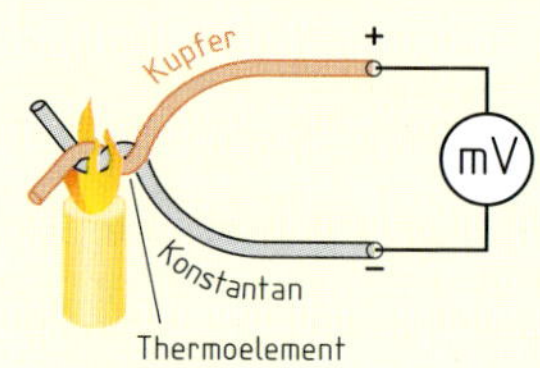	**Thermoelemente:** Verwendung zur Temperaturmessung und Temperatur-Fern-Messung, z.B. an schwer zugänglichen Stellen
Licht 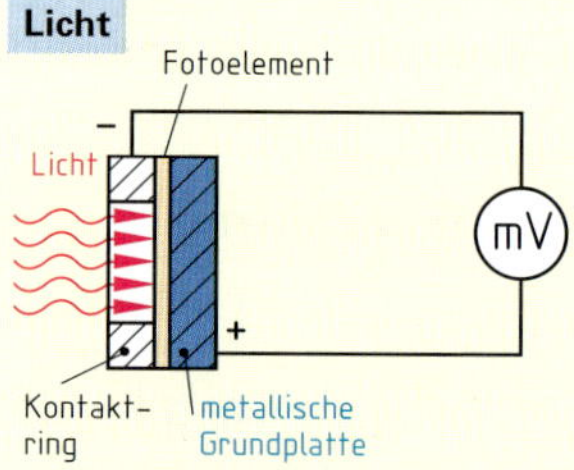	**Fotoelemente:** Verwendung als Stromquellen, z. B. für Satelliten, Taschenrechner, Uhren
Kristallverformung 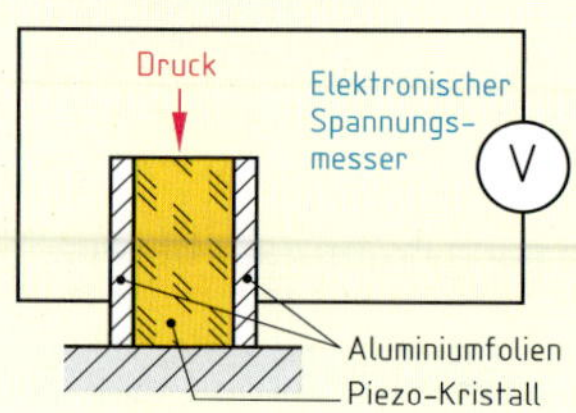	**Piezokristalle:** Verwendung in Kristall-Tonabnehmern, z. B. Kristallmikrofonen, Drucksensoren, Gaszündern

[1] von inducere (lat.) = einführen
[2] nach Luigi Galvani, italienischer Arzt, 1737 bis 1798
[3] von thermos (griech.) = warm
[4] Temperaturunterschiede werden statt in Grad Celsius in Kelvin (K) angegeben
[5] von phos (griech.) = Licht
[6] von piezein (griech.) = drücken

2.4.4 Messen elektrischer Spannung

Elektrische Spannung wird mit dem Spannungsmesser **(Bild 1)** gemessen. Spannung besteht zwischen zwei Punkten mit unterschiedlichem Potenzial **(Seite 23)**. An diese Punkte wird der Spannungsmesser angeschlossen **(Bild 2)**.

Vorgehensweise bei der Spannungsmessung

- Spannung abschalten.
- Überprüfen, ob der Messbereich des Spannungsmessers für die Messung ausreicht.
- Bei unbekannten Spannungen den höchsten Messbereich einstellen.
- Bei Gleichspannung das höhere (positivere) Potenzial am Anschluss + anschließen.
- Nach der Messung den höchsten Spannungsmessbereich einstellen.

Spannungsmessung an einer Spannungsquelle

Versuch 1: Messen Sie mit einem Spannungsmesser die Spannung an einer Batterie **(Bild 2)**. Achten Sie darauf, dass der Messbereich des Spannungsmessers für die Messaufgabe groß genug eingestellt ist. Die Batterie liefert Gleichspannung. Deshalb muss der Spannungsmesser auf Gleichspannung (DC) eingestellt sein. Verbinden Sie den Spannungsmesser mit der Batterie so, dass der Minusanschluss der Spannungsquelle mit dem Minuspol des Spannungsmessers und der Pluspol der Spannungsquelle mit dem Plusanschluss des Spannungsmessers verbunden ist.

Der Spannungsmesser wird auf den Messbereich 10 V eingestellt und zeigt U = 9 V an.

Spannungsmessung am Verbraucher

Spannung kann man nicht nur an Spannungsquellen, sondern auch an stromdurchflossenen Verbrauchern messen **(Bild 3)**. Dazu wird der Plusanschluss des Spannungsmessers an den Anschluss des Verbrauchers gelegt, der das höhere Potenzial hat (näher am Pluspol der Spannungsquelle ist). Der Minusanschluss des Spannungsmessers wird an den Anschluss des Verbrauchers mit dem niedrigeren Potenzial (näher am Minuspol der Spannungsquelle) angeschlossen.

Spannungsrichtung

Versuch 2: Schalten Sie zwei gleiche Lampen, z.B. 6 V/5 W, an ein Netzgerät **(Bild 4)**. Schließen Sie einen Spannungsmesser an das Netzgerät und erhöhen Sie die Spannung des Netzgerätes auf $U = 12$ V. Messen Sie mit einem Digitalmessgerät die Spannung an den Lampen.

Am Digitalmessgerät wird die Spannung $U = +6$ V angezeigt.

Versuch 3: Vertauschen Sie den Plus- und Minusanschluss am Digitalmessgerät.

Am Digitalmessgerät wird die Spannung $U = -6$ V angezeigt.

Die Spannung hat eine Richtung **(Bild 4)**.

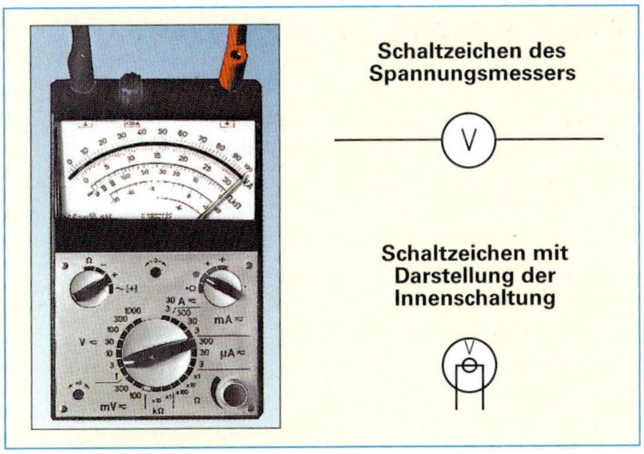

Bild 1: Vielfachmessinstrument, als Spannungsmesser geschaltet

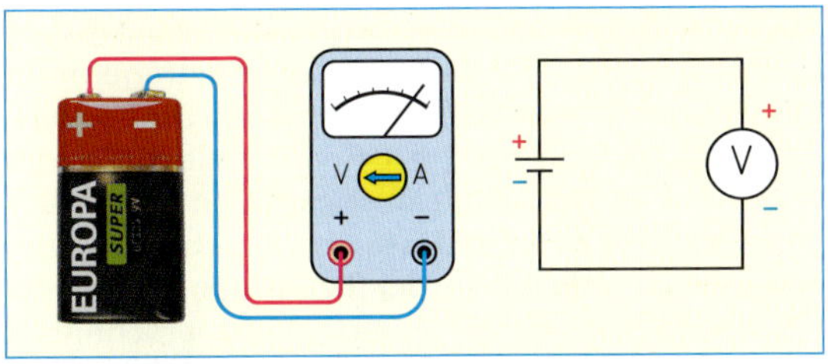

Bild 2: Spannungsmessung an einer Batterie

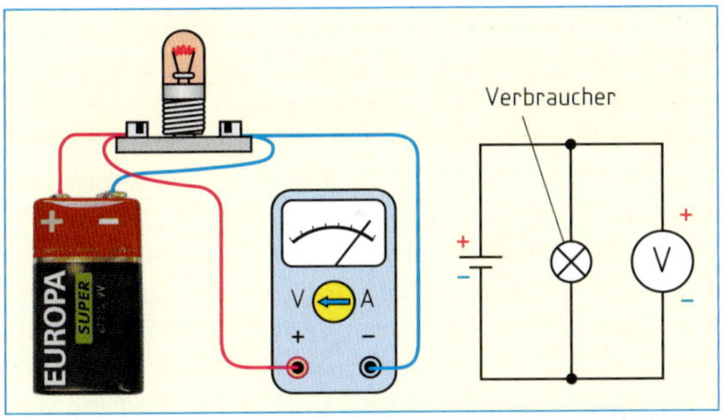

Bild 3: Spannungsmessung an einem Verbraucher

- Der Spannungsmesser wird parallel zum Erzeuger oder Verbraucher angeschlossen.
- Die Richtung der Spannung wird durch einen Bezugspfeil dargestellt. Sie ist vom höheren zum niederen Potenzial gerichtet **(Bild 4)**.

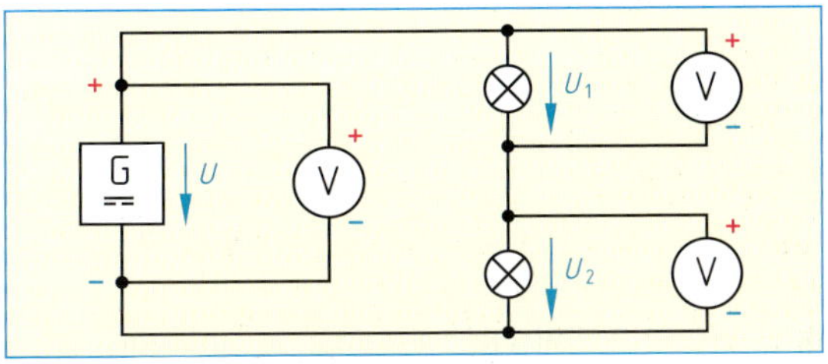

Bild 4: Spannungsmessung im Stromkreis

2.5 Elektrischer Strom

Versuch 1: Schließen Sie eine 12-V-Glühlampe an den Pluspol und Minuspol einer Gleichspannungsquelle, z. B. an ein Netzgerät mit $U = 12$ V, an **(Bild 1)**.

Die 12-V-Glühlampe leuchtet.

Die von der Spannungsquelle getrennten Ladungen gleichen sich aus. Dabei müssen Elektronen vom Minuspol (Elektronenüberschuss) über die Glühwendel der Lampe zum Pluspol (Elektronenmangel) fließen. In der Glühlampe tritt dabei eine Lichtwirkung auf. Diese Bewegung der elektrischen Ladungsträger nennt man elektrischen Strom.

Der elektrische Strom in einem metallischen Leiter ist die gerichtete Bewegung von freien Elektronen.

Das Ausgleichsbestreben der Ladungsträger vom Minus- zum Pluspol ist Ursache für den Stromfluss. Je höher die Spannung der Spannungsquelle, desto stärker ist das Ausgleichsbestreben der Ladungen. Es werden mehr Elektronen durch den Leiter transportiert. Die Anzahl der fließenden freien Elektronen pro Sekunde durch den Leiterquerschnitt ist ein Maß für die elektrische Stromstärke **(Bild 2)**.

Die elektrische Stromstärke I ist die durch einen Leiterquerschnitt bewegte Ladung Q pro Zeit t. Die Stromstärke wird in der Einheit Ampere[1] (Einheitenzeichen A) angegeben.

Die bewegte Ladung Q im Leiter ist ein Vielfaches der Elementarladung $e = 1{,}602 \cdot 10^{-19}$ C. Somit besteht die elektrische Ladung $Q = 1$ C aus der Anzahl $n = 6{,}242 \cdot 10^{18}$ Elementarladungen. Die Stromstärke 1 A kann folglich auch über Ladung und Zeit erklärt werden. Die Stromstärke in einem Leiter beträgt 1 A, wenn sich pro Sekunde eine elektrische Ladung von 1 C durch den Leiterquerschnitt bewegt.

Meist wird zur Festlegung der elektrischen Stromstärke $I = 1$ A jedoch die magnetische Wirkung herangezogen.

Festlegung der Stromstärke. Zwei vom Strom durchflossene Leiter üben eine magnetische Kraftwirkung aufeinander aus. Fließt durch zwei parallele Leiter, die einen Abstand von 1 m haben, eine Stromstärke von $I = 1$ A, so tritt zwischen ihnen je Meter Leitungslänge eine Kraft von $F = 2 \cdot 10^{-7}$ N (Newton) auf.

Einheitenvorsätze. Für sehr große oder kleine Stromstärken kann man wie bei allen physikalischen Größen Einheitenvorsätze verwenden. Damit lassen sich Stromstärken übersichtlicher angeben, z. B. 1 mA = 1 Milliampere = $1 \cdot 10^{-3}$ A = 0,001 A.

In elektrischen Betriebsmitteln bzw. Anlagen treten unterschiedlich hohe Stromstärken auf **(Tabelle)**.

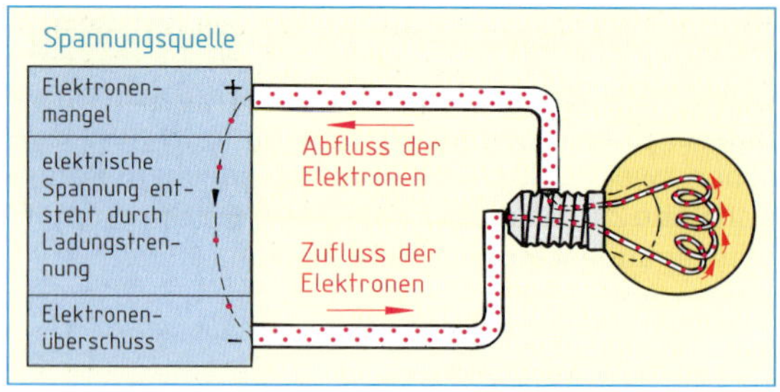

Bild 1: Elektronenbewegung im Stromkreis

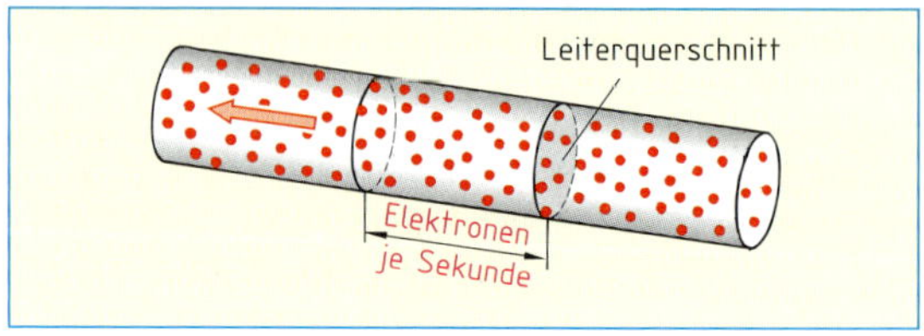

Bild 2: Elektronenbewegung im Leiter

Elektrische Stromstärke

$$I = \frac{Q}{t}$$

$$[I] = \frac{\text{C}}{\text{s}} = \frac{\text{As}}{\text{s}} = \text{A}; \quad 1\ \text{C} = 1\ \text{As}$$

I Stromstärke
Q Ladung
t Zeit

Stromstärke

- Formelzeichen: I
- Einheitenname: Ampere
- Einheitenzeichen: A
- Einheitenvorsätze (Beispiele):
  20 µA = 0,000 020 A = $20 \cdot 10^{-6}$ A
  55 mA = 0,055 A = $55 \cdot 10^{-3}$ A
  0,5 kA = 500 A = $0{,}5 \cdot 10^{3}$ A

Tabelle: Beispiele elektrischer Stromstärken

Betriebsmittel/Anlage	Stromstärke
Taschenrechner	100 µA
60-W-Glühlampe (230 V)	260 mA
Bügeleisen	4,35 A
Straßenbahnmotor	300 A
Elektroschmelzofen	100 kA

Beispiel:

Bei der Entladung eines Elektronenblitzes fließt während der Zeit $t = 2$ ms die Ladung $Q = 0{,}24$ As.
Berechnen Sie **a)** die Stromstärke I bei der Entladung und **b)** die Anzahl n der Elementarladungen in 2 ms.

Lösung:

a) $I = \frac{Q}{t} = \frac{0{,}24\ \text{As}}{2\ \text{ms}} = \frac{0{,}24\ \text{As}}{0{,}002\text{s}} = \mathbf{120\ A}$

b) $n = \frac{Q}{e} = \frac{0{,}24\ \text{As}}{1{,}602 \cdot 10^{-19}\ \text{C}} = \mathbf{1{,}5 \cdot 10^{18}}$

[1] André Marie Ampère, französischer Physiker, 1775 bis 1836

Stromrichtung. Bevor man etwas von der Elektronenbewegung wusste, wurde die Richtung des elektrischen Stromes außerhalb des Erzeugers vom Pluspol (+) zum Minuspol (–) festgelegt **(Bild 1).**

Technische Stromrichtung: Außerhalb des Erzeugers fließt der Strom vom Pluspol (+) zum Minuspol (–).
Elektronenbewegungsrichtung: Außerhalb des Erzeugers bewegen sich die freien Elektronen vom Minuspol (Elektronenüberschuss) zum Pluspol (Elektronenmangel).

Den Richtungssinn von Strömen und Spannungen gibt man grundsätzlich in der technischen Stromrichtung vom höheren zum niederen Potenzial durch **Bezugspfeile** an. In dieser Richtung werden Strom und Spannung als positiv bezeichnet **(Bild 1).**

2.5.1 Elektrischer Strom in Metallen

In Metallen sind die Atome dicht aneinander gedrängt. Ein Elektron auf der Außenschale eines Atoms kann dabei so nahe an ein benachbartes Atom gelangen, dass es von dessen Atomkern ebenso weit entfernt ist wie vom eigenen. Die Anziehungskräfte der Kerne auf dieses Elektron heben sich in diesem Falle auf, und es kann zum **freien Elektron** werden. Sobald im Metall ein Elektron frei wird, hinterlässt es einen positiv geladenen Atomrumpf, den man auch positives Ion nennt **(Bild 2).**

Verbindet man eine Glühlampe mit einer Spannungsquelle, so setzen sich die freien Elektronen im Glühfaden der Lampe fast gleichzeitig zum Pluspol in Bewegung. Die freien Elektronen kommen aber nur mit einer geringen Geschwindigkeit von ca. 0,1 bis 10 mm/s vorwärts, da sie sich im Atomverband nicht ungehindert bewegen können. Diese **Elektronen- bzw. Driftgeschwindigkeit** der Elektronen hängt von ihrer Beweglichkeit, von der Stromstärke, vom Leiterwerkstoff, vom Leiterquerschnitt und von der Temperatur ab. Im **Versuch 1, Seite 26,** leuchtet die Glühlampe sofort. Die freien Elektronen im Leiter stoßen sich wie bei einer Kettenreaktion fast gleichzeitig an. Dies geschieht in ganz kurzer Zeit mit einer Geschwindigkeit, die wesentlich höher ist als die Elektronengeschwindigkeit. Sie erfolgt annähernd mit **Lichtgeschwindigkeit** $c \approx 300\,000$ km/s.

2.5.2 Messen elektrischer Stromstärke

Zum Messen der elektrischen Stromstärke verwendet man Strommesser **(Bild 3).** Der Gesamtstrom muss durch das Messinstrument fließen **(Bild 4a).** Die Leitung kann man an beliebiger Stelle trennen, weil die Stromstärke im unverzweigten Stromkreis überall gleich groß ist. Bei Gleichstrom ist auf die Polarität der Anschlüsse zu achten **(Bild 4b).**

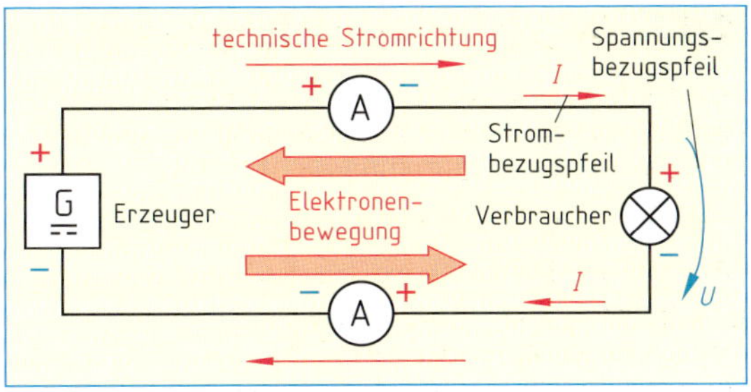

Bild 1: Technische Stromrichtung und Elektronenbewegungsrichtung

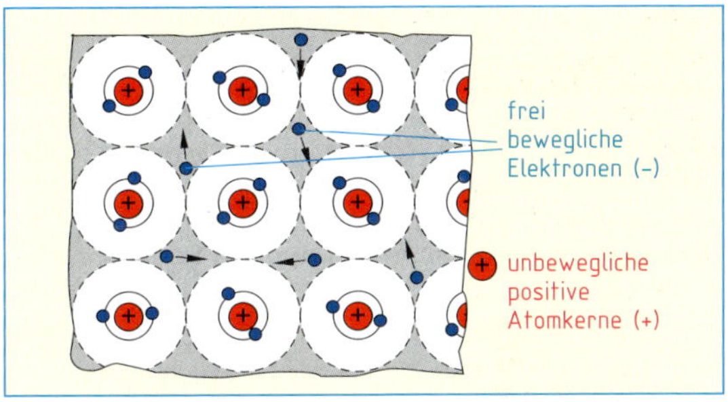

Bild 2: Freie Elektronen und positive Atomrümpfe eines Leiters

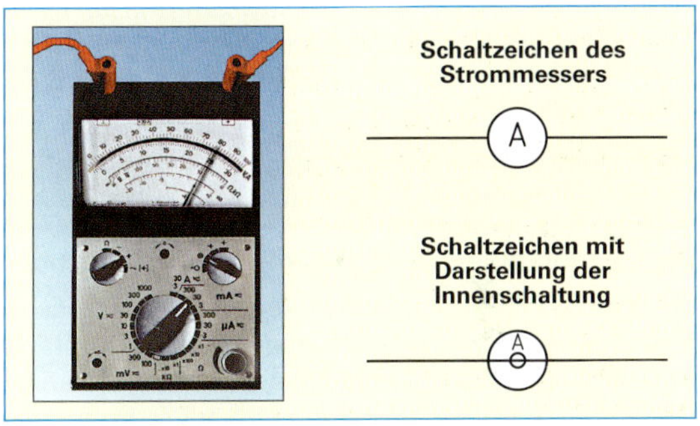

Bild 3: Vielfachinstrument, als Strommesser geschaltet

Zum Messen des elektrischen Stromes wird die Leitung aufgetrennt und der Strommesser in die Trennstelle geschaltet.

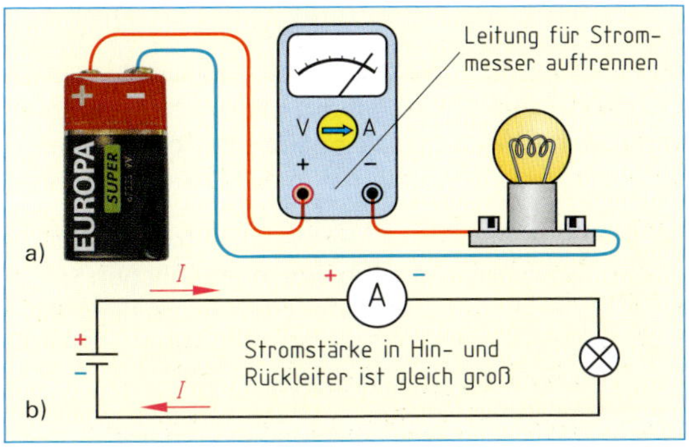

Bild 4: Messen des Stromes

2.5.3 Wirkungen des elektrischen Stromes

Im **Versuch 1, Seite 26** wurde durch eine Glühlampe nachgewiesen, dass ein elektrischer Strom fließt. Den Strom selbst kann man nicht sehen.

> Der elektrische Strom lässt sich nur an seinen Wirkungen erkennen.

Versuch 1: Spannen Sie zwischen zwei Standklemmen einen Stahldraht von etwa 0,3 mm Durchmesser **(Tabelle)** und schließen Sie die Drahtenden an einen Stelltransformator an. Steigern Sie allmählich die Stromstärke.

Der Draht erwärmt sich, glüht und schmilzt durch.

> Der elektrische Strom erwärmt jeden Leiter[1] (Wärmewirkung).

Versuch 2: Schließen Sie eine Spule mit 600 Windungen an die Klemmen eines Akkumulators (6 V oder 12 V) an. Halten Sie die Spule über kleine Eisenteile, z. B. über Nägel oder Büroklammern.

Die Eisenteile werden angezogen, sobald Strom durch die Spule fließt.

> Der elektrische Strom verursacht immer in seiner Umgebung eine magnetische Wirkung.

Versuch 3: Schließen Sie eine Glimmlampe an eine 230-V-Steckdose an.

Die Glimmlampe leuchtet. Die Lichtwirkung tritt nur in der Umgebung der Wendeln auf. Die gewendelten Drähte selbst leuchten nicht. Beim Leuchten erwärmt sich die Glimmlampe kaum.

> Der elektrische Strom bringt Gas zum Leuchten, erwärmt es aber nur wenig (Lichtwirkung).

Die Glimmlampe enthält Gas mit geringem Druck.

In einer Glühlampe erhitzt dagegen der elektrische Strom einen dünnen Draht aus Wolfram so stark, dass er hellweiß glüht und dadurch Licht abstrahlt.

Versuch 4: Schließen Sie zwei Kupferdrähte z. B. an einen Akkumulator von 12 V an. Tauchen Sie die Drahtenden in einen Becher mit Natriumsulfat-Lösung oder verdünnter Schwefelsäure, ohne dass sich die Drähte berühren.

An den Drahtstücken, die in die Flüssigkeit eintauchen, bilden sich Gasblasen. Das Wasser im Gefäß wird in seine Bestandteile Wasserstoff und Sauerstoff zerlegt.

> Der elektrische Strom zerlegt leitende Flüssigkeiten (chemische Wirkung).

Der elektrische Strom hat auf Lebewesen eine physiologische[2] Wirkung. Die positive Wirkung des elektrischen Stromes nutzt man in der Elektromedizin.

> - Beim Berühren blanker elektrischer Leitungen kann durch den menschlichen Körper ein lebensgefährlicher Strom fließen.
> - Gefahren im Umgang mit dem elektrischen Strom, **Seite 203**.

Tabelle: Stromwirkungen

Wärmewirkung	Anwendungen
Tritt immer auf 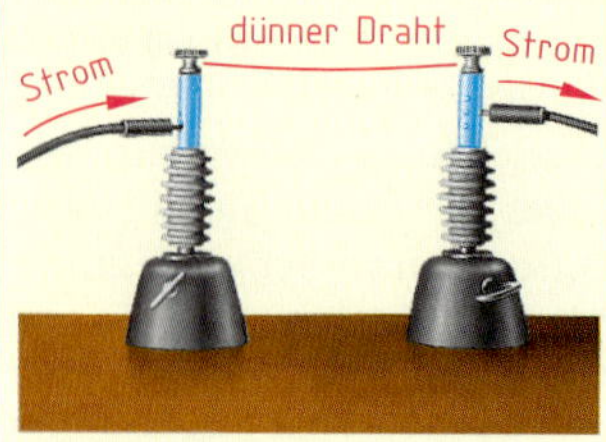	Elektroherde Bügeleisen Tauchsieder Warmwasserbereiter Lötkolben Schmelzsicherungen
Magnetische Wirkung	**Anwendungen**
Tritt immer auf 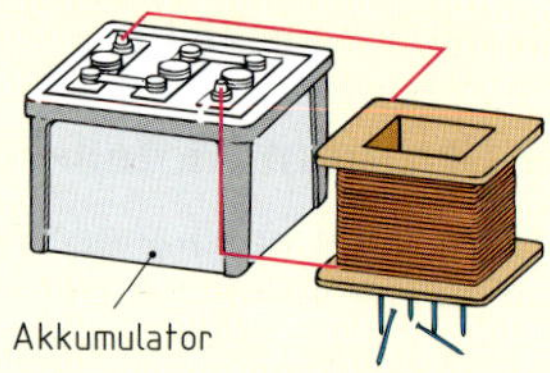	Elektromagnete Elektromotoren Schütze, Relais Messinstrumente Klingeln Telefonhörer Lautsprecher Türöffner
Lichtwirkung	**Anwendungen**
Auftreten: in Gasen, in Halbleitern 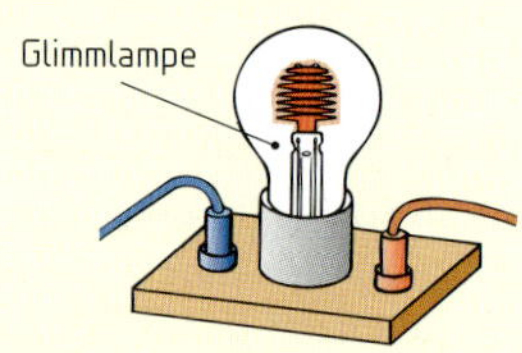	Leuchtstofflampen Leuchtröhren Glimmlampen Leuchtdioden Glühlampen
Chemische Wirkung	**Anwendungen**
Auftreten: in leitenden Flüssigkeiten 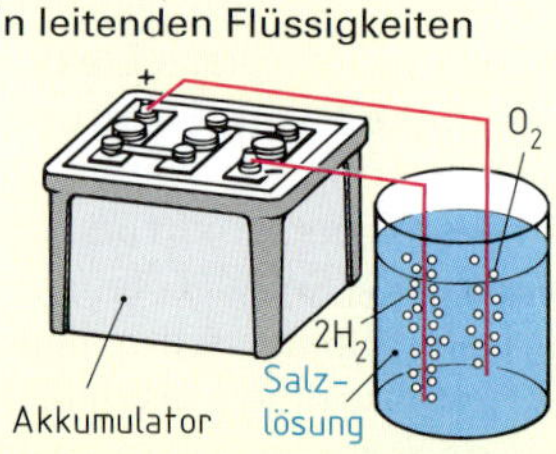	Elektrolyse Galvanisieren Akkumulatoren
Wirkung auf Lebewesen (physiologische Wirkung)	**Anwendungen**
Auftreten: bei Menschen, Tieren 	Elektroweidezäune Viehbetäubung Elektromedizinische Geräte

[1] Eine Ausnahme bilden die Supraleiter.
[2] Physiologie = Lehre von den Vorgängen im Körper von Lebewesen.

2.5.4 Stromarten

Gleichstrom (DC[1], Zeichen: — oder ═)

Versuch 1: Schließen Sie eine Glühlampe, z.B. 6 V/0,1 A, über einen Strommesser (Drehspulmessgerät) an eine Batterie an.

Der Strommesser zeigt über längere Zeit einen gleichbleibenden Strom an.

Im Stromkreis fließt ein **Gleichstrom,** wenn sich in einer bestimmten Zeit, z.B. 1 s, gleich viele freie Elektronen in gleicher Richtung bewegen. Zeichnet man die Stromstärke abhängig von der Zeit in einem Schaubild auf, ergibt sich eine Parallele zur Zeitachse **(Tabelle, oben).**

Gleichstrom fließt nur in einer Richtung mit gleichbleibender Stromstärke.

Wechselstrom (AC[2], Zeichen: ~)

Versuch 2: Schließen Sie eine Glühlampe über einen Strommesser (Drehspulmessgerät mit Zeiger in der Skalenmitte) an einen Funktionsgenerator (Wechselstrom, 1 Hz) an.

Der Zeiger des Strommessers schlägt abwechselnd nach links und nach rechts aus.

Im Stromkreis fließt ein **Wechselstrom,** wenn sich die freien Elektronen im Leiter hin und her bewegen, und zwar in beiden Richtungen gleich weit. Im Stromstärke-Zeit-Schaubild erhält man z.B. eine Sinuslinie **(Tabelle, Mitte).**

Wechselstrom fließt mit ständig wechselnder Richtung und Stärke.

Mischstrom (UC[3], Zeichen: ≂)

Versuch 3: Wiederholen Sie **Versuch 2,** schalten Sie aber zum Funktionsgenerator eine Batterie in Reihe.

Der Zeiger des Strommessers schlägt in einer Richtung aus und pendelt um den eingestellten Gleichstromanteil hin und her.

Tabelle: Stromarten

Bezeichnung	Bild	Beispiele
Gleichstrom (DC) Elektrischer Strom, der nur in gleicher Richtung und mit gleicher Stärke fließt.	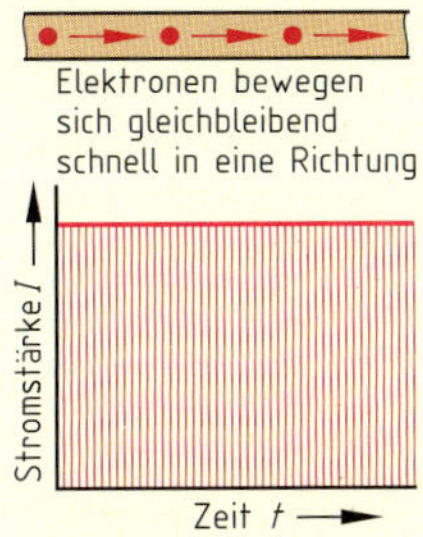	Batterie, Akkumulator, Stromversorgung elektrischer und elektronischer Geräte, Oszilloskop, Fernsehbildröhre
Wechselstrom (AC) Elektrischer Strom, der ständig seine Richtung und seine Stromstärke ändert.	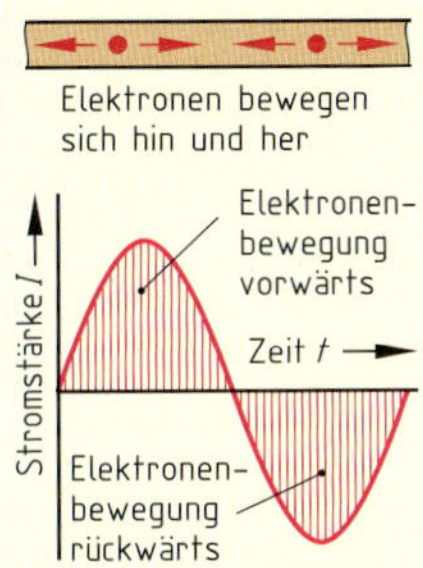	Energienetz, Fahrraddynamo, Wechselstromgeneratoren und -motoren, dynamische Mikrofone
Mischstrom (UC) setzt sich zusammen: • aus einem Wechselstromanteil und • aus einem Gleichstromanteil	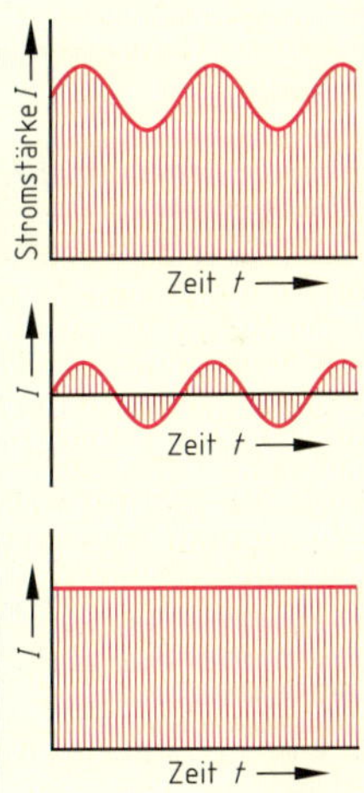	gleichgerichteter Wechselstrom, Strom in Netzteilen nach Glättungskondensator, Steuerstrom von Transistoren, in Wechselstromverstärkern, „pulsierender" Gleichstrom

Im Stromkreis fließt ein **Mischstrom,** wenn sich in ihm gleichzeitig ein Gleich- und ein Wechselstromerzeuger auswirkt. Der Mischstrom entsteht durch die Zusammensetzung eines Gleichstromes mit einem Wechselstrom.

Ein periodischer Mischstrom ist streng genommen keine eigenständige Stromart, weil er sich auf einen Gleichstrom zurückführen lässt, dem ein Wechselstrom überlagert ist **(Tabelle, unten).**

Ein Mischstrom setzt sich aus einem Gleichstrom- und einem Wechselstromanteil zusammen.

[1] DC von **D**irect **C**urrent (engl.) = Gleichstrom
[2] AC von **A**lternating **C**urrent (engl.) = Wechselstrom
[3] UC von **U**niversal **C**urrent (engl.) = allgemeiner Strom

2.5.5 Stromdichte

Der elektrische Strom, der durch eine Glühlampe fließt, erhitzt die dünne Drahtwendel der Lampe bis zur Weißglut, erwärmt jedoch die Zuleitungen kaum. Bei gleicher Stromstärke bewegen sich durch einen großen und durch einen kleinen Leiterquerschnitt gleich viele Elektronen je Sekunde. Im Leiter mit dem kleineren Querschnitt fließen folglich die Elektronen mit höherer Geschwindigkeit und erwärmen ihn durch Reibung stärker **(Bild 1)**.

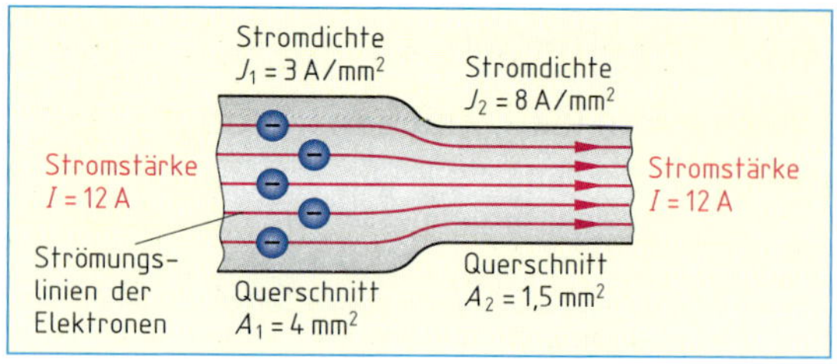

Bild 1: Elektronenbewegung in verschiedenen Leiterquerschnitten

Die Stromstärke je mm² Querschnitt nennt man Stromdichte J (Einheit A/mm²).

Stromdichte

$$J = \frac{I}{A} \qquad [J] = \frac{A}{mm^2}$$

J Stromdichte
I Stromstärke
A Leiterquerschnitt[1]

Beispiel:

Durch eine Glühlampe fließt ein Strom I = 0,2 A. Wie groß ist die Stromdichte J **a)** in der Zuleitung mit 1,5 mm² Leiterquerschnitt und **b)** im Glühdraht mit 0,03 mm Durchmesser?

Lösung:

a) $J = \frac{I}{A} = \frac{0{,}2\ A}{1{,}5\ mm^2} = \mathbf{0{,}13\ A/mm^2}$

b) $A = \frac{\pi \cdot d^2}{4} = \frac{\pi \cdot 0{,}03^2\ mm^2}{4} = 0{,}0007\ mm^2$

$J = \frac{I}{A} = \frac{0{,}2\ A}{0{,}0007\ mm^2} = \mathbf{286\ A/mm^2}$

Ein Leiter erwärmt sich umso mehr, je größer die Stromdichte in ihm ist.

In Leitungen, in Wicklungen von Spulen, Transformatoren oder Motoren darf die Stromdichte auf Dauer nicht zu groß werden, damit die Isolation der Drähte nicht zu heiß wird und keine Brandgefahr auftritt. Für die Leiterquerschnitte sind deshalb höchstzulässige Stromstärken festgelegt **(Tabelle)**.

Bei der Verlegung in Installationsrohren oder -kanälen auf Wänden, Decken oder Fußböden (Verlegeart B2, **Seite 199 und 287**) sind geringere Stromdichten zugelassen als bei isolierten Leitungen oder Kabeln, die direkt auf oder in der Wand, im oder unter Putz, verlegt sind (Verlegeart C, **Tabelle**).

Die zulässige Stromdichte ist bei kleineren Leiterquerschnitten höher als bei großen **(Bild 2)**. Bei doppeltem Durchmesser und gleicher Leiterlänge ist die Leiteroberfläche zwar doppelt so groß, das Leitervolumen beträgt jedoch das Vierfache. Deshalb können dünne Leiter besser abkühlen als dicke. Leiter von Freileitungen werden durch die Umgebung besser abgekühlt als Drähte in Wicklungen.

Die zulässige Stromdichte richtet sich nach dem Leiterquerschnitt, dem Werkstoff und nach der Abkühlungsmöglichkeit (Übersicht, **Seite 199**).

Tabelle: Strombelastbarkeit fest verlegter, PVC-isolierter Kupferleitungen bei 30 °C Umgebungstemperatur nach DIN VDE 0298, Teil 4

Leiterquerschnitt in mm²	Zulässige Stromstärke in A			
	Verlegeart B2		Verlegeart C	
	Zahl der belasteten Adern			
	2	3	2	3
1,5	16,5	15	19,5	17,5
2,5	23	20	27	24
4	30	27	36	32
6	38	34	46	41
10	52	46	63	57
16	69	62	85	76
25	90	80	112	96

Bemessen von Leitungen, **Seite 199**

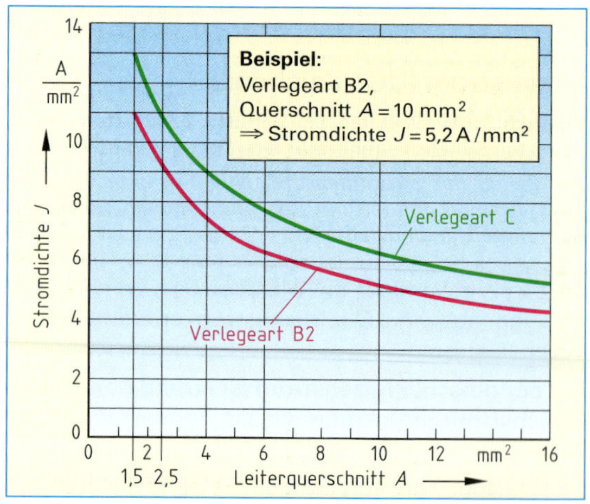

Bild 2: Zulässige Stromdichten isolierter Kupferleitungen (DIN VDE 0298, Teil 4) bei 2 belasteten Adern

[1] Statt A für die Leiterquerschnittsfläche auch S (DIN 1304)

2.6 Elektrischer Widerstand und elektrischer Leitwert

Fließt Strom durch einen metallischen Leiter, so bewegen sich die freien Elektronen zwischen den Atomen des Leiterwerkstoffs hindurch **(Bild 1).**

Diese Atome sind nicht in Ruhe, sondern schwingen auch bei normaler Temperatur in allen Richtungen um ihre Ruhelage (ungeordnete Wärmebewegung). Dadurch werden aber die freien Elektronen in ihrer Bewegung behindert.

Jeder Leiter setzt dem elektrischen Strom einen **Widerstand** entgegen, der durch eine elektrische Spannung überwunden werden muss.

> Der elektrische Widerstand hat das Formelzeichen *R* und die Einheit Ohm[1] (Einheitenzeichen Ω[2]).

Ein Leiter mit einem kleinen Widerstand leitet den elektrischen Strom gut, er hat einen großen **Leitwert.** Umgekehrt gehört zu einem großen Widerstand ein kleiner Leitwert **(Bild 2).**

> Der elektrische Leitwert (Formelzeichen *G*) hat die Einheit Siemens[3] (Einheitenzeichen S).

Doppelter Widerstand ergibt den halben Leitwert, dreifacher Widerstand ein Drittel des Leitwerts. Der Leitwert ist also der Kehrwert des Widerstands.

$$\text{Leitwert} = \frac{1}{\text{Widerstand}}$$

großer Leitwert ⇒ kleiner Widerstand
kleiner Leitwert ⇒ großer Widerstand

Das Wort Widerstand wird in zweifachem Sinne verwendet: Es bezeichnet einmal das Bauelement Widerstand **(Seite 35)** und zum anderen die Eigenschaft, dem Strom einen Widerstand entgegenzusetzen. Falls ein Irrtum entstehen kann, nennt man die in Ohm gemessene Eigenschaft Widerstandswert.

Beispiel:

Berechnen Sie die zu den Widerstandswerten *R* = 1 Ω, 2 Ω, 4 Ω, 6 Ω, 8 Ω, 10 Ω die zugehörigen Leitwerte *G*.

Lösung:

$$G = \frac{1}{R} = \frac{1}{1\,\Omega} = \mathbf{1\,S}$$

R in Ω	1	2	4	6	8	10
G in S	1	0,5	0,25	0,167	0,125	0,1

[1] nach Georg Simon Ohm, deutscher Physiker, 1789 bis 1854
[2] Ω griech. Großbuchstabe Omega
[3] nach Werner von Siemens, deutscher Ingenieur, 1816 bis 1892

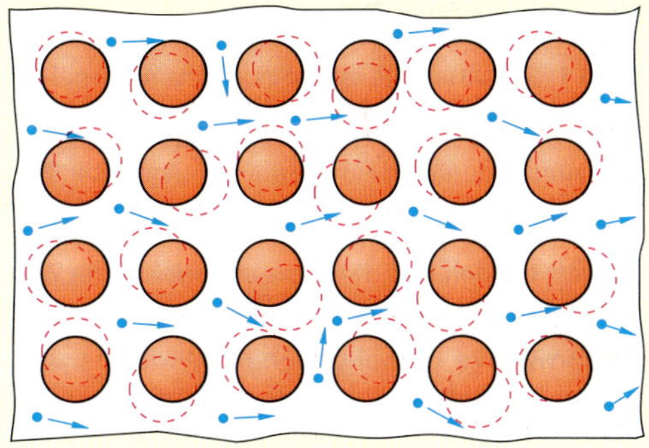

Bild 1: Elektronenbewegung im Leiter

Widerstand	Leitwert
$R = \frac{1}{G}$	$G = \frac{1}{R}$
$[R] = \frac{1}{S} = \Omega$	$[G] = \frac{1}{\Omega} = S$
R Widerstand	*G* Leitwert

Widerstand und Leitwert

	Widerstand	Leitwert
• Formelzeichen:	*R*	*G*
• Einheitenname:	Ohm	Siemens
• Einheitenzeichen:	Ω	S

• Einheitenvorsätze (Beispiele):

1 Milliohm	= 1 mΩ	$= 1 \cdot 10^{-3}\,\Omega$	= 0,001 Ω
1 Kiloohm	= 1 kΩ	$= 1 \cdot 10^{3}\,\Omega$	= 1 000 Ω
1 Megaohm	= 1 MΩ	$= 1 \cdot 10^{6}\,\Omega$	= 1 000 000 Ω

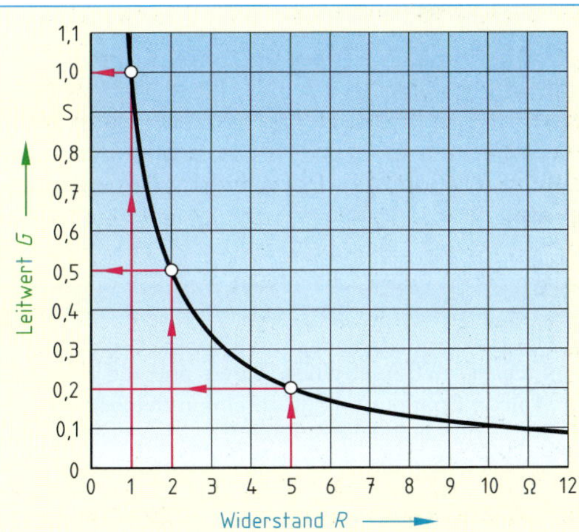

Ablesebeispiele:
Aus der Kennlinie abgelesen: *R* = 5 Ω ⇒ G = 0,2 S; *R* = 2 Ω ⇒ G = 0,5 S; *R* = 1 Ω ⇒ G = 1 S

Bild 2: Zusammenhang zwischen Leitwert und Widerstand

2.7 Ohmsches Gesetz

Versuch 1: Schließen Sie über einen Strommesser einen Widerstand $R = 4\ \Omega$ an ein Netzgerät an, dessen Spannung zwischen 0 V und 10 V eingestellt werden kann. Legen Sie parallel zum Widerstand einen Spannungsmesser **(Bild 1).** Messen Sie die Stromstärken bei verschiedenen Spannungen.

Bei gleich bleibendem Widerstand wächst die Stromstärke mit der Spannung.

Die Stromstärke ist bei gleichem Widerstand proportional (verhältnisgleich) der Spannung, sie vergrößert sich also im gleichen Verhältnis wie die Spannung anwächst: $I \sim U$ **(Versuch 1, Bild 1)**. Trägt man die im Versuch gemessenen Werte des Stromes abhängig von der zugehörigen Spannung in ein Schaubild ein, so erhält man durch Verbinden der Messpunkte eine Gerade **(Bild 2).** Der Widerstand ist linear. Ein größerer Widerstand, z.B. $R = 10\ \Omega$, hat eine Kennlinie mit geringerer Steigung.

> Die Stromstärke I ist proportional der Spannung U.

Versuch 2: Messen Sie nun bei gleich bleibender Spannung $U = 10$ V die Stromstärken bei den Widerstandswerten 2 Ω, 4 Ω, 6 Ω, 8 Ω und 10 Ω.

Bei unveränderter Spannung wird die Stromstärke umso kleiner, je größer der Widerstand ist.

Bei gleich bleibender Spannung verhält sich die Stromstärke umgekehrt wie der Widerstand. Die Stromstärke ist also dem Widerstand umgekehrt proportional: $I \sim 1/R$ **(Versuch 2, Bild 1).**

Das Schaubild **(Bild 3)** zeigt die Abhängigkeit des Stromes vom Widerstand. Bei kleinerer Spannung, z.B. $U = 5$ V, fließen kleinere Ströme.

> Die Stromstärke I ist umgekehrt proportional dem Widerstand R.

Den Zusammenhang zwischen Stromstärke, Spannung und Widerstand beschreibt das **ohmsche Gesetz**[1].

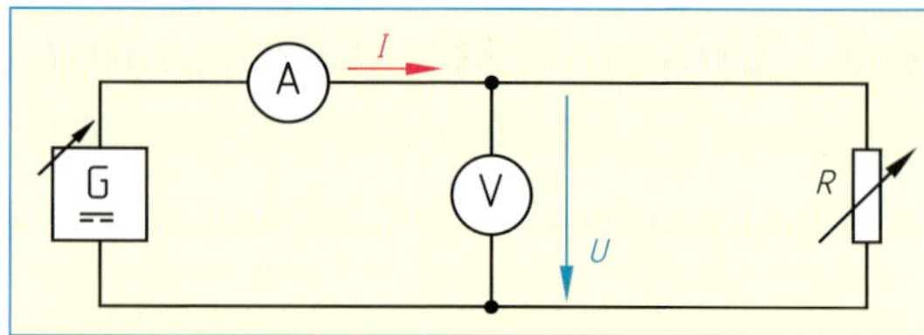

Versuch 1: Widerstand konstant $R = 4\ \Omega$		Versuch 2: Spannung konstant $U = 10$ V	
Spannung in V	Strom in A	Widerstand in Ω	Strom in A
2	0,5	2	5,0
4	1,0	4	2,5
6	1,5	6	1,67
8	2,0	8	1,25
10	2,5	10	1,0

Bild 1: Messen von Strom und Spannung

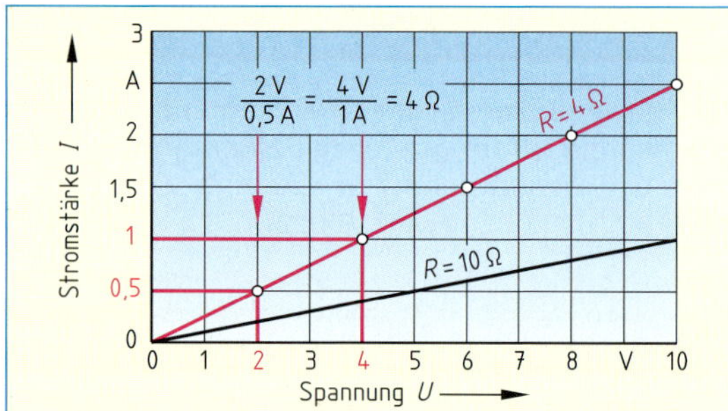

Je höher die Spannung ist, desto größer ist die Stromstärke: $I \sim U$

$\frac{\text{Spannung}}{\text{Stromstärke}}$ = Widerstand = konstant

Bild 2: Stromstärke als Funktion der Spannung

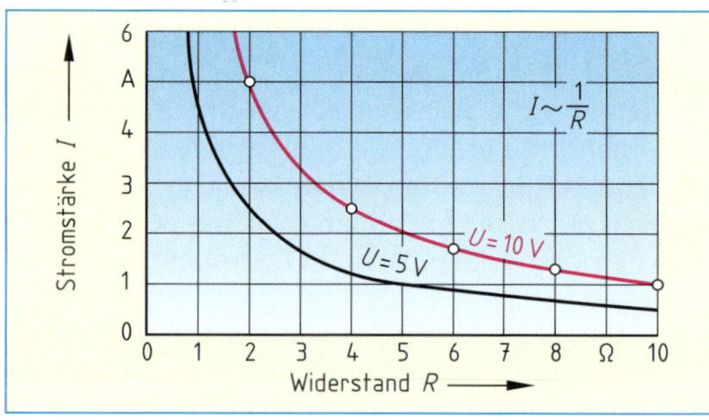

Bild 3: Stromstärke als Funktion des Widerstandes

Ohmsches Gesetz

$$I = \frac{U}{R} \Rightarrow R = \frac{U}{I} \Rightarrow U = R \cdot I$$

I	Stromstärke	$[I] = \frac{V}{\Omega} = \frac{V}{\frac{V}{A}} = A$
U	Spannung	
R	Widerstand	

Beispiele:

a) Welche Stromstärke fließt durch eine Glühlampe für 4,5 V, die im Betrieb einen Widerstand von 1,5 Ω hat?

b) Welche Spannung liegt an einem Widerstand von 500 Ω, durch den 0,2 A fließen?

c) Ein Lötkolben nimmt an 230 V den Strom 0,22 A auf. Welchen Widerstand hat die Heizwicklung?

Lösung:

a) $I = \frac{U}{R} = \frac{4{,}5\ \text{V}}{1{,}5\ \Omega} = \mathbf{3\ A}$

b) $U = R \cdot I = 500\ \Omega \cdot 0{,}2\ \text{A} = \mathbf{100\ V}$

c) $R = \frac{U}{I} = \frac{230\ \text{V}}{0{,}22\ \text{A}} = \mathbf{1045\ \Omega}$

[1] nach Georg Simon Ohm, deutscher Physiker, 1789 bis 1854

2.8 Leiterwiderstand

Versuch 1: Schließen Sie **a)** einen Kupferdraht und **b)** einen Konstantandraht von je 0,1 mm Durchmesser und 1 m Länge an ein Netzteil an. Ermitteln Sie mithilfe des ohmschen Gesetzes die Widerstände **(Bild)**.

R_{Cu} = 2,3 Ω und $R_{Konst.}$ = 62,4 Ω, d. h., der Widerstand des Konstantandrahts ist etwa 27-mal so groß wie der des Kupferdrahtes.

Der Widerstand eines Leiters hängt vom Werkstoff ab. Der Widerstand eines Leiters von 1 m Länge und 1 mm² Querschnitt bei 20 °C heißt **spezifischer Widerstand** ϱ[1]. Den Kehrwert des spezifischen Widerstands nennt man **Leitfähigkeit** γ[2].

Gute Leiter, z. B. Kupfer, enthalten viele freie Elektronen und besitzen einen geringen spezifischen Widerstand sowie eine hohe Leitfähigkeit **(Tabelle 1)**.

Versuch 2: Wiederholen Sie Versuch 1 mit dem Konstantandraht, verdoppeln und verdreifachen Sie die Drahtlänge. Nehmen Sie dann wieder die einfache Länge, verdoppeln Sie jedoch den Querschnitt (2 Drähte parallel schalten) und verdreifachen Sie ihn schließlich (3 Drähte parallel schalten). Ermitteln Sie den Widerstand **(Bild)**.

Der Leiterwiderstand ist bei doppelter Länge doppelt so groß, dreifache Länge gibt den dreifachen Widerstand. Bei doppeltem Querschnitt ist der Leiterwiderstand nur halb so groß, dreifacher Querschnitt ergibt nur ein Drittel des Widerstands.

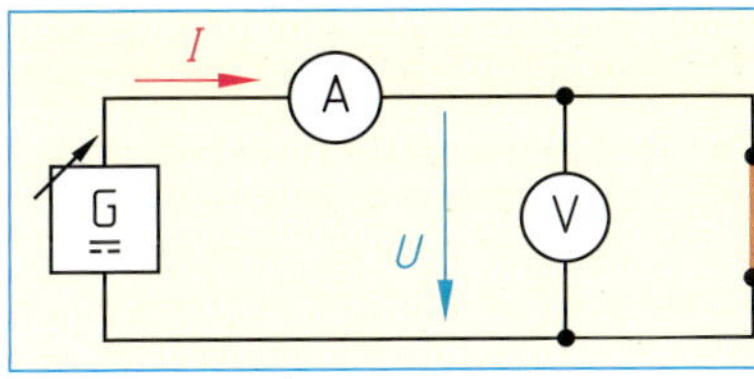

Bild: Ermitteln des Widerstands von Drähten

Spezifischer Widerstand	Leitfähigkeit
$\varrho = \frac{1}{\gamma}$	$\gamma = \frac{1}{\varrho}$
$[\varrho] = \frac{\Omega \cdot mm^2}{m}$	$[\gamma] = \frac{m}{\Omega \cdot mm^2} = \frac{1}{\frac{\Omega \cdot mm^2}{m}}$
ϱ spezifischer Widerstand	γ Leitfähigkeit

Tabelle 1: Spezifischer Widerstand und Leitfähigkeit (Beispiele bei 20 °C)

Material	Spezifischer Widerstand ϱ in $\frac{\Omega \cdot mm^2}{m}$	Leitfähigkeit γ in $\frac{m}{\Omega \cdot mm^2}$
Aluminium (Al)	0,0278	36,0
Kupfer (Cu)	0,0178	56,0
Silber (Ag)	0,0167	60,0
Gold (Au)	0,022	45,7

Der Leiterwiderstand R ist dem spezifischen Widerstand ϱ und der Leiterlänge l proportional, jedoch umgekehrt proportional dem Leiterquerschnitt A **(Tabelle 2)**.

Tabelle 2: Leiterwiderstand

Material	Leiterlänge	Leiterquerschnitt
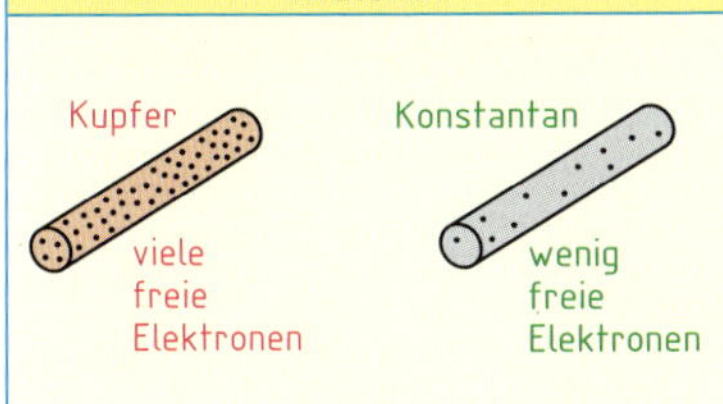	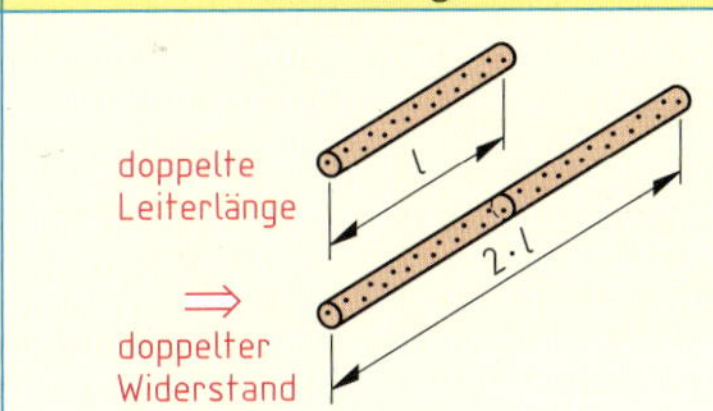	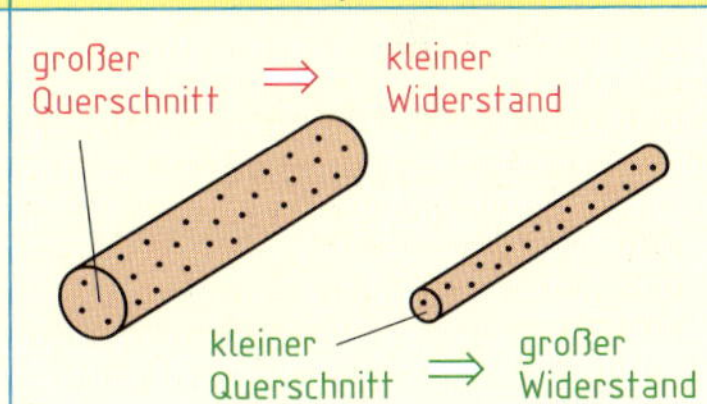
Der Leiterwiderstand ist umso größer, je größer der spezifische Widerstand ϱ ist.	Der Leiterwiderstand ist umso größer, je länger die Leiterlänge l ist.	Der Leiterwiderstand ist umso größer, je kleiner der Leiterquerschnitt A ist.
$R \sim \varrho$	$R \sim l$	$R \sim \frac{1}{A}$

Leiterwiderstand

$$[R] = \frac{\frac{\Omega \cdot mm^2}{m} \cdot m}{mm^2} = \Omega$$

$$R = \frac{\varrho \cdot l}{A}$$

R Leiterwiderstand
ϱ spezifischer Widerstand
l Leiterlänge
A Leiterquerschnitt

Beispiel:

Berechnen Sie den Widerstand eines Kupferleiters mit l = 50 m Länge und einem Querschnitt von A = 1,5 mm².

Lösung:

Aus **Tabelle 1**: $\varrho = 0{,}0178 \frac{\Omega \cdot mm^2}{m}$

$$\mathbf{R} = \frac{\varrho \cdot l}{A} = \frac{0{,}0178 \frac{\Omega \cdot mm^2}{m} \cdot 50\ m}{1{,}5\ mm^2} = \mathbf{0{,}59\ \Omega}$$

[1] ϱ griech. Kleinbuchstabe rho; [2] γ griech. Kleinbuchstabe gamma

2.9 Temperaturabhängigkeit des Widerstandes

Versuch: Schließen Sie **a)** eine Metallfadenlampe (230 V/60 W) und **b)** eine Kohlefadenlampe (230 V/60 W) zuerst an eine Spannung von 10 V und dann an 230 V an. Ermitteln Sie jeweils den Widerstand durch Strom- und Spannungsmessung **(Bild)**.

Die Lampen bleiben bei 10 V dunkel, die Temperatur des Glühdrahts ist gering. Beim Anschluss an 230 V leuchten beide Lampen hell, die Temperatur des Glühdrahts ist dabei hoch. Der Widerstand des kalten Metalldrahts ist niedrig, der des heißen ist groß. Der Widerstand des kalten Kohlefadens ist dagegen groß, der des heißen klein.

Der Widerstand von Metallen nimmt bei Temperaturerhöhung zu. Der Widerstand von Kohle nimmt bei Temperaturerhöhung ab.

> Stoffe, die in kaltem Zustand besser leiten, nennt man Kaltleiter. Stoffe, die in heißem Zustand besser leiten, nennt man Heißleiter.

Bei Erwärmung schwingen die Atome stärker um ihren Platz im Kristallgitter **(Tabelle 1)**. Sind die Atome bzw. die Atomrümpfe wie in den Metallen dicht beieinander, wird die Fortbewegung der freien Elektronen durch die Wärmebewegung der Atome stärker behindert. Der Widerstand dieser Stoffe nimmt mit der Temperatur zu (Kaltleiter).

Durch die stärkeren Atomschwingungen lösen sich bei Kohle und Halbleitern Elektronen von ihrem Gitterplatz und werden zu freien Ladungsträgern und erhöhen somit die Leitfähigkeit **(Tabelle 1)**.

Die Größe der Widerstandsänderung gibt man durch den **Temperaturbeiwert** α an, der auch **Temperaturkoeffizient** genannt wird.

> Der Temperaturbeiwert α gibt an, um wie viel Ohm der Widerstand von 1 Ω bei einer Temperaturänderung von 1 K (Kelvin) größer oder kleiner wird.

Kaltleiter haben einen positiven, Heißleiter einen negativen Temperaturbeiwert **(Tabelle 2)**.

Beispiel:

Wie groß ist der Drahtwiderstand einer Kupferwicklung **(Tabelle 2)** bei $\vartheta_2 = 80\,°C$, wenn bei einer Temperatur von $\vartheta_1 = 20\,°C$ ein Widerstand von $R_{20} = 30\,\Omega$ gemessen wird?

Lösung:

$\Delta\vartheta = \vartheta_2 - \vartheta_1 = 80\,°C - 20\,°C = 60\,K$

$\Delta R = R_{20} \cdot \alpha \cdot \Delta\vartheta = 30\,\Omega \cdot 0{,}0039\,\frac{1}{K} \cdot 60\,K = 7{,}02\,\Omega$

$\boldsymbol{R_\vartheta} = R_{20} + \Delta R = 30\,\Omega + 7{,}02\,\Omega = \mathbf{37{,}02\,\Omega}$

Wiederholungsfragen

1. **Warum brennen Glühlampen meist beim Einschalten durch?**
2. **Wie verändert sich der Widerstand bei Temperaturerhöhung von einem Widerstandswerkstoff mit negativem Temperaturbeiwert?**

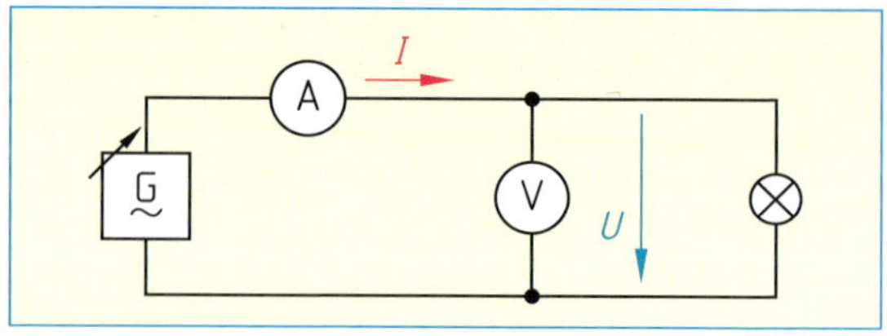

Bild: Widerstandsermittlung bei Glühlampen

Tabelle 1: Temperaturabhängigkeit des Widerstands

	niedrige Temperatur	hohe Temperatur
Metalle	geringer Atomabstand	
	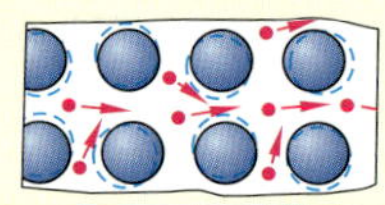	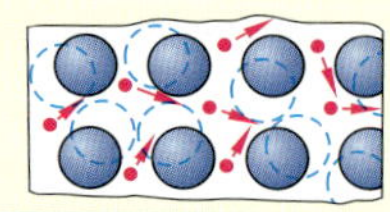
	geringe	starke
	Behinderung der freien Elektronen	
Halbleiter	großer Atomabstand	
	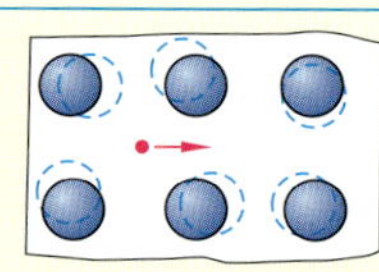	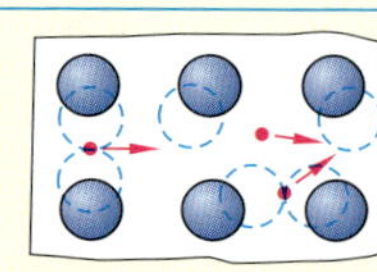
	wenig	viele
	freie Ladungsträger entstehen	

Temperaturdifferenzen werden in K (Kelvin) angegeben.

Widerstandswert bei Temperaturänderung

$$\Delta\vartheta = \vartheta_2 - \vartheta_1 \qquad [\Delta\vartheta] = K;\ [\vartheta] = °C$$

$$\Delta R = R_{20} \cdot \alpha \cdot \Delta\vartheta \qquad [\Delta R] = \Omega \cdot \frac{1}{K} \cdot K = \Omega$$

$$R_\vartheta = R_{20} + \Delta R \qquad [\alpha] = \frac{1}{K}$$

$$R_\vartheta = R_{20}\,(1 + \alpha \cdot \Delta\vartheta)$$

ΔR Widerstandsänderung
R_{20} Widerstand bei 20 °C
R_ϑ Widerstand bei der Temperatur ϑ
α Temperaturbeiwert
$\Delta\vartheta$ Temperaturänderung
ϑ_1 Anfangstemperatur
ϑ_2 Endtemperatur

Tabelle 2: Temperaturbeiwerte von Werkstoffen bei 20 °C

Werkstoff	α in 1/K	Werkstoff	α in 1/K
Eisen	0,00657	Kupfer	0,0039
Zinn	0,0046	Aluminium	0,004
Blei	0,0042	Messing	0,0015
Zink	0,0042	Manganin	0,00001
Gold	0,00398	Konstantan	0,00004
Silber	0,0041	Kohle	– 0,00045

2.10 Bauarten von Widerständen

Widerstände teilt man nach der Bauart **(Bild)** ein. Weiterhin unterscheidet man lineare Widerstände, z. B. Festwiderstände, und nichtlineare Widerstände, z. B. NTC-Widerstände.

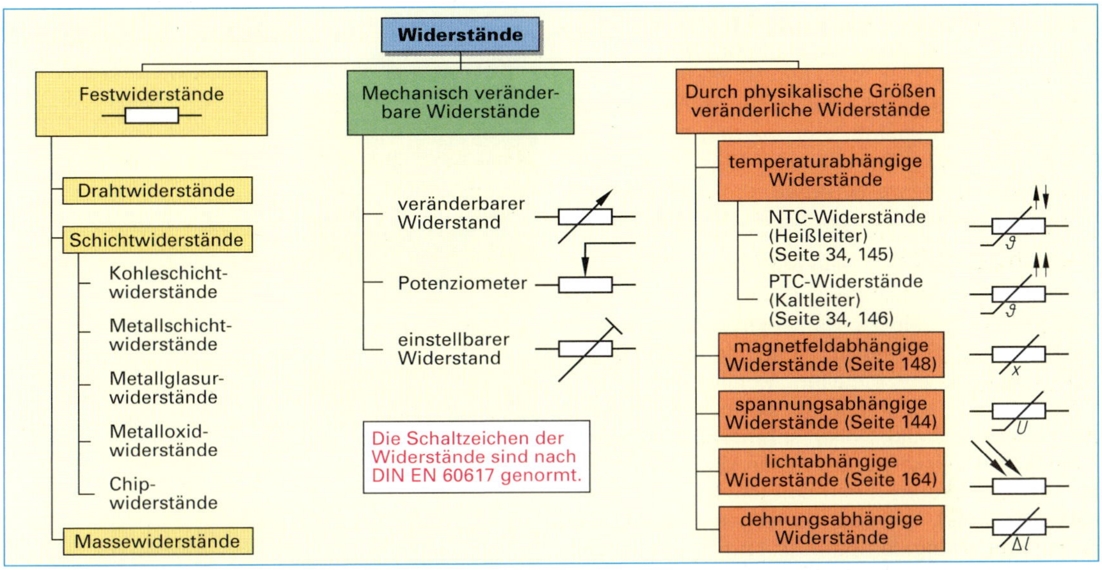

Bild: Einteilung technischer Widerstände

Festwiderstände haben genormte Bemessungswerte (Nennwerte) mit einer zulässigen Toleranz, die in Prozent vom Bemessungswert angegeben wird. Die Normreihen dieser Nennwiderstände sind so aufgebaut, dass sie jeden Zwischenwert abdecken können. Die Bezeichnung der Normreihe, z.B. E12, bedeutet, dass 12 Widerstandswerte von 1,0 bis 8,2 **(Tabelle)** innerhalb einer Dekade[1] vorhanden sind.

Die nach DIN IEC[2] festgelegten E-Reihen und deren Toleranzen sind: E6 (± 20%), E12 (± 10%), E24 (± 5%), E48 (± 2%), E96 (± 1%) und E192 (± 0,5%).

Widerstandswert und Fertigungstoleranz werden durch Zahlen oder Farbringe auf dem Widerstand gekennzeichnet. Widerstände bis einschließlich der Reihe E 48 haben 4 Farbringe **(Tabelle, Seite 36)**. Sind Widerstände mit 5 Farbringen versehen, z.B. ab der Reihe E96, geben die ersten drei Ringe die drei Ziffern des Widerstandswertes, der vierte Ring gibt den Multiplikator an und der fünfte die Toleranz (siehe Tabellenbuch Elektrotechnik).

Belastbarkeit von Widerständen. Sie hängt davon ab, wie gut die Stromwärme an die Umgebung abgegeben werden kann. Hohe Belastbarkeit bedingt deshalb auch große Abmessungen. Man gibt die Bemessungsleistung von Widerständen in Watt bei einer bestimmten Temperatur an, z.B. 1 W bei 70 °C.

[1] Dekade, von dekas (griech.) = zehn
[2] DIN, Abk. für: Deutsches Institut für Normung; IEC, Abk. für: International Electrotechnical Commission

Tabelle: DIN-IEC-Reihen E6, E12 und E24

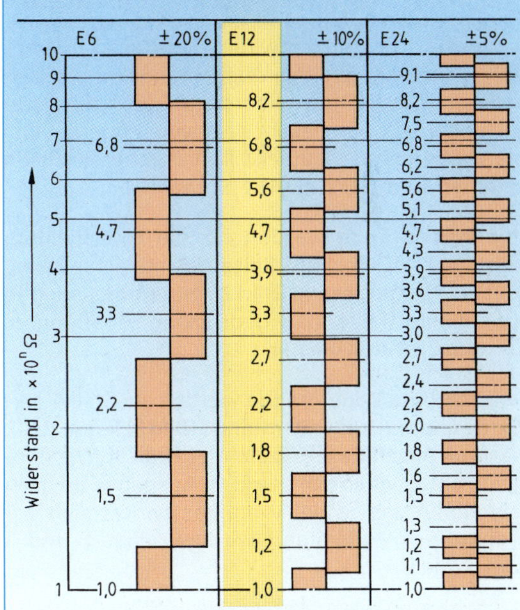

Beispiel:

Welche Widerstandswerte entsprechen der Reihe E12?

Lösung:

0,1 Ω; 0,12 Ω; 0,15 Ω … 0,82 Ω **oder** 1,0 Ω; 1,2 Ω; 1,5 Ω … 8,2 Ω **oder** 10 Ω; 12 Ω; 15 Ω … 82 Ω **oder** 100 Ω; 120 Ω; 150 Ω … 820 Ω **oder** 1 kΩ; 1,2 kΩ; 1,5 kΩ … 8,2 kΩ usw.

Die Belastbarkeit aller Widerstände hängt von der Baugröße und der Umgebungstemperatur ab.

Drahtwiderstände bestehen aus einem Keramikkörper, auf den ein Widerstandsdraht, z. B. aus Konstantan, gewickelt ist. Anschlussfahnen, -schellen oder -kappen sorgen für die Stromzuführung. Zum Schutz vor Umwelteinflüssen werden Drahtwiderstände mit Lack, Zement oder Glas überzogen. Drahtwiderstände werden etwa von 0,3 Ω bis 500 kΩ mit Bemessungsleistungen bis 300 W gefertigt.

Schichtwiderstände haben als Widerstandswerkstoff eine dünne Schicht aus kristalliner Kohle, einem Edelmetall oder einem Metalloxid z. B. auf einem Keramikkörper. Bei Metallschichtwiderständen trägt man eine Paste aus Metallen, Metallverbindungen und Glaspulver auf und brennt sie anschließend ein **(Dickschichttechnik).** Sollen sehr dünne Schichten auf dem Keramikkörper entstehen, dampft man die Metalle im Vakuum durch eine Maske auf **(Dünnschichttechnik).** Zum Schutz gegen Feuchtigkeit, hohe Umgebungstemperatur und mechanische Beschädigung erhalten Schichtwiderstände einen Überzug aus Lack, Kunstharz oder Silikonzement. Edelmetallschichtwiderstände sind bei gleichen Abmessungen höher belastbar als Kohleschichtwiderstände. Kohleschichtwiderstände sind unempfindlich gegen kurzzeitige Überlastung (Impulsüberlastung). Metallschichtwiderstände sind temperaturstabil und haben besonders kleine Widerstandstoleranzen (bis zu ± 0,005 %). Ihr Wertebereich kann zwischen 0,1 mΩ bis 100 MΩ betragen.

Chip-Widerstände werden für die Oberflächenmontage (SMD-Technik, **Seite 266**) mit einer Belastung bis 2 W hergestellt **(Bild 2).** Ihre Abmessungen passen zum Rastermaß gedruckter Schaltungen, z. B. zum 2,54-mm-Raster.

Veränderbare Widerstände werden als Stellwiderstände und als Drehwiderstände **(Bild 3)** hergestellt. Die drei Anschlüsse bezeichnet man mit E (Eingang), S (Schleifkontakt) und A (Ausgang). Je nach Einstellung des Schleifkontaktes ändert sich der abgegriffene Widerstandswert zwischen S und A bzw. S und E.

Auswahl von Widerständen. Je nach Anwendung werden Widerstände ausgewählt nach:

- Widerstandswert (Bemessungswert),
- Toleranz,
- Bemessungsleistung *P* **(Bild 1),**
- Widerstandsverhalten bei Temperaturänderung,
- Bauform **(Bild 1).**

Tabelle: Farbkennzeichnung für Widerstände

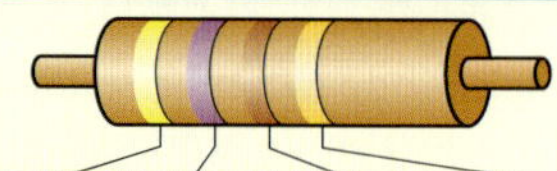

Kennfarbe nach DIN IEC 62	Kennfarbe nach IEC 757	1.Ziffer	2.Ziffer	Multiplikator	Toleranz in %
		Widerstandswert in Ω			
schwarz (sw)	BK (black)	–	0	1	–
braun (br)	BN (brown)	1	1	10	±1
rot (rt)	RD (red)	2	2	10^2	±2
orange (or)	OG (orange)	3	3	10^3	–
gelb (gb)	YE (yellow)	4	4	10^4	–
grün (gn)	GN (green)	5	5	10^5	±0,5
blau (bl)	BU (blue)	6	6	10^6	±0,25
violett (vi)	VT (violet)	7	7	10^7	±0,1
grau (gr)	GY (grey)	8	8	10^8	–
weiß (ws)	WH (white)	9	9	10^9	–
gold (au)	GD (gold)	–	–	0,1	±5
silber (ag)	SR (silver)	–	–	0,01	±10
ohne Farbe		–	–	–	±20

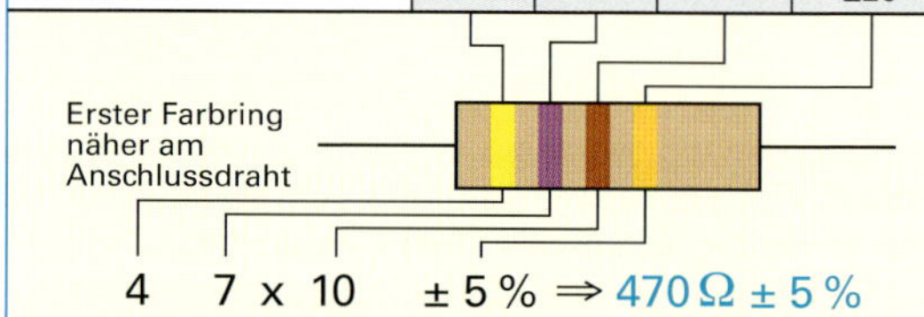

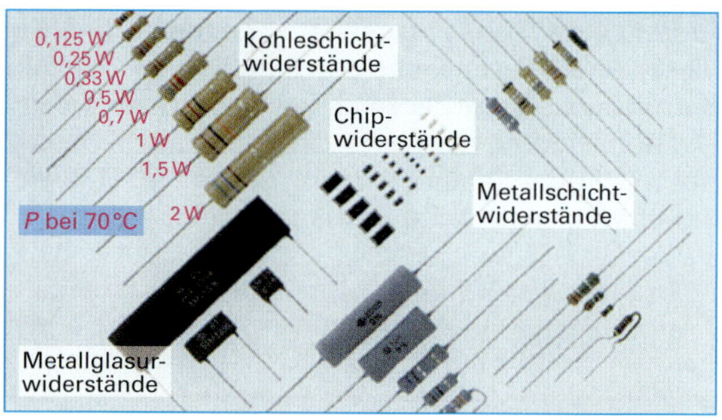

Bild 1: Bauformen und Baugrößen von Widerständen

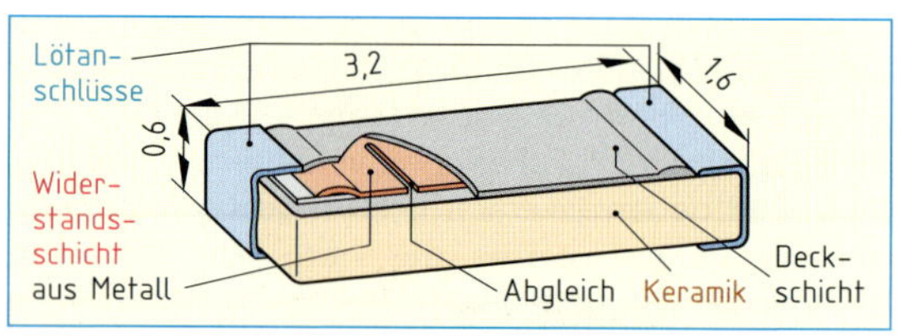

Bild 2: Aufbau eines Chip-Widerstandes

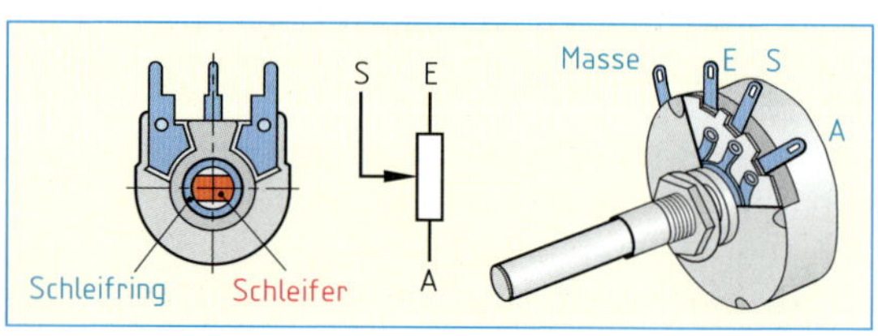

Bild 3: Drehwiderstand (Potenziometer)

2.11 Elektrische Energie und Arbeit

2.11.1 Gewinnung elektrischer Energie

Elektrische Energie lässt sich z.B. aus mechanischer Energie gewinnen. Im Wasser eines hochgelegenen Stausees steckt potenzielle Energie. Strömt das Wasser in das tiefergelegene Kraftwerk, wird die potenzielle Energie zur Bewegungsenergie. Das Wasser verrichtet in der Turbine Arbeit **(Bild 1)**. Die Turbine treibt einen Generator an, der die mechanische Energie der Turbine in elektrische Energie umwandelt.

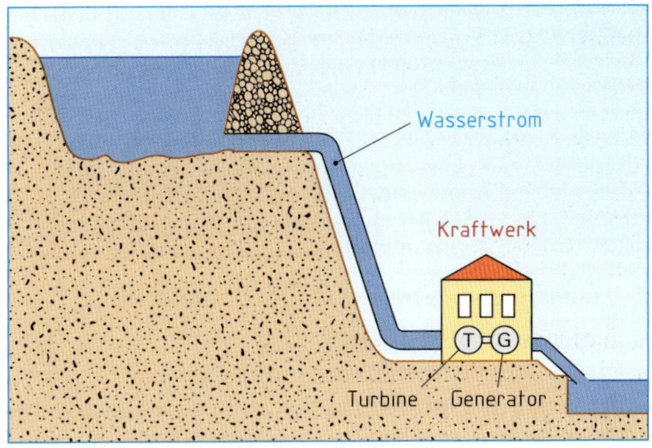

Bild 1: Wasserkraftwerk

> Energie ist die Fähigkeit, Arbeit zu verrichten.

Elektrische Energie kann aus erneuerbaren Energien, fossilen[1] Energien oder aus der Kernenergie gewonnen werden **(Bild 2)**.

Kraftwerke, **Seite 186**

Beispiel Wärmekraftwerk: Aufgabe eines Wärmekraftwerks ist die Energieumwandlung mithilfe von Wärmeenergie. Die Wärmeenergie wird z.B. aus der chemischen Energie durch Verbrennung von Kohle, Gas, Heizöl oder aus der Kernenergie durch Kernspaltung gewonnen. Im Dampferzeuger wird durch die Wärmeenergie aus Wasser Wasserdampf erzeugt. Der Wasserdampf treibt die Schaufelräder der Turbine an. Die Turbine ist mit dem Generator gekoppelt und wandelt die mechanische Energie (Bewegungsenergie) der Turbine in elektrische Energie um.

> Energie lässt sich nicht erzeugen, sondern nur umwandeln.

Trotzdem nennt man Einrichtungen, die eine Energieform in elektrische Energie umwandeln, **Erzeuger.** Erzeuger sind z.B. Generatoren, Solarzellen oder Akkumulatoren (beim Entladen).

Geräte, die elektrische Energie in andere Energiearten umformen, bezeichnet man als **Verbraucher.** Verbraucher sind z.B. Glühlampen, Elektromotoren, Akkumulatoren (beim Laden) oder Lautsprecher.

> Die Umwandlung von elektrischer Energie in eine andere Energieform wird als elektrische Arbeit bezeichnet.

Elektrische Energie ist eine hochwertige Energieform, weil sie sich ohne große Verluste in andere Energiearten überführen lässt, z.B. in mechanische Energie oder Wärmeenergie.

[1] fossil (lat.) = ausgegraben, aus früher erdgeschichtlicher Zeit stammend

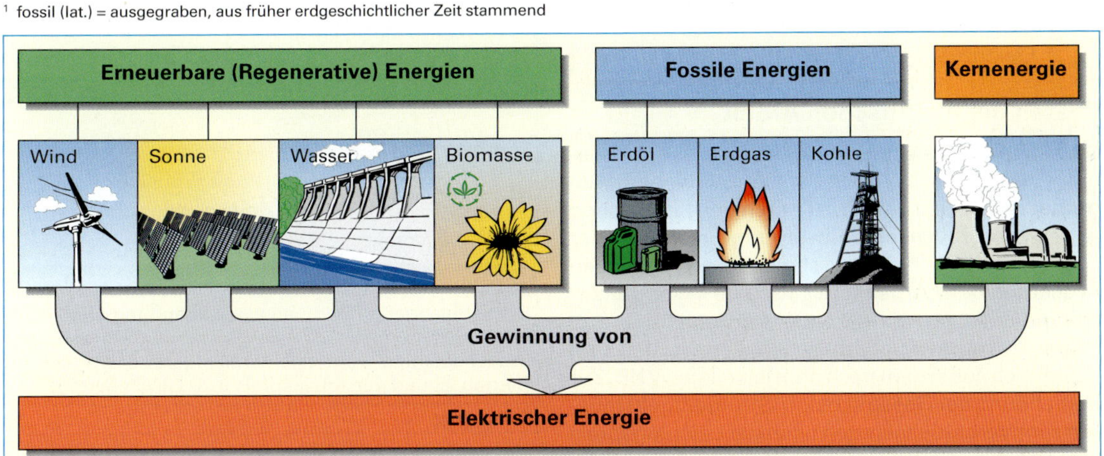

Bild 2: Beispiele für die Gewinnung elektrischer Energie

2.11.2 Elektrische Arbeit

Elektrische Spannung entsteht durch Ladungstrennung unter Arbeitsaufwand. Stellt man die Formel zur Berechnung der Spannung $U = W/Q$ nach W um, so erhält man $W = U \cdot Q$. Ersetzt man die Ladung Q durch $Q = I \cdot t$, so ergibt sich für die elektrische Arbeit

$$W = U \cdot I \cdot t$$

Die elektrische Arbeit W ist das Produkt aus der Spannung U, der Stromstärke I und der Zeit t.

Die **elektrische Arbeit** ist dabei umso größer,

- je größer die Spannung U,
- je höher die Stromstärke I und
- je länger die Zeit t ist, in der ein Gerät elektrische Energie aus dem Netz entnimmt.

In der Praxis ist für die elektrische Arbeit die Einheit Kilowattstunde (kWh) gebräuchlich.

1 kWh = 1000 Wh = 3 600 000 Ws = 3 600 000 J

Messen der elektrischen Arbeit

Indirekte Messung. Die elektrische Arbeit kann indirekt durch Messen von Spannung U, Stromstärke I und der Zeit t mit anschließender Berechnung über die Formel $W = U \cdot I \cdot t$ bestimmt werden.

Direkte Messung. Elektrizitätszähler, oft nur als Zähler bezeichnet, messen die elektrische Arbeit direkt. Im Zähler **(Bild)** befinden sich eine Spannungsspule und zwei in Reihe geschaltete Stromspulen. Die Spannungsspule wird wie ein Spannungsmesser (Spannungspfad), die Stromspulen werden wie ein Strommesser (Strompfad) geschaltet. Die magnetischen Wirkungen der Spulen versetzen die Zählerscheibe in Drehung. Ein Zählwerk zählt die Umdrehungen und zeigt die elektrische Arbeit direkt in kWh an.

Elektrizitätszähler, **Seite 130**

Kosten der elektrischen Arbeit

Der Abnehmer elektrischer Energie muss die verbrauchte elektrische Arbeit dem **Verteilungsnetzbetreiber (VNB)** bezahlen. Die Kosten der elektrischen Arbeit (Verbrauchsentgelt) ergeben sich aus der vom Zähler angezeigten verbrauchten elektrischen Arbeit und dem Arbeitspreis für eine kWh. Der Arbeitspreis ist je nach Art des Verbrauchers, z.B. Industrie, Landwirtschaft, Haushalt, gestaffelt und richtet sich außerdem nach dem jeweiligen VNB. Zur Berechnung der Gesamtkosten (Stromentgelt) müssen zum Verbrauchsentgelt noch der Leistungspreis (Bereitstellungspreis) und der Verrechnungspreis (Zählermiete) hinzugerechnet werden.

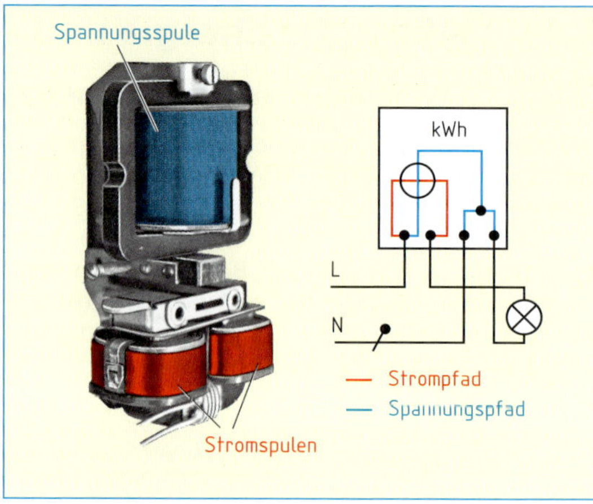

Bild: Elektrizitätszähler

Elektrische Arbeit

$$W = U \cdot I \cdot t$$

[W] = Ws; 1 Ws = 1 VAs = 1 J

W	elektrische Arbeit	I	Stromstärke
U	Spannung	t	Zeit

Beispiel 1:

Berechnen Sie die elektrische Arbeit, wenn eine Glühlampe an einer Spannung von $U = 230$ V angeschlossen ist und während einer Zeit von $t = 4$ h ein Strom $I = 0{,}44$ A fließt.

Lösung:

$\boldsymbol{W} = U \cdot I \cdot t = 230\ \text{V} \cdot 0{,}44\ \text{A} \cdot 4\ \text{h}$
$= 404{,}8\ \text{Wh} \approx$ **0,405 kWh**

Elektrische Arbeit

- Formelzeichen: W
- Einheitenname: Wattsekunde
- Einheitenzeichen: Ws
- Einheitenvorsätze (Beispiele):
  1 mWs = 0,001 Ws = $1 \cdot 10^{-3}$ Ws
  1 kWs = 1000 Ws = $1 \cdot 10^{3}$ Ws
  1 MWs = 1 000 000 Ws = $1 \cdot 10^{6}$ Ws

Kosten der elektrischen Arbeit

$$VE = W \cdot VP$$

$[VE] = €$

VE	Verbrauchsentgelt
W	elektrische Arbeit in kWh
VP	Arbeitspreis in €/kWh

Beispiel 2:

Ein Fernsehgerät nimmt an einer Spannung von 230 V einen Strom von 0,87 A auf. Berechnen Sie das Verbrauchsentgelt, wenn das Fernsehgerät 6 Stunden in Betrieb ist und der Arbeitspreis 0,20 €/kWh beträgt.

Lösung:

$W = U \cdot I \cdot t = 230\ \text{V} \cdot 0{,}87\ \text{A} \cdot 6\ \text{h} = 1{,}20\ \text{kWh}$
$\boldsymbol{VE} = W \cdot VP = 1{,}20\ \text{kWh} \cdot 0{,}20\ €/\text{kWh} =$ **0,24 €**

2.12 Elektrische Leistung

Wird eine bestimmte Arbeit ***W*** in einer gewissen Zeit ***t*** verrichtet, so spricht man von Leistung ***P***. Diese Definition gilt für die mechanische Leistung und ebenso für die elektrische Leistung. Die Einheit der Leistung ist Watt (W).

Elektrische Leistung ist elektrische Arbeit pro Zeit.

Setzt man für die elektrische Arbeit die Formel $W = U \cdot I \cdot t$ ein, so ergibt sich für die Leistung:

$$P = \frac{W}{t} = \frac{U \cdot I \cdot t}{t} = U \cdot I$$

Die elektrische Leistung errechnet man aus Spannung mal Stromstärke.

Die elektrische Leistung kann man auch mit dem Widerstandswert und der Spannung bzw. der Stromstärke berechnen. Über das ohmsche Gesetz lässt sich ein Zusammenhang zwischen Leistung und Widerstand herstellen.

$$P = U \cdot I$$

mit $U = I \cdot R$ | mit $I = \frac{U}{R}$

$\Rightarrow \quad P = I \cdot R \cdot I$ | $\Rightarrow \quad P = U \cdot \frac{U}{R}$

$\Rightarrow \quad P = I^2 \cdot R$ | $\Rightarrow \quad P = \frac{U^2}{R}$

In einem Verbraucher mit konstantem Widerstand nimmt die elektrische Leistung mit dem Quadrat des Stromes zu, ebenso mit dem Quadrat der Spannung.

Wird z. B. an einem konstanten Widerstand $R = 100\ \Omega$ die Spannung von $U_1 = 2$ V auf $U_2 = 4$ V verdoppelt, so steigt die Leistung von $P_1 = 40$ mW um das Vierfache auf $P_2 = 160$ mW.

In einem Strom-Spannungs-Schaubild **(Bild)** ist die Kurve für eine bestimmte Leistung, z. B. für $P = 2$ W, eine Hyperbel (Leistungshyperbel). An jedem Punkt der Hyperbel ist $P = U \cdot I = 2$ W.

Eine Widerstandsgerade schneidet diese Hyperbel im Punkt der höchstzulässigen Spannung U_{max} und der höchstzulässigen Stromstärke I_{max}.

Bei Gleichstrom darf man die Leistung immer mit $P = U \cdot I$ berechnen, bei Wechselstrom nur bei Wärmegeräten (ohmsche Widerstände).

Elektrische Leistung

$$P = \frac{W}{t} \qquad [P] = W$$

$$P = U \cdot I \qquad 1\ \text{W} = 1\ \frac{\text{VAs}}{\text{s}} = 1\ \text{VA}$$

P	Elektrische Leistung	I	Stromstärke
W	Elektrische Arbeit	t	Zeit
U	Spannung		

Beispiel 1:

Ein Heizgerät für 230 V nimmt im Betrieb 8,65 A auf. Wie groß ist die aufgenommene elektrische Leistung?

Lösung:

$\boldsymbol{P} = U \cdot I = 230\ \text{V} \cdot 8{,}65\ \text{A} = 1989{,}5\ \text{W} \approx \mathbf{2\ kW}$

Elektrische Leistung

- Formelzeichen: P
- Einheitenname: Watt
- Einheitenzeichen: W
- Einheitenvorsätze (Beispiele):
  1 mW = 0,001 W = $1 \cdot 10^{-3}$ W
  1 kW = 1000 W = $1 \cdot 10^{3}$ W
  1 MW = 1 000 000 W = $1 \cdot 10^{6}$ W

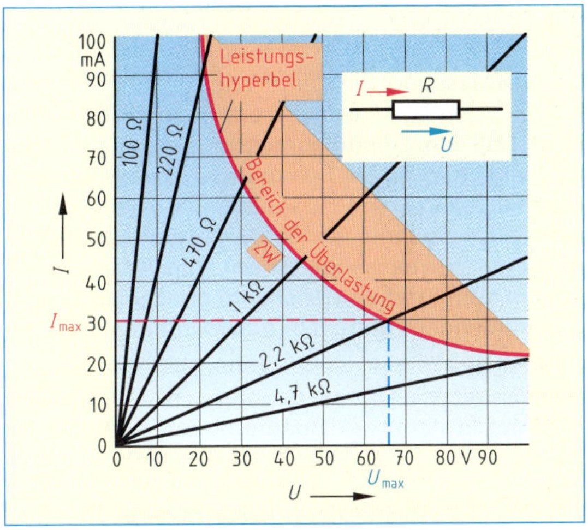

Bild: Leistungshyperbel für 2-W-Widerstände

Beispiel 2:

a) Ermitteln Sie aus dem **Bild** die Werte U_{max} und I_{max} für einen Widerstand von 2,2 kΩ, 2 W.

b) Überprüfen Sie die Werte rechnerisch.

Lösung:

a) aus Schaubild **(Bild)**:
$U_{max} \approx$ **66 V** und $\boldsymbol{I}_{max} \approx$ **30 mA**

b) $U_{max} = \sqrt{\mathbf{P} \cdot \mathbf{R}} = \sqrt{2\ \text{W} \cdot 2\,200\ \Omega} = \mathbf{66{,}3\ V}$

$I_{max} = \sqrt{\frac{\mathbf{P}}{\mathbf{R}}} = \sqrt{\frac{2\ \text{W}}{2\,200\ \Omega}} = \mathbf{0{,}03\ A}$

Messung der elektrischen Leistung

Indirekte Messung. Die elektrische Leistung kann man **indirekt** aus den Messwerten einer Strom- und Spannungsmessung **(Bild 1a)** mit der Formel $P = U \cdot I$ berechnen.

Die Leistungsbestimmung mithilfe eines **Elektrizitätszählers** ist eine weitere Methode der indirekten Leistungsbestimmung. Auf dem Leistungsschild des Zählers **(Bild 2)** ist die Zählerkonstante C_z angegeben. Sie gibt an, wie oft sich die Zählscheibe drehen muss, bis 1 kWh verbraucht ist. Eine Farbmarkierung am Umfang der Zählerscheibe ermöglicht das Zählen der Umdrehungen.

Arbeitsschritte bei der indirekten Leistungsmessung mithilfe eines Zählers:

- Einschalten des Verbrauchers, dessen Leistung ermittelt werden soll (alle anderen Verbraucher müssen ausgeschaltet sein).
- Zählen der Umdrehungen der Zählerscheibe, die der zu messende Verbraucher, z. B. in einer Minute, verursacht.
- Umrechnen der Umdrehungen der Zählerscheibe auf eine Stunde.
- Berechnen der elektrischen Leistung in kWh mit der Formel $P = n/C_z$.

Direkte Messung. Die elektrische Leistung kann mit einem Leistungsmesser **direkt** bestimmt werden **(Bild 1b).** Ein Leistungsmesser besitzt vier Anschlüsse, zwei für die Spannungs- und zwei für die Strommessung. Am Spannungspfad liegt die zu messende Spannung, und durch den Strompfad fließt der zu messende Strom. Die Anzeige entspricht dem Produkt aus anliegender Spannung U und fließendem Strom I und damit der Leistung P.

Bei der Einstellung des Spannungs- und Strommessbereichs ist darauf zu achten, dass weder der Strompfad noch der Spannungspfad überlastet werden.

Beim Leistungsmesser schließt man den Spannungspfad wie einen Spannungsmesser und den Strompfad wie einen Strommesser an.

Leistungsmesser, **Seite 132**

Leistungsangaben. Bei elektrischen Betriebsmitteln ist auf dem Leistungsschild die **Bemessungsleistung** angegeben.

Die Bemessungsleistung gibt die Leistung unter den angegebenen Betriebsbedingungen (z. B. Bemessungsspannung, Bemessungsstrom) an.

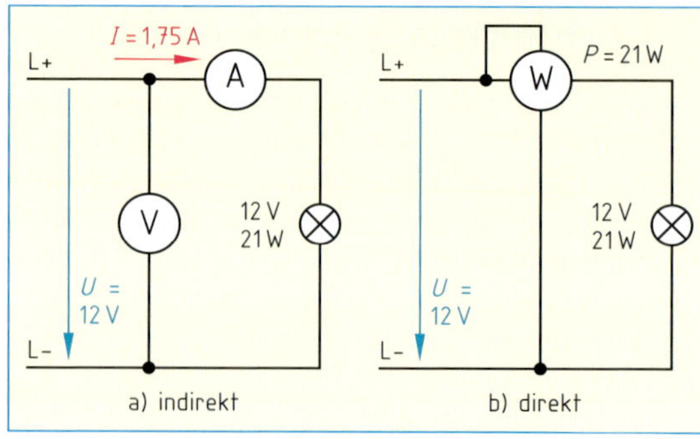

Bild 1: Indirekte und direkte Leistungsmessung

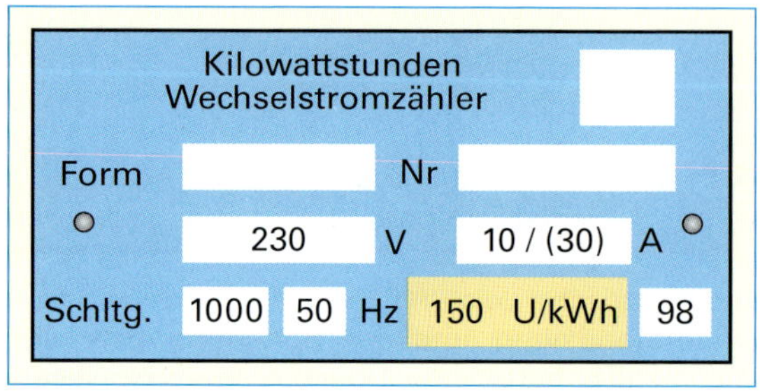

Bild 2: Leistungsschild eines Elektrizitätszählers

Elektrische Leistung

$$P = \frac{n}{C_z} \qquad [P] = \frac{1/\text{h}}{1/\text{kWh}} = \text{kW}$$

P Leistung
n Umdrehungen der Zählerscheibe je Stunde
C_z Zählerkonstante, Umdrehungen der Zählerscheibe je kWh

Beispiel:

Nach einem Zähler mit der Zählerkonstanten $C_z = 150$ 1/kWh **(Bild 2)** ist nur noch ein Heizgerät eingeschaltet. Die Zählerscheibe dreht sich 5-mal in der Minute. Welche elektrische Leistung nimmt das Gerät auf?

Lösung:

$$n = \frac{5 \cdot 60 \cdot \text{min/h}}{1\ \text{min}} = 300\ 1/\text{h};\ \boldsymbol{P} = \frac{n}{C_z} = \frac{300\ 1/\text{h}}{150\ 1/\text{kWh}} = \mathbf{2\ kW}$$

Die angegebene Bemessungsleistung ist:

- bei Elektrogeräten, z. B. einem Haartrockner oder Lötkolben **(Tabelle)**, die **aufgenommene Leistung,**
- bei Elektromotoren die **abgegebene Leistung.**

Tabelle: Leistungen von Verbrauchern (Beispiele)

Verbraucher	Leistung	Verbraucher	Leistung
Haartrockner	2 000 W	Glühlampe	100 W
Fernsehgerät	150 W	Lötkolben	60 W
ICE-Antrieb	8 000 kW	Quarz-Uhr	90 μW

2.13 Wirkungsgrad

Versuch: Schließen Sie einen Transformator über einen Leistungsmesser an AC 50 V an **(Bild 1)**. Belasten Sie den Transformator mit einem Stellwiderstand, z. B. 50 Ω, und messen Sie die Leistungsaufnahme und die Leistungsabgabe.

Die Leistungsabgabe ist kleiner als die Leistungsaufnahme.

In allen Energiewandlern, z. B. in Motoren, entstehen unerwünschte Nebenwirkungen. So erwärmt der elektrische Strom die Drähte der Motorwicklung. Auch das Eisenblech von Läufer und Ständer eines Motors wird erwärmt. Außerdem setzen sich Lager- und Luftreibung ebenfalls in Wärme um.

Den Teil der aufgenommenen (aufgewendeten) Leistung, der in unerwünschte Nebenwirkungen umgesetzt wird, nennt man **Verlustleistung.** Das **Leistungsschaubild** eines Motors **(Bild 2)** zeigt den Zusammenhang zwischen der aufgenommenen Leistung, der abgegebenen (genutzten) Leistung und den im Motor auftretenden Verlustleistungen.

Der Wirkungsgrad η[1] ist das Verhältnis von abgegebener Leistung zur aufgenommenen Leistung.

Der Wirkungsgrad kann als Dezimalzahl **(Tabelle)** oder in Prozent angegeben werden. Er ist immer kleiner als 1 bzw. 100 %, weil die Leistungsaufnahme immer größer ist als die Leistungsabgabe.

Beispiel 1:

Ein Motor nimmt 4,65 kW elektrische Leistung auf und gibt an der Motorwelle 4,0 kW mechanische Leistung ab. Berechnen Sie **a)** die Verlustleistung P_v und **b)** den Wirkungsgrad η des Motors.

Lösung:

a) $\boldsymbol{P_v} = P_{zu} - P_{ab} = 4{,}65\ \text{kW} - 4\ \text{kW} = \mathbf{0{,}65\ kW}$

b) $\boldsymbol{\eta} = \frac{P_{ab}}{P_{zu}} = \frac{4\ \text{kW}}{4{,}65\ \text{kW}} = \mathbf{0{,}86} \mathrel{\hat=} \mathbf{86\,\%}$

Wandelt man in einer Anlage die Energieform mehrmals um, z. B. von elektrischer Energie in mechanische Energie und dann wieder in elektrische Energie mit anderer Frequenz und/oder Spannung **(Bild 3)**, erhält man den Gesamtwirkungsgrad η durch Multiplikation der Einzelwirkungsgrade.

Beispiel 2:

Berechnen Sie für den Frequenzumformer **(Bild 3)**
a) den Wirkungsgrad η_M des Motors, des Generators η_G und **b)** den Gesamtwirkungsgrad η.

Lösung:

a) $\boldsymbol{\eta_M} = \frac{P_{ab\,M}}{P_{zu\,M}} = \frac{3{,}2\ \text{kW}}{4\ \text{kW}} = \mathbf{0{,}8}\quad \boldsymbol{\eta_G} = \frac{P_{ab\,G}}{P_{zu\,G}} = \frac{2{,}4\ \text{kW}}{3{,}2\ \text{kW}} = \mathbf{0{,}75}$

b) $\boldsymbol{\eta} = \frac{P_{ab\,G}}{P_{zu\,M}} = \frac{2{,}4\ \text{kW}}{4\ \text{kW}} = \mathbf{0{,}6}$ oder

$\boldsymbol{\eta} = \eta_1 \cdot \eta_2 = \eta_M \cdot \eta_G = 0{,}8 \cdot 0{,}75 = \mathbf{0{,}6}$

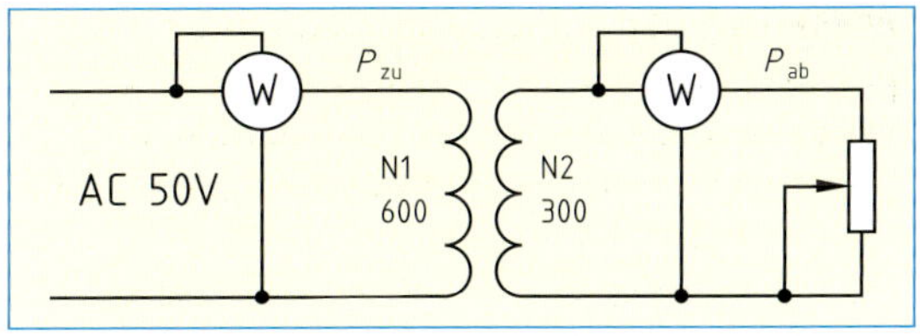

Bild 1: Bestimmen des Wirkungsgrades an einem Transformator

Verlustleistung und Wirkungsgrad

$$P_v = P_{zu} - P_{ab}$$

$$\eta = \frac{P_{ab}}{P_{zu}};\quad \eta = \eta_1 \cdot \eta_2 \qquad [\eta] = 1$$

η	Wirkungsgrad (Leistungsverhältnis) Gesamtwirkungsgrad
η_1, η_2	Einzelwirkungsgrade
P_{ab}	abgegebene Leistung
P_{zu}	aufgenommene Leistung
P_v	Verlustleistung

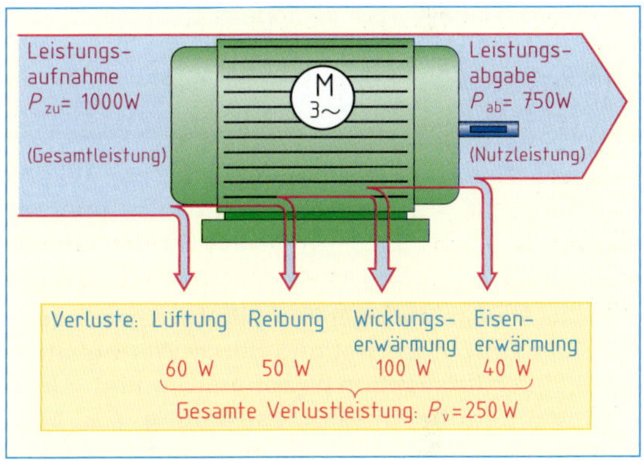

Bild 2: Leistungsschaubild eines Motors

Tabelle: Wirkungsgrade (Beispiele)

Verbraucher		Wirkungsgrad η
Drehstrommotor	1 kW	0,75
Transformator	1 kVA	0,90
Tauchsieder	1 kW	0,95
Glühlampe	40 W	0,15

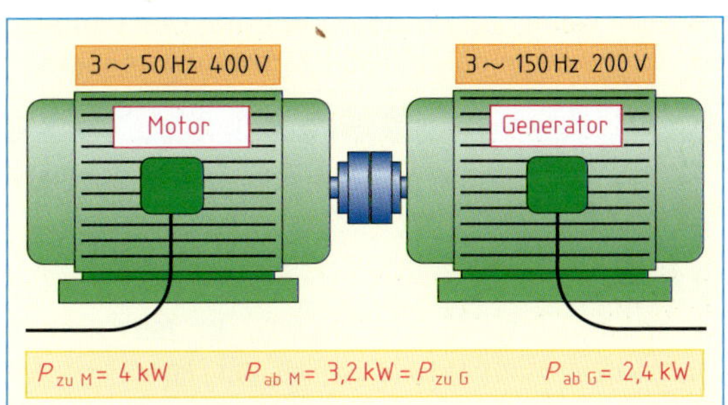

Bild 3: Frequenzumformer

[1] η griech. Kleinbuchstabe eta

2.14 Elektrowärme

Wärme ist eine Energieform, die durch die Energie der ungeordneten Bewegung von Atomen oder Molekülen entsteht. Meist wird elektrische Energie unmittelbar in Wärme umgewandelt. Diese Wärme kann erwünscht (Nutzwärme) oder nicht erwünscht (Verlustwärme) sein **(Tabelle 1)**. Wärme hat die gleichen Einheiten wie Energie, z. B. Joule[1] (J).

Temperatur. Den Wärmezustand eines Körpers kennzeichnet seine Temperatur. Zur Messung benützt man Thermometer. Als Einheit der Temperatur ist das Grad Celsius[2] (°C) üblich. In der Physik und Elektrotechnik wird meist bei Temperaturen mit der Einheit Kelvin[3] (K) gerechnet (0 K = –273,15 °C). Temperaturdifferenzen werden immer in Kelvin angegeben, z. B. $\Delta\vartheta = \vartheta_2 - \vartheta_1$ = 55 °C – 20 °C = 35 K.

Wärmekapazität. Einem Körper muss man Wärme zuführen, um seine Temperatur zu erhöhen. Ein Rückgang der Temperatur bedeutet dagegen Abgabe von Wärme. Aufgenommene bzw. abgegebene Wärme wird häufig auch als Wärmemenge bezeichnet. Die Wärmemenge, die zur Temperaturerhöhung eines Stoffes, z. B. Wasser, von 1 kg um 1 K notwendig ist, nennt man **spezifische Wärmekapazität *c* (Tabelle 2)**. Je größer die spezifische Wärmekapazität ist, umso mehr Wärme kann ein Körper speichern.

> Die spezifische Wärmekapazität *c* gibt die Wärmemenge *Q* an, die eine Masse *m* = 1 kg des Stoffes um 1 K erwärmt.

Die zur Erwärmung erforderliche oder bei Abkühlung eines Körpers frei werdende Wärme hängt von der Temperaturdifferenz $\Delta\vartheta$, der spezifischen Wärmekapazität *c* des Stoffes und der Masse *m* ab.

Wärmeübertragung. Wärme wird immer von Stellen höherer Temperatur zu Stellen niedriger Temperatur übertragen. Dabei unterscheidet man Wärmeübertragung durch **Wärmeleitung,** z. B. in Metallen **(Bild)**, durch **Konvektion (Wärmeströmung),** z. B. bei Gasen und Flüssigkeiten, und durch **Wärmestrahlung,** z. B. bei Heizstrahlern. Der Wärmeübertragung wird ein bestimmter Widerstand entgegengesetzt, den man thermischen Widerstand R_{th} nennt.

Thermischer Widerstand, **Seite 167**

Wärmenutzungsgrad. In Elektrowärmegeräten entstehen Verluste dann, wenn ein Teil der Stromwärme (zugeführte elektrische Arbeit) durch Wärmeleitung, Wärmeströmung und Wärmestrahlung verloren geht. Die an der erwünschten Stelle, z. B. im Kochgut, auftretende Wärme bezeichnet man als **Nutzwärme.** Die Nutzwärme ist um die Verluste kleiner als die **Stromwärme.** Das Verhältnis von Nutzwärme zu Stromwärme nennt man **Wärmenutzungsgrad** ζ[4].

Beispiel:

Ein 6-kW-Warmwasserspeicher erwärmt 80 l Wasser von 14 °C auf 55 °C in 45 Minuten. Berechnen Sie **a)** die Wärmemenge und **b)** den Wärmenutzungsgrad.

Lösung:

a) $Q = m \cdot c \cdot \Delta\vartheta$ = 80 kg · 4,19 kJ/(kg · K) · (55 °C – 14 °C) = **13 743 kJ**

b) $\zeta = Q_N/Q_S$ = 13 743 kJ/(6 kW · 45 min · 60 s/min) = 0,85 ≙ **85 %**

[1] James Joule (sprich: dschul), engl. Physiker, 1818 bis 1889
[2] Anders Celsius, schwedischer Physiker, 1701 bis 1744
[3] Lord William Kelvin, englischer Physiker, 1824 bis 1907
[4] ζ, griech. Kleinbuchstabe zeta

Tabelle 1: Elektrowärme (Beispiele)

Nutzwärme	Verlustwärme
Raumheizung	Glühlampe
Kochplatten	Motor
Lötkolben	Transformator
Tauchsieder	Leitung

1 Ws = 1 J = 1 Nm

Tabelle 2: Spezifische Wärmekapazität *c*

Stoff	Spezifische Wärmekapazität *c* in kJ/(kg · K)
Aluminium	0,92
Kupfer	0,39
Stahl	0,46
Polyvinylchlorid	0,88
Wasser	4,19

Wärme, Wärmemenge

$$Q = m \cdot c \cdot \Delta\vartheta \qquad [Q] = \text{J}$$
$$\Delta\vartheta = \vartheta_2 - \vartheta_1$$

Q Wärme, Wärmemenge
m Masse
c spezifische Wärmekapazität
$\Delta\vartheta$ Temperaturdifferenz
ϑ_1 Anfangstemperatur
ϑ_2 Endtemperatur

Wärmenutzungsgrad

$$Q_N = m \cdot c \cdot \Delta\vartheta$$
$$Q_S = P \cdot t$$
$$\zeta = \frac{Q_N}{Q_S} = \frac{m \cdot c \cdot \Delta\vartheta}{P \cdot t}$$

ζ Wärmenutzungsgrad
Q_N Nutzwärme
Q_S Stromwärme
$\Delta\vartheta$ Temperaturdifferenz
c spezifische Wärmekapazität
m Masse
P Leistung
t Zeit

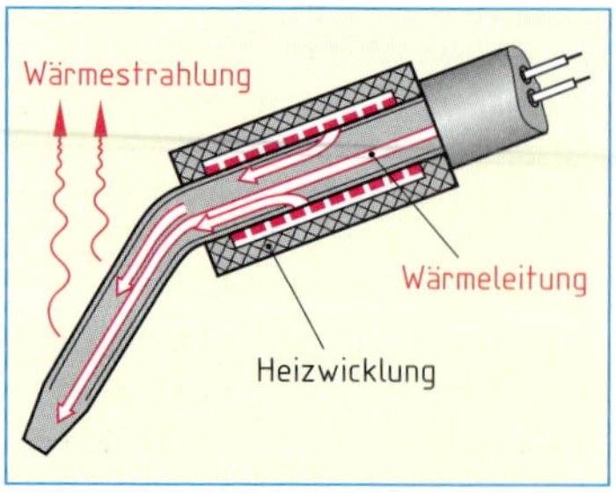

Bild: Wärmeleitung

Wiederholen – Anwenden – Vertiefen: Grundbegriffe der Elektrotechnik*

1. Nennen Sie die Bestandteile eines einfachen elektrischen Stromkreises und zeichnen Sie normgerecht einen elektrischen Stromkreis mit Batterie, Schalter und Glühlampe. Tragen Sie die Strom- und Spannungspfeile ein.

2. Eine Stromschiene hat die Masse m = 2 kg. Berechnen Sie die Gewichtskraft der Stromschiene **a)** auf der Erde (g = 9,81 m/s²) und **b)** auf dem Mond (g = 1,6 m/s²).

3. Elektrofilter in Kraftwerken **(Bild 1)** nutzen eine Eigenschaft elektrischer Ladung für die Flugaschenabscheidung aus. **a)** Nennen Sie diese Eigenschaft und **b)** erklären Sie das Wirkprinzip des Elektrofilters.

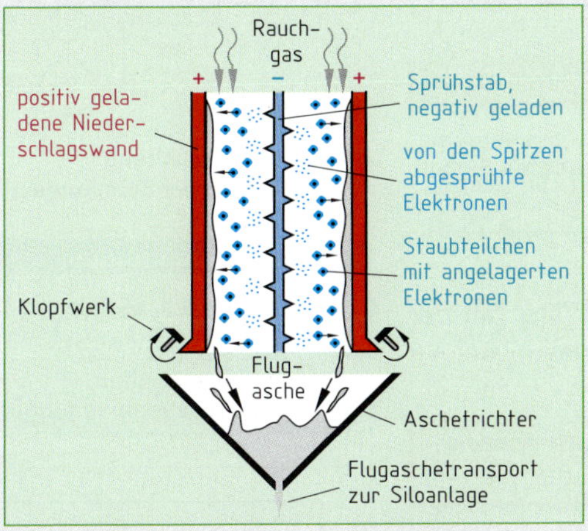

Bild 1: Funktionsschema eines Elektrofilters

4. Durch Wärmezufuhr wird ein Elektron auf der äußeren Schale eines Lithiumatoms entfernt. **a)** Wie nennt man den Atomrumpf? **b)** Welche elektrische Eigenschaft hat der Atomrumpf nun?

5. Von welchen Größen ist die Höhe der erzeugten elektrischen Spannung abhängig?

6. Eine Batterie besteht aus drei Zellen mit jeweils U = 2 V **(Bild 2)**. Geben Sie die Potenziale φ_1, φ_2 und φ_3 an.

7. Nennen Sie drei Möglichkeiten der Spannungserzeugung.

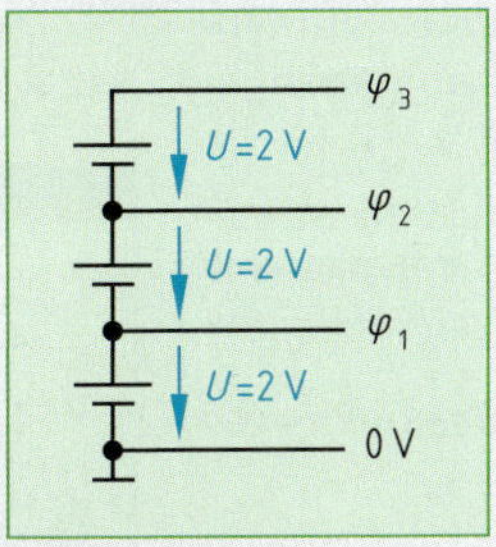

Bild 2: Batterie

8. Warum erwärmt der elektrische Strom die Glühwendel einer Glühlampe bis zur Weißglut, während die Zuleitung durch den selben Strom kaum erwärmt wird?

9. Warum ist die zulässige Stromdichte von Leitungen mit großem Querschnitt kleiner als Leitungen mit kleinem Querschnitt?

10. Eine Reihenschaltung aus zwei Widerständen ist an eine Spannungsquelle angeschlossen. Es sollen alle auftretenden Spannungen gemessen werden. Skizzieren Sie die Schaltung mit allen Messgeräten.

11. Eine Parallelschaltung aus zwei Widerständen ist an eine Spannungsquelle angeschlossen. Es sollen alle auftretenden Ströme gemessen werden. Skizzieren Sie die Schaltung mit allen Messgeräten.

12. In welchem Verhältnis stehen Stromstärke, Ladung und Zeit zueinander?

13. In einem Stromkreis werden gleichzeitig die Spannung und der Widerstandswert nach **Tabelle** verändert. Wie verhält sich jeweils die Stromstärke?

Tabelle: Spannung, Widerstandswert, Stromstärke

Spannung	Widerstandswert	Stromstärke
halbiert	verdoppelt	?
verdoppelt	halbiert	?
halbiert	halbiert	?
verdoppelt	verdoppelt	?

14. Ein Halogenstrahler mit den Bemessungsdaten U = 230 V, P = 500 W ist über eine 30 m lange Kupferleitung NYM 3 × 1,5 mm² (ϱ: Seite 33) an 230 V angeschlossen. **a)** Berechnen Sie die Bemessungsstromstärke des Halogenstrahlers **b)** den Widerstandswert der Zuleitung.

15. Bei einer 60-W-Glühlampe für U = 230 V erhitzt sich im Betrieb der Wolframglühfaden (α = 0,0041 1/K) auf 2200 °C. Berechnen Sie den Widerstand der Lampe **a)** bei Betriebstemperatur, **b)** im Einschaltaugenblick (ϑ_1 = 20 °C). **c)** Wie groß ist die Stromstärke im Einschaltaugenblick? **d)** Wievielmal größer ist die Stromstärke im Einschaltaugenblick als bei Betriebstemperatur.

16. Bestimmen Sie den Widerstandswert des Festwiderstands **(Bild 3)**.

Bild 3: Festwiderstand

17. Welche Farbkennzeichnung hat ein Widerstand mit R = 82 kΩ ± 5 %?

* Ergebnisse der Rechenaufgaben Seite 297

3 Grundschaltungen der Elektrotechnik

3.1 Reihenschaltung

Bei der Reihenschaltung sind die einzelnen Verbraucher, z. B. Glühlampen, so geschaltet, dass sie vom selben Strom durchflossen werden. Die Reihenschaltung nennt man auch Hintereinanderschaltung.

3.1.1 Gesetze der Reihenschaltung

Versuch 1: Schalten Sie zwei Glühlampen gleicher Leistung in Reihe an einen Spannungserzeuger. Messen Sie den Strom vor, zwischen und nach den beiden Verbrauchern **(Bild 1)**. Vergleichen Sie die Messergebnisse miteinander.

Alle Strommesser zeigen die gleiche Stromstärke an ($I_1 = I_2 = I_3$).

Die Stromstärke ist in der Reihenschaltung an allen Stellen gleich, weil der Strom sich bei dieser Schaltung nicht verzweigt.

In der Reihenschaltung fließt überall derselbe Strom.

Versuch 2: Schalten Sie zwei Verbraucher, z. B. zwei Glühlampen verschiedener Leistung, in Reihe an einen Spannungserzeuger und messen Sie alle Spannungen **(Bild 2)**. Vergleichen Sie diese Spannungen.

Die Teilspannungen an den Verbrauchern sind zusammen so groß wie die angelegte Spannung (Gesamtspannung).

Bei der Reihenschaltung liegt an jedem Verbraucher ein Teil der Gesamtspannung. Die Gesamtspannung teilt sich an den einzelnen Widerständen auf (Spannungsteilung).

Bei der Reihenschaltung ist die Summe der Teilspannungen an den Verbrauchern so groß wie die angelegte Spannung.

Erzeuger und Verbraucher in Versuch 2 sind so geschaltet, dass sie einen geschlossenen Weg, eine sogenannte Masche bilden. Allgemein können sich in einer Masche mehrere Verbraucher und mehrere Erzeuger befinden **(Bild 3)**. Auch die erzeugten Spannungen **(Erzeugerspannungen, Seite 57)** werden mit einbezogen.

Es gilt die **Maschenregel** (2. kirchhoffsche[1] Regel):

In einer Masche ist die Summe der Erzeugerspannungen (Quellenspannungen) und der Teilspannungen an den Verbrauchern null.

Bei der Anwendung der Maschenregel sind die Umlaufrichtung (frei wählbar) und die Spannungspfeile zu berücksichtigen. In Umlaufrichtung zeigende Spannungspfeile werden positiv gezählt, entgegengesetzte Spannungspfeile negativ.

Versuch 3: Wiederholen Sie Versuch 2, messen Sie aber auch die Stromstärke. Berechnen Sie aus Strom, Teilspannungen und Gesamtspannung die Widerstände der beiden Verbraucher und den Gesamtwiderstand der Reihenschaltung.

Der Gesamtwiderstand R der beiden Verbraucher ist gleich der Summe der Einzelwiderstände R_1 und R_2.

$$\frac{U}{I} = \frac{U_1}{I} + \frac{U_2}{I} \Rightarrow R = R_1 + R_2$$

[1] Gustav R. Kirchhoff, deutscher Physiker, 1824 bis 1887

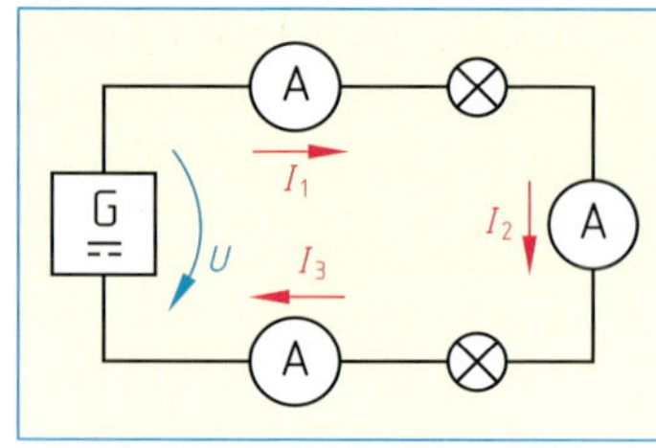

Bild 1: **Reihenschaltung, Messen des Stromes**

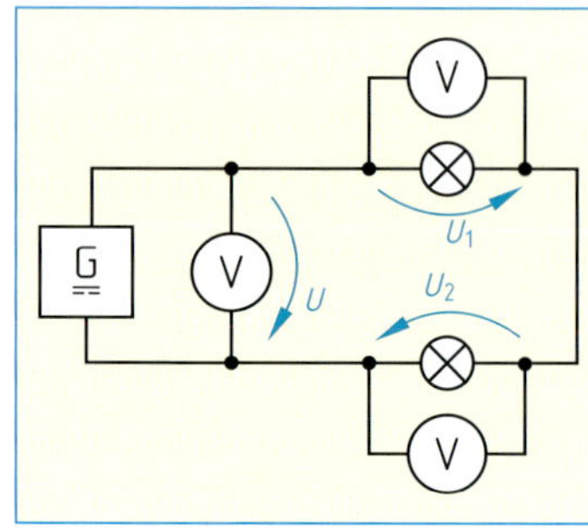

Bild 2: **Reihenschaltung, Messen der Spannungen**

Teilspannungen

$$U = U_1 + U_2 + \ldots$$

U	Gesamtspannung
U_1, U_2	Teilspannungen, Verbraucherspannungen

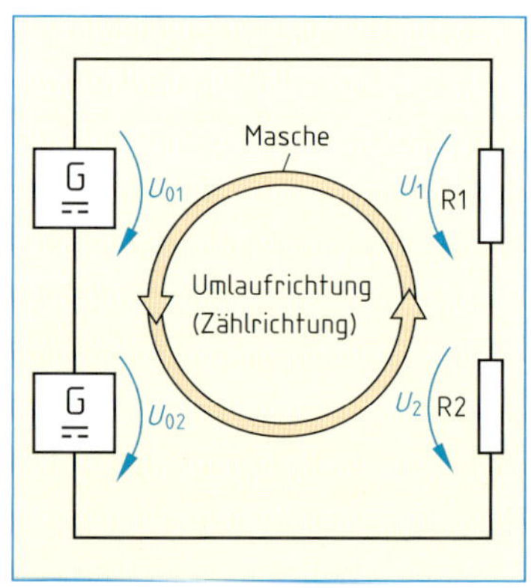

Bild 3: **Masche**

Maschenregel

$$\Sigma U = 0$$

$$U_{01} + U_{02} - U_2 - U_1 = 0$$

$$U_{01} + U_{02} = U_1 + U_2$$

ΣU	Summe aller Spannungen
U_{01}, U_{02}	Erzeugerspannungen
U_1, U_2	Verbraucherspannungen

Bei der Reihenschaltung ist der Gesamtwiderstand gleich der Summe der Einzelwiderstände.

Den **Gesamtwiderstand *R*** einer Schaltung nennt man auch **Ersatzwiderstand.** Ein solcher Widerstand nimmt an der gleichen Spannung die gleiche Stromstärke auf wie die Einzelwiderstände zusammen.

Gesamtwiderstand

$$R = R_1 + R_2 + \ldots$$

R	Gesamtwiderstand (Ersatzwiderstand)
R_1, R_2	Einzelwiderstände

Beispiel:

Zwei Widerstände, $R_1 = 27\ \Omega$ und $R_2 = 80\ \Omega$, sind in Reihe geschaltet und liegen an einer Spannung von 230 V **(Bild)**. Berechnen Sie **a)** den Ersatzwiderstand, **b)** die Stromstärke, **c)** die Teilspannungen, die an den Einzelwiderständen, liegen und **d)** die Gesamtspannung.

Lösung:

a) $\boldsymbol{R} = R_1 + R_2 = 27\ \Omega + 80\ \Omega = \mathbf{107\ \Omega}$

b) $\boldsymbol{I} = \frac{U}{R} = \frac{230\ \text{V}}{107\ \Omega} = \mathbf{2{,}15\ A}$

c) $\boldsymbol{U_1} = I \cdot R_1 = 2{,}15\ \text{A} \cdot 27\ \Omega = \mathbf{58\ V}$
$\boldsymbol{U_2} = I \cdot R_2 = 2{,}15\ \text{A} \cdot 80\ \Omega = \mathbf{172\ V}$

d) $\boldsymbol{U} = U_1 + U_2 = 58\ \text{V} + 172\ \text{V} = \mathbf{230\ V}$

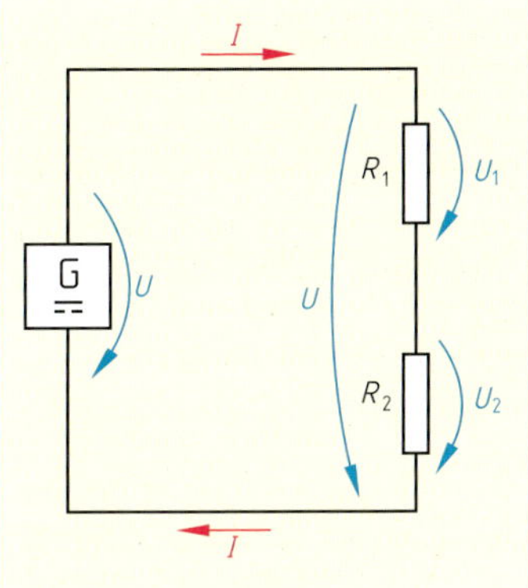

Bild: Strom, Spannungen und Widerstände in einer Reihenschaltung

Da in der Reihenschaltung überall derselbe Strom fließt, ist die Spannung am größten Widerstand am größten und die Spannung am kleinsten Widerstand am kleinsten.

Bei der Reihenschaltung fällt am größeren Widerstand auch die größere Spannung ab.

Spannungsteilung

$$\frac{U_1}{U_2} = \frac{R_1}{R_2}$$

$$\frac{U_1}{U} = \frac{R_1}{R} \qquad \frac{U_2}{U} = \frac{R_2}{R}$$

U	Gesamtspannung
U_1, U_2	Teilspannungen
R	Gesamtwiderstand (Ersatzwiderstand)
R_1, R_2	Einzelwiderstände

Vergleicht man die Werte der Teilspannungen und dann die der Einzelwiderstände, so erkennt man, dass sich die Teilspannungen zueinander wie die Einzelwiderstände verhalten **(Beispiel)**.

$$\frac{U_1}{U_2} = \frac{R_1}{R_2}$$

Ebenso verhält sich die Teilspannung zur Gesamtspannung wie der zugehörige Einzelwiderstand zum Gesamtwiderstand.

$$\frac{U_1}{U} = \frac{R_1}{R} \quad \text{bzw.} \quad \frac{U_2}{U} = \frac{R_2}{R}$$

Bei der Reihenschaltung verhalten sich die Spannungen wie die zugehörigen Widerstände.

Anwendungen der Reihenschaltung. Verbraucher, z. B. Glühlampen, werden selten in Reihe geschaltet. Fällt nämlich ein Verbraucher aus, so ist der Stromkreis unterbrochen. Bei Christbaumbeleuchtungen wird die Reihenschaltung jedoch angewendet. Um bei solchen Beleuchtungen zu verhindern, dass beim Durchschmelzen einer Lampenwendel der Stromkreis unterbrochen wird, überbrückt man jede Lampe mit einem Heißleiter **(Seite 145)**. Beim Unterbrechen der Lampenwendel fließt dann ein größerer Strom durch den Heißleiter, der sich dadurch mehr erwärmt. Sein Widerstand verringert sich dann, sodass er als Stromweg für die ausgefallene Lampe dienen kann.

Spannungserzeuger, z. B. galvanische Elemente, können ebenfalls in Reihe geschaltet werden **(Seite 57)**. Auch beim Fließen des elektrischen Stromes durch den menschlichen Körper liegt eine Reihenschaltung von Widerständen (Übergangs- und Durchgangswiderstände, **Seite 204**) vor.

Mehrere Aus-Taster, z. B. für die Sicherheitsschaltung bei Motoren, werden ebenfalls in Reihe **(Seite 106)** geschaltet.

3.1.2 Vorwiderstände

Versuch: Schalten Sie eine Glühlampe 12 V/0,1 A in Reihe mit einem verstellbaren Widerstand von mindestens 150 Ω **(Bild 1)**. Achten Sie darauf, dass der höchste Widerstandswert eingestellt ist. Legen Sie die Schaltung über ein Netzgerät an 24 V und stellen Sie den Widerstand so ein, dass der Strommesser 0,1 A anzeigt. Messen Sie die Spannung an der Lampe.

An der Glühlampe liegt eine Spannung von nur 12 V.

> Elektrogeräte können durch Vorschalten eines Widerstandes (Vorwiderstand) an eine Spannung gelegt werden, die höher als ihre Bemessungsspannung ist.

Der Vorwiderstand R_v **(Bild 1)** muss dabei so bemessen sein, dass von ihm die Spannungsdifferenz $U_1 = U - U_2$ aufgenommen wird und er gleichzeitig den Strom in der Schaltung auf den Bemessungsstrom des Verbrauchers begrenzt.

Man verwendet Vorwiderstände z. B. zum Herabsetzen des Anlaufstromes von Elektromotoren. Auch Glimmlampen, Spannungsprüfer mit eingebauter Glimmlampe sowie viele Halbleiterbauelemente, z. B. Z-Dioden, Leuchtdioden **(Bild 2)** und Transistoren, benötigen zur Strombegrenzung Vorwiderstände.

In Vorwiderständen wird Wärme erzeugt (Verlustleistung, $P_v = U_v \cdot I = I^2 \cdot R_v$). Wegen dieser unerwünschten Nebenwirkung verwendet man die Spannungsreduzierung durch Vorwiderstände nur bei Verbrauchern mit kleiner Leistung.

Beispiel 1:

Auf welchen Wert wurde im Versuch der verstellbare Widerstand R_V eingestellt?

Lösung:

$$\boldsymbol{R_v} = \frac{U - U_2}{I} = \frac{24\,\text{V} - 12\,\text{V}}{0{,}1\,\text{A}} = \mathbf{120\,\Omega}$$

Beispiel 2:

Eine Leuchtdiode CQX 35 wird an die Spannung $U_1 = 12$ V DC angeschlossen. Der Strom I_F soll 10 mA betragen.

a) Entnehmen Sie aus der Kennlinie **(Seite 290)** die Durchlassspannung U_F.
b) Berechnen Sie den Vorwiderstand R_v.
c) Wählen Sie einen Vorwiderstand nach der Reihe E12.
d) Wie groß ist der maximale Durchlassstrom der Leuchtdiode?
e) Welchen Wert darf der Vorwiderstand nicht unterschreiten?

Lösung:

a) Aus der Kennlinie **Seite 290**: $U_F = 1{,}63$ V

b) $\boldsymbol{R_v} = \frac{U_1 - U_F}{I_F} = \frac{12\,\text{V} - 1{,}63\,\text{V}}{10\,\text{mA}} = \mathbf{1037\,\Omega}$

c) Gewählt nach E 12: $\boldsymbol{R_v = 1\,k\Omega}$

d) $\boldsymbol{I_{Fmax} = 50\,mA}$

e) Aus Kennlinie: $U_F = 1{,}72$ V

$\boldsymbol{R_v} = \frac{U_1 - U_F}{I_{Fmax}} = \frac{12\,\text{V} - 1{,}72\,\text{V}}{50\,\text{mA}} = \mathbf{206\,\Omega}$

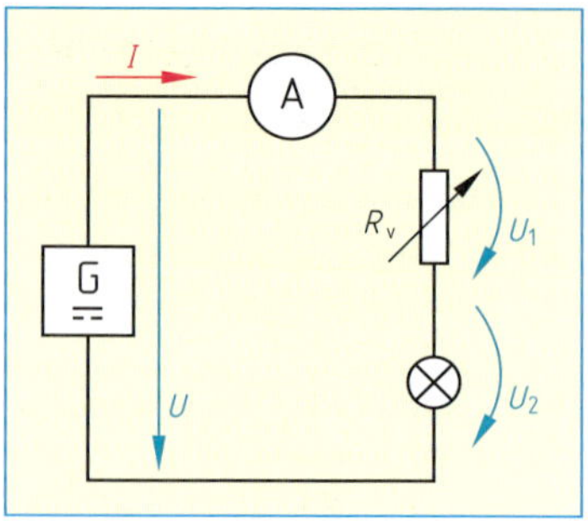

Bild 1: Vorwiderstand

Vorwiderstand

$$R_v = \frac{U_1}{I} = \frac{U - U_2}{I}$$

R_v	Vorwiderstand
U	Gesamtspannung
U_1, U_2	Teilspannungen
I	Stromstärke

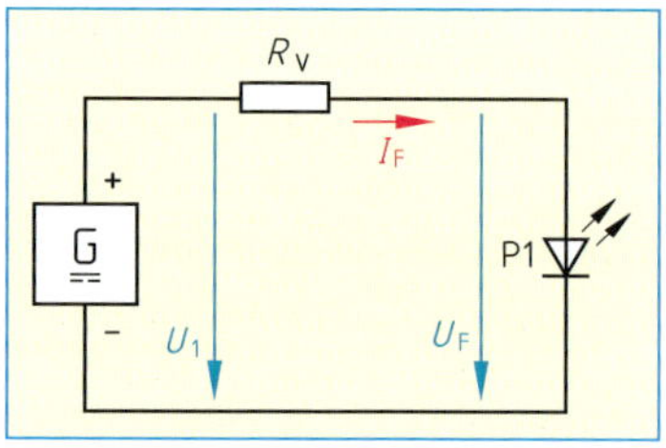

Bild 2: Leuchtdiode mit Vorwiderstand

Vorwiderstand von Leuchtdioden

$$R_v = \frac{U_1 - U_F}{I_F}$$

U_1	Anschlussspannung
U_F	Durchlassspannung
I_F	Durchlassstrom
R_V	Vorwiderstand

Messbereichserweiterung von Spannungsmessern

Vorwiderstände werden auch zur Messbereichserweiterung von Spannungsmessern verwendet. Spannungsmesser können Spannungen bis zum Messbereichsendwert messen. Zum Messen höherer Spannungen muss der Messbereich durch Vorschalten eines Vorwiderstandes zum Messwerk erweitert werden.

3.1.3 Spannungsfall an Leitungen

Versuch 1: Schließen Sie eine Glühlampe 4,5 V/1 A über eine etwa 20 m lange Leitung aus Kupferdraht (∅ 0,6 mm) an ein Netzgerät an **(Bild)**. Messen Sie die Spannung an den Klemmen des Spannungserzeugers und die Spannung an der Glühlampe. Vergleichen Sie die Spannungen miteinander.

Die Spannung an der Lampe ist kleiner als die Spannung an den Klemmen des Spannungserzeugers.

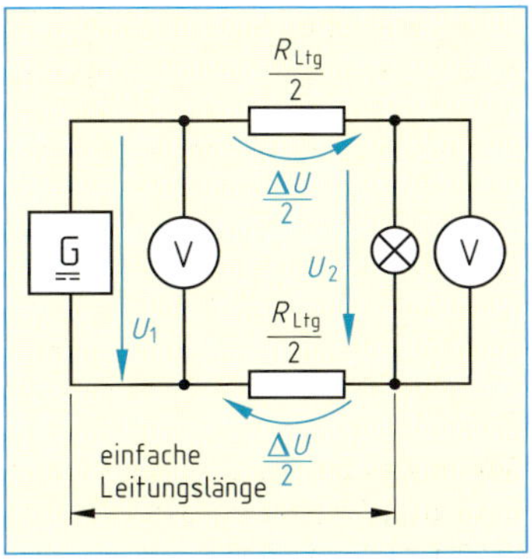

Bild: Spannungsfall an Leitungen

Auch Leitungen haben einen Widerstand **(Bild)**. Im Stromkreis sind Verbraucher und Leitung in Reihe geschaltet. Die angelegte Spannung verteilt sich auf die Hinleitung, den Verbraucher und die Rückleitung. An Hin- und Rückleitung fällt ein Teil der angelegten Spannung ab. Dieser so genannte **Spannungsfall** ΔU an den Leitern, früher Spannungsabfall genannt (wie die Spannung an Vorwiderständen), steht dem Verbraucher nicht mehr zur Verfügung.

An jedem stromdurchflossenen Leiter tritt ein Spannungsfall auf.

Versuch 2: Wiederholen Sie Versuch 1 und schalten Sie parallel zu der Glühlampe eine zweite Lampe von 4,5 V/1 A.

Beim Einschalten der zweiten Lampe geht die Spannung noch weiter zurück.

Ein größerer Strom bewirkt an den Leitungen einen größeren Spannungsfall ΔU. Der Spannungsfall ist außer von der Stromstärke auch vom Leitungswiderstand R_{Ltg} **(Seite 33)** abhängig.

Der Spannungsfall der Leitung wird umso größer, je größer der Strom im Leiter und je größer der Leiterwiderstand ist.

Der Spannungsfall an Leitungen verursacht Energieverluste, die in Wärme umgewandelt werden. Man versucht daher, ihn möglichst klein zu halten.

Der zulässige Spannungsfall an Leitungen **(Seite 200)** ist vom VDE (Verband der Elektronik, Elektrotechnik, Informationstechnik e.V.) und von dem jeweiligen VNB (Verteilungsnetzbetreiber) vorgeschrieben.

Spannungsfall

$$\Delta U = U_1 - U_2$$

$$\Delta U = I \cdot R_{Ltg}$$

$$\Delta u = \frac{\Delta U \cdot 100\,\%}{U}$$

ΔU	Spannungsfall
U_1	Spannung am Leitungsanfang (Netzspannung)
U_2	Spannung am Leitungsende (Verbraucherspannung)
I	Leiterstrom
R_{Ltg}	Widerstand der Verbindungsleitungen
Δu	prozentualer Spannungsfall

Beispiel:

Eine zweiadrige Leitung aus 1,5 mm² Kupfer mit der Länge l = 10 m ist mit 13 A belastet. Wie groß ist **a)** der Spannungsfall ΔU an dieser Leitung in V und **b)** der prozentuale Spannungsfall Δu in % der Netzspannung von 230 V?

Lösung:

a) $$R_{Ltg} = \frac{2 \cdot l}{\gamma \cdot A} = \frac{2 \cdot 10\ \text{m}}{56\ \frac{\text{m}}{\Omega \cdot \text{mm}^2} \cdot 1{,}5\ \text{mm}^2} = 0{,}238\ \Omega$$

$$\boldsymbol{\Delta U} = I \cdot R_{Ltg} = 13\ \text{A} \cdot 0{,}238\ \Omega = \mathbf{3{,}1\ V}$$

b) $$\boldsymbol{\Delta u} = \frac{\Delta U \cdot 100\ \%}{U} = \frac{3{,}1\ \text{V} \cdot 100\ \%}{230\ \text{V}} = \mathbf{1{,}35\ \%}$$

Wiederholungsfragen

1. **Wie werden Verbraucher in Reihe geschaltet?**
2. **Vergleichen Sie bei der Reihenschaltung die Teilspannungen und die zugehörigen Widerstände.**
3. **Welcher Zusammenhang besteht bei einer Reihenschaltung zwischen Ersatzwiderstand und den Einzelwiderständen?**
4. **Welche Aufgabe hat ein Vorwiderstand?**
5. **Welchen Nachteil haben Vorwiderstände?**
6. **Wie wird der Messbereich eines Spannungsmessers erweitert?**
7. **Erklären Sie den Begriff Spannungsfall.**
8. **Von welchen Größen hängt der Spannungsfall an einem Leiter ab?**
9. **Nennen Sie den zulässigen Spannungsfall nach a) DIN VDE und b) TAB. Beachten Sie dazu die Seite 200.**

3.2 Parallelschaltung

Bei der Parallelschaltung sind jeweils alle Stromeintrittsklemmen und alle Stromaustrittsklemmen miteinander verbunden.

Versuch 1: Schalten Sie drei Verbraucher, z. B. Glühlampen, parallel an einen Spannungserzeuger. Messen Sie nacheinander die Spannungen am Spannungserzeuger und an jedem einzelnen Verbraucher **(Bild 1)** und vergleichen Sie die Messwerte miteinander.

Die Spannungen an den Verbrauchern und am Spannungserzeuger sind gleich groß ($U = U_1 = U_2 = U_3$).

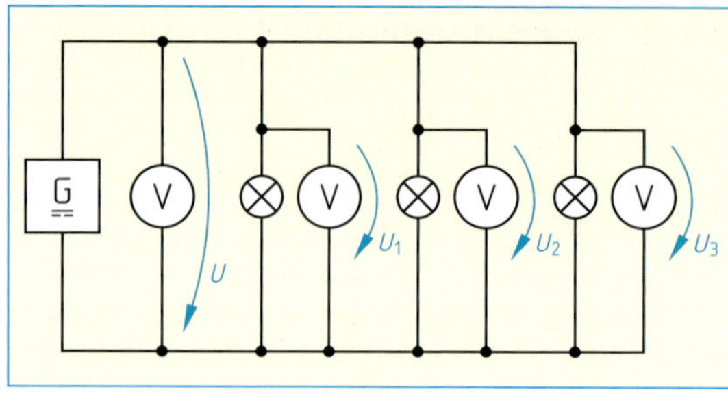

Bild 1: Parallelschaltung, Messen der Spannungen

> An parallel geschalteten Verbrauchern liegt dieselbe Spannung.

Durch die Parallelschaltung ist es möglich, gleichzeitig mehrere Verbraucher unabhängig voneinander an dieselbe Spannung anzuschließen. Daher schaltet man am Ortsnetz angeschlossene Verbraucher parallel.

Versuch 2: Schalten Sie drei parallel geschaltete Verbraucher, z. B. 3 Glühlampen 12 V/0,1 A, an einen Spannungserzeuger. Messen Sie nacheinander die Stromstärke in der Zuleitung und die Stromstärken der einzelnen Verbraucher **(Bild 2)**. Vergleichen Sie die Ströme miteinander.

Die Stromstärken in den einzelnen Verbrauchern ergeben zusammen die Stromstärke in der Zuleitung.

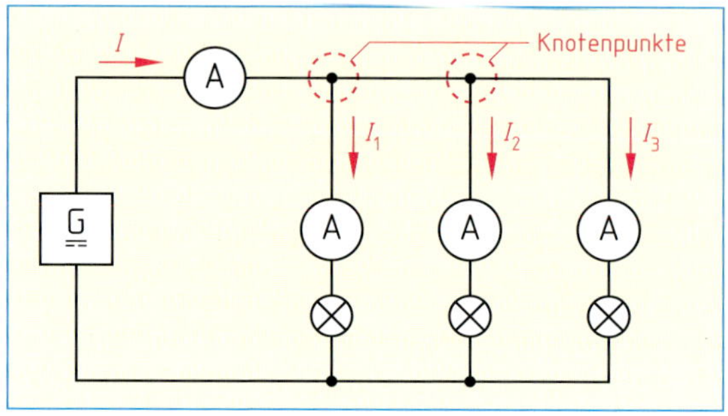

Bild 2: Parallelschaltung, Messen der Ströme

Der Strom in der Zuleitung verzweigt sich auf die einzelnen Verbraucher. Man nennt die Ströme in den einzelnen Verbrauchern **Zweigströme** oder **Teilströme**.

> Bei der Parallelschaltung ist der Gesamtstrom gleich der Summe der Teilströme (Zweigströme).

Gesamtstrom

$$I = I_1 + I_2 + I_3$$

I	Gesamtstrom, Strom in der Zuleitung
I_1, I_2, I_3	Teilströme, Zweigströme

Punkte, an denen sich Ströme verzweigen, werden auch als **Knotenpunkte (Bild 2)** bezeichnet. An einem Knotenpunkt können mehrere Ströme zufließen (positiv gezählt) und mehrere Ströme abfließen (negativ gezählt). Es gilt dann die **Knotenpunktregel** (1. kirchhoffsche Regel):

> An jedem Knoten ist die Summe der zufließenden Ströme so groß wie die Summe der abfließenden Ströme.

Knotenpunktregel (1. kirchhoffsche Regel)

Beispiel:

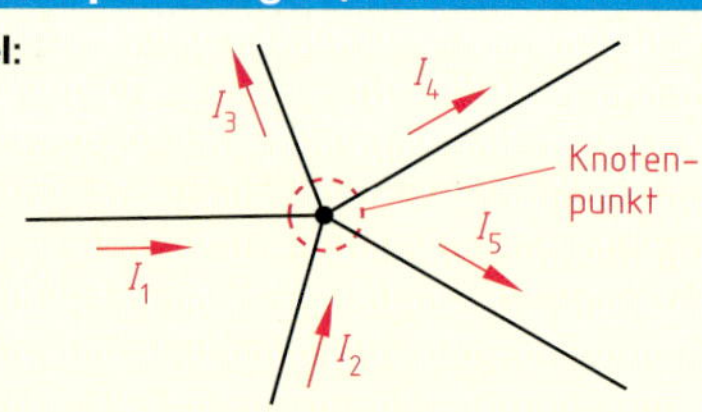

$$\Sigma I = 0$$

$$\Sigma I_{zu} = \Sigma I_{ab}$$

$$I_1 + I_2 = I_3 + I_4 + I_5$$

ΣI_{zu}	Summe der zufließenden Ströme
ΣI_{ab}	Summe der abfließenden Ströme

Versuch 3: Schalten Sie zwei verschieden große Widerstände parallel, z. B. 47 Ω und 100 Ω, und schließen Sie diese Widerstände an einen Spannungserzeuger an. Messen Sie nacheinander die Teilströme und vergleichen Sie die Messwerte mit den Widerständen.

Durch den größeren Widerstand fließt der kleinere Strom und durch den kleineren Widerstand der größere.

An den Widerständen liegt bei Parallelschaltung dieselbe Spannung. Deshalb verhalten sich die Teilströme umgekehrt wie die zugehörigen Widerstandswerte.

Für 2 parallele Widerstände gilt:

$$U_1 = U_2; \quad I_1 \cdot R_1 = I_2 \cdot R_2$$

$$\frac{I_1}{I_2} = \frac{R_2}{R_1}$$

I_1, I_2	Zweigströme, Teilströme
R_1, R_2	Einzelwiderstände
U_1, U_2	Teilspannungen

Bei der Parallelschaltung verhalten sich die Stromstärken umgekehrt wie die zugehörigen Widerstandswerte. Der größere Strom fließt also durch den kleineren (niederohmigeren) Widerstand.

Versuch 4: Schließen Sie einen Verbraucher, z. B. eine Glühlampe, an ein Netzgerät mit gleich bleibender (stabilisierter) Ausgangsspannung an. Messen Sie den Strom in der Zuleitung und die Spannung am Verbraucher. Schalten Sie nacheinander einen zweiten und dritten Verbraucher parallel, z. B. Glühlampen, und beobachten Sie die Anzeige von Spannungs- und Strommesser.

Bei der Parallelschaltung weiterer Verbraucher nimmt die Stromstärke in der Zuleitung zu, während die Spannung an den Verbrauchern etwa gleich bleibt; der gesamte Widerstand der Parallelschaltung wird also kleiner.

Den gesamten Widerstand der Parallelschaltung nennt man auch **Ersatzwiderstand *R***. Er kann die Teilwiderstände ersetzen. Bei gleicher Spannung nimmt er den gleichen Strom auf wie die parallel geschalteten Einzelwiderstände zusammen.

Bei der Parallelschaltung ist der Ersatzwiderstand stets kleiner als der kleinste Einzelwiderstand.

Wie sich bei der Parallelschaltung die Zweigströme zum Gesamtstrom summieren, so summieren sich auch die **Einzelleitwerte** der einzelnen Zweige zum **Ersatzleitwert *G*** der Parallelschaltung. Durch Parallelschalten wird der Leitwert also größer.

Bei der Parallelschaltung ist der Ersatzleitwert gleich der Summe der Einzelleitwerte.

Beispiel 1:

Berechnen Sie den Ersatzwiderstand R für die beiden Widerstände **(Bild)** mithilfe der Einzelleitwerte.

Lösung:

$$\boldsymbol{G_1} = \frac{1}{R_1} = \frac{1}{50\,\Omega} = \mathbf{20\ mS}; \quad \boldsymbol{G_2} = \frac{1}{R_2} = \frac{1}{100\,\Omega} = \mathbf{10\ mS}$$

$$G = G_1 + G_2 = 20\text{ mS} + 10\text{ mS} = 30\text{ mS} = 0{,}03\text{ S}$$

$$\boldsymbol{R} = \frac{1}{G} = \frac{1}{0{,}03\text{ S}} = \mathbf{33{,}33\ \Omega}$$

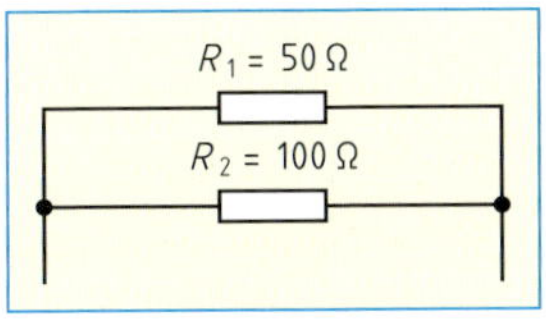

Bild: Parallelschaltung von zwei Widerständen

Bei zwei verschieden großen, parallel geschalteten Widerständen lässt sich die Formel zur Berechnung des Ersatzwiderstandes R vereinfachen:

$$\frac{1}{R} = \frac{1}{R_1} + \frac{1}{R_2} = \frac{R_1 + R_2}{R_1 \cdot R_2} \Rightarrow R = \frac{R_1 \cdot R_2}{R_1 + R_2}$$

Beispiel 2:

Berechnen Sie den Ersatzwiderstand aus **Beispiel 1** nach der Formel für zwei parallel geschaltete Widerstände.

Lösung:

$$\boldsymbol{R} = \frac{R_1 \cdot R_2}{R_1 + R_2} = \frac{50\,\Omega \cdot 100\,\Omega}{50\,\Omega + 100\,\Omega} = \mathbf{33{,}33\ \Omega}$$

Bei n gleich großen Widerständen ist der Ersatzwiderstand der Parallelschaltung gleich dem n-ten Teil eines Einzelwiderstandes, also $R = R_1/n$.

Anwendung der Parallelschaltung. Glühlampen, elektrische Haushaltsgeräte oder Elektromotoren werden für genormte Spannungen, z. B. 230 V, hergestellt. Sie werden daher parallel an das Netz geschaltet. Generatoren, Transformatoren und galvanische Elemente schaltet man parallel, wenn große Ströme geliefert werden sollen **(Seite 57)**.

Ersatzwiderstand Ersatzleitwert

$$I = I_1 + I_2 + I_3 + \ldots$$

$$\frac{U}{R} = \frac{U}{R_1} + \frac{U}{R_2} + \frac{U}{R_3} + \ldots$$

$$\frac{1}{R} = \frac{1}{R_1} + \frac{1}{R_2} + \frac{1}{R_3} + \ldots$$

$$G = G_1 + G_2 + G_3 + \ldots$$

R	Ersatzwiderstand
R_1, R_2 ...	Einzelwiderstände
G	Ersatzleitwert
G_1, G_2 ...	Einzelleitwerte

Für 2 parallel geschaltete Widerstände gilt:

$$\frac{1}{R} = \frac{1}{R_1} + \frac{1}{R_2}$$

$$\frac{1}{R} = \frac{R_1 + R_2}{R_1 \cdot R_2}$$

$$R = \frac{R_1 \cdot R_2}{R_1 + R_2}$$

Für *n* gleiche parallel geschaltete Widerstände:

$$R = \frac{R_1}{n}$$

R	Ersatzwiderstand
R_1	Einzelwiderstand
n	Anzahl gleicher Widerstände

3.3 Gemischte Schaltungen

In der Praxis kommen häufig Schaltungen vor, die aus der Kombination von Reihenschaltungen und Parallelschaltungen bestehen **(Bild 1)**. Solche Schaltungen bezeichnet man als gemischte Schaltungen oder Reihen-Parallel-Schaltungen.

> Gemischte Schaltungen nennt man auch Gruppenschaltungen.

Gruppenschaltungen bestehen aus mindestens drei Bauelementen. Werden mehrere gemischte Schaltungen miteinander verknüpft, so spricht man von einem Netzwerk.

Zur Ermittlung des Ersatzwiderstandes gemischter Schaltungen geht man wie folgt vor:

- Die Schaltung löst man von innen nach außen auf.
- Zusammenfassen von Reihen- oder Parallelschaltungen zu einem Ersatzwiderstand **(1. Schritt in Bild 1)** nach den Gesetzen der Reihen- und Parallelschaltung.
- Die neu entstandenen Schaltungen, die als Reihen- oder Parallelschaltungen vorliegen, sind wieder zu einem Ersatzwiderstand zusammenzufassen **(2. Schritt in Bild 1)**.
- Schritte wiederholen, bis nur noch ein Ersatzwiderstand vorliegt **(3. Schritt in Bild 1)**.

3.3.1 Spannungsteiler

Elektrogeräte und elektronische Geräte benötigen oft eine Spannung, die von null bis zur Höchstspannung einstellbar ist. So kann man z. B. die Helligkeit einer Glühlampe, den Arbeitspunkt eines Verstärkers oder die Drehzahl eines Gleichstrommotors durch Ändern der angelegten Spannung verstellen. Bei der Helligkeitseinstellung von Glühlampen wird eine nahezu verlustlose Einstellung der Verbraucherspannung, z. B. mithilfe von Triacs in einer Dimmerschaltung, vorgenommen. Bei Schaltungen mit kleiner Leistung, z. B. bei Verstärker-Eingängen, lässt sich die veränderbare Spannung auch durch eine Reihenschaltung von Festwiderständen **(Bild 2)** oder mit Stellwiderständen (Potenziometer) **(Bild 3)** herstellen. Diese Schaltungen beruhen auf dem Prinzip der Spannungsteilung.

Der Spannungsteiler besteht aus zwei in Reihe geschalteten Widerständen R_1 und R_2 **(Bild 2)**. An den beiden äußeren Anschlüssen der Reihenschaltung liegt die Spannung U; am Widerstand R_2 wird die Teilspannung bzw. Ausgangsspannung U_2 bzw., wenn kein Verbraucher angeschlossen ist, die Spannung U_{20} (Leerlaufspannung) abgegriffen.

Wird der Widerstand R mit einem verstellbaren Abgriff versehen, z. B. einem Schleifer, so kann man die Ausgangsspannung U_{20} von null Volt bis zur Betriebsspannung U stetig verändern **(Bild 3)**. Je nach Wert der Widerstände R_1 und R_2 bzw. der Stellung des Schleifers beim Potenziometer **(Bild 3)** kann die Spannung U_{20} die Werte $U_{20} = U$ (Schleifer ganz oben) oder $U_{20} = 0$ V (Schleifer ganz unten) annehmen.

> Mit einem stufenlos verstellbaren Widerstand (Potenziometer) kann man die Ausgangsspannung von null bis zur Betriebsspannung einstellen.

Im Gegensatz zu Schaltungen mit einem Vorwiderstand, kann man beim Spannungsteiler die Spannungsänderung auch im Leerlauf, d. h. ohne angeschlossenen Verbraucher, einstellen.

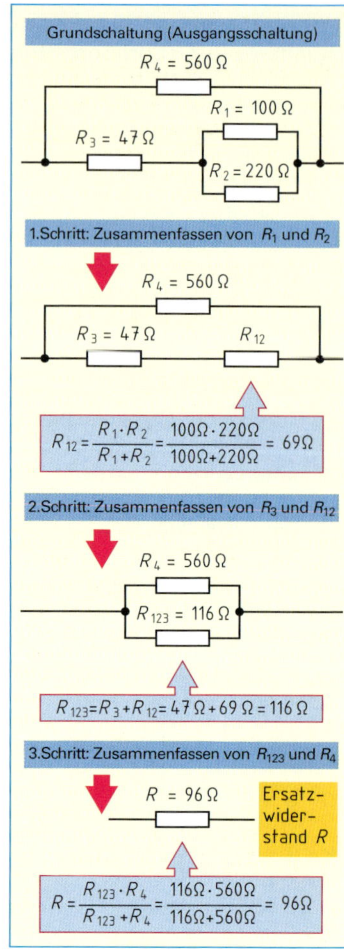

Bild 1: Gemischte Schaltung

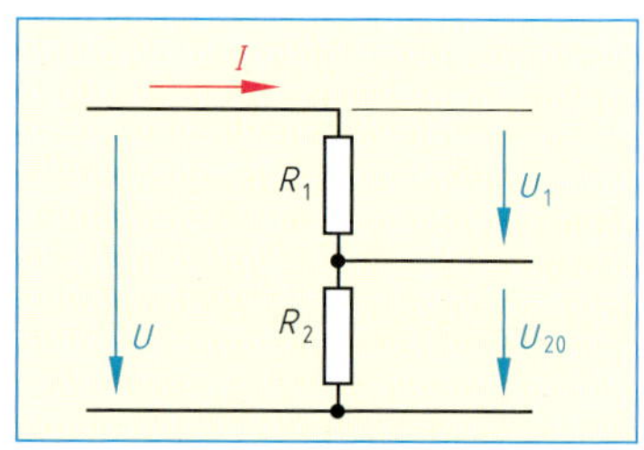

Bild 2: Spannungsteiler mit Festwiderständen

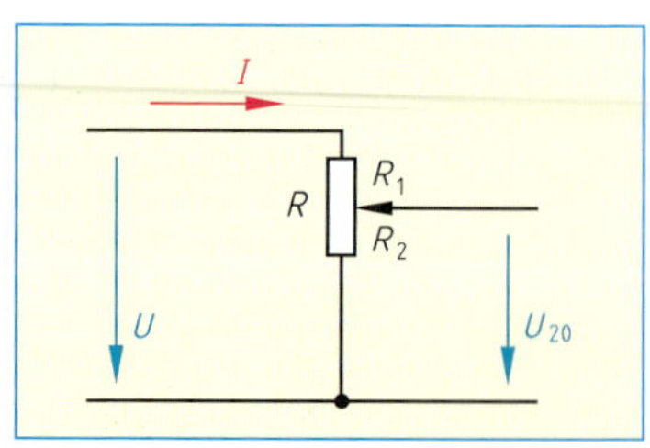

Bild 3: Spannungsteiler mit Potenziometer

Man unterscheidet unbelastete und belastete Spannungsteiler.

Unbelasteter Spannungsteiler. Dem unbelasteten Spannungsteiler **(Bild 1)** wird kein Strom entnommen. Diesen Fall nennt man **Leerlauf**. Die Gesamtspannung U wird in die Teilspannungen U_1 und U_{20} aufgeteilt. Die **Leerlaufspannung** U_{20} verhält sich zur Gesamtspannung U wie der Widerstand R_2 zum Gesamtwiderstand R ($R = R_1 + R_2$).

Beispiel:

Ein unbelasteter Spannungsteiler mit den Spannungsteilerwiderständen $R_1 = 82\ \Omega$ und $R_2 = 220\ \Omega$ liegt an einer Gesamtspannung von $U = 40$ V. Wie groß ist die Spannung am Widerstand R_2?

Lösung:

$$U_{20} = \frac{R_2}{R_1 + R_2} \cdot U = \frac{220\ \Omega \cdot 40\ \text{V}}{82\ \Omega + 220\ \Omega} = \frac{8\,800\ \Omega \cdot \text{V}}{302\ \Omega} = \mathbf{29{,}1\ V}$$

Die Teilspannungen lassen sich auch zeichnerisch bestimmen **(Bild 1)**. Für den Widerstand R_2 ergibt sich im Kennlinienfeld eine ansteigende Ursprungsgerade. Die Kennlinie für R_1 ist eine fallende Gerade, die auf der Stromachse beim Kurzschlussstrom $I_k = U/R_1$ (für $R_2 = 0\ \Omega$) beginnt und auf der Spannungsachse bei der Gesamtspannung U endet. Der Schnittpunkt A **(Arbeitspunkt)** beider Geraden ergibt, projiziert auf die waagerechte Achse, die Spannungsteilung und in der Projektion auf die senkrechte Achse den Strom I der Schaltung.

Belasteter Spannungsteiler. Ein Spannungsteiler ist belastet, wenn ein Verbraucher R_L angeschlossen ist und ein Strom I_L entnommen wird **(Bild 2)**.

Versuch: Bauen Sie die Spannungsteilerschaltung **Bild 2** mit einem Stellwiderstand $R = 100\ \Omega$ auf. Legen Sie eine Spannung von 24 V an. Schalten Sie parallel zu R_2 einen Lastwiderstand $R_L = 47\ \Omega$. Messen Sie die Spannungen und den Gesamtstrom bei geschlossenem und bei geöffnetem Schalter.

Bei geschlossenem Schalter ist die Spannung U_2 kleiner und der Gesamtstrom größer als bei geöffnetem Schalter.

Durch den Lastwiderstand R_L fließt der Laststrom I_L und durch den Widerstand R_2 der **Querstrom** I_q. Durch R_1 fließt die Summe der beiden Ströme $I = I_L + I_q$. Bei Belastung wird der aufgenommene Strom I größer, weil der Ersatzwiderstand R_{2L} der Parallelschaltung von R_2 und R_L kleiner ist als R_2. Damit wird aber auch der Gesamtwiderstand des Spannungsteilers kleiner als im unbelasteten Zustand.

Die Teilspannung U_2 des belasteten Spannungsteilers verhält sich zur Gesamtspannung U wie der Ersatzwiderstand R_{2L} der Parallelschaltung zum Gesamtwiderstand R ($R = R_1 + R_{2L}$).

Belastet man den Spannungsteiler mit unterschiedlichen Lastwiderständen R_L, so stellt man fest, dass die Ausgangsspannung U_2 umso weniger von der Leerlaufspannung U_{20} abweicht, je größer der Lastwiderstand R_L gegenüber dem Teilwiderstand R_2 ist. Dann ist der Querstrom I_q größer als der Laststrom I_L. Ausgedrückt wird dies durch das **Querstromverhältnis** q, $q = I_q/I_L$. Je nach Anforderung wählt man Werte für das Querstromverhältnis q von 2 bis 10.

Die Ausgangsspannung U_2 des belasteten Spannungsteilers ist umso stabiler, je größer der Querstrom I_q gegenüber dem Laststrom I_L ist.

Unbelasteter Spannungsteiler

$$U_{20} = \frac{R_2}{R_1 + R_2} \cdot U$$

U	Gesamtspannung
U_{20}	Teilspannung bei Leerlauf (Leerlaufspannung)
R_1, R_2	Spannungsteilerwiderstände

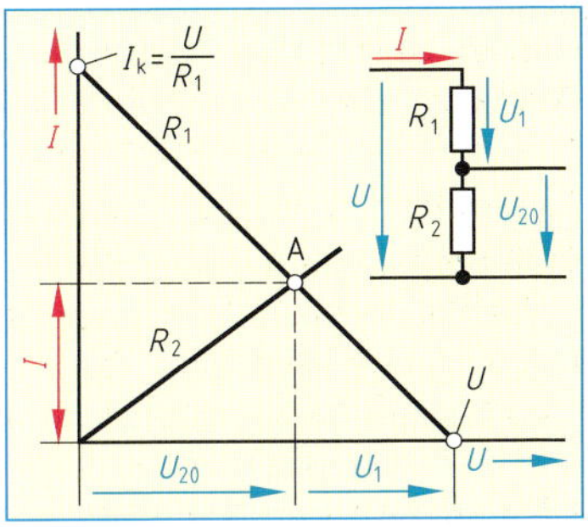

Bild 1: Bestimmung der Teilspannungen beim unbelasteten Spannungsteiler (Arbeitspunkt)

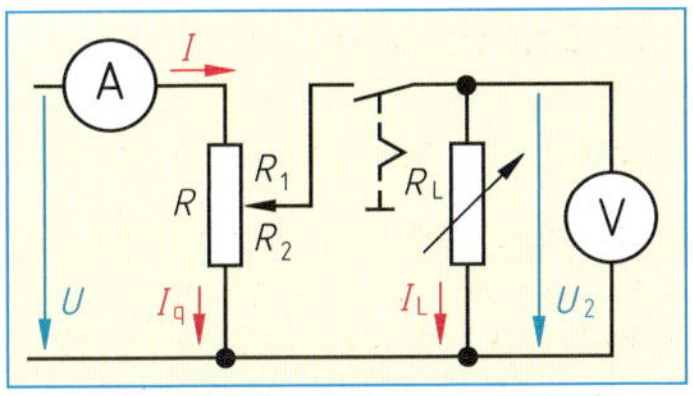

Bild 2: Messschaltung des belasteten Spannungsteilers

Belasteter Spannungsteiler

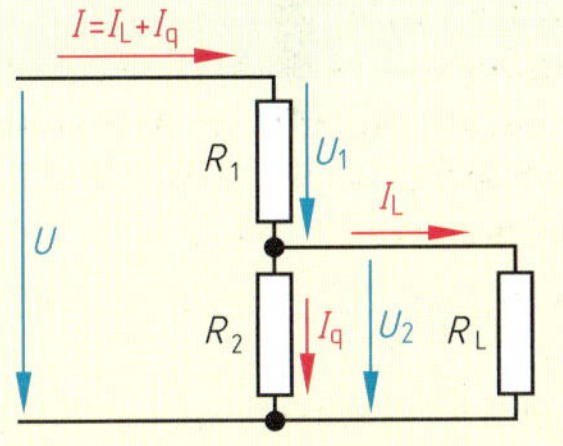

$$U_2 = U \cdot \frac{R_{2L}}{R_1 + R_{2L}}$$

$$R_{2L} = \frac{R_2 \cdot R_L}{R_2 + R_L}$$

$$q = \frac{I_q}{I_L} = \frac{R_L}{R_2}$$

R_L	Lastwiderstand
R_1, R_2	Spannungsteilerwiderstände
R_{2L}	Ersatzwiderstand aus R_2 und R_L
U	Gesamtspannung
U_2	Teilspannung bei Belastung
I_L	Laststrom
I_q	Querstrom
q	Querstromverhältnis

3.3.2 Brückenschaltung

Versuch 1: Schalten Sie 4 Widerstände, z. B. $R_1 = 75\ \Omega$, $R_2 = 75\ \Omega$ (einstellbarer Widerstand von max. $200\ \Omega$), $R_3 = 50\ \Omega$ und $R_4 = 100\ \Omega$ nach **Bild 1** an eine Spannung von z. B. 10 V. Nehmen Sie als Messinstrument einen Spannungsmesser mit Nullpunkt in Skalenmitte.

Der Spannungsmesser zeigt einen Ausschlag. Es liegt also eine Spannung zwischen den Punkten A und B der Schaltung.

Versuch 2: Wiederholen Sie Versuch 1, stellen Sie aber dabei den Widerstand R_2 auf den Wert $150\ \Omega$ ein.

Der Spannungsmesser zeigt keinen Ausschlag. Die Spannung zwischen den Punkten A und B ist also null.

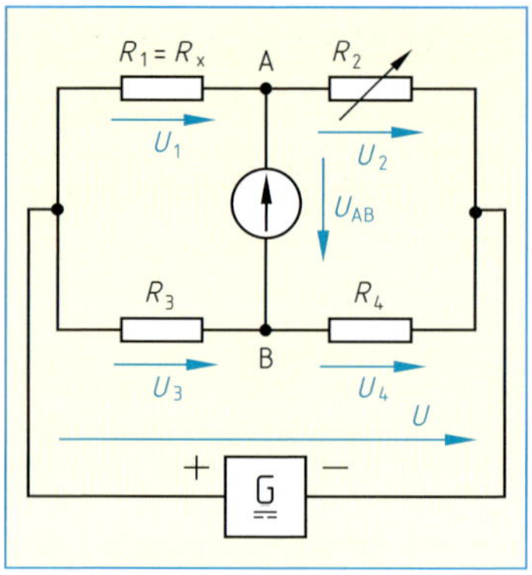

Bild 1: Grundschaltung von Messbrücken (Brückenschaltung)

Da bei Versuch 2 zwischen den Punkten A und B der Schaltung keine Spannung anliegt, muss der Spannungsfall an R_1 gleich dem Spannungsfall an R_3 und der Spannungsfall an R_2 gleich dem Spannungsfall an R_4 sein **(Bild 1)**.

Eine Schaltung nach **Bild 1** nennt man **Brückenschaltung.** Sie besteht aus der Parallelschaltung zweier Spannungsteiler. Die Verbindung der Punkte A und B der Brücke nennt man **Brückendiagonale.** Teilt der Spannungsteiler R_1-R_2 die Spannung des Spannungserzeugers im gleichen Verhältnis auf wie der Spannungsteiler R_3-R_4, so besteht zwischen den Punkten A und B keine Spannung ($U_{AB} = 0$ V, Nullpunktmethode). Die Widerstände R_1 und R_2 stehen also im gleichen Verhältnis zueinander wie die Widerstände R_3 und R_4. Man sagt, die Brücke ist abgeglichen.

Abgeglichene Brückenschaltung

$$U_{AB} = 0\ \text{V, wenn}\ \frac{U_1}{U_2} = \frac{U_3}{U_4}$$

bzw.

$$\frac{R_1}{R_2} = \frac{R_3}{R_4}$$

R_1, R_x Unbekannter Widerstand
R_2 Vergleichswiderstand (einstellbar)
R_3, R_4 Brückenwiderstände

Eine Brückenschaltung ist abgeglichen, wenn in der Brückendiagonalen kein Strom fließt, d. h., wenn das Widerstandsverhältnis der beiden Spannungsteiler gleich ist.

Mithilfe einer abgeglichenen Brückenschaltung kann man einen unbekannten Widerstand R_x bestimmen.

Beispiel:

Eine abgeglichene Messbrücke nach **Bild 1** hat die Widerstände $R_2 = 40\ \Omega$, $R_3 = 25\ \Omega$ und $R_4 = 50\ \Omega$ sowie den unbekannten Widerstand R_1. Berechnen Sie R_1.

Lösung:

$$\frac{R_1}{R_2} = \frac{R_3}{R_4} \Rightarrow \quad \boldsymbol{R_1} = \frac{R_2 \cdot R_3}{R_4} = \frac{40\ \Omega \cdot 25\ \Omega}{50\ \Omega} = \mathbf{20\ \Omega}$$

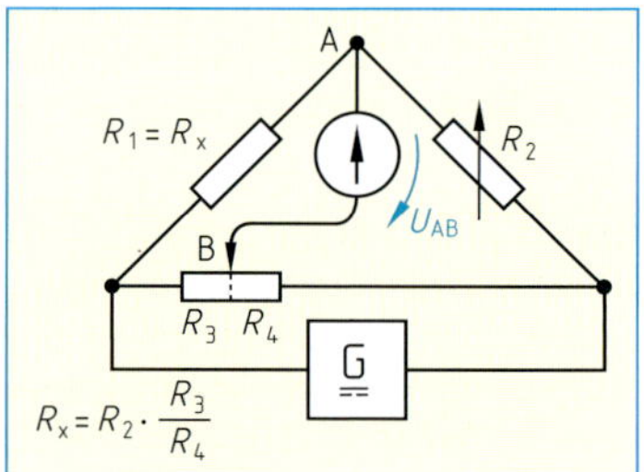

Bild 2: Schleifdraht-Messbrücke

Zur Berechnung von R_1 genügt die Kenntnis von R_2 und dem Verhältnis von R_3 zu R_4. Man kann also die beiden Widerstände R_3 und R_4 durch einen stufenlos einstellbaren Widerstand (Drehwiderstand oder Schleifdraht mit Schleifer nach **Bild 2**) ersetzen. Diese Brückenschaltung zur Messung von Widerständen nennt man **wheatstonesche**[1] **Messbrücke**. Der Vergleichswiderstand R_2 (Normalwiderstand) ist meist umschaltbar. Damit kann man erreichen, dass sein Wert nicht zu stark vom Wert des unbekannten Widerstandes R_1 (R_x) abweicht. Messfehler werden dadurch verringert.

Das Ergebnis der Messung mit einer Messbrücke ist unabhängig von der Höhe der Versorgungsspannung.

Brückenschaltungen verwendet man vor allem in der Messtechnik **(Seite 132)** sowie in der Steuerungs- und Regelungstechnik. Mithilfe der Widerstandsmessbrücke können z.B. mit temperaturabhängigen Widerständen **(Seite 145)** Temperaturen gemessen werden.

[1] Charles Wheatstone, engl. Physiker, 1802 bis 1875

3.3.3 Widerstandsbestimmung durch Strom- und Spannungsmessung

Zur indirekten Widerstandsbestimmung mit einer Strom- und Spannungsmessung sind zwei Schaltungen möglich: die Spannungsfehlerschaltung **(Bild 1)** und die Stromfehlerschaltung **(Bild 2)**.

Bei der **Spannungsfehlerschaltung (Bild 1)** misst der Strommesser den Strom, der tatsächlich durch den Widerstand R fließt. Der Spannungsmesser zeigt aber eine Spannung U an, die um den Spannungsfall U_{iA} am Strommesser zu groß ist. Bei der Widerstandsberechnung nach dem ohmschen Gesetz mit $R = U/I$ erhält man daher einen zu großen Wert.

Falls der Innenwiderstand R_{iA} des Strommessers bekannt ist, lässt sich der berechnete Widerstandswert korrigieren. Der tatsächliche Wert des Widerstandes R ist um den Innenwiderstand R_{iA} des Strommessers kleiner als der berechnete Wert U/I.

Ist der zu messende Widerstand R wesentlich größer als der Innenwiderstand R_{iA} des Strommessers, so braucht man diesen Innenwiderstand nicht zu berücksichtigen.

Die Spannungsfehlerschaltung ist ohne Korrektur zur Ermittlung großer Widerstandswerte geeignet.

Bei der **Stromfehlerschaltung (Bild 2)** misst der Spannungsmesser die Spannung, die tatsächlich am Widerstand liegt. Der Strommesser zeigt jedoch einen Strom I an, der um den Strom I_{iV} durch den Spannungsmesser zu groß ist. Bei der Widerstandsberechnung nach dem ohmschen Gesetz erhält man also einen zu kleinen Widerstandswert.

Ist der Innenwiderstand R_{iV} des Spannungsmessers bekannt, dann lässt sich der berechnete Widerstandswert korrigieren. Durch den Spannungsmesser fließt der Strom $I_{iV} = U/R_{iV}$. Durch den Widerstand fließt nur die Differenz vom gemessenen Strom I und dem Strom I_{iV}.

Ist der Strom durch den Spannungsmesser wesentlich kleiner als der Strom durch den zu messenden Widerstand, z. B. bei digitalen Spannungsmessern, so braucht man den Strom durch den Spannungsmesser nicht zu berücksichtigen. Durch den Spannungsmesser fließt nur ein kleiner Teil des Stromes, wenn der Widerstand R viel kleiner als der Innenwiderstand R_{iV} des Spannungsmessers ist. Der Stromfehler kann in diesem Fall vernachlässigt werden.

Die Stromfehlerschaltung ist ohne Korrektur zur Ermittlung kleiner Widerstandswerte geeignet.

Wiederholungsfragen

1 **Was versteht man unter a) der Spannungsfehlerschaltung, b) der Stromfehlerschaltung?**

2 **In welchem Fall braucht man bei der Spannungsfehlerschaltung den Innenwiderstand des Strommessers nicht zu berücksichtigen?**

3 **Welche Schaltung wählt man am besten, wenn große Widerstandswerte ermittelt werden sollen?**

4 **Welche Schaltung wählt man zur Ermittlung kleiner Widerstandswerte?**

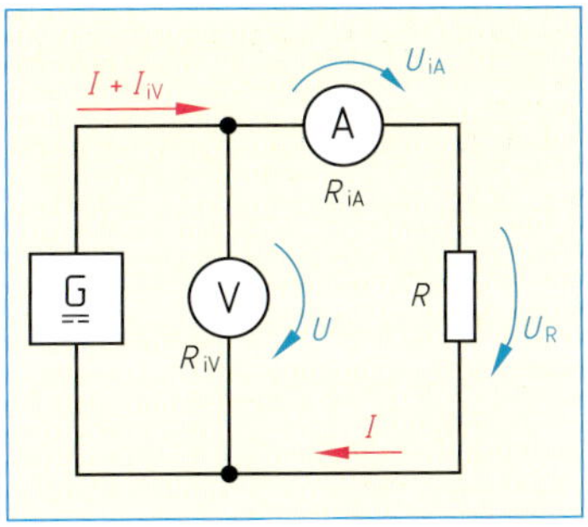

Bild 1: Spannungsfehlerschaltung (stromrichtige Schaltung)

Korrekturformel für die Spannungsfehlerschaltung:

$$R = = \frac{U - U_{iA}}{I} - \frac{U}{I} R_{iA}$$

$$U_{iA} = I \cdot R_{iA}$$

R zu bestimmender Widerstand
U angezeigte Spannung
U_{iA} Spannung am Strommesser
I angezeigte Stromstärke
R_{iA} Innenwiderstand des Strommessers

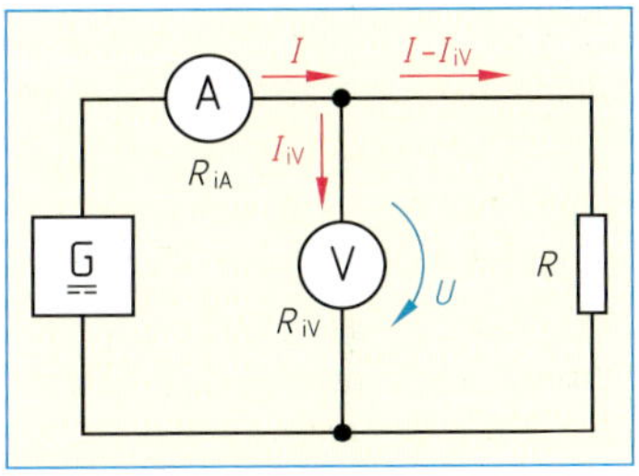

Bild 2: Stromfehlerschaltung (spannungsrichtige Schaltung)

Messen von Widerständen, **Seite 132**

Korrekturformel für die Stromfehlerschaltung:

$$R = \frac{U}{I - I_{iV}} = \frac{U}{I - \frac{U}{R_{iV}}}$$

$$I_{iV} = \frac{U}{R_{iV}}$$

R zu bestimmender Widerstand
R_{iV} Innenwiderstand des Spannungsmessers
I_{iV} Strom durch den Spannungsmesser
I angezeigte Stromstärke
U angezeigte Spannung

3.4 Innenwiderstand von Spannungsquellen

3.4.1 Betriebsfälle einer Spannungsquelle

Versuch: Schalten Sie drei 4,5-V-Normalbatterien (3 R 12) in Reihe. Messen Sie die Leerlaufspannung U_0 mit einem hochohmigen Spannungsmesser ($R_{iV} \approx 10\,M\Omega$) bei geöffnetem Schalter S1 **(Bild 1)**. Belasten Sie durch Schließen des Schalters die Batterien kurzzeitig und verschieden stark mit einem Drehwiderstand R_L (500 Ω). Messen Sie jeweils die Stromstärke I mit einem niederohmigen Strommesser ($R_{iA} \leq 0{,}1\,\Omega$) und die Klemmenspannung U an den Klemmen der Batterie. Tragen Sie die Messwerte erst in eine Tabelle und dann in ein Diagramm $U = f(I)$ ein. Berechnen Sie die abgegebene Leistung P für jede Belastung.

R_L in Ω	∞	50,1	20,1	10,1	6,1	4,1	3,1	2,1	1,1	0,6	0,1
I in A	0	0,24	0,55	0,94	1,33	1,67	1,91	2,24	2,71	3,02	3,42
U in V	13	12,1	11,0	9,5	8,1	6,8	5,9	4,7	3,0	1,8	0,34
P in W	0	2,9	6,0	8,9	10,8	11,4	11,3	10,5	8,1	5,4	1,2

Bei wachsendem Laststrom I nimmt die Klemmenspannung U ab. Die Messpunkte der Kennlinie $U = f(I)$ liegen alle auf einer Geraden **(Bild 2)**.

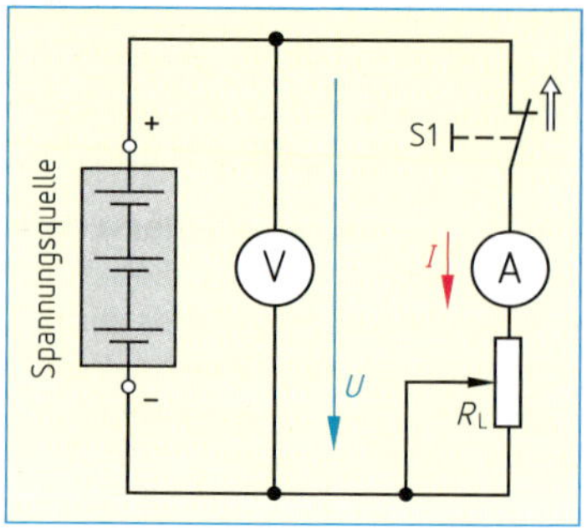

Bild 1: Messen des Innenwiderstandes

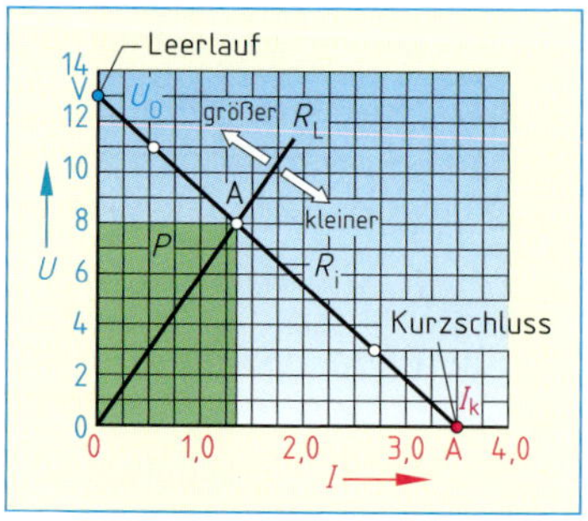

Bild 2: Lastkennlinie einer Spannungsquelle

Die Abhängigkeit der Klemmenspannung U vom Belastungsstrom I wird durch die $U(I)$-Kennlinie der Batterie **(Bild 2)** dargestellt. Sie beginnt mit der Leerlaufspannung U_0 an der Spannungsachse und endet mit dem Kurzschlussstrom I_k auf der Stromachse.

Meist kann man den Kurzschlussstrom I_k nicht direkt messen. Überbrückt man nämlich die Klemmen der Spannungsquelle mit dem niederohmigen Strommesser, ist dessen Innenwiderstand R_{iA} immer noch im äußeren Stromkreis vorhanden. Manche, vor allem galvanische, Erzeuger kann man nicht kurzschließen, ohne sie zu schädigen.

In diesen Fällen zeichnet man die Kennlinie, sobald man sie als Gerade erkennt, und verlängert sie bis zur Stromachse. Der Schnittpunkt ist der gesuchte Kurzschlussstrom I_k.

Die Steigung der abfallenden Kennlinie ($R_i = \Delta U/\Delta I$) entspricht einem Widerstand, nämlich dem **Innenwiderstand** R_i, der Spannungsquelle.

Bei den galvanischen Elementen bildet der Elektrolyt den Innenwiderstand, bei Generatoren der Widerstand der Anker- bzw. Feldwicklungen.

Innenwiderstand

$$R_i = \frac{\Delta U}{\Delta I}$$

$$R_i = \frac{U_0}{I_k}$$

R_i Innenwiderstand
U_0 Leerlaufspannung
I_k Kurzschlussstrom
ΔU Spannungsänderung
ΔI Stromänderung

Die Klemmenspannung von Spannungsquellen nimmt bei Belastung wegen des Innenwiderstands ab.

Im **Leerlauf** ($R_L = \infty$) belastet kein Verbraucher die Spannungsquelle. Es fließt dabei auch kein Strom, und die Spannungsquelle gibt die größtmögliche Spannung ab, die Leerlaufspannung U_0.

Bei **Kurzschluss** ($R_L = 0\,\Omega$) fließt der maximale Strom I_k. Die Spannung an den Klemmen der Spannungsquelle, die Klemmenspannung U, ist dabei null.

Bei **Belastung** ($R_L < \infty$), der Betriebsart zwischen Leerlauf und Kurzschluss, gibt die Spannungsquelle eine Leistung P an den Lastwiderstand R_L ab. In der Lastkennlinie **(Bild 2)** entspricht diese Leistung der Fläche des Rechtecks, das die Achsen und die Parallelen zu ihnen durch den Arbeitspunkt A begrenzen.

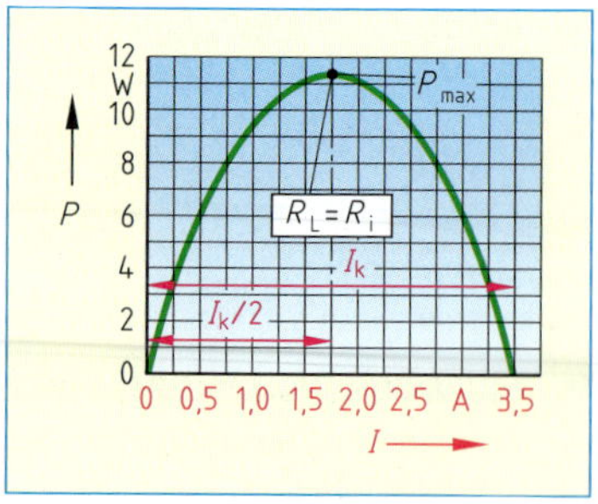

Bild 3: Leistungsabgabe einer Spannungsquelle

Mit zunehmender Belastung einer Spannungsquelle wächst die abgegebene Leistung P von null aus an, erreicht einen Höhepunkt P_{max} (bei $R_L = R_i$, Anpassung, **Seite 56**) und sinkt dann wieder ab **(Bild 3)**. Im Kurzschluss ist die an den Verbraucher gelieferte Leistung wieder null. Die Leistungskurve ist eine Parabel.

3.4.2 Ersatzspannungsquelle und Ersatzstromquelle

Versuch: Nehmen Sie die Lastkennlinie eines Spannungsteilers **(Bild 1)** auf. Stellen Sie hierzu mit dem Drehwiderstand verschiedene Laststromstärken I ein und messen Sie die zugehörigen Spannungen U. Zeichnen Sie mit den Werten die Kennlinie $U = f(I)$.

Alle Messpunkte liegen auf einer Geraden **(Bild 2)**.

Ein Netzwerk aus ohmschen Widerständen, z. B. ein Spannungsteiler, hat dieselbe gerade Lastkennlinie **(Bild 2)** wie ein Spannungserzeuger, z. B. ein galvanisches Element oder ein Generator.

Die Steigung der Kennlinie entspricht dem Innenwiderstand $R_i = U_0/I_k$.

Ist nicht die ganze Kennlinie gezeichnet oder ist die Messung des Leerlaufs bzw. die des Kurzschlusses nicht möglich, lässt sich R_i auch aus dem Spannungsrückgang ΔU bei der Stromerhöhung ΔI berechnen: $R_i = \Delta U/\Delta I$.

Der Ersatz-Innenwiderstand R_i eines Netzwerks **(Bild 1)** lässt sich durch Rechnung bestimmen. Er ist gleich dem Widerstand des Netzwerks bei kurzgeschlossener Quelle:

$$\boldsymbol{R_i} = R_1 \parallel R_2 = \frac{R_1 \cdot R_2}{R_1 + R_2} = \frac{40 \cdot 60}{40 + 60} = \mathbf{24\ \Omega}$$

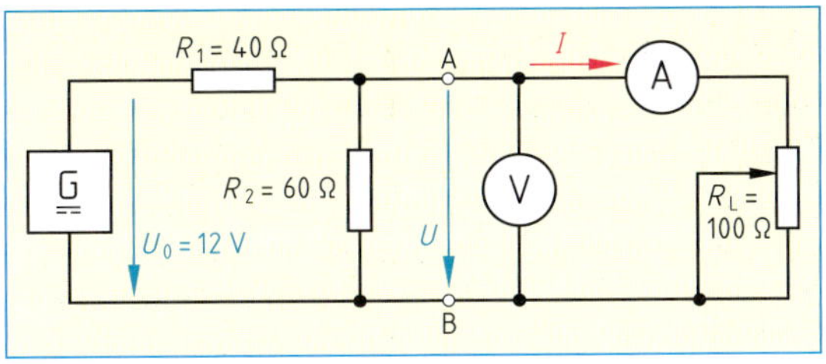

Bild 1: Messschaltung für belasteten Spannungsteiler

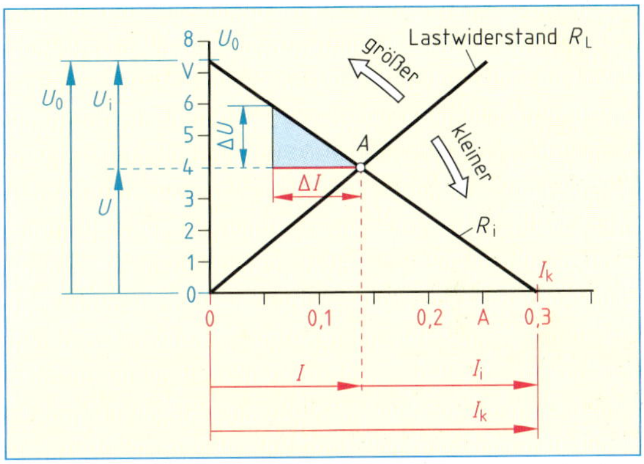

Bild 2: Lastkennlinie eines Spannungsteilers oder eines Spannungserzeugers

Das elektrische Verhalten eines Bauelements oder eines Netzwerks, dessen Klemmenspannung U (zwischen A und B in **Bild 1**) in dem Maße zurückgeht wie die entnommene Stromstärke ansteigt, kann man durch eine Ersatzspannungsquelle oder durch eine Ersatzstromquelle deuten:

Die **Ersatzspannungsquelle (Bild 3)** liefert dauernd eine **Leerlaufspannung** U_0, die sich im Belastungsfall auf den Lastwiderstand R_L und den **in Reihe** geschalteten Innenwiderstand R_i aufteilt.

> Die Klemmenspannung U ist um den Spannungsabfall $U_i = I \cdot R_i$ kleiner als die Quellenspannung U_0.

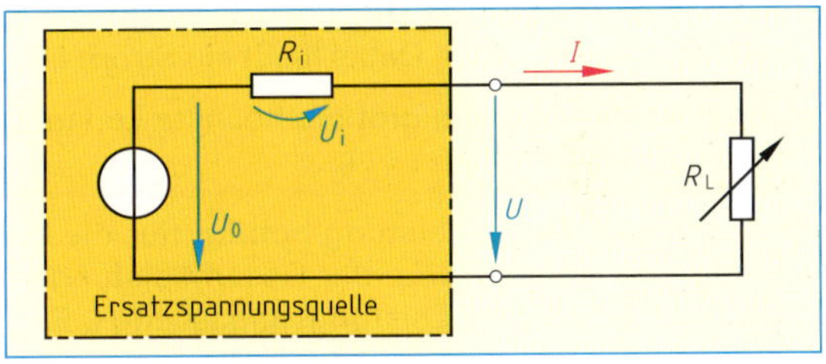

Bild 3: Ersatzspannungsquelle

Mit der Ersatzspannungsquelle zu rechnen ist sinnvoll, wenn der Lastwiderstand viel größer als der Innenwiderstand ist ($R_L \gg R_i$). Schwankungen des Lastwiderstands wirken sich dann kaum auf die Klemmenspannung aus (Konstantspannungsquelle mit „eingeprägter" Spannung). In der Energietechnik arbeitet man meist mit der Ersatzspannungsquelle.

Klemmenspannung

$$U = U_0 - I \cdot R_i$$

U	Klemmenspannung
U_0	Quellenspannung (Leerlaufspannung)
I	Laststrom
R_i	Innenwiderstand

Beispiel 1:

Eine 9-V-Normalbatterie (6 F 22) gibt im Leerlauf die Spannung 9,3 V ab. Bei Kurzschluss entsteht eine Stromstärke von 2,9 A. **a)** Wie groß ist der Innenwiderstand? **b)** Auf welche Laststromstärke ist I zu begrenzen, wenn die Klemmenspannung bei Belastung um höchstens 0,8 V zurückgehen darf?

Lösung:

a) $\boldsymbol{R_i} = \frac{U_0}{I_k} = \frac{9{,}3\ \text{V}}{2{,}9\ \text{A}} = \mathbf{3{,}2\ \Omega}$ **b)** $U = U_0 - I \cdot R_i \Rightarrow \boldsymbol{I} = \frac{U_0 - U}{R_i} = \frac{0{,}8\ \text{V}}{3{,}2\ \Omega} = \mathbf{0{,}25\ A}$

Beispiel 2:

Eine Monozelle hat eine Leerlaufspannung von 1,58 V. Bei Belastung durch einen Widerstand von 3 Ω fällt die Klemmenspannung auf 1,50 V ab. Welchen Innenwiderstand besitzt die Mono-Zelle?

Lösung:

$I = \frac{U}{R_L} = \frac{1{,}50\text{ V}}{3\,\Omega} = 0{,}5\text{ A};$

$U = U_0 - I \cdot R_i \Rightarrow \boldsymbol{R_i} = \frac{U_0 - U}{I} = \frac{1{,}58\text{ V} - 1{,}50\text{ V}}{0{,}5\text{ A}} = \mathbf{0{,}16\,\Omega}$

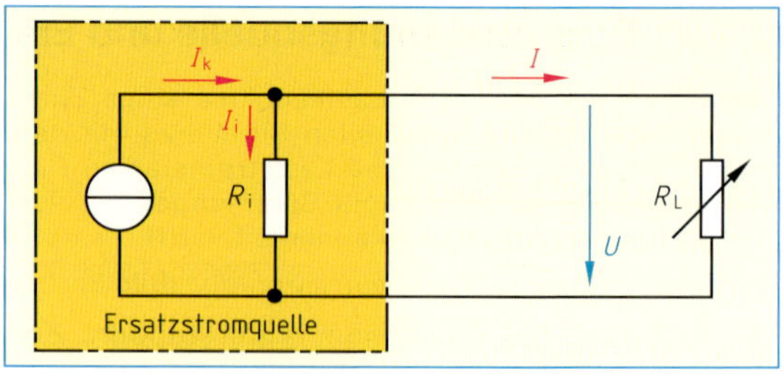

Bild 1: Ersatzstromquelle

Die **Ersatzstromquelle (Bild 1)** stellt man sich vor, als liefere sie dauernd den **Kurzschlussstrom I_k**, der sich in den Laststrom I und in den Strom I_i durch den **parallel** geschalteten Innenwiderstand ($I = I_k - \frac{U}{R_i}$) verzweigt.

Die Ersatzstromquelle erweist sich als zweckmäßig, wenn der Innenwiderstand wesentlich größer als der Lastwiderstand ist ($R_i \gg R_L$). Dann unterscheidet sich der Laststrom kaum vom Kurzschlussstrom, Lastwiderstandsänderungen verursachen nur sehr geringe Stromschwankungen (Konstantstromquelle mit „eingeprägtem" Strom).

Das Ausgangsverhalten eines Transistors wird z. B. so mit der Ersatzstromquelle gut beschrieben.

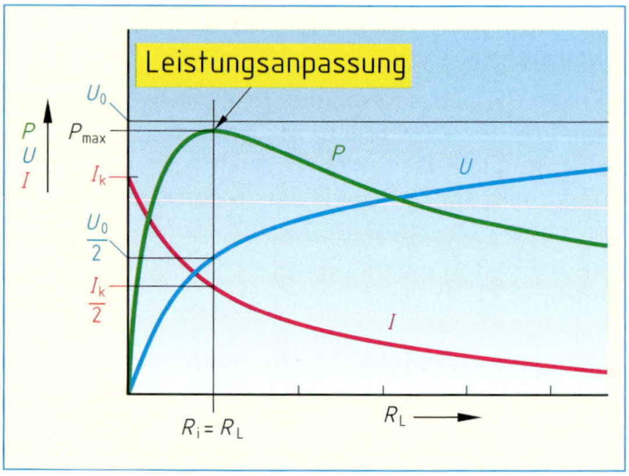

Bild 2: Anpassung des Verbrauchers an die Spannungsquelle

3.4.3 Anpassung

Leistungsanpassung

Eine Spannungsquelle gibt die höchste Leistung P_{max} ab, wenn die Lastspannung U nur halb so groß wie die Leerlaufspannung U_0 ist. Dabei fließt ein Strom I, der dem halben Kurzschlussstrom I_k entspricht **(Bild 2)**.

Eine Spannungsquelle gibt die höchste Leistung ab, wenn der Lastwiderstand ebenso groß ist wie der Innenwiderstand: $R_L = R_i$.

Die maximale Abgabeleistung beträgt nur die Hälfte der im ganzen Stromkreis umgesetzten Gesamtleistung. Die andere Hälfte der Gesamtleistung wird im Innenwiderstand in Wärme umgewandelt. Der Wirkungsgrad η ist bei Leistungsanpassung 0,5.

Muss die maximale Leistung übertragen werden, wendet man die Leistungsanpassung an; z. B. in der Tontechnik zur Anpassung der Leistung an den Innenwiderstand der Signalquelle.

Spannungsanpassung

Für den Anschluss von Verbrauchern in der Energietechnik verwendet man meist die Spannungsanpassung. Hierbei soll die Spannung stabil bleiben, auch wenn die Größe des Lastwiderstands schwankt. Außerdem erhält man einen hohen Wirkungsgrad des Stromkreises.

Eine Spannungsquelle gibt die höchste und stabilste Spannung ab, wenn der Lastwiderstand groß gegenüber ihrem Innenwiderstand ist: $R_L \gg R_i$.

Spannungsanpassung wird verwendet zum Anschluss von Lautsprechern an Verstärkerausgänge.

Stromanpassung

Dabei ist der Lastwiderstand nur ein kleiner Teil des Gesamtwiderstandes im ganzen Stromkreis. Der Laststrom schwankt nur wenig, wenn sich der Lastwiderstand ändert.

Eine Spannungsquelle liefert den maximalen Strom, wenn der Lastwiderstand klein gegenüber ihrem Innenwiderstand ist: $R_L \ll R_i$.

Die Stromanpassung wendet man z.B. in der Messtechnik an, wenn die Messsignale von den Widerstandsänderungen in der Übertragungsstrecke möglichst unabhängig sein sollen.

3.4.4 Schaltungen von Spannungsquellen

Galvanische Primärelemente **(Seite 59)** und Sekundärelemente **(Seite 61)** schaltet man in Reihe oder parallel, um höhere Spannungen oder größere Ströme zu erhalten.

Reihenschaltung von Spannungsquellen

Versuch 1: Messen Sie die Leerlaufspannung und den Kurzschlussstrom einer Rundzelle, z.B. einer Mignonzelle R6, und ebenso bei einer Reihenschaltung aus drei dieser Zellen. (Der Kurzschlussstrom darf höchstens einige Sekunden lang fließen.)

Gegenüber einer Einzelzelle liefert die Reihenschaltung die dreifache Leerlaufspannung, aber den einfachen Kurzschlussstrom.

Für eine höhere Spannung schaltet man galvanische Elemente so in Reihe, dass sich immer positiver und negativer Pol abwechseln **(Bild 1)**. In der Reihenschaltung addieren sich die Leerlaufspannungen ebenso wie die Innenwiderstände.

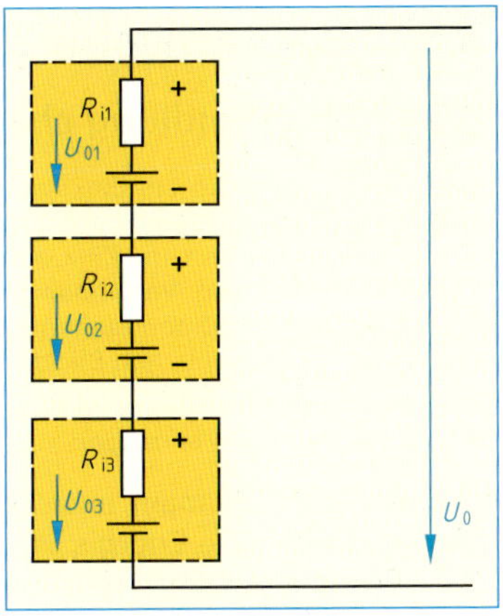

Bild 1: Reihenschaltung von Spannungsquellen

> Bei der Reihenschaltung von Spannungsquellen summieren sich die Teil-Leerlaufspannungen und die Teil-Innenwiderstände. Durch alle Spannungsquellen fließt derselbe Strom.

Reihenschaltung von Spannungsquellen

$$U_0 = U_{01} + U_{02} + \dots$$

$$R_i = R_{i1} + R_{i2} + \dots$$

U_0 Gesamt-Leerlaufspannung
U_{01}, U_{02} Teil-Leerlaufspannungen
R_i Gesamt-Innenwiderstand
R_{i1}, R_{i2} Teil-Innenwiderstände

Parallelschaltung von Spannungsquellen

Versuch 2: Schalten Sie die drei Zellen (Mignonzellen) aus Versuch 1 parallel und messen Sie die Leerlaufspannung und schnell den Kurzschlussstrom.

Die Parallelschaltung gibt gegenüber der Einzelzelle zwar die gleiche Leerlaufspannung, aber den dreifachen Kurzschlussstrom ab.

Bei der Parallelschaltung von galvanischen Elementen darf man immer nur gleichartige Pole miteinander verbinden **(Bild 2)**.

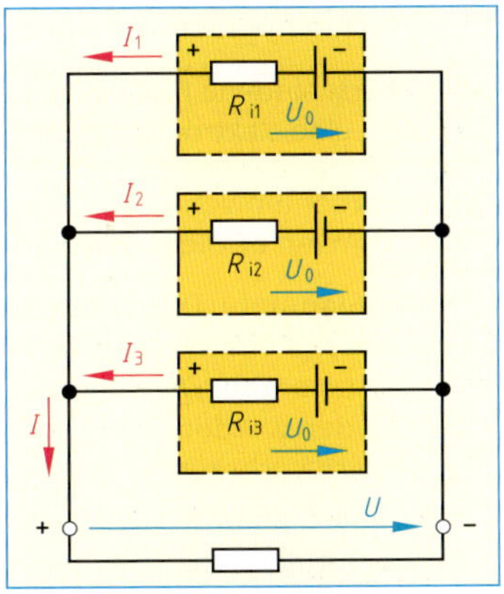

Bild 2: Parallelschaltung von Spannungsquellen

> Bei der Parallelschaltung von Spannungsquellen summieren sich die Ströme und die inneren Leitwerte. Die Leerlaufspannungen und die Innenwiderstände der einzelnen Spannungsquellen müssen aber gleich groß sein.

Sind die Leerlaufspannungen parallel geschalteter Spannungsquellen und ihre Innenwiderstände unterschiedlich groß, fließen auch ohne Belastung der Schaltung Ausgleichsströme zu den Spannungsquellen niedrigerer Spannung. Dadurch nimmt die Lebensdauer der Zellen schnell ab. Deshalb vermeidet man in der Praxis, galvanische Elemente z. B. verschiedener Hersteller parallel zu schalten. Sollte dies doch einmal notwendig sein, müssen Dioden in Reihe zu jeder Spannungsquelle die Elemente entkoppeln.

Galvanische Elemente, **Seite 58**

Parallelschaltung von Spannungsquellen

$$I = I_1 + I_2 + I_3 \dots$$

$$I_1 = \frac{I}{n} \qquad R_i = \frac{R_{i1}}{n}$$

I Gesamtstrom
I_1, I_2 Einzelströme
R_i gesamter Innenwiderstand
R_{i1} Innenwiderstand eines Elements
n Anzahl gleicher Spannungsquellen

Wiederholungsfragen

1. **Erklären Sie den Begriff Leerlaufspannung einer Spannungsquelle.**
2. **Welcher Zusammenhang besteht zwischen Innenwiderstand, Leerlaufspannung und Kurzschlussstrom einer Spannungsquelle?**
3. **Wie verhält sich eine Spannungsquelle bei a) Spannungsanpassung, b) Stromanpassung und c) Leistungsanpassung?**
4. **Unter welchen Bedingungen ist es zweckmäßig, mit einer**
   a) Ersatzspannungsquelle oder
   b) mit einer Ersatzstromquelle zu rechnen?
5. **Nennen Sie die Gesetze für Spannungen, Ströme und Innenwiderstände bei der a) Reihenschaltung und b) Parallelschaltung von Spannungsquellen.**

3.5 Galvanische Elemente

3.5.1 Umwandlung chemischer Energie in elektrische Energie

Versuch: Tauchen Sie als Elektroden paarweise unterschiedliche Metallproben (Draht oder Blechstreifen), z. B. Eisen und Kupfer, Eisen und Zink, Kupfer und Zink **(Bild 1)**, in eine Natriumlösung. Verbinden Sie die Elektroden mit einem empfindlichen Spannungsmessgerät, das den Nullpunkt in der Skalenmitte hat. Beobachten Sie den Zeiger.

Es entstehen unterschiedliche Spannungen und Polaritäten zwischen den Elektroden.

Ein **galvanisches Element,** auch **Zelle** genannt **(Bild 1),** gewinnt elektrische Energie direkt aus der chemischen Energie. An den Grenzflächen zwischen den verschiedenen Metallen und der elektrisch leitenden Flüssigkeit, **Elektrolyt** genannt, findet durch chemische Reaktion eine Ladungstrennung statt. Zwischen beiden Elektroden entsteht eine **Quellenspannung.**

Zur Festlegung der Spannungshöhe und der Polarität der Elektrodenwerkstoffe wird eine Wasserstoffelektrode als neutrale Bezugselektrode verwendet. Nach der Ordnung der Potenzialbeträge und -vorzeichen ergibt sich die **elektrochemische Spannungsreihe (Bild 2).** Der Betrag der Quellenspannung ergibt sich aus den Potenzialen beider Elektroden gegenüber Wasserstoff.

Zwei verschiedene Metalle in einem Elektrolyten ergeben eine elektrochemische Spannungsquelle.

Die elektrochemische Spannungserzeugung kann auf zwei Arten erfolgen **(Bild 3):**

- **Primärelemente.** Die chemische Energie kann im Element nur einmal in elektrische Energie umgewandelt werden. Das Element kann nicht wieder aufgeladen werden. Das negative Elektrodenmaterial wird verbraucht.
- **Sekundärelemente.** Der elektrochemische Prozess ist umkehrbar, d. h., das Element kann wiederholt entladen und aufgeladen werden.

Durch Elementbildung an einer Berührungsstelle zweier Metalle, z. B. zwischen Al und Cu, kommt es in Verbindung mit Feuchtigkeit zu einer unerwünschten **Korrosion**[1]. Dabei wird das unedlere Metall zersetzt. Um dies zu verhindern, verwendet man z. B. für notwendige Cu-Al-Verbindungen bei Freileitungen besondere Klemmen **(Bild 4).** Mithilfe einer in Warmwasserspeicher **(Bild 5)** eingebauten **Opferanode,** z. B. aus Magnesium (Mg), schützt man den Stahlbehälter, wenn sich kleine Risse im Email bilden. Durch Elementbildung fließt dann ein Korrosionsstrom, wobei sich die Magnesiumanode langsam auflöst und dann erneuert werden muss.

[1] Korrosion (lat.) = Zerstörung, Zersetzung

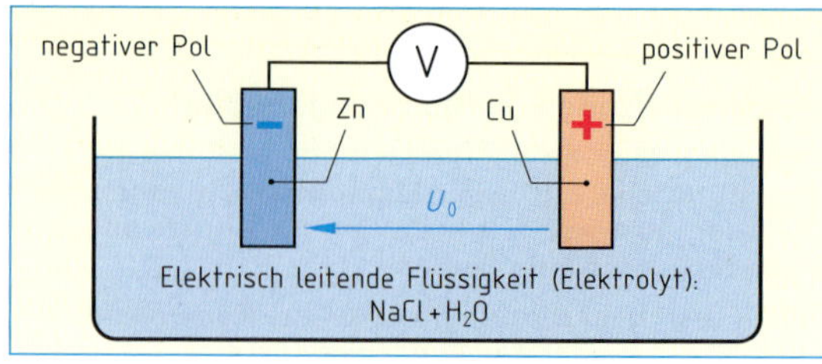

Bild 1: Galvanisches Element (Beispiel)

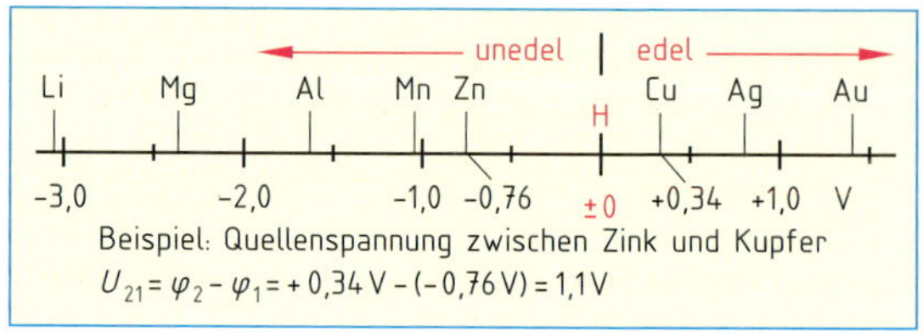

Bild 2: Elektrochemische Spannungsreihe

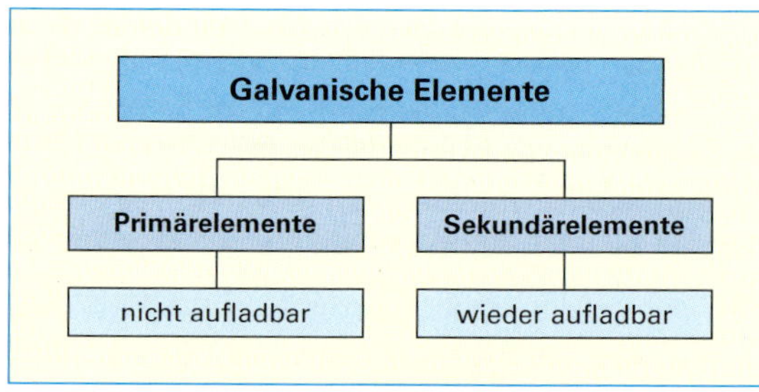

Bild 3: Einteilung der galvanischen Elemente

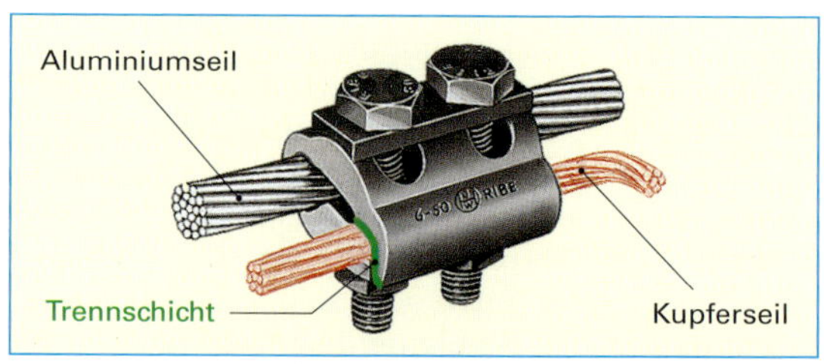

Bild 4: Freileitungs-Übergangsklemme (Cupalklemme)

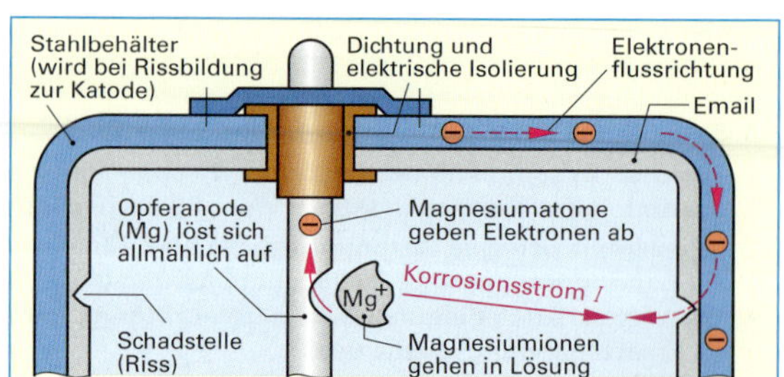

Bild 5: Korrosionsschutz eines Warmwasserspeichers mit eingebauter Opferanode

3.5.2 Primärelemente

Für den technischen Einsatz eines Elements bzw. einer Zelle sind eine Reihe von Kriterien zu berücksichtigen **(Übersicht)**. Ein System aus mehreren Zellen nennt man **Batterie.** Zur Spannungserhöhung werden Zellen in Reihe, zur Kapazitätsvergrößerung parallel geschaltet. Ein Element hoher **Energiedichte** (Einheiten: Wh/cm^3, Wh/dm^3 bzw. Wh/l) hat bei einem geringen Volumen und bei einer kleinen Masse viel an Energie gespeichert. Hohe Energiedichte wird erreicht, wenn man großflächiges Anoden- und Katodenmaterial mit hohen Potenzialen nach der Spannungsreihe (in V) und hoher Kapazität (in Ah) kombiniert. So gibt es für fast jeden Anwendungsfall eine den speziellen Aufgaben entsprechende Zelle bzw. Batterie **(Tabellen 1** und **2)**.

Primärelemente enthalten umweltschädigende Stoffe und dürfen gemäß der Batterieverordnung vom 01.10.1998 nicht in den Hausmüll gelangen, sondern müssen zu den Schadstoff-Sammelstellen gebracht werden.

Übersicht: Auswahlkriterien für Primärelemente

- Bemessungsspannung
- Bemessungskapazität (entnehmbare Ladungsmenge)
- Energiedichte
- Spannungskonstanz (während der Entladung)
- Überlastverträglichkeit
- Zuverlässigkeit
- Lebensdauer
- Lecksicherheit
- Lagerfähigkeit (Selbstentladung)
- Umweltverträglichkeit
- Größe und Gewicht
- Anschlussmöglichkeit
- Temperaturbedingungen
- Preis

Tabelle 1: Wichtige technische Primärelemente (Auswahl)

Element Anode/Katode	Bemessungsspannung	Eigenschaften, Vorteile, Nachteile	Energiedichte in Wh/cm^3	Anwendungsbeispiele
Zink/Mangandioxid (Leclanché[1])	1,5 V	bei niedriger Temperatur 2 Jahre lagerfähig, nach Tiefentladung auslaufgefährdet, preiswert	0,08 bis 0,15	Taschenlampen, Spielzeuge
Zinkpulvergel/ Mangandioxid (alkalisch)	1,5 V	hohe Leistung (auch bei großen Strömen), hohe Belastbarkeit, geringe Selbstentladung (etwa 3 % pro Jahr), hohe Auslaufsicherheit	0,15 bis 0,4	Blitzlichtgeräte, Kameras
Zink/Silberoxid	1,55 V	gute Spannungskonstanz, lange Lebensdauer, Selbstentladung etwa 5 % pro Jahr, 2 Jahre lagerfähig bei Raumtemperatur, teuer	0,4 bis 0,6	Uhren, Kameras, Taschenrechner
Lithium/ Chromoxid, Lithium/ Mangandioxid	1,5 V bis 3,5 V	geringe Selbstentladung (etwa 1 % pro Jahr), hohe Lagerzeit (bis 10 Jahre), rückstromgefährdet, hoher Preis	0,4 bis 1,0	Speicherpufferung (Memory back-up), Uhren, Kameras, Alarmanlagen

Tabelle 2: Handelsnamen- und Normbezeichnungen von Primärelementen (Auswahl)

Handelsname	Bemessungsspannung	IEC[2]-Nr.		Andere Bezeichnung			Abmessungen in mm			
							Durchmesser	Länge	Breite	Höhe
LADY	1,5 V	LR1	R1	AM5	UM5	N	12,0	–	–	30,2
MICRO	1,5 V	LR03	R03	AM4	UM4	AAA	10,5	–	–	44,5
MIGNON	1,5 V	LR6	R6	AM3	UM3	AA	14,5	–	–	50,5
BABY	1,5 V	LR14	R14	AM2	UM2	C	26,2	–	–	50,0
MONO	1,5 V	LR20	R20	AM1	UM1	D	34,2	–	–	61,5
NORMAL	4,5 V	–	3R12	–	–	–	–	62,0	22,0	67,0
ENERGIEBLOCK	9 V	6LR61	6F22	6AM6	–	PP3	–	26,5	17,5	48,5

Abkürzungen nach IEC: R = Rundzelle, F = Flachzelle, z. B. 3R12 = 3 in Reihe geschaltete Rundzellen R12, L = Alkali-Mangan-Zelle

[1] Leclanché, frz. Chemiker, 1839 bis 1882

[2] IEC, Abk. für **I**nternational **E**lectrotechnical **C**ommission (engl.) = Internationale Elektrotechnische Kommission

Alkalische Zink-Mangandioxid-Zellen (Bild 1) haben die früher verwendeten Leclanché-Zellen weitgehend abgelöst. Auch moderne Leclanché-Zellen sind nach Tiefentladung auslaufgefährdet, da der Zinkbecher (Minuspol) zersetzt wird. Im Gegensatz dazu ist die alkalische Zelle in sich völlig dicht und somit auch nach Tiefentladung auslaufsicher. Durch den dichten Verschluss der Zelle wird eine lange Lagerfähigkeit erreicht, z.B. 36 Monate. Diese Zellen sind auch zur Hochstromentladung geeignet, weil der Innenwiderstand konstant bleibt. Alkalische Zellen eignen sich als Rund- oder Knopfzellen auch für hochwertige Geräte, z.B. in Kameras.

Zink-Silberoxid-Zellen (Bild 2) sind wie Alkali-Mangan-Zellen aufgebaut, nur dass statt Mangandioxid als Katodenmaterial Silberoxid verwendet wird. Durch Werkstoffauswahl und Konstruktion wird eine hohe Energiedichte erreicht. Diese Zelle wird meist in Knopfform hergestellt und dort eingesetzt, wo hohe Anforderungen, z. B. für Uhren, erfüllt werden müssen. Wegen des verwendeten Silbers ist die Zelle teuer.

Lithium-Zellen sind Elemente mit der höchsten Energiedichte, da Lithium das höchste negative Potenzial aller Metalle besitzt **(Bild 2, Seite 58)**. Als positiver Pol wird z.B. Mangandioxid oder Chromoxid eingesetzt. Diese Zellen werden als Knopf- und als Rundzellen hergestellt. Knopfzellen sind weniger belastbar als Rundzellen. Ihre Dauerstromentnahme beträgt etwa 0,5 mA und die Impulsbelastung 1 bis 5 mA. Unter Impulsbelastung versteht man einen kurzzeitigen Stromfluss, z. B. für eine Signalübertragung. Rundzellen **(Bild 3)** sind wegen ihrer gewickelten und damit größeren Elektrodenoberfläche höher belastbar. Die gute Lagerfähigkeit und Zuverlässigkeit auch unter extremen klimatischen Bedingungen macht diese Zellen zu sicheren Energiequellen für elektronische Baugruppen. Die Lebensdauer beträgt etwa 10 Jahre. Sie sind jedoch teuer.

Brennstoffzellen (Bild 4) sind Primärelemente, in denen keine Veränderung der Elektroden stattfindet. Durch ständige Zufuhr von Brennstoff, z. B. Wasserstoff (H_2) oder Methanol (MeOH) und dem Oxidationsmittel Sauerstoff (O_2), wird chemische Energie direkt in elektrische Energie umgewandelt. Prinzipiell handelt es sich um eine Verbrennung (Oxidation), wobei die frei werdende Energie nicht nur als Wärme, sondern auch als elektrische Energie (Gleichspannung) entnommen wird. Diesen Umwandlungsprozess nennt man deshalb auch „sanfte Verbrennung" (ohne Flamme). Daher heißen diese Zellen Brennstoffzellen.

Eine einzelne Zelle erzeugt unter Last nur etwa 0,6 bis 0,8 V. Durch Reihenschaltung mehrerer Brennstoffzellen zu einem **Stack**[1] werden höhere Spannungen erzielt.

In der Brennstoffzelle findet eine chemische Reaktion zwischen Gas und einem Elektrolyten statt.

Das Gas wird über poröse (durchlässige) Elektroden in den Elektrolyten geführt. Bei der Reaktion gibt jeweils ein Wasserstoffatom ein Elektron an der Elektrode ab. Die Elektronen fließen über den Verbraucher zur Gegenelektrode, wo sich OH^--Ionen bilden. Diese wandern nun im Elektrolyten und verbinden sich mit den H^+-Ionen zu Wasser (H_2O). Das sich bildende Wasser muss laufend aus der Zelle abgeführt werden. Der Gesamtwirkungsgrad (elektrisch und thermisch) kann über 60 % erreichen.

[1] Stack (engl.) = Stapel

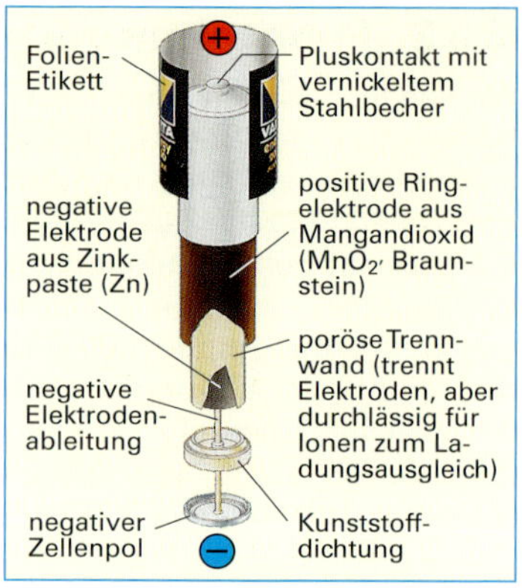

Bild 1: Alkalische Zink-Mangandioxid-Rundzelle

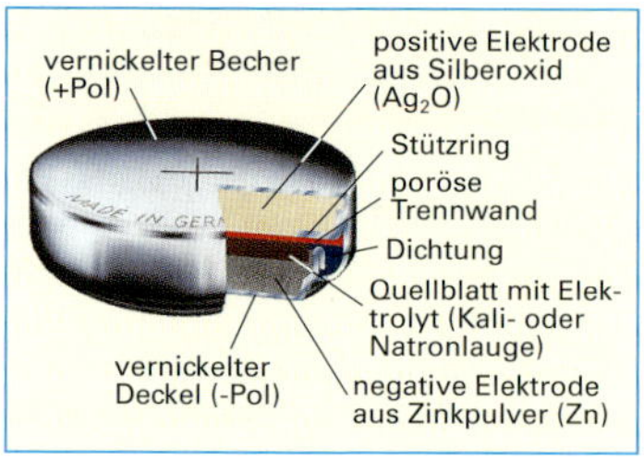

Bild 2: Zink-Silberoxid-Knopfzelle

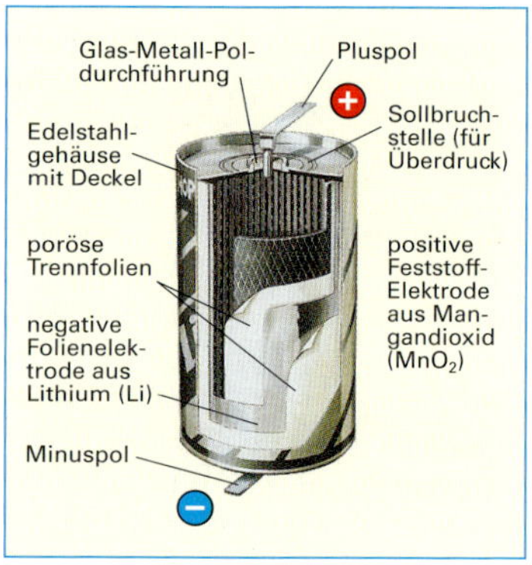

Bild 3: Lithium-Zelle

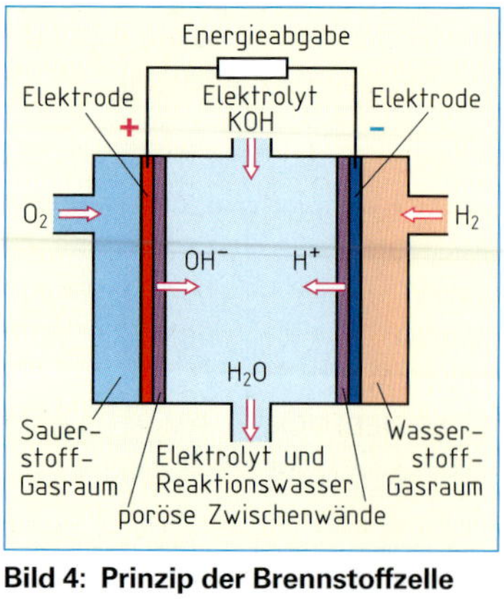

Bild 4: Prinzip der Brennstoffzelle

3.5.3 Sekundärelemente (Akkumulatoren)

Zuerst muss man im Akkumulator durch elektrische Energiezufuhr chemische Energie speichern (Laden). Anschließend kann dem Akkumulator elektrische Energie entnommen werden (Entladen).

Galvanische Elemente, die wiederholt geladen und entladen werden können, nennt man **Sekundärelemente** oder **Akkumulatoren** (Sammler).

Ladevorgang

Zum Laden wird Gleichspannung an die Elektroden gelegt **(Bild 1)**, und ein Ladestrom fließt durch den Elektrolyten (Elektrolyse). Die positiven Ionen wandern zum Minus-Pol, die negativen zum Plus-Pol. An den Elektroden werden die Ionen wieder in neutrale Atome bzw. Atomgruppen entladen. Sie reagieren mit dem Elektrodenmaterial. Es entstehen zwei verschiedene Elektroden und somit ein elektrisches Element.

Entladevorgang

Beim Entladen **(Bild 1)** verlaufen die chemischen Prozesse umgekehrt. Der Entladestrom fließt entgegengesetzt zur Ladestromrichtung. Die Elektroden bilden sich allmählich wieder zum Ausgangsmaterial zurück; die Säurekonzentration nimmt ab. Die Zellenspannung verringert sich dabei. Akkumulatoren dürfen nur bis zur **Entladeschlussspannung (Tabelle 1** und **2**) entladen werden. Die Zellen lassen sich sonst nicht wieder voll aufladen, ihre Lebensdauer sinkt.

Werden Akkumulatoren überladen, wird der Elektrolyt zersetzt. Ab der **Gasungsspannung,** die im Endstadium des Ladens erreicht wird, bildet sich bei Bleizellen an der positiven Elektrode Sauerstoff und an der negativen Elektrode Wasserstoff. Dieses Gasgemisch $2\,H_2 + O_2$ (Knallgas) erfordert ein Lüften der Akkumulatorenräume. Geschlossene Akku-Gehäuse könnten auch aufplatzen. Deshalb werden besondere wartungsfreie Akkumulatoren gebaut, die das „Gasen" einschränken oder verhindern. Das Wasserstoff-Sauerstoff-Gemisch wird wieder zu Wasser rekombiniert[1] **(Bild 2)**. So bleibt das notwendige Wasser im Elektrolyten erhalten.

Tabelle 2: Wichtige Spannungswerte von Akkumulatoren

Zellenart	Bemessungsspannung in V/Zelle	Entladeschlussspannung in V/Zelle	Gasungsspannung in V/Zelle
Blei	2,0	1,60 bis 1,90	2,40 bis 2,45
Nickel-Cadmium	1,2	0,85 bis 1,14	1,55 bis 1,60
Nickel-Metallhydrid	1,2	1	–
Lithium-Ion	3,6	3,0 bis 3,6	–

[1] Rekombination = Zurückführung, Wiedervereinigung

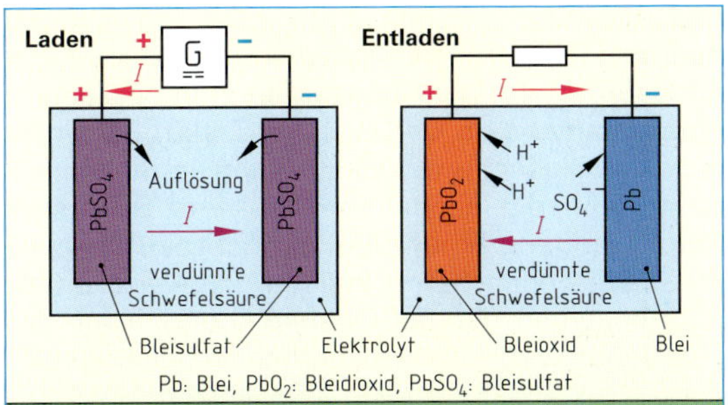

Bild 1: Ladung und Entladung eines Blei-Akkumulators

Tabelle 1: Wichtige elektrische Größen für Akkumulatoren

Bemessungsspannung U_n	Festgelegter Spannungswert für eine Zelle bzw. Batterie.
Bemessungskapazität K_n $K_n = I_n \cdot t_n$ $[K_n] = A \cdot h$	Entnehmbare Elektrizitätsmenge eines Akkumulators. Entladedauer t_n, zugehöriger Entladestrom I_n, Dichte und Temperatur des Elektrolyten sind für K_n festgelegt. Die Entladeschlussspannung U_S wird dann nicht unterschritten. Es bedeutet z. B. $K_{20} = 44$ Ah, dass 20 h lang eine Stromstärke von 2,2 A entnommen werden kann (20 h · 2,2 A = 44 Ah).
Entladeschlussspannung U_S	Festgesetzte Spannung, die beim Entladen nicht unterschritten werden darf.
Gasungsspannung U_G	Ladespannung, oberhalb der ein Bleiakkumulator deutlich zu gasen beginnt.

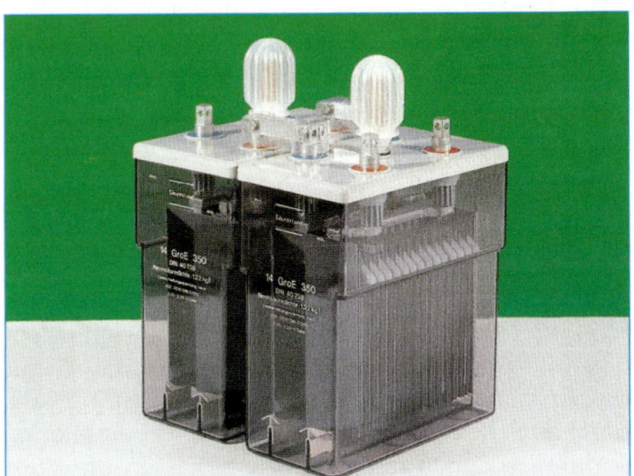

Bild 2: Zwei Bleiakkumulatoren mit Wasserstoff-Sauerstoff-Rekombinator

Nickel-Cadmium-Akkumulatoren (NiCd) enthalten als Elektrolyt Kalilauge, d. h. wasserverdünntes Kaliumhydroxid ($KOH + H_2O$). Im geladenen Zustand besteht die positive Elektrode aus Nickel(III)-oxid-hydroxid (NiOOH), die negative Elektrode aus Cadmium (Cd). Beim Entladen erfolgt eine Umwandlung in Nickelhydroxid $Ni(OH)_2$ bzw. Cadmiumhydroxid $Cd(OH)_2$. Der Elektrolyt nimmt an der Reaktion nicht teil. Die Dichte des Elektrolyten beträgt gleich bleibend 1,19 kg/l. Beim Überladen entsteht an der Anode Sauerstoff, der aber von der Katode aufgenommen wird. Es findet ein interner Sauerstoffkreislauf statt, der eine sichere gasdichte Bauweise ermöglicht. Damit beim Nichtbeachten der Betriebsbedingungen ein Aufplatzen der Zelle vermieden wird, ist ein Sicherheitsventil eingebaut.

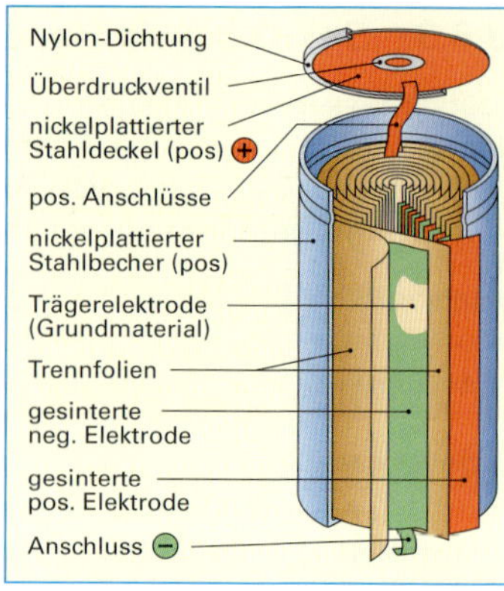

Bild 1: Gasdichte Nickel-Cadmium-Rundzelle

Eine Nickel-Cadmium-Zelle nimmt infolge der kleineren Bemessungsspannung je Zelle (1,2 V) bei gleicher Kapazität einen größeren Raum ein als ein Bleiakkumulator. Im Unterschied zu Schwefelsäure greift Kalilauge die meisten Metalle nicht an. Die Zellengefäße können daher aus Stahlblech oder Kunststoff hergestellt sein. Gasdichte Zellen **(Bild 1)** haben zum Teil die gleichen Abmessungen wie Primärzellen und können sie ersetzen. Gasdichte Akkumulatoren werden auch als Knopfzellen hergestellt.

Sehr nachteilig wirkt sich der **Memory-Effekt**[1] bei NiCd-Akkus aus, der den Akkumulator fast unbrauchbar macht, wenn dieser nicht vollständig entladen wird, bevor er wieder aufgeladen wird.

Memory-Effekt

Entsteht durch chemische Vorgänge im Akku. Ein nicht vollständig entladener Akku „erinnert" sich daran, wie weit er entladen wurde. Man kann dann künftig nur noch den Differenzteil zur Bemessungskapazität nutzen, der dieser unvollständigen Entladung entspricht.

Nickel-Metallhydrid-Akkumulatoren (NiMH) erreichen gegenüber vergleichbaren NiCd-Akkus eine um 40% höhere Bemessungskapazität **(Tabelle)**. Der Memory-Effekt tritt kaum auf. In der NiMH-Zelle wird für die negative Elektrode eine wasserstoffspeichernde Legierung verwendet. Wegen der Nichtverwendung von Cadmium ist der NiMH-Akku umweltverträglicher als der NiCd-Akku. Die Anzahl der möglichen Ladezyklen ist aber oft geringer als beim NiCd-Akku.

Tabelle: Vergleich von Akkuzellen (Größe AA)

	NiCd	NiMH	Li-Ion
Bemessungskapazität	750 mAh	1300 mAh	500 mAh
Bemessungsspannung	1,2 V	1,2 V	1,2 V
Energiedichte	102 Wh/l	200 Wh/l	300 Wh/l
Ladezyklen	etwa 1000	300 bis 1000	500 bis 1200

Lithium-Ionen-Akkumulatoren (Li-Ion) besitzen die höchste Energiedichte aller Akkumulatoren **(Tabelle)**. Sie können pro Volumeneinheit oder Gewicht sehr viel Energie speichern und wieder abgeben. Deshalb werden diese Akkumulatoren besonders für leichte, kleine und transportable Geräte, z.B. Handys, Video- und Digitalkameras, Fotoapparate oder Notebooks, eingesetzt.

Beim Laden bzw. Entladen werden zwischen den Elektrodengittern nur Lithium-Ionen ausgetauscht, die zwischen den Elektroden „swingen"[2]. Deshalb nennt man dieses System auch **Swing-System**. In den Elektroden werden die Lithium-Ionen dann eingelagert, die dort Elektronen für den Ladestrom bzw. Entladestrom abgeben **(Bild 2)**.

Bei unsachgemäßer Aufladung oder bei Beschädigung können Li-Ionen-Akkus wegen ihrer hohen Energiedichte explodieren oder brennen.

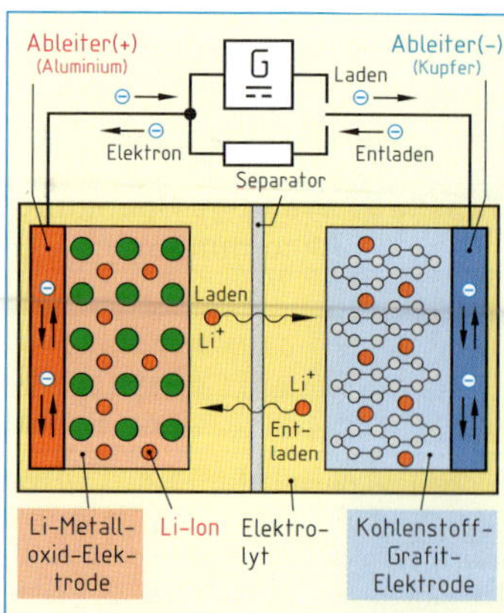

Bild 2: Prinzip des Li-Ion-Systems

Meist wird dieses System nicht als einzelne Zelle hergestellt, sondern als Akku-Pack. Wie NiCd- und NiMH-Akkus sind auch Li-Ion-Akkus mit einer Sicherheits-Ausblasöffnung ausgestattet. Weitere mechanische und elektronische Sicherheitselemente sowie eine besonders sorgfältige Aufladung schaffen die Voraussetzung für die effektive Nutzung dieser modernsten Akkumulatoren.

[1] memory (engl.) = Erinnerung [2] von swing (engl.) = schwingen

1. Berechnen Sie für die Schaltung **(Bild 1) a)** die Stromstärke in den beiden Widerständen R_1 und R_2 und begründen Sie das Rechenergebnis. **b)** Berechnen Sie die Teilspannungen an R_1 und R_2.

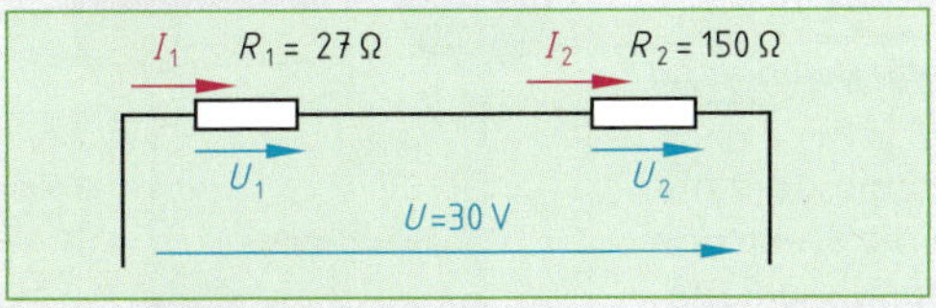

Bild 1: Reihenschaltung

2. a) Nennen Sie technische Anwendungen für Reihenschaltungen von Widerständen. **b)** Warum schaltet man z. B. 230-V-Steckdosen nicht in Reihe?

3. In einer Lichterkette **(Bild 2)** werden die 10 Lampen E1 bis E10 mit den Bemessungsdaten 2,4 V/2 W betrieben. **a)** Berechnen Sie die Gesamtspannung U, den Strom I und die Gesamtleistung P. **b)** Welche Aussage ist über die Stromstärke im Augenblick des Einschaltens zu treffen? **c)** Welche Auswirkung hat ein Kurzschluss in der Lampenfassung von E1 auf die Lichterkette? **d)** Die Lampe E4 wird versehentlich durch eine Lampe 6 V/100 mA ausgetauscht. Welche Auswirkung hat das auf die Lichterkette?

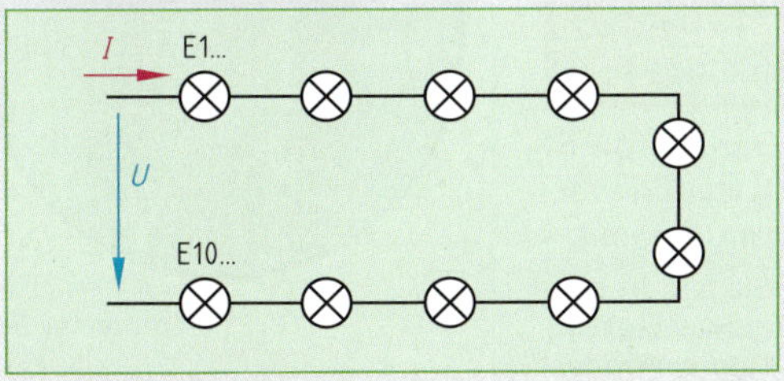

Bild 2: Lichterkette

4. Dürfen die beiden Meldelampen P1 und P2 **(Bild 3)** in Reihe geschaltet werden? Begründen Sie Ihre Antwort.

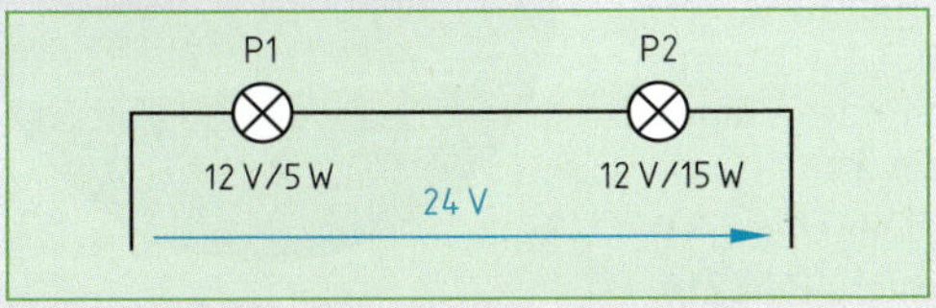

Bild 3: Reihenschaltung von zwei Lampen

5. In welchem Bereich ist die Spannung U_{AB} der Brückenschaltung **(Bild 4)** einstellbar?

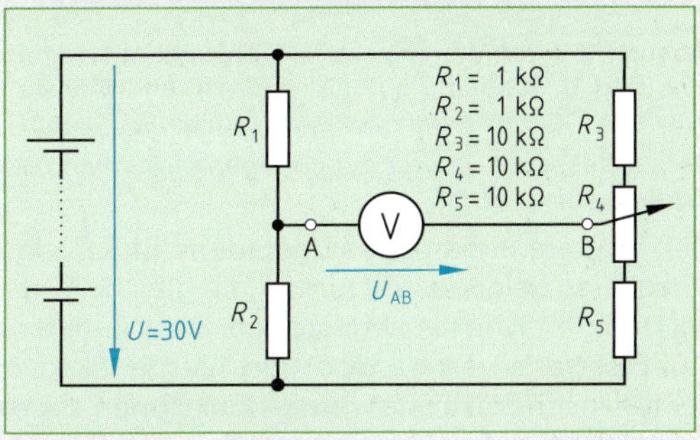

Bild 4: Brückenschaltung

6. Die Schaltung **(Bild 5)** wird zunächst mit offenem Schalter S1 betrieben. Wie ändern sich die Ströme I_1 und I_3 sowie die Spannung U_1 und U_3, wenn der Schalter S1 geschlossen wird?

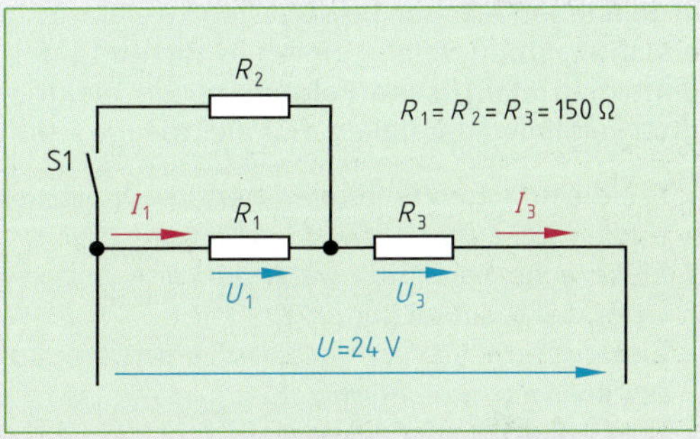

Bild 5: Gemischte Schaltung

7. Eine Batterie hat eine Leerlaufspannung U_0 = 1,5 V und einen Innenwiderstand $R_i = 0{,}8\,\Omega$ **(Bild 6a)**. Berechnen Sie für beide Belastungen **(Bild 6b und 6c)** die Klemmenspannungen U, sowie die dazugehörenden Lastwiderstände R_L.

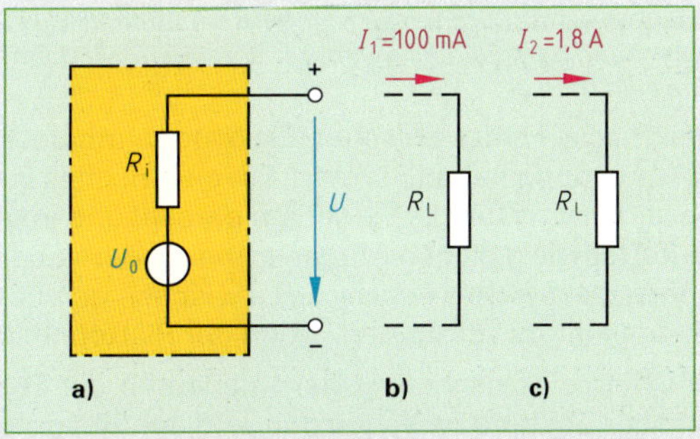

Bild 6: Ersatzschaltung einer Spannungsquelle mit unterschiedlicher Belastung

* Ergebnisse der Rechenaufgaben Seite 297

4 Elektrisches Feld

4.1 Eigenschaften des elektrischen Feldes

Versuch 1: Verbinden Sie eine Metallkugel mit dem Band eines Bandgenerators **(Bild 1)**. Treiben Sie nun den Bandgenerator an und lassen Sie auf den geladenen Schirm einen kleinen Wattebausch fallen.

Der Wattebausch springt auf gebogenen Bahnen zwischen dem Schirm und der Kugel hin und her.

Fällt Watte auf die negativ geladene Elektrode, so wird sie dort mit Elektronen beladen und nimmt die gleiche Ladung wie die Elektrode an. Dadurch wird sie abgestoßen. Die Watte fliegt zur positiv geladenen Elektrode und transportiert hierbei Elektronen. Beim Berühren der positiven Elektrode werden Elektronen abgesaugt. Die Watte wird umgeladen und erneut abgestoßen. Sie fliegt zwischen Schirm und Kugel hin und her. Auf die Watte wirken in einem elektrischen Feld Anziehungs- und Abstoßungskräfte. Ein elektrisches Feld ist ein Raum, in dem auf geladene Körper Kräfte ausgeübt werden.

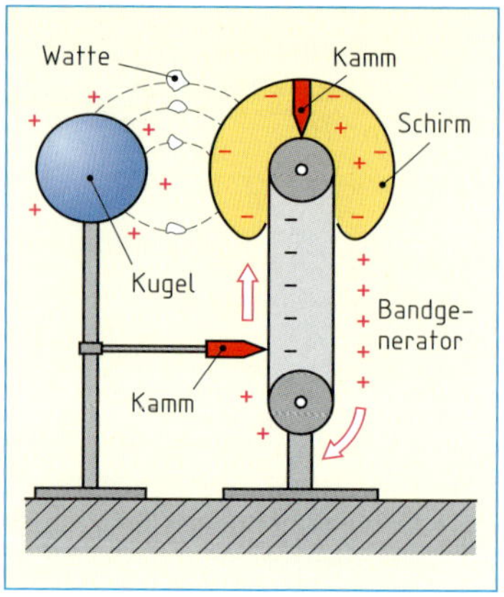

Bild 1: Versuch zum Feldlinienmodell

Im Raum zwischen positiv und negativ geladenen Elektroden herrscht ein elektrisches Feld, das Kräfte auf elektrische Ladungen ausübt.

Ein geladenes Teilchen bewegt sich im elektrischen Feld entlang einer gedachten Linie. Solche Linien in Richtung der auftretenden Kräfte nennt man **elektrische Feldlinien.** Ein elektrisches Feld lässt sich durch Feldlinien darstellen. Für elektrische Feldlinien ist festgelegt:

- Die elektrischen Feldlinien gehen von positiven Ladungen aus und enden auf negativen Ladungen.
- Elektrische Feldlinien beginnen und enden an der Oberfläche einer elektrischen Ladung.
- Elektrische Feldlinien verlassen immer senkrecht die Oberfläche der elektrischen Ladung.
- Die Feldlinien schneiden sich nicht.
- Je dichter die Feldlinien, desto stärker ist die Kraftwirkung.

homogen: gleichmäßig

inhomogen: ungleichmäßig

Elektrische Feldlinien können sichtbar gemacht werden. Dazu wird z.B. Kunststoffstaub zwischen geladene Elektroden gestreut. Häufig werden Feldlinien auch mithilfe von Grieß in Rizinusöl sichtbar gemacht.

Versuch 2: Machen Sie ein elektrisches Feld sichtbar, indem Sie z.B. in eine Glasschale mit Rizinusöl etwas Grießkörner geben. Tauchen Sie zwei Elektroden ein und verbinden Sie diese mit den Polen eines Bandgenerators. Wiederholen Sie den Versuch mit anders geformten Elektroden.

*Die Grießkörner ordnen sich unter dem Einfluss des elektrischen Feldes entsprechend dem Feldlinienverlauf. Sie zeigen ein Schnittbild durch das räumliche Feld **(Bild 2)**.*

Elektrische Felder zwischen Elektroden mit unterschiedlicher elektrischer Ladung haben Formen. Ein elektrisches Feld wird als **homogen** bezeichnet, wenn die Feldlinien parallel und in gleicher Richtung verlaufen sowie gleichen Abstand zueinander haben **(Bild 2a)**. Ein homogenes elektrisches Feld ist z.B. zwischen den parallelen Platten eines Kondensators vorhanden, wenn der Plattenabstand klein ist.

In vielen elektrischen Feldern verlaufen die Feldlinien nicht parallel und der Abstand zwischen den Feldlinien ist unterschiedlich **(Bild 2b)**. Dieses elektrische Feld wird **inhomogen** (ungleichmäßig) genannt. In der Nähe der runden Elektrode **(Bild 2b)** sind die Feldlinien dichter als an der plattenförmigen Elektrode.

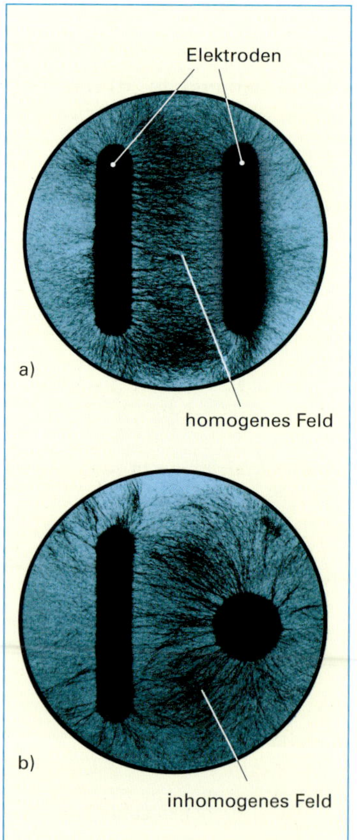

Bild 2: Arten von Feldlinienbildern

4.2 Grundbegriffe

4.2.1 Elektrische Feldstärke

Versuch 1: Bringen Sie eine an einem Seidenfaden aufgehängte und geladene kleine Styroporkugel oder eine geladene kleine Aluminiumkugel zwischen zwei Kondensatorplatten eines Experimentierkondensators **(Bild 1)**. Schließen Sie den Versuchskondensator an eine einstellbare Hochspannungsquelle von einigen Kilovolt an. Verändern Sie die Spannung.

Die Kugel wird umso mehr abgelenkt, je größer die angelegte elektrische Spannung ist.

Die Kraft F auf eine Ladung Q im elektrischen Feld wächst im gleichen Maße wie die Größe der Ladung. Die Größe F/Q ist somit konstant. Sie wird als elektrische Feldstärke E bezeichnet.

Die elektrische Feldstärke bewirkt eine Kraft auf eine Ladung im elektrischen Feld.

Ein elektrisches Feld entsteht zwischen entgegengesetzt geladenen Körpern. Zwischen diesen besteht auch eine Spannung. Für das homogene Feld, z. B. im Plattenkondensator, stimmt die Größe F/Q mit der Größe U/l überein.

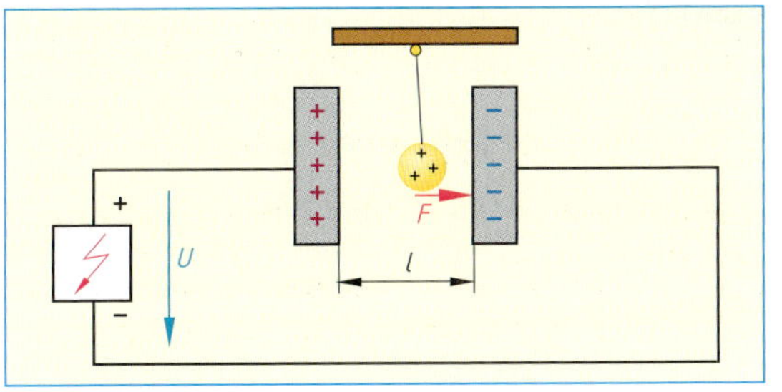

Bild 1: Kraftwirkung im elektrischen Feld

Elektrische Feldstärke

$$E = \frac{F}{Q} \qquad [E] = \frac{\text{N}}{\text{C}} = \frac{\text{N}}{\text{As}}$$

$$E = \frac{U}{l} \qquad [E] = \frac{\text{V}}{\text{m}}$$

E Elektrische Feldstärke
Q Elektrische Ladung
l Plattenabstand
F Kraft
U Spannung

Beispiel:

Bei einem Kondensator mit einem Plattenabstand von $l = 0{,}2$ mm darf die Feldstärke $E = 1{,}5$ kV/mm betragen. An welche maximale Gleichspannung darf der Kondensator angeschlossen werden?

Lösung:

$U = E \cdot l = 1{,}5\ \text{kV/mm} \cdot 0{,}2\ \text{mm} = 0{,}3\ \text{kV} = \mathbf{300\ V}$

In der Praxis ist die elektrische Durchschlagfestigkeit E_D **(Seite 255)**, z. B. bei Isolierstoffen, von Bedeutung.

4.2.2 Elektrische Influenz und Polarisation

Versuch 2: Bringen Sie zwei dünne, metallische und elektrisch neutrale Probeplatten an Isoliergriffen zwischen die größeren Platten eines geladenen Experimentierkondensators **(Bild 2)**.

Mit einem Ladungsmesser, z. B. einem Elektroskop, wird nachgewiesen, dass die linke und die rechte Probeplatte gleich große, aber entgegengesetzte Ladungen an das Messgerät abgeben.

Solche Beeinflussung der Ladungen nennt man elektrische **Influenz**[1].

Influenz ist das Verschieben elektrischer Ladungen durch ein elektrisches Feld.

Influenzerscheinungen gibt es bei Leiterwerkstoffen und bei Isolierstoffen.

Die Probeplatten werden unter dem Einfluss des elektrischen Feldes gepolt **(Bild 3)**. Berühren die Probeplatten einander im Feld, so wandern die Ladungen **(Bild 4)**. Nach Trennung der beiden Probeplatten im Feld bleiben ihre Ladungen erhalten **(Bild 5)**.

Zwischen den Probeplatten entsteht ein feldfreier Raum.

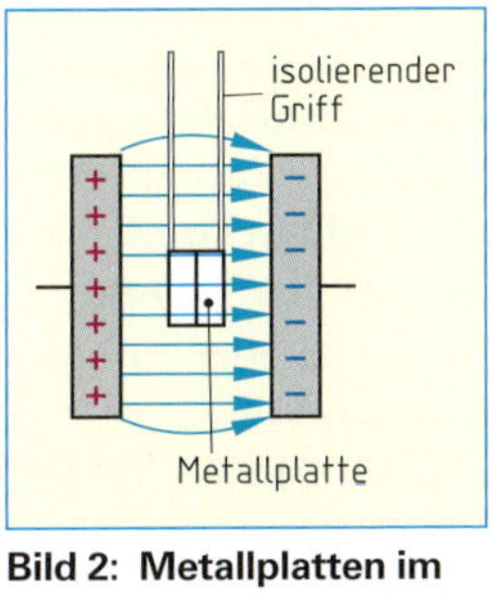

Bild 2: Metallplatten im elektrischen Feld

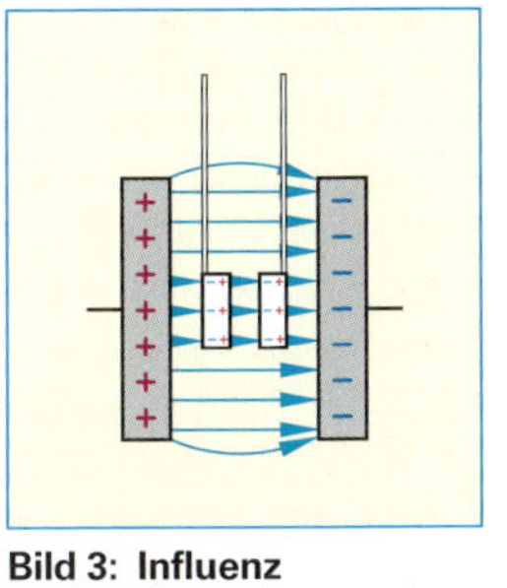

Bild 3: Influenz

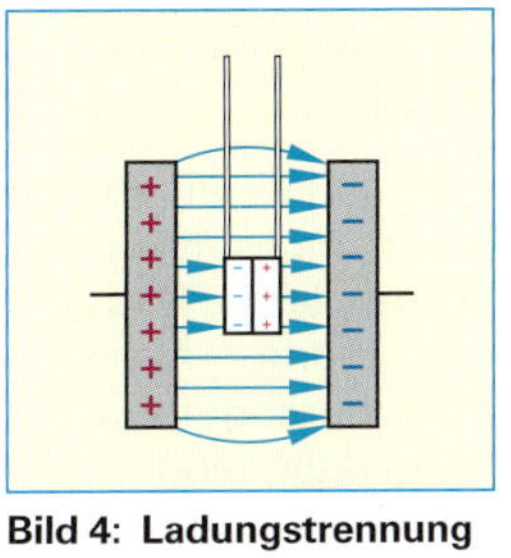

Bild 4: Ladungstrennung

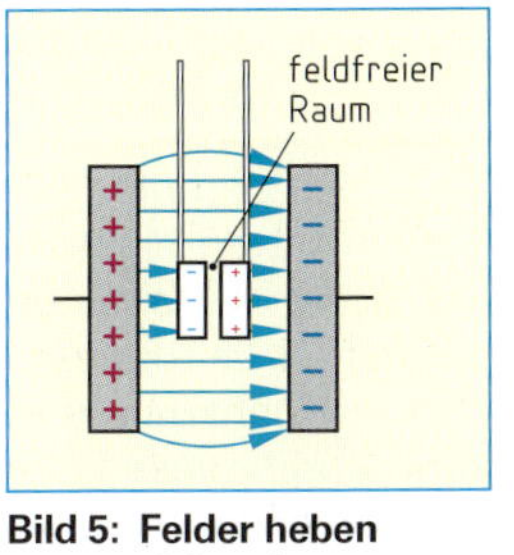

Bild 5: Felder heben sich auf

[1] von influere (lat) = hineinströmen, hineinfließen

Bei Metallen wird die Influenz genutzt, um eine Abschirmung elektrischer Felder zu erreichen **(Bild 1)**. Zur Abschirmung wird z. B. Kupfer in Form von Blechen, Gittern oder Geflechten verwendet.

Ein faradayscher Käfig[1] **(Bild 3)** ist ein Raum, der durch eine meist geerdete Umhüllung aus Metall im Inneren frei von elektrischen Feldern ist.

Beispiele für Abschirmungen

- Das Innere eines Autos aus Stahlblech ist feldfrei.
- Abgeschirmte Koaxialkabel erhalten ein Metallgeflecht zwischen Aderisolation und Leitungsmantel.
- Erdkabel können eine metallene Umhüllung haben.

Isolierstoffe haben fast keine freien Elektronen. In Isolierstoffen werden deshalb die Ladungen durch ein elektrisches Feld nicht getrennt wie bei metallischen Teilen, sondern nur geringfügig verschoben **(Bild 2)** und ausgerichtet. Diesen Vorgang nennt man **Polarisation.**

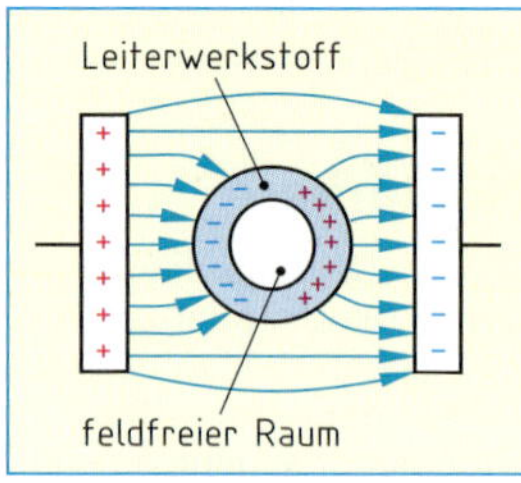

Bild 1: Abschirmung eines elektrischen Feldes

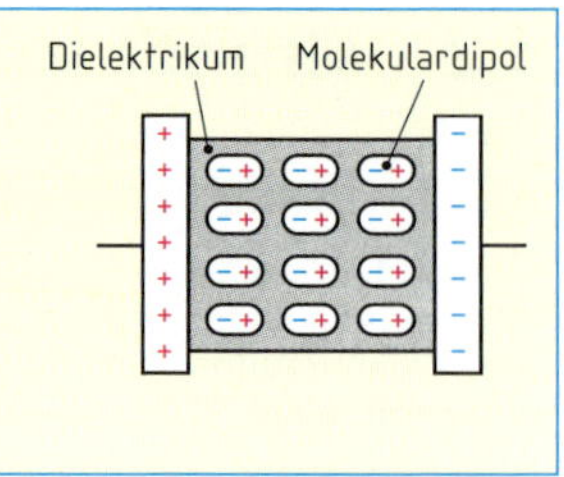

Bild 2: Polarisation im Isolierstoff

4.2.3 Elektrische Felder in der Praxis

Beispiele für die technische Anwendung elektrische Felder in der Praxis:

- Oszilloskop,
- Feldeffekttransistor,
- Elektrofilter und
- Farbspritzanlagen.

Im **Oszilloskop (Seite 135)** lenkt ein elektrisches Feld den Elektronenstrahl ab. Bei **Feldeffekttransistoren (Seite 155)** wird der Laststrom durch ein elektrisches Feld gesteuert. **Elektrofilter** scheiden Staub aus Gasen ab. Die Staubteile werden negativ aufgeladen und dann von einer positiv geladenen Elektrode angezogen. Bei elektrostatischen **Farbspritzanlagen** werden Tropfen von Farben oder Lacken elektrisch aufgeladen und dann durch elektrische Feldkräfte auf Werkstücke aufgetragen.

Elektrische Felder können unterschiedliche Feldstärken haben **(Tabelle)**. Nach einer Aufladung, z. B. Gehen über einen Teppichboden, kann es bei Berührungen mit einem Metallgegenstand zu Elektrisierungen kommen.

Der Grenzwert elektrischer Feldstärken in der Umwelt wurde durch die Strahlenschutzkommission auf 5000 V/m festgelegt.

Zwischen den parallelen Leitern in Leitungen und Kabeln treten elektrische Felder und somit unerwünschte Kapazitäten auf **(Übersicht)**. Dadurch entstehen Leitungskapazitäten. Werden Messungen in Hochspannungsanlagen durchgeführt, so kann durch diese Leitungskapazitäten eine fehlerhafte Anzeige erfolgen.

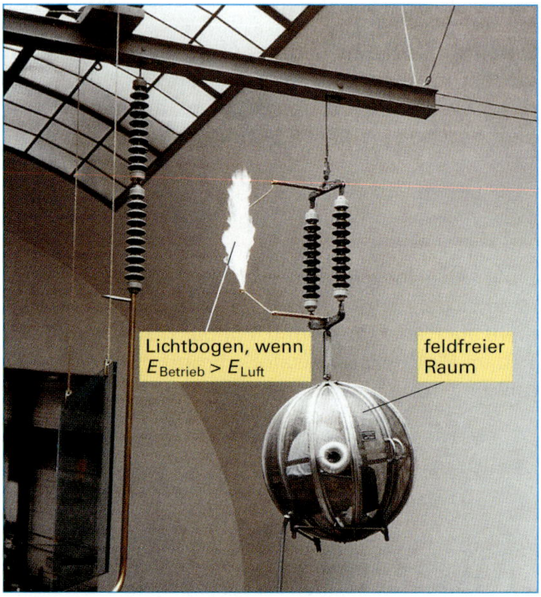

Bild 3: Faradayscher Käfig im Hochspannungsfeld

Tabelle: Beispiele elektrischer Feldstärken

Gerät bzw. Vorgang	E in V/m
Warmwasserspeicher*	260
Bügeleisen*	120
Farbfernseher*	60
230-V-Glühlampe*	5
Gewitter	3000 … 20 000

* gemessen im Abstand von 30 cm

Übersicht: Erwünschte und unerwünschte elektrische Felder bzw. Kapazitäten (Beispiele)

- **Erwünschte Kapazität:**
  Kondensator
- **Unerwünschte Kapazität:**
  - zwischen parallel verlaufenden Leitungen
  - zwischen Leitungen und benachbarten Metallteilen
  - in Transistoren und Dioden
  - zwischen Drahtwindungen einer Spule
  - in Widerständen

[1] Michael Faraday, engl. Physiker, 1791 bis 1867

4.3 Kondensator im Gleichstromkreis

4.3.1 Verhalten eines Kondensators

Ein Kondensator[1] besteht im Grundaufbau aus zwei elektrisch leitenden Platten, z. B. Metallfolien, mit einem Isolierstoff dazwischen, dem Dielektrikum **(Bild 1)**.

Versuch 1: Schließen Sie einen Kondensator mit 10 µF über einen Strommesser mit Nullpunkt in Skalenmitte an einen Umschalter **(Bild 2)**. Legen Sie die Reihenschaltung von Kondensator und Strommesser mit dem Umschalter zuerst an eine Gleichspannung von etwa 10 V (Laden). Schließen Sie dann den Kondensator und das Messinstrument durch Umlegen des Umschalters kurz (Entladen). Beobachten Sie den Zeigerausschlag des Messinstrumentes bei der Ladung und bei der Entladung.

Beim Laden schlägt der Zeiger des Strommessers kurzzeitig aus und geht dann in die Nullstellung zurück. Beim Entladen schlägt der Zeiger in entgegengesetzter Richtung kurzzeitig aus und geht dann wieder auf null zurück.

Beim Laden fließt zu Beginn ein hoher Ladestrom. Während des Aufladens wird der Ladestrom immer kleiner, bis er zu null wird. Dann sperrt der Kondensator den Gleichstrom.

Der Kondensator sperrt nach dem Aufladen den Gleichstrom.

Beim Laden saugt der Spannungserzeuger von einer Platte Elektronen ab und drückt sie auf die andere Platte. Dadurch entsteht auf der einen Platte Elektronenmangel, auf der anderen Platte Elektronenüberschuss. Zwischen den Platten des Kondensators besteht dann eine Spannung, die der angelegten Spannung entgegenwirkt und gleich groß ist. Beim Entladen des Kondensators fließt ein Entladestrom so lange, bis sich die Ladungen auf den Kondensatorplatten ausgeglichen haben.

Der Kondensator kann elektrische Ladungen speichern.

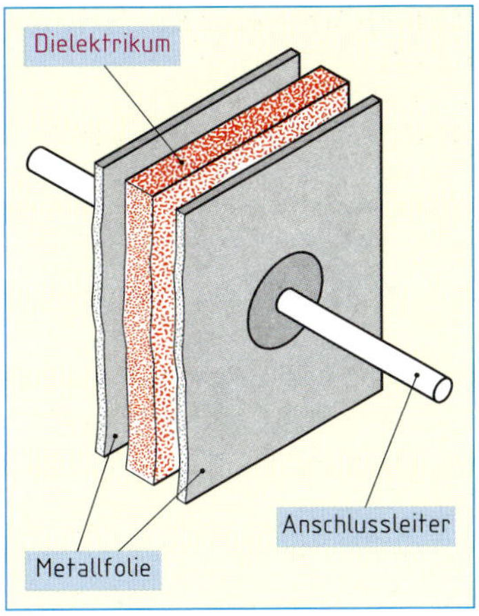

Bild 1: Grundaufbau eines Kondensators

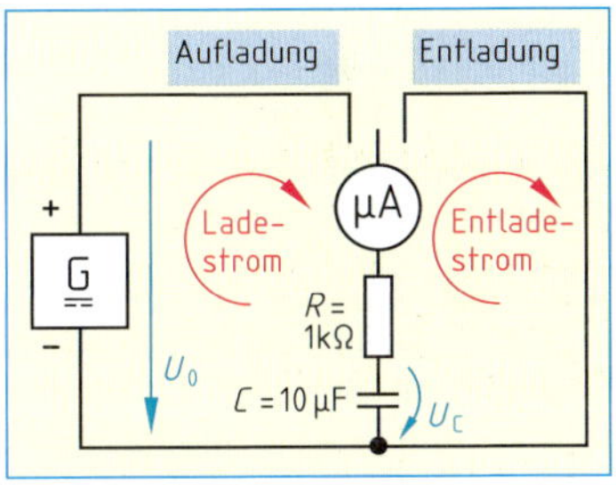

Bild 2: Laden und Entladen eines Kondensators

4.3.2 Kapazität eines Kondensators

Versuch 2: Wiederholen Sie Versuch 1, legen Sie jedoch beim Laden die doppelte Spannung an den Kondensator. Achten Sie darauf, dass der Kondensator vor dem Versuch entladen ist. Beobachten Sie die Zeigerausschläge des Strommessers.

Die Zeigerausschläge bei Ladung und Entladung verdoppeln sich. (Hinweis: Kondensatoren sind nach Versuchen immer über Widerstände zu entladen, damit keine Restladung zurückbleibt.)

Erhöht man die Spannung an einem Kondensator auf den doppelten Wert, so fließt auch die doppelte Ladung auf die Kondensatorplatten. Das Verhältnis Q/U ist konstant. Es wird **Kapazität**[2] C genannt.

Ein Kondensator hat die Kapazität 1 Farad (1 F), wenn er von der Ladung 1 As um 1 V aufgeladen wird (1 F = 1 As/V).

Die Einheit Farad ist für die Praxis zu groß. Man verwendet deshalb kleinere Kapazitätseinheiten **(Übersicht)**.

Kondensatorkapazität

$$C = \frac{Q}{U} \qquad [C] = \frac{\text{As}}{\text{V}} = \text{F}$$

C Kapazität
Q Ladung
U Spannung

Übersicht: Einheitenvorsätze der Kapazität

1 Millifarad = 1 mF = 10^{-3} F
1 Mikrofarad = 1 µF = 10^{-6} F
1 Nanofarad = 1 nF = 10^{-9} F
1 Pikofarad = 1 pF = 10^{-12} F

Beispiel:

a) Geben Sie die Kapazität des Kondensators **(Bild 3)** in nF und pF an. **b)** Wie groß ist die Ladung des Kondensators an einer Gleichspannung von 100 V?

Lösung:

a) $\mathbf{C = 0{,}68\ \mu F = 680\ nF = 680\,000\ pF}$

b) $Q = C \cdot U = 0{,}68\ \mu\text{F} \cdot 100\ \text{V} =$

$0{,}68 \cdot 10^{-6}\ \frac{\text{As}}{\text{V}} \cdot 100\ \text{V} = 68 \cdot 10^{-6}\ \text{As} = \mathbf{68\ \mu As}$

Bild 3: Folienkondensator

[1] Kondensator = Verdichter, von condensare (lat.) = verdichten, zusammenpressen
[2] Kapazität = Fassungsvermögen, von capacitas (lat.) = Fassungsvermögen

Berechnung der Kapazität von Kondensatoren

Die Kapazität eines Kondensators ist durch seinen Aufbau festgelegt.

Versuch 3: Bestimmen Sie mit einer LCR-Messbrücke oder einem geeigneten digitalen Multimeter die Kapazität z. B. eines Demonstrations-Plattenkondensators **(Bild)**. Achten Sie dabei auf möglichst kurze Anschlussleitungen zur Messeinrichtung. Wiederholen Sie die Messung mit größeren Platten.

Die Vergrößerung der Plattenoberfläche bewirkt eine Vergrößerung der Kapazität.

Bei Vergrößerung der Plattenoberfläche steht den Ladungen eine größere Fläche zur Verfügung.

Versuch 4: Wiederholen Sie Versuch 3 und verkleinern Sie den Plattenabstand auf die Hälfte.

Bei Halbierung des Plattenabstandes zeigt das gewählte Messgerät von Versuch 3 eine Verdoppelung der Kapazität an.

Bei kleinerem Plattenabstand ziehen sich positive und negative Ladungen auf den Platten stärker an. Dadurch drückt die angelegte Spannung mehr Ladung in den Kondensator als bei großem Plattenabstand.

Versuch 5: Wiederholen Sie Versuch 4. Bringen Sie in den Luftraum zwischen den Platten Isolierstoffe wie Hartpapier oder Kunststoff, z. B. Polystyrol. Bestimmen Sie die Kapazität.

Die Kapazität verändert sich je nach der Art des Isolierstoffes zwischen den Platten.

Unter dem Einfluss des elektrischen Feldes richten sich die Moleküldipole im Dielektrikum aus. Diesen Vorgang nennt man dielektrische **Polarisation (Seite 66)**. Dadurch wird je nach Isolierstoff eine bestimmte Menge der ursprünglich vorhandenen Kondensatorladung ausgeglichen. Die Kondensatorplatte kann deshalb eine erhöhte Ladung aufnehmen, bis wieder derselbe Spannungszustand zwischen den Platten erreicht ist wie ohne Verwendung des eingeschobenen Dielektrikums. Die Aufnahme einer größeren Ladung bedeutet eine Vergrößerung der Kapazität. Das Dielektrikum beeinflusst also die Kapazität des Kondensators.

Die Zahl, die angibt, wie viel mal größer die Kapazität eines Kondensators wird, wenn statt Luft ein anderer Isolierstoff verwendet wird, heißt **Permittivitätszahl**[1] ε_r des betreffenden Isolierstoffes **(Tabelle)**.

Die Kapazität eines Kondensators wird umso größer, je größer die Permittivitätszahl, je größer die Plattenfläche und je kleiner der Plattenabstand ist.

Beispiel:

Ein Plattenkondensator mit dem Plattenabstand 0,5 mm hat eine Plattenfläche von 30 cm². Welche Kapazität hat der Kondensator, wenn als Dielektrikum **a)** Luft und **b)** Hartpapier ($\varepsilon_r = 4$) mit 0,5 mm Dicke verwendet wird?

Lösung:

a) Für Luft: $\boldsymbol{C} = \varepsilon_0 \cdot \varepsilon_r \cdot \frac{A}{l} = 8{,}85\ \frac{\text{pF}}{\text{m}} \cdot 1 \cdot \frac{30 \cdot 10^{-4}\ \text{m}^2}{0{,}5 \cdot 10^{-3}\ \text{m}} = \mathbf{53{,}1\ pF}$

b) Für Hartpapier: $\boldsymbol{C} = \varepsilon_0 \cdot \varepsilon_r \cdot \frac{A}{l} = 8{,}85\ \frac{\text{pF}}{\text{m}} \cdot 4 \cdot \frac{30 \cdot 10^{-4}\ \text{m}^2}{0{,}5 \cdot 10^{-3}\ \text{m}} = \mathbf{212{,}4\ pF}$

[1] von permittere (lat.) = erlauben, zulassen; früher: Dielektrizitätszahl

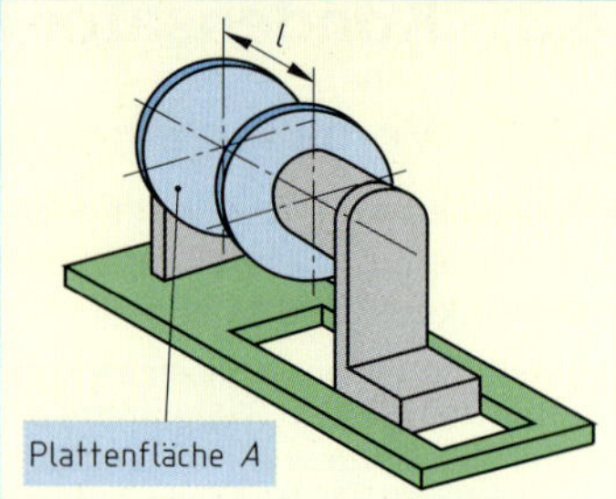

Bild: Demonstrationskondensator

Die Kapazität C eines Plattenkondensators ist abhängig von:

- Plattenfläche A
- Plattenabstand l
- Permittivitätszahl ε_r

Kapazität von Plattenkondensatoren

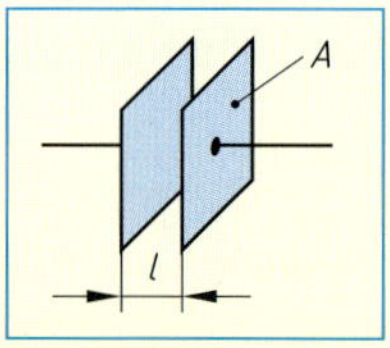

$$C = \varepsilon_0 \cdot \varepsilon_r \cdot \frac{A}{l} \qquad \varepsilon = \varepsilon_0 \cdot \varepsilon_r$$

$$[C] = \frac{\text{As}}{\text{V}} = \text{F}$$

C Kapazität
ε_0 Elektrische Feldkonstante
$\varepsilon_0 = 8{,}85 \cdot 10^{-12}\ \frac{\text{As}}{\text{Vm}} = 8{,}85\ \frac{\text{pF}}{\text{m}}$
ε_r Permittivitätszahl
ε Permittivität
A Plattenfläche
l Plattenabstand

Tabelle: Permittivitätszahlen von Isolierstoffen

Isolierstoff	ε_r
Luft	1
Isolieröl	2 … 2,4
Silikonöl	2,8
Hartpapier	4 … 8
Porzellan	5 … 6
Glas	4 … 8
Glimmer	6 … 8
Polystyrol	2,5
Keramik	10 … 10000
Polyester	3,3
Polycarbonat	2,8

4.3.3 Laden und Entladen eines Kondensators

Versuch 1: Schließen Sie einen Kondensator von 10 µF über einen Widerstand von 1 MΩ an eine Gleichspannung von 30 V an **(Bild 1)**. Lesen Sie nach 10 s, 20 s, 30 s, 40 s, 50 s an einem sehr hochohmigen Spannungsmesser die Kondensatorspannung ab.

Die Spannung am Kondensator nimmt zuerst schnell, dann immer langsamer zu ***(Bild 2)****.*

Ein Maß für die Ladezeit ist die **Zeitkonstante** τ[1].

> Die Zeitkonstante τ ist das Produkt aus Widerstand *R* und Kapazität *C*.

Nach der Zeit $t = \tau$ ist der Kondensator auf etwa 63 % der angelegten Spannung U_0 aufgeladen.

Der Kondensator ist praktisch nach der Zeitdauer $t_c \approx 5 \cdot \tau = 5 \cdot R \cdot C$ aufgeladen. Dann fließt fast kein Strom mehr.

Die Stromstärke nimmt beim Laden zunächst rasch, dann immer langsamer ab.

Das Laden eines Kondensators dauert umso länger, je größer die Kapazität und je größer der Widerstand sind.

Im Einschaltmoment wirkt der Kondensator wie ein Kurzschluss. Ist der Kondensator aufgeladen, sperrt er im Gleichstromkreis den Strom.

Beispiel 1:

Wie lange dauert es, bis der im Versuch 1 verwendete Kondensator von 10 µF, der über 1 MΩ an DC 30 V angeschlossen wird, nahezu vollständig geladen ist?

Lösung:

$t_c \approx 5 \cdot \tau = 5 \cdot R \cdot C = 5 \cdot 1\,\text{M}\Omega \cdot 10\,\mu\text{F}$

$= 5 \cdot 10^6\,\Omega \cdot 10 \cdot 10^{-6}\,\text{F} = \mathbf{50\,s}$

Versuch 2: Entladen Sie den nach Versuch 1 geladenen Kondensator von 10 µF über einen Widerstand von 1 MΩ. Schalten Sie in den Stromkreis z. B. einen Digital-Strommesser. Lesen Sie nach 10 s, 20 s, 40 s, 50 s die Stromstärke am Messinstrument ab.

Der Kondensator entlädt sich anfangs rasch, später langsamer (Bild 3). Die Stromrichtung ist nun entgegengesetzt zur Stromrichtung beim Laden.

Die Anfangsstromstärke I_0 wird beim Laden und Entladen vom Widerstand *R* im Stromkreis begrenzt. Beim Entladen eines Kondensators ist nach der Zeit τ noch ein Strom von etwa 37 % des ursprünglichen Stromwertes vorhanden. Jeweils nach der Zeitkonstanten τ verringert sich der Strom auf 37 % des vorherigen Wertes. Nach etwa $5 \cdot \tau$ fließt fast kein Strom mehr. Der Kondensator ist dann nahezu vollständig entladen.

> Beim Laden und Entladen eines Kondensators fließt nach $t_c \approx 5 \cdot \tau$ fast kein Strom mehr.

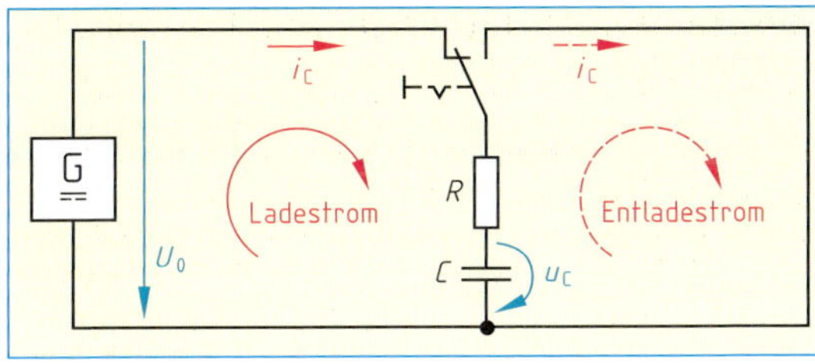

Bild 1: Schaltung zum Laden und Entladen eines Kondensators

Zeitkonstante

$\tau = R \cdot C$ $\quad t_c = 5 \cdot \tau \quad [\tau] = \Omega \cdot \text{F} = \frac{\text{V}}{\text{A}} \cdot \frac{\text{As}}{\text{V}} = \text{s}$

τ	Zeitkonstante	*C*	Kapazität
t_c	Lade- bzw. Entladezeit	*R*	Widerstand

- Kondensatoren sind Energiespeicher und können nach dem Abschalten längere Zeit gefährliche Spannung führen. Deshalb müssen z. B. Kompensationskondensatoren nach DIN VDE in maximal 60 Sekunden entladen sein.
- Beim Kurzschließen von Kondensatoren können hohe Entladestromstärken entstehen.

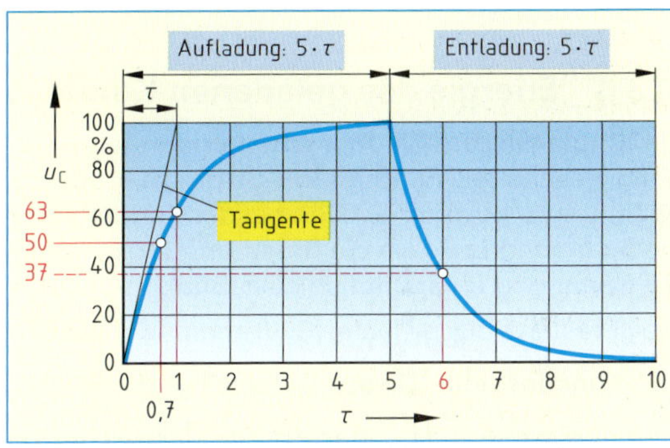

Bild 2: Spannungsverlauf beim Laden und Entladen eines Kondensators

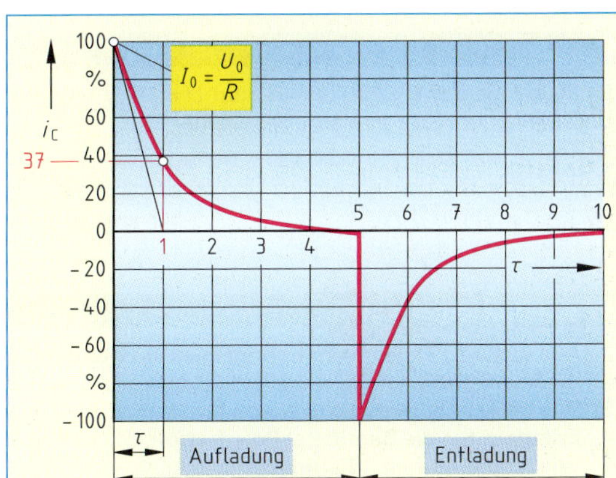

Bild 3: Stromverlauf beim Laden und Entladen eines Kondensators

[1] τ griech. Kleinbuchstabe tau

Berechnung von Spannungen und Stromstärken beim Laden und Entladen eines Kondensators:

Beispiel 2:

Ein Kondensator mit 4,7 µF liegt in Reihe mit einem Widerstand $R = 10\ \text{k}\Omega$ an der Spannung $U_0 = 12\ \text{V}$. **a)** Auf welche Spannung u_C ist der Kondensator nach 10 ms geladen? **b)** Welche Ladestromstärke fließt in der Schaltung nach 10 ms?

Lösung:

a) $\tau = R \cdot C = 10 \cdot 10^3\ \Omega \cdot 4{,}7 \cdot 10^{-6}\ \text{F} = 47\ \text{ms}$;
$\boldsymbol{u_C} = U_0 \cdot (1 - e^{-t/\tau}) = 12\ \text{V} \cdot (1 - e^{-10\ \text{ms}/47\ \text{ms}}) = 12\ \text{V} \cdot (1 - e^{-0{,}213}) = \mathbf{2{,}3\ V}$

b) $I_0 = U_0/R = 12\ \text{V}/10\ \text{k}\Omega = 1{,}2\ \text{mA}$
$\boldsymbol{i_C} = I_0 \cdot e^{-t/\tau} = 1{,}2\ \text{mA} \cdot e^{-10\ \text{ms}/47\ \text{ms}} = 1{,}2\ \text{mA} \cdot e^{-0{,}213} = \mathbf{0{,}97\ mA}$

Beispiel 3:

Für eine Ausschaltverzögerung wird ein Kondensator von 1000 µF parallel zu einem Relais von 1 kΩ an 60 V Gleichspannung angeschlossen. Die Haltespannung des Relais beträgt 42 V. Die Spannung wird abgeschaltet. Nach welcher Zeit fällt das Relais ab?

Lösung:

$\tau = R \cdot C = 1\ \text{k}\Omega \cdot 1000\ \mu\text{F} = 1 \cdot 10^3\ \Omega \cdot 1000 \cdot 10^{-6}\ \text{F} = 1000\ \text{ms} = 1\ \text{s}$

$u_C = U_0 \cdot e^{-t/\tau} \Rightarrow \boldsymbol{t} = -\tau \cdot \ln \frac{u_C}{U_0} = -1\ \text{s} \cdot \ln \frac{42\ \text{V}}{60\ \text{V}} = -1\ \text{s} \cdot (-0{,}36) = \mathbf{0{,}36\ s}$

Hinweis: ln, Abk. für natürlicher Logarithmus, am Taschenrechner Taste LN verwenden.

4.3.4 Energie des geladenen Kondensators

Ein Kondensator wird über einen Widerstand R an eine Gleichspannung geschaltet. Es fließt ein Strom, bis der Kondensator auf die Spannung U geladen ist. Nun hat der Kondensator die Ladung Q und die Spannung U. Es gilt die Beziehung $Q = C \cdot U$, d.h., die Ladung Q ist der Spannung U verhältnisgleich **(Bild)**.

Die gerasterte blaue Fläche **(Bild)** entspricht der Energie W des geladenen Kondensators. Dieses Dreieck hat die Fläche $\frac{1}{2} \cdot Q \cdot U$. Statt Q wird die Formel $C \cdot U$ eingesetzt. Die elektrische Energie ergibt sich somit zu $W = \frac{1}{2} \cdot C \cdot U^2$.

Beispiel:

Ein Kondensator $C = 100\ \mu\text{F}$ wird auf $U = 110\ \text{V}$ geladen. Welche elektrische Energie hat der Kondensator gespeichert?

Lösung:

$$\boldsymbol{W} = \frac{1}{2} \cdot C \cdot U^2 = \frac{100 \cdot 10^{-6}\ \text{F} \cdot 110^2\ \text{V}^2}{2} = \mathbf{0{,}605\ Ws}$$

Wiederholungsfragen

1 **Aus welchen Teilen besteht prinzipiell ein Kondensator?**
2 **Welche Einheit hat die elektrische Kapazität?**
3 **Wie berechnet man die in einem Kondensator gespeicherte Ladung?**
4 **Erläutern Sie die Begriffe a) Polarisation und b) Permittivitätszahl.**
5 **Wie ist die Einheit 1 Farad festgelegt?**
6 **Wie hängt die Kapazität eines Kondensators von den Abmessungen und der Permittivität ab?**
7 **Bei einem Kondensator wird die Plattenfläche verdoppelt und der Plattenabstand halbiert. Wie verändert sich die Kapazität?**

Der Spannungs- und Stromverlauf beim Laden und Entladen von Kondensatoren folgt einer e-Funktion[1].

(Taschenrechner: Taste e^x verwenden!)

[1] e ist die Basis der natürlichen Logarithmen

Ladevorgang

$$u_C = U_0\,(1 - e^{-t/\tau})$$

$$i_C = I_0 \cdot e^{-t/\tau}$$

$$I_0 = \frac{U_0}{R}$$

Entladevorgang

$$u_C = U_0 \cdot e^{-t/\tau}$$

$$i_C = -I_0 \cdot e^{-t/\tau}$$

u_C Momentanwert der Spannung am Kondensator
U_0 Ladespannung, Spannung des aufgeladenen Kondensators
e ≈ 2,71828
t Zeit
τ Zeitkonstante
i_C Momentanwerte der Lade- bzw. Entladestromstärke
I_0 Anfangsstromstärke
R Widerstand im Stromkreis

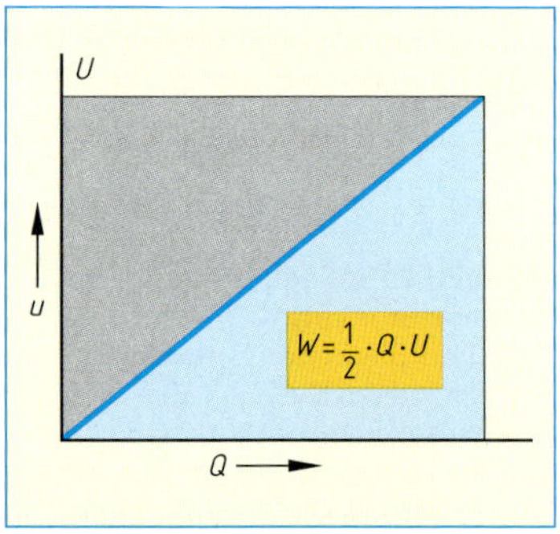

Bild: Spannung eines Kondensators in Abhängigkeit von der Ladung

Energie im Kondensator

$$W = \frac{1}{2} \cdot C \cdot U^2$$

$$[W] = \text{F} \cdot \text{V}^2 = \frac{\text{As}}{\text{V}} \cdot \text{V}^2 = \text{As} \cdot \text{V} = \text{Ws}$$

W Elektrische Energie
C Kapazität
U Spannung

4.4 Schaltungen von Kondensatoren

Kondensatoren können in Parallel-, Reihen- und Gruppenschaltung (gemischte Schaltung) betrieben werden.

4.4.1 Parallelschaltung

Eine Parallelschaltung mehrerer Kondensatoren **(Bild 1)** wirkt wie eine Vergrößerung der Plattenoberfläche. Daher erhält man als Gesamtkapazität *C* die Summe der Einzelkapazitäten.

Für die Parallelschaltung gilt:

- An jedem Kondensator liegt die gleiche Spannung an.
- In jeden Kondensator fließt ein Teilladestrom und lädt ihn auf.
- Die Gesamtladung *Q* ist die Summe der Teilladungen.
- Die Gesamtkapazität ist gleich der Summe der Einzelkapazitäten.

Beispiel 1:

Welche Kapazität muss ein Kondensator haben, der drei parallel geschaltete Kondensatoren von 1000 pF, 0,02 µF und 5 nF ersetzen soll?

Lösung:

$C = C_1 + C_2 + C_3 = 1000\ \text{pF} + 0{,}02\ \mu\text{F} + 5\ \text{nF} = 1\ \text{nF} + 20\ \text{nF} + 5\ \text{nF} = \mathbf{26\ nF}$

4.4.2 Reihenschaltung

Die Reihenschaltung von Kondensatoren **(Bild 2)** wirkt wie eine Abstandsvergrößerung der Kondensatorplatten und führt somit zu einer Verkleinerung der Kapazität.

Für die Reihenschaltung gilt:

- An jedem Einzelkondensator liegt nur eine Teilspannung. Sie ist umgekehrt proportional zur Kapazität.
- Durch alle Kondensatoren fließt der gleich große Ladestrom.
- Jeder Kondensator speichert eine gleich große Ladung *Q*.
- Die Gesamtkapazität ist kleiner als die kleinste Einzelkapazität.
- Die Spannungsfestigkeit der gesamten Reihenschaltung ist höher als die Spannungsfestigkeit eines einzelnen Kondensators.

Beispiel 2:

Berechnen Sie die Ersatzkapazität der Kondensatoren im Beispiel 1, wenn diese in Reihe geschaltet werden.

Lösung:

$$\frac{1}{C} = \frac{1}{C_1} + \frac{1}{C_2} + \frac{1}{C_3} = \frac{1}{1\ \text{nF}} + \frac{1}{20\ \text{nF}} + \frac{1}{5\ \text{nF}} = 1{,}25\ \frac{1}{\text{nF}} \Rightarrow \mathbf{C = 0{,}8\ nF}$$

Beispiel 3:

Welche Gesamtkapazität hat die Reihenschaltung aus $C_1 = 47\ \mu\text{F}$ und $C_2 = 33\ \mu\text{F}$?

Lösung:

$$C = \frac{C_1 \cdot C_2}{C_1 + C_2} = \frac{47\ \mu\text{F} \cdot 33\ \mu\text{F}}{47\ \mu\text{F} + 33\ \mu\text{F}} = \mathbf{19{,}4\ \mu F}$$

Wichtige Größen beim Kondensator sind seine Kapazität und seine Bemessungsspannung. Die Bemessungsspannung darf nicht überschritten werden, weil sonst das Dielektrikum durchschlagen wird. Werden ungleiche Kapazitäten in Reihe geschaltet, so sind die Teilspannungen an den Kondensatoren verschieden groß.

Am Kondensator mit der kleineren Kapazität liegt die größere Spannung.

Parallelschaltung

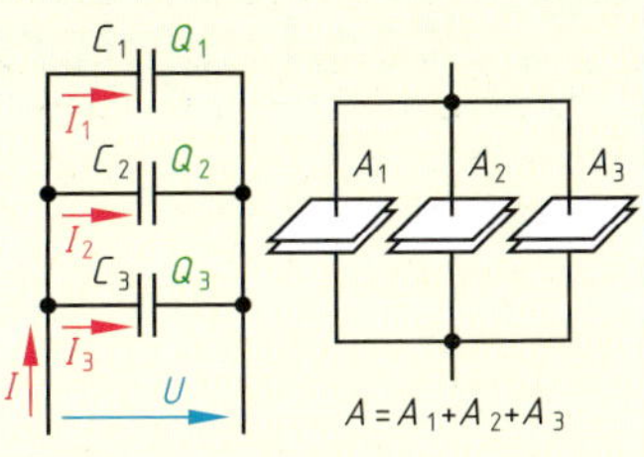

$$I = I_1 + I_2 + I_3$$

$$Q = Q_1 + Q_2 + Q_3$$

$$C \cdot U = C_1 \cdot U + C_2 \cdot U + C_3 \cdot U$$

$$C \cdot U = U\,(C_1 + C_2 + C_3)$$

$$C = C_1 + C_2 + C_3 + \ldots$$

U	Spannung
U_1, U_2, U_3	Teilspannungen
Q	Ladung
Q_1, Q_2, Q_3	Teilladungen
C	Gesamtkapazität
C_1, C_2, C_3	Einzelkapazitäten

Reihenschaltung

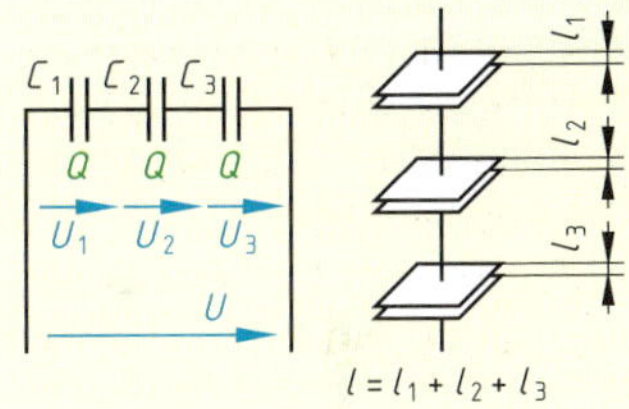

$$U = U_1 + U_2 + U_3$$

$$\frac{Q}{C} = \frac{Q}{C_1} + \frac{Q}{C_2} + \frac{Q}{C_3}$$

$$\frac{Q}{C} = Q\left(\frac{1}{C_1} + \frac{1}{C_2} + \frac{1}{C_3}\right)$$

$$\frac{1}{C} = \frac{1}{C_1} + \frac{1}{C_2} + \frac{1}{C_3} + \ldots$$

U	Spannung
U_1, U_2, U_3	Teilspannungen
Q	Ladung
C	Gesamtkapazität
C_1, C_2, C_3	Einzelkapazitäten

Für die Reihenschaltung von zwei Kondensatoren gilt:

$$C = \frac{C_1 \cdot C_2}{C_1 + C_2}$$

4.5 Kenngrößen und Bauarten von Kondensatoren

Kondensatoren werden in der Elektrotechnik vielfältig benutzt. Man verwendet sie z. B. als

- Glättungskondensator **(Seite 153)**,
- Kompensationskondensator,
- frequenzabhängigen Widerstand **(Seite 120)**.
- Beschleunigungskondensator **(Seite 161)**.

Folienkondensatoren sind nach **Bild 2** aufgebaut. Je nach Anwendung müssen Kenngrößen, Bauarten und Eigenschaften beachtet werden **(Bild 1)**.

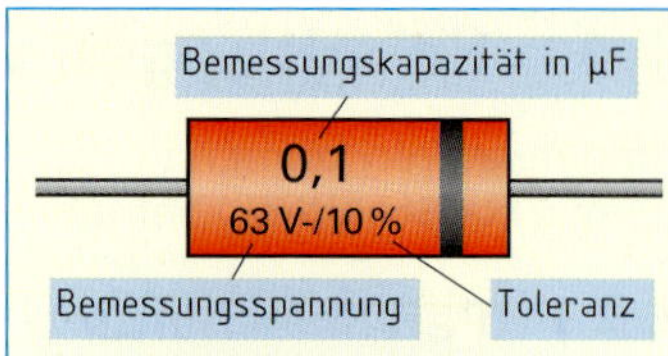

- Bemessungskapazität
- Bemessungsspannung
- Toleranz
- Verlustfaktor
- Temperaturbeiwert

Bild 1: Wichtige Kenngrößen von Kondensatoren

4.5.1 Kenngrößen

Die Bemessungskapazität **(Nennkapazität)** ist auf dem Kondensator **(Bild 1)** angegeben. Die Stufung der Kapazität erfolgt wie bei den Widerständen nach den E-Reihen **(Seite 35)**. Die Bemessungskapazität kann vollständig mit der Einheit oder verkürzt bzw. codiert angegeben sein. Es gilt z. B.: p39 ≙ 0,39 pF; 3n9 ≙ 3,9 nF; 39p ≙ 39 pF, 0,39 ≙ 0,39 µF.

Die **Bemessungsspannung** ist die maximal zulässige Spannung, die dauernd am Kondensator anliegen darf. Sie kann als Gleichspannung oder als Effektivwert einer sinusförmigen Wechselspannung angegeben werden und ist auf die Umgebungstemperatur von 40 °C bezogen. Wird die Bemessungsspannung überschritten, so kann der Kondensator durchschlagen. Dadurch wird er zerstört. Die Durchschlagfestigkeit E_D hängt vom Isolierstoff ab **(Seite 255)**.

Die **Toleranz** (Abweichung von der Bemessungskapazität) wird entweder vollständig, z. B. 1 µF ± 5%, oder codiert durch Farbkennzeichnung bzw. Kennbuchstaben, z. B. M ≙ ± 20%; K ≙ ±10%, J ≙ ± 5%, angegeben.

Der **Verlustfaktor** tan δ bei Wechselstrom ist der Quotient aus dem Wirk- und dem Blindanteil, z. B. $\tan \delta = I_w / I_{bC}$. Man ermittelt ihn z. B. für 1 kHz bei einer Temperatur von 20 °C. Der Wert tan δ soll bei Verwendung des Kondensators im Wechselstromkreis mit hoher Frequenz möglichst klein sein, damit die Wärmeverluste gering sind.

Der **Temperaturbeiwert** α_C, auch Temperaturkoeffizient genannt, gibt die Kapazitätsänderung je Kelvin Temperaturänderung an.

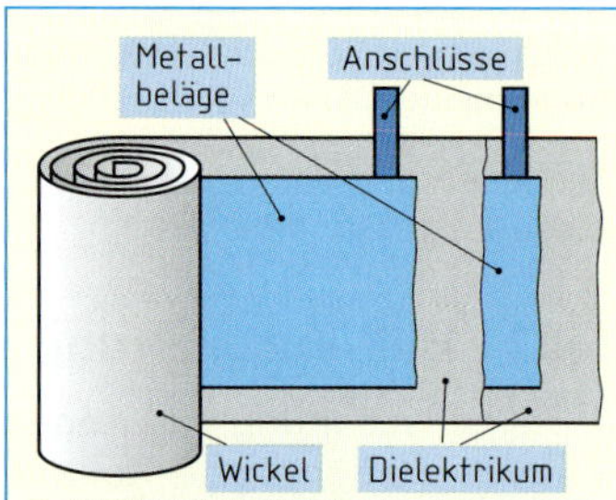

Technische Angaben:
Dielektrium: Polycarbonatfolie
Beläge: Aluminium, aufmetallisiert
Temperatur ϑ: -40 °C . . . 100 °C
Verlustfaktor tan δ: 0,003 bei 1 kHz
Temperaturbeiwert α: 10^{-6} 1/K

Bild 2: Kondensatoraufbau

4.5.2 Bauarten

Bei Kondensatoren unterscheidet man verschiedene Bauarten **(Übersicht)**. Festkondensatoren haben immer konstante Kapazitätswerte, z. B. 0,47 µF. Dreh- und Trimmerkondensatoren sind Kondensatoren mit veränderbarer Kapazität, z. B. 10 pF bis 100 pF.

Übersicht: Bauarten von Kondensatoren

- Kunststofffolien-Kondensatoren
- Metallpapier-Kondensatoren
- Keramikkondensatoren
- Aluminium-Elektrolyt-Kondensatoren
- Tantal-Elektrolyt-Kondensatoren
- Drehkondensatoren
- Trimmerkondensatoren

Kunststofffolien-Kondensatoren (Bild 3), Kennzeichen K, haben als Dielektrikum Kunststofffolien, z. B. aus

- Polycarbonat (C),
- Polypropylen (P),
- Polystyrol (S).

Die Kondensatorbeläge aus dünnen Metallfolien werden zu einem Wickel gerollt **(Bild 2)** oder geschichtet und isolierend umhüllt. Die Kapazitätswerte reichen von einigen nF bis in den µF-Bereich. Die Bemessungsspannungen betragen 63 V bis 1000 V.

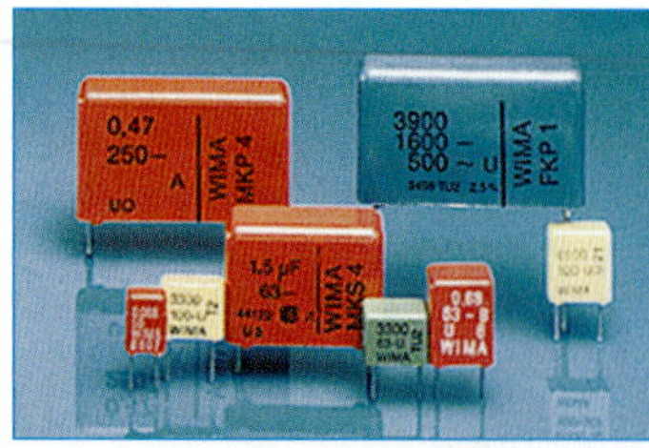

Bild 3: Folienkondensatoren

Metallisierte Kunststofffolien-Kondensatoren, Kennzeichen MK, **(Bild 1a)** erhält man durch Aufdampfen dünner Metallschichten auf die Kunststofffolien. Schlägt der Kondensator durch, so verdampft der dünne Metallbelag in der Umgebung der Fehlerstelle durch den entstehenden Lichtbogen. Dadurch wird die Umgebung der Durchschlagstelle auf beiden Belägen metallfrei, und die Lagen sind wieder voneinander isoliert. Diesen Vorgang nennt man Selbstheilung.

Metallpapierkondensatoren kurz MP-Kondensatoren, bestehen aus einem Papierband, auf das im Vakuum eine dünne Metallschicht, z.B. aus Zink, aufgedampft ist. MP-Kondensatoren sind gewickelt. Die Beläge des MP-Wickels sind aber wesentlich dünner als die üblichen Aluminiumfolien bei Kondensatoren. MP-Kondensatoren sind wie MK-Kondensatoren selbstheilend.

Keramik-Kondensatoren haben als Dielektrikum eine keramische Masse. Auf die Oberfläche der dünnwandigen Keramikkörper (Dielektrikum) wird beidseitig ein Belag aus einem Edelmetall aufgedampft. Es gibt Kondensatoren mit Kapazitäten von 1 pF bis 470 nF. Übliche Bemessungsspannungen sind 400 V, z.B. bei Röhrchen- oder Scheiben-Kondensatoren **(Bild 1b).**

Aluminium-Elektrolytkondensatoren (Bild 2a und b) haben eine positive Elektrode (Anode) aus einer Aluminiumfolie, auf der durch elektrochemische Vorgänge eine Aluminiumoxidschicht aufgebracht ist. Diese nur wenige tausendstel Millimeter dicke elektrisch isolierende Oxidschicht wirkt als Dielektrikum. Die andere Elektrode (Katode) ist ein Elektrolyt, der das poröse und empfindliche Dielektrikum vor direkter Berührung mit der Anschlusselektrode schützt. Als Anschlusselektrode dient der Metallbecher, in dem Anode und Elektrolyt untergebracht sind. Am häufigsten werden trockene Elektrolytkondensatoren **(Bild 3)** verwendet. Der Elektrolyt wird von einem Spezialpapier aufgesaugt. Diese Wickel haben wegen der sehr dünnen Oxidschicht eine viel höhere Kapazität als gleich große Papierkondensatorwickel. Bei falscher Polung wird die dünne Oxidschicht abgebaut. Der Kondensator wird dann nach Anlegen der Betriebsspannung vom Strom sehr stark erwärmt und zerstört.

Tantal-Elektrolytkondensatoren (Bild 2c) sind ebenfalls gepolte Kondensatoren. Ihre Kapazität ist nahezu unabhängig von der Temperatur. Die Anode besteht aus Tantal (Folie, Draht oder Sinterkörper), die Katode ist aus einem Elektrolyt, z.B. Schwefelsäure, oder aus Mangandioxid. Das Dielektrikum ist Tantalpentoxid (Ta_2O_5).

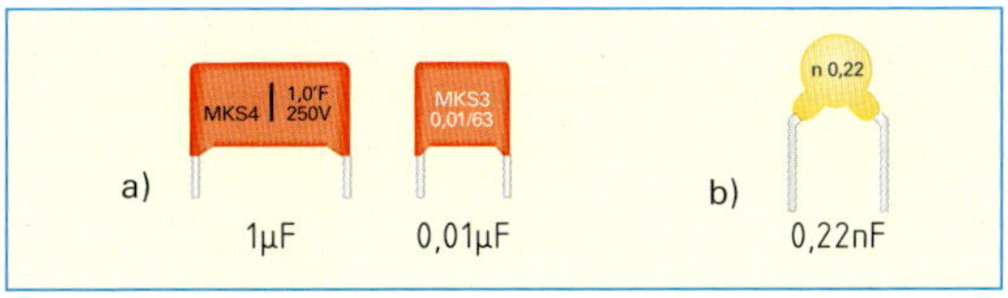

Bild 1: Kondensatoren

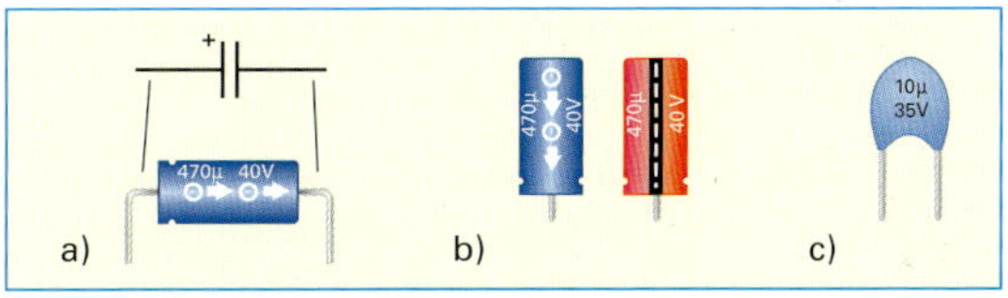

Bild 2: Elektrolytkondensatoren

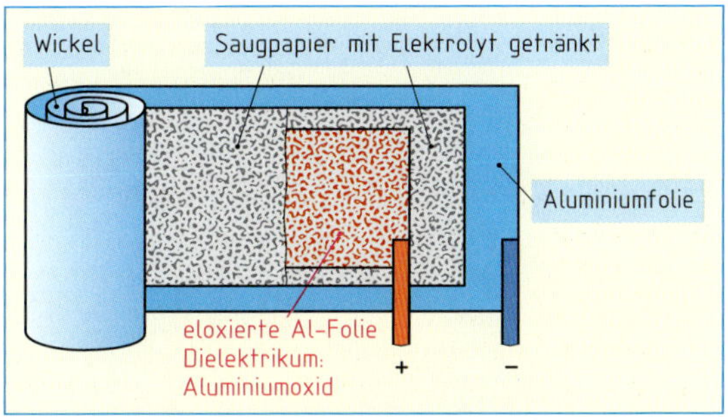

Bild 3: Aufbau eines Elektrolytkondensators

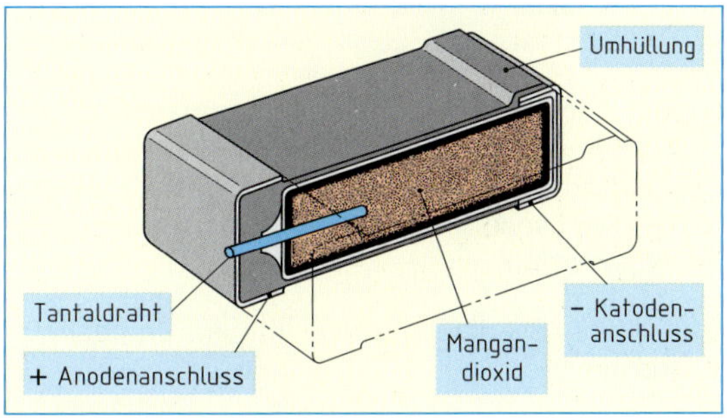

Bild 4: Tantal-Chip-Kondensatoren

Wichtiges zu Elektrolytkondensatoren

- Sind nur für Gleichspannung geeignet.
- Beim Anschließen ist auf Polarität und Spannungshöhe zu achten.
- Flüssige Elektrolyten können die Umwelt belasten.
- Sind nach dem Abfallgesetz zu entsorgen.

Chip-Kondensatoren (Bild 4) haben besonders kleine Abmessungen und werden z.B. für Leiterplatten verwendet. Die Bauelemente werden nicht mehr durch die Platine gesteckt, sondern können einseitig, beidseitig oder in gemischter Bestückung auf die Leiterplatten gesetzt und gelötet werden.

Wiederholen – Anwenden – Vertiefen: Elektrisches Feld*

1. Erklären Sie die Begriffe **a)** homogen und **b)** inhomogen bei einem elektrischen Feld.

2. Nennen Sie Eigenschaften des elektrischen Feldes.

3. Übersetzen Sie folgende Fachbegriffe in die englische Sprache: Kondensator, Kapazität, Leiter und elektrische Ladung.

4. Zwei Leiterbahnen einer gedruckten Schaltung **(Bild 1)** liegen an einer Gleichspannung. Beschreiben Sie Richtung und Verlauf der elektrischen Feldlinien zwischen den beiden Leiterbahnen 0 V und +24 V.

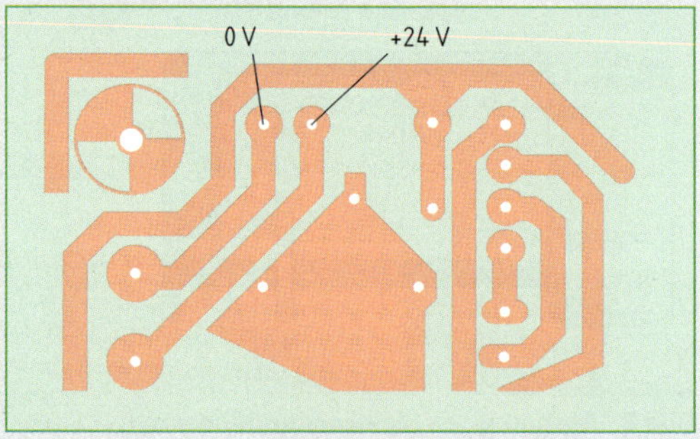

Bild 1: Teil eines Leiterbildes einer gedruckten Schaltung

5. Ein Kondensator hat einen Plattenabstand von 0,18 mm. Die maximal zulässige elektrische Feldstärke beträgt 1,2 kV/mm. Welche maximale Gleichspannung darf am Kondensator angelegt werden?

6. Erklären Sie die Begriffe **a)** Influenz und **b)** Polarisation.

7. Elektrische Betriebsmittel müssen in der Praxis, je nach Anwendung, abgeschirmt werden. **a)** Nennen Sie Möglichkeiten zur Abschirmung gegen von außen einwirkende elektrische Felder. **b)** Geben Sie Materialien und deren mögliche Formen von Abschirmungen an.

8. Geben Sie Beispiele für unerwünschte Kapazitäten an.

9. **a)** Nennen Sie die Einheit der Kapazität mit allen üblichen Einheitenvorsätzen. **b)** Geben Sie die Kapazität des Kondensators C1 **(Bild 3)** in nF und pF an.

10. Wie ändert sich die Kapazität C eines Kondensators, wenn man **a)** die Plattenfläche A vergrößert, **b)** den Plattenabstand l verkleinert, **c)** ein Dielektrikum verwendet und **d)** den Plattenabstand l halbiert und gleichzeitig die Plattenfläche A verdoppelt?

11. Berechnen Sie die Gesamtkapazität der Schaltung **(Bild 2)**. Die Einzelkapazitäten der Kondensatoren betragen je 1,2 μF.

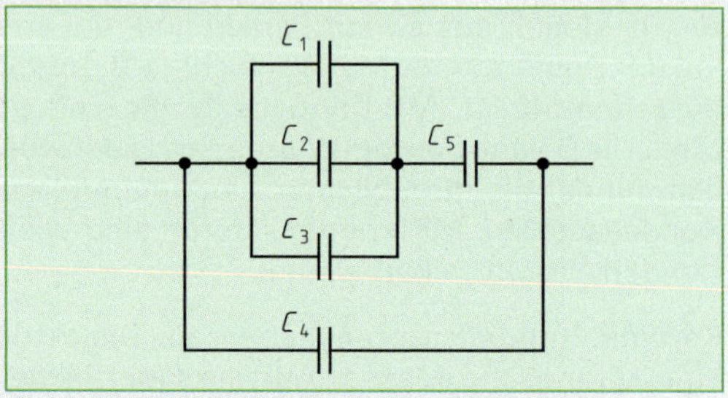

Bild 2: Gemischte Kondensatorschaltung

12. Ein Kondensator wird an eine Gleichspannung geschaltet **(Bild 3)**. **a)** Welche elektrischen Größen ändern sich nach dem Schließen des Schalters schlagartig, welche allmählich? **b)** Nach welcher Zeit t_C ist der Kondensator praktisch aufgeladen? **c)** Wie groß ist die Spannung am Kondensator 50 ms nach Öffnen des Schalters?

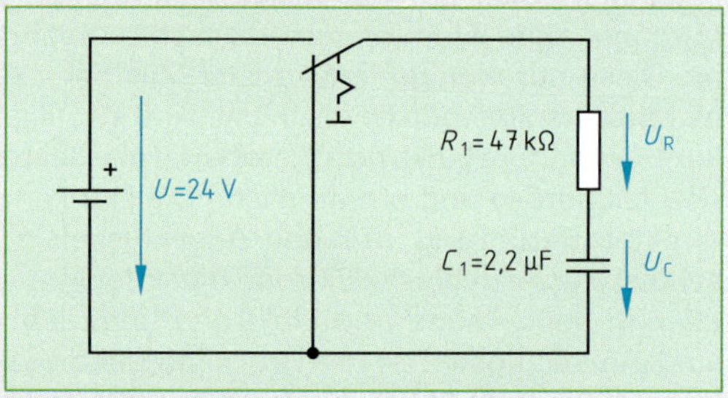

Bild 3: Laden und Entladen eines Kondensators

13. Nennen Sie einige Einsatzbeispiele für Kondensatoren in der Elektrotechnik.

14. Welche Bauarten unterscheidet man bei Kondensatoren?

15. Erklären Sie den Unterschied im Aufbau von **a)** Folienkondensatoren und **b)** Elektrolytkondensatoren.

16. Welchen besonderen Vorteil haben Metallpapierkondensatoren?

17. Erklären Sie die Angaben folgender Kondensatoren **a)** 22n, **b)** 0.47, **c)** 5n6, 100 V, **d)** p82 und **e)** 100 μ.

* Ergebnisse der Rechenaufgaben Seite 297

5 Magnetisches Feld

5.1 Eigenschaften der Magnete und Darstellungshilfen

Stoffe, die von Magneten angezogen werden, z.B. Eisen, Nickel und Kobalt, nennt man **ferromagnetische[1] Stoffe**.

Pole nennt man die Stellen eines Magneten mit der größten Kraftwirkung. Die magnetische Kraftwirkung nimmt von den Polen zur Magnetmitte hin ab. In der Mitte zwischen den Polen ist keine magnetische Kraftwirkung vorhanden. Diesen kleinen Grenzbereich nennt man **neutrale Zone (Bild 2)**. Entsprechend der Anzeigerichtung einer Magnetnadel beim Kompass hat man den Pol, der in geographische Nord-Richtung zeigt, Nordpol (N), den anderen Südpol (S) genannt.

Versuch 1: Nähern Sie einen Magneten einem zweiten Magneten.

Nord- und Südpol der Magnete ziehen sich an. Die Nordpole der beiden Magnete stoßen sich ab, ebenso die Südpole **(Bild 1)**.

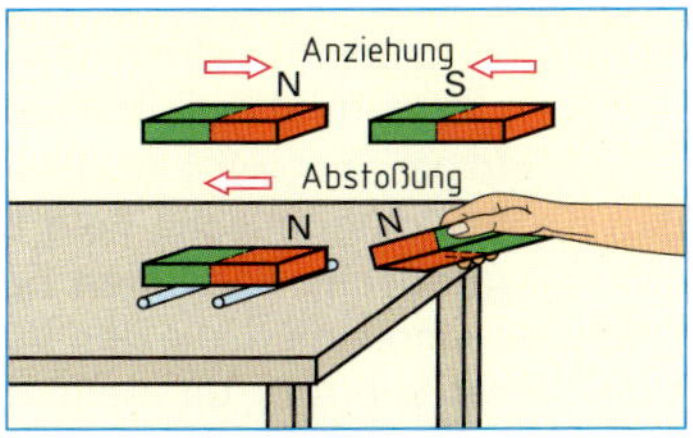

Bild 1: Kraftwirkungen magnetischer Pole

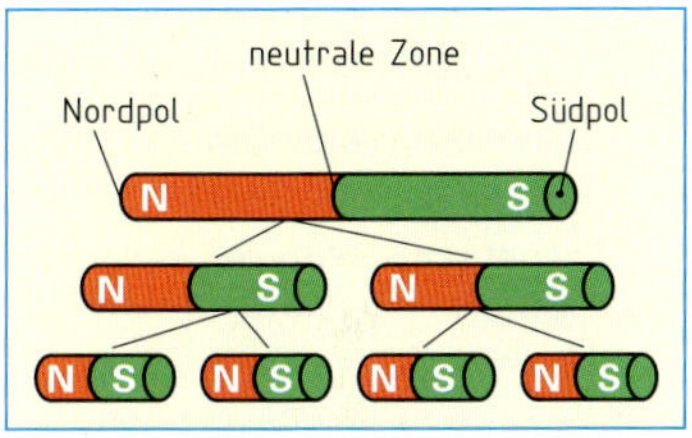

Bild 2: Zerlegung eines Magneten in Teilmagnete

Teilt man einen Magneten, z.B. einen magnetisierten Eisendraht, entstehen wieder neue kleinere Magnete. Jeder Teilmagnet hat wieder einen Nordpol und einen Südpol **(Bild 2)**. Denkt man sich die Teilung der Magnete weiter fortgesetzt, bleiben schließlich kleinste, nicht weiter teilbare Teilchen übrig. Diese nennt man **Elementarmagnete**. In ferromagnetischen Stoffen existieren kleine Bereiche, in denen die Elementarmagnete gleichmäßig ausgerichtet sind. Diese Bereiche hat man nach ihrem Entdecker **weisssche[2] Bezirke** genannt **(Bild 3** und **Seite 81)**.

Ferromagnetische Werkstoffe, die nicht magnetisiert sind, haben ungeordnete weisssche Bezirke **(Bild 3a)**. Nach außen zeigt sich deshalb keine magnetische Wirkung. Durch das **Magnetisieren** mit einem starken Magneten werden nur die vorhandenen ungeordneten weissschen Bezirke ausgerichtet **(Bild 3b)**. Diese Ausrichtung erfordert Arbeit, die als **magnetische Energie** gespeichert wird. Das Aufheben dieser ausgerichteten weissschen Bezirke nennt man **Entmagnetisieren**.

Je mehr weisssche Bezirke in einem magnetischen Werkstoff ausgerichtet sind, desto größer ist seine magnetische Wirkung. Sind alle vorhandenen weissschen Bezirke ausgerichtet, ist eine weitere Verstärkung der magnetischen Wirkung nicht mehr möglich. Der Magnetwerkstoff ist dann **magnetisch gesättigt**.

Dauermagnete (Permanentmagnete[3]) sind Stoffe, die den Magnetismus über eine lange Zeit behalten und nur mit hohem Energieaufwand entmagnetisiert werden können. Diese Eigenschaft nennt man **hartmagnetisch**.

Magnete

- Magnete üben Anziehungskräfte auf ferromagnetische Stoffe aus.
- Magnete besitzen einen Nordpol und einen Südpol.
- Ungleichnamige Magnetpole ziehen sich an.
- Gleichnamige Magnetpole stoßen sich ab.
- Einen Magnet kann man sich aus vielen gleich gerichteten Elementarmagneten zusammengesetzt vorstellen

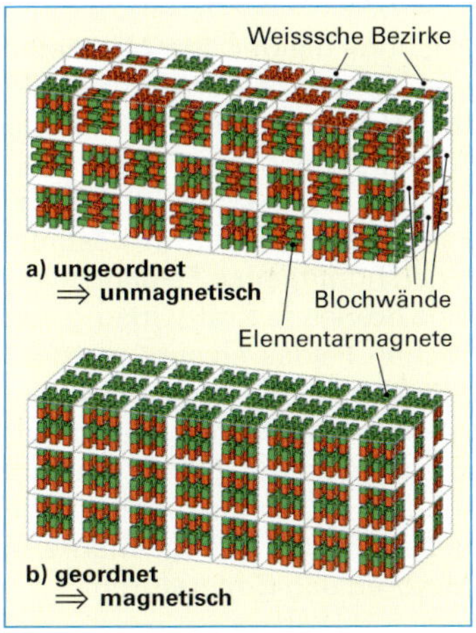

Bild 3: Weisssche Bezirke in ferromagnetischen Stoffen

[1] ferromagnetisch = magnetisch, wie Eisen (lat. ferrum); [2] Weiss, franz. Physiker, 1885 bis 1940;
[3] von permanere (lat.) = sich erhalten

Versuch 1: Legen Sie einen Stabmagneten unter eine Glasplatte und streuen Sie Eisenfeilspäne auf die Platte.

Die Späne werden zu kleinen Magneten, richten sich aus und bilden bogenförmige Linien, die von Pol zu Pol verlaufen **(Bild 1)**.

Der Raum im und um einen Magneten ist durch einen Energiezustand gekennzeichnet, der **magnetisches Feld** genannt wird. Als Darstellungshilfe werden für das magnetische Feld Linien benutzt, die man **magnetische Feldlinien** nennt. Magnetische Feldlinien sind Linien, die den Verlauf der magnetischen Kraftwirkung darstellen. Man hat für die magnetischen Feldlinien den Richtungsverlauf wie in **Bild 1** festgelegt.

Magnetischer Feldlinienverlauf

- Magnetische Feldlinien sind immer geschlossene Linien ohne Anfang und Ende.
- Magnetische Feldlinien verlaufen außerhalb des Magneten vom Nordpol zum Südpol und innerhalb des Magneten vom Südpol zum Nordpol.
- Magnetische Feldlinien treten immer senkrecht aus der Magnetoberfläche aus bzw. in diese wieder ein.

Versuch 2: Legen Sie zwei Magnete mit ihren gleichnamigen Polen (N und N oder S und S) einander gegenüber, und streuen Sie Eisenfeilspäne auf die Glasplatte. Wiederholen Sie den Versuch mit ungleichnamigen Polen.

Die Feldlinien zwischen gleichnamigen Polen weichen einander aus **(Bild 2a)**. *Zwischen den ungleichnamigen Polen der Magnete verlaufen die Feldlinien bogenförmig* **(Bild 2b)**.

Zwischen den Polen haben die Feldlinien einen dichten Verlauf. Liegen die Feldlinien dicht beieinander, so ist die magnetische Kraftwirkung groß. Großer Abstand der Feldlinien bedeutet eine kleine magnetische Kraft.

Wichtige Felder für Magnetanwendungen sind **homogene**[1] **Felder** und **radialhomogene**[2] **Felder (Übersicht)**. Homogene Felder sind für technische Anwendungen besonders geeignet, da in diesen Feldern die Energieverteilung gleichmäßig ist. Oft kann man aber nur in bestimmten Teilbereichen einen homogenen Feldlinienverlauf erreichen. Soll eine drehende Kraftwirkung mithilfe eines magnetischen Feldes erzeugt werden, so ist das radialhomogene Feld vorteilhaft, da im schmalen Luftspalt die Ausnutzung der magnetischen Kraftwirkung gleichmäßig und mit gutem Wirkungsgrad möglich ist. Magnetanordnungen mit radialhomogenen Feldern findet man z.B. in Messgeräten, Motoren und Generatoren.

[1] homogen (griech.) = gleichmäßig
[2] radial, von Radius (kreisförmig)

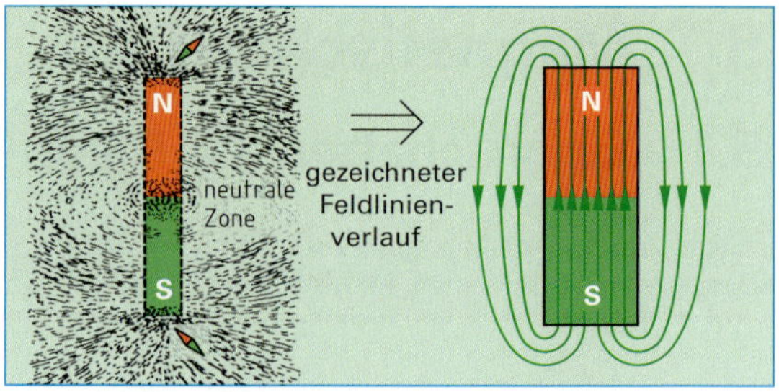

Bild 1: Magnetischer Feldlinienverlauf eines Stabmagneten

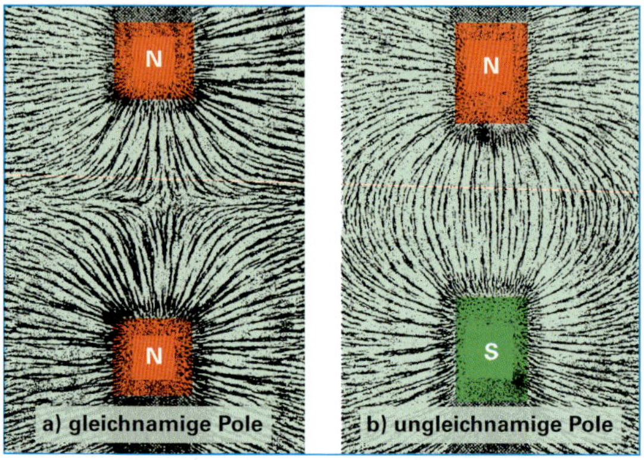

Bild 2: Feldlinienverlauf zwischen Magnetpolen

Übersicht: Einteilung magnetischer Felder

homogene Felder	radialhomogene Felder
Bedeutung: Die Richtung und die Größe der magnetischen Kraftwirkung ist an jeder Stelle im Feld gleich.	**Bedeutung:** Die magnetische Kraftwirkung verläuft im Feld strahlenförmig nach allen Richtungen. Die Größe der Kraft ist in schmalen Feldbereichen fast gleich.
Darstellung: Die Feldlinien verlaufen parallel, in gleichem Abstand und in gleicher Richtung.	**Darstellung:** Feldlinien zeigen strahlenförmig auf einen gedachten Mittelpunkt.

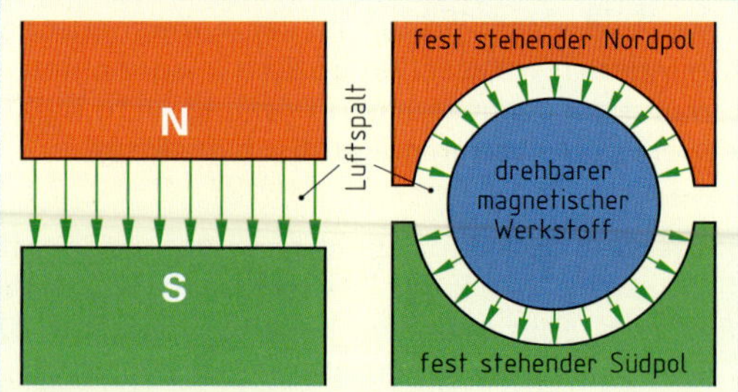

Hinweis: Obwohl die magnetischen Feldlinien geschlossene Linien sind, zeichnet man oft den Feldlinienverlauf vereinfacht nur im Luftspalt, bzw. außerhalb der Magneten.

5.2 Elektromagnetismus

5.2.1 Stromdurchflossener Leiter und Magnetfeld

Versuch 1: Führen Sie einen Leiter durch eine Glasplatte und lassen Sie einen Gleichstrom durch den Leiter fließen. Bestreuen Sie dann die Glasplatte in der Umgebung des Leiters mit Eisenfeilspänen.

Die Eisenfeilspäne ordnen sich in konzentrischen[1] Kreisen um den Leiter herum an **(Bild 1)**.

Versuch 2: Bringen Sie eine kleine, frei drehbare Magnetnadel in die Nähe des vom Gleichstrom durchflossenen Leiters aus Versuch 1 und führen Sie diese um den Leiter. Anschließend kehren Sie die Stromrichtung um und wiederholen den Versuch. Vergrößern Sie die Entfernung der Magnetnadel vom Leiter und beobachten Sie die Kraftwirkung auf die Magnetnadel.

Wird die Magnetnadel in einer Kreisbahn um den Leiter herumgeführt, zeigt sie in jedem Punkt in Richtung der Tangente[2] **(Bild 2)**. *Nach der Umkehr der Stromrichtung zeigt die Magnetnadel ebenfalls in die umgekehrte Richtung. In weiterer Entfernung vom Leiter ist die Kraftwirkung wesentlich schwächer ausgeprägt.*

Die Richtung des Stromes im Leiter wird durch Symbole gekennzeichnet. Fließt der Strom aus dem Leiter heraus, so zeichnet man in den Leiterquerschnitt einen Punkt (•), fließt er in den Leiter hinein, so zeichnet man ein Kreuz (**x**) **(Bild 3)**.

Die magnetischen Feldlinien verlaufen im Uhrzeigersinn, wenn man in Stromrichtung auf den Leiter blickt. Sie verlaufen gegen den Uhrzeigersinn, wenn der Strom auf den Betrachter zufließt.

Den Zusammenhang zwischen Stromrichtung und magnetischer Feldlinienrichtung zeigt die **Rechtsschraubenregel** (Schraubenregel, **Bild 4**).

Schraubenregel: Man denkt sich eine Schraube mit Rechtsgewinde in Richtung des Stromes in den Leiter geschraubt. Die Drehrichtung der Schraube gibt dann die Richtung der Feldlinien an.

Auch stromdurchflossene flüssige oder gasförmige Leiter, z. B. ein Schweißlichtbogen, sind von einem Magnetfeld umgeben. Um Leiter, die vom Wechselstrom durchflossen werden, bildet sich ebenfalls ein Magnetfeld. Wie der Strom ändert dann auch das Magnetfeld ständig seine Größe und Richtung (magnetisches Wechselfeld).

Strom und Magnetfeld

- Jede bewegte elektrische Ladung ist von einem magnetischen Feld umgeben.
- Ein stromdurchflossener Leiter erzeugt immer ein magnetisches Feld.
- Die Feldlinien um einen stromdurchflossenen Leiter haben die Form von konzentrischen Kreisen.
- Die Richtung des magnetischen Feldes ist abhängig von der Stromrichtung.
- Die Stärke des magnetischen Feldes nimmt mit zunehmender Entfernung vom Leiter ab.
- Der elektrische Strom ist die Ursache für das magnetische Feld.

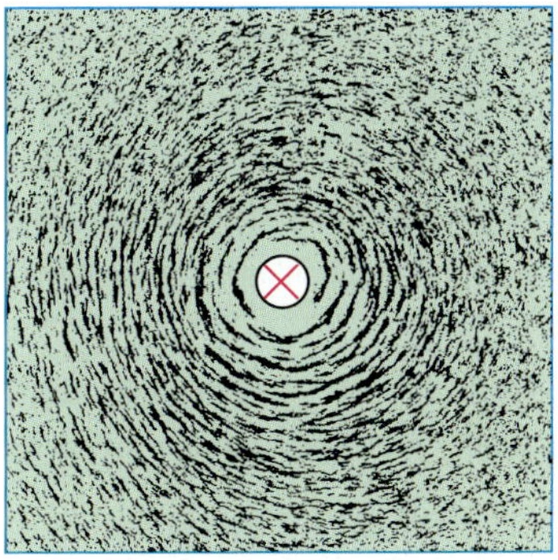

Bild 1: Magnetfeld um einen stromdurchflossenen Leiter

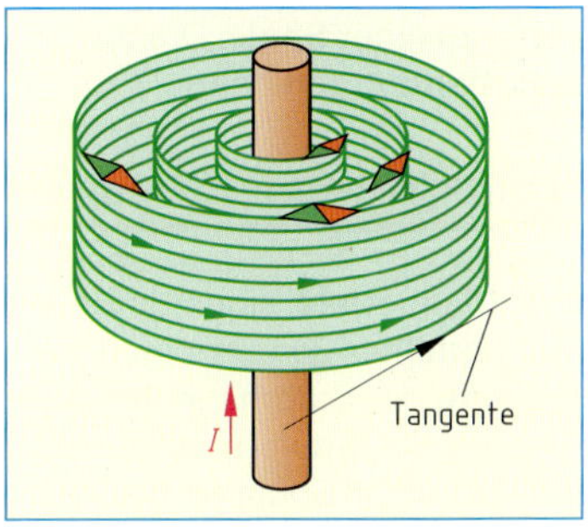

Bild 2: Magnetische Feldlinien um einen stromdurchflossenen Leiter

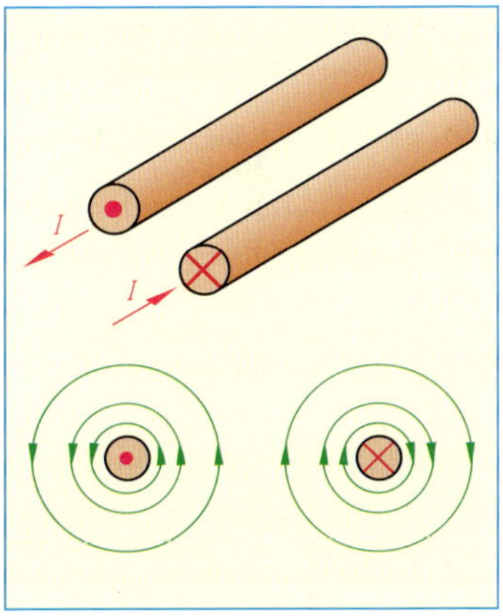

Bild 3: Richtung von Strom und Magnetfeld

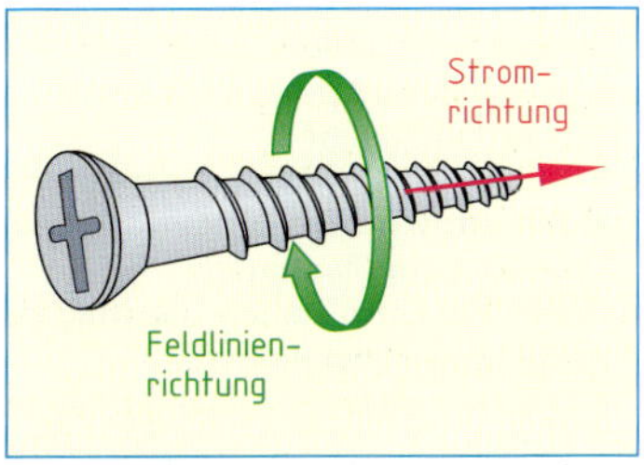

Bild 4: Schraubenregel

[1] konzentrisch = Kreise, die um einen gemeinsamen Mittelpunkt herum angeordnet sind.
[2] Tangente = Gerade, die eine Kurve in einem Punkt berührt.

5.2.2 Stromdurchflossene Spule und Magnetfeld

Versuch 1: Biegen Sie einen Leiter zu einer Schleife und führen Sie diese durch eine dünne Kunststoffplatte. Bestreuen Sie die Platte mit Eisenspänen und schließen Sie den Leiter über einen Stellwiderstand an einen Akkumulator oder an ein Netzgerät an. Prüfen Sie die Feldrichtung mit der Magnetnadel.

In der Leiterschleife entsteht ein magnetisches Feld **(Bild 1)**. *Die Schleife wirkt wie ein kurzer Stabmagnet.*

Das Magnetfeld einer stromdurchflossenen Windung ergibt sich aus der Überlagerung der Magnetfelder der benachbarten Leiter **(Bild 1)**. Innerhalb der Windung verlaufen die Feldlinien in gleicher Richtung und verstärken die magnetische Wirkung. Die Feldliniendichte ist dort groß. Außerhalb der Leiterschleife ergibt sich mit zunehmender Entfernung vom Leiter eine abnehmende Feldliniendichte. Um den Elektromagnetismus besser nutzen zu können, wickelt man einen langen Leiter zu einer **Spule**. Die Spule besteht aus vielen Leiterschleifen, die man **Windungen** nennt.

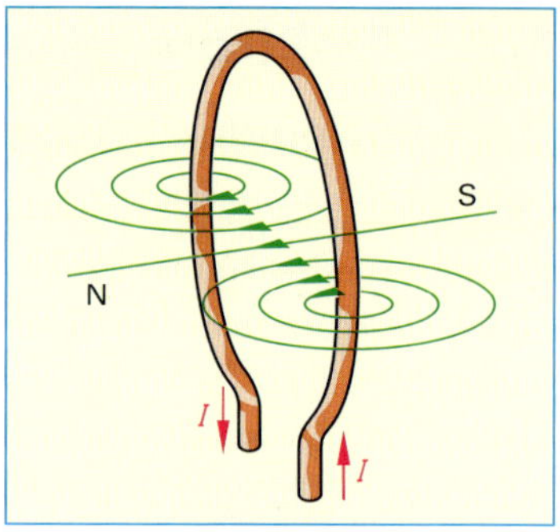

Bild 1: Magnetfeld einer Leiterschleife

Schaltzeichen Spule

Eine Spule besteht aus mehreren in Reihe geschalteten Windungen.

Das Magnetfeld einer Spule ergibt sich aus der Überlagerung der Magnetfelder der einzelnen Windungen. Es entsteht ein Magnetfeld, das dem des Stabmagneten gleicht **(Bild 2)**. Die Feldlinien verlaufen im Inneren der Spule parallel und in gleichem Abstand zueinander. Im Inneren einer Spule ist das Magnetfeld homogen. Dort, wo die Feldlinien aus der Spule austreten, bildet sich der Nordpol, wo sie eintreten, der Südpol. Außerhalb der Spule ist das Feld inhomogen (nicht homogen).

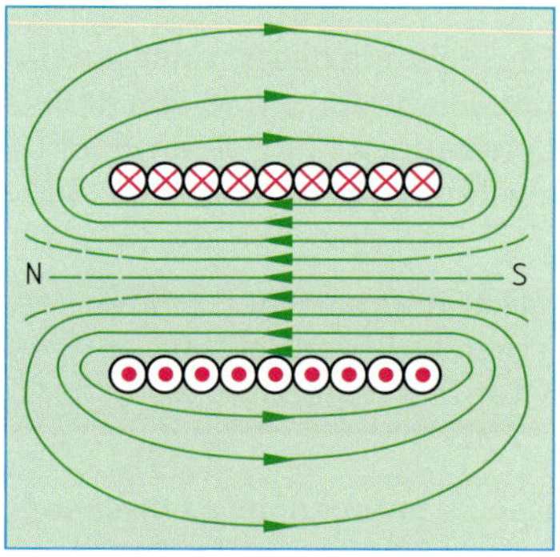

Bild 2: Magnetfeld einer Spule

Stromdurchflossene Spulen sind Elektromagnete.

Versuch 2: Stellen Sie die Magnetfeldrichtung einer vom Gleichstrom durchflossenen Spule mithilfe einer Magnetnadel fest. Wechseln Sie die Stromrichtung in der Spule und beobachten Sie die Magnetnadel.

Die Magnetfeldrichtung (Polarität) einer Spule hängt von der Stromrichtung ab.

Nord- und Südpol einer Spule lassen sich auch mithilfe der **Spulen-Regel** bestimmen **(Bild 3)**.

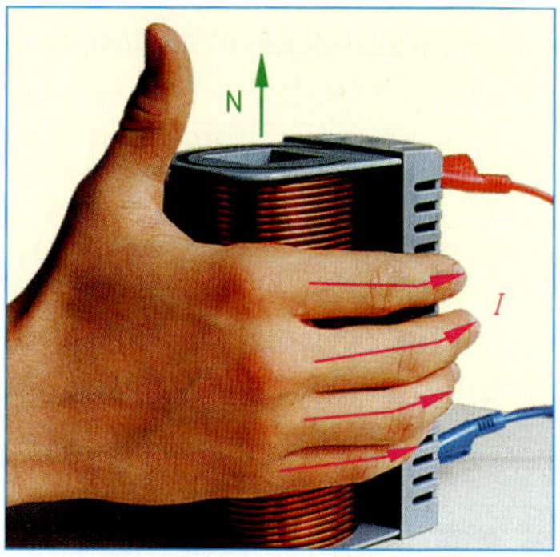

Bild 3: Spulen-Regel

Spulen-Regel: Legt man die rechte Hand so um eine Spule, dass die Finger in Stromrichtung zeigen, dann zeigt der abgespreizte Daumen zum Nordpol der Spule.

Wiederholungsfragen

1. **Welche Kraftwirkung üben a) gleichnamige Magnetpole und b) ungleichnamige Magnetpole aufeinander aus?**
2. **Was versteht man unter einem magnetischen Feld, und was sind magnetische Feldlinien?**
3. **Wie ist die Richtung der magnetischen Feldlinien festgelegt?**
4. **Warum wird Eisen beim Magnetisieren, z.B. mit einem Dauermagneten, selbst zum Magneten?**
5. **Welche Form haben die magnetischen Feldlinien um einen vom Strom durchflossenen Leiter?**
6. **Welcher Zusammenhang besteht zwischen Stromrichtung und Feldlinienrichtung?**
7. **Bestimmen Sie die Magnetpole der stromdurchflossenen Spule im Bild 4.**

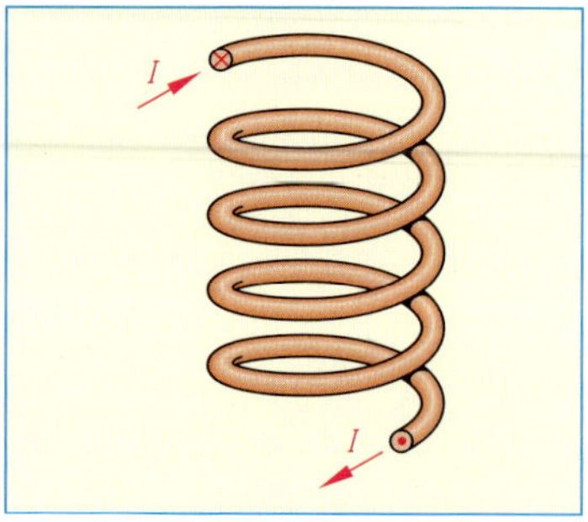

Bild 4: Stromdurchflossene Spule

5.3 Magnetische Größen

5.3.1 Magnetischer Fluss Φ

Die Gesamtzahl der magnetischen Feldlinien eines Dauermagneten oder einer stromdurchflossenen Spule nennt man **magnetischen Fluss Φ**[1] **(Bild 1).** Der Begriff magnetischer Fluss entstand durch den Vergleich mit dem elektrischen Stromfluss I.

Der magnetische Fluss Φ kann nur über seine Wirkungen gemessen werden. Er hat die Einheit Voltsekunde (Vs) mit dem besonderen Einheitennamen **Weber**[2] (Wb).

Versuch 1: Befestigen Sie einen Leiter so über einer drehbaren Magnetnadel, dass er die gleiche Richtung wie die Magnetnadel hat. Schließen Sie den Leiter über einen Strommesser an eine Gleichspannungsquelle an und steigern Sie den Strom langsam. Beobachten Sie den Strommesser und die Magnetnadel.

Je größer die Stromstärke ist, um so stärker wird die Magnetnadel ausgelenkt.

Je stärker der Strom, umso stärker ist auch der magnetische Fluss.

Versuch 2: Hängen Sie ein Eisenstück so an einen Kraftmesser, dass es in den Hohlraum einer Spule mit 600 Windungen hineinragt. Schließen Sie die Spule über einen Stellwiderstand und einen Strommesser an eine Gleichspannungsquelle an. Stellen Sie die Stromstärke 2 A ein. Lesen Sie die Anzeige des Kraftmessers ab. Wiederholen Sie den Versuch mit einer Spule gleicher Form und Größe mit 1200 Windungen bei einer Stromstärke von 1 A.

Die Anzeigen des Kraftmessers sind in beiden Fällen etwa gleich groß.

Der magnetische Fluss einer Spule mit 600 Windungen übt bei 2 A eine gleich große Kraft auf das Eisenstück aus wie der magnetische Fluss einer gleich großen Spule mit 1200 Windungen bei 1 A. Da beide Kräfte gleich groß sind, muss auch der magnetische Fluss in beiden Spulen gleich groß sein.

Bei einer Spule vervielfacht die Anzahl der stromdurchflossenen Windungen N den magnetischen Fluss Φ.

5.3.2 Elektrische Durchflutung Θ

Wenn man sich eine Feldlinie vorstellt, die alle stromdurchflossenen Leiter einer Spule umfasst, so wird die so entstandene Fläche von den Strömen durchflutet **(Bild 2).** Man nennt daher das Produkt aus Stromstärke I und Windungszahl N einer Spule **elektrische Durchflutung Θ**[3].

Elektrische Durchflutung Θ = Stromstärke I · Windungszahl N

Man kann auch sagen, dass eine stromdurchflossene Spule die Quelle für den magnetischen Fluss ist.

Eine stromdurchflossene Spule bewirkt durch elektrische Energie magnetische Energie.

[1] griech. Großbuchstabe Phi
[2] Wilhelm Eduard Weber, deutscher Physiker, 1804 bis 1891
[3] griech. Großbuchstabe Theta

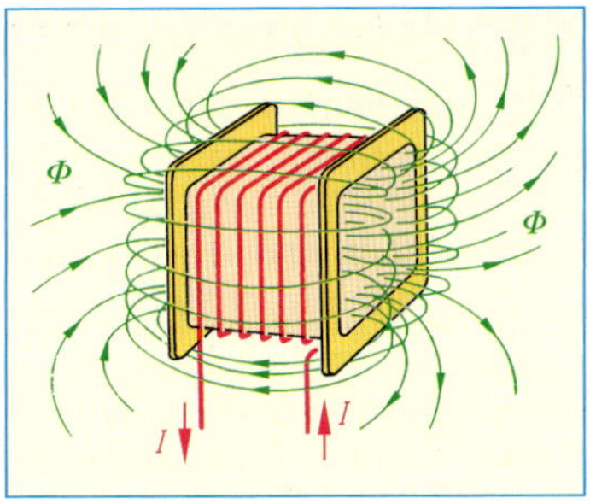

Bild 1: Gesamtzahl aller Feldlinien einer Spule

Magnetischer Fluss

Φ $[\Phi] = \text{Vs} = \text{Wb}$

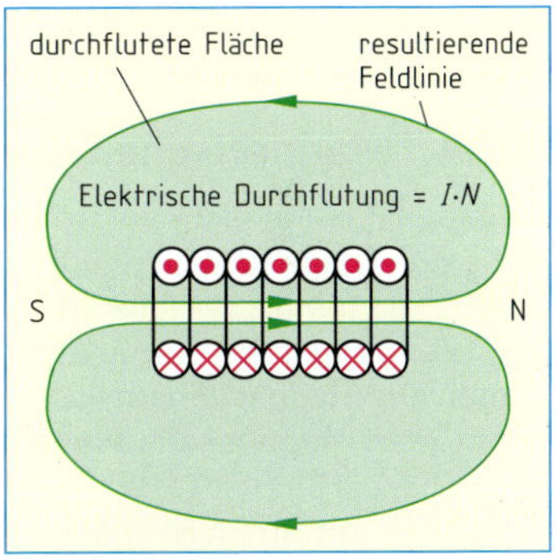

Bild 2: Elektrische Durchflutung einer Spule

Elektr. Durchflutung einer Spule

$\Theta = I \cdot N$ $[\Theta] = \text{A}$

Θ elektrische Durchflutung
N Windungszahl
I Stromstärke

Beispiel:

Berechnen Sie die elektrische Durchflutung einer Spule mit
a) einer Windung bei $I = 40$ A
b) 10 Windungen bei $I = 4$ A
c) 40 Windungen bei $I = 1$ A

Lösung:

$\Theta = I \cdot N$
$\Theta_1 = 40\text{ A} \cdot 1 = \mathbf{40\text{ A}}$
$\Theta_2 = 4\text{ A} \cdot 10 = \mathbf{40\text{ A}}$
$\Theta_3 = 1\text{ A} \cdot 40 = \mathbf{40\text{ A}}$
$\Theta_1 = \Theta_2 = \Theta_3$

Erkenntnis:

Man kann die gleiche elektrische Durchflutung entweder mit vielen Windungen und kleiner Stromstärke oder mit wenigen Windungen und großer Stromstärke erzeugen.

5.3.3 Magnetische Feldstärke *H*

Maßgebend für die magnetische Wirkung ist auch die Konzentration der magnetischen Energie. Die magnetische Wirkung ist umso größer, je größer die Durchflutung und je kleiner die Spulenlänge ist, die der mittleren Feldlinienlänge entspricht **(Bild)**.

Den Quotienten aus Durchflutung Θ und mittlerer Feldlinienlänge l_m nennt man **magnetische Feldstärke** *H*. Die magnetische Feldstärke drückt auch den Anteil der Durchflutung auf eine bestimmte Teillänge der Feldlinien aus.

Bei langen **Zylinderspulen ohne Eisenkern (Luftspulen)** darf als Feldlinienlänge die Spulenlänge für die magnetische Energieverteilung angesehen werden, da außerhalb der Spule die magnetische Feldstärke vernachlässigbar klein ist.

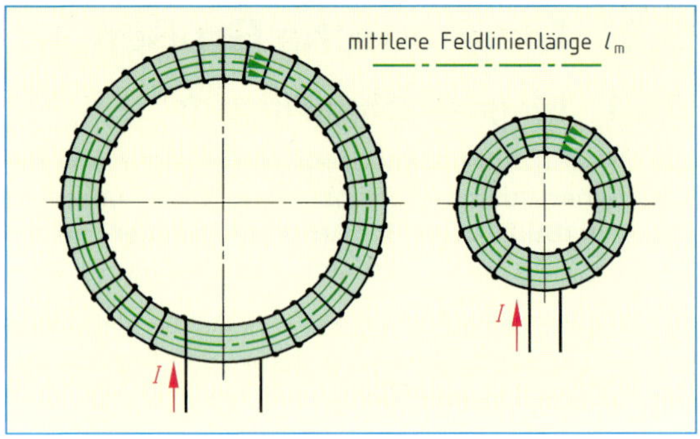

Bild: Ringspulen mit großer und kleiner mittlerer Feldlinienlänge

Magnetische Feldstärke

$$H = \frac{\Theta}{l_m} = \frac{I \cdot N}{l_m} \qquad [H] = \frac{A}{m}$$

H magnetische Feldstärke
l_m mittlere Feldlinienlänge
Θ elektrische Durchflutung
I Stromstärke
N Windungszahl

Beispiel:

Eine Ringspule mit 5000 Windungen und einer mittleren Feldlinienlänge von 20 cm wird von einer Stromstärke von 100 mA durchflossen. Wie groß ist die magnetische Feldstärke?

Lösung:

$$H = \frac{I \cdot N}{l_m} = \frac{0{,}1\ \text{A} \cdot 5000}{0{,}2\ \text{m}} = \mathbf{2500\ \frac{A}{m}}$$

5.3.4 Magnetische Flussdichte *B*

Ein Magnet hat eine umso größere Kraftwirkung, je dichter die magnetischen Feldlinien sind, also je größer der magnetische Fluss und je kleiner die Fläche ist, die von ihm durchsetzt wird. Den Quotienten aus magnetischem Fluss Φ und der Fläche *A* nennt man magnetische **Flussdichte *B***. Die Flussdichte hat die Einheit **Tesla**[1] (T). Man misst die Flussdichte z. B. mit einem Hallgenerator (Hallsonde, **Seite 148**).

Je größer die magnetische Flussdichte eines Magneten ist, umso größer ist die magnetische Wirkung.

Dauermagnete, z. B. Haftmagnete mit einer Flussdichte von etwa 0,5 T bis 1 T, erreichen eine Abreißkraft von etwa 1000 N. Abreißkraft ist die Kraft, die aufgebracht werden muss, um die Haftkraft zu überwinden. Das Magnetfeld der Erde beträgt ungefähr 40 µT.

Zum Schutz vor schädlichen Umwelteinwirkungen wurde für Deutschland in der Verordnung über elektromagnetische Felder für öffentliche 50-Hz-Anlagen ein Grenzwert von 100 µT festgelegt.

So dürfen besonders Elektrogeräte für den Haushalt diesen Grenzwert nicht überschreiten **(Tabelle)**.

Magnetische Flussdichte

$$B = \frac{\Phi}{A} \qquad [B] = \frac{\text{Vs}}{\text{m}^2} = \frac{\text{Wb}}{\text{m}^2} = \text{T}$$

B magnetische Flussdichte
Φ magnetischer Fluss
A Fläche

Beispiel:

Eine Spule mit dem Polquerschnitt 50 mm × 30 mm soll eine magnetische Flussdichte $B = 0{,}8$ T erzeugen. Berechnen Sie den magnetischen Fluss Φ.

Lösung:

$$B = \frac{\Phi}{A} \Rightarrow \mathbf{\Phi} = B \cdot A = 0{,}8\ \text{T} \cdot 0{,}05\ \text{m} \cdot 0{,}03\ \text{m}$$

$$= 0{,}8\ \frac{\text{Vs}}{\text{m}^2} \cdot 0{,}0015\ \text{m}^2 = 0{,}0012\ \text{Vs} = \mathbf{1{,}2\ mWb}$$

Tabelle: Magnetische Flussdichte von Elektrogeräten (gemessen in 30 cm Abstand vom Gerät)

Elektrogerät	Magnetische Flussdichte	Elektrogerät	Magnetische Flussdichte
Wäschetrockner	0,45 µT bis 1,0 µT	Handbohrmaschine	2,0 µT bis 3,5 µT
Fernsehgerät	0,04 µT bis 2,0 µT	Elektroherd	0,15 µT bis 0,5 µT
Wasserkocher (1 kW)	0,08 µT	Heizlüfter	4,0 µT bis 8,0 µT

[1] Nikola Tesla, kroatischer Physiker, 1856 bis 1943

5.4 Eisen im Magnetfeld einer Spule

Versuch 1: a) Halten Sie eine Spule ohne Eisenkern in einigen Zentimetern Höhe über kleine Nägel oder Büroklammern. Schließen Sie die Spule an eine Gleichspannungsquelle an und stellen Sie den für die Spule zulässigen Strom ein. **b)** Führen Sie dann von oben einen Eisenkern in die Spule ein.

Die vom Strom durchflossene Spule mit Eisenkern zieht mehr Eisenteile an als die Spule ohne Eisenkern.

Ein Eisenkern erhöht die magnetische Flussdichte einer stromdurchflossenen Spule wesentlich.

Weisssche Bezirke

Auch in ferromagnetischen Stoffen bewegen sich Elektronen um die Kerne der Atome. Die Elektronen drehen sich zusätzlich um ihre eigene Achse (Elektronenspin) und rufen dadurch Magnetfelder hervor, die sich bei ferromagnetischen Atomen nicht aufheben. Es entstehen so genannte weisssche[1] Bezirke **(Bild 1).** Das sind Kristallbereiche in ferromagnetischen Stoffen, die in sich magnetisch gleich ausgerichtet sind **(Bild 2a).** Wirkt ein magnetisches Feld auf einen ferromagnetischen Stoff, richten sich die weissschen Bezirke in Feldrichtung aus und erhöhen so die magnetische Flussdichte **(Bild 2b).** Beim Magnetisieren entstehen durch den ferromagnetischen Kern sehr viele zusätzliche Feldlinien. Ein ferromagnetischer Stoff hat für den magnetischen Fluss eine viel höhere magnetische Leitfähigkeit als Luft.

Wenn ein Eisenkern durch das Magnetfeld einer stromdurchflossenen Spule magnetisiert wird, werden mit der Stromerhöhung immer mehr weisssche Bezirke im Eisenkern ausgerichtet. Sind schließlich alle Bezirke gleichgerichtet, ist der Kern magnetisch gesättigt **(Bild 2b).**

Um den Einfluss der Werkstoffe auf die magnetische Flussdichte berechenbar zu machen, hat man zunächst den Einfluss von Vakuum bzw. Luft untersucht.

Spule ohne Eisenkern

Bei einer Spule ohne Eisenkern **(Luftspule)** nimmt die magnetische Flussdichte B (Wirkung) im gleichen Verhältnis zu wie der Spulenstrom I und damit wie die magnetische Feldstärke H (Ursache). Es ergibt sich eine direkte Abhängigkeit **(Bild 3).** Den Quotienten aus magnetischer Flussdichte B und magnetischer Feldstärke H nennt man **magnetische Feldkonstante** μ_0[2]. Der Zahlenwert für μ_0 gilt exakt für Vakuum und annähernd für Luft.

Beispiel:

Eine Luftspule hat eine magnetische Feldstärke von 2500 A/m. Wie groß ist die magnetische Flussdichte?

Lösung:

$B = \mu_0 \cdot H$

$\mathbf{B} = 1{,}257 \cdot 10^{-6}\,\frac{\text{Vs}}{\text{Am}} \cdot 2500\,\frac{\text{A}}{\text{m}} = 0{,}00314\,\frac{\text{Vs}}{\text{m}^2} = 0{,}00314\ \text{T} = \mathbf{3{,}14\ mT}$

[1] Weiss, franz. Physiker, 1865 bis 1940
[2] μ griech. Kleinbuchstabe my

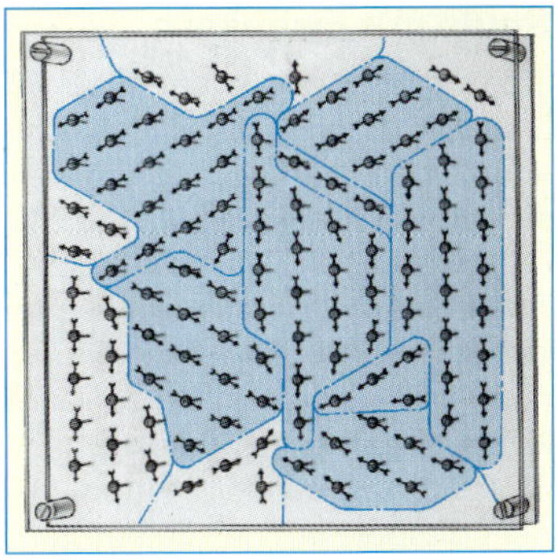

Bild 1: Magnetmodell zur Darstellung der weissschen Bezirke

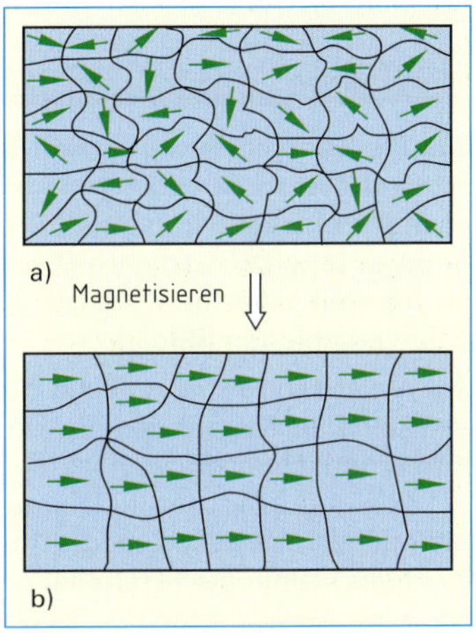

Bild 2: Weisssche Bezirke
a) magnetisch neutral
b) magnetisch gesättigt

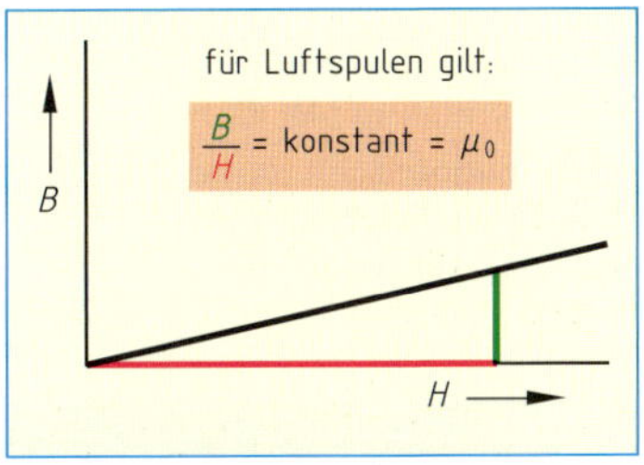

Bild 3: Kennlinie $B = f(H)$ für Luftspulen

Magnetische Feldkonstante

$$\mu_0 = \frac{B}{H} \qquad [\mu_0] = \frac{\frac{\text{Vs}}{\text{m}^2}}{\frac{\text{A}}{\text{m}}} = \frac{\text{Vs}}{\text{Am}}$$

$$\mu_0 = 1{,}257 \cdot 10^{-6}\,\frac{\text{Vs}}{\text{Am}}$$

μ_0 magnetische Feldkonstante
B magnetische Flussdichte
H magnetische Feldstärke

Spule mit Eisenkern

Trägt man beim erstmaligen Magnetisieren von Eisen die magnetische Flussdichte B in Abhängigkeit von der Feldstärke H auf, so erhält man die **Magnetisierungskennlinie (Bild 1).** Das Magnetfeld der stromdurchflossenen Spule wird durch das Eisen verstärkt. Ab der Sättigung des Eisens nimmt die Flussdichte der Spule bei weiterer Erhöhung der Feldstärke nur noch wie bei Luftspulen zu. Der Eisenkern hat dann keine verstärkende Wirkung mehr. Ferromagnetische Stoffe vervielfachen die magnetische Flussdichte einer Luftspule um den Faktor μ_r (Permeabilitätszahl[1]). Das Produkt aus der **Permeabilitätszahl** μ_r und aus der magnetischen **Feldkonstanten** μ_0 ergibt die **Permeabilität** μ des jeweiligen Stoffes.

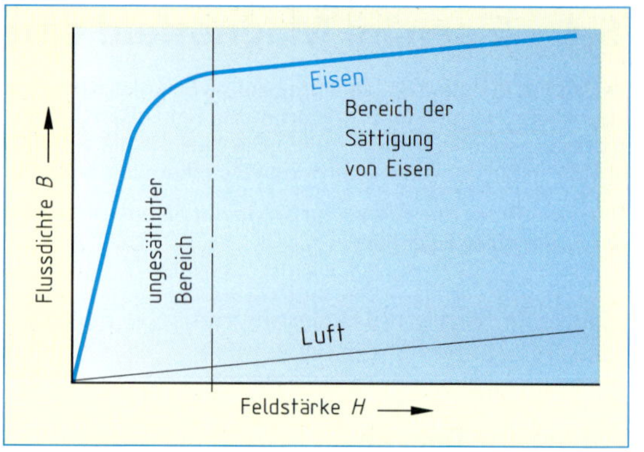

Bild 1: Magnetisierungskennlinien

Permeabilität eines Stoffes: $\mu = \mu_0 \cdot \mu_r$

Die Permeabilitätszahl μ_r von ferromagnetischen Stoffen ist nicht konstant, sondern von der magnetischen Feldstärke abhängig. Die Abhängigkeit der magnetischen Flussdichte B von der Feldstärke H ist bei den einzelnen magnetischen Werkstoffen sehr verschieden **(Bild 2).**

Auch nicht ferromagnetische Stoffe verändern ein vorhandenes Magnetfeld. Bei den sogenannten **paramagnetischen**[2] **Stoffen** ist die Permeabilitätszahl μ_r wenig größer als 1. **Diamagnetische**[3] **Stoffe** schwächen das Magnetfeld, ihre Permeabilitätszahl ist etwas kleiner als 1 **(Tabelle).**

Tabelle: Permeabilitätszahlen μ_r (Beispiele)

Stoffe	μ_r
Vakuum	$\mu_r = 1$
Luft	$\mu_r \approx 1$
Paramagnetische Stoffe, z.B. Aluminium (Al), Chrom (Cr)	$\mu_r > 1$
Ferromagnetische Stoffe, z.B. Eisen (Fe), Nickel (Ni)	$\mu_r \gg 1$ (bis zu einigen 10^5)
Diamagnetische Stoffe, z.B. Kupfer (Cu)	$\mu_r < 1$

Permeabilitätszahl μ_r

Die Zahl drückt aus, wie viel mal besser oder auch schlechter ein Stoff magnetisierbar ist als Vakuum bzw. Luft.

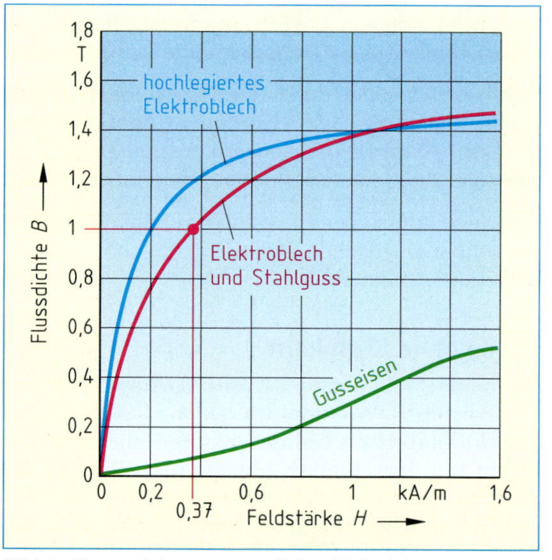

Bild 2: Magnetisierungskennlinien (Beispiele)

Beispiel:

In einem Elektroblech soll eine magnetische Flussdichte von 1 T erreicht werden. **a)** Bestimmen Sie aus der Kennlinie **(Bild 2)** die notwendige magnetische Feldstärke. **b)** Wie groß ist bei dieser Feldstärke die Permeabilitätszahl μ_r des Elektroblechs?

Lösung:

a) $B = 1\,\text{T} \xrightarrow{\text{Kennlinie}} \boldsymbol{H} = 0{,}37\,\text{kA/m} = \mathbf{370\,A/m}$

b) $\mu = \frac{B}{H} = \frac{1\,\text{T}}{370\,\text{A/m}} = \frac{1\,\text{Vs/m}^2}{370\,\text{A/m}} = 2{,}7 \cdot 10^{-3}\,\frac{\text{Vs}}{\text{Am}}$

$$\mu = \mu_0 \cdot \mu_r \Rightarrow \boldsymbol{\mu_r} = \frac{\mu}{\mu_0} = \frac{2{,}7 \cdot 10^{-3}\,\frac{\text{Vs}}{\text{Am}}}{1{,}257 \cdot 10^{-6}\,\frac{\text{Vs}}{\text{Am}}} = \mathbf{2\,148}$$

Zusammenhang zwischen B und H

$B = \mu_0 \cdot \mu_r \cdot H$	$\mu = \mu_0 \cdot \mu_r$	$B = \mu \cdot H$

B magnetische Flussdichte
H magnetische Feldstärke
μ_0 magnetische Feldkonstante ($1{,}257 \cdot 10^{-6}\,\frac{\text{Vs}}{\text{Am}}$)
μ_r Permeabilitätszahl
μ Permeabilität

[1] von permeare (lat.) = durchwandern; [2] para (griech. Vorsilbe) = neben; [3] dia (griech. Vorsilbe) = durch

Ummagnetisierungskennlinie (Hystereseschleife)

Magnetisiert man einen ferromagnetischen Werkstoff zum ersten Mal, so nimmt die Flussdichte entsprechend der **Neukurve (Bild 1)** von Punkt 0 bis zur Sättigung Punkt 1 zu.

Versuch 1: Befestigen Sie einen U-Kern mit einer Zwinge auf der Tischplatte. Schieben Sie eine Spule (300 Windungen) auf den Eisenkern und schließen Sie den Eisenweg durch ein Joch. Erregen Sie die Spule mit Gleichstrom bis etwa 2 A und schalten Sie wieder ab.

Das Joch „klebt" so stark am Kern, dass man es nur mit großem Kraftaufwand abheben kann.

Obwohl die magnetische Feldstärke Null ist, bleibt eine restliche magnetische Flussdichte, die **Remanenzflussdichte B_r** (remanente[1] Flussdichte) bestehen **(Punkt 2 in Bild 1).**

Versuch 2: Ändern Sie die Stromrichtung in der Versuchsanordnung und steigern Sie langsam den Strom. Versuchen Sie dabei das Joch abzuheben.

Das Joch lässt sich schon bei einer geringen entgegengerichteten Stromstärke abheben.

Die entgegengesetzt gerichtete Feldstärke hat die Remanenzflussdichte beseitigt. Die Spule erzeugt zwar eine Feldstärke, im Eisen ist aber keine magnetische Flussdichte mehr vorhanden. Die Feldstärke, die notwendig ist, um den Restmagnetismus zu beseitigen, nennt man **Koerzitivfeldstärke H_c** oder koerzitive[2] Feldstärke **(Punkt 3 in Bild 1).**

Steigert man den Strom in Versuch 2 weiter, wird das Eisen wieder magnetisiert und gesättigt, jedoch in entgegengesetzter Richtung **(Punkt 4 in Bild 1).** Schaltet man dann den Strom ab, so verbleibt im Kern wieder eine Remanenz. Diese Remanenzflussdichte **(Punkt 5 in Bild 1)** lässt sich wiederum durch eine entgegengesetzte Koerzitivfeldstärke **(Punkt 6 in Bild 1)** beseitigen.

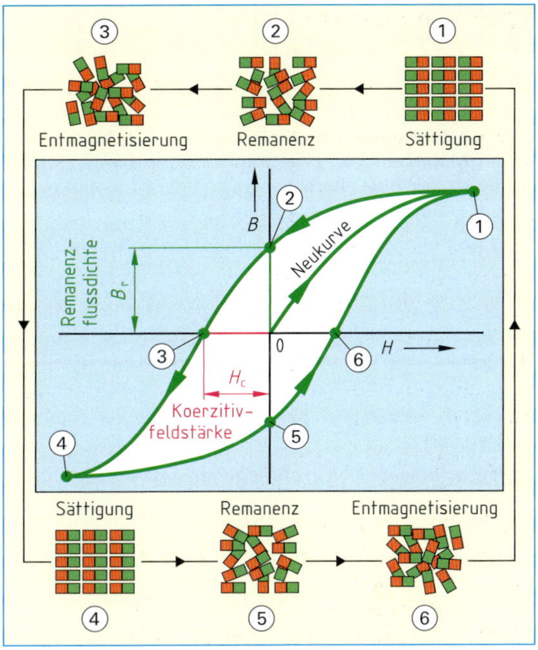

Bild 1: Ummagnetisierungskennlinie (Hystereseschleife)

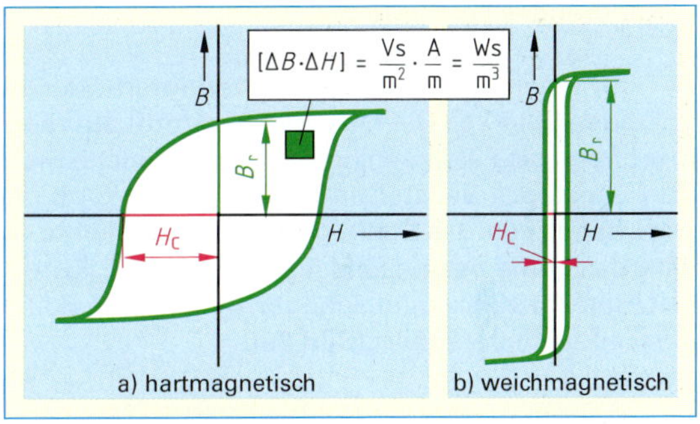

Bild 2: Hystereseschleifen verschiedener Werkstoffe

Hystereseverluste

Diese Energieverluste entstehen im Eisen durch das Ummagnetisieren, wenn das magnetische Feld im Eisen durch Wechselstrom hervorgerufen wird. Es entsteht Verlustwärme.

Ummagnetisierungskennlinie. Der Zusammenhang zwischen B und H beim Ummagnetisieren von magnetischen Stoffen wird durch die Ummagnetisierungskennlinie **(Hystereseschleife[3], Bild 1)** dargestellt. Die magnetische Flussdichte bleibt hinter der magnetischen Feldstärke zurück, weil die Elementarmagnete (weisssche Bezirke) sich nur verzögert ausrichten. Fließt Wechselstrom in einer Spule mit Eisenkern, kippen die Elementarmagnete ständig um. Das Eisen wird dadurch erwärmt. Diese Wärmeverluste nennt man **Hystereseverluste** oder **Ummagnetisierungsverluste**. Die von der Hystereseschleife umfasste Fläche **(Bild 2a)** entspricht der Energie je Volumen (Ws/m³), die zum Ummagnetisieren notwendig ist. Je größer der Flächeninhalt der Hystereseschleife ist, umso größer ist die Energie, die zugeführt werden muss, um das Eisen ummagnetisieren zu können. Deshalb verwendet man für Eisenkerne im magnetischen Wechselfeld, z. B. für Transformatorenbleche, Werkstoffe mit schmaler Hystereseschleife **(Bild 2b).** Diese Stoffe nennt man **weichmagnetische** Stoffe.

[1] von remanere (lat.) = zurückbleiben
[2] von coercere (lat.) = zwingen
[3] Hysterese (griech.) = das Zurückbleiben

5.5 Strom und Magnetfeld

5.5.1 Stromdurchflossener Leiter im Magnetfeld

Versuch 1: Hängen Sie einen Leiter, z.B. ein Aluminiumrohr, an zwei beweglichen Metallbändern zwischen die Pole eines Hufeisenmagneten **(Bild 1)**. Schließen Sie die Leiterschaukel an eine einstellbare Gleichspannungsquelle an und steigern Sie langsam den Strom.

Der Leiter wird aus dem Magnetfeld des Hufeisenmagneten herausbewegt.

Auf den stromdurchflossenen Leiter im Magnetfeld wirkt eine Kraft senkrecht zum Magnetfeld und senkrecht zum Leiter.

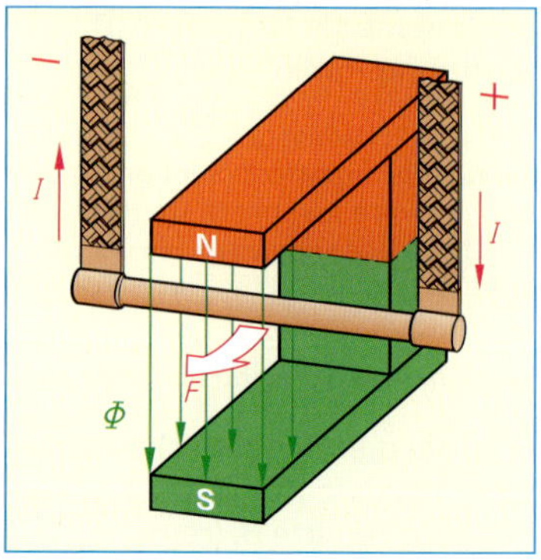

Bild 1: Ablenkung des vom Strom durchflossenen Leiters im Magnetfeld

Versuch 2: Vertauschen Sie die Anschlüsse der Zuleitungen und wiederholen Sie Versuch 1.

Der Leiter bewegt sich in entgegengesetzter Richtung.

Versuch 3: Vertauschen Sie die Pole des Hufeisenmagneten und wiederholen Sie Versuch 2.

Der Leiter bewegt sich wieder aus dem Magnetfeld heraus.

Die Richtung der Ablenkkraft hängt von der Stromrichtung im Leiter und von der Richtung des Magnetfeldes (Polfeld) ab. Polfeld **(Bild 2a)** und Leiterfeld **(Bild 2b)** ergeben zusammen ein gemeinsames, ein resultierendes Feld **(Bild 2c)**.

Auf der einen Seite des Leiters verlaufen die Feldlinien des Leiterfeldes entgegen den Feldlinien des Polfeldes **(Bild 2c)**. Die Flussdichte nimmt auf dieser Seite des Leiters ab. Auf der anderen Seite des Leiters haben die Feldlinien beider Felder gleiche Richtung. Hier wird das Feld dichter. Die Feldlinien werden dort „gestaut". Sie stoßen sich gegenseitig ab und haben das Bestreben, sich zu verkürzen. Der Leiter wird daher von der Stelle größerer Flussdichte abgedrängt. Bei umgekehrter Stromrichtung im Leiter wird das gemeinsame Feld auf der anderen Seite des Leiters dichter, und die Bewegungsrichtung wechselt **(Bild 2d)**. Kehrt man dagegen gleichzeitig Polfeld und Leiterfeld um, so bleibt die Bewegungsrichtung des Leiters unverändert **(Bild 2e)**.

Ein stromdurchflossener Leiter wird im Magnetfeld abgelenkt. Die Richtung der Ablenkkraft hängt von der Richtung des Magnetfeldes (Polfeld) und von der Stromrichtung im Leiter (Leiterfeld) ab.

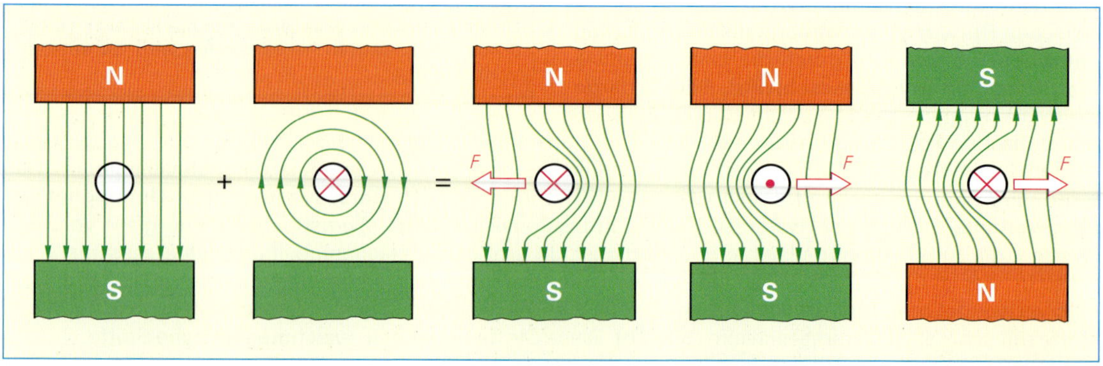

Bild 2: a) Polfeld b) Leiterfeld c) Resultierendes Feld d) Umgekehrte Stromrichtung e) Pole und Stromrichtung vertauscht

Die Bewegungsrichtung des Leiters kann man auch mithilfe der **Motorregel** (linke Hand) bestimmen **(Bild 1)**.

Hält man die linke Hand so, dass die Feldlinien vom Nordpol her auf die Innenfläche der Hand auftreffen und die ausgestreckten Finger in Stromrichtung zeigen, dann zeigt der abgespreizte Daumen die Ablenkrichtung des Leiters an.

Die ablenkende Kraft rührt von den Kräften des Magnetfelds auf die im Leiter wandernden Ladungsträger her. Die Kraft auf die im Magnetfeld bewegten Ladungsträger nennt man **Lorentzkraft**[1].

Versuch 4: Wiederholen Sie Versuch 1, **Seite 84**, und steigern Sie dabei nochmals langsam den Strom.

Die Ablenkung des Leiters wird größer.

Die Kraft auf den Leiter vergrößert sich mit dem Leiterstrom.

Versuch 5: Wiederholen Sie Versuch 2, **Seite 84**, und beobachten Sie die Ablenkung des Leiters. Überbrücken Sie die Schenkel des Hufeisenmagneten mit einem dünnen Eisenblech.

Die Ablenkung des Leiters wird kleiner.

Ein Teil der Feldlinien des Magneten schließt sich über das Eisenstück (magnetischer Nebenschluss). Die Flussdichte zwischen den Polen nimmt dadurch ab. Je kleiner die Flussdichte ist, desto kleiner ist auch die Ablenkkraft auf den Leiter.

Die Kraft auf den Leiter wächst mit der magnetischen Flussdichte.

Versuch 6: Wiederholen Sie Versuch 1, **Seite 84**, und beobachten Sie die Ablenkung des Leiters. Stellen Sie einen zweiten, gleichen Magneten mit gleicher Feldrichtung neben den ersten Magneten **(Bild 2)**.

Die Ablenkung des Leiters wird größer.

Durch den zweiten Magneten wird die Breite des Polfeldes größer. Damit vergrößert sich die Leiterlänge im Polfeld, die sogenannte **wirksame Leiterlänge**.

Die Kraft auf den Leiter nimmt mit der wirksamen Leiterlänge zu.

Befinden sich gleichzeitig mehrere Leiter im Magnetfeld, die alle vom gleichen Strom in gleicher Richtung durchflossen werden (z.B. Gleichstrommotor), so wird die Kraft umso größer, je größer die Anzahl dieser Leiter ist.

Motorprinzip: Stromdurchflossene Leiter im Magnetfeld erzeugen Bewegung.

Blaswirkung

Beim Trennen von Schaltstücken entsteht ein **Lichtbogen,** um den sich ein magnetisches Feld bildet. Erfolgt dieser Vorgang im Feld eines Magneten, so wird der Lichtbogen abgelenkt. Dieser gasförmige Leiter wird dabei schnell verlängert und reißt ab. Solche **Blasmagnete** verwendet man in Schaltgeräten, z.B. in Niederspannungs-Leistungsschaltern.

[1] Hendrik A. Lorentz, niederländischer Physiker, 1853 bis 1928

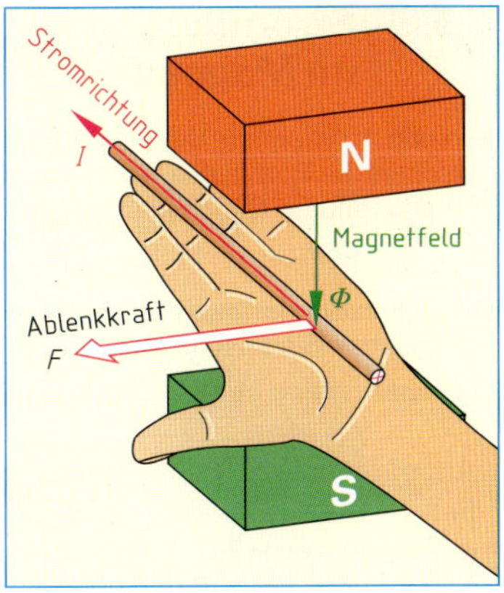

Bild 1: Motor-Regel (linke Hand)

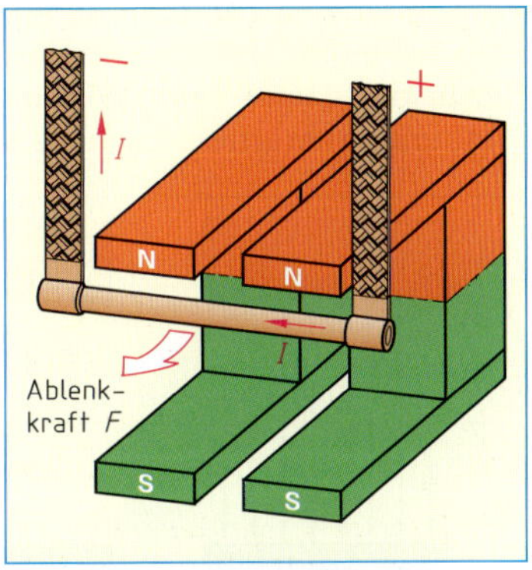

Bild 2: Vergrößerung der wirksamen Leiterlänge

Ablenkkraft (Lorentzkraft)

$$F = B \cdot I \cdot l \cdot z$$

$$[F] = \frac{Vs}{m^2} \cdot A \cdot m = \frac{Ws}{m} = \frac{Nm}{m} = N$$

F	Ablenkkraft
B	magnetische Flussdichte
I	Stromstärke
l	wirksame Leiterlänge
z	Leiterzahl

Beispiel:

Ein Gleichstrommotor hat im Luftspalt eine magnetische Flussdichte von 0,8 T. Unter den Polen befinden sich insgesamt $z = 400$ Ankerdrähte mit einem Strom $I = 10$ A. Die wirksame Leiterlänge ist $l = 150$ mm. Berechnen Sie die Kraft F am Umfang des Ankers.

Lösung:

$F = B \cdot I \cdot l \cdot z$

$\mathbf{F} = 0{,}8 \frac{Vs}{m^2} \cdot 10\ A \cdot 0{,}15\ m \cdot 400$

$= 480 \frac{Vs \cdot A}{m} = \frac{Ws}{m} = \mathbf{480\ N}$

5.5.2 Stromdurchflossene Spule im Magnetfeld

Versuch 1: Spannen Sie eine Spule mit 2 Metallbändern **(Bild 1)** senkrecht zwischen die Pole eines Hufeisenmagneten und schließen Sie die Spule an eine einstellbare Gleichspannungsquelle an.

Die Spule dreht sich um 90°.

Versuch 2: Wiederholen Sie Versuch 1 mit entgegengesetzter Stromrichtung. Vertauschen Sie anschließend die Pole des Hufeisenmagneten.

Die Drehrichtung der Spule kehrt sich in beiden Versuchen um.

Auf eine stromdurchflossene Spule im Magnetfeld wirkt eine drehende Kraft. Die Kraftrichtung hängt von der Stromrichtung in der Spule und von der Richtung des Magnetfeldes ab.

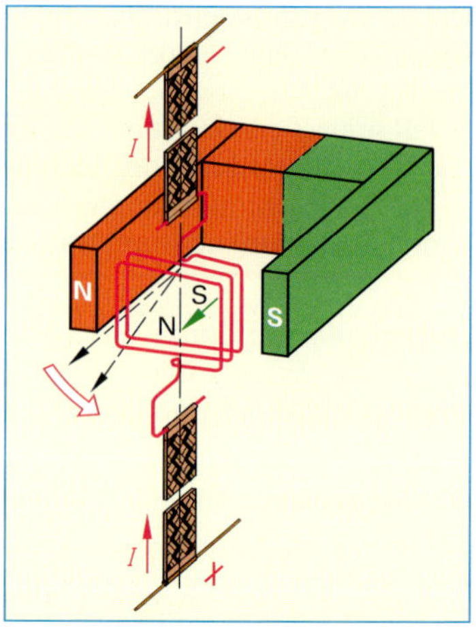

Bild 1: Drehung der stromdurchflossenen Spule im Magnetfeld

Der Strom in den beiden Leitern einer Windung bildet ein Magnetfeld (Spulenfeld **Bild 2b)**. Zusammen mit dem Polfeld des Dauermagneten **(Bild 2a)** ergibt sich ein gemeinsames (resultierendes) Feld **(Bild 2c)**. Die beiden Leiter einer Windung werden abgelenkt. Bei mehreren Windungen vergrößert sich die Kraft entsprechend.

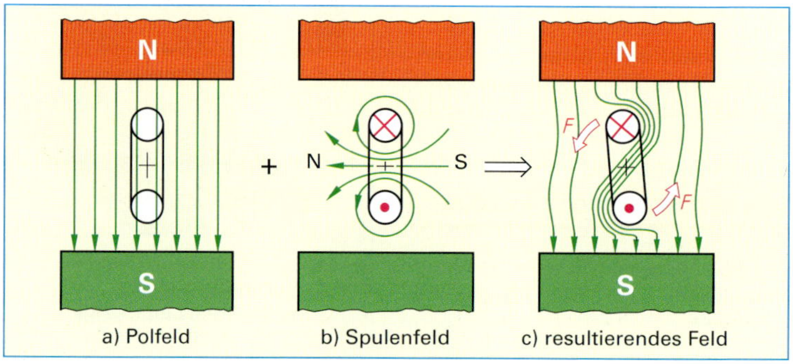

Bild 2: Stromdurchflossene Spule im Magnetfeld

Stromwendung

Damit die Leiterschleife in waagerechter Lage nicht stehenbleibt, sondern eine fortlaufende Drehung entsteht, muss in diesem Zeitpunkt die Stromrichtung umgepolt werden. Ein Stromwender bewirkt, dass der Strom in den Leitern im Bereich eines bestimmten Poles immer dieselbe Richtung hat.

5.5.3 Stromdurchflossene parallele Leiter

Versuch 3: Befestigen Sie zwei Metallbänder **(Bild 3)** locker an isolierten Klemmen und schließen Sie diese über einen Stellwiderstand an eine Gleichspannungsquelle mit einem Ausgangsstrom von etwa 10 A an.

Bei gleicher Stromrichtung ziehen sich die Leiter an, bei entgegengesetzter Stromrichtung stoßen sie sich ab.

Fließt der Strom in beiden Leitern in gleicher Richtung, so umschlingt das gemeinsame Feld beide Leiter **(Bild 3a)**. Zwischen den Leitern ist die magnetische Flussdichte geringer als außerhalb; die Feldlinien wollen sich verkürzen, und es entsteht eine Anziehungskraft.

Fließen die Ströme in entgegengesetzter Richtung, so verstärkt sich zwischen den Leitern das Magnetfeld, und es entsteht eine abstoßende Kraftwirkung **(Bild 3b)**. Fließt Wechselstrom durch die Leiter, so wechselt ständig die Kraftwirkungsrichtung.

Gleiche Stromrichtung	⇒	Anziehung der Leiter
Entgegengesetzte Stromrichtung	⇒	Abstoßung der Leiter

Im Kurzschlussfall sind diese Kräfte sehr groß. Gefährdete Bauteile, z.B. Transformatorspulen oder Stromschienen, müssen durch besondere mechanische Befestigungen **kurzschlussfest** gemacht werden.

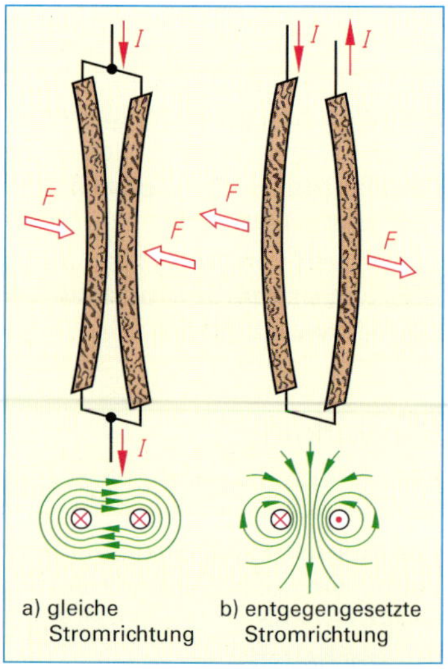

Bild 3: Kraftwirkungen zwischen stromdurchflossenen Leitern

5.6 Spannungserzeugung durch Induktion

5.6.1 Generatorprinzip (Induktion durch Bewegung)

Versuch 1: Hängen Sie einen Leiter, z. B. ein Aluminiumrohr, an zwei beweglichen Metallbändern zwischen den Polen eines Hufeisenmagneten auf **(Bild 1)**. Schließen Sie die Metallbänder an einen Spannungsmesser mit Millivoltbereich und Nullpunkt in Skalenmitte an. Bewegen Sie den Leiter wie in **Bild 1** senkrecht zur Richtung des Magnetfeldes.

Der Zeiger schlägt aus, solange der Leiter im Magnetfeld bewegt wird.

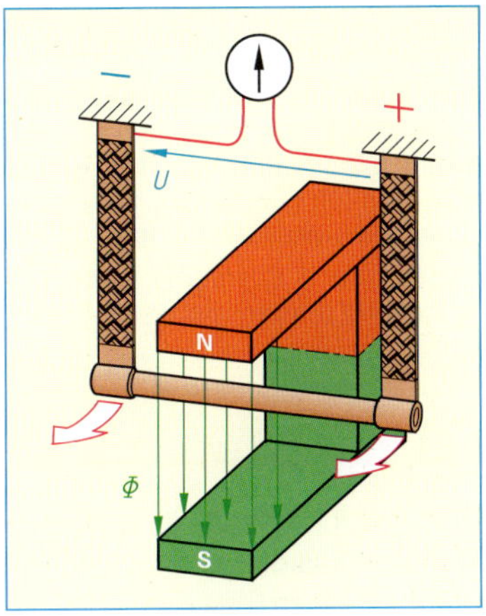

Bild 1: Bewegung des Leiters im Magnetfeld

Versuch 2: Wiederholen Sie Versuch 1, bewegen Sie aber den Leiter in Richtung der Feldlinien.

Das Messinstrument zeigt keinen Ausschlag.

Wird ein Leiter durch das Magnetfeld geführt, so bewegen sich mit ihm auch seine freien Elektronen. Bewegte Elektronen werden von einem Magnetfeld durch die Lorentzkraft senkrecht zu ihrer Bewegungsrichtung abgelenkt. Auf der einen Seite des Leiters bildet sich ein Elektronenüberschuss, auf der anderen Seite ein Elektronenmangel **(Bild 2)**. Zwischen den Leiterenden entsteht eine Spannung.

Generatorprinzip: Magnetfeld und Bewegung eines Leiters erzeugen eine Spannung.

Versuch 3: Wiederholen Sie Versuch 1, bewegen Sie aber den Leiter in umgekehrter Richtung.

Der Zeiger des Messinstruments schlägt in entgegengesetzter Richtung aus.

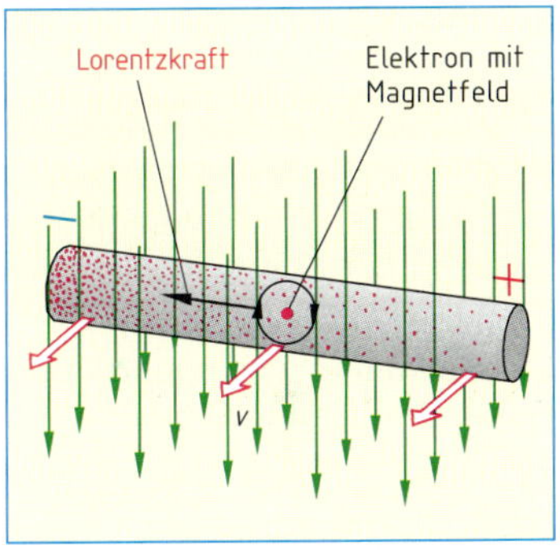

Bild 2: Ladungsverschiebung durch Bewegung im Magnetfeld

Die Richtung der induzierten Spannung hängt von der Richtung der Bewegung ab.

Versuch 4: Wiederholen Sie Versuch 1, vertauschen Sie aber die Pole des Hufeisenmagneten.

Der Zeiger des Instruments schlägt nach der entgegengesetzten Richtung aus.

Die Richtung der induzierten Spannung hängt auch von der Richtung des Magnetfeldes ab.

Versuch 5: Bewegen Sie in der Versuchsanordnung 1 den Leiter zuerst langsam, dann schnell durch das Magnetfeld.

Bei größerer Geschwindigkeit des Leiters ist die Spannung größer.

Die Höhe der induzierten Spannung nimmt mit der Geschwindigkeit des Leiters zu.

Wenn man den Leiter festhält und das Magnetfeld bewegt, wird ebenfalls eine Spannung induziert. Die Größe der induzierten Spannung hängt von der Geschwindigkeit des Magneten gegenüber dem Leiter ab, die Richtung der induzierten Spannung von der Bewegungsrichtung des Magnetfeldes.

Die induzierte Spannung wird fast immer von Leiterschleifen oder von Spulen abgenommen, nicht von einem Leiterstück. In einer Leiterschleife im Magnetfeld entsteht eine Spannung, wenn sich der magnetische Fluss, der von der Leiterschleife umfasst wird, ändert. Dies ist der Fall, wenn die Leiterschleife im Magnetfeld gedreht wird.

Wird eine Leiterschleife in einem Magnetfeld so bewegt, dass sich der magnetische Fluss in der Schleife ändert, so wird in ihr während der Bewegung eine Spannung induziert[1]. Diesen Vorgang nennt man Induktion.

[1] von inducere (lat.) = hineinführen

Ändert sich der magnetische Fluss innerhalb einer Spule so wird in ihr eine Spannung erzeugt.

Versuch 6: Schließen Sie an einen Spannungsmesser (Messbereich 3 V) eine Spule mit 300 Windungen an. Bewegen Sie die Spule über einen Schenkel des Hufeisenmagneten.

Der Zeiger des Instruments schlägt aus.

Versuch 7: Wiederholen Sie Versuch 6, verwenden Sie dabei Spulen mit 600 und mit 1200 Windungen. Bewegen Sie die Spulen nacheinander mit gleicher Geschwindigkeit über einen Schenkel des Magneten.

Die induzierte Spannung ist bei größerer Windungszahl bzw. Leiterzahl entsprechend größer.

Die induzierte Spannung wächst mit der Anzahl der Windungen bzw. der Leiter.

Die induzierte Spannung nimmt außerdem mit steigender magnetischer Flussdichte und mit der wirksamen Länge des Leiters im Magnetfeld zu.

Ist der Stromkreis geschlossen, so ruft die Induktionsspannung einen Strom hervor. Die Richtung des Stromes ist von der Bewegungsrichtung des Leiters und von der Richtung des Magnetfeldes abhängig. Sie kann mithilfe der **Generatorregel** (rechte Hand) bestimmt werden **(Bild 1)**.

Hält man die rechte Hand so, dass die Feldlinien vom Nordpol her auf die Innenfläche der Hand treffen und der abgespreizte Daumen in die Bewegungsrichtung zeigt, so fließt der Induktionsstrom in Richtung der ausgestreckten Finger.

Die Spannungserzeugung durch Induktion der Bewegung wird bei Generatoren angewendet.

Bewegungsinduktion

$$u_i = B \cdot l \cdot v \cdot z$$

$$[u_i] = \frac{Vs}{m^2} \cdot m \cdot \frac{m}{s} = V$$

u_i induzierte Spannung
B magnetische Flussdichte
l wirksame Leiterlänge im Magnetfeld
v Geschwindigkeit des Leiters
z Anzahl der Leiter

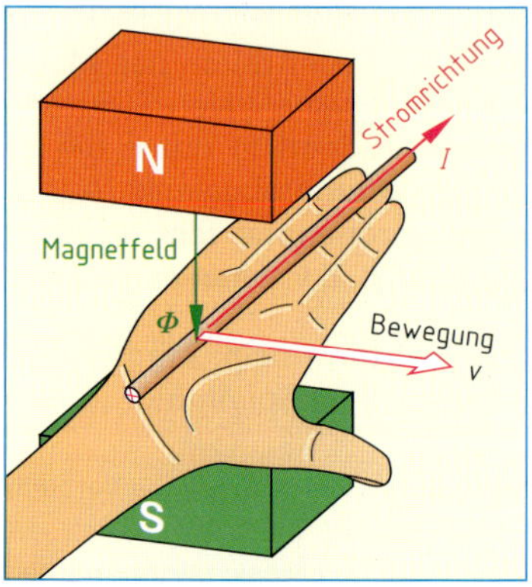

Bild 1: Generator-Regel (rechte Hand)

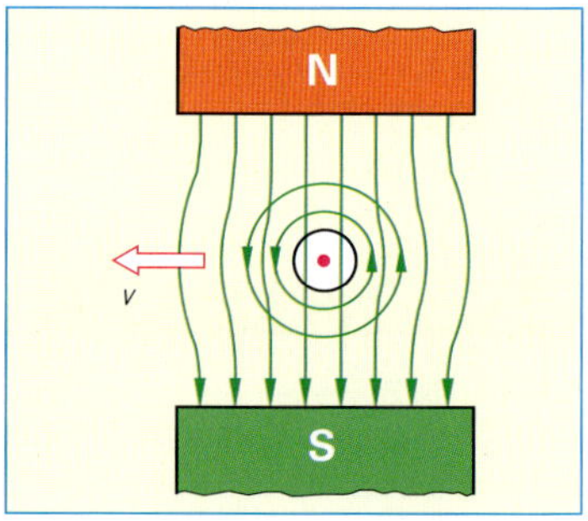

Bild 2: Polfeld und Leiterfeld

5.6.2 Lenzsche Regel

Versuch: Treiben Sie einen Generator, z. B. einen Fahrraddynamo, mit einem Motor an. Belasten Sie dann den Generator durch ein Glühlämpchen.

Der Generator bremst den Motor stärker ab, wenn das Glühlämpchen angeschlossen ist.

Bei der Bewegung des Leiters durch das Magnetfeld wird im Leiter eine Spannung induziert, die einen Strom zur Folge hat. Dieser Strom ruft ein Magnetfeld um den Leiter hervor **(Bild 2)**, das sich dem Polfeld überlagert. Das Feld um den Leiter ist so gerichtet, dass sich das gemeinsame (resultierende) Feld vor dem Leiter verdichtet **(Bild 3)** und deshalb der verursachenden Bewegung entgegenwirkt.

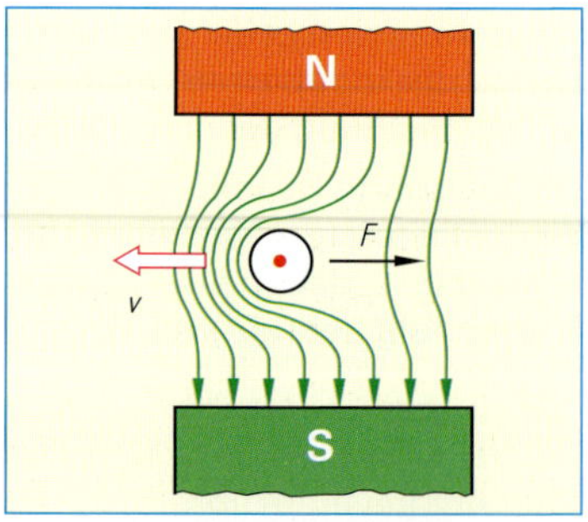

Bild 3: Resultierendes Feld: Der Leiter wird in seiner Bewegung gebremst

Lenzsche[1] Regel
Der durch eine Induktionsspannung hervorgerufene Strom ist stets so gerichtet, dass er der Ursache der Induktion entgegenwirkt.

[1] Heinrich F. E. Lenz, russischer Physiker, 1804 bis 1865

5.6.3 Transformatorprinzip (Induktion der Ruhe)

Versuch 1: Stellen Sie zwei Spulen mit gleichen Windungszahlen, z. B. 600 Windungen, nebeneinander auf **(Bild 1)**. Schließen Sie die erste Spule über einen Strommesser, einen einstellbaren Widerstand und einen Schalter an einen Akkumulator oder an ein Netzteil an. Verbinden Sie die zweite Spule mit einem Spannungsmesser (Millivoltbereich, Nullpunkt in Skalenmitte). Schalten Sie den Strom in der ersten Spule ein und nach kurzer Zeit wieder aus.

Im Augenblick des Einschaltens schlägt der Zeiger des Spannungsmessers aus und geht sofort wieder in die Nullstellung zurück. Im Augenblick des Ausschaltens schlägt der Zeiger des Spannungsmessers wieder kurz aus, aber in entgegengesetzter Richtung **(Bild 2)**.

Fließt Strom durch die Spule 1, erzeugt er ein Magnetfeld, das zum Teil auch die Spule 2 durchsetzt **(Bild 1)**. Beim Einschalten wird das Magnetfeld aufgebaut, beim Abschalten abgebaut. Diese Feldänderung induziert in der Spule 2 eine Spannung.

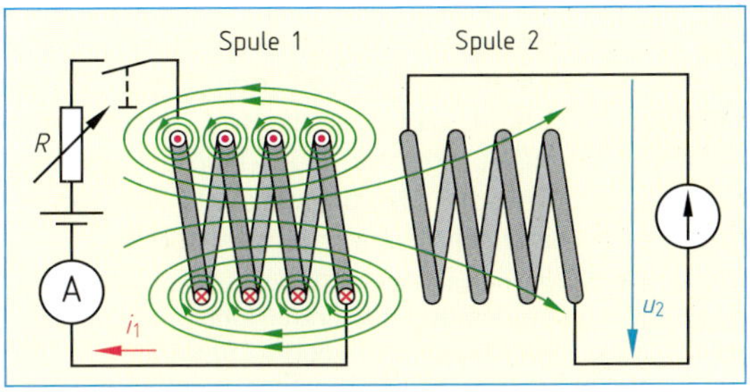

Bild 1: Induktion der Ruhe (Transformatorprinzip)

> In einer Spule wird eine Spannung induziert, wenn sich die Anzahl der von der Spule umfassten Feldlinien, also der umfasste magnetische Fluss, ändert.

Versuch 2: Stecken Sie die beiden Spulen des letzten Versuchs auf einen gemeinsamen (geblechten) Eisenkern und wiederholen Sie den Versuch 1. Verwenden Sie jedoch einen Spannungsmesser mit größerem Messbereich.

Die induzierte Spannung in Spule 2 ist erheblich größer als beim letzten Versuch.

> Ein Eisenkern verstärkt das Feld in den Spulen. Bei Feldänderung erhält man damit eine größere Änderung des magnetischen Flusses.

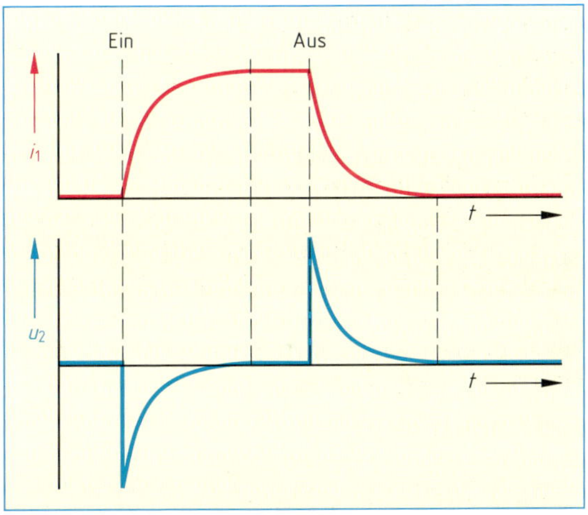

Bild 2: Spannung in Spule 2 beim Ein- und Ausschalten des Stroms in Spule 1

Versuch 3: Wiederholen Sie den letzten Versuch. Ändern Sie aber nach dem Einschalten mit dem einstellbaren Widerstand die Stromstärke in Spule 1 zunächst nur langsam, dann schneller.

Bei schneller Änderung des magnetischen Flusses entsteht in Spule 2 eine größere Spannung.

> Die induzierte Spannung ist umso größer, je schneller sich der magnetische Fluss in der Spule ändert.

Beim Ein- und Ausschalten einer Spule (Versuch 1) ändert sich das Magnetfeld sehr schnell, deshalb werden in Spule 2 auch hohe Spannungen induziert.

Versuch 4: Führen Sie durch eine Spule von 600 Windungen einen längeren Eisenkern. Stecken Sie auf den Eisenkern einen Aluminiumring, der an einem Faden aufgehängt ist, sodass er leicht über dem Eisenkern pendeln kann. Schließen Sie die Spule über einen Schalter an einem Akkumulator oder an ein Netzgerät an **(Bild 3)**.

Beim Einschalten des Stromes wird der Aluminiumring abgestoßen, beim Ausschalten angezogen.

Die Änderung des Spulenstroms beim Einschalten induziert im Aluminiumring einen Strom, dessen Magnetfeld dem verursachenden Feld der Spule entgegengerichtet ist (lenzsche Regel). Der Ring wird abgestoßen. Beim Ausschalten haben beide Felder die gleiche Richtung. Der Ring wird angezogen.

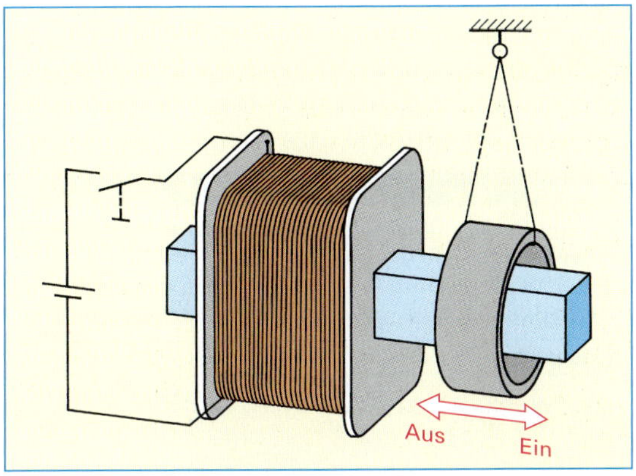

Bild 3: Abstoßen und Anziehen eines Aluminiumrings

Versuch 5: Stecken Sie zwei Spulen gleicher Windungszahl, z. B. je 600 Windungen, auf die Schenkel eines geblechten U-Kerns und schließen Sie den magnetischen Kreis mit dem zugehörigen Joch. Verbinden Sie die erste Spule mit einem Wechselspannungserzeuger, z. B. mit einem Netzgerät **(Bild 1)**. Schließen Sie je einen Wechselspannungsmesser an die erste und an die zweite Spule an. Vergleichen Sie die Spannungen an beiden Spulen.

Die Wechselspannung an Spule 2 ist fast so groß wie die Spannung an Spule 1.

Die Anordnung zweier Spulen (Wicklungen) auf einem gemeinsamen Eisenkern nennt man **Transformator**[1]. Spule 1, der elektrische Energie zugeführt wird, heißt Eingangs- oder Primärwicklung, Spule 2, die Energie abgibt, wird als Ausgangs- oder Sekundärwicklung bezeichnet **(Bild 2)**.

Versuch 6: Wiederholen Sie den letzten Versuch. Verwenden Sie als Ausgangswicklung jedoch eine Spule mit doppelt so großer Windungszahl wie die Eingangswicklung, z. B. 1200 Windungen. Vergleichen Sie die Spannungen an beiden Wicklungen.

Die Ausgangsspannung ist nahezu doppelt so groß wie die Eingangsspannung.

In jeder Windung der Ausgangswicklung wird eine gleich große Spannung induziert. Die Windungen sind alle hintereinander geschaltet. Also addieren sich die Einzelspannungen jeder Windung. Die Ausgangsspannung wächst daher im gleichen Verhältnis mit der Anzahl der Windungen.

Die induzierte Spannung ist der Windungszahl proportional.

Außerdem hängt die induzierte Spannung noch davon ab, wie schnell sich der magnetische Fluss ändert, der von der Spule umfasst wird **(Bild 3)**.

Induktionsgesetz

Die in einer Spule induzierte Spannung ist umso größer, je größer die Windungszahl der Spule, je stärker die Flussänderung und je kürzer die Zeitdauer ist, in der diese Flussänderung erfolgt.

Die induzierte Spannung ist also proportional der Steigung der $\Phi(t)$-Kurve **(Bild 3)**. Die Induktionsspannung ist so gerichtet, dass der Strom, den sie zur Folge hat, ihrer Ursache entgegenwirkt (Minuszeichen in der Formel).

Beispiel:

In eine Spule mit 60 Windungen wird ein Magnet mit einem magnetischen Fluss von 0,2 mWb in einer Zeit von 3 ms eingeführt. Wie groß ist die in der Spule induzierte Spannung bei gleichmäßiger Flussänderung?

Lösung:

$$\boldsymbol{u_i} = -N \cdot \frac{\Delta\Phi}{\Delta t} = -60 \cdot \frac{0{,}2\ \text{mVs}}{3\ \text{ms}} = -\frac{60 \cdot 0{,}2\ \text{mVs}}{3\ \text{ms}} = \mathbf{-4\ V}$$

[1] von transformare (lat.) = verwandeln

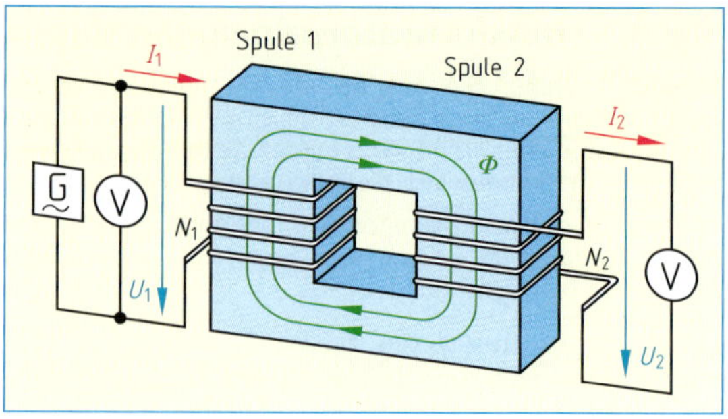

Bild 1: Aufbau eines Transformators

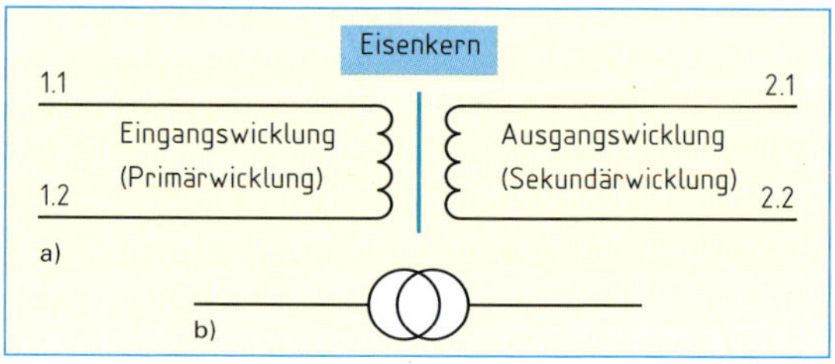

Bild 2: Schaltzeichen eines Transformators
a) für mehrpolige Darstellung und
b) für einpolige Darstellung

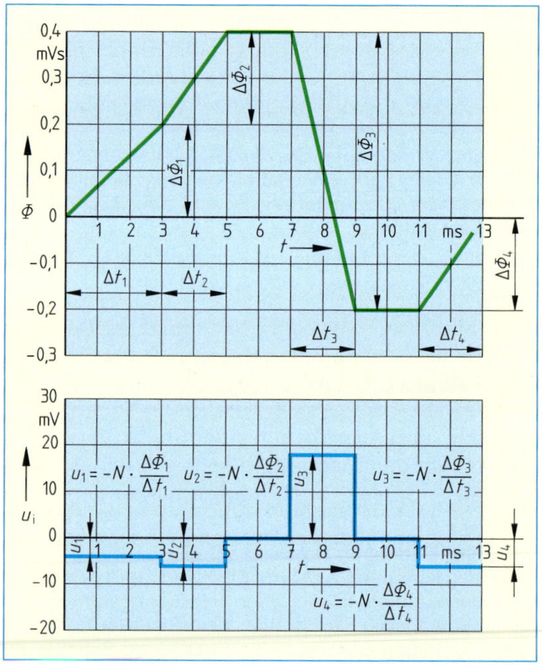

Bild 3: Induktionsspannung durch Flussänderung

Induzierte Spannung

$$u_i = -N \cdot \frac{\Delta\Phi}{\Delta t}$$

u_i	induzierte Spannung
N	Windungszahl
$\Delta\Phi$	magnetische Flussänderung
Δt	Zeitdauer der magnetischen Flussänderung

5.6.4 Selbstinduktion

Versuch 1: Schließen Sie eine Spule mit geschlossenem Eisenkern an eine Gleichspannung von etwa 2 V. Schalten Sie parallel zur Spule eine Glimmlampe mit einer Zündspannung von etwa 90 V **(Bild 1)**. Schließen und öffnen Sie den Stromkreis.

Die Glimmlampe leuchtet beim Öffnen des Stromkreises kurz auf.

Beim Öffnen des Stromkreises wird in der Spule eine hohe Spannung erzeugt. Das zusammenbrechende Magnetfeld induziert in der Spule selbst eine Spannung, die man daher **Selbstinduktionsspannung** nennt.

Versuch 2: Schalten Sie in Reihe zu einer Spule mit 1200 Windungen eine 4,5-V-Glühlampe, außerdem eine zweite 4,5-V-Glühlampe in Reihe zu einem einstellbaren Widerstand. Legen Sie beide Reihenschaltungen parallel an eine Gleichspannung von 6 V **(Bild 2)**. Gleichen Sie den Stellwiderstand so ab, dass beide Glühlampen gleich hell leuchten.

Öffnen Sie den Stromkreis und schließen Sie ihn dann wieder. Beobachten Sie dabei die beiden Glühlampen.

Beim Schließen des Stromkreises leuchtet die Glühlampe in Reihe mit der Spule später auf.

Nach dem Einschalten erreicht der Strom in der Spule nicht sofort seinen vollen Wert **(Bild 3)**. Das Magnetfeld wird erst durch den Strom aufgebaut. Diese Feldänderung bewirkt eine Selbstinduktionsspannung, die so gepolt ist, dass sie das Ansteigen des Stromes und damit den Aufbau des Magnetfeldes verzögert (lenzsche Regel).

Nach dem Abschalten des Stromes baut sich das Magnetfeld der Spule ab. Dies hat ebenfalls eine Selbstinduktionsspannung zur Folge **(Bild 3)**, die aber so gepolt ist, dass der Spulenstrom in gleicher Richtung weiterfließt und dann langsam auf null abklingt (lenzsche Regel).

Bei einer Spule an Wechselspannung verringert die Selbstinduktionsspannung die Stromaufnahme. Diese Selbstinduktionsspannung ist umso größer, je schneller sich das magnetische Feld ändert und je größer die **Induktivität** (Formelzeichen L) der Spule ist. Die Induktivität wächst mit dem Quadrat der Windungszahl und hängt außerdem von den Abmessungen der Spule sowie von den Eigenschaften des Eisenkerns ab. Die Einheit der Induktivität ist Henry[1] (H).

Eine Spule hat die Induktivität von 1 Henry, wenn bei einer gleichförmigen Stromänderung von 1 A in 1 s die Spannung 1 V induziert wird.

[1] Josef Henry, amerikanischer Physiker, 1797 bis 1878

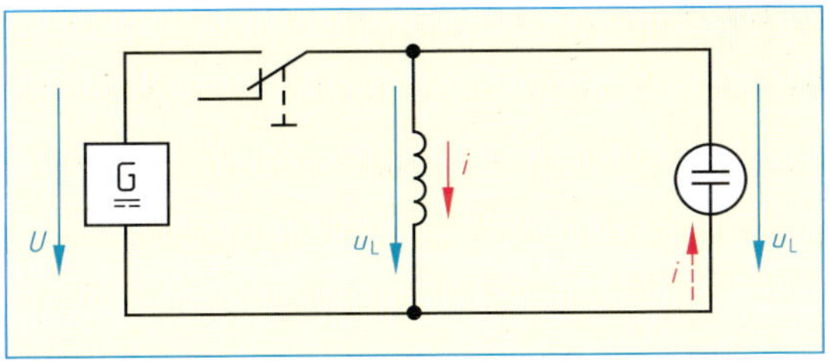

Bild 1: Ausschalten einer Spule

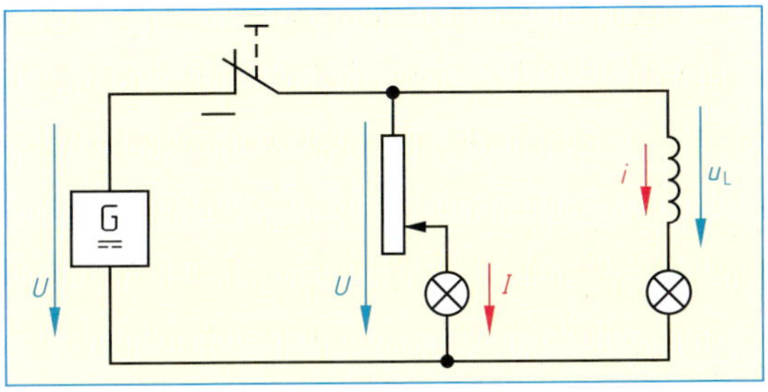

Bild 2: Einschalten einer Spule

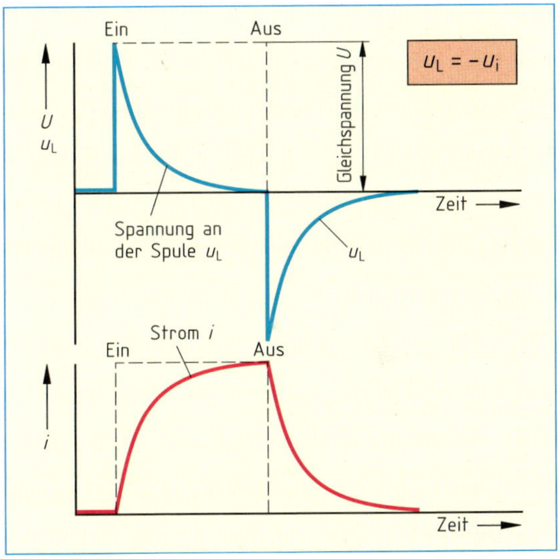

Bild 3: Strom- und Spannungsverlauf beim Ein- und Ausschalten einer Spule

Induktivität	Induzierte Spannung
$L = N^2 \cdot \mu \cdot \frac{A}{l_m} = N^2 \cdot A_L$	$u_i = -L \cdot \frac{\Delta i}{\Delta t}$

$$[L] = \frac{Vs}{A} = \Omega s = H$$

- L Induktivität
- N Windungszahl
- μ Permeabilität
- A vom magnetischen Fluss durchsetzte Fläche
- l_m mittlere Feldlinienlänge im Eisen
- A_L Spulenkonstante, z. B. in mH, nach Herstellerangabe
- Δi Stromänderung
- Δt Zeitdauer der Stromänderung
- u_i induzierte Spannung (Selbstinduktionsspannung)

5.6.5 Wirbelströme

Versuch 1: Hängen Sie eine dicke Aluminiumscheibe, die an einer Pendelstange befestigt ist, so an einem Stativ auf, dass die Scheibe ungehindert im Luftspalt eines Elektromagneten schwingen kann **(Bild 1)**. Lassen Sie das Pendel zunächst frei schwingen. Legen Sie dann eine Gleichspannung an die Spulen des Elektromagneten, z. B. an 2 Spulen mit je 600 Windungen auf einem U-Kern mit aufgesetzten Polschuhen.

Sobald durch den Elektromagneten Strom fließt, wird das Pendel stark abgebremst.

Das Bewegen der Aluminiumscheibe im Feld des Elektromagneten induziert in ihr eine Spannung, die einen großen Strom (Kurzschlussstrom) verursacht, weil die Scheibe wie eine in sich geschlossene Leiterschleife wirkt. Der Strom findet jedoch keinen genau festgelegten Weg vor. Deshalb nennt man ihn **Wirbelstrom**.

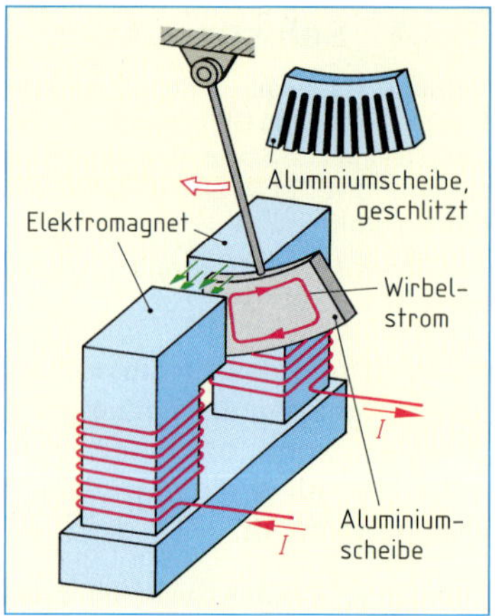

Bild 1: Wirbelstrombremsung

Wird Metall in einem Magnetfeld bewegt, so entstehen im Metall Wirbelströme, deren Magnetfeld die Bewegung bremst.

Versuch 2: Wiederholen Sie den letzten Versuch, verwenden Sie aber als Pendel eine geschlitzte Aluminiumscheibe **(Bild 1)**.

Das Pendel schwingt auch nach dem Einschalten des Spulenstromes nur wenig gebremst weiter.

Die Schlitze in der Aluminiumscheibe unterbrechen den Weg der Wirbelströme, die sich daher kaum ausbilden können.

Versuch 3: Schieben Sie eine Spule mit 1200 Windungen auf einen geblechten Schenkel eines U-Kerns und schließen Sie den Eisenweg mit einem massiven Joch aus Weicheisen. Legen Sie die Spule an 230 V Wechselspannung an. Berühren Sie nach einigen Minuten vorsichtig das Joch und den U-Kern.

Das massive Joch hat sich stark erwärmt, der geblechte U-Kern dagegen nur wenig.

Im Joch und im U-Kern induziert das magnetische Wechselfeld Wirbelströme, die im massiven Joch sehr stark sind, weil sein großer Querschnitt den Wirbelströmen nur einen geringen Widerstand entgegensetzt **(Bild 2a)**. Im geblechten U-Kern aus dünnen, gegeneinander isolierten Eisenblechen dagegen finden die Wirbelströme einen hohen Widerstand vor, weil ihr Stromweg mehrfach unterbrochen wird **(Bild 2b)**.

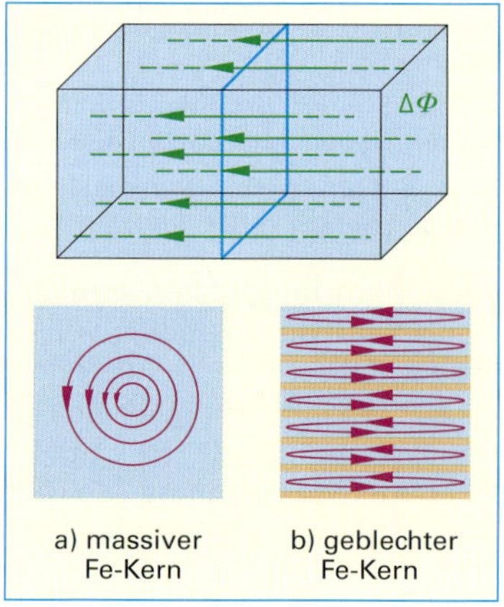

Bild 2: Wirbelströme in Eisenkernen

Wirbelströme

Sie entstehen besonders in massiven Metallen durch ein magnetisches Wechselfeld oder durch Bewegung des Metalls in einem Magnetfeld und erzeugen Wärme.

Durchdringt ein magnetisches Wechselfeld Metall, so werden im Metall Wirbelströme erzeugt, die das Metall stark erwärmen.

Wirbelströme können Energieverluste **(Wirbelstromverluste)** verursachen. Wirbelströme können aber auch technisch genutzt werden.

Wirbelströme nutzt man z. B. zur induktiven Erwärmung von Metallen oder zur Abschirmung hochfrequenter Magnetfelder. Die HF-Spule z. B. ist von einem Becher aus Aluminium umgeben. Im Becher entstehen Wirbelströme, deren Magnetfeld dem abzuschirmenden Wechselfeld immer entgegengesetzt ist. Durch das Abschirmblech kann daher kein Störfeld nach außen dringen, ebensowenig kann ein magnetisches Wechselfeld von außen die Spule im Innern beeinflussen.

Die **Wirbelstrombremsung** wendet man z. B. bei elektromechanischen Elektrizitätszählern an. Es dreht sich eine elektromotorisch angetriebene Aluminiumscheibe zwischen den Polen eines Dauermagneten **(Seite 130)**. Ferner dient die Wirbelstrombremsung als zusätzliche Bremse in Hochgeschwindigkeitszügen, zur Dämpfung des Zeigerausschlags bei elektrischen Messwerken und Waagen sowie zur Leistungsmessung von Motoren.

1. Was geschieht im Innern eines ferromagnetischen Stoffes, wenn dieser magnetisiert wird?

2. Erklären Sie, warum beim Überschreiten einer bestimmten Temperatur der Lötspitze die Heizwicklung im Lötkolben **(Bild 1)** ausgeschaltet und erst nach Abkühlung der Spitze wieder eingeschaltet wird.

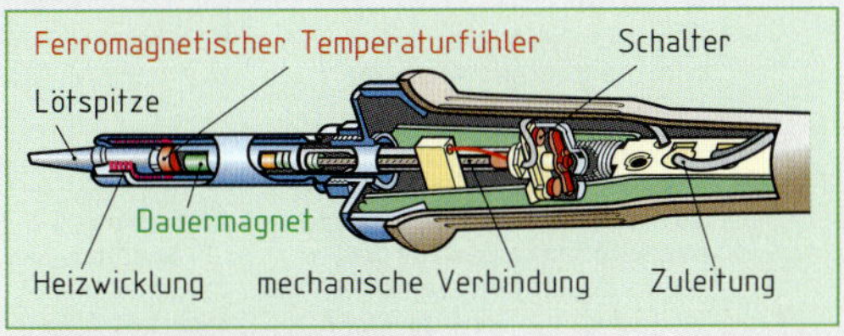

Bild 1: Magnastatlötkolben

3. Warum verwendet man für Wechselstrommotoren ferromagnetische Stoffe mit schmaler Hysteresekurve?

4. Erklären Sie, warum bei einem sehr großen Kurzschlussstrom der Kontaktdruck überwunden wird und die Schaltstücke selbsttätig abheben können **(Bild 2)**.

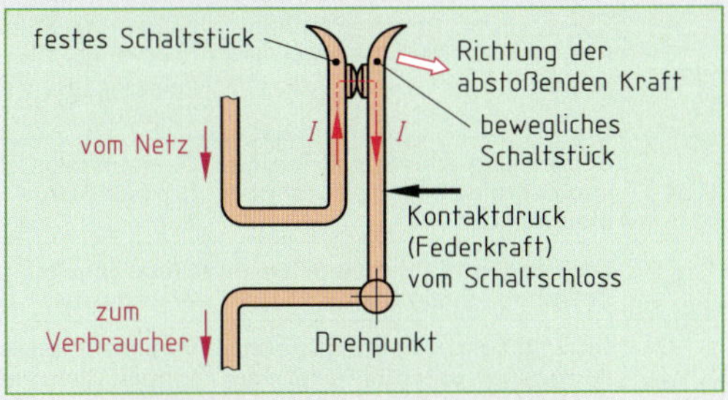

Bild 2: Parallele Kontaktanordnung bei einem Niederspannungs-Leistungsschalter

5. Das Prinzip einer Lichtbogenlöscheinrichtung mit einem Blasmagneten zeigt **Bild 3**. In welche Richtung wird der Schaltlichtbogen durch das Magnetfeld ausgelenkt?

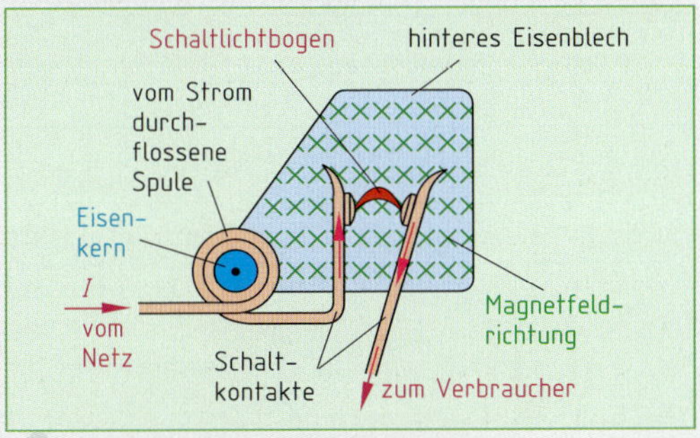

Bild 3: Lichtbogenlöscheinrichtung

* Ergebnisse der Rechenaufgaben Seite 297

6. In einer Spule mit Eisenkern aus hochlegiertem Elektroblech **(Seite 82, Bild 2)** soll die magnetische Flussdichte von 1,35 T um 4,4 % gesteigert werden. **a)** Um wie viel Prozent muss die magnetische Feldstärke erhöht werden? **b)** Welchen Schluss ziehen Sie aus dem Ergebnis zur Aufgabe a) für die Praxis?

7. Eine hochohmige Spule mit 6000 Windungen (langer, dünner Draht) wird von einem Strom I = 1 mA durchflossen. Wie viele Windungen muss eine niederohmige Spule (kurzer, dicker Draht) haben, wenn die gleiche elektrische Durchflutung Θ mit einem Strom von 0,5 A erreicht werden soll?

8. Unter welchen allgemeinen Bedingungen wird immer eine Induktionsspannung erzeugt?

9. Von welchen Größen hängt bei der Bewegung eines Leiters im Magnetfeld die Höhe der induzierten Spannung ab?

10. Erklären Sie die lenzsche Regel. Nennen Sie dazu ein Beispiel.

11. Warum entsteht bei Anschluss einer Spule an Gleichspannung nur während des Ein- und Ausschaltens eine Selbstinduktionsspannung in der Spule?

12. Um das Brummen durch die Netzfrequenz bei Wechselstromschützen zu verhindern, werden Kurzschlussringe **(Bild 4)** in den Eisenkern eingebaut. Erklären Sie die Wirkungsweise.

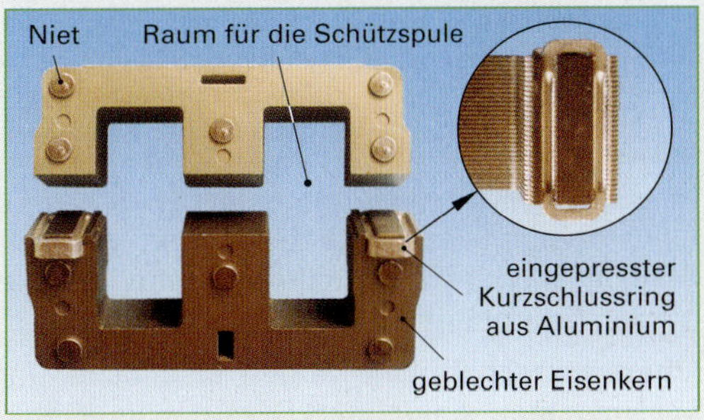

Bild 4: Eisenkern eines Wechselstromschützes

13. Wodurch wird die Induktivität einer Spule bestimmt?

14. Die Induktivität im Stromkreis beträgt 1,5 mH. Berechnen Sie die induzierte Spannung, wenn ein Kurzschlussstrom von 4 kA innerhalb von 5 ms unterbrochen wird.

15. Beschreiben Sie grundsätzlich **a)** den Aufbau und **b)** die Wirkungsweise eines Transformators.

6 Schaltungstechnik

6.1 Schaltungsunterlagen

Schaltpläne zeigen die Funktion und das Zusammenwirken der Betriebsmittel in elektrischen Anlagen. Zur Darstellung von Betriebsmitteln, z.B. Leuchten, Schaltern oder Steckvorrichtungen, verwendet man **Schaltzeichen.**

Kennzeichnung: Elektrische Betriebsmittel bezeichnet man in Schaltplänen und in elektrischen Anlagen alphanumerisch, d.h. durch Kennbuchstaben und durch Zählnummern, z.B. Q1, R1 oder E1.

Kennbuchstaben (Tabelle) geben Aufschluss über die Art des Betriebsmittels, z.B. M für Motoren.

Zählnummern sind dem Kennbuchstaben nachgestellt. Sie unterscheiden gleichartige Betriebsmittel innerhalb einer Anlage, z.B. Relais K1 oder K2.

Funktionszeichen sind Buchstaben und können der Zählnummer folgen. Sie geben einen Hinweis auf die Funktion des Betriebsmittels. Das Funktionskennzeichen T kennzeichnet z.B. ein Zeitrelais K1T.

In Schaltungsunterlagen müssen Betriebsmittel eindeutig und gleichlautend gekennzeichnet sein.

Schaltplanarten

Schaltpläne beschreiben das Zusammenwirken elektrischer Betriebsmittel in Anlagen.

Schaltpläne

Einpolige Darstellungen:
- Übersichtsschaltpläne
- Installationsschaltpläne

Allpolige Darstellungen:
- Stromlaufplan
- Klemmenplan
- Geräteverdrahtungsplan
- Funktionsschaltplan

In einpoligen Darstellungen stellt man alle Leiter eines Leitungsabschnitts durch eine Volllinie dar **(Bild).** In allpoligen Darstellungen wird jeder Leiter einzeln gezeichnet **(Bild 3, Seite 95).**

Übersichtsschaltpläne zeigen eine Schaltung in vereinfachter, einpoliger Darstellung **(Bild).** Im Übersichtsschaltplan umfangreicher Anlagen, z.B. für die Hauptverteilung einer Industrieanlage, bleibt die räumliche Lage der Betriebsmittel unberücksichtigt. In Übersichtsschaltplänen einfacher Installationsschaltungen ordnet man die Betriebsmittel möglichst lagerichtig an.

Der Übersichtsschaltplan einer Installationsschaltung **(Bild)** enthält Angaben über die Verlegungsart, das Leitungsmaterial, den Leiterquerschnitt, die Schaltungsart und über Verlegebedingungen, z.B. Installation in trockenen oder in feuchten Räumen.

Tabelle: Kennbuchstaben von Betriebsmitteln in Schaltplänen (nach DIN EN 61346 Teil 2, Auszug)

Kennbuchstabe	Zweck des Betriebsmittels (Objekts)	Beispiele
A	Zwei oder mehr Zwecke, jedoch kein Hauptzweck erkennbar	Sensorbildschirm, Touch-Screen
B	Umwandlung einer Eingangsvariablen in ein zur Weiterverarbeitung bestimmtes Signal	Messwandler, Sensor, Thermistor-Schutzeinrichtung (Motorschutz)
C	Speichern von Energie, Information oder Material	Kondensator, Festplatte, RAM, ROM
E	Bereitstellen von Strahlung oder Wärmeenergie	Leuchte, Heizung, Laser, Glühlampe
F	Direkter Schutz eines Energie- oder Signalflusses vor gefährlichen Zuständen, einschließlich Systemen für Schutzzwecke	Sicherung, LS-Schalter, thermisches Überlastrelais
G	Erzeugen eines Energie-, Material- oder Signalflusses zur Verwendung als Informationsträger	Signalgenerator, Generator, Solarzelle, Batterie
K	Verarbeitung, Empfang und Bereitstellung von Signalen, jedoch nicht für Schutzzwecke	Relais, Hilfsschütz, Zeitrelais, Binärelement, Transistor
M	Bereitstellen von mechanischer Energie für Antriebszwecke	Betätigungsspule, Elektromotor
P	Darstellung von Information	Meldeleuchte, Messgerät, LED, Lautsprecher
Q	Kontrolliertes Schalten eines Energie-, Signal- oder Materialflusses	Leistungsschalter, Lastschütz, Triac, Leistungstransistor, Thyristor, IGBT
R	Begrenzung oder Stabilisierung von Energie-, Informations- oder Materialfluss	Diode, Widerstand, Drosselspule, Begrenzer, Diac
S	Umwandeln einer manuellen Betätigung in ein Signal	Steuerschalter, Wahlschalter
T	Umwandlung von Energie oder Information unter Beibehaltung der Energieart oder des Informationsgehalts	Verstärker, Messumformer, Gleichrichter, AC-DC-Umsetzer, Transformator
U	Halten von Objekten in definierter Lage	Isolator, Kabeltragvorrichtung
V	Verarbeitung von Materialien	Rauchgasfilter
W	Leiten oder Führen von Energie, Materialien oder Signalen	Sammelschiene, Informationsbus
X	Verbinden von Objekten	Klemme, Steckdose

Die Kennbuchstaben D, H, J, Y und Z sind für spätere Normung reserviert, I und O sind wegen Verwechslungsgefahr mit 1 und 0 nicht anwendbar.

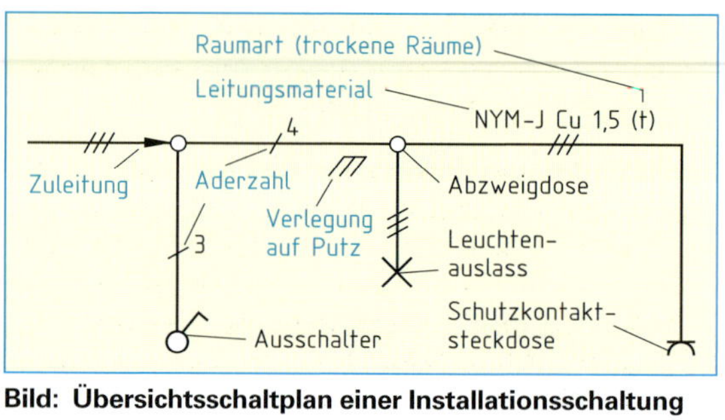

Bild: Übersichtsschaltplan einer Installationsschaltung

Installationsschaltpläne (Bild 1) sind wie Übersichtsschaltpläne einpolige Darstellungen. Sie werden lagerichtig und meist maßstabsgetreu in die Grundrisszeichnungen der Gebäude eingetragen. Aus ihnen kann die Elektrofachkraft alle zur Leitungsverlegung erforderlichen Angaben entnehmen, z. B. Leitungsmaterial, Leiterquerschnitt, die erforderliche Aderzahl oder die Verlegebedingung.

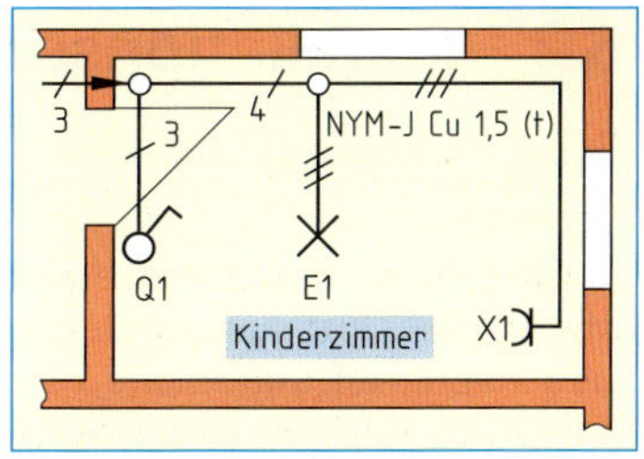

Bild 1: Installationsschaltplan

Übersichts- und Installationsschaltpläne sind Arbeitsunterlagen zum Verlegen von Leitungen. Sie geben aber keine Auskunft über die Funktion von Schaltungen.

Stromlaufpläne in aufgelöster Darstellung (Bild 2) sind allpolige, nach Stromwegen aufgelöste Darstellungen einer Schaltung. Die Stromwege (Strompfade) werden waagerecht oder senkrecht und möglichst kreuzungsfrei gezeichnet. Die räumliche Anordnung der Betriebsmittel bleibt dabei unberücksichtigt. Auf die Darstellung von Steckdosen oder die Umrahmung von Betriebsmittelgehäusen verzichtet man oft, damit der Stromlaufplan übersichtlich bleibt.

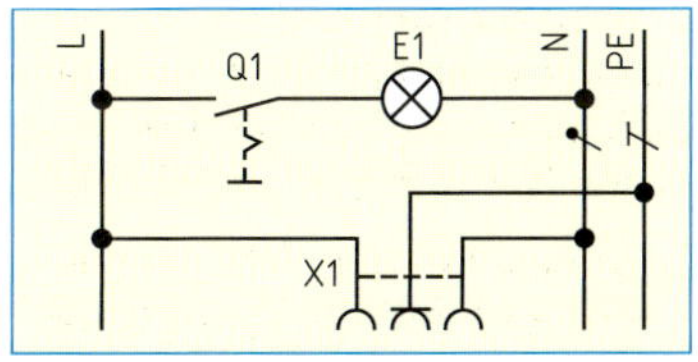

Bild 2: Stromlaufplan in aufgelöster Darstellung

Stromlaufpläne in zusammenhängender Darstellung (Bild 3) zeigen die Verbindungen in Schaltungen mit allen Einzelteilen. Teile ein und desselben Betriebsmittels werden zusammenhängend gezeichnet. In Installationsschaltungen kann man zusätzlich die räumliche Anordnung der Betriebsmittel berücksichtigen.

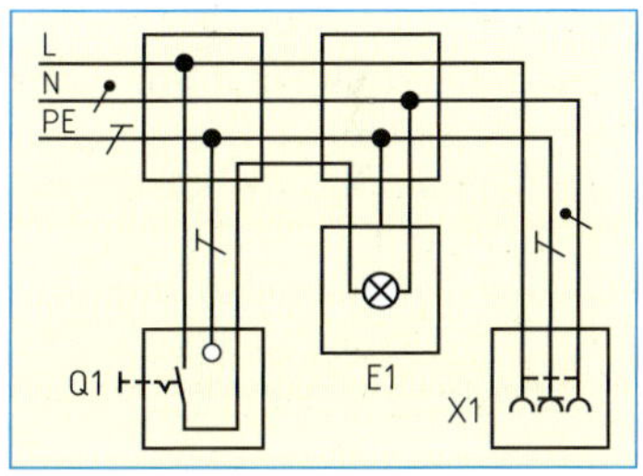

Bild 3: Stromlaufplan in zusammenhängender Darstellung

Stromlaufpläne sind Arbeitsunterlagen zum Erstellen von Steuerungen. Sie zeigen die Funktion von elektrischen Steuerungen oder Schaltungen.

Kennzeichnung N-Leiter

Kennzeichnung PEN-Leiter

Kennzeichnung Schutzleiter

Verdrahtungspläne (Bild 4) zeigen die elektrischen Verbindungen und die erforderlichen Klemmen innerhalb eines Betriebsmittels. Verdrahtungspläne sind auch eine Hilfe beim Anschluss zusammengehörender Betriebsmittel, z. B. zwischen einem Elektrowärmespeicher und dem zugehörigen Raumthermostat. Die Verbindungen innerhalb der Betriebsmittel werden möglichst lagerichtig dargestellt.

Geräteverdrahtungspläne (Bild 4) stellen nur die Verbindungen innerhalb eines Betriebsmittels oder eines Gerätes dar, z. B. innerhalb des Raumthermostats.

Klemmenpläne (Verbindungspläne) erstellt man für umfangreiche Steuerungen. Im Verbindungsplan gibt man nur die ankommenden und abgehenden Leitungen einer Klemmleiste mit der erforderlichen Zielbezeichnung an, z. B. von X1 : 4 nach Q2 : 13.

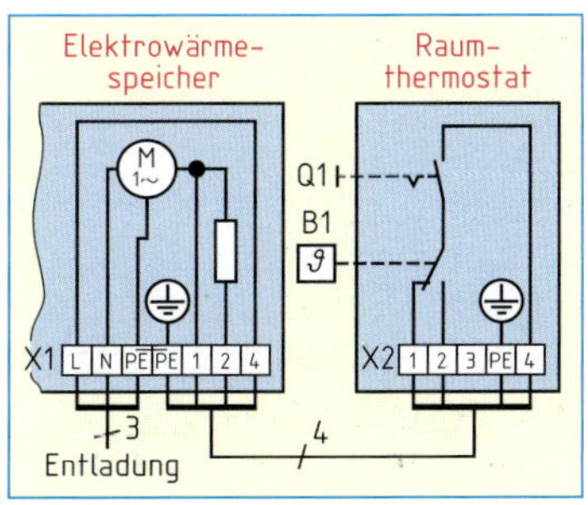

Bild 4: Verdrahtungsplan

Funktionsschaltpläne (Bild 5) verwendet man zur Darstellung von digitalen Steuerungen oder zur Programmerstellung bei speicherprogrammierbaren Steuerungen.

Zeitablaufdiagramme stellen die Funktion einer Steuerung in Abhängigkeit von der Zeit dar. Sie sind Grundlage für Instandsetzungsarbeiten bei vielen zeit- und prozessgeführten Anlagen oder Geräten, z. B. bei Waschmaschinen oder Wäschetrocknern. Mit Zeitablaufdiagrammen **(Bild 3, Seite 104)** kann man auch die Funktion von digitalen Verknüpfungssteuerungen oder die Funktion von Speichern verdeutlichen.

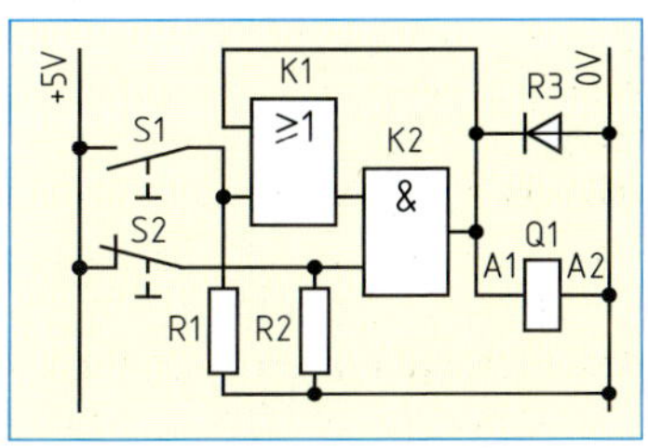

Bild 5: Funktionsschaltplan

6.2 Installationsschaltungen

6.2.1 Lampenschaltungen

Zum Schalten von Betriebsmitteln, z. B. von Leuchten oder Leuchtengruppen, setzt man Lampenschaltungen ein **(Tabelle)**. Man unterscheidet Schaltungen, mit denen ein Verbraucher nur von einer Stelle aus schaltbar ist, und solche, die ein Schalten von zwei oder mehreren Stellen aus zulassen **(Übersicht)**.

- **Ausschaltung.** Bei Betriebsmitteln, z. B. Leuchten, die nur von einer Betätigungsstelle aus schaltbar sind, wendet man die Ausschaltung an **(Tabelle)**. Beim Anschluss der Leuchtenfassung ist der vom Schalter zur Leuchte führende Schaltdraht immer am Fußkontakt, der Neutralleiter stets am Gewinde der Leuchtenfassung anzuschließen.
- **Serienschaltung.** Die Serienschaltung setzt man ein, wenn von einer Betätigungsstelle aus zwei elektrische Betriebsmittel, meist Leuchten oder Leuchtengruppen, unabhängig voneinander schaltbar sein sollen **(Tabelle)**. Der Serienschalter enthält zwei Ausschalter in einem Schaltergehäuse. Er hat drei Anschlussklemmen und zwei Schaltwippen.

Übersicht: Lampenschaltungen

Schaltungen mit einer Schaltstelle:
- Ausschaltung
- Serienschaltung
- Gruppenschaltung

Schaltungen mit zwei Schaltstellen:
- Wechselschaltung
- Sparwechselschaltung

Schaltungen mit mehr als zwei Schaltstellen
- Kreuzschaltung
- Stromstoßschaltung **(Seite 98)**
- Treppenhaus-Zeitschaltung **(Seite 99)**

Der Schaltdraht ist immer am Fußkontakt der Leuchtenfassung anzuschließen, damit im eingeschalteten Zustand der Leuchte keine Spannung am Gewinde der Leuchtenfassung und damit am Gewinde der Glühlampe anliegt.

Tabelle: Lampenschaltungen

Stromlaufplan in zusammenhängender Darstellung	Stromlaufplan in aufgelöster Darstellung	Übersichtsschaltplan*
	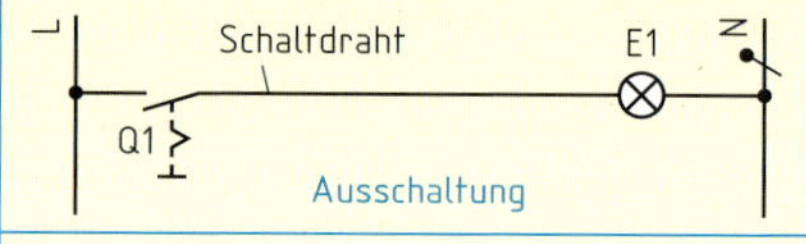	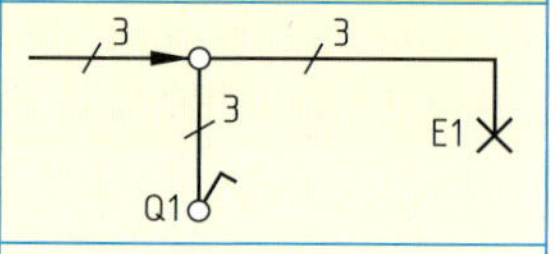
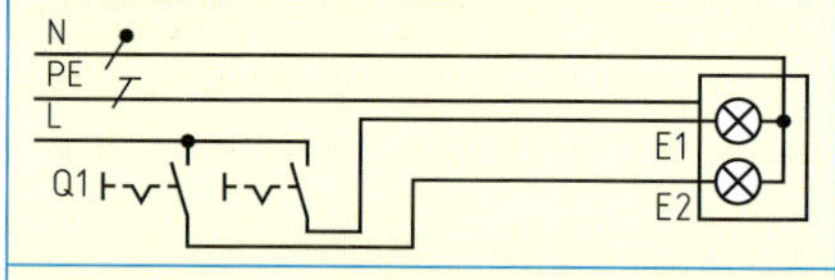	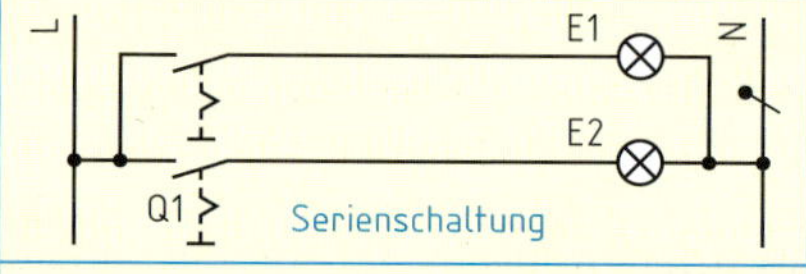	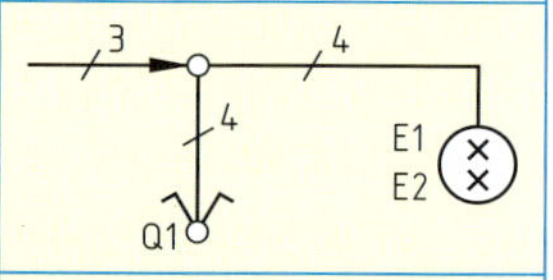
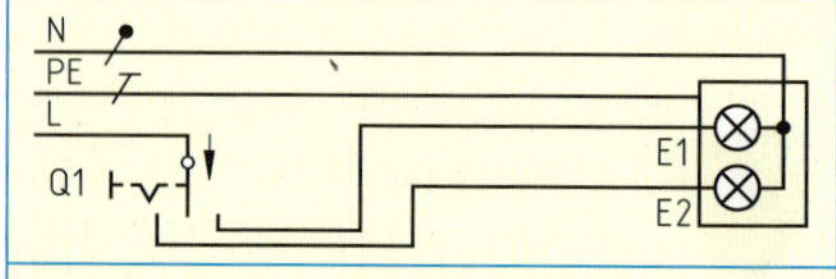		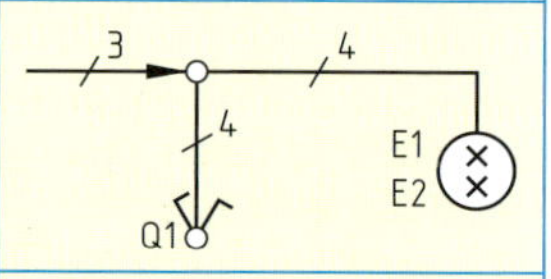
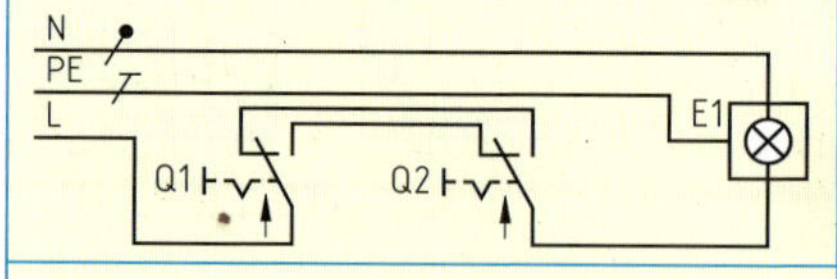	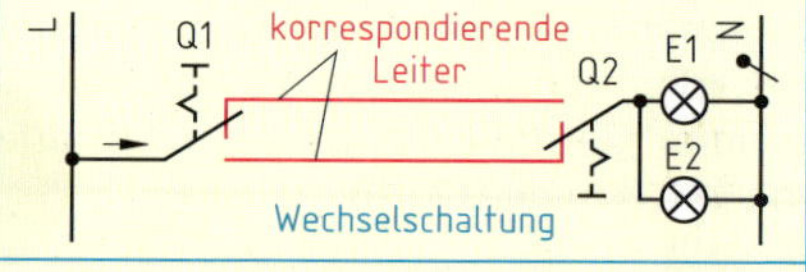	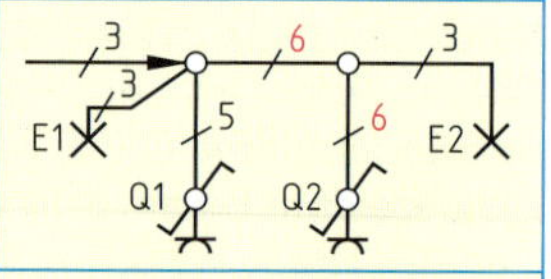
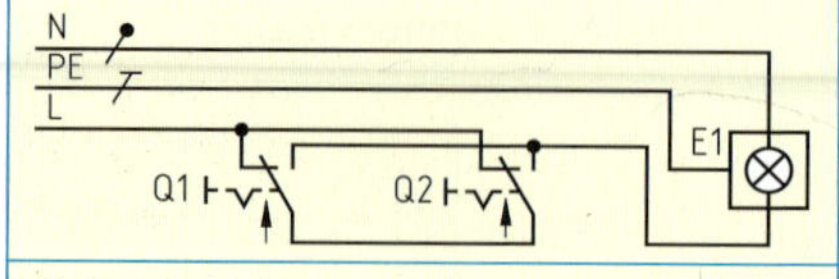	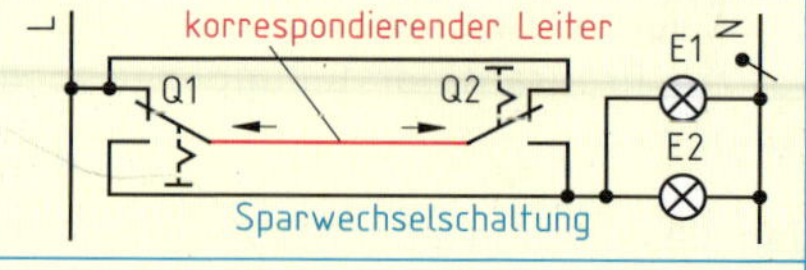	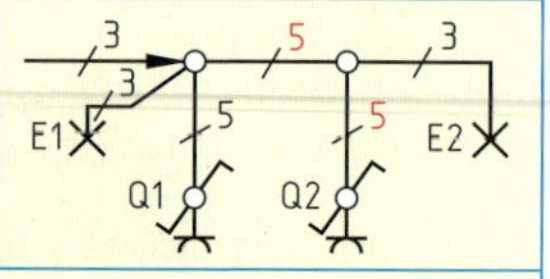
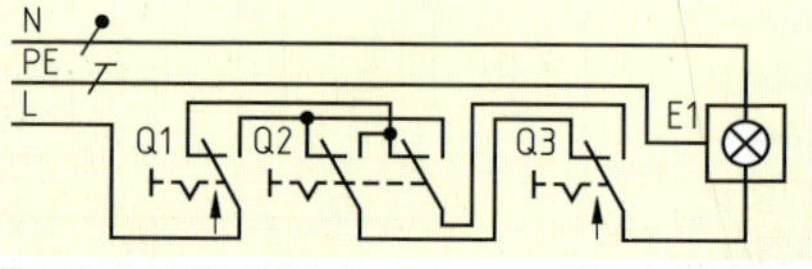	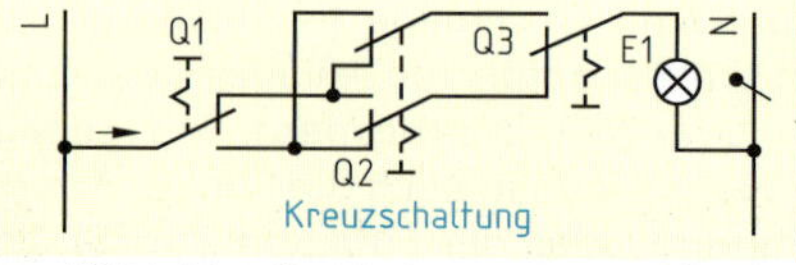	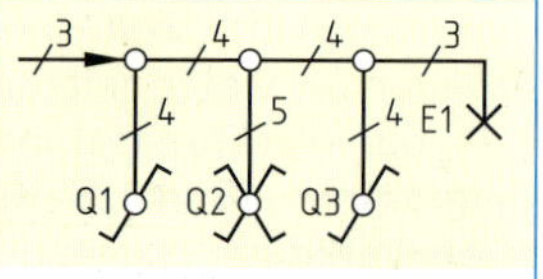

* Aderzahl bei Verlegung von Mantelleitungen NYM-J in allen Leitungsabschnitten

- **Gruppenschaltung.** Sollen Geräte, z. B. zwei Leuchten, so geschaltet werden, dass entweder nur die eine oder nur die andere Leuchte in Betrieb ist, kann die Gruppenschaltung **(Tabelle, Seite 96)** angewendet werden. Gruppenschalter setzt man auch zum Schalten von Jalousien oder Garagentoren ein.
- **Wechselschaltung.** Sollen z. B. Leuchten von zwei Betätigungsstellen wahlweise ein- oder ausgeschaltet werden, verwendet man dazu zwei Wechselschalter. Wechselschalter haben z. B. eine durch einen Pfeil (↑) gekennzeichnete Eingangsklemme und zwei nicht gekennzeichnete Klemmen für die korrespondierenden Leiter **(Tabelle, Seite 96).** An die Eingangsklemme des einen Schalters, z. B. Q1, wird der Spannung führende Leiter L angeschlossen. Die Eingangsklemme des Schalters Q2 wird mit dem Schaltdraht zur Leuchte verbunden. Über die Anschlussklemmen für die beiden korrespondierenden Leiter werden die Wechselschalter miteinander verbunden.
- **Sparwechselschaltung.** Eine Sparwechselschaltung erlaubt wie eine Wechselschaltung das Schalten eines Betriebsmittels von zwei Stellen aus. Die Schaltung enthält jedoch nur einen korrespondierenden Leiter, der die beiden Eingangsklemmen der Wechselschalter verbindet **(Tabelle, Seite 96).** An den beiden nicht gekennzeichneten Klemmen der Wechselschalter werden jeweils der Spannung führende Leiter L und der Schaltdraht angeschlossen.

  Vorteil: Soll unter jedem Schalter eine Steckdose angebracht werden, lässt sich mit der Sparwechselschaltung eine Ader in der Verbindungsleitung zwischen den Schaltern einsparen.

  Nachteil: Die Sparwechselschaltung lässt sich nicht zur Kreuzschaltung erweitern.
- **Kreuzschaltung.** Bei drei oder mehr Betätigungsstellen kann man die Kreuzschaltung einsetzen. Kreuzschaltungen bestehen immer aus zwei Wechselschaltern und einer beliebigen Anzahl von Kreuzschaltern. Über die vier Klemmen der Kreuzschalter werden die beiden korrespondierenden Leiter der Wechselschaltung geführt **(Tabelle, Seite 96).** Bei mehr als drei Schaltstellen setzt man aus wirtschaftlichen Gründen anstelle der Kreuzschaltung meist die Stromstoßschaltung ein.

Tabelle 1: Schalterbeleuchtung

Schaltung	Stromlaufplan	Schaltung	Stromlaufplan
Aus-Schaltung	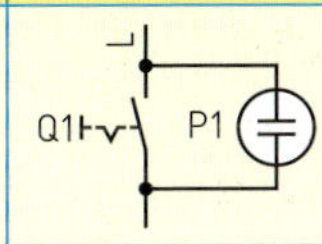	Wechsel-Schaltung	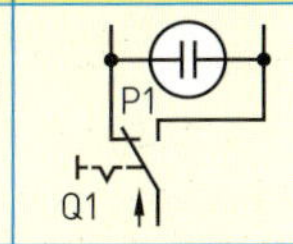
Serien-Schaltung	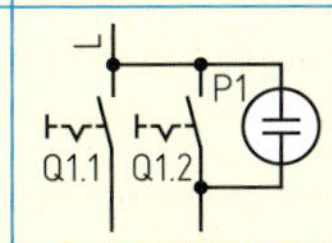	Spar-wechsel-Schaltung	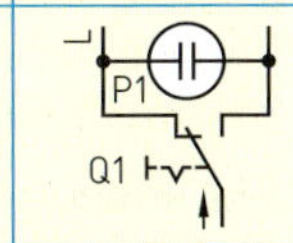
Gruppen-Schaltung	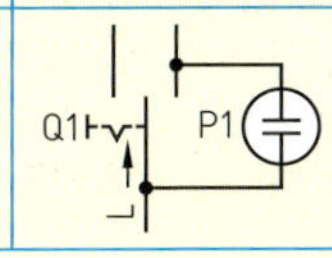	Kreuz-Schaltung	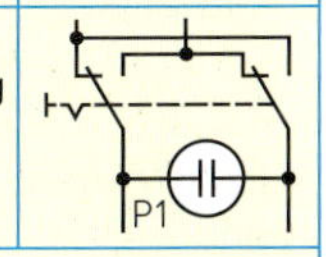
Beispiel: Ausschaltung	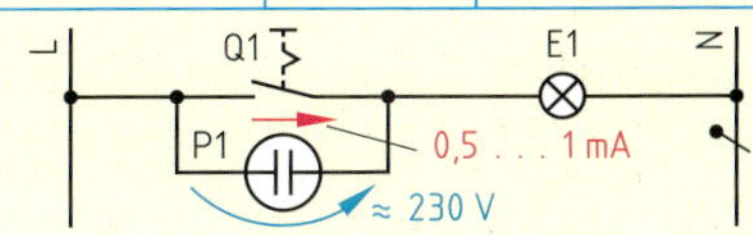		

Tabelle 2: Betriebszustandsanzeige

Schaltung	Stromlaufplan	Schaltung	Stromlaufplan
Aus-Schaltung	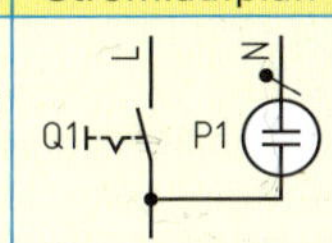	Gruppen-Schaltung	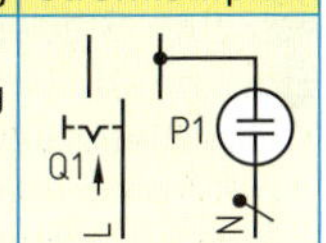
Serien-Schaltung	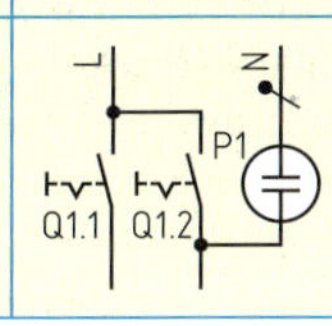	Wechsel-Schaltung	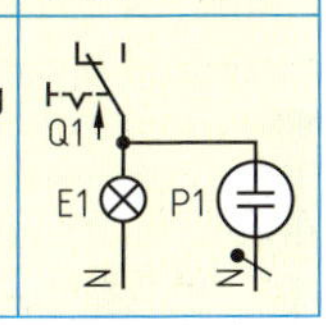

Schaltungen mit Meldeleuchten. In Installationsschaltern können Glimmlampen zur Schalterbeleuchtung **(Tabelle 1)** oder als Betriebszustandsanzeige eingesetzt werden. Die Arbeitsstättenverordnung schreibt Schalterbeleuchtungen (selbstleuchtende Schalter) z. B. in Bereitschafts- und Sanitärräumen sowie entlang von Fluchtwegen vor.

Bei der **Schalterbeleuchtung** wird der nicht betätigte Schalter durch eine parallel zum Schaltkontakt liegende Glimmlampe P1 beleuchtet **(Tabelle 1).** Die als Meldeleuchte verwendete Glimmlampe hat eine Stromaufnahme von etwa 0,5 bis 1 mA. Bei dieser Reihenschaltung aus Glimmlampe P1 und Leuchte E1 (Beispiel in **Tabelle 1**) liegt im ausgeschalteten Zustand nahezu die ganze Betriebsspannung an der Glimmlampe.

Zur **Betriebszustandsanzeige** (Kontrollleuchte) schaltet man die Glimmlampe P1 an den Schaltdraht und den Neutralleiter **(Tabelle 2),** also parallel zur Leuchte. Zum Anschluss der Betriebszustandsanzeige ist deshalb an jedem Schalter zusätzlich der Neutralleiter erforderlich.

> Schalterbeleuchtungen leuchten im ausgeschalteten Zustand des Schalters.
> Betriebszustandsanzeigen leuchten bei eingeschaltetem Verbraucher.

6.2.2 Stromstoßschaltung

Stromstoßschalter (Bild 1) sind elektromagnetisch betätigte Fernschalter. Sie ändern bei jeder Betätigung des Steuertasters ihren Schaltzustand, z. B. von AUS nach EIN.

Stromstoßschaltungen bestehen aus dem Steuer- und dem Hauptstromkreis.

Elektromechanische Stromstoßschalter. Der Steuerstromkreis (rot in **Bild 2a**) und der Hauptstromkreis (schwarz in **Bild 2a**) sind getrennt. Beim Stromstoßschalter mit einer Spulenspannung von AC 230 V betreibt man beide Stromkreise an Netzspannung.

Bei Stromstoßschaltern mit Spulen für Kleinspannung, z. B. AC 8 V, wird der Steuerstromkreis meist vom Klingeltransformator der Hausrufanlage **(Seite 99)** versorgt. Schaltungen mit Kleinspannungssteuerung **(Bild 2b)** setzt man aus Sicherheitsgründen bevorzugt für die Außenbeleuchtung ein.

Elektronische Stromstoßschalter werden meist mit Kleinspannung gesteuert. Sie können zusätzlich zum Steuereingang für den Impulsbetrieb mit Eingängen für definiertes Ein- bzw. Ausschalten ausgerüstet sein. An den Impulseingang legt man die Signale der örtlichen Steuertaster. Die Steuereingänge „Zentral EIN" und „Zentral AUS" aller Stromstoßschalter innerhalb einer Anlage werden von einer zentralen Stelle über getrennte Steuerleitungen mit den Schaltsignalen versorgt, z. B. durch den Portier oder Hausmeister.

Die Stromstoßschaltung kann die Funktion einer Aus-, Wechsel- oder Kreuzschaltung ersetzen.

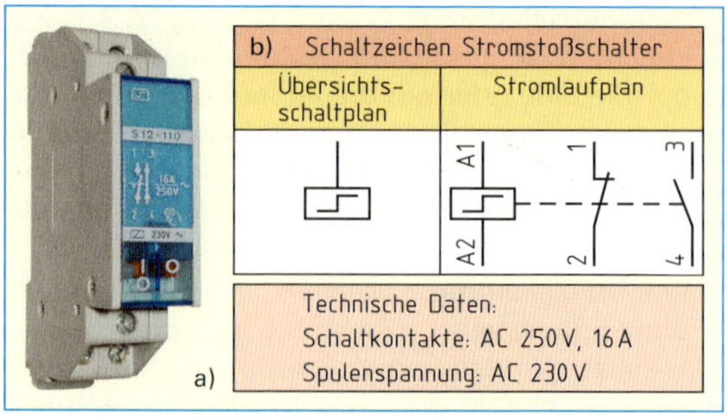

Bild 1: Stromstoßschalter a) Bauform, b) Schaltzeichen und technische Daten (Beispiel)

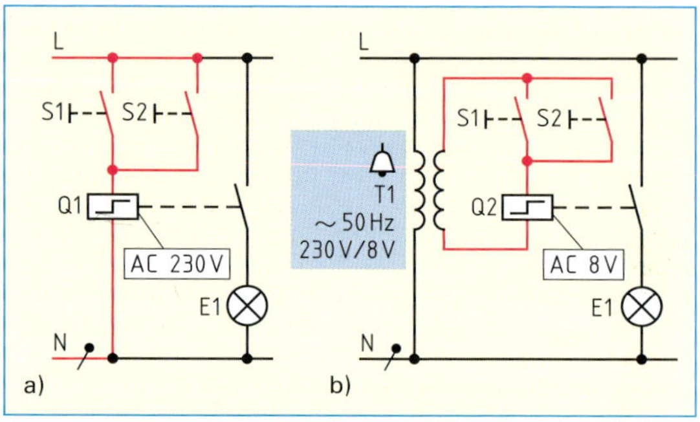

Bild 2: Stromstoßschaltung, Steuerung a) mit Netzspannung, b) mit Kleinspannung

Infrarot-Bewegungsmelder setzt man z. B. in Gefahrenmeldeanlagen zur Bereichsüberwachung außerhalb von Gebäuden ein.

6.2.3 Infrarot-Bewegungsmelder

Infrarot-Bewegungsmelder überwachen in einem durch Linsen- und Blendenvorsätze einstellbaren Bereich **(Bild 3a)** die Bewegung von Wärmequellen. Wärmequellen können z. B. Tiere oder Menschen sein. Erkennt der Bewegungsmelder eine sich bewegende Wärmequelle, wird die Beleuchtung zeitlich begrenzt, z. B. 4 Minuten, eingeschaltet. Wird vom Bewegungsmelder keine sich bewegende Wärmequelle erkannt oder hat die Wärmequelle den Überwachungsbereich verlassen, wird die Beleuchtung nach der eingestellten Zeit selbsttätig wieder abgeschaltet.

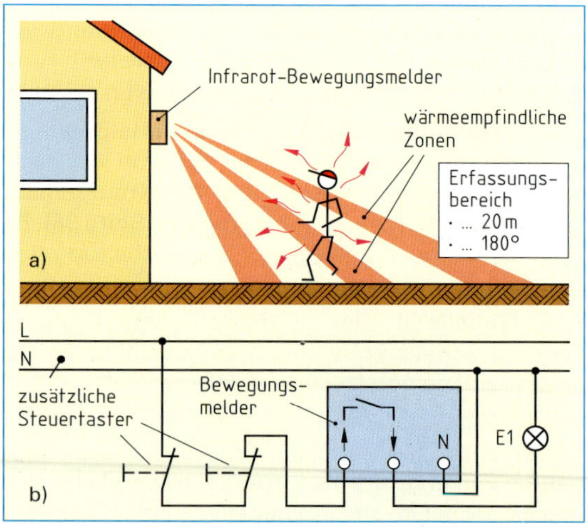

Bild 3: Infrarot-Bewegungsmelder a) Erfassungsbereich, b) Schaltung mit zusätzlichem Steuertaster

Ein eingebauter, einstellbarer Lichtsensor (Fotowiderstand) verhindert das Einschalten der Beleuchtung bei Tag. Sind zum Schalten der Beleuchtung zusätzliche Steuertaster erwünscht, so sind Öffnerkontakte in die Zuleitung zum Bewegungsmelder zu schalten **(Bild 3b)**. Eine kurzzeitige Spannungsunterbrechung durch den Steuertaster steuert dann den Bewegungsmelder an.

6.2.4 Treppenhaus-Zeitschaltung

Die Treppenhausbeleuchtung in Gebäuden mit mehreren Stockwerken steuert man meist mit einem Treppenhaus-Zeitschalter **(Bild 1)**. Sein Schaltkontakt schließt nach dem Betätigen eines Steuertasters den Lampenstromkreis und öffnet ihn selbsttätig nach Ablauf der eingestellten Verzögerungszeit, z. B. nach vier Minuten.

Nach ihrem Aufbau unterscheidet man:

- elektromechanische Treppenhaus-Zeitschalter,
- elektronische Treppenhaus-Zeitschalter.

In DIN 18015 sind für Treppenhäuser in Mehrfamilienhäusern Zeitschalter mit einer Warnfunktion vorgeschrieben. Solche Zeitschalter schalten die Beleuchtung vor dem Abschalten für eine kurze Zeit, z. B. für 30 s, auf eine geringere Helligkeit und vermeiden damit überraschende Dunkelheit im Raum.

Treppenhaus-Zeitschalter schalten die Treppenhausbeleuchtung nach Ablauf der eingestellten Zeit selbsttätig ab.

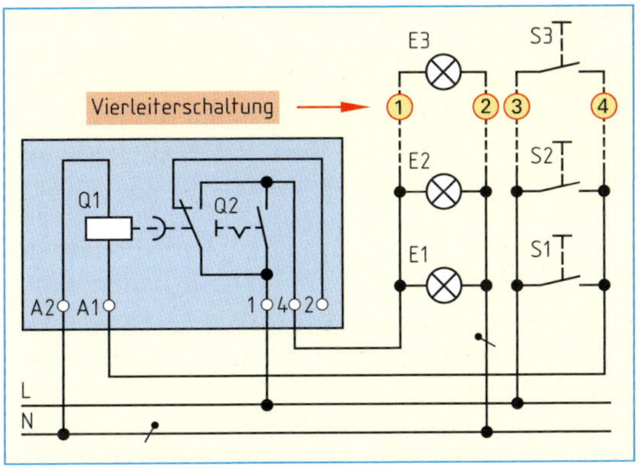

Bild 1: Treppenhaus-Zeitschalter mit Vierleiterschaltung

Daten des Treppenhaus-Zeitschalters (Beispiel):

- Betriebsspannung AC 230 V
- Schaltleistung 3600 W (Glühlampen)
- Drei- oder Vierleiterschaltung möglich
- Schaltdauer 0,5 ... 30 Minuten
- Abschaltvorwarnung, z. B. durch geringere Helligkeit oder durch Blinken

Treppenhaus-Zeitschalter mit Umschaltkontakt (Wechsler) kann man in **Dreileiterschaltung** betreiben **(Bild 2)**. Diese Schaltung lässt im Gegensatz zur **Vierleiterschaltung (Bild 1)** kein Nachschalten zu. Treppenhausschalter in Dreileiterschaltung können daher erst nach Ablauf der Verzögerungszeit erneut eingeschaltet werden. Der im Treppenhaus-Zeitschalter eingebaute Schalter Q2 ermöglicht wahlweise die Betriebsarten Tast- oder Dauerbetrieb.

Das Schalten des Neutralleiters in Steuerstromkreisen von Treppenhaus-Zeitschaltern in Dreileiterschaltung **(Bild 2)** ist nur noch in bestehenden Altanlagen erlaubt (Bestandschutz).

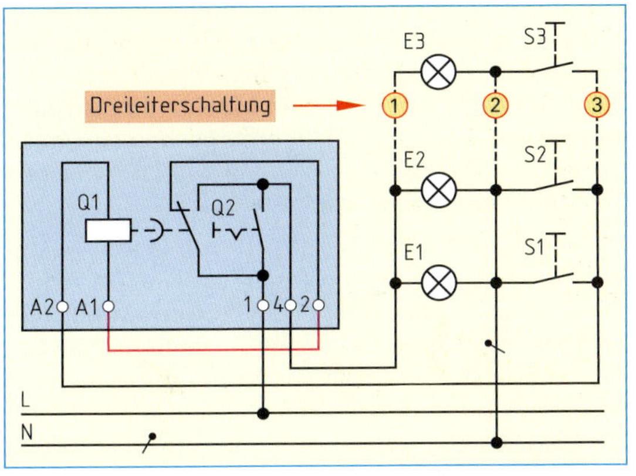

Bild 2: Treppenhaus-Zeitschaltung (Dreileiterschaltung)

6.2.5 Hausrufanlagen

Hausrufanlagen versorgt man durch Klingeltransformatoren und nur mit Kleinspannung.

Klingeltransformatoren müssen kurzschlussfest und schutzisoliert sein. Ihre Bemessungsausgangsspannung darf höchstens 24 V betragen.

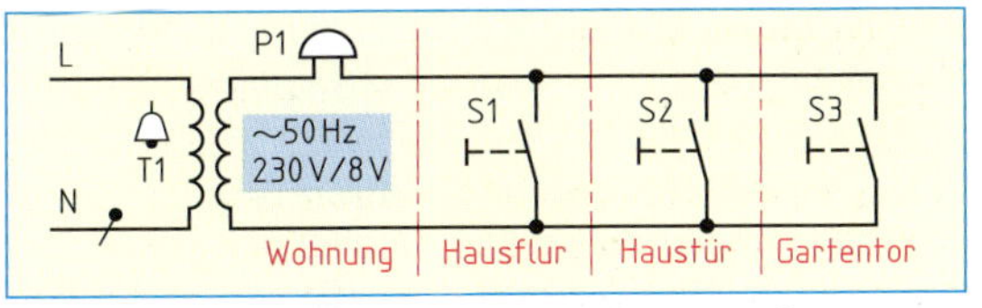

Bild 3: Hausrufanlage mit drei Betätigungsstellen

Die einfachste elektrische Hausrufanlage besteht aus der Reihenschaltung von Spannungsquelle, Taster und Wecker. Bei mehreren Betätigungsstellen, z. B. an Gartentor, Haus- und Wohnungstür, schaltet man die erforderlichen Taster parallel **(Bild 3)**.

In Hausrufanlagen mit **Türöffner** kann man bei der Installation eine Ader einsparen, wenn man die Taster S1 und S2 für die Läutwerke an einem Pol und den Taster S3 für den Türöffner am anderen Pol des Klingeltransformators anschließt **(Bild 4)**.

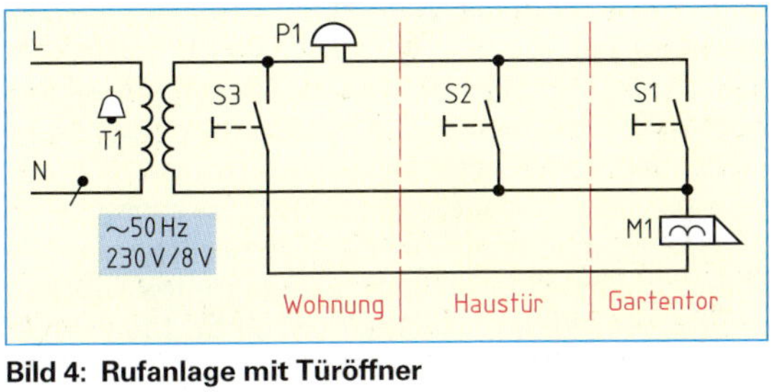

Bild 4: Rufanlage mit Türöffner

Hausrufanlagen lassen sich mit den Stromkreisen für die Außen- und Eingangsbeleuchtungen kombinieren, wenn zu deren Steuerung ein Stromstoßrelais mit Kleinspannungssteuerung, z. B. für AC 8 V, verwendet wird **(Bild 1)**. Die Steuerleitungen der Stromstoßschaltung verlegt man zusammen mit den Adern der Hausrufanlage in derselben Leitung. Diese Schaltung entspricht der Schutzmaßnahme „Schutz durch Kleinspannung".

In der Schaltung **(Bild 1)** wird der Wecker P1 vom Taster S5 an der Haustür oder durch den Taster S4 am Gartentor gesteuert. Der Türöffner M1 wird mit dem Taster S6 gesteuert. Die Außenleuchte E1 lässt sich im Flur, an der Haustür oder am Gartentor durch die parallel liegenden Taster S1, S2 und S3 schalten.

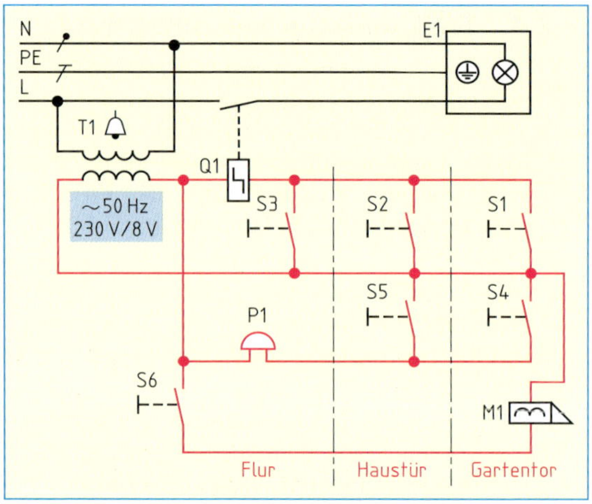

Bild 1: Beispiel einer Wecker-, Türöffner- und Beleuchtungsanlage mit Stromstoßschalter

6.2.6 Haussprechanlagen

Haussprechanlagen sind Fernsprecheinrichtungen von Wohnung zu Wohnung oder von der Wohnung zur Haustür.

Haussprechanlagen können auch eine Fernsprechverbindung zwischen zwei Gebäuden auf demselben Grundstück herstellen. Mit einer Videokamera an der Türsprechstelle und mit einem Monitor an der Haussprechstelle ergänzt **(Bild 2)**, ermöglichen sie neben der Kommunikation eine Bildübertragung zwischen Tür- und Haussprechstelle.

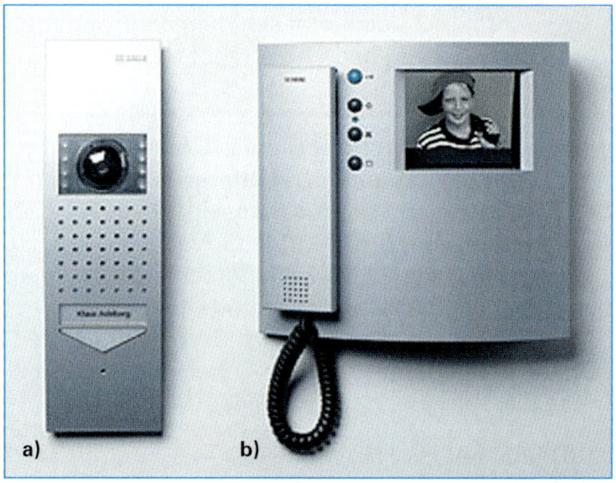

Bild 2: Haussprechanlage mit a) Videokamera an der Türstation und b) Monitor an der Hausstation

Haussprechanlagen (Gegensprechanlagen) bestehen aus zwei getrennten Sprechkreisen. In jedem Sprechkreis liegen jeweils ein Mikrofon und ein Lautsprecher bzw. eine Hörkapsel in Reihenschaltung mit der Gleichstromquelle **(Bild 3)**. Beim Besprechen des Mikrofons treffen die Schallwellen auf die Membran der Mikrofonkapsel und führen zu einer Widerstandsänderung im Sprechkreis. Der im Sprechkreis fließende Gleichstrom wird dadurch in einen Sprechwechselstrom umgeformt. Er erzeugt dann in der Hörkapsel bzw. im Lautsprecher Schallschwingungen und überträgt so die Information.

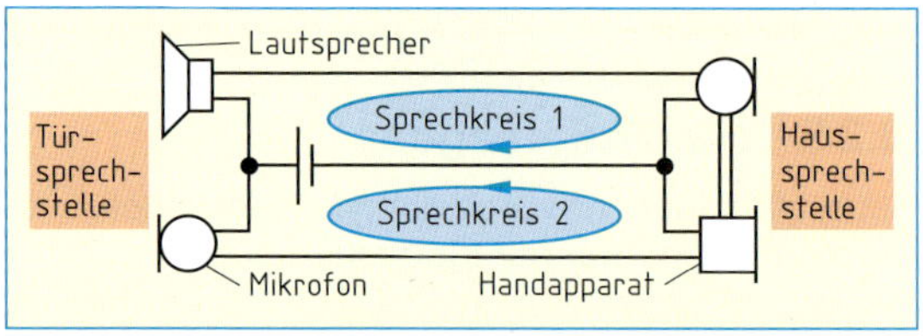

Bild 3: Sprechkreise der Gegensprechanlage

In Haussprechanlagen mit mehreren Teilnehmern sind alle Haussprechstellen parallel geschaltet. Ein zweipoliger **Gabelumschalter (GU)** öffnet beim Auflegen des Handapparates die beiden Sprechkreise und trennt damit nicht benutzte Sprechstellen ab **(Bild 4)**. Werden innerhalb einer Haussprechanlage gleichzeitig mehrere Handapparate abgenommen, lässt sich z.B. ein zwischen Türsprechstelle und Haussprechstelle im Erdgeschoss geführtes Gespräch auch an der Haussprechstelle im 1. Obergeschoss mithören. Erweitert man alle Haussprechstellen um ein so genanntes Diodenmodul, wird dieser Nachteil beseitigt. Man erhält damit eine mithörgesperrte Anlage.

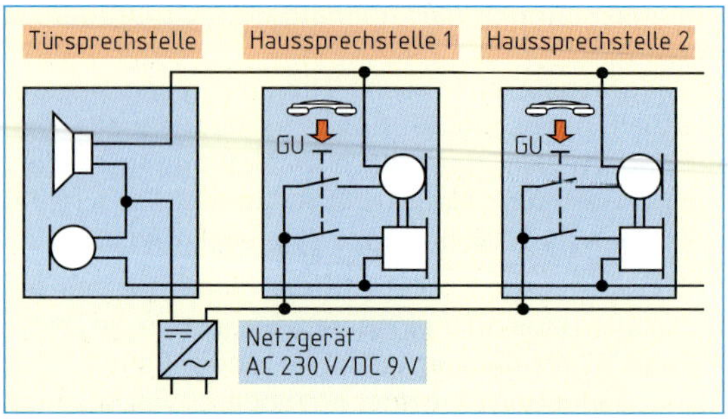

Bild 4: Gegensprechanlage mit zwei Sprechstellen

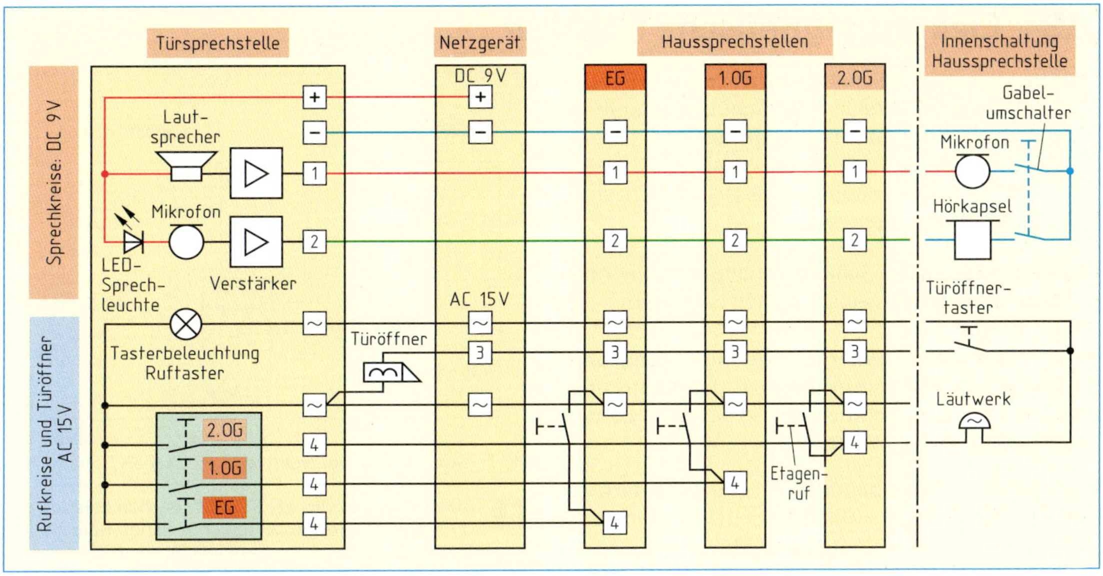

Bild 1: Gegensprechanlage mit drei Sprechstellen (Stromlaufplan in aufgelöster Darstellung)

Haussprechanlagen benötigen ein eigenes Netzgerät. Die Sprechkreise werden mit Gleichspannung DC 9 V, die Ruf- und Türöffnerstromkreise mit Wechselspannung AC 15 V versorgt **(Bild 1)**.

Als Montageort für das Netzgerät wählt man meist den oberen Anschlussraum des Zählerschrankes **(Bild Seite 190)**.

Die **LED-Sprechleuchte (Bild 1)** zeigt dem Besucher an, dass der Gesprächsteilnehmer an der Haussprechstelle den Handapparat abgenommen hat und sprechbereit ist. Der **Türöffner** wird durch die parallel geschalteten Türöffnertaster **(Bild 1)** betätigt, das Läutwerk in der Haussprechstelle durch die Ruftaste in der Türsprechstelle und vom Etagenruftaster an der Wohnungstür.

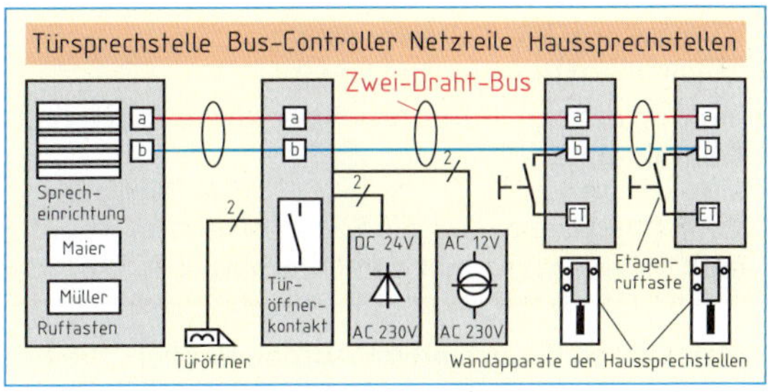

Bild 2: Haussprechanlage in Zweidraht-Bus-Technik

Türsprechstellen in Modulbauweise enthalten mindestens ein Lautsprechermodul und ein Tastermodul mit den Ruftasten. Sie lassen sich durch Zusatzmodule erweitern, z. B. mit einem Bewegungsmelder zur Steuerung der Außenbeleuchtung oder mit einer Kamera zur Videoüberwachung **(Bild 2, Seite 100)**.

Zweidraht-Bus-Technik. Haussprechanlagen können auch in Zweidraht-Bus-Technik **(Bild 2)** ausgeführt sein. Sie bestehen aus der Türsprechstelle, dem Bus-Controller, den Netzteilen und den Haussprechstellen. Über den Zweidraht-Bus lassen sich z. B. die Funktionen Rufen, Sprechen, Türöffnen und Schalten der Beleuchtung ausführen.

Die Programmierung kleiner Anlagen erfolgt meist ohne Programmier-Software in nur wenigen Bedienschritten. Die zu programmierende Haussprechstelle wird geöffnet und nach dem Einstecken des Programmierschlüssels durch Betätigen des Türöffners in den Programmiermodus gebracht. Ein Betätigen des Ruftasters in der Türsprechstelle stellt die Zuordnung der Sprechverbindung zwischen Tür- und Haussprechstelle nach Abziehen des Programmierschlüssels sicher.

Wiederholungsfragen

1 **Welche Aufgaben haben Schaltpläne?**
2 **Nennen Sie Beispiele für Betriebsmittel, denen die Kennbuchstaben F, P, Q und S zugeordnet sind.**
3 **Warum ist in Lampenschaltungen der Schaltdraht am Fußkontakt der Lampenfassung anzuschließen?**
4 **Welche Aufgabe erfüllt eine a) Serienschaltung, b) Wechselschaltung und c) Kreuzschaltung?**
5 **Wodurch unterscheiden sich in Lampenschaltungen a) beleuchtete Schalter und b) Schalter mit Kontrollleuchten?**
6 **Welcher Unterschied besteht zwischen einer Stromstoßschaltung und einer Treppenhaus-Zeitschaltung?**
7 **Welche Stromkreise einer Haussprechanlage betreibt man a) mit Gleichspannung und b) mit Wechselspannung?**

6.3 Elektromagnetische Schalter

Elektromagnetische Schalter sind Relais und Schütze. Schaltungen mit Relais oder Schützen bestehen immer aus einem **Steuerstromkreis** und einem **Hauptstromkreis** (Arbeitsstromkreis). Der Steuerstromkreis und der Hauptstromkreis **(Bild 1)** sind elektrisch getrennt (galvanische Trennung).

> Elektromagnetische Schalter schalten mit einem kleinen Steuerstrom einen großen Laststrom.

Relais setzt man vorwiegend zur Steuerung und Kontaktvervielfachung im Bereich der Kommunikationstechnik ein. Schütze eignen sich zum Schalten von Leistungen von etwa 2 bis 500 kW.

Kontaktarten. Relais haben meist einfach unterbrechende Federkontakte **(Bild 2)**. Schütze haben doppelt unterbrechende Kontakte **(Bild 2)**.

Kontakte (Tabelle) können ausgeführt sein als:

- Schließerkontakte (Arbeitskontakte),
- Öffnerkontakte (Ruhekontakte),
- Wechsler (Umschaltkontakte),
- Folgewechsler (unterbrechungsfreie Umschaltkontakte).

> Ein Schließer schließt den Stromkreis, ein Öffner unterbricht den Stromkreis.

Relais und Schütze sind im Aufbau ähnlich. Sie bestehen aus einer Erregerspule mit Eisenkern, dem beweglichen Anker und einem oder mehreren Kontakten **(Bild 3)**. Wird die Erregerspule vom Strom durchflossen, zieht der Anker an und betätigt mechanisch die angebauten Schaltkontakte.

Versuch: Legen Sie die Spule eines 24-V-Wechselstromrelais an 24 V Wechselspannung und messen Sie die Stromaufnahme. Wiederholen Sie die Messung mit einer einstellbaren Gleichspannung. Erhöhen Sie die Gleichspannung, bis sich der Bemessungsstrom der Spule einstellt.

Bereits bei einer Gleichspannung von etwa 3 V fließt in der Spule der Bemessungsstrom.

Beim Anlegen des Wechselstromrelais an 24 V Gleichspannung wird die Relaisspule zerstört, da bei Gleichstrom nur der geringe ohmsche Wicklungswiderstand der Relaisspule den Strom begrenzt. Betreibt man aber irrtümlich ein Gleichstromrelais an Wechselspannung, kann der zum Schalten notwendige Spulenstrom nicht fließen.

> Relais und Schütze müssen nach Spulenspannung, Stromart und nach ihrer Kontaktbelastbarkeit ausgewählt werden.

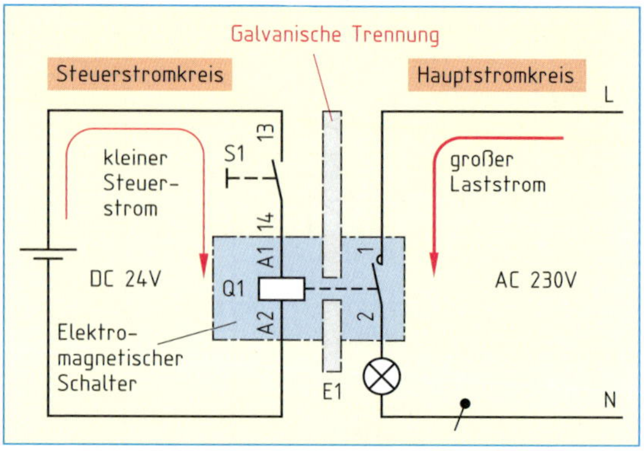

Bild 1: Stromkreise bei elektromagnetischen Schaltern

> Nach der Norm DIN EN 61346-2 werden Leistungsschütze mit Q (früher: K) gekennzeichet. Relais und Hilfsschütze haben die Kennzeichnung K.

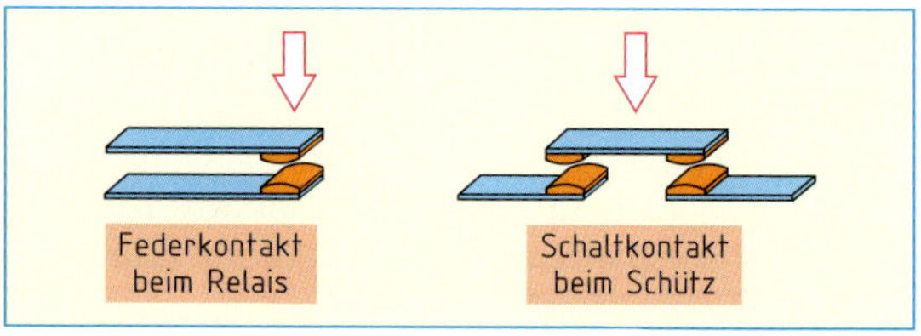

Bild 2: Schaltkontakte bei Relais und Schütz

Tabelle: Ausführungen von Kontakten (Beispiele)

Bezeichnung	Schaltzeichen	Kontaktbild
Schließer		*
Öffner		
Wechsler		
Folgewechsler		

* ↓ Bewegungsrichtung (Kraftwirkung)

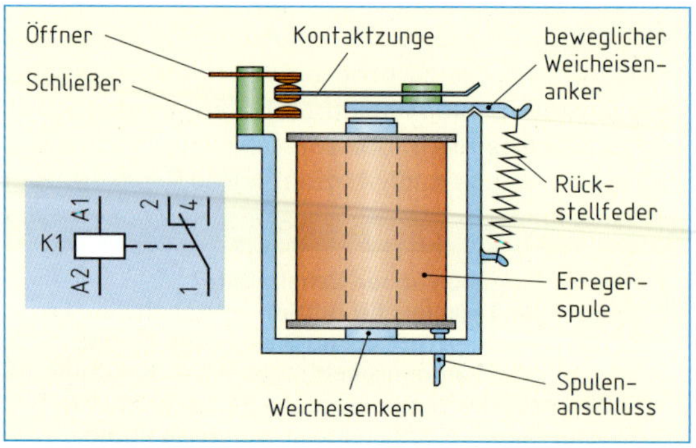

Bild 3: Relaisaufbau

6.3.1 Relais

Relais (Bild 1 und Übersicht) sind elektromagnetische Schalter. Sie haben gegenüber Schützen meist eine geringe Schaltleistung. Abhängig von Kontaktausführung und Kontaktwerkstoff **(Seite 250)** können Relais bei Spannungen bis 250 V Ströme bis etwa 10 A schalten. Relais werden für Gleich- oder Wechselstrom und für Spulenspannungen von 1,5 V bis 230 V hergestellt. Man setzt Relais meist im Bereich der Kommunikationstechnik oder zur galvanischen Trennung (Potenzialtrennung) zwischen elektronischen Steuerungen und dem Leistungsteil (Netzseite) ein.

Monostabile Relais fallen nach dem Abschalten des Erregerstromes durch Federkraft selbstständig in ihre Ruhestellung zurück.

Bistabile Relais behalten durch den Restmagnetismus (Remanenz) des Eisenkernes nach einem Ansteuerimpuls ihren Schaltzustand bei. Sie werden grundsätzlich mit Gleichspannung betrieben. Bei bistabilen Relais mit nur einer Spule bewirken Impulse mit entgegengesetzter Polarität eine Umschaltung. Relais mit zwei getrennten Spulen haben meist einen gemeinsamen Spulenanschluss und jeweils einen Anschluss zum Setzen bzw. Rücksetzen **(Bild 2)**. Bistabile Relais verwendet man z. B. zur Steuerung in Tonfrequenz-Rundsteueranlagen.

Monostabile Relais kehren nach der Unterbrechung des Spulenstromes selbsttätig in ihre Ruhelage zurück.
Bistabile Relais behalten ihren Schaltzustand bei.

Bauarten von Relais. Relais mit Federkontaktsätzen werden als **Kammrelais (Bild 1)** oder als **Rundrelais** (Ovalrelais) hergestellt.

Typische Schaltzeiten von Kamm- und Rundrelais sind:

- **Ansprechzeit** (Einschaltzeit): 10 ms
- **Rückstellzeit** (Abschaltzeit): 3 ms

Zungenkontaktrelais (Reedrelais[1]) haben Kontaktzungen aus einer Nickel-Eisen-Legierung, die zum Schutz gegen Verunreinigungen und Korrosion in einem mit Schutzgas gefüllten Glasröhrchen eingeschmolzen sind **(Bild 3)**. Bei Magnetisierung, z. B. durch eine Spule, bilden sich an den Kontaktzungen ungleiche Magnetpole, die ein Schließen oder Öffnen des Kontaktes bewirken. Reedrelais haben Schaltleistungen bis etwa 10 W.

Den zum Ansteuern (Anziehen) erforderlichen Spulenstrom berechnet man bei Relais aus den Werten von **Spulenwiderstand** und **Spulenspannung**.

Maßnahmen zur Begrenzung der Induktionsspannungen. Beim Schalten von induktiven Stromkreisen, z. B. von Spulen, entstehen Induktionsspannungen, die zu Kontaktabbrand führen, aber auch elektronische Bauelemente, z. B. Transistoren, schädigen können. Deshalb sind Schutzbeschaltungen notwendig.

Schutzbeschaltung gegen Induktionsspannungen (Bild 4):

- In Gleichstromkreisen: Freilaufdioden oder Varistoren,
- in Wechselstromkreisen: Varistoren oder RC-Schaltungen.

[1] von reed (engl.): Schilfrohr, Blättchen, Zunge

Übersicht: Relaisarten

- Monostabile Relais
- Bistabile Relais
- Zungenkontaktrelais
- Relais mit mechanischer Verklinkung
  - Stromstoßschalter **(Seite 98)**
  - Zeitrelais **(Seite 104)**

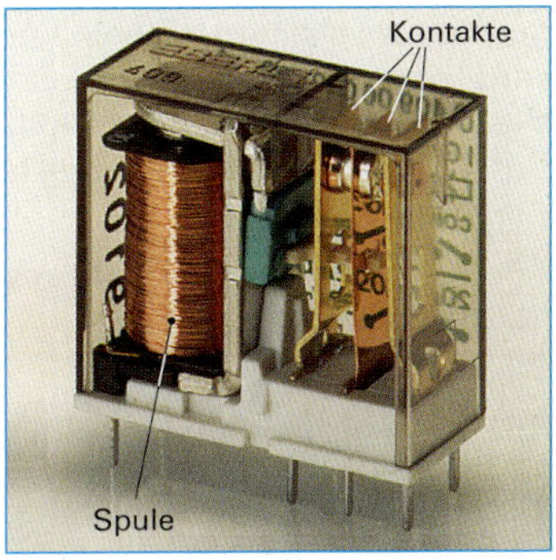

Bild 1: Kammrelais

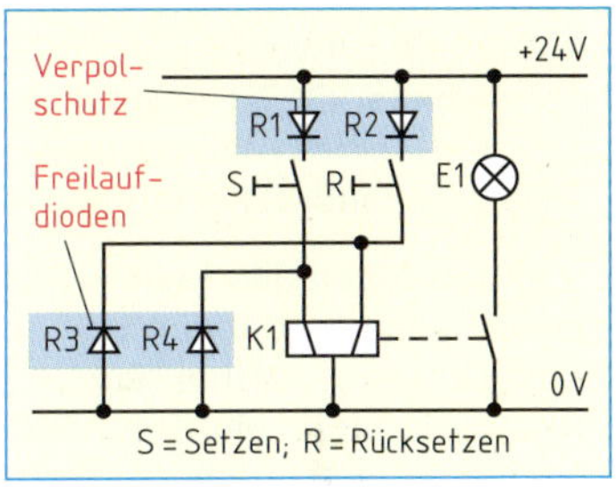

Bild 2: Bistabiles Relais

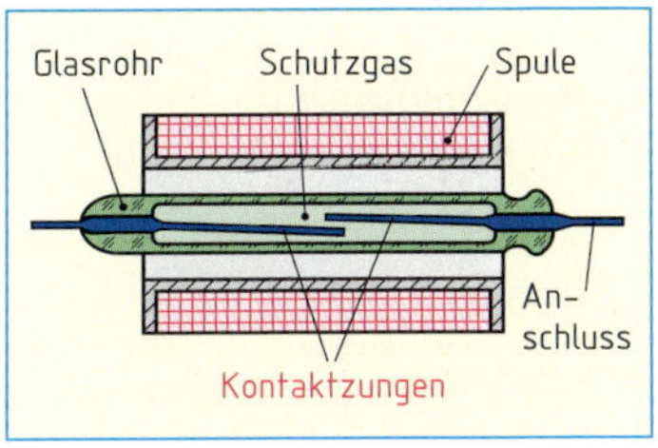

Bild 3: Zungenkontaktrelais

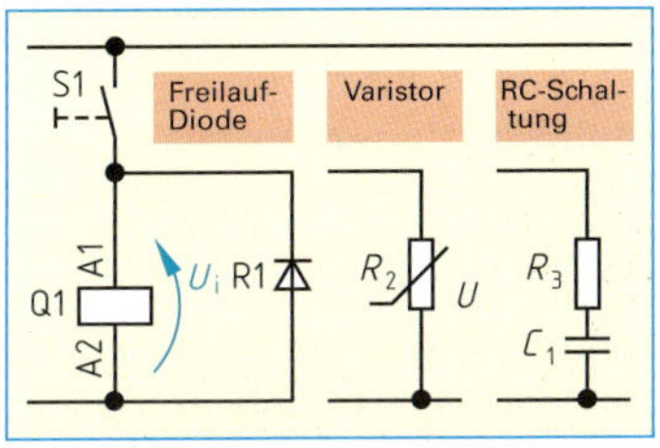

Bild 4: Begrenzung der Induktionsspannung

Relaisschaltungen bestehen aus dem **Steuerstromkreis** und dem **Hauptstromkreis.** Die Energieversorgung des Steuerstromkreises und des Hauptstromkreises kann dabei wahlweise aus demselben Netz erfolgen **(Bild 1a)** oder aus zwei voneinander getrennten Netzen **(galvanische Trennung Bild 1b).**

Durch die elektrische Trennung zwischen Steuerstromkreis und Hauptstromkreis eignen sich Relais auch als Schnittstelle zwischen Steuerschaltungen der Kommunikationstechnik und dem Energieversorgungsnetz, z.B. bei der Steuerung von Verbrauchern in Schaltungen der Digitaltechnik **(Bild 1b)** oder bei speicherprogrammierten Steuerungen.

Relais können mit kleinen Steuerströmen große Lastströme schalten.

Alarmanlage als Beispiel einer Relaisschaltung. Einfache Alarmanlagen können mit Relais aufgebaut sein **(Bild 2).** Aus Sicherheitsgründen versorgt man den Alarmstromkreis nicht aus dem Netz, sondern durch eine netzunabhängige Stromquelle, z.B. einen Akkumulator. Damit ist die Hupe P2 unabhängig vom Stromversorgungsnetz. Der zweipolige Hauptschalter Q1 ist zugleich Kontrollschalter zur Überprüfung des Alarmstromkreises. Nach Betätigen von Schalter Q1 ertönt die Hupe P2.

Durch Betätigen des Tasters S1 zieht das Relais K1 an und hält sich über den Selbsthaltekontakt K1 an Spannung. Ein Öffner von K1 unterbricht den Alarmstromkreis, ein Schließer schaltet die Meldeleuchte P1 ein und zeigt die Betriebsbereitschaft an. Unterbricht einer der **Sensoren** B1 bis B4 die **Sicherheitsschleife,** z.B. durch ein geöffnetes Fenster, fällt das Relais ab. Der Alarmstromkreis wird geschlossen, die Hupe P2 ertönt und die Meldeleuchte P1 wird abgeschaltet.

Zeitrelais. In der Steuerungstechnik sind viele Steuerungen zeitgeführt. In Steuerungen verwendet man hauptsächlich die Ansprechverzögerung oder die Rückfallverzögerung **(Bild 3** und **Bild 4).** Die Verzögerungszeit lässt sich am Zeitrelais in Bereichen, z.B. von 1,5 s bis 30 s stufenlos durch ein Potenziometer, oder stufig durch Wahlschalter einstellen.

Multifunktionszeitrelais sind vielseitig einsetzbar, weil man die Verzögerungszeit und die Art der Verzögerung einstellen kann. Sie enthalten meist neben der Ansprech- und der Rückfallverzögerung **(Bild 3)** eine Kombination aus Ansprech- und Rückfallverzögerung und zusätzlich die Funktionen Blinken, Einschaltwischimpuls und Ausschaltwischimpuls.

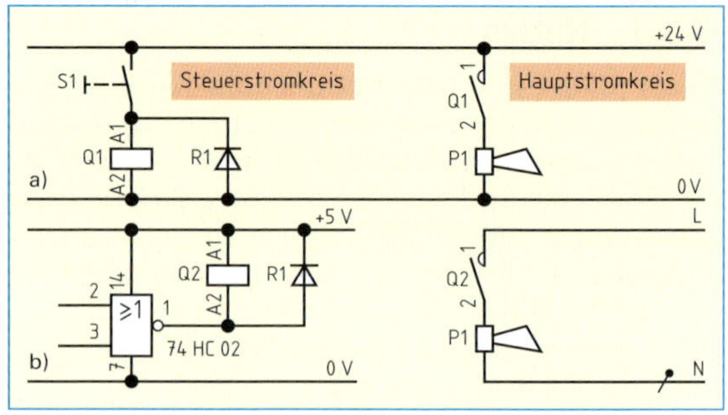

Bild 1: Relaisschaltung, Steuerstromkreis und Hauptstromkreis a) gemeinsam und b) getrennt

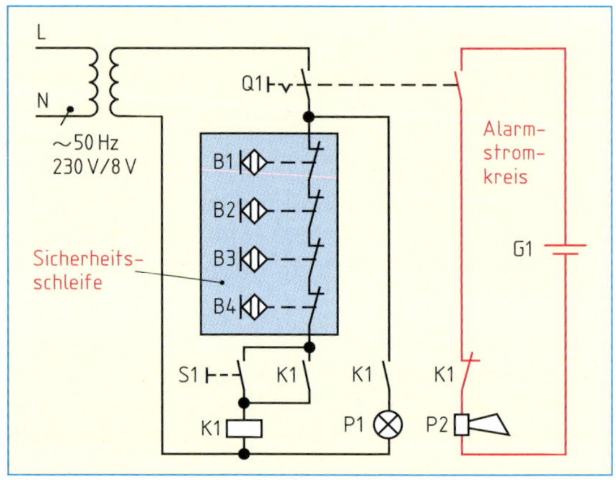

Bild 2: Prinzip einfacher Alarmanlagen

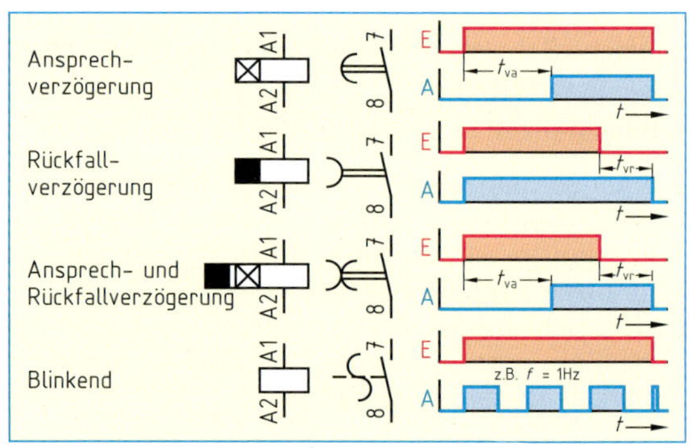

Bild 3: Schaltzeichen und Zeitablaufdiagramm von Zeitrelais

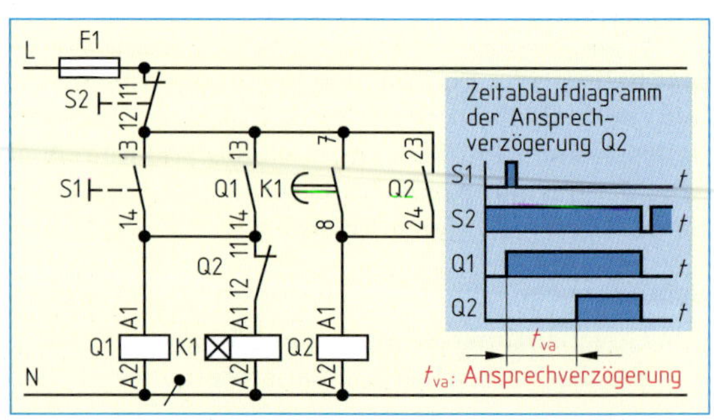

Bild 4: Steuerstromkreis einer Ansprechverzögerung

6.3.2 Schütze

Schütze haben keine mechanische Sperre. Man nennt sie deshalb auch unverklinkte elektromagnetische Schalter. Sie werden in Leistungsschütze und in Hilfs- oder Steuerschütze unterteilt.

Leistungsschütze (Schaltschütz, Bild 1) haben meist drei Hauptstromkontakte und können zusätzlich mit Steuerkontakten ausgerüstet sein.

Hauptstromkontakte schalten die Außenleiter an den Verbraucher, z.B. an Speicherheizgeräte oder Motoren. Sie sind in getrennten Schaltkammern angeordnet und bei größerer Schaltleistung mit Lichtbogen-Löscheinrichtungen ausgestattet.

Steuerkontakte haben diese Lichtbogen-Löscheinrichtung nicht. Sie dürfen deshalb nur zum Steuern oder Melden verwendet werden.

Steuerkontakte dürfen nicht als Hauptstromkontakte verwendet werden.

Hilfsschütze verwendet man vor allem für Steuer- und Regelungsaufgaben in Befehls-, Melde- und Verriegelungsstromkreisen.

Kontaktbezeichnung. Hauptstromkontakte sind mit einstelligen Zahlen bezeichnet **(Bild 2)**. Die Klemmen mit ungeraden Zahlen, also 1/L1, 3/L2 und 5/L3, führen zum Netz, an den Klemmen mit den geraden Zahlen 2/T1, 4/T2 und 6/T3 liegt der Verbraucher. In Schaltplänen verzichtet man meist auf die Zusätze L1, L2 und L3 bzw. T1, T2 und T3. Steuerkontakte haben eine zweistellige Bezeichnung. An der ersten Stelle steht die **Ordnungsziffer** (Zählziffer), z.B. eine 1 beim Kontakt 13–14 in **Bild 2.**

Die **Funktionsziffern** der Kontakte stehen an zweiter Stelle **(Bild 2)** und bedeuten:

- 1–2 Steuerkontakt Öffner, z.B. Q1: 21–22
- 3–4 Steuerkontakt Schließer, z.B. Q1: 13–14

Kennzahlen (Bild 2 und **Übersicht)** bei Schützen nennen die Art und Anzahl der Steuerkontakte. Die erste Ziffer gibt die Anzahl der Steuerkontakte Schließer, die zweite Ziffer die Anzahl der Öffner an.

Steuerspannung. Bevorzugte Steuerspannungen in Wechselstromkreisen sind 24 V, 48 V, 230 V und 400 V. Eine Schützspule mit kleiner Steuerspannung, z.B. AC 24 V, nimmt einen größeren Spulenstrom auf als eine gleich große Schützspule für AC 230 V. Damit entsteht an den Steuerleitungen bei kleiner Steuerspannung ein höherer Spannungsfall. Deshalb betreibt man Steuerstromkreise meist an AC 230 V.

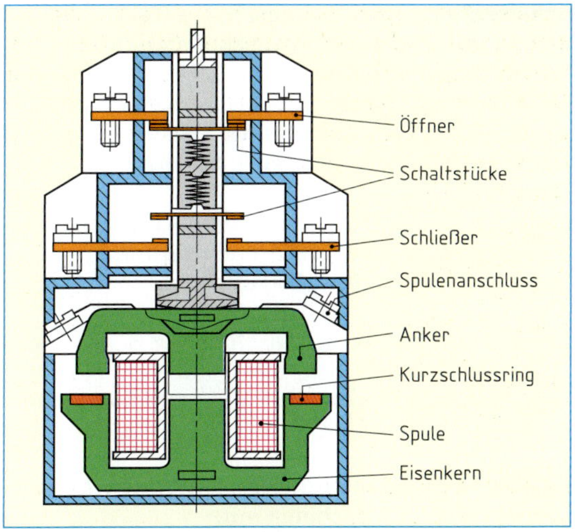

Bild 1: Aufbau des Schaltschützes

Schaltzeiten bei Schaltschützen (Beispiel):

- Ansprechzeit (Einschaltzeit) 20 ... 40 ms
- Rückfallzeit (Ausschaltzeit) 20 ... 40 ms

Schützschaltungen, **Seite 106**

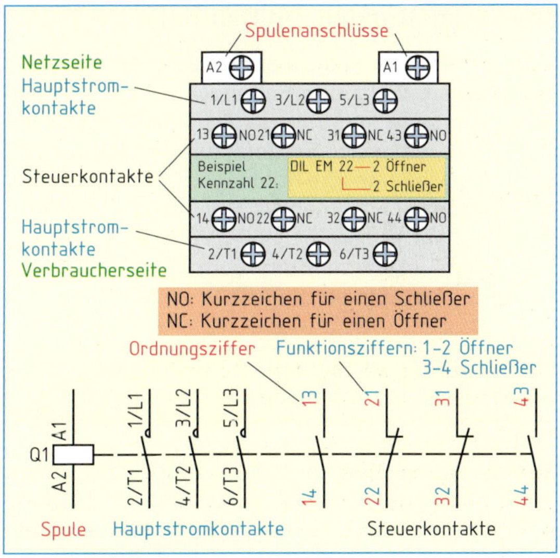

Bild 2: Kontaktbezeichnungen beim Leistungsschütz

Übersicht: Kennzahlen für Steuerkontakte bei Schaltschützen (Beispiele)

- 01 kein Schließer, ein Öffner
- 10 ein Schließer, kein Öffner
- 31 drei Schließer, ein Öffner
- 22 zwei Schließer, zwei Öffner

Auswahl von Schaltschützen. Das Einsatzgebiet von Schützen wird durch die Stromart und die Art der zu schaltenden Last bestimmt und durch **Gebrauchskategorien** angegeben. Ein Schütz der Gebrauchskategorie AC 4 eignet sich z.B. zum Schalten von Käfigläufermotoren, die Gebrauchskategorie DC 2 setzt man zum Schalten von Gleichstrom-Nebenschlussmotoren ein (siehe Tabellenbuch Elektrotechnik).

Schützschaltungen. Hauptschütze **(Bild 1)** haben drei, in Stromkreisen mit geschaltetem Neutralleiter vier Hauptstromkontakte. Sie können bis vier Steuerkontakte haben oder lassen sich durch Aufsetzen oder durch Anbauen von Hilfsschalterbausteinen mit Steuerkontakten erweitern.

Einfache Steuerstromkreise können bei einer Spulenspannung, z. B. AC 230 V, direkt am Versorgungsnetz betrieben werden **(Bild 2).**

Steuerstromkreise für Maschinen, z.B. für Drehautomaten, dürfen nicht direkt aus dem Netz gespeist werden. Sie müssen über **Steuertransformatoren** versorgt werden.

Keinen Steuertransformator benötigen Steuerstromkreise für Maschinen mit:

- Nur einem Antriebsmotor ($P \leq 3$ kW) und
- höchstens zwei Befehlsgebern, z.B. Taster.

Bild 1: Hauptschütz mit drei Hauptstromkontakten und angebauten Hilfsschalterbausteinen

Steuerstromkreise für Maschinen müssen über Trenntransformatoren versorgt werden.

Grundschaltungen mit Schützen

Tippbetrieb. Legt man an die Schützspule die Steuerspannung, zieht das Schaltschütz an und alle Schützkontakte ändern ihre Schaltstellung. Nach dem Abschalten der Steuerspannung kehren die Kontakte wieder in ihre Ruhelage zurück. Diese Betriebsart bezeichnet man als Tippbetrieb. Der Tippbetrieb dient meist der Unfallsicherheit, z.B. bei Pressensteuerungen oder beim Einrichten von Werkzeugmaschinen.

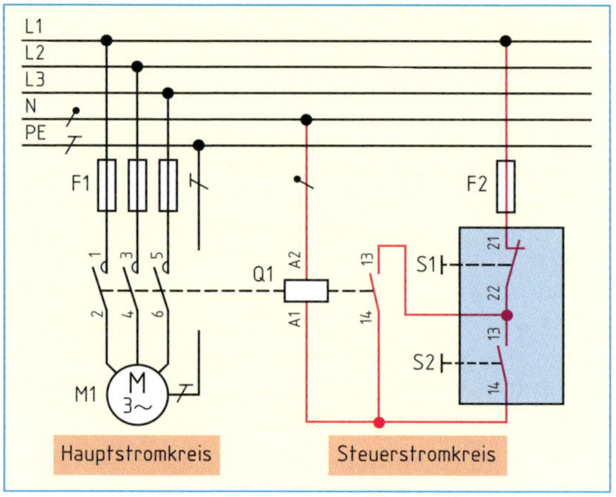

Bild 2: Schützsteuerung mit Selbsthaltung in zusammenhängender Darstellung

Im Tippbetrieb ist ein Schütz nur solange in Betrieb, wie der Steuertaster betätigt ist.

Selbsthaltung. Soll ein Schaltschütz nach kurzer Tasterbetätigung in der Einschaltstellung bleiben, schaltet man zum EIN-Taster einen Steuerkontakt (Schließer) parallel **(Bild 2** und **Bild 3).** Zieht das Schaltschütz nach der Betätigung des EIN-Tasters S2 an, überbrückt der Steuerkontakt Q1 (13–14) den Ein-Taster. Kehrt der Taster S2 wieder in seine Ruhelage zurück, hält sich das Schütz über den **Selbsthaltekontakt** (Kontakt 13–14) weiter (Selbsthaltung). Um die Schaltung abzuschalten, unterbricht bei Betätigung der in Reihe liegende Taster S1 den Steuerstromkreis.

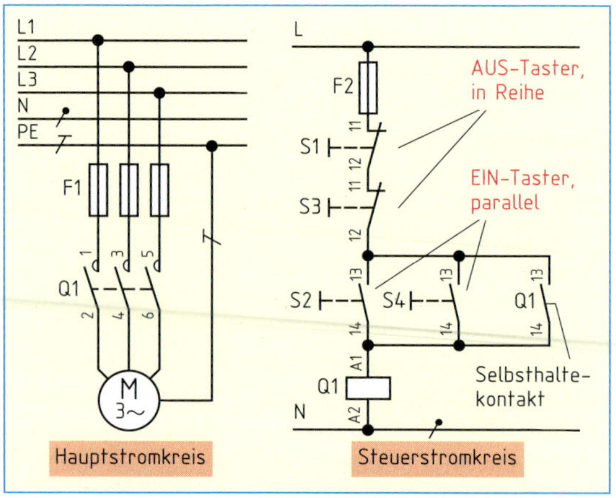

Bild 3: Schützsteuerung mit zwei Betätigungsstellen in aufgelöster Darstellung

Selbsthaltekontakte sind Schließer und werden parallel zum EIN-Taster geschaltet.

Sind in einer Schützschaltung mehrere Schaltstellen notwendig, schaltet man die Aus-Taster in Reihe und alle EIN-Taster parallel **(Bild 3, Seite 106)**.

> In Selbsthalteschaltungen mit mehreren Schaltstellen werden:
> - alle AUS-Taster in Reihe geschaltet,
> - alle EIN-Taster parallel geschaltet.

Von dieser Regel wird nur abgewichen, wenn Sicherheitsvorkehrungen dies erfordern. Bei Pressensteuerungen werden z. B. zwei EIN-Taster in Reihe geschaltet und räumlich so angeordnet, dass zum Bedienen der Taster beide Hände notwendig sind. Diese Schaltung verhindert ein Hineingreifen in die Presse und dient der Unfallverhütung.

> Ein Steuerstromkreis mit zwei in Reihe geschalteten EIN-Tastern wirkt wie eine UND-Verknüpfung, mit zwei parallel geschalteten EIN-Tastern wie eine ODER-Verknüpfung.

Verriegelung. Sollen elektrische Betriebsmittel, z. B. Beleuchtungseinrichtungen, so geschaltet werden, dass nur die eine oder nur die andere Beleuchtung einzuschalten ist, muss man die beiden Steuerstromkreise elektrisch verriegeln **(Bild 1)**. Die einfachste Art der Verriegelung ist die **Schützverriegelung**. Man ordnet dabei im Steuerstromkreis vor der Schützspule Q1 einen Öffnerkontakt von Q2 an, vor der Schützspule Q2 einen Öffnerkontakt von Q1. Ist ein Steuerstromkreis in Betrieb, z. B. Schütz Q1, kann das Schütz Q2 wegen des geöffneten Verriegelungskontaktes nicht einschalten **(Bild 1)**.

Wendeschützschaltung

> Die Drehrichtung von Drehstrommotoren ändert sich, wenn man im Hauptstromkreis zwei Außenleiter vertauscht.

Der gleichzeitige Betrieb beider Schütze würde in Wendeschützschaltungen zwei Außenleiter kurzschließen **(Bild 2)**. Auch festgebrannte Kontakte oder ein mechanischer Defekt können dazu führen, dass ein Schütz nicht abschaltet. Wendeschützschaltungen haben daher eine Schützverriegelung und meist zusätzlich eine Tasterverriegelung. Beide Verriegelungen bieten erhöhte Sicherheit gegen Kurzschluss.

Bei der Steuerung der Drehrichtungsumkehr über AUS **(Bild 2)** überbrücken die Selbsthaltekontakte Q1: 13–14 und Q2: 13–14 die Taster S2 und S3. Der Motor kann erst nach dem Betätigen von S1 in die andere Drehrichtung geschaltet werden.

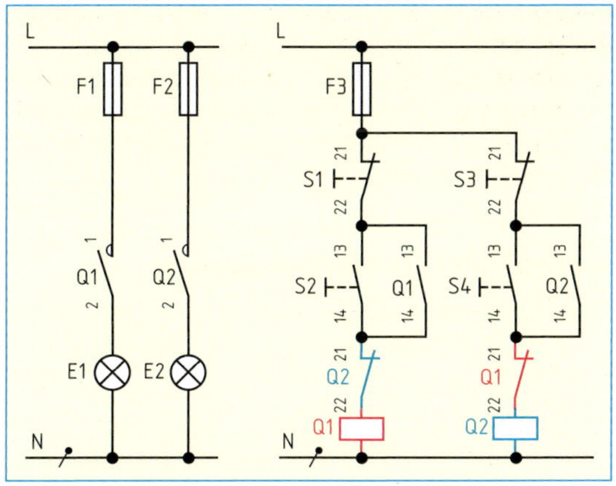

Bild 1: Verriegelung von Beleuchtungsstromkreisen

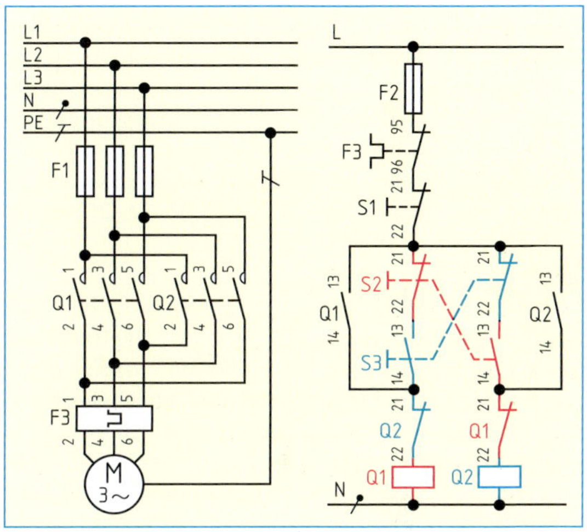

Bild 2: Wendeschützschaltung, Drehrichtungsumkehr über AUS

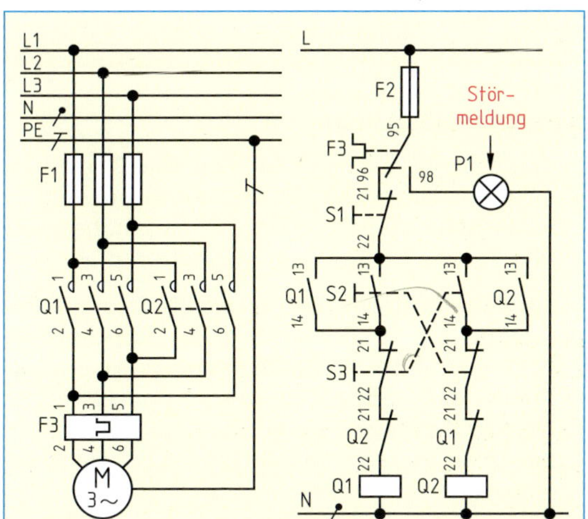

Bild 3: Wendeschützschaltung, Drehrichtungsumkehr direkt

Bei der direkten Drehrichtungsumschaltung **(Bild 3, Seite 107)** überbrücken die Selbsthaltekontakte (Q1: 13–14 und Q2: 13–14) nur die EIN-Taster. Durch Betätigen der Taster S2 oder S3 kann man den Motor direkt vom Rechtslauf in den Linkslauf umschalten oder umgekehrt.

Auswahlschaltung zwei aus drei

In der Auswahlschaltung **(Bild 1)** sollen die Schaltschütze Q1, Q2 und Q3 jeweils einen Drehstrommotor schalten. Jeder Motor lässt sich durch getrennte Taster ein- bzw. ausschalten.

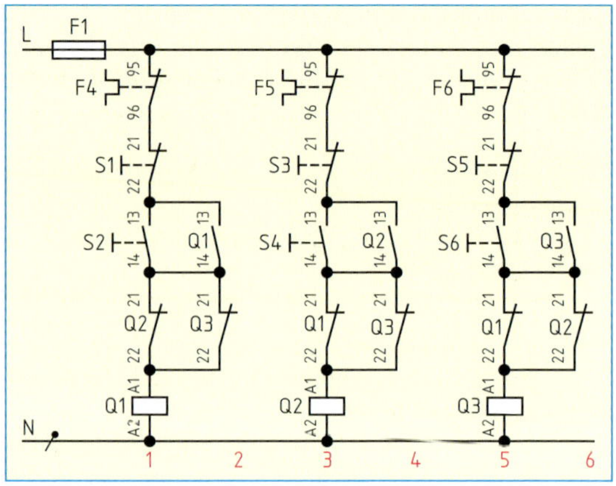

Bild 1: Auswahlschaltung zwei aus drei

Gleichzeitig dürfen in der Anlage jedoch nur zwei der drei Motoren eingeschaltet sein. Dies lässt sich lösen, wenn man in jeder Selbsthalteschaltung vor der Schützspule eine Parallelschaltung von zwei Öffnerkontakten anordnet. Vor der Spule des Schützes Q1 ordnet man die Öffnerkontakte der Schütze Q2 und Q3 an **(Bild 1)**. Sind beide Schütze eingeschaltet, wird der Strompfad zur Schützspule Q1 durch die Verriegelungskontakte von Q2 (21-22) und Q3 (21-22) unterbrochen und Q1 lässt sich nicht einschalten. Entsprechend ordnet man vor der Spule K2 die parallel geschalteten Öffner von Q1 und Q3 und vor der Spule Q3 die Öffner von Q1 und Q2 an.

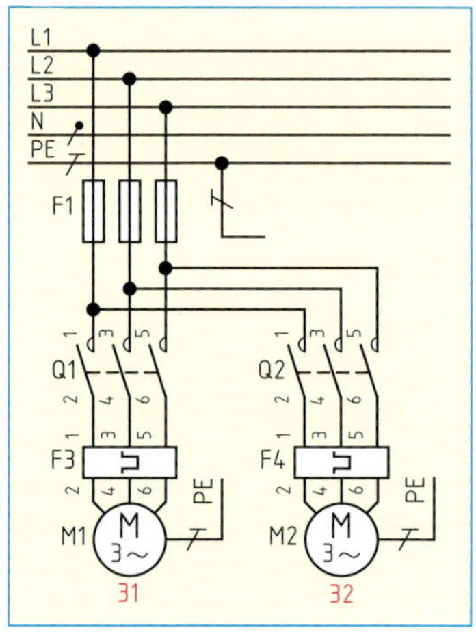

Bild 2: Hauptstromkreis der Folgeschaltung

Folgeschaltung

Bei der Folgeschaltung, z. B. für eine Mischanlage **(Bild 2 und 3),** darf der Förderbandantrieb M2 erst dann einschalten, wenn der Mischermotor M1 bereits in Betrieb ist, weil sonst das Mischgut die stehende Mischtrommel verstopft. Damit steuert das Schaltschütz Q1 (Mischermotor M1) die Funktion von Q2 (Förderbandantrieb M2). Diese Funktion wird z. B. durch das ansprechverzögerte Zeitrelais K1 in **Bild 3** erreicht.

Schützschaltungen, bei denen ein Schütz nur einschalten kann, wenn ein anderer Schütz bereits eingeschaltet ist, bezeichnet man als Folgeschaltung.

Strompfadbezeichnung

In den Stromlaufplänen **Bild 1** und **Bild 3** sowie im Hauptstromkreis der Folgeschaltung **Bild 2,** sind die Stromwege zur besseren Übersicht mit einer Nummerierung (Strompfadbezeichnung), z.B. 1, 2, 3 ... in **Bild 1** sowie 31, 32 für die Hauptstrompfade in **Bild 2** versehen.

In der **Kontakttabelle (Bild 3)** sind die Strompfade benannt, in denen die Haupt- bzw. die Steuerkontakte des Schützes zu finden sind. Die Zahl 31 bzw. 32 bei der Bezeichnung der Hauptstromkontakte **(Bild 2)** bedeutet, dass z. B. im Strompfad 31 drei Hauptstromkontakte des Schützes Q1 dargestellt sind. Vor die eigentliche Strompfadnummer 1 setzt man deshalb die Zahl 3 für die 3 Hauptstromkontakte Q1 in Strompfad 1.

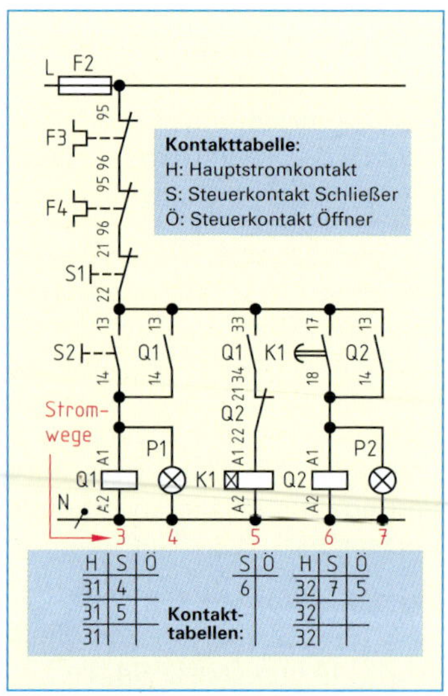

Bild 3: Steuerstromkreis der Folgeschaltung

1. Nennen Sie die Kennbuchstaben zur Bezeichnung folgender Betriebsmittel in Schaltplänen. **a)** Relais, **b)** Motor, **c)** Steuerschalter, **d)** Leistungsschalter und **e)** Meldeeinrichtung.

2. Welche Schaltpläne stellen elektrische Anlagen **a)** einpolig und **b)** allpolig dar?

3. Aus welchen Schaltplänen kann man **a)** die Anordnung der Betriebsmittel und **b)** die Funktion der Schaltung erkennen?

4. **a)** Welche Angaben für die Elektroinstallation entnimmt man dem Installationsplan **(Bild 1)**? **b)** Ermitteln Sie die Aderzahlen in den Leitungsabschnitten A und B und C.

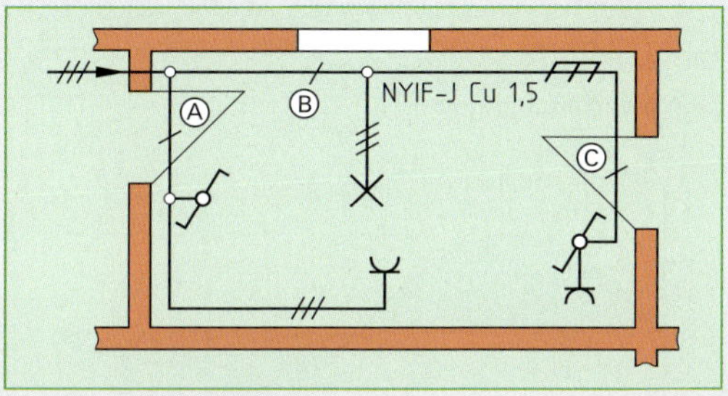

Bild 1: Installationsplan

5. Ergänzen Sie den Stromlaufplan einer Wechselschaltung mit Meldeleuchten zur **a)** Schalterbeleuchtung und **b)** zur Betriebszustandsanzeige.

6. Erklären Sie die Schaltzeichen a bis i.

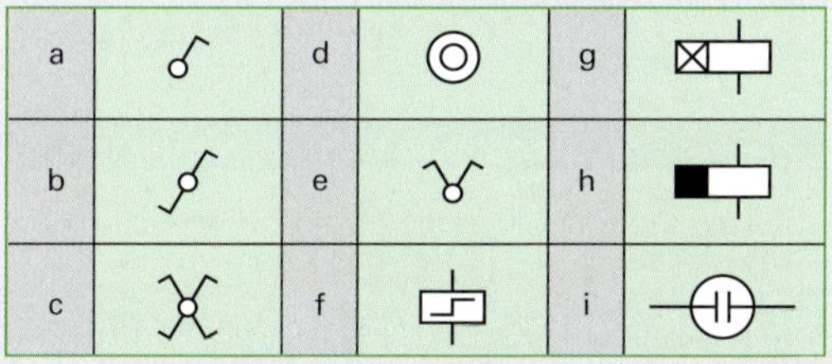

7. Der Schalter Q1 eines Heizlüfters wurde erneuert. Wie muss der Schalter angeschlossen werden, wenn ein Betrieb der Heizung nur bei eingeschaltetem Lüftermotor möglich sein soll? Ergänzen Sie den Stromlaufplan **(Bild 2)**.

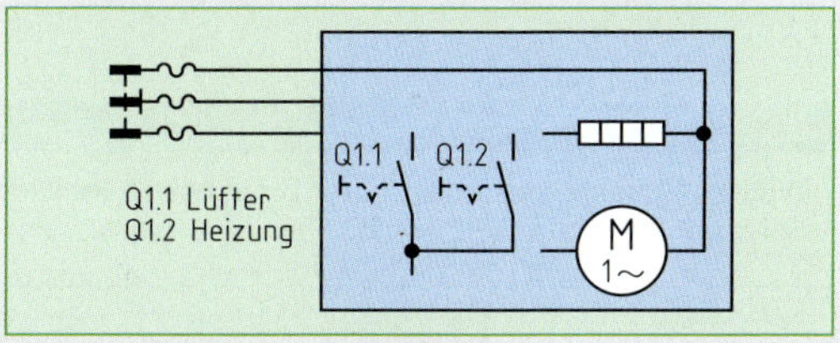

Bild 2: Stromlaufplan Heizlüfter

8. Aus welchen Stromkreisen bestehen Schaltungen mit elektromagnetischen Schaltern grundsätzlich?

9. Erklären Sie den Unterschied zwischen einer **a)** Stromstoßschaltung und **b)** Treppenhaus-Zeitschaltung.

10. Zeichnen Sie den Stromlaufplan in aufgelöster Darstellung einer Treppenhaus-Zeitschaltung **a)** in Vierleiterschaltung und **b)** in Dreileiterschaltung. **c)** Wie unterscheiden sich die beiden Schaltungen in ihrer Funktion?

11. **a)** Benennen Sie die 8 Einzelteile **(Bild 3)** des Relais. **b)** Das Relais hat den Spulenwiderstand 480 Ω. Berechnen Sie den Spulenstrom an DC 12 V.

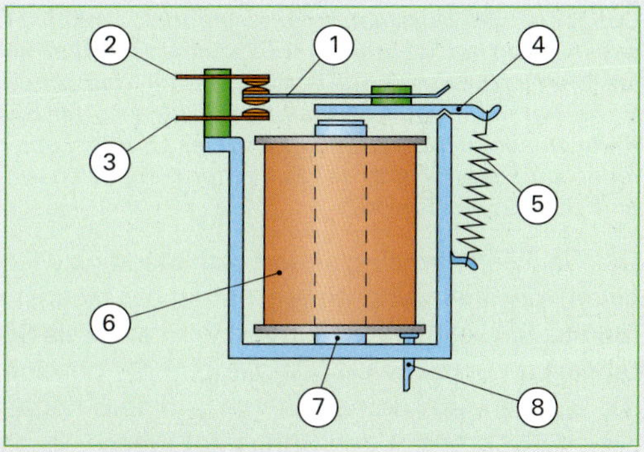

Bild 3: Relaisaufbau

12. Geben Sie die Kontaktbezeichnung bei Schaltschützen an **a)** für die drei Hauptstromkontakte und **b)** die Funktionsziffern der Steuerkontakte Schließer und Öffner.

13. Welche Aufgabe haben die Steuerkontakte S1: 21–22: S2: 13–14 und Q1: 13–14 im Steuerstromkreis in **Bild 4**?

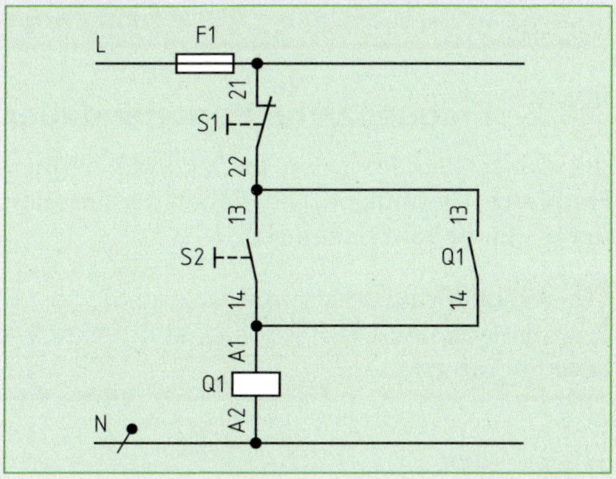

Bild 4: Steuerstromkreis

* Ergebnisse der Rechenaufgaben Seite 297

7 Wechselstromtechnik

Zur Energieübertragung und zur Energieversorgung, z.B. für Haushalte und Betriebe, verwendet man Wechselspannungen.

7.1 Kenngrößen der Wechselstromtechnik

7.1.1 Periode und Scheitelwert

Versuch: Legen Sie die Ausgangsspannung eines Funktionsgenerators parallel an einen Gleichspannungsmesser (Zeigermessinstrument, Nullstellung in Skalenmitte) und an den Y-Eingang eines Oszilloskops **(Bild a).** Stellen Sie beim Generator „Sinusspannung" ein und verändern Sie die Frequenz von kleineren Werten zu größeren Werten, z.B. von 0,1 Hz bis 1 kHz.

Der Zeiger des Messinstrumentes pendelt zunächst langsam hin und her, während der Elektronenstrahl des Oszilloskops sich im Rhythmus des Zeigers auf- und abbewegt. Bei höheren Frequenzen bleibt der Zeiger in der Skalenmitte stehen, der Elektronenstrahl des Oszilloskops zeigt jedoch auf dem Schirm das Bild einer Wechselspannung, eine Sinuskurve **(Bild b).**

Die Wechselspannung ändert sich ständig zwischen einem positiven und einem negativen Höchstwert **(Bild b).** Ein solcher Höchstwert wird auch als **Scheitelwert** $\hat{u}$[1], Spitzenwert oder Amplitude[2] bezeichnet. Die Differenz aus dem positiven und dem negativen Scheitelwert ergibt den **Spitze-Tal-Wert** $\hat{\check{u}}$ (auch u_{ss} = Spitze-Spitze-Wert). Das Hin- und Herpendeln der Spannung zwischen einem positiven und einem negativen Scheitelwert wiederholt sich regelmäßig: Die Spannung ändert sich periodisch[3].

Eine **Periode** besteht aus zwei **Halbperioden (Bild b).** Die Zeitdauer einer ganzen Periode bezeichnet man als **Periodendauer** oder Schwingungsdauer T; sie wird in Sekunden gemessen.

> Wechselstrom und Wechselspannung werden durch die Kurzbezeichnung AC[4] gekennzeichnet.

7.1.2 Frequenz und Periodendauer

Die Anzahl der Perioden je Sekunde nennt man **Frequenz** f (Häufigkeit). Die Einheit der Frequenz ist **Hertz**[5] (Einheitenzeichen Hz).

> Die Frequenz ist umso größer, je kleiner die Periodendauer ist. Die Frequenz ist der Kehrwert der Periodendauer.

Wichtige Kennwerte der Wechselstromtechnik

- Frequenz f (Seite 110)
- Periodendauer T (Seite 110)
- Scheitelwerte $\hat{u}, \hat{\imath}$ (Seite 110 und 116)
- Augenblickswerte u, i (Seite 114)
- Effektivwerte U, I, P (Seite 116)
- Spitze-Tal-Wert $\hat{\check{u}}$ (Seite 116)

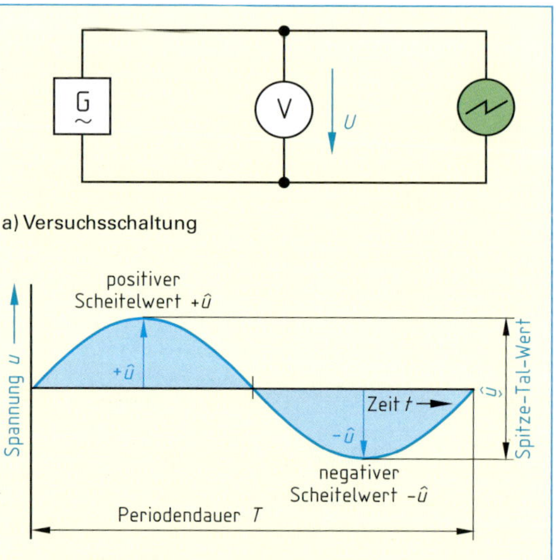

a) Versuchsschaltung

b) zeitlicher Verlauf der Wechselspannung

Bild: Wechselspannungsmessung

Frequenz und Periodendauer

$$f = \frac{1}{T} \qquad T = \frac{1}{f} \qquad [f] = \frac{1}{s} = \text{Hz}$$

f Frequenz
T Periodendauer, Zeitdauer einer vollständigen Schwingung

1 Hertz	= 1 Hz	= 1 Periode pro Sekunde	
1 Kilohertz	= 1 kHz	= 1 000 Hz	= 10^3 Hz
1 Megahertz	= 1 MHz	= 1 000 000 Hz	= 10^6 Hz

Beispiel:

Wie groß ist die Periodendauer eines Wechselstromes bei einer Netzfrequenz von 50 Hz?

Lösung:

$$f = \frac{1}{T}; \Rightarrow \mathbf{T} = \frac{1}{f} = \frac{1}{50\ \text{Hz}} = \frac{1}{50 \cdot \frac{1}{s}} = 0{,}02\ \text{s} = \mathbf{20\ ms}$$

[1] $\hat{u}$ (sprich: u-Dach)
[2] amplitudo (lat.) = Größe, Weite, Schwingungsweite
[3] Periode (griech.) = Zeitabschnitt
[4] AC, Abk. für: **Al**ternating **C**urrent (engl.) = Wechselstrom
[5] Heinrich Hertz, deutscher Physiker, 1857 bis 1894

Auf Leistungsschildern ist die Frequenz manchmal nicht in Hz, sondern in c/s (cycles per second[1] = Perioden je Sekunde) angegeben. Der Wechselstrom aus dem Energieversorgungsnetz hat in Europa 50 Perioden je Sekunde (50 Hz). In den USA beträgt die Frequenz 60 Hz und in Japan 50 Hz oder 60 Hz. Die Deutsche Bahn betreibt ihr Fahrleitungsnetz mit $16^2/_3$ Hz. In der Elektrotechnik und Elektronik werden für verschiedene Anwendungen unterschiedliche Frequenzbereiche benutzt **(Tabelle)**.

Frequenzen der Energieversorgung (Beispiele)

- Deutschland 50 Hz
- USA 60 Hz
- Japan 50 Hz oder 60 Hz
- Deutsche Bahn $16\,^2/_3$ Hz

7.1.3 Frequenz und Wellenlänge

Wird an den Anfang einer parallelen Leitung aus zwei Leitern, deren Leiterabstand klein ist gegenüber der Leitungslänge, eine Wechselspannung gelegt, breitet sich die elektrische Energie entlang der Leitung in Form einer **elektromagnetischen Welle** schnell aus.

Die **Ausbreitungsgeschwindigkeit** c ist vom Stoff abhängig, in dem sich die Welle ausbreitet. Bewegt sich z. B. die Welle in Luft, so ist die Ausbreitungsgeschwindigkeit der elektromagnetischen Welle fast so groß wie die Lichtgeschwindigkeit c_0. Die maximale Ausbreitungsgeschwindigkeit einer elektromagnetischen Welle ist die Lichtgeschwindigkeit $c_0 \approx 300\,000$ km/s. Die Ausbreitung einer Wechselspannung auf einer Leitung ist als Welle darstellbar **(Bild)**.

Der Weg, den die elektromagnetische Welle nach einer Periode zurückgelegt hat, nennt man **Wellenlänge λ**[2]. Die Wellenlänge ist umso größer, je schneller sich die Welle ausbreitet und je kleiner die Frequenz der Wechselspannung ist.

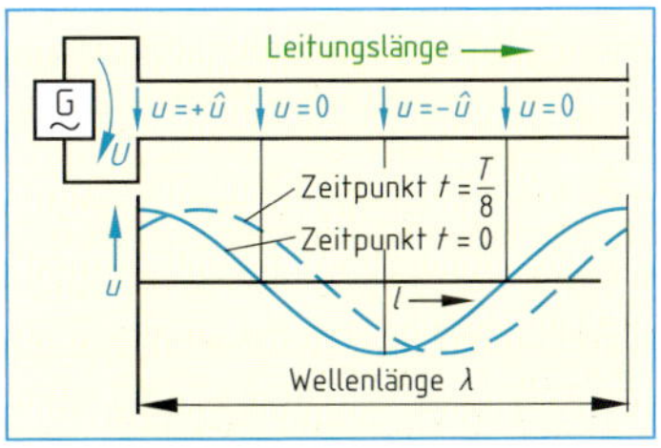

Bild: Wechselspannungsverlauf entlang einer Leitung

Frequenz und Wellenlänge

$$\lambda = \frac{c}{f} \qquad [\lambda] = \frac{\frac{\text{m}}{\text{s}}}{\frac{1}{\text{s}}} = \text{m}$$

λ Wellenlänge
c Ausbreitungsgeschwindigkeit
f Frequenz

Tabelle: Frequenzbereiche und Anwendungen (Beispiele) Nach DIN 40015

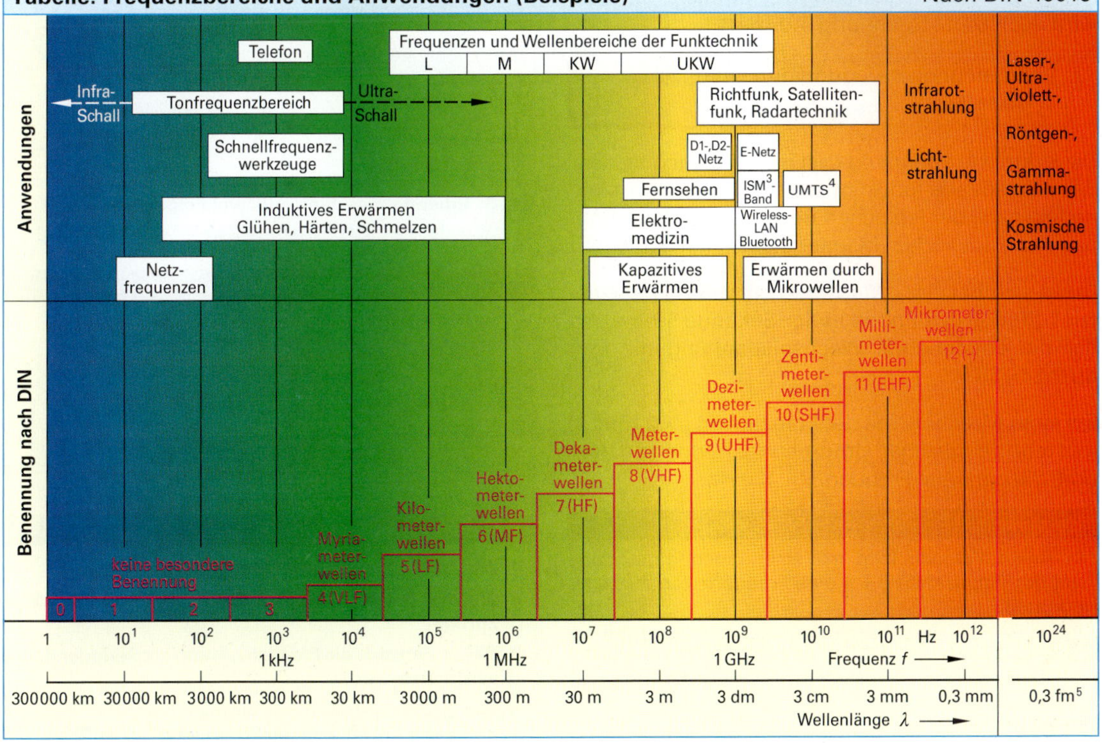

[1] 1 c/s = 1 Hz [2] λ griech. Kleinbuchstabe lambda
[3] ISM, Abk. für: Industrial-Scientific-Medical = Frequenz für industrielle, wissenschaftliche oder medizinische Anwendungen
[4] UMTS, Abk. für: Universal Mobile Telecommunications System [5] fm = Femtometer, 1 fm = 10^{-15} m

7.1.4 Frequenz und Polpaarzahl

Versuch: Stellen Sie einen drehbar gelagerten Dauermagneten in der Nähe einer Spule mit vielen Windungen auf **(Bild 1)**, z. B. mit 1000 Windungen. Schließen Sie an die Spule einen Gleichspannungsmesser an (Zeigermessinstrument, Nullstellung in Skalenmitte). Drehen Sie den Dauermagneten mit unterschiedlicher Drehzahl.

Das Messgerät zeigt eine Wechselspannung an, deren Frequenz mit der Umdrehungsfrequenz des Dauermagneten zunimmt.

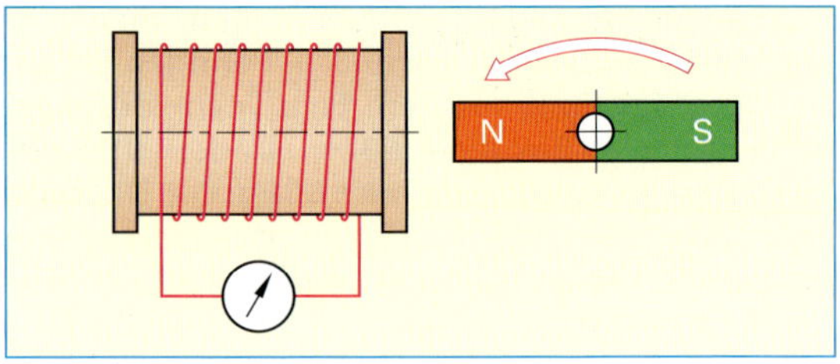

Bild 1: Erzeugung von Wechselspannung

Durch Drehung des Magneten ändert das Magnetfeld in der Spule seine Richtung und Stärke. Dadurch wird in der Spule eine Wechselspannung u induziert, deren Periodendauer T so groß ist wie die Zeit für eine Umdrehung des Magneten. Ähnlich wird in der Energietechnik mit **Innenpolmaschinen** Wechselspannung erzeugt **(Bild 2)**.

Durch Drehung des Magneten bei der Innenpolmaschine **(Bild 2)** ändert sich der magnetische Fluss Φ, der die feste Spule im Ständer der Maschine durchdringt. In der Ständerspule wird eine Wechselspannung u induziert (Induktionsgesetz). Diese Wechselspannung erreicht den größten Wert, wenn der magnetische Fluss durch die Spule seine Richtung ändert. Dann ist die Flußänderung in der Spule am größten. Im Scheitelwert des Flusses ändert sich der Fluss kurzzeitig nicht, deshalb wird auch keine Spannung induziert.

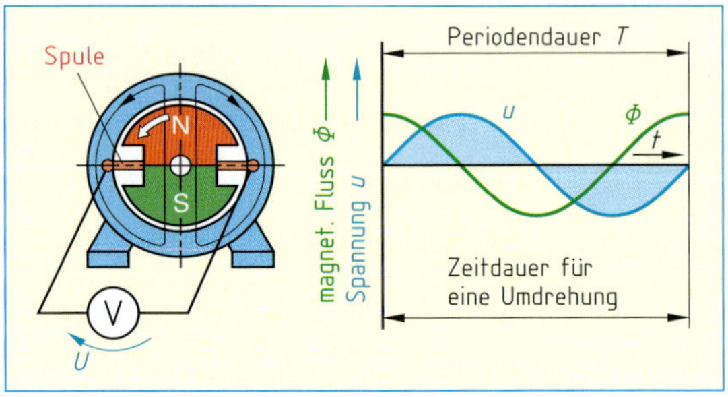

Bild 2: Innenpolmaschine mit einem Polpaar

Spannungserzeugung durch Induktion, **Seite 77**

Die induzierte Spannung u ist immer so gepolt, dass der entstehende Induktionsstrom mit seinem Magnetfeld nach der lenzschen Regel dem Auf- und Abbau des ursächlichen Magnetfeldes entgegenwirkt.

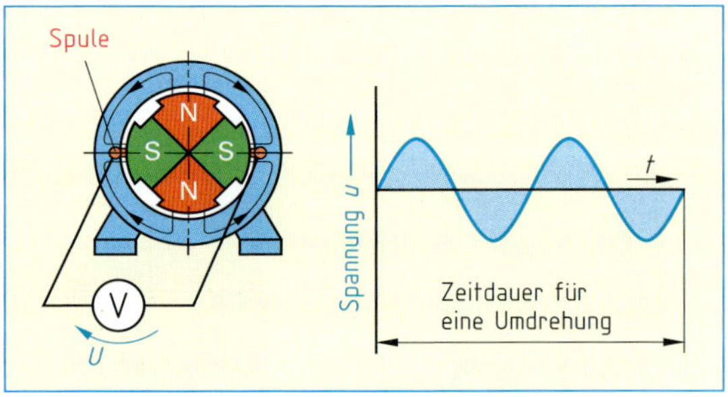

Bild 3: Innenpolmaschine mit zwei Polpaaren

Dreht sich bei einer Maschine mit der Polpaarzahl $p = 1$ **(Bild 2)** das Polrad in der Sekunde 50-mal, so hat die entstehende Wechselspannung die Frequenz $f = 50$ Hz.

Bei einer Maschine mit der Polpaarzahl $p = 2$ **(Bild 3)** entsteht bei gleicher Umdrehungsfrequenz (Drehzahl) die doppelte Frequenz $f = 100$ Hz.

Frequenz und Polpaarzahl

$$f = p \cdot n \qquad [f] = \frac{1}{s} = \text{Hz}$$

f Frequenz
p Polpaarzahl
n Umdrehungsfrequenz (Drehzahl)

Beispiel:

In einem Versuch wird bei einer Innenpolmaschine mit der Polpaarzahl $p = 4$ eine Frequenz von $f = 50$ Hz ermittelt.

Berechnen Sie die Umdrehungsfrequenz (Drehzahl) der Maschine.

Lösung:

$f = p \cdot n$

$$\Rightarrow \boldsymbol{n} = \frac{f}{p} = \frac{50\frac{1}{s}}{4} = 12{,}5\,\frac{1}{s} = \mathbf{750\,\frac{1}{min}}$$

Wiederholungsfragen

1. **Was versteht man unter Frequenz?**
2. **Welche Frequenz hat das Wechselspannungsnetz in Europa?**
3. **Wie ändert sich die Frequenz, wenn die Periodendauer verdoppelt wird?**
4. **Wie groß ist grundsätzlich die maximale Ausbreitungsgeschwindigkeit einer elektromagnetischen Welle?**
5. **Wie berechnet man die Frequenz, wenn Polpaarzahl und Drehzahl einer Innenpolmaschine gegeben sind?**

7.1.5 Zeitlicher Verlauf von Wechselgrößen

In der Elektrotechnik unterscheidet man insbesondere Rechteck-, Sinus- und Sägezahnspannungen **(Bild 1)**.

> Eine Wechselgröße liegt vor, wenn während einer Periode die Flächenanteile im positiven und negativen Bereich gleich groß sind.

In der Steuerungstechnik, Regelungstechnik und Datentechnik wird häufig mit **Spannungs-** und **Stromimpulsen** gearbeitet. Bei Spannungsimpulsen und bei Stromimpulsen ist eine Spannung oder ein Strom nur kurzzeitig vorhanden **(Tabelle)**.

> Nach einem Impuls folgt eine spannungslose bzw. eine stromlose Pause.

Bei einem **Pulsvorgang** folgen die Einzelimpulse periodisch aufeinander **(Tabelle)**. Bei Wechselimpulsen wechselt der Strom bzw. die Spannung während einer Periode die Richtung.

Je nach Impulsform und Schwingungsanteil unterscheidet man verschiedene Impulse **(Tabelle)**. In der Digitaltechnik werden häufig **Rechteckimpulse** und **Nadelimpulse** als Taktsignale verwendet. Nadelimpulse entstehen, wenn man z. B. eine RC-Schaltung mit Rechteckimpulsen **(Bild 2)** ansteuert.

In der Energietechnik werden **Sinusimpulse**, z.B. bei der Gleichrichtung **(Seite 152)**, und **Schwingungspakete** bei Vielperiodensteuerungen (Schwingungspaketsteuerungen) erzeugt.

Wichtige Impulsgrößen sind die Impulsdauer t_i, die Pausendauer t_p, die Periodendauer T **(Tabelle)** und der **Tastgrad** g. Bei Impulsen unterscheidet man die Vorderflanke, die Rückflanke und das Impulsdach **(Bild 3)**. Die Impulsflanken sind umso steiler, je kürzer die **Anstiegszeit** t_r[1] und die **Abfallzeit** t_f[2] sind.

Beispiel:

Bei einem Generator beträgt die Impulszeit 3 ms und die Pausendauer 5 ms. Berechnen Sie **a)** den Tastgrad g und **b)** die Frequenz f.

Lösung:

a) $g = \frac{t_i}{T} = \frac{t_i}{t_i + t_p} = \frac{3\ \text{ms}}{3\ \text{ms} + 5\ \text{ms}} = \mathbf{0{,}375}$

b) $f = \frac{1}{T} = \frac{1}{t_i + t_p} = \frac{1}{3\ \text{ms} + 5\ \text{ms}} = \mathbf{125\ Hz}$

[1] von to rise (engl. = ansteigen)
[2] von to fall (engl. = fallen)

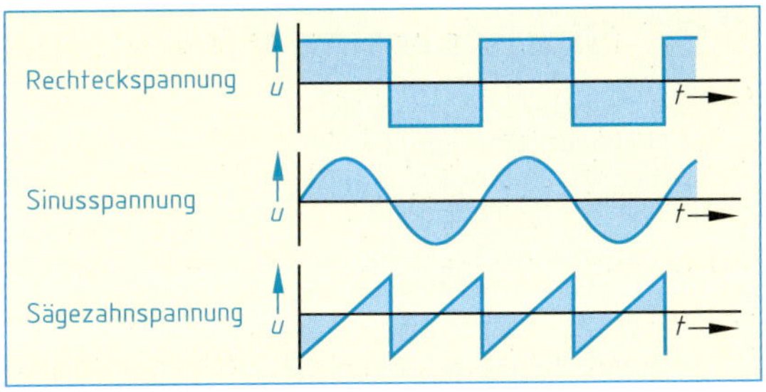

Bild 1: Beispiele von Wechselspannungen

Tabelle: Impulsarten

Rechteckimpulse	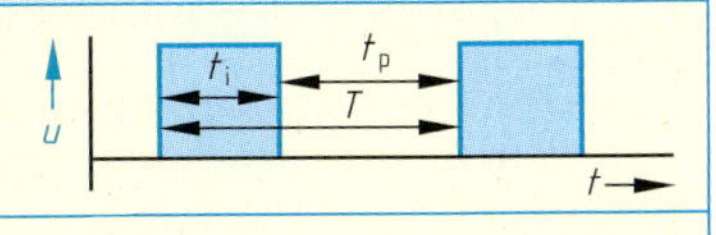
Nadelimpulse	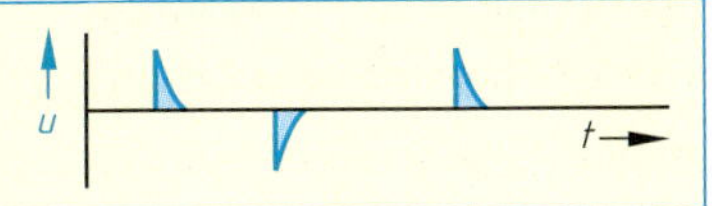
Sinusimpulse	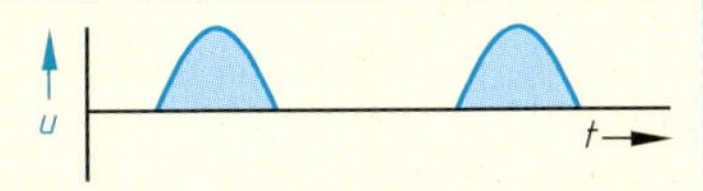
Schwingungspakete	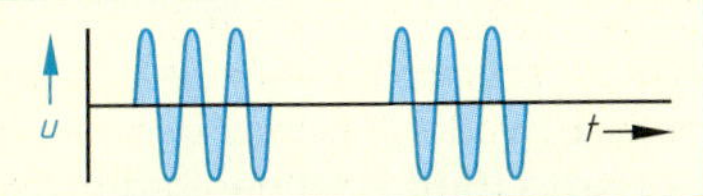

Pausendauer und Impulsdauer

$$g = \frac{t_i}{T} \qquad T = t_i + t_p \qquad f = \frac{1}{T}$$

g Tastgrad
T Periodendauer
t_i Impulsdauer
t_p Pausendauer
f Frequenz

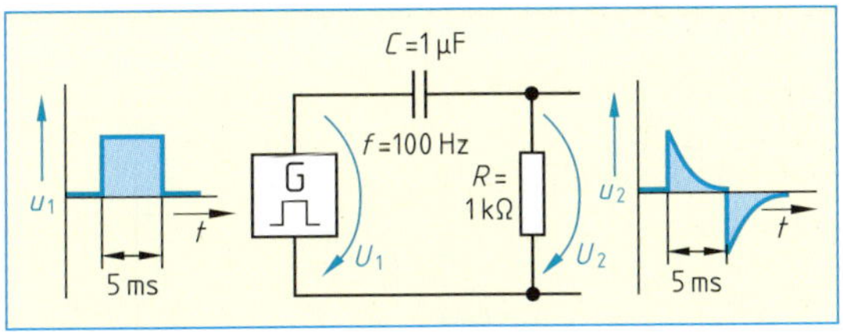

Bild 2: Erzeugung von Nadelimpulsen

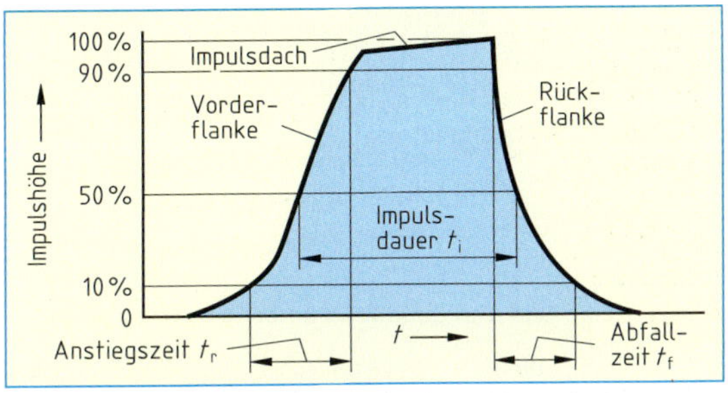

Bild 3: Kenngrößen beim Impuls

7.2 Sinusförmige Wechselgrößen

Versuch: Entnehmen Sie dem Netz über einen einstellbaren Trenntransformator die Wechselspannung $U = 10$ V. Schalten Sie die Spannung an den Y-Eingang eines Oszilloskops und bilden Sie den zeitlichen Verlauf der Spannung ab. Messen Sie die Periodendauer der Spannung.

*Auf dem Schirm des Oszilloskops wird eine Spannung mit zeitlich sinusförmigem[1] Verlauf dargestellt **(Bild 1)**. Die Periodendauer der Wechselspannung ist 20 ms.*

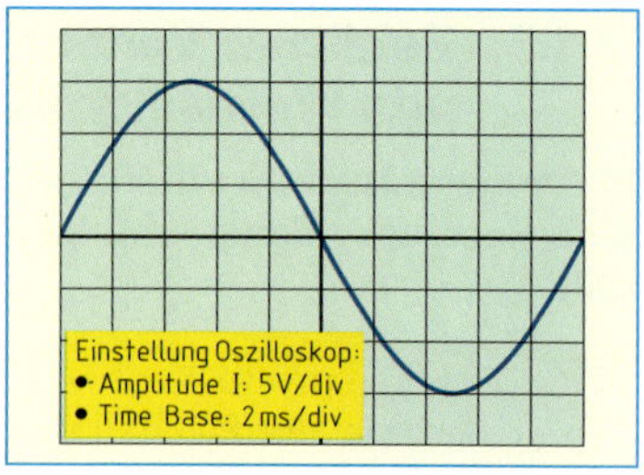

Bild 1: Oszillogramm einer sinusförmigen Wechselspannung

Eine Wechselspannung bzw. einen Wechselstrom mit zeitlich sinusförmigem Verlauf nennt man Sinusspannung bzw. Sinusstrom.

7.2.1 Zeigerdarstellung von Sinusgrößen

Sinusförmig verlaufende Vorgänge können vereinfacht als Zeiger dargestellt werden. Unter einem **Zeiger** versteht man eine gerichtete Größe (Pfeillinie), die man sich um ihren Anfangspunkt drehend vorstellt **(Bild 2).** Für Zeigerdarstellungen von Sinusspannungen und Sinusströmen gelten folgende Vereinbarungen:

- Die Zeigerlänge entspricht dem Scheitelwert $\hat{u}$ der Wechselspannung bzw. $\hat{i}$ des Wechselstromes.
- Die Drehzahl je Sekunde des umlaufenden Zeigers ist gleich der Frequenz des Wechselstromes bzw. der Wechselspannung.
- Die Drehrichtung des umlaufenden Zeigers ist entgegengesetzt dem Uhrzeigersinn (Linksdrehung ist positive Richtung).
- Die Ausgangsrichtung eines Zeigers ist die Richtung der Zeitachse.

Aus dem umlaufenden Zeiger kann die Sinuslinie der Wechselspannung bzw. des Wechselstromes konstruiert werden. Bei dem kleineren Kreis **(Bild 2)** ist der Radius z. B. so groß wie die Amplitude $\hat{u}$ der Sinusspannung. Deshalb ist die Gegenkathete des Winkels α im markierten rechtwinkligen Dreieck $u = \hat{u} \cdot \sin \alpha$. Der Augenblickswert u der Spannung in der Sinuslinie **(Bild 2)** entspricht dem senkrechten Abstand von der Zeitachse bis zur Sinuslinie. Die Abhängigkeit einer Größe von der Zeit wird durch Kleinbuchstaben, z. B. u, i, hervorgehoben, eine Wechselspannung kann zusätzlich als Index (Beiwert) eine Wellenlinie erhalten, z. B. $u_{\sim}$[2].

Augenblickswerte

Für Spannungen:

$$u = \hat{u} \cdot \sin \alpha$$

Für Ströme:

$$i = \hat{i} \cdot \sin \alpha$$

u, i Augenblickswerte
$\hat{u}$, $\hat{i}$ Scheitelwerte
$\sin \alpha$ Sinus des Drehwinkels α

Augenblickswerte, z. B. *u*, *i* oder *p*, werden mit Kleinbuchstaben bezeichnet.

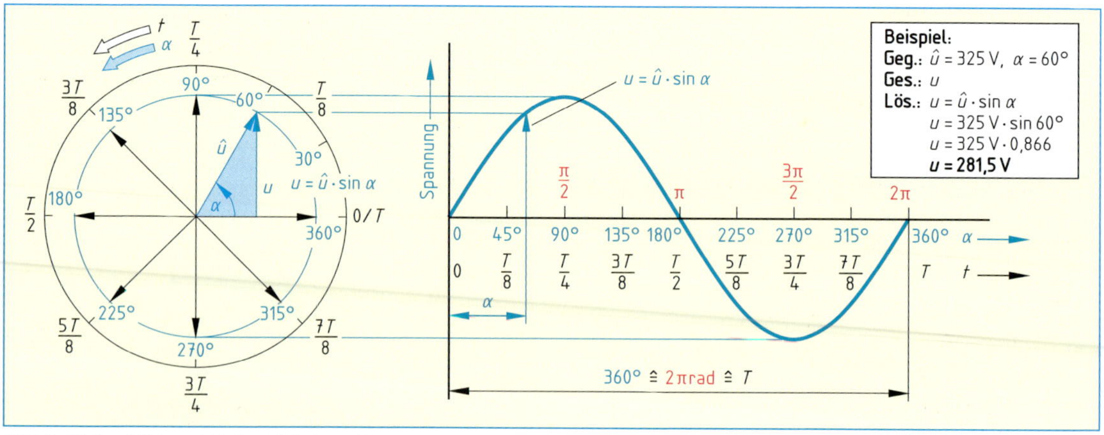

Bild 2: Zeigerbild und Linienbild einer Sinusspannung

[1] sinus (lat.) = Bogen
[2] $u_{\sim}$ (sprich: u-Wechsel)

7.2.2 Kreisfrequenz

Den **Drehwinkel** α des Zeigers im **Bild Seite 114** gibt man bei Wechselstrom- und Wechselspannungsberechnungen auch im **Bogenmaß** an.

Das Bogenmaß eines Winkels α (Einheit rad[1]) ist die Länge des zugehörigen Kreisbogens in einem Kreis mit dem Radius $r = 1$ (Einheitskreis).

Der Drehwinkel α_B im Bogenmaß, in **Bild 1** z. B. 0,524 rad, verhält sich zum Vollwinkel 2 π rad wie der Drehwinkel im Gradmaß α_G, z. B. 30°, zum Vollwinkel 360°. Aus dieser Beziehung kann das Bogenmaß berechnet werden, wenn das Gradmaß gegeben ist, und umgekehrt. Die Einheit rad des Bogenmaßes wird meist weggelassen.

Je höher die Frequenz einer Sinusschwingung ist, umso kürzer ist die Periodendauer und umso schneller dreht sich der dazugehörige Zeiger **(Bild 1)**. Als Maß für die Geschwindigkeit der Zeigerbewegung wird in der Elektrotechnik häufig die **Kreisfrequenz** ω[2] angegeben.

Die Kreisfrequenz (Winkelfrequenz) gibt an, welchen Winkel (gemessen im Bogenmaß) ein Zeiger je Sekunde überstreicht.

Beispiel:

Eine Wechselspannung mit einer Frequenz von 50 Hz hat einen Scheitelwert $\hat{u} = 34$ V. Berechnen Sie

a) die Kreisfrequenz ω und

b) den Augenblickswert u bei der Zeit $t = 7$ ms (Beachte: Taschenrechner auf RAD).

Lösung:

a) $\omega = 2\,\pi \cdot f = 2\,\pi \cdot 50\frac{1}{s} = \mathbf{314\frac{1}{s}}$

b) $u = \hat{u} \cdot \sin(\omega \cdot t) = 34\text{ V} \cdot \sin(314\frac{1}{s} \cdot 0{,}007\text{ s})$

$u = 34\text{ V} \cdot \sin 2{,}198 = \mathbf{27{,}5\text{ V}}$

7.2.3 Erzeugung von Sinusspannungen

Wechselspannungen mit zeitlich sinusförmigem Verlauf werden in der Energietechnik durch Induktion in Wechselspannungsgeneratoren erzeugt. Diese Generatoren sind Innenpol- oder Außenpolmaschinen. Das Prinzip der Außenpolmaschine ist eine gleichförmig drehende Leiterschleife in einem gleichförmigen (homogenen) Magnetfeld **(Bild 2)**. Durch die Drehbewegung erfährt die Leiterschleife ständig eine Änderung des magnetischen Flusses mit zeitlich sinusförmigem Verlauf. Dadurch wird in der Leiterschleife eine Sinusspannung induziert.

[1] rad, Abk. für: Radiant (Winkeleinheit) 1 rad = 180°/π
[2] ω griech. Kleinbuchstabe omega

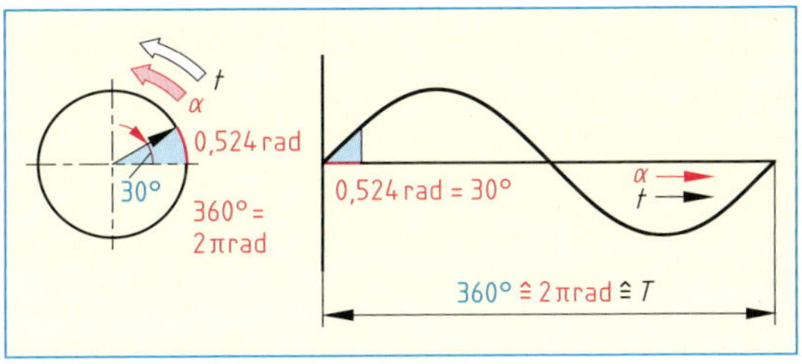

Bild 1: Einheitskreis und Bogenmaß

Gradmaß und Bogenmaß

$$\frac{\alpha_B}{2\,\pi\text{ rad}} = \frac{\alpha_G}{360°} \Rightarrow$$

$$\alpha_B = \frac{\alpha_G}{360°} \cdot 2\,\pi\text{ rad} \qquad [\alpha_B] = \text{rad}$$

$$\alpha_G = \frac{\alpha_B}{2\,\pi\text{ rad}} \cdot 360° \qquad [\alpha_G] = °\text{(Grad)}$$

$$\omega = \frac{\text{überstrichener Winkel}}{\text{Zeitdauer}} = \frac{\alpha_B}{t} = \frac{2\,\pi}{T} \text{ mit } T = \frac{1}{f}$$

$$\Rightarrow \quad \omega = 2\,\pi \cdot f \qquad [\omega] = \frac{1}{s}$$

α_B Drehwinkel im Bogenmaß
α_G Drehwinkel im Gradmaß
ω Kreisfrequenz (Winkelfrequenz)
t Zeit ab Nulldurchgang
T Periodendauer
f Frequenz

Augenblickswerte der Sinusgrößen

$$u = \hat{u} \cdot \sin\alpha = \hat{u} \cdot \sin(\omega \cdot t)$$

$$i = \hat{i} \cdot \sin\alpha = \hat{i} \cdot \sin(\omega \cdot t)$$

u, i Augenblickswerte (Momentanwerte) der Sinusgrößen
$\hat{u}, \hat{i}$ Scheitelwerte der Sinusgrößen
ω Kreisfrequenz (Winkel im Bogenmaß pro Sekunde)
t Zeit
α Drehwinkel

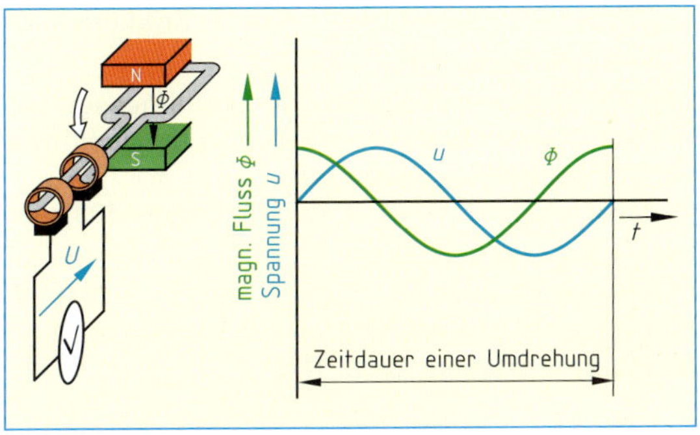

Bild 2: Prinzip der Außenpolmaschine

7.2.4 Scheitelwert und Effektivwert bei sinusförmigen Wechselgrößen

Versuch: a) Schließen Sie eine Signallampe 12 V/0,1 A an eine Sinusspannung an. Messen Sie die Sinusspannung mit einem digitalen Messinstrument und einem Oszilloskop. **b)** Schließen Sie eine gleiche Signallampe an ein Gleichspannungsnetzgerät an. Erhöhen Sie die Gleichspannung, bis beide Lampen gleich hell leuchten. Messen Sie die Gleichspannung.

Der Gleichspannungsmesser zeigt den gleichen Wert wie bei Wechselspannung bei gleicher Helligkeit an (ungefähr 70 % von $\hat{u}$).

Die Gleichspannung ist so groß wie der **Effektivwert**[1] der Wechselspannung. Somit ist der Gleichstrom so groß wie der Effektivwert des Wechselstromes.

> Der Effektivwert des Wechselstromes ist so groß wie ein Gleichstrom derselben Wärmewirkung.

In der Energietechnik werden bei Sinusströmen und Sinusspannungen, z. B. Netzspannung 230 V, immer Effektivwerte **(Bild 2)** angegeben. Bei der Berechnung des Effektivwertes geht man vom Mittelwert der Wechselstromleistung aus. Die augenblickliche Leistung p des Sinusstromes i an einem Widerstand R ist $p = u \cdot i = i^2 \cdot R$. Die Sinusleistung ändert sich mit dem Quadrat des Stromes und hat doppelte Frequenz **(Bild 1)**. Der Effektivwert heißt auch **geometrischer (quadratischer) Mittelwert.**

Durch Auffüllen der Täler mit der oberen Hälfte der Leistungskurve erhält man ein flächengleiches Rechteck und somit den arithmetischen Mittelwert der Wechselstromleistung P_{eff}. Er ist bei Sinusverlauf halb so groß wie der Höchstwert $\hat{p}$ der Sinusleistung **(Bild 1)**.

> Effektivwerte, z. B. U, I oder P, werden wie Gleichgrößen mit Großbuchstaben bezeichnet.

Effektivwerte werden auch mit der Bezeichnung RMS (Root Mean Square, engl. = quadratischer Wurzelmittelwert), z. B. U_{RMS} oder I_{RMS} angegeben.

In der Praxis sind bei Messungen von Sinusgrößen meist nur die Effektivwerte von Interesse. Deshalb werden Drehspulmessgeräte mit Gleichrichtern sowie einfache digitale Messgeräte für Effektivwerte von Sinusgrößen geeicht.

Werden diese Messgeräte (Drehspulmessgeräte mit Gleichrichtern) zu Messungen nichtsinusförmiger Wechselgrößen **(Seite 117)** benutzt, können große Messfehler auftreten **(Praxistipp, Seite 139)**.

Das Verhältnis Scheitelwert zu Effektivwert nennt man **Scheitelfaktor** bzw. **Crestfaktor**[2] F_c. Er hat bei Sinusgrößen den Wert $\sqrt{2}$ und bei Dreieckgrößen den Wert $\sqrt{3}$ **(Tabelle, Seite 117)**.

[1] von efficere (lat.) = bewirken, tatsächlich, mengenmäßig wirksam
[2] crest (engl.) = Gipfel

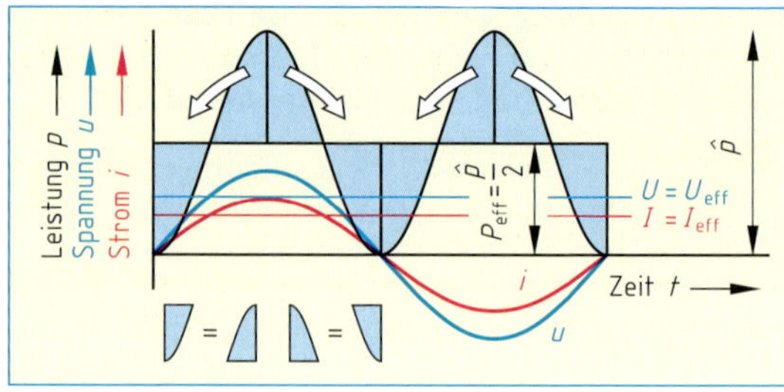

Bild 1: Sinusleistung

Aus **Bild 1** folgt:	$P_{eff} = 0{,}5 \cdot \hat{p}$;
Es gilt:	$P_{eff} = U_{eff} \cdot I_{eff}$
Mit $U_{eff} = I_{eff} \cdot R \Rightarrow$	$P_{eff} = I_{eff}^2 \cdot R$;
	$\hat{p} = \hat{i}^2 \cdot R$
Einsetzen in 1. Formel:	$I_{eff}^2 \cdot R = 0{,}5 \cdot \hat{i}^2 \cdot R$
Dividiert durch R:	$I_{eff}^2 = 0{,}5 \cdot \hat{i}^2$
Daraus folgt:	$I_{eff} = \sqrt{0{,}5 \cdot \hat{i}^2} = \sqrt{\frac{1}{2} \cdot \hat{i}^2} = \frac{\hat{i}}{\sqrt{2}}$

Scheitelwert und Effektivwert bei Sinusgrößen

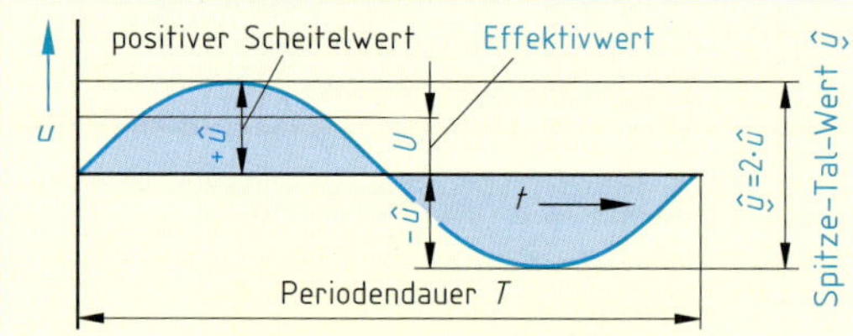

Bild 2

$$U = U_{eff} = \frac{\hat{u}}{\sqrt{2}} = 0{,}707 \cdot \hat{u}$$

$$I = I_{eff} = \frac{\hat{i}}{\sqrt{2}} = 0{,}707 \ \hat{i}$$

$U = U_{eff}$	Effektivwert der Sinusspannung
$I = I_{eff}$	Effektivwert des Sinusstromes
$\hat{i}$	Scheitelwert des Sinusstromes
$\hat{u}$	Scheitelwert der Sinusspannung
$\underset{\vee}{\hat{u}}$	Spitze-Tal-Wert der Sinusspannung

Beispiel:

An einem Wechselspannungsnetzgerät wird eine Spannung von U = 24 V gemessen. Berechnen Sie **a)** den Scheitelwert $\hat{u}$ und **b)** den Spitze-Tal-Wert $\underset{\vee}{\hat{u}}$ der Sinusspannung. **c)** Können alle drei Spannungen mit dem Oszilloskop **(Seite 139)** ermittelt werden?

Lösung:

a) $\hat{u} = \sqrt{2} \cdot U = \sqrt{2} \cdot 24\ \text{V} = \mathbf{34\ V}$

b) $\underset{\vee}{\hat{u}} = 2 \cdot \hat{u} = 2 \cdot 34\ \text{V} = \mathbf{68\ V}$

c) Den Scheitelwert und den Spitze-Tal-Wert kann man mit dem Oszilloskop messen. Den Effektivwert U = 24 V muss man bei der Oszilloskopmessung errechnen oder z. B. mit einem Digitalmultimeter ermitteln.

7.2.5 Nichtsinusförmige Spannungen und Ströme

Bei nichtsinusförmigen Spannungen und Strömen unterscheidet man außer dem Effektiv- und Scheitelwert zusätzlich den arithmetischen Mittelwert **(Bild 1)**.

Arithmetischer Mittelwert. Der arithmetische (lineare) Mittelwert, z. B. $\bar{u}$, $\bar{i}$, ist ein mittlerer Wert über eine vollständige Periode **(Bild 1)**.

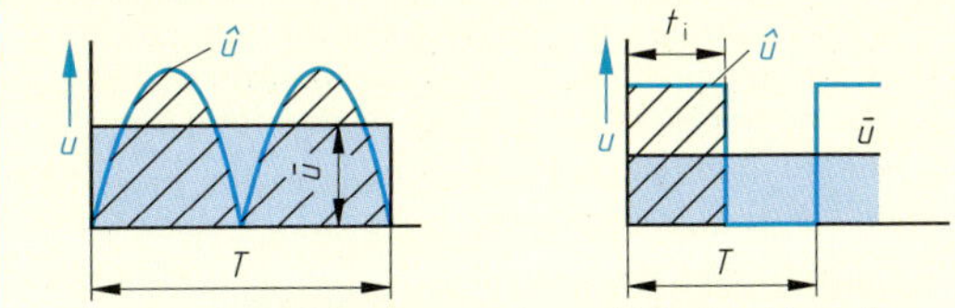

Bild 1: Arithmetischer Mittelwert bei Gleichgrößen

Zur Bestimmung des arithmetischen Mittelwertes, z. B. bei der pulsierenden Gleichspannung **(Bild 1a)**, werden die Flächen der beiden Halbwellen in ein Rechteck mit gleicher Fläche umgeformt. Die Höhe des Rechtecks ist der arithmetische Mittelwert der Spannung $\bar{u}$, der auch mit dem Index AV (Average Value, engl. = arithmetischer Mittelwert), z. B. U_{AV}, angegeben wird. Bei der Gleichrichtung wird dieser über eine Periode genommene Mittelwert auch als Gleichrichtwert, z. B. $|\bar{u}|$ bezeichnet **(siehe auch ideelle Leerlaufgleichspannung, Seiten 152 und 153)**.

Das gleiche Verfahren wie bei der gleichgerichteten Spannung **(Bild 1a)** wendet man bei der Ermittlung des arithmetischen Mittelwerts von Rechteck-, Dreieck- und Sägezahnimpulsen an **(Bild 1b und Tabelle)**. Dieser arithmetische Mittelwert (Formelzeichen, $\bar{u}$, wird überstrichen) bezieht sich immer auf eine Periode und ist abhängig von der **Impulsdauer t_i** und der **Pausendauer t_p**.

Bei Wechselgrößen, z. B. Sinusspannungen **(Tabelle)** ist die positive und die negative Fläche über die Periode T gleich groß und hebt sich auf. Der Zeiger eines Gleichspannungsmessers, z. B. eines Drehspulmessgeräts, würde bei einer Wechselspannung kleiner Frequenz um den Nullpunkt hin und her pendeln und beim Messen einer Wechselspannung höherer Frequenz den arithmetischen Mittelwert Null anzeigen.

Der arithmetische (lineare) Mittelwert einer Wechselgröße, z. B. einer Sinusspannung, ist immer Null.

Tabelle: Kurvenformen* von Spannungen bzw. Strömen (Beispiele)

Spannung	Effektivwert	Arith. Mittelwert	Crestfaktor	Spannung	Effektivwert	Arith. Mittelwert	Crestfaktor
Sinusspannung 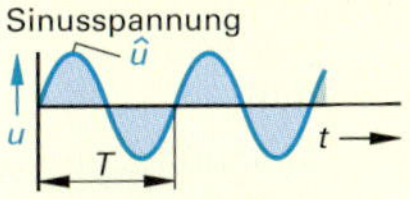	$U = \frac{\hat{u}}{\sqrt{2}}$	$\bar{u} = 0$	$F_c = \sqrt{2}$	Sägezahnspannung 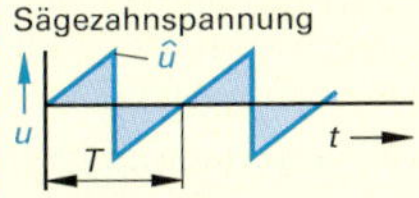	$U = \frac{\hat{u}}{\sqrt{3}}$	$\bar{u} = 0$	$F_c = \sqrt{3}$
Rechteckwechselspannung 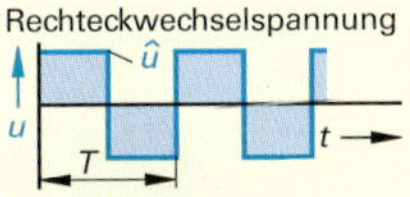	$U = \hat{u}$	$\bar{u} = 0$	$F_c = 1$	Dreieckimpuls ($t_i = T$) 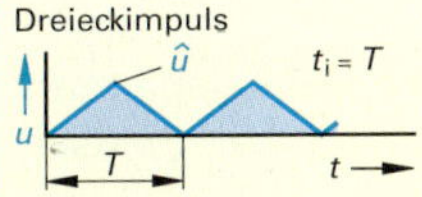	$U = \frac{\hat{u}}{\sqrt{3}}$	$\bar{u} = \frac{\hat{u}}{2}$	$F_c = \sqrt{3}$
Rechteckimpuls (1) ($t_i = t_p$) 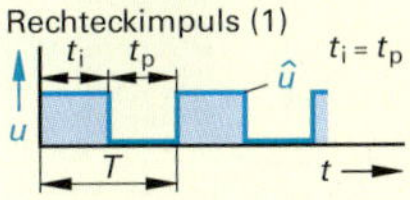	$U = \frac{\hat{u}}{\sqrt{2}}$	$\bar{u} = \frac{\hat{u}}{2}$	$F_c = \sqrt{2}$	Sägezahnimpuls 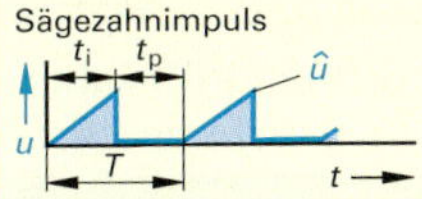	$U = \sqrt{\frac{t_i}{3 \cdot T}} \cdot \hat{u}$	$\bar{u} = \frac{t_i \cdot \hat{u}}{2 \cdot T}$	$F_c = \sqrt{\frac{3 \cdot T}{t_i}}$
Rechteckimpuls (2) 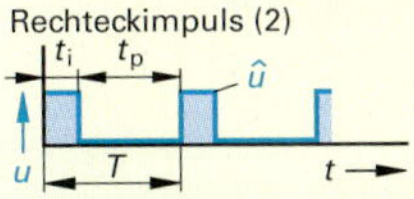	$U = \sqrt{\frac{t_i}{T}} \cdot \hat{u}$	$\bar{u} = \frac{t_i \cdot \hat{u}}{T}$	$F_c = \sqrt{\frac{T}{t_i}}$	Gleichspannung, pulsierend 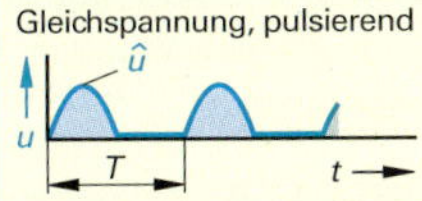	$U = \frac{\hat{u}}{2}$	$\bar{u} = \frac{\hat{u}}{\pi}$	$F_c = 2$
Dreieckspannung 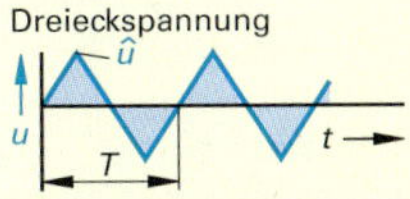	$U = \frac{\hat{u}}{\sqrt{3}}$	$\bar{u} = 0$	$F_c = \sqrt{3}$	Gleichspannung, pulsierend 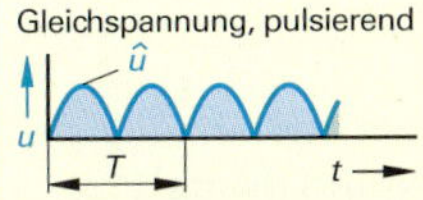	$U = \frac{\hat{u}}{\sqrt{2}}$	$\bar{u} = \frac{2 \cdot \hat{u}}{\pi}$	$F_c = \sqrt{2}$

$\bar{u}$ arithmetischer Mittelwert; U Effektivwert; $\hat{u}$ Scheitelwert; t_i Impulsdauer; t_p Pausendauer; T Periodendauer

7.2.6 Phasenverschiebung

Versuch 1: Schalten Sie einen Kondensator C = 1 µF und einen Widerstand R = 100 Ω in Reihe an eine Sinusspannung U = 10 V, f = 1,6 kHz **(Bild 1a).** Stellen Sie mit einem Zweikanal-Oszilloskop den zeitlichen Verlauf der Spannung U und der Spannung U_w am Widerstand dar.

Die Nulldurchgänge der beiden Spannungen und die Zeitpunkte, zu denen die Scheitelwerte erreicht werden, sind zeitlich verschoben **(Bild 1b).**

Erreichen zwei periodische Vorgänge gleicher Frequenz zu verschiedenen Zeiten sowohl ihre Nulldurchgänge als auch zu verschiedenen Zeiten ihre Scheitelwerte, so sind die periodischen Vorgänge phasenverschoben (zeitlich verschoben). Die Größe der zeitlichen Verschiebung nennt man **Phasenverschiebung**[1]. Sie wird auch durch den **Phasenverschiebungswinkel** φ[2] angegeben **(Praxistipp, Seite 139).**

Zwischen Sinusstrom und Sinusspannung besteht eine Phasenverschiebung, wenn Strom und Spannung zu verschiedenen Zeitpunkten ihre positiven Scheitelwerte erreichen.

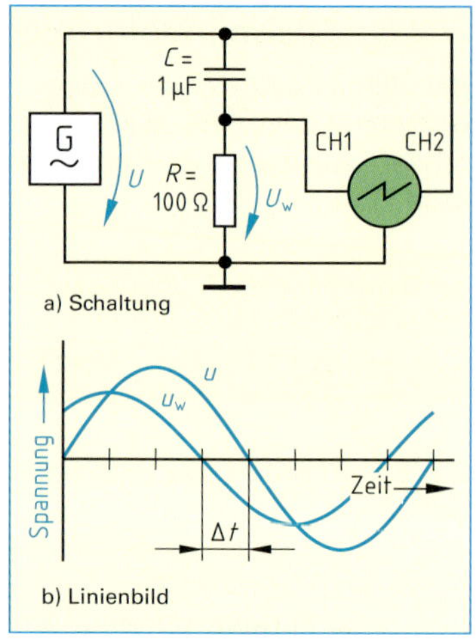

Bild 1: Versuch zur Phasenverschiebung

7.2.7 Wirkwiderstand

Versuch 2: Legen Sie eine Signallampe, z. B. 6 V/3 W, an eine Gleichspannung. Messen Sie Stromstärke und Spannung und berechnen Sie den Widerstand. Legen Sie dieselbe Lampe an Sinusspannung mit der Frequenz 50 Hz. Stellen Sie die gleiche Helligkeit ein. Messen Sie wieder Stromstärke und Spannung und berechnen Sie den Widerstand.

Der Widerstand der Lampe ist bei Gleichstrom und Wechselstrom gleich groß.

Wirkwiderstand

$$R = \frac{U}{I} \qquad [R] = \frac{\text{V}}{\text{A}} = \Omega$$

R Wirkwiderstand
U Effektivwert der Sinusspannung
I Effektivwert des Sinusstromes

Einen Widerstand, der im Wechselstromkreis die gleiche Wirkung hat wie im Gleichstromkreis, bezeichnet man als Wirkwiderstand R. Am Wirkwiderstand sind Spannung und Strom phasengleich.

In jedem Wirkwiderstand, der ein ohmscher Widerstand ist, wird elektrische Energie in eine andere Energieform, z. B. in Wärme, umgesetzt. Wirkwiderstände sind z. B. Glühlampen und Heizwiderstände. Wirkwiderstände können aus den Effektivwerten von Strom und Spannung mit der Formel $R = U/I$ berechnet werden.

7.2.8 Scheinwiderstand

Versuch 3: Schließen Sie eine Spule (Drossel) an 10 V Gleichspannung an. Messen Sie die Stromstärke und berechnen Sie den Widerstand der Spule bei Gleichstrom. Wiederholen Sie den Versuch mit gleich großer Sinusspannung der Frequenz f = 50 Hz und bestimmen Sie nochmals den Widerstand derselben Spule bei Sinusspannung.

Bei Anschluss an eine gleich große Sinusspannung ist der Strom wesentlich kleiner als an Gleichspannung, er wird durch die Spule „gedrosselt".

Der Widerstand der Spule ist an Sinusspannung größer als bei Gleichspannung. Den Widerstand bei Sinusstrom nennt man Scheinwiderstand Z (Impedanz[3]).

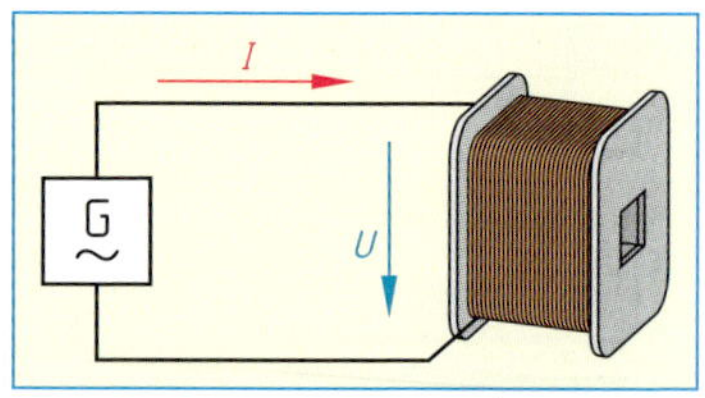

Bild 2: Scheinwiderstand

Der **Scheinwiderstand Z** ist eine Rechengröße und wird aus den Effektivwerten von Sinusstrom und Sinusspannung berechnet **(Bild 2).**

Beispiel:

Berechnen Sie den Scheinwiderstand Z nach Versuch 3, wenn eine Sinusspannung von 10 V anliegt und ein Sinusstrom von 8 mA fließt.

Lösung:

$$Z = \frac{U}{I} = \frac{10\ \text{V}}{8\ \text{mA}} = \mathbf{1{,}25\ k\Omega}$$

Scheinwiderstand

$$Z = \frac{U}{I} \qquad [Z] = \frac{\text{V}}{\text{A}} = \Omega$$

Z Scheinwiderstand
U Effektivwert der Sinusspannung
I Effektivwert des Sinusstromes

Der Scheinwiderstand einer Spule besteht aus dem Wirkwiderstand und dem induktiven Blindwiderstand **(Seite 119).**

[1] Phasis (griech.) = Erscheinung, augenblicklicher Zustand, Anzeige
[2] φ griech. Kleinbuchstabe phi [3] von impedire (lat.) = hindern, hemmen

7.3 Spule im Wechselstromkreis

Induktiver Blindwiderstand

Die Stromaufnahme einer Spule an Wechselspannung ist kleiner als an Gleichspannung. Ursache dafür ist der **induktive Blindwiderstand** X_L. Der induktive Blindwiderstand **(Bild 1)** entsteht durch die Selbstinduktionsspannung in der Spule, die auf den Sinusstrom I hemmend wirkt.

Eine Spule im Wechselstromkreis hat einen induktiven Blindwiderstand, der durch Selbstinduktion entsteht.

Der Strom erzeugt einen phasengleichen magnetischen Fluss Φ. Als Folge der Flussänderung entsteht eine **Selbstinduktionsspannung**. Die Selbstinduktionsspannung wirkt entsprechend der lenzschen Regel in jedem Zeitpunkt hemmend auf den Anstieg bzw. Abfall des Stromes. Der Spulenstrom erreicht seinen Scheitelwert jeweils eine Viertelperiode ($\varphi = 90°$) später als die Spannung U_{bL} an der Spule **(Bild 3b** und **Bild 3c)**.

Am induktiven Blindwiderstand eilt der Wechselstrom der Wechselspannung um 90° nach.

Versuch: Legen Sie eine Spule ohne Eisenkern, z. B. mit 1000 Windungen, an 10 V Sinusspannung, $f = 50$ Hz **(Bild 1)**. Messen Sie Strom und Spannung. Berechnen Sie den Scheinwiderstand. Wiederholen Sie den Versuch mit verschiedenen Spulenkernen (Stabkern, U-Kern, geschlossener Kern). Berechnen Sie jeweils den Scheinwiderstand aus den gemessenen Stromwerten und Spannungswerten.

Der Scheinwiderstand wird umso größer, je mehr Eisen vorhanden ist. Er ist bei geschlossenem Eisenkern am größten.

Eisen verstärkt die magnetische Flussdichte und damit die Spuleninduktivität. Je größer die Induktivität der Spule ist, desto größer ist die Selbstinduktionsspannung und damit auch der Blindwiderstand. Der rechnerisch ermittelte Scheinwiderstand Z der Spule enthält den Wirkwiderstand R der Spule und den von der Spuleninduktivität L abhängigen induktiven Blindwiderstand X_L.

Wird die Frequenz des Spulenstromes I **(Bild 3a)** erhöht, so entsteht infolge der schnelleren Flussänderung eine größere Selbstinduktionsspannung; dadurch wird auch der Blindwiderstand X_L größer **(Bild 2)**.

Der induktive Blindwiderstand X_L einer Spule ist umso größer, je größer die Induktivität L der Spule und je höher die Frequenz f bzw. die Kreisfrequenz ω ist.

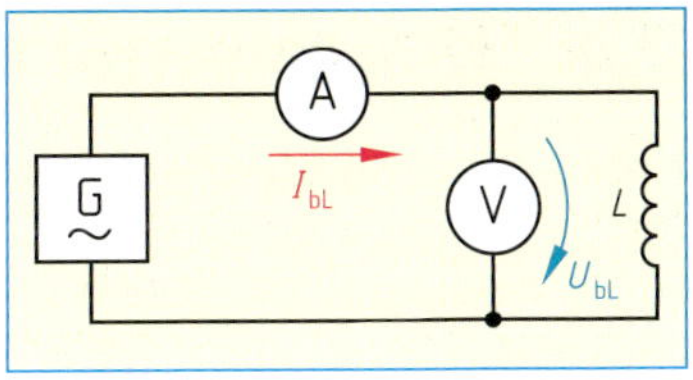

Bild 1: Spule an Wechselspannung

Induktiver Blindwiderstand

Bei Sinusspannung:

$$X_L = \frac{U_{bl}}{I}; \; X_L = \omega \cdot L$$

$$[L] = \frac{\text{Vs}}{\text{A}} = \text{H} \qquad [X_L] = \frac{1}{\text{s}} \cdot \frac{\text{Vs}}{\text{A}} = \Omega$$

H: Henry, Einheit der Induktivität L

- U_{bL} induktive Blindspannung
- I Strom
- X_L induktiver Blindwiderstand
- ω Kreisfrequenz
- L Induktivität

Beispiel:

Geg.: $L = 0{,}47$ H, $f = 50$ Hz

Ges.: X_L

Lösung:

$X_L = \omega \cdot L = 2\pi \cdot f \cdot L$

$X_L = 2\pi \cdot 50\text{ Hz} \cdot 0{,}47\text{ H}$

$\mathbf{X_L = 148\ \Omega}$

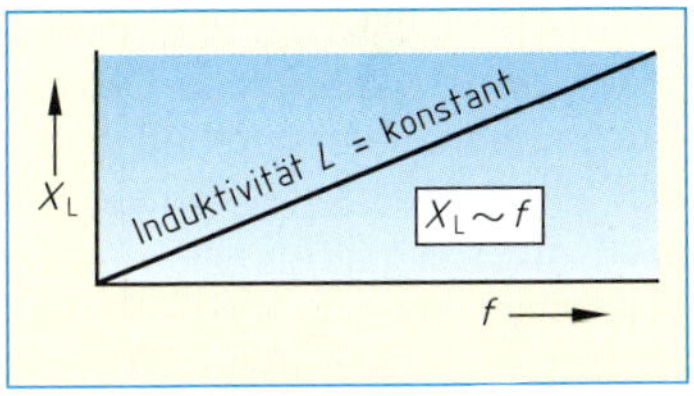

Bild 2: Blindwiderstand X_L in Abhängigkeit von der Frequenz f

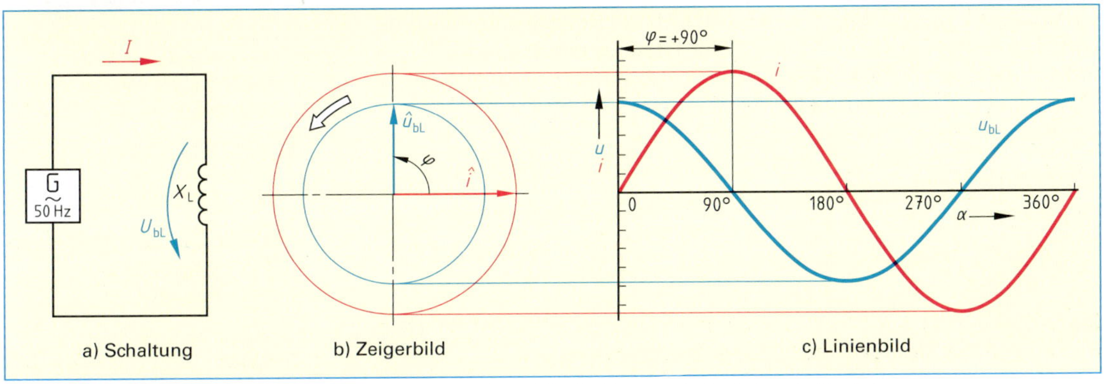

Bild 3: Stromstärke und Spannung bei einem induktiven Blindwiderstand ($R = 0$, ideale Spule)

7.4 Kondensator im Wechselstromkreis

Kapazitiver Blindwiderstand

Versuch 1: Schalten Sie einen Kondensator, z. B. 10 μF, an eine Sinusspannung mit der Frequenz f = 1 Hz **(Bild 1)**. Messen Sie die Stromstärke und die Spannung am Kondensator mit Gleichspannungs- bzw. Gleichstrommessgeräten (Zeigermessgeräte, Nullstellung in Skalenmitte).

Die Kondensatorspannung hat sinusförmigen Verlauf. Der Kondensatorstrom eilt der Kondensatorspannung vor.

Durch den Sinusstrom wird der Kondensator ständig umgeladen. Am Kondensator entsteht eine Sinusspannung U_{bC} mit gleicher Frequenz wie die des Sinusstromes **(Bild 3a)** und somit auch ein Widerstand. Die Spannung U_{bC} am Kondensator erreicht den Scheitelwert, wenn der Kondensatorstrom $I = 0$ ist **(Bild 3c)**. Im Zeigerbild **(Bild 3b)** eilt der Strom der Spannung um 90° voraus. Das Verhältnis von Kondensatorspannung U_{bc} zum Strom I_{bc} nennt man kapazitiven Blindwiderstand X_C.

Beim kapazitiven Blindwiderstand X_c eilt der Sinusstrom der Sinusspannung um 90° voraus.

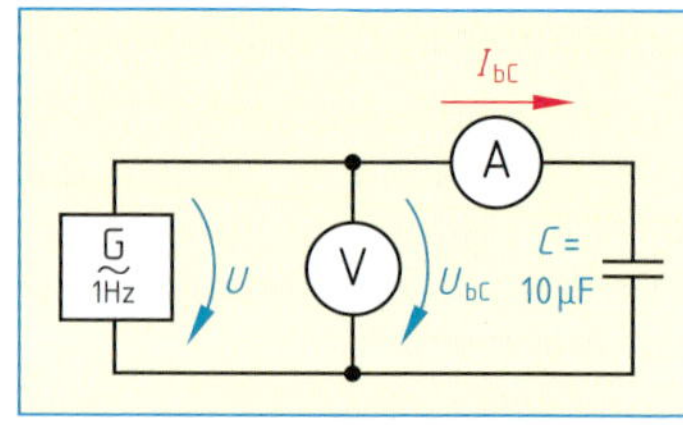

Bild 1: Versuch zur Phasenverschiebung beim Kondensator

Kapazitiver Blindwiderstand

Bei Sinusspannung:

$$X_C = \frac{U_{bC}}{I}; \quad X_C = \frac{1}{\omega \cdot C}$$

$$[C] = \frac{As}{V} = F \qquad [X_C] = \frac{1}{\frac{1}{s} \cdot \frac{As}{V}} = \Omega$$

F: Farad, Einheit der Kapazität C

U_{bC} kapazitive Blindspannung
I Strom
X_C kapazitiver Blindwiderstand
ω Kreisfrequenz
C Kapazität

Versuch 2: Schließen Sie eine Glühlampe, z. B. 12 V, 0,1 A, in Reihe mit einem Kondensator, z. B. 22 μF, an eine Sinusspannung 12 V, 50 Hz und messen Sie die Spannung an der Glühlampe. Schließen Sie danach den Kondensator kurz.

Bei Kurzschluss des Kondensators leuchtet die Lampe heller, und an der Glühlampe liegt U = 12 V.

Der Kondensator wirkt bei Sinusspannung als Widerstand.

Versuch 3: Schalten Sie Kondensatoren mit unterschiedlichen Kapazitäten, z. B. 10 μF, 22 μF, 33 μF, jeweils an die gleiche Wechselspannung, z. B. 12 V, 50 Hz. Messen Sie bei jedem Kondensator die Stromstärke und die Spannung und berechnen Sie daraus jeweils den Scheinwiderstand.

Der Scheinwiderstand ist umso kleiner, je größer die Kapazität ist.

Bei größerer Kapazität kann der Kondensator mehr Ladungen aufnehmen bzw. abgeben. Dadurch fließt ein größerer Lade- bzw. Entladestrom. Deshalb ist der Blindwiderstand des Kondensators umso kleiner, je größer die Kapazität ist. Der rechnerisch ermittelte Scheinwiderstand Z des Kondensators enthält den Wirkwiderstand des Kondensators und den von der Kapazität abhängigen kapazitiven Blindwiderstand X_C.

Beispiel:

Geg.: C = 4,7 µF, f = 50 Hz

Ges.: X_C

Lösung:

$$X_C = \frac{1}{\omega \cdot C} = \frac{1}{2\pi \cdot f \cdot C}$$

$$X_C = \frac{1}{2\pi \cdot 50\ \text{Hz} \cdot 4{,}7 \cdot 10^{-6}\ \text{F}}$$

$$\mathbf{X_C = 677\ \Omega}$$

Versuch 4: Schalten Sie einen Kondensator, z. B. mit der Kapazität 1 μF, an eine Sinusspannung, z. B. 5 V, 50 Hz. Messen Sie die Stromstärke und berechnen Sie den Scheinwiderstand. Wiederholen Sie den Versuch mit unterschiedlichen Frequenzen bei konstanter Spannung.

Je größer die Frequenz, desto kleiner ist der Scheinwiderstand.

Bei höherer Frequenz lädt bzw. entlädt sich der Kondensator bei gleicher Spannung in einer kürzeren Zeit. Dazu ist ein größerer Strom notwendig. Der kapazitive Blindwiderstand ist daher umso kleiner, je höher die Frequenz ist **(Bild 2)**.

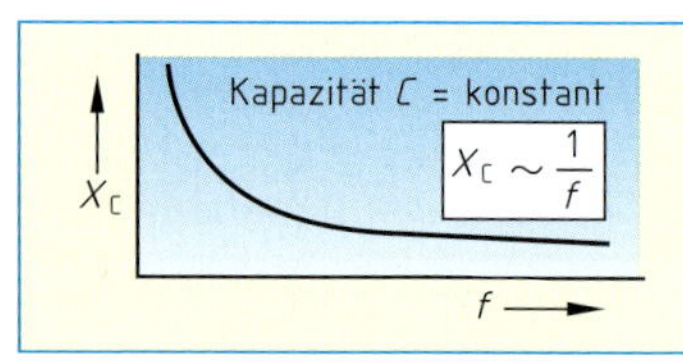

Bild 2: Blindwiderstand X_C in Abhängigkeit von der Frequenz f

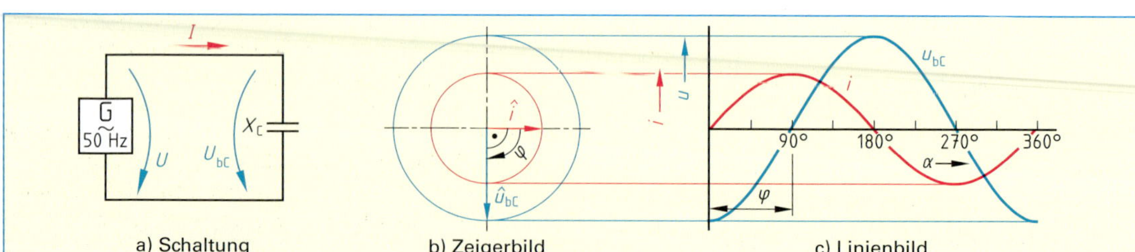

Bild 3: Strom und Spannung bei einem kapazitiven Blindwiderstand

1. Welche Merkmale hat der sinusförmige Wechselstrom?

2. Mit einem Oszilloskop wird eine sinusförmige Wechselspannung dargestellt **(Bild 1)**. Ermitteln Sie **a)** den Spitze-Tal-Wert, **b)** den Scheitelwert, **c)** den Effektivwert, **d)** die Periodendauer und **e)** die Frequenz.

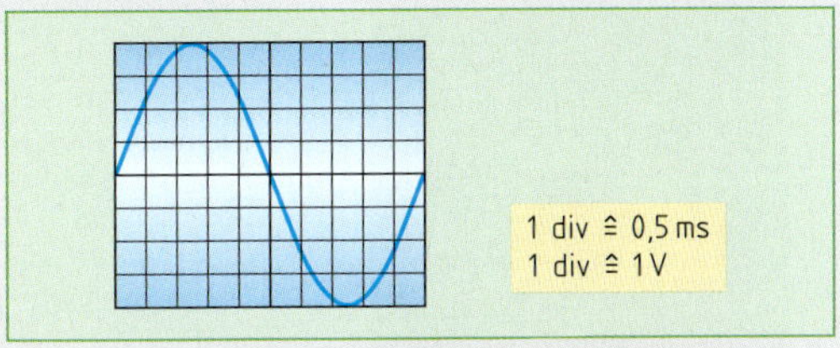

Bild 1: Oszillogramm einer Sinusspannung

3. Ein Radiosender sendet mit einer Frequenz von 100 MHz. **a)** Mit welcher Geschwindigkeit breitet sich die elektromagnetische Welle aus? **b)** Ermitteln Sie die Wellenlänge λ der Frequenz. **c)** Wie nennt man den Wellenbereich mit dieser Frequenz?

4. Mit einem Frequenzgenerator wird die Frequenz einer Sinusspannung von 1000 Hz auf 50 Hz verringert. Welche Auswirkungen hat diese Änderung auf **a)** Periodendauer und **b)** Scheitelwert?

5. In der Digitaltechnik werden Rechteckimpulse als Taktsignale eingesetzt. Was versteht man unter **a)** Impuls-, Pausen-, Periodendauer und **b)** Tastgrad?

6. Erklären Sie die Begriffe **a)** Effektivwert des Wechselstromes und **b)** arithmetischer Mittelwert eines Rechteckimpulses.

7. **a)** Welche Kurvenformen in **Bild 2** sind Wechselspannungen? **b)** Ermitteln Sie die Effektivwerte und arithmetischen Mittelwerte dieser Kurvenformen.

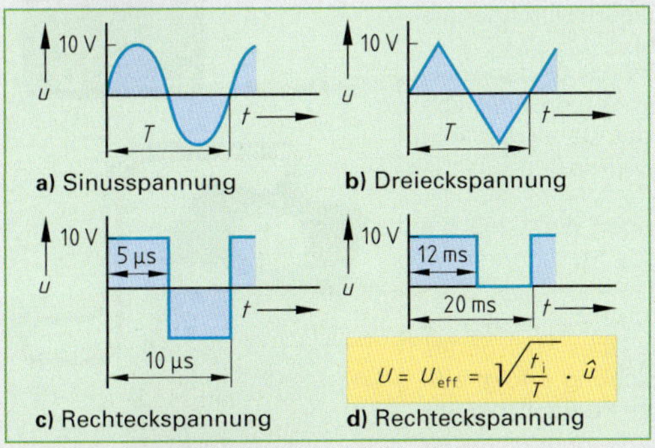

Bild 2: Kurvenformen von Spannungen

8. Augenblickswerte von Sinusgrößen können für jeden Winkel im Gradmaß und Bogenmaß ermittelt werden. Berechnen Sie für die Sinusspannung mit dem Effektivwert 230 V 50 Hz die Augenblickswerte **a)** bei $\alpha_G = 30°$ und **b)** bei $\alpha_B = 0{,}8$ (Einstellung des Taschenrechners beachten).

9. Drei Induktivitäten sind parallel geschaltet **(Bild 3)**. Ermitteln Sie **a)** die Teilblindwiderstände X_{L1}, X_{L2}, X_{L3}, **b)** den Gesamtblindwiderstand X_L **c)** die Teilströme I_{bL1}, I_{bL2}, I_{bL3} und **d)** den Gesamtstrom I_{bL}.

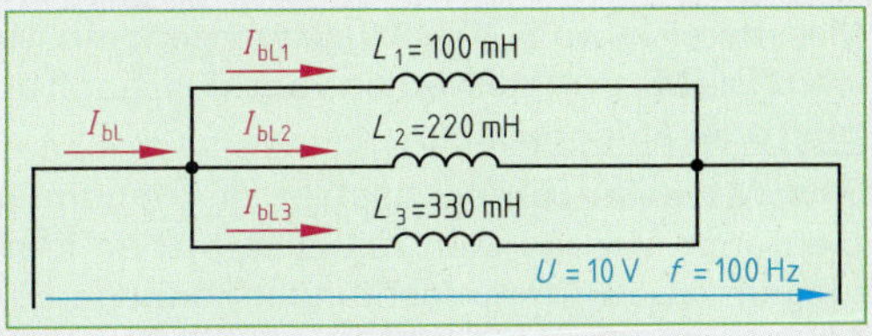

Bild 3: Parallelschaltung von Induktivitäten

10. Warum hat eine Spule im Wechselstromkreis einen wesentlich größeren Widerstand als im Gleichstromkreis?

11. Eine Induktivität liegt an einer konstanten Spannung. Wie hat sich die Frequenz verändert, wenn der Strom auf das Dreifache ansteigt?

12. Warum sperrt ein Kondensator den Gleichstrom, lässt aber den Wechselstrom scheinbar durch?

13. Ermitteln Sie aus den Kennlinien **(Bild 4)** **a)** die Induktivität L der Spule und **b)** die Kapazität C des Kondensators.

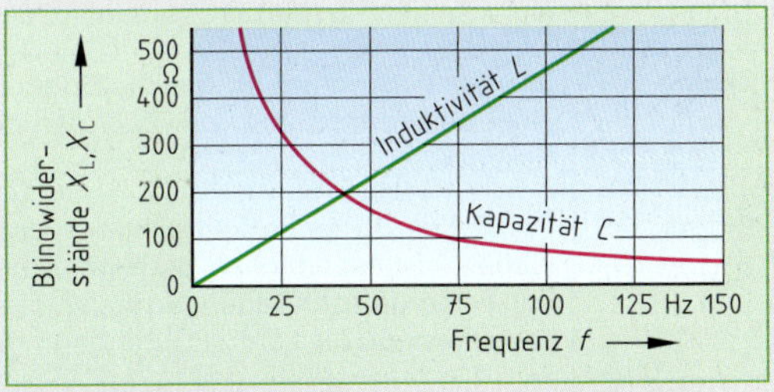

Bild 4: Blindwiderstände X_L und X_C in Abhängigkeit von der Frequenz f

14. Wie verändert sich der kapazitive Blindwiderstand, wenn die Kapazität vervierfacht und die Frequenz halbiert werden?

15. Übersetzen Sie folgende Fachbegriffe mithilfe der **Seiten 294** und **295** in die englische Sprache: Gleichstrom, Wechselstrom, Widerstand, Spule, Kapazität und Stromversorgung.

* Ergebnisse der Rechenaufgaben Seite 297

8 Messtechnik

8.1 Elektrische Messgeräte

In der Elektrotechnik und in der Elektronik kommt dem Messen eine besondere Bedeutung zu. Nur durch Messen kann der Zahlenwert einer Größe zweifelsfrei festgestellt werden. Das ist die Grundlage für die Fehlersuche z. B. an Geräten, Bauteilen, Baugruppen und Schaltungen.

Ein **Messgerät (Bild)** besteht z. B. aus Anzeige, Messgrößenschalter, Funktionstasten, z. B. zur Messbereichswahl, Anschlussbuchsen und Messwerk. Die Messwerte werden vom Messgerät angezeigt oder aufgezeichnet.

Eine **Messeinrichtung** besteht aus einem oder mehreren Messgeräten mit zusätzlichen Einrichtungen. Zusätzliche Einrichtungen können z. B. eine Ableselupe, eine Monitoranzeige und Signalleitungen sein.

Der **Messbereich** eines Messgeräts, z. B. 300 V, ist der Bereich der Messwerte, in dem vorgegebene Fehlergrenzen, z. B. ±1 %, nicht überschritten werden.

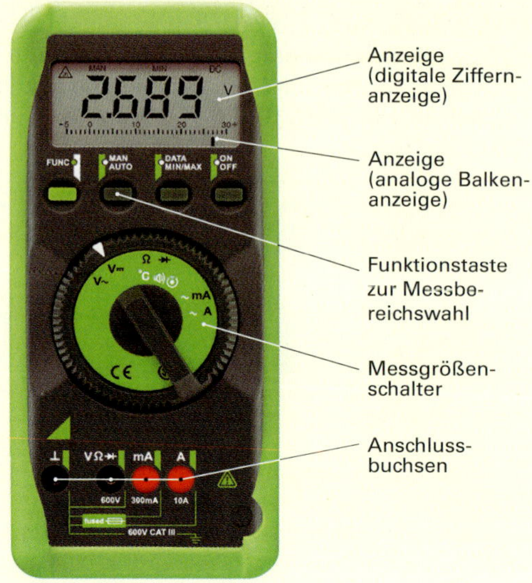

Bild: Messgerät mit Fachbezeichnungen

www.gossenmetrawatt.de
www.fluke.de

Messtechnik-Normen

- DIN 1319-1 — Grundlagen der Messtechnik
- DIN EN 60051 — Direkt wirkende anzeigende elektrische Messgeräte

8.1.1 Grundbegriffe der Messtechnik

Die Bestimmung physikalischer Größen wie z. B. Spannung, Stromstärke oder elektrischer Widerstand erfordert Geräte und Methoden, die in der Messtechnik zur Verfügung gestellt, beschrieben **(Tabelle)** und genormt werden.

Tabelle: Grundbegriffe der Messtechnik

Messen	Bestimmen des Zahlenwertes einer physikalischen Größe, z. B. einer Spannung **(Bild a)** oder einer Gewichtskraft, durch Messung.
Zählen	Ermitteln der Anzahl gleichartiger Ereignisse oder Dinge in einer bestimmten Zeit, z. B. Zahl der elektrischen Impulse in einer Sekunde.
Prüfen	Feststellen, ob der Prüfgegenstand vorgeschriebene Eigenschaften einhält, insbesondere ob die Eigenschaften in den vorgeschriebenen Fehlergrenzen liegen. So stellt man z. B. mit dem Durchgangsprüfer fest, ob die Lampe Durchgang hat **(Bild b)**.
Kalibrieren	Ermitteln und Dokumentieren, wie sich der gemessene Wert von dem wahren Wert einer Messgröße unterscheidet. Dabei darf kein Eingriff erfolgen, der das Messgerät verändern würde.
Justieren	Einstellen einer Messwertanzeige auf den richtigen Wert, z. B. bei der Widerstandsmessung auf den Nullpunkt des Messgeräts bei kurzgeschlossenen Messleitungen.
Eichen	Amtliche Bestätigung, dass die Messergebnisse eines Messgeräts die Eichfehlergrenze nicht überschreiten. Die Eichung erfolgt z. B. durch Landeseichämter oder staatlich anerkannte Prüfstellen unter fachlicher Aufsicht der Physikalisch-Technischen Bundesanstalt und wird durch ein Prüfsiegel am Gerät angezeigt. Sie ist in regelmäßigen Zeitabständen zu wiederholen.

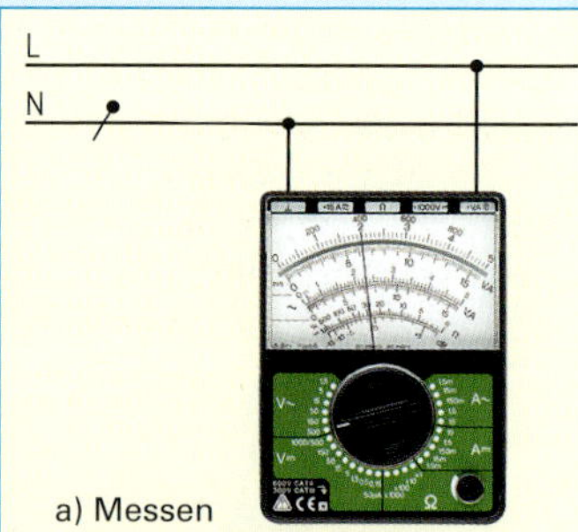

a) Messen

b) Prüfen

8.1.2 Anzeigearten von Messgeräten

Messgeräte werden in analog und digital anzeigende Messgeräte eingeteilt.

Bei **analogen**[1] Messgeräten **(Bild 1a)** folgt die Anzeige des Messwerts stetig der Eingangsgröße (Messgröße). Meist zeigt ein Zeiger oder eine Marke, die gleichmäßig über die Skala geführt wird, den Messwert an. Für sich ständig ändernde Messwerte, die z. B. in Messwarten beobachtet werden müssen, verwendet man wegen der Übersichtlichkeit meist Zeigermessgeräte (analoge Messgeräte).

Digital[2] anzeigende Messgeräte zeigen den Messwert in Ziffern an **(Bild 1b)**.

- Analog anzeigende Messgeräte sind Zeigermessgeräte und das analoge Oszilloskop.
- Digital anzeigende Messgeräte haben eine Ziffernanzeige.

Messwerte können für eine spätere Auswertung auch schriftlich aufgezeichnet werden, z. B. durch Y-t-Schreiber oder durch Drucker. Die Aufzeichnung kann sowohl analog in einem Kurvendiagramm als auch digital in einer Zahlenreihe erfolgen.

8.1.3 Analoge Messgeräte

Analogmultimeter (Bild 2) sind Zeiger-Vielfachmessgeräte. Sie werden zur Spannungs- und Strommessung bei Gleich- und Wechselstrom sowie zur Widerstandsmessung eingesetzt. Ein beweglicher Zeiger wird durch die Messgröße, z. B. die angelegte Spannung, ausgelenkt und zeigt im Skalenfeld für den mit dem Messbereichsschalter gewählten Messbereich den Messwert an. Durch eine Spiegelunterlegung wird ein falsches Ablesen, z. B. schräg von der Seite, der **Parallaxenfehler**[3], vermieden. Der Messwert muss genau dann abgelesen werden, wenn der Zeiger und sein Spiegelbild deckungsgleich sind.

Das **Skalenfeld** beinhaltet wichtige Sinnbilder und Bezeichnungen **(Tabelle)**:

- Einheit der Messgröße
- Sinnbild des Messwerks
- Stromartzeichen
- Genauigkeitsklasse
- Gebrauchslage
- Prüfspannungszeichen

Damit das Messgerät nicht beschädigt wird oder die Schutzeinrichtung auslöst, ist vor Messbeginn der größte Messbereich der zu messenden elektrischen Größe einzustellen.

Beim Messen eines unbekannten Messwertes ist aus Sicherheitsgründen zunächst der größte Messbereich der entsprechenden Messgröße, z. B. Spannung, einzustellen und dann auf den Messbereich zu schalten, bei dem die Anzeige möglichst im letzten Skalendrittel liegt.

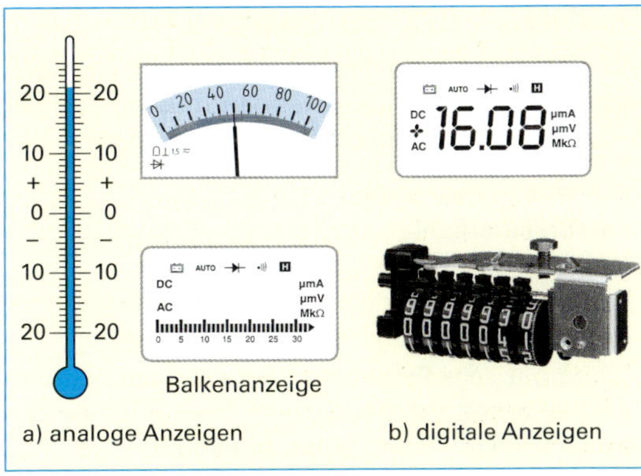

Bild 1: Analoge und digitale Anzeigen

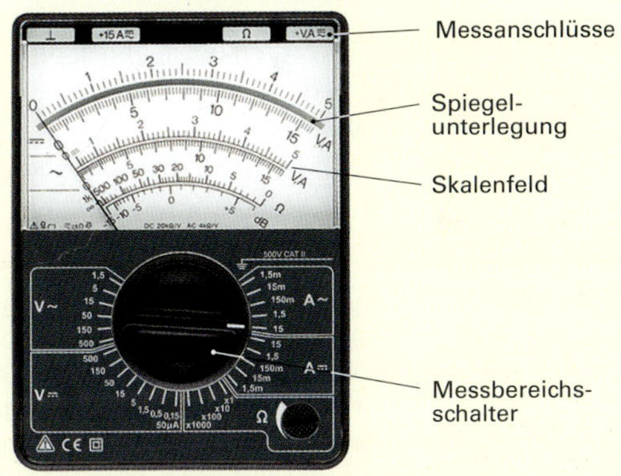

Technische Kennwerte:

Messbereiche:	
Spannung	0...0,5 V, 0...500 V DC
	0...500 V AC
Strom	0...50 μA DC
	0...15 A DC/AC
Widerstand	1 Ω...1 MΩ
Genauigkeit	Klasse 2,5

Bild 2: Analogmultimeter

Tabelle: Sinnbilder auf dem Skalenfeld (Auswahl)

Messwerke	Sinnbild	Gebrauchshinweis	Sinnbild
Drehspulmesswerk mit Dauermagnet		senkrechte Gebrauchslage	⊥
Drehspulmesswerk mit Gleichrichter		waagerechte Gebrauchslage	⊓
Drehspul-Quotienten-Messwerk	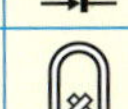	schräge Gebrauchslage, z. B. 60°	∠60°
Dreheisen-Messwerk	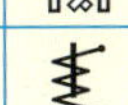	Prüfspannung 500 V	☆
elektrodyn. Messwerk (eingeschlossen)		Prüfspannung z. B. 2000 V	☆ 2
Messwerk mit eingebautem Verstärker	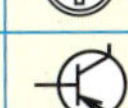	Achtung! Gebrauchsanweisung beachten	⚠

[1] analog (griech.) = ähnlich, entsprechend
[2] von digitus (lat.) = Finger
[3] von parallaxis (griech.) = Abweichung

Messfehler von Zeigermessgeräten

Messfehler sind in der Praxis unvermeidbar. Um ein Messergebnis bewerten zu können, müssen deshalb Messwert und Messfehler angegeben werden.

Messfehler können sein:

- **Persönliche Fehler.** Durch z.B. ungenaues oder fehlerhaftes Ablesen (Parallaxenfehler).
- **Einflussfehler.** Durch Abweichen von z.B. der Nenntemperatur oder der Nennfrequenz.
- **Systematische Fehler.** Durch die Messschaltung, z.B. Verwendung der Stromfehler- anstelle der Spannungsfehlerschaltung **(Seite 53)**.
- **Anzeigefehler.** Durch die Konstruktion, z.B. Lagerreibung, ungenaue Skalenausführung oder durch Fertigungstoleranzen des Messgeräts.

> Persönliche Fehler und systematische Fehler werden in der Fehlerrechnung nicht berücksichtigt, weil sie vermeidbar sind.
> Einflussfehler werden nur dann berücksichtigt, wenn die Betriebsbedingungen für das Messgerät nicht eingehalten werden können.

Für die Fehlerrechnung wird meist nur der Anzeigefehler verwendet. Der Anzeigefehler wird auch zulässiger **absoluter Fehler** *F* genannt und durch die Genauigkeitsklasse *k* bestimmt. Bei z.B. $k = 1,5$ darf der wahre Wert um maximal ±1,5% des Messbereichsendwerts *E* (v.E.) vom angezeigten Messwert *M* abweichen. Die Genauigkeitsklasse (Güteklasse) wird vom Hersteller angegeben **(Tabelle und Beispiel)**.

> Die Genauigkeitsklasse gibt den höchst zulässigen Fehler in Prozent (Anzeigefehler) vom Messbereichsendwert an.

Der zulässige absolute Fehler *F* ist für jeden Messwert im Messbereich gleich. Setzt man den absoluten Fehler *F* ins Verhältnis zum Messwert *M*, so erhält man den **relativen Fehler** *f* für ein Messergebnis. Aus *M* und *F* kann die zulässige Obergrenze w_o und die zulässige Untergrenze w_u des wahren Wertes berechnet werden **(Bild)**.

- $\text{Absoluter Fehler} = \dfrac{\text{Genauigkeitsklasse} \cdot \text{Messbereichsendwert}}{100}$
- $\text{Relativer Fehler} = \dfrac{\text{Absoluter Fehler}}{\text{Messwert}} \cdot 100\,\%$

Der relative Fehler *f* ist bei einer Anzeige in der Mitte der Skala doppelt so groß wie am Skalenende **(Bild)**.

> Der Messbereich ist möglichst so zu wählen, dass der Zeiger im letzten Drittel der Skala anzeigt. Dadurch bleibt der relative Messfehler klein.

Tabelle: Genauigkeitsklassen elektrischer Messgeräte

Feinmessgeräte			
Genauigkeitsklasse *k*	0,1	0,2	0,5
Anzeigefehler in % vom Messbereichsendwert	± 0,1%	± 0,2%	± 0,5%

Betriebsmessgeräte				
Genauigkeitsklasse *k*	1	1,5	2,5	5
Anzeigefehler in % vom Messbereichsendwert	± 1%	± 1,5%	± 2,5%	± 5%

$F = \dfrac{k \cdot E}{100}$	*F* absoluter Fehler *k* Genauigkeitsklasse *E* Messbereichsendwert
$f = \dfrac{F \cdot 100\,\%}{M}$	*f* relativer Fehler *F* absoluter Fehler *M* Messwert
$w_u = M - F$ $w_o = M + F$	w_u zulässige Untergrenze des wahren Wertes w_o zulässige Obergrenze des wahren Wertes

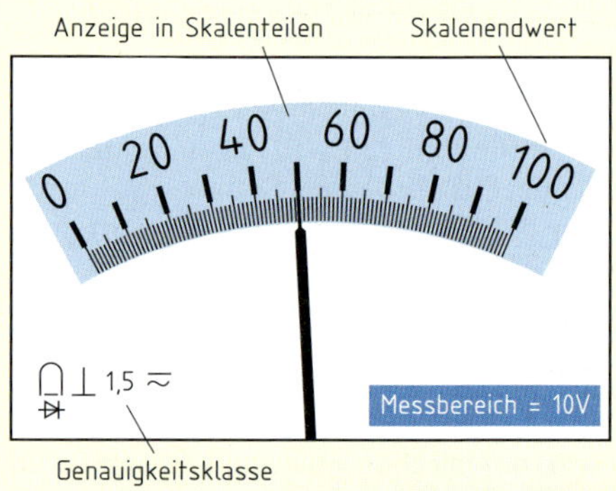

Beispiel:

Berechnen Sie für das Messgerät mit dieser Messwertanzeige **a)** die Skalenkonstante, **b)** den Messwert *M*, **c)** den absoluten Fehler *F*, **d)** den relativen Fehler *f*, **e)** die Obergrenze w_o und **f)** die Untergrenze w_u des wahren Wertes.

Lösung:

a) $\text{Skalenkonstante} = \dfrac{\text{Messbereich}}{\text{Skalenteile}} = \dfrac{10\text{ V}}{100\text{ Skt}} = \mathbf{0{,}1\ V/Skt}$

b) $M = \text{Skalenkonstante} \cdot \text{Anzeige in Skalenteilen} = 50\text{ Skt} \cdot 0{,}1\text{ V/Skt} = \mathbf{5\ V}$

c) $F = \dfrac{k \cdot E}{100} = \dfrac{1{,}5 \cdot 10\text{ V}}{100} = \mathbf{0{,}15\ V}$

d) $f = \dfrac{F \cdot 100\,\%}{M} = \dfrac{0{,}15\text{ V} \cdot 100\,\%}{5\text{ V}} = \mathbf{3\,\%}$

e) $w_o = M + F = 5\text{ V} + 0{,}15\text{ V} = \mathbf{5{,}15\ V}$

f) $w_u = M - F = 5\text{ V} - 0{,}15\text{ V} = \mathbf{4{,}85\ V}$

Bild: Fehlerberechnung

8.1.4 Digitale Messgeräte

Bei digitalen Messgeräten wird der Messwert in Stufen, z. B. 30,23 V, dann 30,24 V usw., direkt als Ziffer **(Bild 1)** angezeigt. Verwendet werden vor allem LED[1]- oder LCD[2]-Anzeigen. Sie erleichtern das Ablesen des Messwertes.

- Digitale Messgeräte ermöglichen ein leichtes und fehlerfreies Ablesen bei gleichzeitiger Polaritäts- und Dezimalstellenanzeige.
- Ein Vorteil digitaler Messgeräte ist der hochohmige Eingangswiderstand von z. B. 10 MΩ.

Da Digitalmessgeräte keine Mechanik haben, können sie in jeder beliebigen Gebrauchslage selbst bei Erschütterungen verwendet werden. Auch ist eine einfache Weiterverarbeitung, Ausdrucken der Messwerte sowie deren Kurvenform und Speicherung der Messwerte z. B. durch Computer (Seite 225) möglich.

Leider erkennt man bei Digital-Messgeräten Tendenzen, z. B. steigende oder fallende Messwerte, sowie Höchst- und Kleinstwerte schwieriger als bei Analogmessgeräten. Deshalb werden digitale Messgeräte auch mit analogen Skalen (Leuchtbandanzeige) kombiniert **(Bild 2)**.

Wegen der einfachen Handhabung und Bedienung digitaler Messgeräte können sie auch von ungeübten Personen benutzt werden.

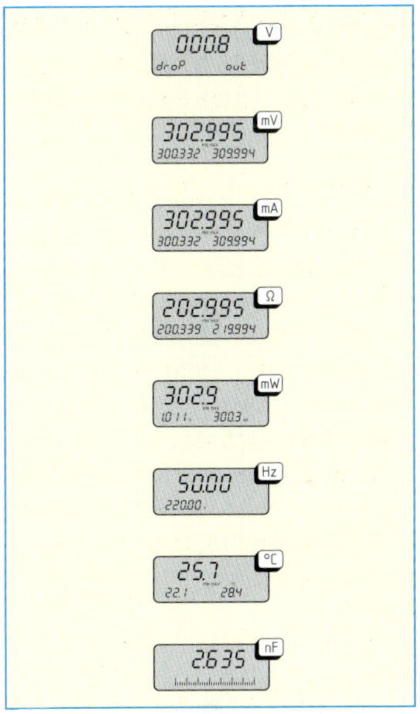

Bild 1: Beispiele digitaler Anzeigen

Deutsch – Englisch
- digitales Messgerät: *digital measuring instrument*
- analoge Anzeige: *analog display*
- digitale Anzeige: *digital display*
- Analog-Digital-Umsetzer: *analog to digital converter*

8.1.4.1 Aufbau, Anzeigen und Kennwerte

Beim Messen mit Analogmessgeräten bewegt sich ein Zeiger analog zur Veränderung der Messgröße. Die Anzeige eines digitalen Messgerätes kann sich aber nur schrittweise ändern (Quantisierung). **Quantisierung** bedeutet, dass das Messsignal in viele Einzelschritte unterteilt wird **(Bild 3)**. Dadurch wird das Messen mit digitalen Messgeräten auf einen Zählvorgang zurückgeführt.

Digitale Messgeräte quantisieren die Messgröße.

Quant[3] (Messquant) nennt man die kleinste noch messbare Teilspannung, z. B. 1 mV. Die Anzahl der Quanten ist das Maß für die Messgröße. Um den Quantisierungsfehler klein zu halten, werden möglichst viele Quants gewählt.

Analoge Signale können Digitalanzeigen nicht direkt ansteuern. Dazu muss das analoge Signal in ein digitales Signal umgeformt werden. Die Umformung erfolgt mithilfe eines **Analog-Digital-Umsetzers** (AD-Wandler), der die Quantisierung des Messwertes durchführt.

Analog-Digital-Umsetzer haben die Aufgabe, analoge Eingangsgrößen in digitale Ausgangsgrößen umzusetzen.

Bild 2: Digitale Anzeige kombiniert mit einer Analog-Anzeige

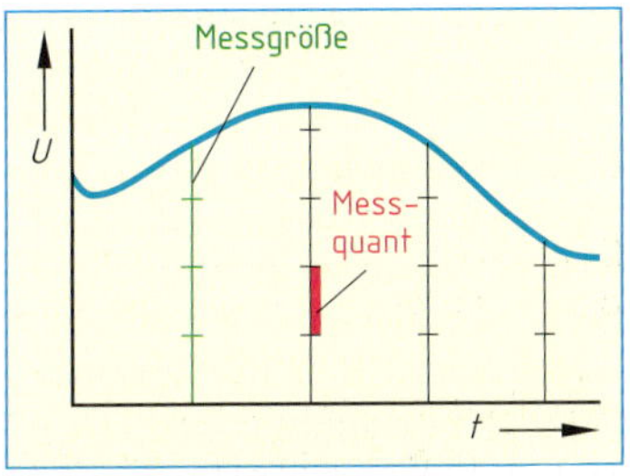

Bild 3: Quantisierung beim digitalen Messen

[1] LED = **L**ight **E**mitting **D**iode (engl.) = Leuchtdiode
[2] LCD = **L**iquid **C**ristal **D**isplay (engl.) = Flüssigkristall-Anzeige
[3] von quantum (lat.) = wieviel

Es gibt mehrere Verfahren der Analog-Digital-Umsetzung **(Bild 1)**. Man unterscheidet z. B. Sägezahnverfahren, Dual-Slope-Verfahren und Annäherungsverfahren.

Mit einem AD-Umsetzer können nur kleine Spannungen, z. B. 0,2 V, verarbeitet werden. Bei höheren Spannungen ist ein Spannungsteiler vor den AD-Umsetzer zu schalten **(Bild 2a)**. Mithilfe eines Wahlschalters können dann verschiedene Messbereiche eingestellt werden. Der Spannungsteiler bestimmt dabei den Eingangswiderstand des Messgerätes. Er beträgt bei Messung von Gleichspannung meist 10 MΩ. In Digitalmessgeräten mit Bereichsautomatik erfolgt die Messbereichsumschaltung selbsttätig, sobald die Messgröße größer oder kleiner wird als der gewählte Messbereich.

Ströme werden indirekt über einen Widerstand als Spannungsabfall **(Bild 2b)** bestimmt. Bei Wechselspannungen muss ein Gleichrichter **(Bild 2c)** dazu geschaltet werden.

Als **Anzeige (Display)** in Digital-Messgeräten verwendet man vor allem 7-Segment- **(Bild 3a)**, 14-Segment- **(Bild 3b)** oder Punkt-Matrix-Anzeigen **(Bild 3c)**, die in LED- oder LCD-Technologie ausgeführt sind. LCD-Anzeigen werden heute vorrangig verwendet, z. B. für Service-Messgeräte, da sie im Gegensatz zu LED-Anzeigen fast keine elektrische Energie zur Anzeige benötigen. LCD-Anzeigen leuchten nicht selbst. Sie können nur bei Fremdlicht abgelesen werden. Auch haben sie eine geringere Anzeigeverzögerung als LED-Anzeigen. Dies bedeutet, dass beim Anlegen eines Messsignales eine kurze Zeit vergeht, bis eine Anzeige erfolgt.

LCD-Anzeigen sind nicht selbstleuchtend.

LED-Anzeigen sind dagegen selbstleuchtend.

7-Segment-Anzeigen werden zur Ziffernanzeige benutzt. Je nach Ansteuerung der Segmente werden die Ziffern von 0 bis 9 dargestellt. Um Verwechslungen, z. B. zwischen 1 und 7, zu vermeiden, wurde aus der 7-Segment-Anzeige die 14-Segment-Anzeige **(Bild 3b)** entwickelt. Punkt-Matrix-Anzeigen ermöglichen neben der Darstellung von Ziffern auch die von Buchstaben und Symbolen, z.B. V (für Volt) und Ω (für Ohm, **Bild 3c**). Zur Anzeige muss ein Dekoder vorgeschaltet sein, der eine Umsetzung der digitalen in anzeigefähige Signale liefert **(Bild 2a)**.

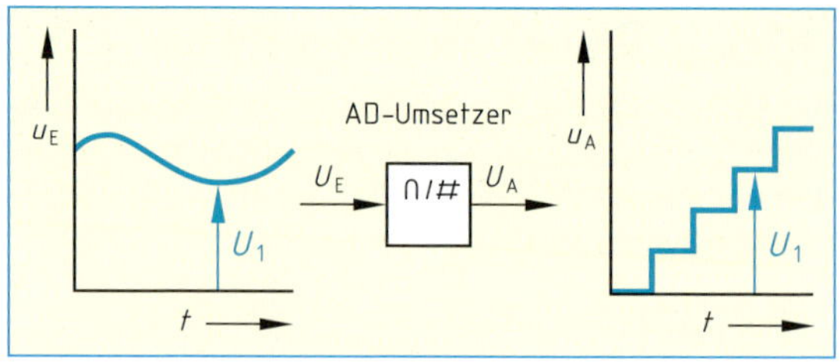

Bild 1: Analog-Digital-Umsetzung

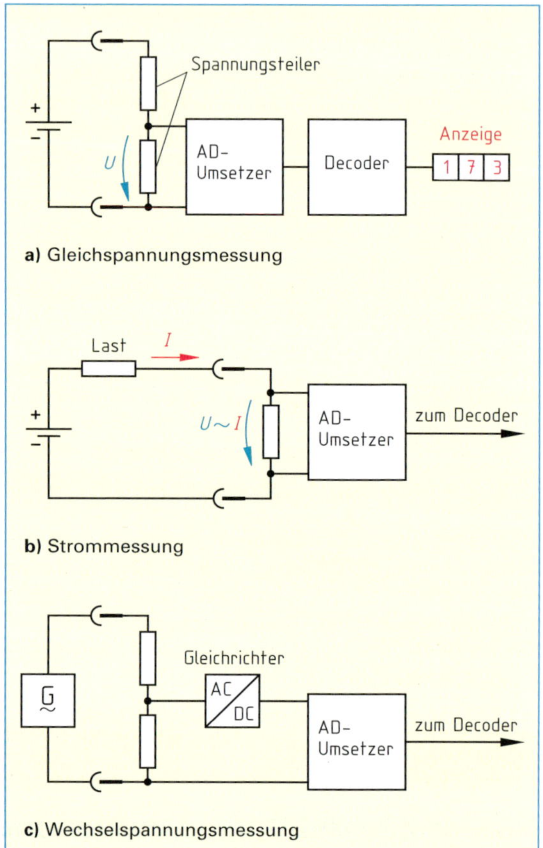

Bild 2: Messen mit AD-Umsetzer

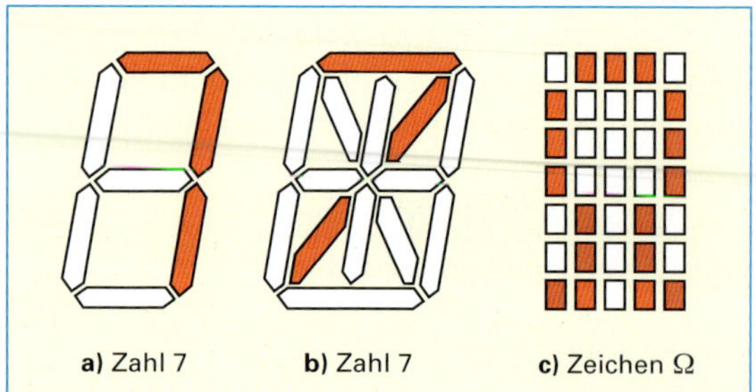

Bild 3: Digital-Anzeigen

Ein weiteres wichtiges Merkmal der Digitalmessgeräte ist der **Anzeigeumfang.** Bei der Stellenzahl des Anzeigeumfangs unterscheidet man „ganze Stellen" und „halbe Stellen". Stellen, bei denen die Ziffern 0 bis 9 auftreten können, nennt man ganze Stellen, während bei halben Stellen nur die Ziffern 0, 1 vorhanden sind **(Bild 1)**. Daraus ergeben sich Digital-Anzeigen mit einer $3\frac{1}{2}$-, $4\frac{1}{2}$- und $5\frac{1}{2}$-stelligen Anzeige. Je nach Stellenzahl ergibt sich ein unterschiedlicher Anzeigeumfang **(Tabelle 1)**. Bei einer $3\frac{1}{2}$-stelligen Anzeige beträgt der Anzeigeumfang 2000. Somit sind pro Messbereich 2000 Einzelwerte (Digits) möglich. Dadurch wird auch die Auflösung bestimmt. Unter Auflösung versteht man die kleinste Messgröße, die innerhalb eines bestimmten Messbereiches noch angezeigt wird.

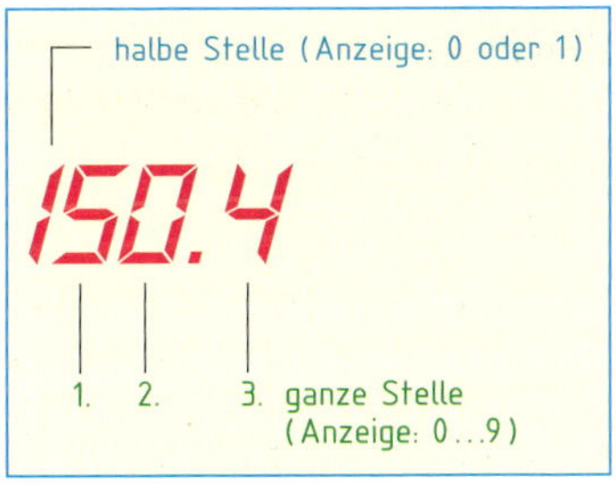

Bild 1: $3\frac{1}{2}$-stellige Anzeige

Beispiel 1:

Welche Auflösung ist bei einer $3\frac{1}{2}$-stelligen Anzeige im 20-V-Messbereich nach Tabelle 1 vorhanden?

Lösung:

Auflösung = Messbereich/Anzeigeumfang = 20 V/2000 = 10 mV

$$\text{Auflösung} = \frac{\text{Messbereich}}{\text{Anzeigeumfang}}$$

Tabelle 1: Anzeigenumfang und Stellenzahl

Anzeige	Anzeige umfang	Stellen-zahl
0000 – 1999	2 000	$3\frac{1}{2}$
0000 – 2999	3 000	$3\frac{3}{4}$
00000 – 19999	20 000	$4\frac{1}{2}$
000000 – 199999	200 000	$5\frac{1}{2}$

Mögliche Messbereiche ergeben sich somit bei Digitalmessgeräten durch die Auflösung innerhalb einer Anzeige **(Tabelle 2)**.

Eine Ausnahme bei Digital-Messgeräten sind z. B. $3\frac{3}{4}$-stellige Anzeigen. Hier beträgt der Anzeigeumfang 3000 Digit bei einer möglichen Anzeige von 0000 bis 2999 **(Tabelle 1)**.

Wird bei Digital-Messgeräten ein Messbereich falsch gewählt, so kann diese Bereichsüberschreitung dem Bedienenden, z. B. durch Blinken der Anzeige, signalisiert werden.

Tabelle 2: Messbereiche und Auflösung einer $3\frac{1}{2}$-stelligen Anzeige

Messbereich	Auflösung
000 – 1,999 V	1 mV
000 – 19,99 V	10 mV
000 – 199,9 V	100 mV
000 – 1999 V	1 V

8.1.4.2 Messfehler von digitalen Messgeräten

Die Messgenauigkeit von Digital-Messgeräten ist hoch, wird aber durch Bauelemente, Aufbau und Quantisierungsfehler beschränkt. Die Genauigkeit wird auf den Messwert bezogen **(Tabelle 3)**.

Die Genauigkeitsangabe bei Digital-Messgeräten wird immer auf den Messwert bezogen.

Tabelle 3: Max. Messfehler bei U = 2...200 V (Beispiel)

Gleich-spannung	± (0,25 % vom Messwert + 1 Digit)
Wechsel-spannung	± (1 % vom Messwert + 2 Digit)

Beispiel 2:

Welcher Messfehler ist bei einem $3\frac{1}{2}$-stelligen Digital-Messgerät bei einem Messwert von 180 V/50 Hz nach Tabelle 3 vorhanden?

Lösung:

Aus Tabelle 2: 180 V ⇒ Auflösung 100 mV = 0,1 V ≙ 1 Digit ⇒ 2 Digit ≙ 0,2 V

$\Delta m = \pm\,(k\,\%\text{ vom Messwert} + z\text{ Digit}) = \pm\,(1\,\%\text{ von }180\text{ V} + 2\text{ Digit})$

$\boldsymbol{\Delta m} = \pm\,(1{,}8\text{ V} + 0{,}2\text{ V}) = \pm\,\mathbf{2\ V}$

Messfehler bei digitalen Messgeräten

$$\Delta m = \pm\,(k\,\%\text{ vom Messwert} + z\text{ Digit})$$

Δm Messfehler
k Prozent vom Messwert
z Ungenauigkeit an der letzten Stelle

Werden durch Digital-Messgeräte Ströme oder Spannung gemessen, deren Signalverlauf von der reinen Sinusspannung abweicht, so wird der Effektivwert verfälscht angezeigt. Eine richtige Anzeige erfolgt nur bei Messgeräten mit „echter" Effektivwertanzeige (true RMS, Seite 124). Effektivwert-Messgeräte haben besondere Funktionseinheiten, die den erfassten Messwert quadrieren. Durch Mittelwertbildung wird dann über eine Periode die Quadratwurzel gezogen.

8.1.4.3 Fachbegriffe zum Digitalmultimeter

Digitalmultimeter. Multimeter sind zur Messung mehrerer elektrischer Größen geeignet **(Bild)**.

Range[1]: Manuelle Messbereichseinstellung.

AC-Bandbreite: Der Frequenzbereich, über den Wechselspannungsmessungen möglich sind und der Messfehler in vorgegebenen Grenzen bleibt.

Analoge Balkengrafik: Eine Displayanzeige für sich schnell ändernde oder instabile Signale.

Genauigkeit: Die Genauigkeitsklasse k gibt den maximal zulässigen Messfehler vom Messwert an. Zusätzlich ist die Anzeigeunsicherheit der Digitalanzeige in der letzten Stelle zu berücksichtigen. Sie wird in Digit angegeben.

Automatische Bereichsumschaltung: Das Multimeter wählt automatisch den Messbereich mit der größten Genauigkeit für die Messaufgabe.

Automatische Messwertspeicherung (Hold[2]**):** Der Messwert wird erfasst und auf dem Display festgehalten. Ein akustisches Signal zeigt die Speicherung an.

Akustische Durchgangsprüfung: Die Prüfung des Durchgangs wird sowohl am Display als auch akustisch angezeigt.

Crestfaktor[3] F_c**:** Gibt an, bis zu welchem Verhältnis zwischen Scheitelwert und Effektivwert (= Scheitelfaktor) der echte Effektivwert der Messgröße richtig angezeigt wird **(Tabelle)**.

true RMS, TRMS[4]: Echter Effektivwert wird angezeigt, wenn der Scheitelfaktor (Scheitelwert/Effektivwert) der Messgröße kleiner ist als der Crestfaktor des Gerätes.

Diodentest: Bei einwandfrei funktionierenden Dioden muss in Durchlassrichtung ein Spannungsfall von 0,6 bis 0,7 V angezeigt werden.

Relativer Bezugswert: Ein Messwert wird gespeichert und die Differenz zwischen diesem Wert und den folgenden Messwerten angezeigt.

Min/Max: Das Messgerät erfasst und speichert automatisch den höchsten und den niedrigsten Messwert.

Sleep-Modus: Das Gerät schaltet sich ab, wenn es z. B. 10 Minuten lang nicht benutzt wird.

Tastverhältnis: Gibt bei einem Impulssignal das Verhältnis von Pulsbreite zur Periodendauer in Prozent an.

Input Alert[5]: Gibt ein akustisches Warnsignal, wenn die Messleitungen z. B. in die Strom-Eingangsbuchsen gesteckt werden, der Messgrößenschalter aber nicht auf Strommessung steht.

Serielle Schnittstelle: Anschlussmöglichkeit für einen Computer zur weiteren Messwertverarbeitung.

[1] range (engl.) = Bereich [2] to hold (engl.) = halten [3] crest (engl.) = Gipfel

Funktionstasten für
- Funktionswahl
- Manuelle oder automatische Messbereichswahl
- DATA-Hold
- Ein/Aus und Menüwahl

Messgrößenschalter für
- Wechsel-, Misch- oder Gleichspannungsmessung
- Widerstandsmessung
- Durchgangsprüfung
- Temperaturmessung
- Strommessung

Anschlussbuchsen für
- Bezugsmasse
- Spannungs-, Widerstands-Temperaturmessung und Durchgangsprüfung
- Strommessung

Technische Kennwerte (Auswahl)

Messfunktionen:	
Spannung	300 mV ... 1000 V
Strom	300 µA ... 10 A
Widerstand	300 Ω ... 30 MΩ
Frequenz	0,001 Hz ... 100 kHz
Temperatur	– 200 °C ... + 850 °C
Zulässiger Crestfaktor:	5 (bei AC)
Eingangsimpedanz:	5 MΩ (bei V AC)
	≥ 10 MΩ (bei V DC)
Messstrom bei Ω-Messung:	max. 1 mA
Anzeigefehler:	0,02 % ± 10 Digit (bei V DC)

Bild: Digitalmultimeter

Tabelle: Crestfaktor* und Signalform (Beispiele)

Signalform	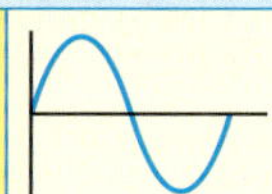	 $t_i = t_p$	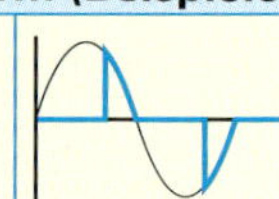
Crestfaktor	$F_c = \sqrt{2}$	$F_c = \sqrt{2}$	$F_c > \sqrt{2}$

* Weitere Crestfaktoren: Seite 117

Crestfaktor

$$F_c = \frac{\hat{u}}{U}$$

F_c Crestfaktor
$\hat{u}$ Scheitelwert
U Effektivwert

Beispiel:

In einer Phasenanschnittsteuerung mit einem Dimmer werden als Messergebnis ein Scheitelwert $\hat{u}$ = 325 V und ein Effektivwert U = 65 V erwartet. Welchen Crestfaktor muss das zu verwendende Messgerät haben, damit der Effektivwert richtig angezeigt wird?

Lösung:

$$F_c = \frac{\hat{u}}{U} = \frac{325\ \text{V}}{65\ \text{V}} = 5 \quad \Rightarrow$$

Das Messgerät muss den Crestfaktor $F_c \geq 5$ haben.

[4] True Root Mean Square (engl.) = wahrer quadratischer Mittelwert = echter Effektivwert
[5] Input Alert (engl.) = aufmerksam machen auf den Eingang

8.1.5 Elektrische Messwerke

Die aktiven Teile eines Zeigermessgeräts erzeugen ein Drehmoment. Sie werden als Messwerk bezeichnet. Zum Messwerk gehören auch Zeiger und Skala. Messwerke unterscheiden sich nach ihrem Aufbau und durch ihre Eigenschaften **(Tabelle)**.

Tabelle: Messwerke für Zeigermessgeräte

Darstellung	Aufbau	Eigenschaften
	Drehspulmesswerk	
Symbol: 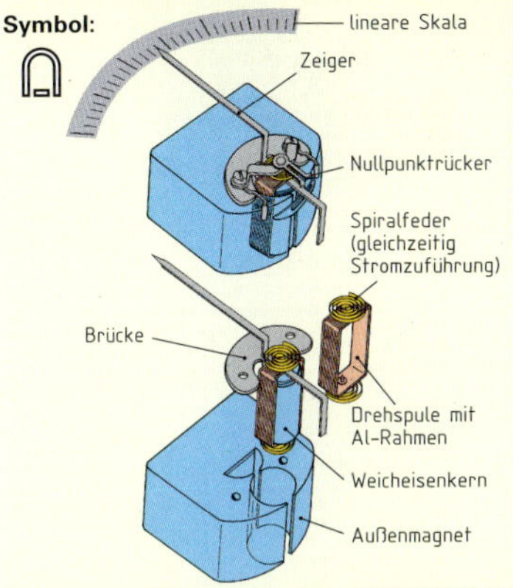	Im Feld eines Dauermagneten (Außenmagnet) ist eine Spule drehbar gelagert. Fließt ein Messstrom durch die Drehspule, wird ein Spulenmagnetfeld erzeugt, das ein Drehmoment auf die Spule bewirkt. Der Zeiger dreht sich mit der Spule und zeigt den Messwert auf der linearen Skala an. Eine Wirbelstromdämpfung verhindert ein starkes Pendeln des Zeigers. Die Drehspule ist auf einen Aluminiumrahmen gewickelt. Beim Ausschlag des Zeigers werden im Aluminiumrahmen Wirbelströme erzeugt, die den Zeigerausschlag dämpfen.	• Zur Messung von Gleichspannung und Gleichstrom geeignet • Sehr hohe Empfindlichkeit • Hohe Genauigkeit • Geringer Eigenverbrauch (1 µW bis 100 µW) • Lineare, d.h. gleichmäßig geteilte Skala • Messung von sinusförmigen Wechselstromgrößen durch Vorschalten eines Gleichrichters möglich • Bei Mischspannungen wird der arithmetische Mittelwert **(Seite 117)** angezeigt • Der Nullpunkt kann auch in der Skalenmitte liegen
	Dreheisenmesswerk	
Symbol: 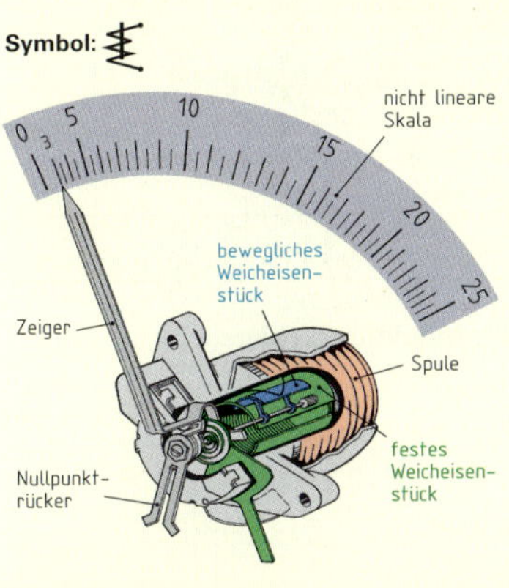	Im Inneren einer Spule sind ein festes und ein an der Zeigerachse befestigtes bewegliches Weicheisenplättchen angeordnet. Fließt ein Messstrom durch die Spule, entsteht in der Spule ein Magnetfeld, das die beiden Weicheisenstücke gleichsinnig magnetisiert. Sie stoßen sich ab. Das entstehende Drehmoment ist ein Maß für den Messwert. Der Messwert wird auf der nicht linearen Skala angezeigt. Der Zeigerausschlag wird durch eine Luftkammerdämpfung gedämpft.	• Einfacher, betriebssicherer Aufbau • Für Gleich- und Wechselstrom geeignet • Unempfindlich gegen magnetische Fremdfelder • Bei der Messung von Mischspannungen oder -strömen wird stets der Effektivwert angezeigt • Nicht geeignet zur Messung von Strömen unter 20 mA und Spannungen unter 6 V • Verhältnismäßig hoher Eigenverbrauch (0,5 bis 1 VA) • Die Genauigkeitsklasse beträgt bei Gleich- und Wechselstrom 1,5 bis 2,5 • Nichtlineare Skalenteilung • Nur bis etwa 400 Hz verwendbar
	Elektrodynamisches Messwerk	
Symbol: 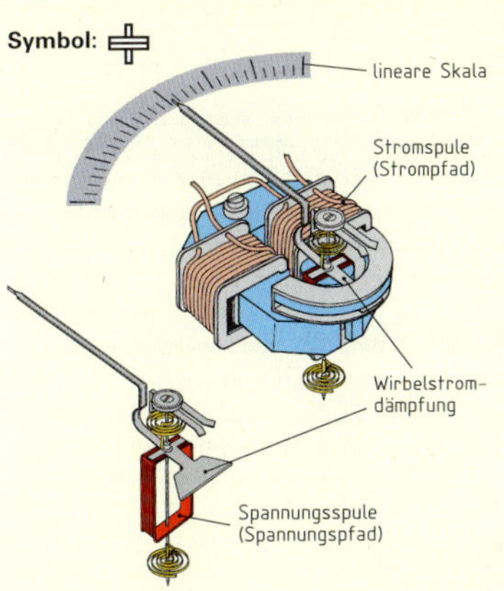	Das **elektrodynamische Messwerk** gleicht im Aufbau dem Drehspulmesswerk. An Stelle des Dauermagneten beim Drehspulmesswerk hat das elektrodynamische Messwerk einen Elektromagneten. Das Messwerk besteht aus zwei Spulen, einer Stromspule, in deren Feld sich eine drehbar angeordnete Spannungsspule befindet. Die Stromspule bildet den **Strompfad** und die Spannungsspule den **Spannungspfad**. Fließt Strom durch die beiden Spulen, so wirkt auf die Drehspule ein Drehmoment, das sowohl der Spannung an der Drehspule als auch dem Strom durch die Stromspule proportional ist.	• Eigenverbrauch 1 bis 3 W • Genauigkeitsklassen: 0,1 für eisenlose und 1,5 für eisengeschlossene elektrodynamische Messwerke • Für Gleich- und Wechselstrom geeignet • Es wird das Produkt aus Spannung und Strom ($P = U \cdot I \cdot \cos\varphi$) gemessen • Anwendung als Wirkleistungsmesser **(Seite 132)** • Geringe Alterung, weil das Messwerk keine Dauermagnete enthält

8.1.6 Elektrizitätszähler

Elektrizitätszähler messen die elektrische Arbeit.

Man unterscheidet nach der Aufgabe:

- Wirkverbrauchszähler
- Blindverbrauchszähler
- Mehrtarifzähler
- Maximumzähler

Nach dem Messprinzip:

- Induktionszähler
- elektronische Elektrizitätszähler

8.1.6.1 Wirkverbrauchszähler

In Wechselstromanlagen und in Drehstromanlagen werden meist **Induktionszähler** zur Messung der **elektrischen Wirkarbeit** W **(Bild 1)** verwendet.

Der Induktionszähler hat eine ähnliche Wirkungsweise wie ein Asynchronmotor mit Kurzschlussläufer. Im Luftspalt zwischen den Polen zweier Magnetsysteme **(Bild 2)** ist eine Läuferscheibe aus Aluminium drehbar gelagert. Durch das untere, zweischenkelige System **(Stromspule)** fließt der zu messende Strom. Das obere, dreischenkelige System trägt die **Spannungsspule.** Die Spannungsspule hat gegenüber der Stromspule eine sehr große Induktivität, sodass bei Wirklast die Ströme und die magnetischen Flüsse in beiden Spulen um fast 90° gegeneinander phasenverschoben sind. Wie bei einem Einphasen-Induktionsmotor erzeugen diese beiden magnetischen Flüsse ein magnetisches Drehfeld und üben so auf die Zählerscheibe ein Drehmoment aus. Das Drehmoment ist umso größer, je größer der Laststrom ist.

Ein **Bremsmagnet** erzeugt in der sich drehenden Scheibe Wirbelströme, die verhindern, dass sich die Scheibe schneller oder aufgrund des Schwungmoments länger dreht, als es der Belastung entspricht. Die Anzahl der Umdrehungen der Zählerscheibe wird mithilfe eines **Zählwerks** gezählt und in kWh angegeben. Die auf dem Leistungsschild des Zählers **(Bild 1)** angegebene **Zählerkonstante** C_z gibt die Anzahl der Umdrehungen je kWh an. Mithilfe der Zählerkonstante kann die angeschlossene Leistung berechnet werden **(Beispiel).** Die Zählerart ist mit einer vierstelligen Schaltungsnummer gekennzeichnet **(Bild 3).**

Drehstromzähler für Vierleiternetze wirken mit drei Triebsystemen auf zwei oder drei Zählerscheiben.

Mehrtarifzähler, z.B. Doppeltarifzähler, bestehen aus mehreren Zählwerken mit gemeinsamem Antrieb. Ein Tarifschaltgerät, z.B. Schaltuhr oder Tonfrequenz-Rundsteuergerät, nimmt die Umschaltung der Zählwerke auf Hochtarif (HT) oder Niedertarif (NT) vor.

Maximumzählwerke erfassen die bei einem Abnehmer auftretende Höchstbelastung. Dabei wird nicht die höchste Augenblicksleistung, wie sie z.B. beim Anlassen von Motoren auftritt, sondern der höchste Mittelwert eines Ablesezeitraumes, z.B. innerhalb einer Messperiode von 15 Minuten, angezeigt.

Bild 1: Wechselstrom-Induktionszähler

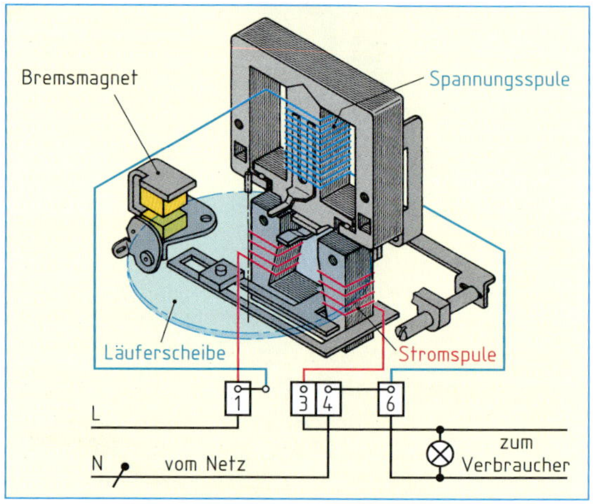

Bild 2: Messwerk des Induktionszählers

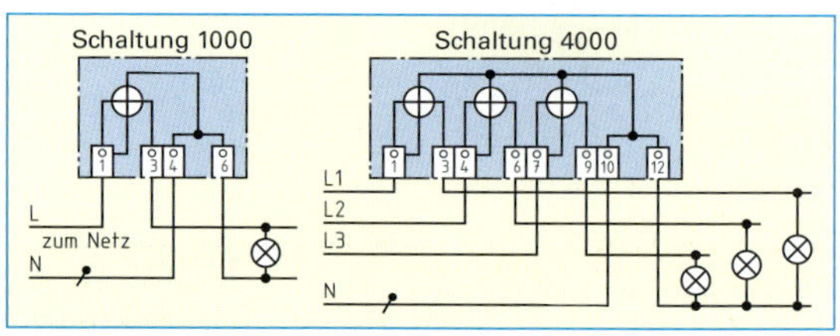

Bild 3: Zählerschaltungen

Zählerkonstante

$$C_z = \frac{n}{P}$$

P elektrische Leistung in kW
n Umdrehungen der Zählerscheibe je Stunde
C_z Zählerkonstante in 1/kWh

Beispiel:

Bei einem Zähler mit der Zählerkonstante C_z = 600 1/kWh macht die Zählerscheibe in 1 Minute n = 33 Umdrehungen. Wie groß ist die angeschlossene Leistung P?

Lösung:

$$\mathbf{P} = \frac{n}{C_z} = \frac{60 \cdot 33\ 1/\text{h}}{600\ 1/\text{kWh}} = \mathbf{3{,}3\ kW}$$

8.1.6.2 Elektronische Elektrizitätszähler

Elektronische Elektrizitätszähler (Bild 1 und Bild 2) haben im Vergleich zu Induktionszählern zusätzliche Messfunktionen.

Elektronischer Mehrtarifzähler

Ein elektronischer Mehrtarifzähler besitzt im Wesentlichen folgende Eigenschaften (Auswahl):

- Mehrtarifzählung
- Maximum-Leistungsmessung
- Speichern von Lastprofilen
- Kommunikation über Datenschnittstellen
- Datenfernübertragung

Elektronischer Haushaltszähler (eHZ)

Mit der Veröffentlichung der TAB[1] 2007 können in Zählerplätzen vom VNB[2] elektronische Haushaltszähler (eHZ) eingebaut werden. Die Anforderungen an den eHZ **(Bild 2)** sind vom VDN[3] in einem Lastenheft festgelegt worden. Die wesentlichen Eigenschaften sind:

- Werkzeugloser und zeitsparender Anschluss über Steckkontakte **(Bild 3)**
- Bei Neuanlagen mit eHZ-Zählerplatten Zählerwechsel ohne Spannungsunterbrechung möglich
- Nachrüstung in bestehenden Anlagen mit eHZ-Adapter zur Montage auf dem Zählerkreuz
- Kommunikationsanbindungen über Datenschnittstellen möglich
- Als Drehstromzähler und Einphasen-Wechselstromzähler bis zu einem Grenzstrom von 60 A einsetzbar

Als Drehstromzähler kann der eHZ in drei Betriebsarten genutzt werden, als

- Drehstrombezugszähler,
- Drehstromlieferzähler,
- Zweirichtungszähler.

Im Display **(Bild 2)** wird die vom VNB bezogene elektrische Energie als positive elektrische Wirkarbeit mit dem Symbol +A und die an den VNB gelieferte elektrische Energie, z.B. aus Photovoltaik-Anlagen, als negative elektrische Wirkarbeit mit dem Symbol –A in kWh angezeigt. Außerdem wird im Display die Laufrichtung einer Läuferscheibe simuliert und das Anliegen der Leiterspannung an den betreffenden Phasen dargestellt. Über den optischen Impulsausgang werden Zählimpulse mit einer Impulskonstante von 10000 Impulsen/kWh ausgegeben. Der Zähler sendet alle 1 bis 4 s ein Datentelegramm mit einer Übertragungsrate von 9600 bit/s über die optische Infrarot-Kommunikationsschnittstelle. Die eHZ-Datentelegramme können mithilfe eines optischen Auslesekopfs, z.B. über die serielle Schnittstelle eines PC, ausgelesen und zur Datenverarbeitung genutzt werden.

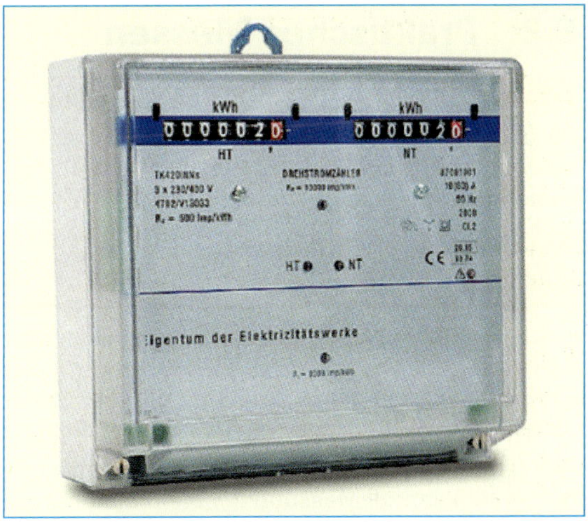

Bild 1: Elektronischer Mehrtarifzähler

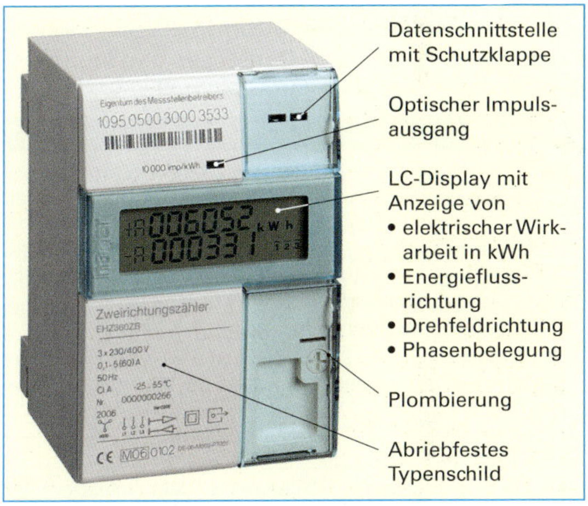

Bild 2: Elektronischer Haushaltszähler (eHZ)

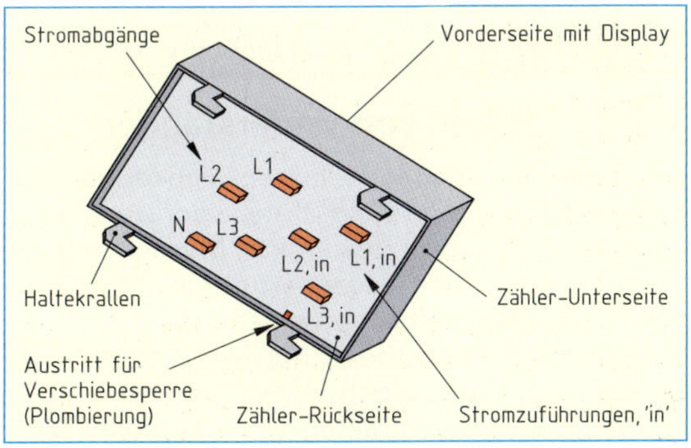

Bild 3: Rückseite des eHZ mit Kontakten

[1] TAB, Abk. für **T**echnische **A**nschluss**b**edingungen
[2] VNB, Abk. für **V**erteilungs**n**etz**b**etreiber
[3] VDN, Abk. für **V**erband **d**er **N**etzbetreiber

8.2 Praktisches Messen

8.2.1 Messen von Leistungen

Mit elektrodynamischen Messwerken **(Seite 129)** kann mit einer einfachen Schaltung **(Bild 1)** eine Leistungsmessung durchgeführt werden.

> Elektrodynamische Messwerke eignen sich zur Wirkleistungsmessung.

Wirkleistungsmessung. Dazu wird ein elektrodynamisches Messwerk **(Bild 2)** verwendet. Der **Strompfad** wird in den Außenleiter und der **Spannungspfad** zwischen L und N geschaltet **(Bild 1)**.

Blindleistungsmessung. Ein elektrodynamisches Messwerk kann zur Messung der Blindleistung verwendet werden, wenn in den Spannungspfad eine Induktivität (Drosselspule) geschaltet wird. Der Messstrom im Spannungspfad wird dadurch um 90° phasenverschoben. Der induktive Stromanteil in der Stromspule und der Strom in der Spannungsspule sind phasengleich. Gemessen und angezeigt wird deshalb der Blindleistungsanteil.

Beispiel:

Die Wirkleistung eines Einphasen-Wechselstrommotors soll gemessen werden. Am Messgerät ist der Spannungspfad auf 250 V und der Strompfad auf 1 A eingestellt **(Bild 2)**.

a) Welche Messart muss mit dem Messartenschalter eingestellt werden? **b)** Welcher Messbereichsendwert *E* ergibt sich? **c)** Wie groß ist der Strom im Messgerät bei Netzspannung $U = 230$ V AC (die vom Motor aufgenommene Leistung ist $P = 500$ W bei $\cos\varphi = 0{,}72$)? **d)** Welche Auswirkung hat der berechnete Strom auf das Messgerät? **e)** Wie kann diese Auswirkung vermieden werden?

Lösung:

a) Leistungsmessung für Gleich- oder Wechselstrom

b) $E = 250\ \text{V} \cdot 1\ \text{A} = \mathbf{250\ W}$

c) $I = P/(U \cdot \cos\varphi) = 500\ \text{W}/(230\ \text{V} \cdot 0{,}72) \approx \mathbf{3\ A}$

d) **Der Strompfad ist überlastet!** (Zerstörung Messgerät)

e) Strompfad mit Strombereichsschalter auf 5 A einstellen

> Spannungs- und Strompfad nicht überlasten!

8.2.2 Messen von Widerständen

Elektrische Widerstände lassen sich durch verschiedene Verfahren **(Bild 3)** messen. Der Widerstandswert lässt sich bei direkter Messung mit einem Widerstandsmesser ermitteln. Weil das Messgerät dabei mit einem eigenen Prüfstrom arbeitet, muss der betroffene Stromkreis spannungsfrei geschaltet und aufgetrennt werden. Eine weitere Möglichkeit zur direkten Widerstandsbestimmung sind **Messbrücken (Seite 52)**.

Der Widerstandswert lässt sich auch indirekt durch eine Strom- und Spannungsmessung **(Seite 53)** bestimmen.

- Messen von Spannungen, Seite 25
- Messen von Strömen, Seite 27
- Messen elektrischer Leistung, Seite 40
- Messen mit dem Oszilloskop, Seite 137

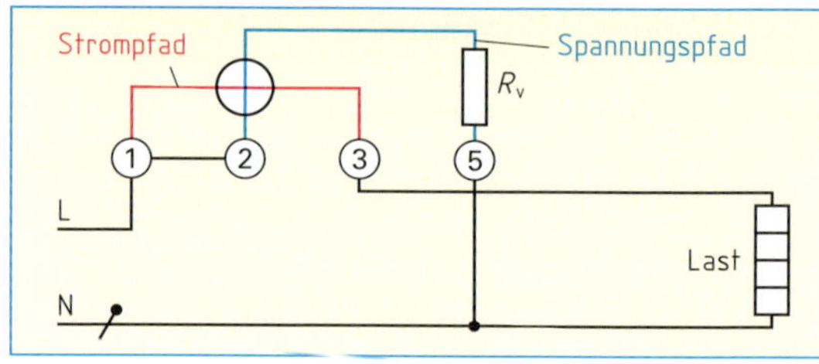

Bild 1: Wirkleistungsmessung für Einphasenwechselstrom

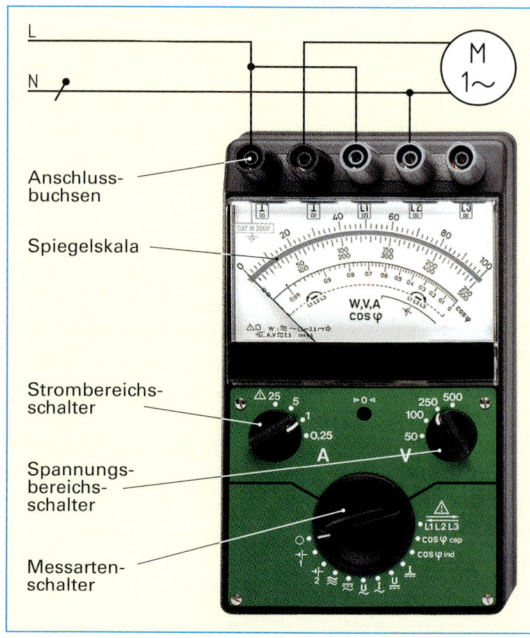

Bild 2: Wirkleistungsmessgerät

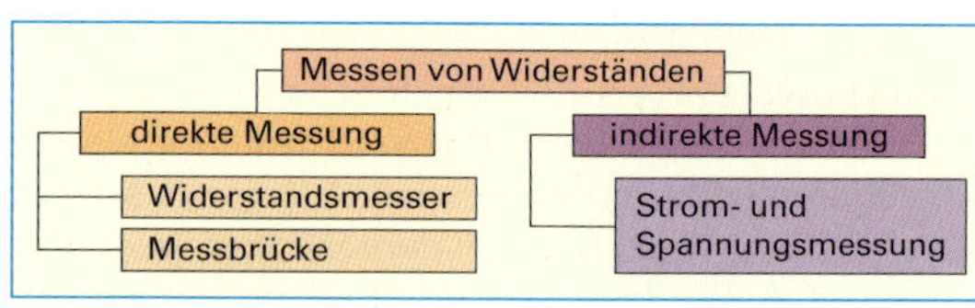

Bild 3: Verfahren zur Widerstandsmessung

Übersicht: Messbrücken

Gleichstrom-Brücken für Wirkwiderstände	**Wechselstrom-Brücken** für Blindwiderstände
• Wheatstone-Brücke[1]	• Wien-Brücke[3]
• Thomson-Brücke[2]	• Maxwell-Brücke[4]

[1] Charles Wheatstone, engl. Physiker, 1802 bis 1875
[2] William Thomson, engl. Physiker, 1824 bis 1907
[3] Wilhelm Wien, deutscher Physiker, 1864 bis 1928
[4] James Clerk Maxwell, engl. Physiker, 1831 bis 1879

8.2.3 Messen mit Strommesszangen

Mit Strommesszangen **(Bild)** können Strommessungen durchgeführt werden, ohne den Stromkreis aufzutrennen.

Messen von Wechselströmen

Der Wechselstrom in einem elektrischen Leiter erzeugt ein elektromagnetisches Feld um den Leiter, das zur Messung des Stromes genutzt wird. Der **Messkopf** bildet einen Stromwandler, der aus einem geschlossenen Eisenkern mit Spule besteht. Das elektromagnetische Feld des vom Messkopf umschlossenen Leiters induziert in der Spule eine Spannung, die proportional zur Stromstärke ist.

Strommesszangen mit Stromwandler können nur zur Wechselstrommessung verwendet werden.

Messen von Gleichströmen

Weil Gleichstrom in Stromwandlern keine Spannung induziert, können Gleichströme nur von Strommesszangen mit eingebautem **Hallgenerator** erfasst werden. Sie eignen sich

- zur Gleichstrommessung,
- zur Wechselstrommessung,
- zur Messung des Echt-Effektivwertes (TRMS bzw. true RMS).

Messen des Leckstromes

Ist in den Adern eines Stromkreises die Summe der zu- und abfließenden Ströme ungleich null, dann fließt ein Leckstrom. Dieser Leckstrom, z.B. 8 mA, wird von einer Strommesszange mit empfindlichem Strommessbereich, deren Messkopf um alle Adern der Leitung gelegt wird, angezeigt.

8.2.4 Messkategorien

Je näher eine Messung an der Quelle der Niederspannungsinstallation durchgeführt wird, desto mehr können z.B. Überspannungen Personen gefährden, die sich mit dem Messgerät am Netz befinden. Ein Stromversorgungssystem wird nach der Norm EN 61010-1 in die Messkategorien CAT I bis CAT IV eingeteilt **(Tabelle)**. Die Messkategorien geben Aufschluss, bis zu welchem Anwendungsbereich ein Messgerät gefahrlos eingesetzt werden kann. Beispielsweise bedeutet die Angabe 600 V CAT IV auf einem Messgerät, dass jeder Messbereich für eine maximale Bemessungsspannung 600 V in Kategorie IV ausgelegt ist. Mit diesem Messgerät darf z.B. an primären Überstrom-Schutzeinrichtungen, aber z.B. auch an Steckdosen für große Lasten (CAT III) gemessen bzw. geprüft werden.

Bild: **Strommesszange**

• Hallgenerator, Seite 148

Tabelle: Messkategorien (Nach EN 61010-1)

	CAT IV Messungen an der Quelle der Niederspannungsinstallation, z.B. • Leitungen und Kabel im Freien als Zuführung zum Gebäude • Hausanschluss • Zähler • Primärer Überstromschutz
	CAT III Messungen in der Gebäudeinstallation, z.B. • Geräte in Festinstallationen, z.B. Schaltgeräte, mehrphasige Motoren und stationäre Verbraucher • Verteileranschluss • Steckdosen für große Lasten
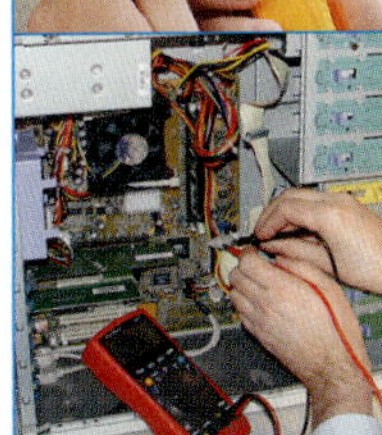	CAT II Messungen an Stromkreisen, die elektrisch direkt mit dem Niederspannungsnetz verbunden sind, z.B. • Steckdosen mehr als 10 m von CAT-III-Quelle oder mehr als 20 m von CAT-IV-Quelle entfernt • Geräte mit Verbindung zu Steckdosen, z.B. in Büro und Haushalt
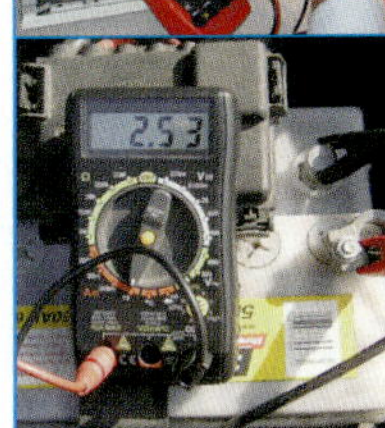	CAT I Messungen an Stromkreisen, die nicht direkt mit dem Netz verbunden sind, z.B. • Geschützte Elektronikbaugruppen • Batteriebetriebene Geräte • Batterien • Kfz-Elektroanlagen

8.2.5 Durchführung einer praktischen Messung

Messungen in elektrischen Anlagen, an Elektrogeräten und an elektronischen Schaltungen gehören zu den täglichen Aufgaben einer Elektrofachkraft. Bei einer Neu- oder Erweiterungsinstallation muss z. B. die Wirksamkeit der in den VDE-Bestimmungen festgelegten Schutzmaßnahmen durch Messungen nachgewiesen werden. Bei Fehlfunktionen von Elektrogeräten kann die Fehlerursache nur durch systematisches, vorher geplantes Messen ermittelt werden. Deshalb ist das methodische Vorgehen bei der Durchführung von Messungen von entscheidender Bedeutung.

Sicherheit

Messgeräte und Zusatzeinrichtungen müssen so gehandhabt werden, dass keine Gefahren für die Fachkraft, für andere Personen oder für die Messgeräte auftreten.

Arbeits- und Unfallschutz, Seite 10 und Seite 208

Vorgehensweise bei einem Messvorgang

Arbeitsschritte

- Festlegung der Messaufgabe
- Festlegung des Messortes
- Festlegung der Messmethode
- Auswahl des Messgerätes
- Durchführung der Messung
- Interpretation der Messergebnisse
- Dokumentation der Ergebnisse

Regeln bei der Durchführung von Messungen

Festlegung des Messortes: Ist der Ort und die Zeit der Messung so gewählt, dass für z. B. die Kundin, den Kunden oder für betriebliche Abläufe möglichst geringe Beeinträchtigungen auftreten?

Festlegung der Messmethode: Welche Messmethode liefert bei geringstem Aufwand ein für die Erfüllung der Messaufgabe ausreichendes Ergebnis?

Auswahl des Messgerätes: Ist das Messgerät für Größe und Art des zu messenden Wertes geeignet?
Ist die Funktionssicherheit der Messmittel und der Messhilfsmittel gewährleistet?

Durchführung der Messung: Liegt Spannungsfreiheit beim Anschließen der Messmittel an das Messobjekt vor?
Sind Gefährdungen durch direktes oder indirektes Berühren auszuschließen?
Sind die Messgeräte so angeordnet, dass sie fehlerfrei abgelesen werden können?
Sind der richtige Messbereich und die richtige Messgröße eingestellt?
Sind bei rechnergestützten Messungen die entsprechenden Schnittstellen geschaltet?

Interpretation der Messergebnisse: Sollen die Messwerte im Messgerät rechnergestützt gespeichert oder schriftlich ausgegeben werden?
Müssen die auftretenden Messfehler eingeschätzt und erläutert werden?

Dokumentation der Ergebnisse: Muss ein Messprotokoll, z. B. mit dem Namen des Messenden, Ort der Messung und Ziel der Messung, erstellt werden?

Beispiel

Überprüfung von Durchlassspannung U_F und Durchlassstrom I_F einer Leuchtdiodenschaltung **(Seite 46, Beispiel 2)**

a) Spannungsmessung
b) Strommessung
mit Digitalmultimeter

a) Spannungsmessung
- Spannungsart (DC) und Messbereich (3 V) einstellen
- Multimeter parallel zur Diode anschließen und Messwert ablesen

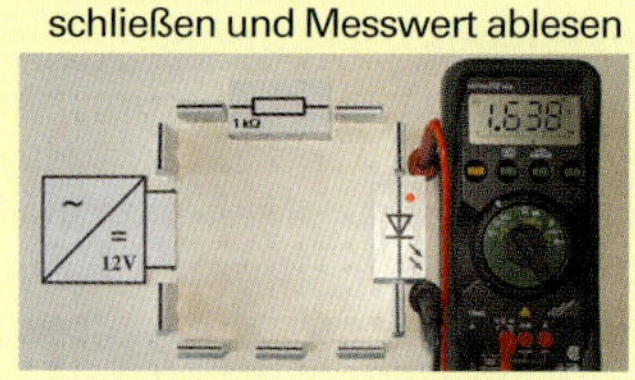

b) Strommessung
- Schaltung spannungsfrei schalten
- Stromart (DC) und Messbereich (30 mA) einstellen
- Multimeter in Reihe zur Diode schalten, Spannung zuschalten und Messwert ablesen

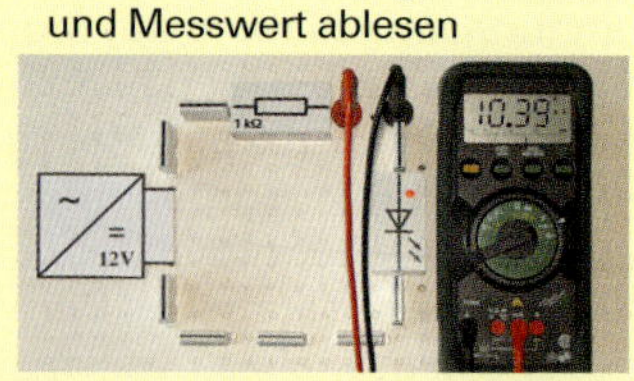

Abgelesene Spannung: $U_F = 1{,}638$ V
Erwartete Spannung: $U_F = 1{,}63$ V
Abgelesener Strom: $I_F = 10{,}39$ mA
Erwarteter Strom: $I_F = 10$ mA
⇒ Messwerte entsprechen den Erwartungen

8.3 Oszilloskop

Das Oszilloskop **(Bild 1)** ist ein Messgerät zur Darstellung des zeitlichen Verlaufs einer Spannung. Die Abbildung am Oszilloskop nennt man Oszillogramm.

Bei Oszilloskopen unterscheidet man vor allem:

- Analog-Oszilloskope und
- Digital-Oszilloskope.

8.3.1 Analoges Oszilloskop

Beim analogen Oszilloskop werden die Messspannungen analog verstärkt und durch die Elektronenstrahlröhre angezeigt. Bei der Auswahl eines Oszilloskops sind mögliche Betriebsarten und technische Daten **(Übersicht)** zu beachten.

8.3.1.1 Aufbau eines Analog-Oszilloskops

Analog-Oszilloskope enthalten die Baugruppen:

- Anzeigeeinheit (Elektronenstrahlröhre),
- Vertikalablenkverstärker (Y-Verstärker),
- Horizontalablenkverstärker (X-Verstärker),
- Zeitablenkgenerator und
- Netzteil.

Die **Elektronenstrahlröhre (Bild 2)** ist der Bildschirm (Leuchtschirm) eines Oszilloskops. Sie besteht aus einem luftleer gepumpten, keulenförmigen Glaskolben. Im Kolbenhals befindet sich eine elektrisch beheizte Katode, die Elektronen aussendet (Elektronenemission). Die von der Katode ausgesandten Elektronen werden durch Fokussierelektroden[1] gebündelt und zum Leuchtschirm beschleunigt. Dort treffen sie mit hoher Geschwindigkeit auf und regen die Leuchtschicht zum Ausstrahlen von Licht an. Verlässt der Elektronenstrahl das aus Katode, Wehnelt-Zylinder, Beschleunigungs- und Fokussierelektroden bestehende Strahlsystem **(Bild 2)**, bestimmt das Ablenksystem die Richtung. Auf diese Weise kann der Strahl trägheitslos über die Fläche des Leuchtschirms abgelenkt werden.

Die Vorderwand der Elektronenstrahlröhre ist innen mit einer Leuchtstoffschicht überzogen. Die Leuchtstoffe sind Sulfide, Oxide oder Silikate von Zink oder Cadmium. Die Leuchtstoffe bestimmen Leuchtfarbe, Helligkeit und Nachleuchtdauer. Meist verwendet man grün leuchtende Stoffe, weil das menschliche Auge Grün besonders gut wahrnimmt.

- Oszilloskopbildschirme haben meist eine Größe von 10 cm × 8 cm.
- Der Eingangswiderstand von Oszilloskopen beträgt 1 MΩ.

[1] Focus (lat.) = Brennpunkt

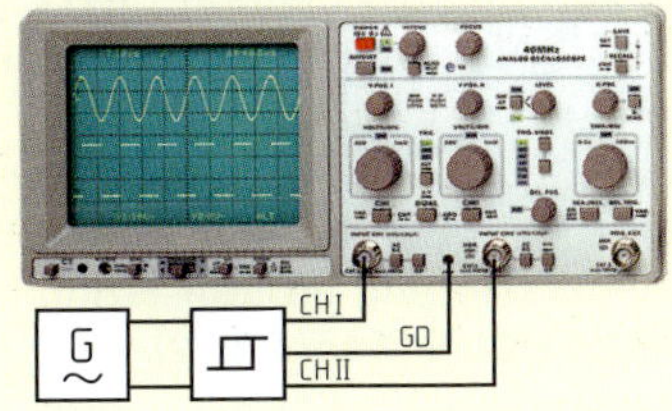

Bild 1: Messen an einem Schmitt-Trigger

Mit dem Oszilloskop kann man messen, darstellen bzw. bestimmen:

Spannungen, Ströme, Periodendauer, Frequenzen, Phasenverschiebungen, Kennlinien.

Schaltzeichen Oszilloskop: 

Übersicht: Technische Daten eines Oszilloskops

- **Vertikal-Ablenkung**
  Betriebsarten: Kanal I (CH I) oder Kanal II (CH II) einzeln, Kanal I und Kanal II alternierend oder chop
  Summe oder Differenz von CH I und CH II
  XY-Betrieb: über CH I und CH II: CH II invertierbar
  Bandbreite: 2 × 0 ... 40 MHz (– 3dB)
  Anstiegszeit: 7 ns, Überschwingen: < 1 %
  Ablenkkoeffizienten: 14 kalibrierte Stellungen 1 mV/div ... 20 V/div* ± 3 %
  Eingangsimpedanz: 1 MΩ II 20 pF
  Eingangskopplung: DC – AC – GD (Ground)
  Eingangsspannung: max. 400 V
- **Horizontal-Ablenkung**
  Zeitkoeffizienten: 21 kalibrierte Stellungen von 0,5 s bis 100 ns/cm ± 3 % (1-2-5 Teilung),
  Bandbreite X-Verstärker: 0 ... 2,5 MHz (– 3 dB)
- **Zusätzliche Angaben**
  Bildschirm: 8 × 10 cm, Innenraster,
  Beschleunigungsspannung: 2000 V
  Kalibrator: Rechteckgenerator 1 kHz/MHz;
  Ausgang: 0,2 V ± 1 %

* Schreibweise auch DIV (DIV, Abk. für: division (engl.) = Teilung)

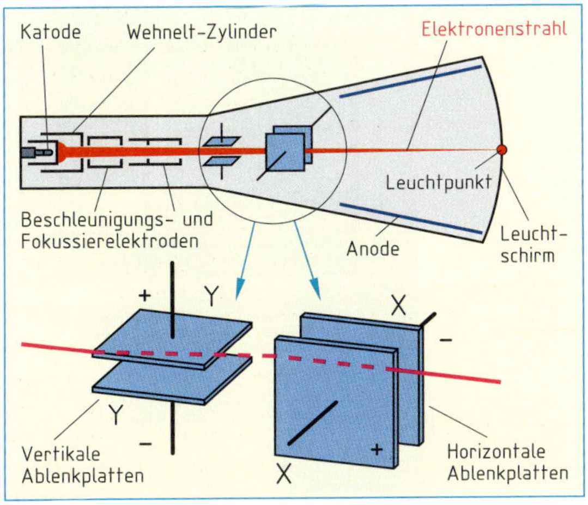

Bild 2: Aufbau der Elektronenstrahlröhre

Der Steller mit der Bezeichnung **INTENS (① im Bild 2)** (INTENS, Abk.: für Intensität, Helligkeit) dient zur Einstellung der Helligkeit.

Eine einstellbare Spannung an der Fokussierelektrode bündelt (fokussiert) den Elektronenstrahl. Der Steller zur Fokussierung auf der Frontplatte trägt die Aufschrift **FOCUS (② im Bild 2)**.

Zwischen Strahlsystem und Leuchtschirm durchläuft der Elektronenstrahl zwei Plattenpaare **(Bild 2, Seite 135)**, die ihn in senkrechter Richtung (Y-Richtung) und waagerechter Richtung (X-Richtung) ablenken können.

Die senkrechte Ablenkung des Elektronenstrahls nennt man vertikale Ablenkung (Y-Ablenkung), die waagerechte Ablenkung heißt horizontale Ablenkung (X-Ablenkung).

Vertikalablenkverstärker liefern die Ablenkspannung für die Y-Ablenkplatten. Der Vertikalverstärker muss Gleich- und Wechselspannungen bis in den MHz-Bereich gleichmäßig verstärken können. Die senkrechte Ruhelage des Strahls lässt sich mit dem Steller **Y-POS** (Position) einstellen **(③ im Bild 2)**. Am Y-Eingang **(INPUT, ④ im Bild 2)** wird das zu messende Signal über eine Messleitung, einen **Tastkopf** oder **Tastteiler** angeschlossen. Mit einem Tastteiler **(Bild 1)** kann man höhere Spannungen, z.B. bis 600 V, messen. Durch einen Spannungsteiler wird die Messspannung im Verhältnis von z.B. 10:1 oder 100:1 herabgesetzt.

Horizontalablenkverstärker liefern die benötigte Spannung für die X-Ablenkung. Da man mit einem Oszilloskop meist den zeitlichen Verlauf eines Signals untersucht, muss der Elektronenstrahl in glei-

Wie arbeite ich mit dem Oszilloskop?

➩ Vor dem Einschalten ist zu beachten:

- Die Steller „INTENS“, „FOCUS“, „TIME/DIV“ und „Y-POS I“ etwa in Mittelstellung einstellen.
- Steller mit der Angabe „CAL“ (kalibriert, geeicht) sind in diese kalibrierte Einstellung zu bringen, sonst erhält man falsche Messergebnisse.
- Steller Triggerquelle auf „INT“ (nicht auf „EXT“, da sonst der Elektronenstrahl evtl. nicht sichtbar ist).
- Eingangswahlschalter auf „GD“ (Messsignal ist abgeschaltet).
- Den Steller „VOLTS/DIV“ (Kanal I/II beachten) auf einen hohen Wert, z.B. 20 V/DIV, einstellen.

➩ Nach dem Einschalten ist zu beachten:

- Elektronenstrahl mit „Y-POS I“ in Bildschirmmitte.
- Je nach Messspannung Eingangswahlschalter auf „AC“ oder „DC“ einstellen.
- Korrektur mit „VOLTS/DIV“ und „TIME/DIV“ so, dass ein großflächiges Bild entsteht.
- Messwerte ermitteln **(Seite 139)**.

WWW www.virtuelles-oszilloskop.de

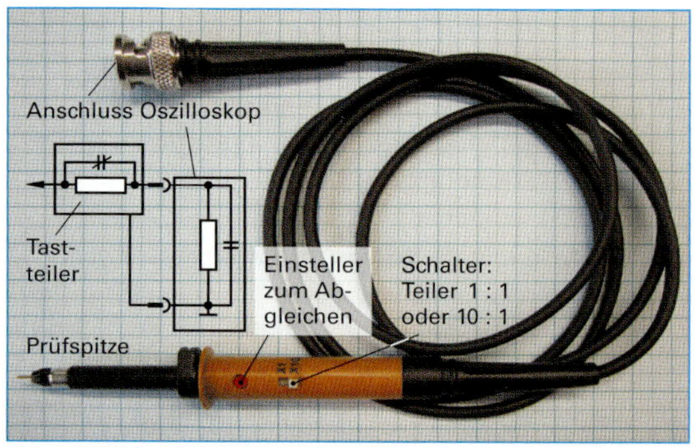

Bild 1: Tastteiler mit Innenschaltung

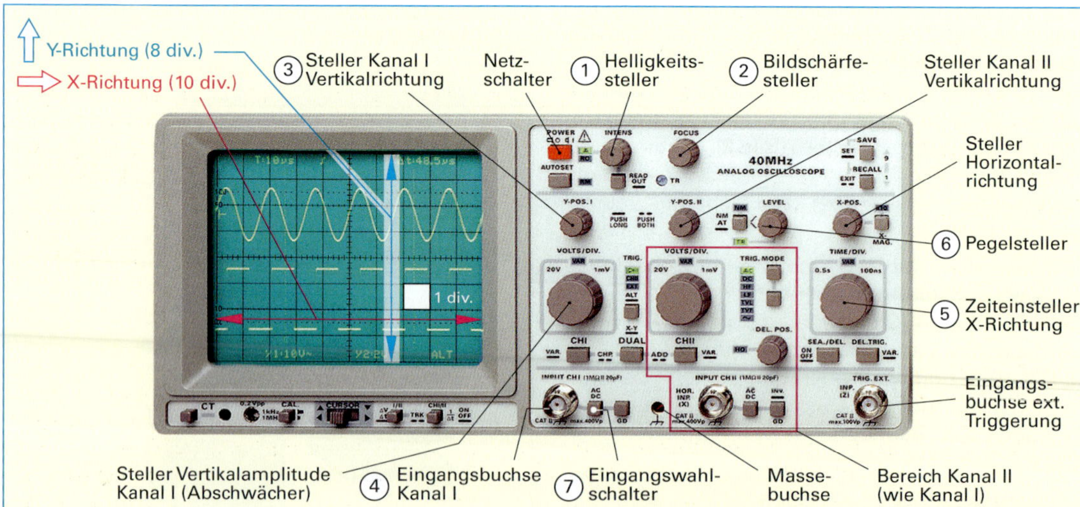

„div.“ = Abk. für: division (engl.) = Teilung, Rastereinheit des Bildschirms, meist 1 cm

Bild 2: Frontansicht eines Zweikanal-Oszilloskops

chen Zeitabständen, z. B. 2 ms/cm, stetig um jeweils die gleiche Strecke waagerecht über den Bildschirm gesteuert werden. Dazu benötigt man eine Sägezahnspannung **(Bild 1)**. Diese Sägezahnspannung an den X-Ablenkplatten steuert den Elektronenstrahl gleichmäßig über den Bildschirm.

Zeitablenkgenerator. Er erzeugt eine Sägezahnspannung mit einstellbarer Frequenz. Ihre Periodendauer lässt sich mit einem Stufenschalter **TIME/DIV** (Zeitbasis) einstellen **(⑤ im Bild 2, Seite 136)**.

Auf dem Leuchtschirm erscheint nur dann eine ruhig stehende Kurve, z.B. eine Sinuslinie, wenn die Messspannung immer von der gleichen Stelle am Bildschirm des Oszilloskops beginnend dargestellt wird. Dies erzwingt man durch **Triggerung**[1], d.h. das gezielte Auslösen der Sägezahn-Ablenkspannung **(Bild 1)** durch den Triggerimpuls. Die Höhe der augenblicklichen Spannung am Y-Eingang, die einen neuen Startimpuls durch den Schmitt-Trigger auslösen soll, kann man mit **LEVEL**[2] **(⑥ im Bild 2, Seite 136)** einstellen.

Der Eingangswahlschalter **(⑦ im Bild 2, Seite 136, und Bild 2)** hat die Einstellungen DC und AC. In der Einstellung DC misst man Gleich- oder Mischspannung **(Seite 29)**. Bei AC verarbeitet der Y-Verstärker nur Wechselspannungen. Wird der Schalter auf GD (Ground) gestellt, so wird der Eingang intern auf Masse gelegt und nur die Horizontalablenkung ist wirksam. Dies benutzt man zur Einstellung der Bezugslinie beim Elektronenstrahl.

Das **Netzteil** des Oszilloskops liefert die Betriebsspannung für die elektronischen Baugruppen sowie die Heiz- und Anodenspannung, z.B. 15 kV, für die Elektronenstrahlröhre.

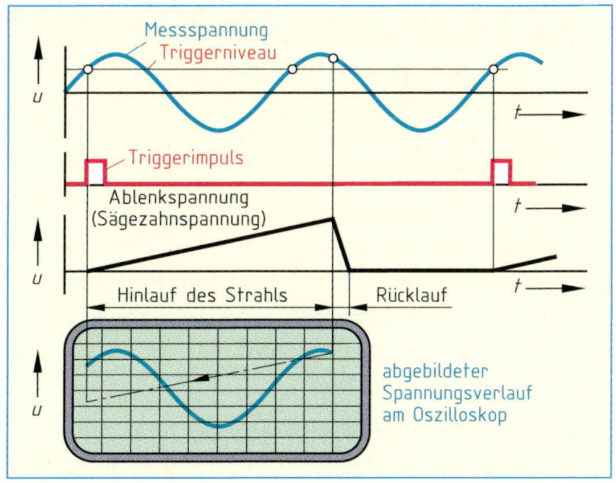

Bild 1: Triggerung und Zeitablenkung

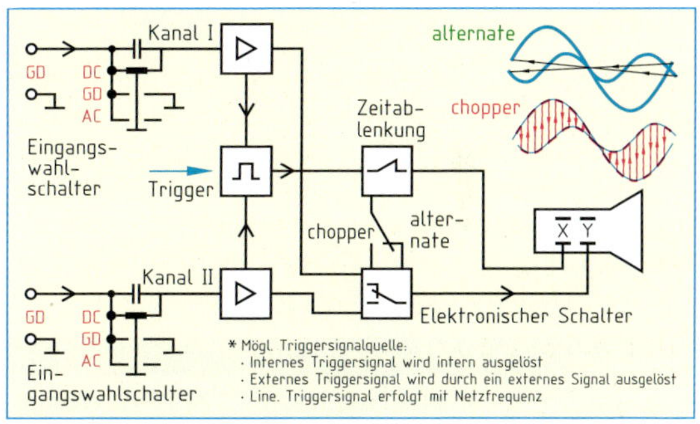

Bild 2: Blockschaltbild eines Zweikanal-Oszilloskops

Ankopplungen der Triggerquelle

- DC, Abk. für: Direct Current = Gleichstrom
- AC, Abk. für: Alternating Current = Wechselstrom
- LF, Abk. für: Low Frequency = niedrige Frequenz
- HF, Abk. für: High Frequency = hohe Frequenz

8.3.1.2 Zweikanal-Oszilloskop

Oft ist es notwendig, zwei periodische Vorgänge, z.B. zwei Wechselspannungen, gleichzeitig auf dem Bildschirm des Oszilloskops darzustellen. Den Verlauf zweier Wechselspannungen kann ein Zweikanal-Oszilloskop **(Bild 2, Seite 136)** abbilden. Dieses Oszilloskop hat zwei Y-Eingänge und zwei getrennte Y-Verstärker **(Bild 2)**. Zwischen den beiden Y-Verstärkern für die beiden Eingangsspannungen schaltet ein elektronischer Schalter zwischen Kanal I und Kanal II um. Haben die beiden Eingangssignale eine niedrigere Frequenz, z.B. 10 Hz, wird der elektronische Umschalter auf eine hohe Umschaltfrequenz eingestellt (Betriebsart chopper[3]). Für hohe Eingangsfrequenzen stellt man den elektronischen Umschalter auf die Betriebsart alternate[4].

8.3.1.3 Messen mit dem Oszilloskop

Das Oszilloskop misst grundsätzlich nur Spannungen gegen Masse.

Deshalb muss man vor jeder Messung eine Masseverbindung **(Seite 139)** vom Messobjekt zum Oszilloskop herstellen. Zuerst stellt man auf dem Leuchtschirm eine waagerechte Bezugslinie (Nulllinie) ein, wobei der Eingangswahlschalter auf GD steht. Erst dann wird in DC oder AC bei einem hohen Ablenkfaktor, z.B. 20 V/div, die Spannung angelegt und gemessen. Um ein stehendes Bild zu erreichen, ist die Ankopplung an die Triggersignalquelle zu beachten **(Übersicht)**. Bei hohen Spannungen, z.B. 230 V, ist es notwendig, das Messobjekt über einen Trenntransformator **(Seite 139, Messen des Zündwinkels)** zu betreiben.

[1] trigger (engl.) = Drücker, Auslöser [2] level (engl.) = Höhe, Niveau [3] to chop (engl.) = zerhacken [4] to alternate (engl.) = abwechseln

8.3.2 Digitalspeicher-Oszilloskop (DSO)

Beim Digitalspeicher-Oszilloskop **(Bild 1)** werden die analogen Eingangssignale digitalisiert, verarbeitet, gespeichert und analog angezeigt. Durch die Speicherung ergeben sich Vorteile **(Übersicht)**.

Im Gegensatz zu einem Analog-Oszilloskop hat ein Digital-Oszilloskop (auch Digitalspeicher-Oszilloskop genannt) zusätzliche Baugruppen **(Bild 2)**:

- Analog-Digital-Umsetzer,
- Digital-Analog-Umsetzer und
- elektronische Speicher.

Bei einem Digitalspeicher-Oszilloskop werden die Daten der darzustellenden Signale in einem Halbleiterspeicher, einem RAM **(Seite 230)**, gespeichert. Dazu wird das analoge Signal zuerst abgetastet und dann digitalisiert.

Bei der Abtastung werden in bestimmten zeitlichen Abständen Amplitudenwerte des darzustellenden Signals erfasst **(Bild 3)**. Die Abtastrate f_a, z.B. 1 GS/s[1], ist ein wichtiger Kennwert des DSO und gibt an, wie oft das Eingangssignal in einer Sekunde digitalisiert wird. In der Praxis soll die Abtastrate das 10-fache der Frequenz des Messsignals betragen.

Beispiel:

Ein Messsignal hat eine Frequenz f = 100 MHz. Welche Größe sollte die Abtastrate f_a in der Praxis haben?

Lösung:

$f_a = 10 \cdot f = 10 \cdot 100\ \text{MHz} = 1\ \text{GHz}$ (1 GS/s)

Durch die Digitalisierung werden die Amplitudenwerte in binäre Größen durch einen Analog-Digital-Umsetzer (ADU) mit einer Auflösung von z.B. 8, 10 oder 12 Bit umgesetzt.

Ein 12-Bit-ADU hat eine Auflösung von $2^n = 2^{12} = 4096$. Kleinste darstellbare Messgröße z.B. bei U = 10 V → 10 V/4096 = 0,0024 V = 2,4 mV

Sind die Daten im Speicher abgelegt, so können diese gelesen und auf dem Bildschirm dargestellt werden. Auch eine Weiterverarbeitung mit einem PC ist möglich. Dazu werden die Daten vom DSO z.B. über eine RS-232-Schnittstelle zum PC übertragen.

Beim DSO ist der Signalweg vom Eingang bis zum A/D-Umsetzer nur analog, vom A/D-Umsetzer weiter bis zur Anzeigeeinheit digital. Ein direkter, analoger Weg vom Eingang bis zur Elektronenstrahlröhre, wie beim Analog-Oszilloskop, ist nicht mehr vorhanden. Deshalb kann die Elektronenstrahlröhre durch andere Anzeigen, z.B. LC-Display, ersetzt werden. Technisch weiter entwickelte DSO haben z.B. eine mathematische Software zur Signalanalyse.

[1] GS/s, Abk. für: Gigasamples pro Sekunde (sample, engl. = Abtastung)

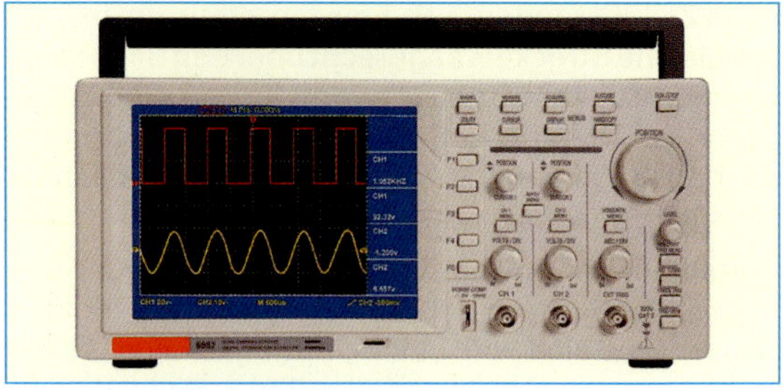

Bild 1: Digitalspeicher-Oszilloskop

Übersicht: Vorteile von Digitalspeicher-Oszilloskop (Beispiele)

- Eingangssignale können im Speicherbetrieb beliebig lange gespeichert werden.
- Hinweise durch Einblendung von Daten, z.B. von Spannungs- und Zeitwerten.
- Markierer und Positionsanzeiger ermöglichen die Angabe typischer Messdaten.
- Eingangssignale können beliebig gedehnt werden.
- Teile des Eingangssignals können groß dargestellt werden.
- Eingangssignale können über den Bildschirm geschoben werden (Bilddurchlauf).
- Eingangssignale sind bereits vor dem Triggerzeitpunkt sichtbar (Pre-Trigger-Betrieb).
- Datenausgabe an einen Drucker möglich.
- Einfache Erfassung einmaliger Ereignisse, z.B. Spikes (Spannungsspitzen).

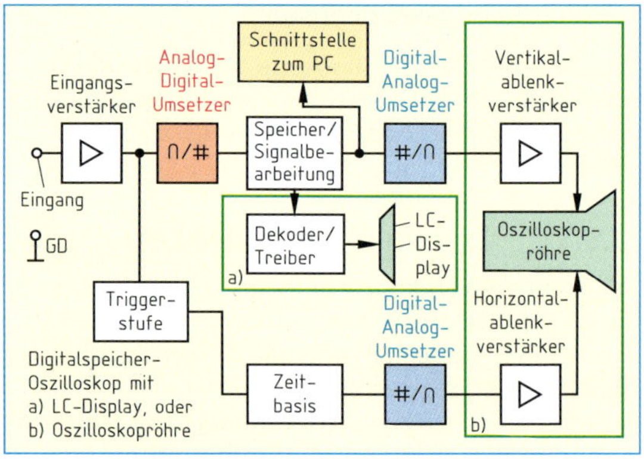

Bild 2: Übersichtsschaltplan eines Digitalspeicher-Oszilloskop

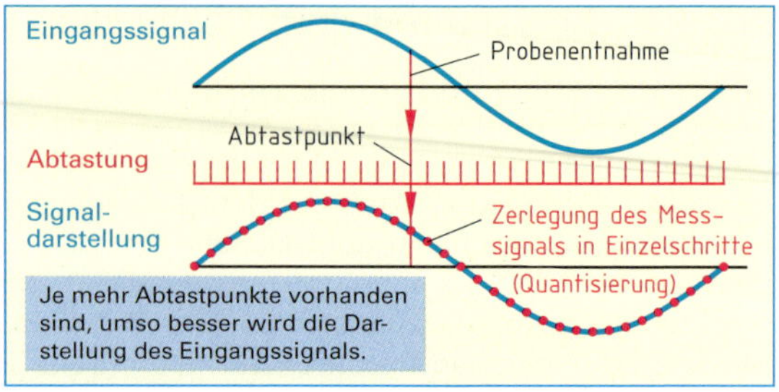

Bild 3: Abtastung einer Wechselspannung

Messschaltungen Oszilloskop (Beispiele)

Schaltungsaufbau | Anzeige und Einstellungen | Hinweise und Auswertung

Messen einer Gleichspannung U

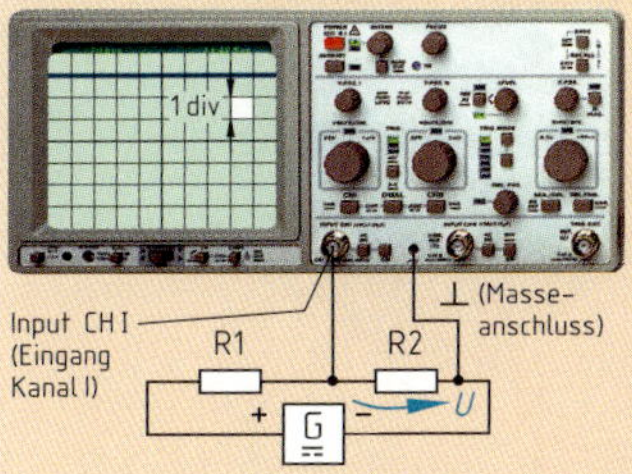

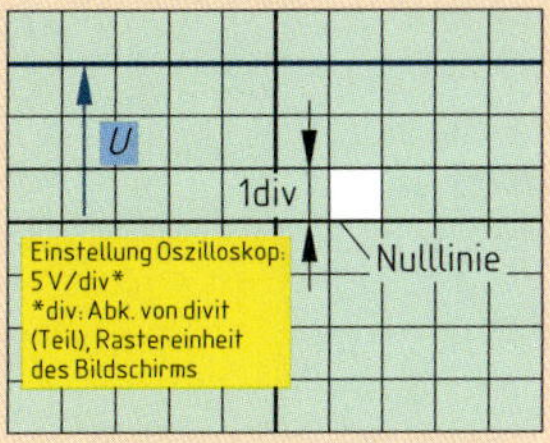

Gleichspannungen werden in der Einstellung **DC** gemessen.

Beispiel:
Gleichspannung U:

$$U = 5\ \frac{\mathrm{V}}{\mathrm{div}} \cdot 3\ \mathrm{div} = 15\ \mathrm{V}$$

Messen von Wechselspannung $\hat{u}$ und Periodendauer T, bestimmen der Spannung U und Frequenz f

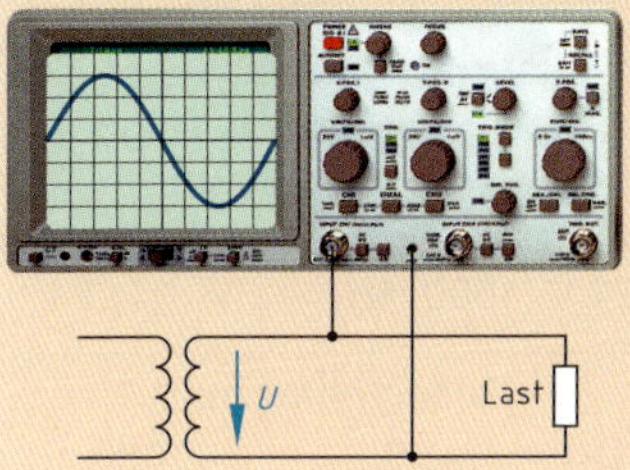

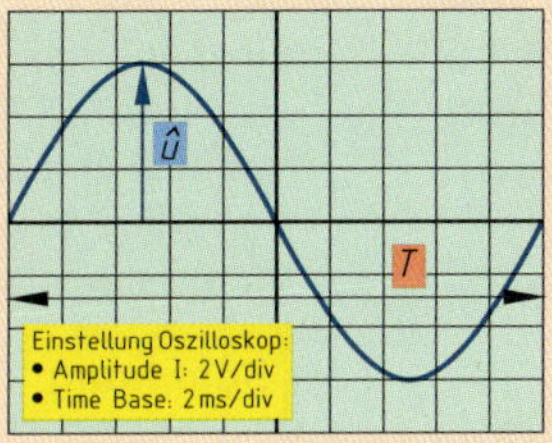

Wechselspannungen werden in der Einstellung **AC** gemessen.

Beispiel:

$$\hat{u} = 2\ \frac{\mathrm{V}}{\mathrm{div}} \cdot 3\ \mathrm{div} = 6\ \mathrm{V}; \qquad U = \frac{\hat{u}}{\sqrt{2}} = \frac{6\ \mathrm{V}}{\sqrt{2}} = 4{,}2\ \mathrm{V}$$

$$T = 2\ \frac{\mathrm{ms}}{\mathrm{div}} \cdot 10\ \mathrm{div} = 20\ \mathrm{ms}; \quad f = \frac{1}{T} = \frac{1}{20\ \mathrm{ms}} = 50\ \mathrm{Hz}$$

Bestimmen von Strömen

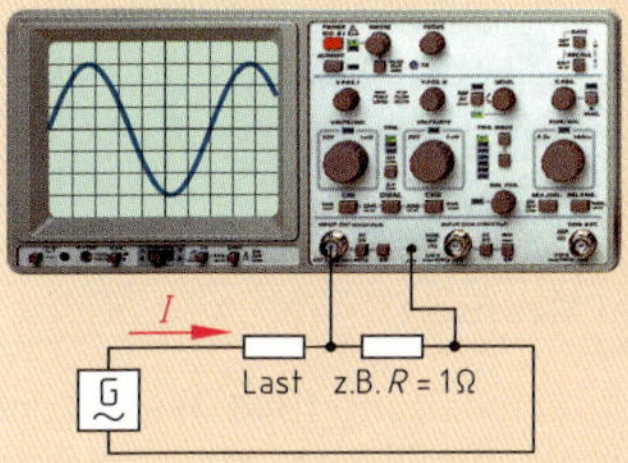

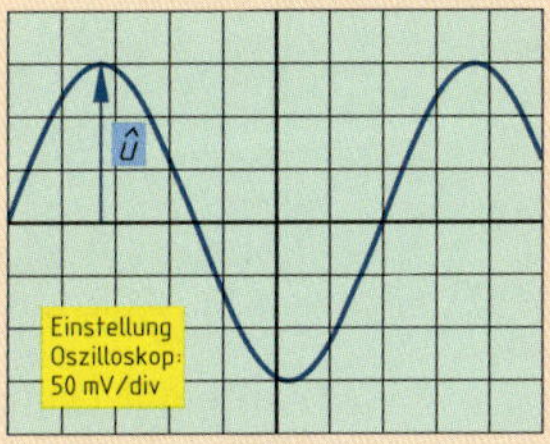

Man misst die Spannung U an einem bekannten Widerstand, z.B. 1 Ω, und berechnet den Strom I mithilfe des ohmschen Gesetzes.

Beispiel:

$$\hat{u} = 50\ \frac{\mathrm{mV}}{\mathrm{div}} \cdot 3\ \mathrm{div} = 150\ \mathrm{mV} = 0{,}15\ \mathrm{V}$$

$$U = \frac{\hat{u}}{\sqrt{2}} = \frac{0{,}15\ \mathrm{V}}{\sqrt{2}} = 0{,}1\ \mathrm{V}; \quad I = \frac{U}{R} = \frac{0{,}1\ \mathrm{V}}{1\ \Omega} = 0{,}1\ \mathrm{A}$$

Messen der Phasenverschiebung φ

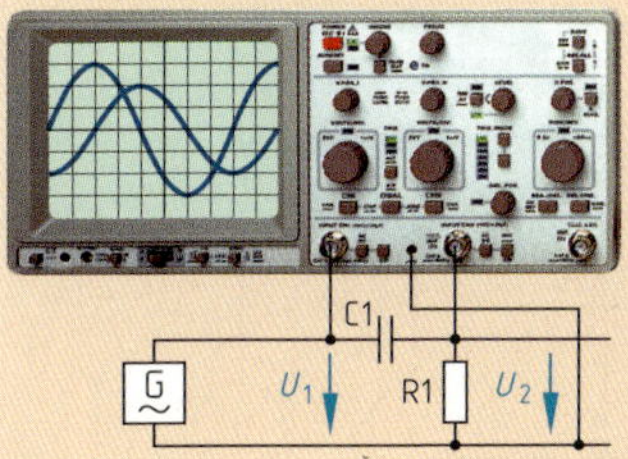

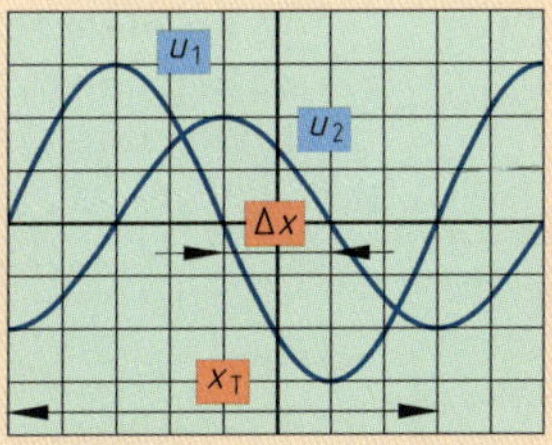

Auf dem Bildschirm misst man den Abstand $\Delta x \mathrel{\hat{=}} \varphi$ multipliziert mit 360° und teilt ihn durch die Länge x_T.

Beispiel:

$$\varphi = \frac{\Delta x \cdot 360°}{x_T} = \frac{2\ \mathrm{div} \cdot 360°}{8\ \mathrm{div}} = 90°$$

Messen des Zündwinkels α an einer Phasenanschnittsteuerung

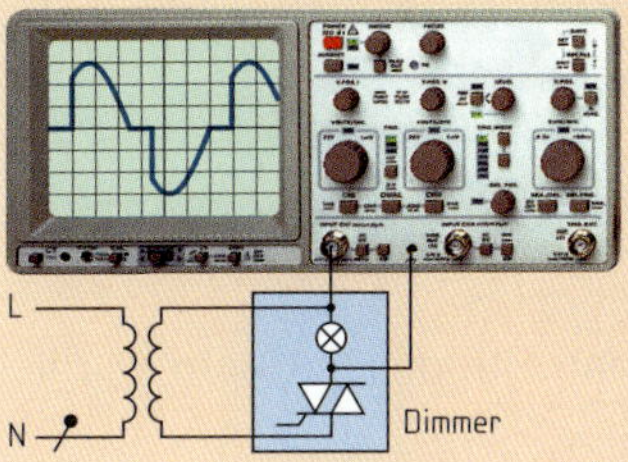

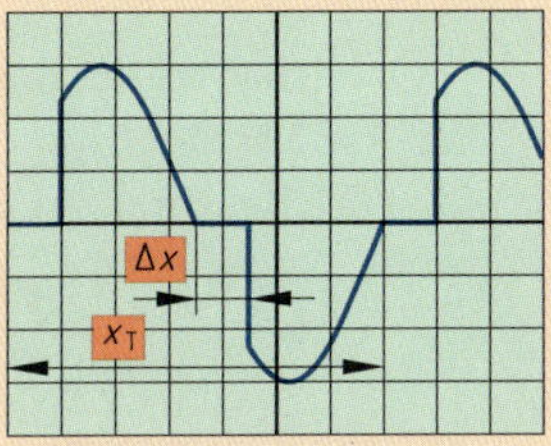

Bei Messungen im Energiebereich ist das Messobjekt, z.B. ein Dimmer, über einen Trenntransformator anzuschließen.

Die Bestimmung des Zündwinkels α erfolgt wie beim Messen der Phasenverschiebung.

Beispiel:

$$\alpha = \frac{\Delta x \cdot 360°}{x_T} = \frac{1\ \mathrm{div} \cdot 360°}{7\ \mathrm{div}} = 51°$$

(Nächster Praxistipp: Seite 190)

Wiederholen – Anwenden – Vertiefen: Messtechnik*

1. Was versteht man unter **a)** Messen, **b)** Prüfen und **c)** Eichen?

2. Welche zwei grundsätzliche Arten von Messgeräten unterscheidet man bezogen auf die Anzeige?

3. Wodurch wird ein Überschwingen des Zeigers, z. B. bei einem Drehspulmesswerk, verhindert?

4. Erklären Sie die Sinnbilder auf der Messgeräteskala im **Bild 1**.

5. Eine Spannungsmessung mit einem Schalttafelmessgerät ergab eine Anzeige nach **Bild 1. a)** Wie groß ist die angezeigte Spannung? **b)** Welchen absoluten Fehler hat das Messgerät bei Endausschlag? **c)** Wurde das Messgerät bezogen auf den Anzeigewert optimal ausgewählt?

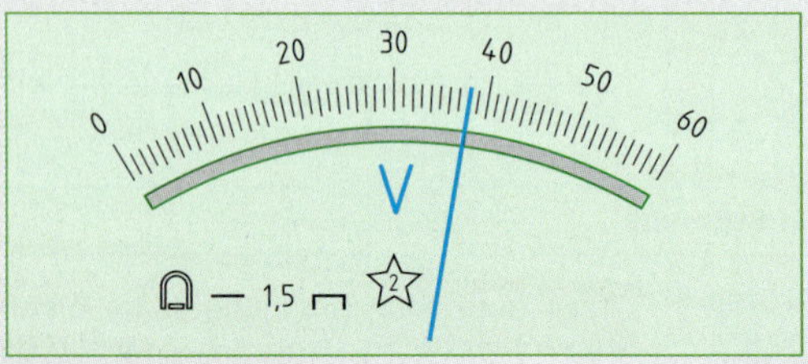

Bild 1: Messanzeige

6. Wie unterscheiden sich Strom- und Spannungsmesser hinsichtlich ihres Innenwiderstandes? Begründen Sie Ihre Aussage.

7. Das Drehspulmessgerät nach **Bild 1** hat die Kenngröße 20 kΩ/V. Berechnen Sie **a)** den Innenwiderstand und **b)** den Eigenverbrauch des Spannungsmessers bei Vollausschlag.

8. Ein Drehspulmesswerk mit dem Messbereich 30 mA und einem Innenwiderstand von 20 Ω soll auf 3 A erweitert werden. **a)** Zeichnen Sie die Schaltung. **b)** Berechnen Sie den erforderlichen Nebenwiderstand.

9. Warum haben manche Messgeräte mit Spiegel unterlegte Skalen?

10. Benennen Sie die mit Ziffern versehenen Teile des Drehspulmesswerkes in **Bild 2**.

11. Geben Sie den Anzeigeumfang und die möglichen Auflösungen eines **a)** 3 ½-stelligen und **b)** 4 ½-stelligen Digitalmultimeters an.

* Ergebnisse der Rechenaufgaben Seite 297

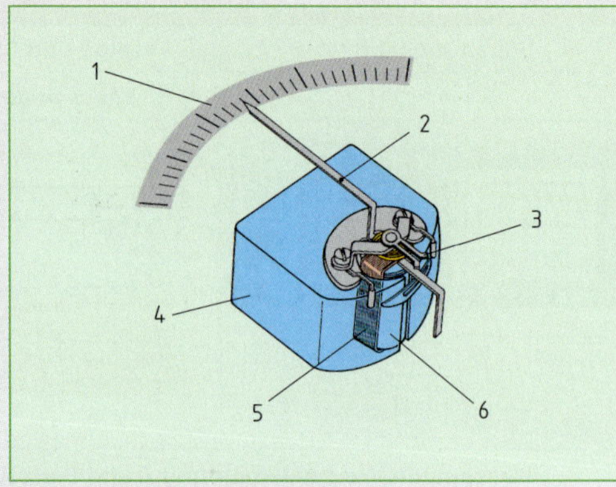

Bild 2: Drehspulmesswerk

12. Ein 3 ½-stelliges Digitalmessgerät hat nach Herstellerunterlagen Messfehler nach folgender Tabelle. Berechnen Sie die Messfehler in Volt bei einer Messspannung von **a)** 1,8 V DC, **b)** 16,4 V, 50 Hz und **c)** 121 V, 1500 Hz.

Spannung	**Messfehler bei**		
	DC	**~50... 1000 Hz**	**~1000... 5000 Hz**
2 V			
20 V	±(0,25 % v.M. + 1 Digit)	± (1 % v.M. + 2 Digit)	± (5 % v.M. + 2 Digit)
200 V			
v.M., Abk. für: vom Messwert			

13. An einer Gleichrichterschaltung **(Bild 3)** wird die Spannung mit unterschiedlichen Messgeräten gemessen. **a)** Skizzieren Sie den Verlauf der Spannung am Widerstand. **b)** Welche grundsätzlichen Mittelwerte zeigen die Messgeräte P1 und P2 an. **c)** Berechnen Sie den vom Messgerät P2 angezeigten Spannungswert mithilfe der Seite 112.

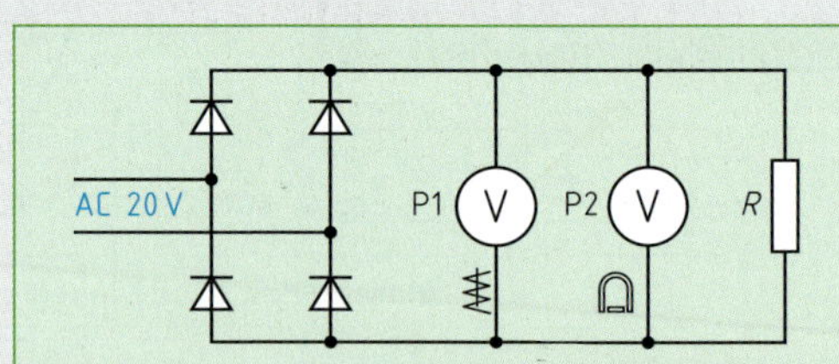

Bild 3: Gleichrichterschaltung

14. Beschreiben Sie den Aufbau einer Elektronenstrahlröhre.

15. Wie bestimmt man Ströme mit dem Oszilloskop?

9 Elektronik

9.1 Halbleiterwerkstoffe

Als Halbleiterwerkstoffe verwendet man fast ausschließlich die Grundstoffe Silicium, Germanium oder chemische Verbindungen, z. B. Galliumarsenid oder Indiumantimonid **(Tabelle).**

Halbleiterwerkstoffe müssen außerordentlich rein sein. Durch besondere Verfahren, wie Kristallziehen und Zonenschmelzen, erreicht man bei der Herstellung Reinheitsgrade, bei denen auf 10^{10} Atome nur ein einziges Fremdatom kommt. Das entspricht etwa der Verunreinigung eines Schwimmbeckens von 500 m^3 Wasser durch einen einzigen Tropfen von 0,05 ml.

Silicium ist heute der wichtigste Grundstoff in der Halbleitertechnik.

- Silicium-Bauelemente sind für höhere Temperaturen (150 °C) geeignet als Baulemente aus Germanium.
- Reinigung und Kristallzüchtung von Silicium werden sehr gut beherrscht, weil nur ein Element beteiligt ist.
- Bei hoher Temperatur überzieht sich Silicium mit einer sehr widerstandsfähigen Oxidschicht (SiO_2), die sehr gut elektrisch isoliert.

Andere Halbleiterwerkstoffe setzt man nur dort ein, wo die Eigenschaften von Silicium ungünstig sind. **Galliumarsenid** besitzt z. B. eine größere Ladungsträger-Beweglichkeit.

Der spezifische Widerstand von **Halbleiterwerkstoffen** liegt zwischen dem elektrischen Leiter (Metalle) und dem von Nichtleitern **(Bild 1).**

Bei sehr tiefen Temperaturen sind die Halbleiterwerkstoffe Nichtleiter. Die Leitfähigkeit lässt sich durch Zusetzen von Fremdstoffen oder durch äußere Einflüsse, z. B. durch Lichteinstrahlung und durch elektrische oder magnetische Felder, stark verändern. Die Halbleiterwerkstoffe finden eine vielfältige Anwendung bei der Herstellung von elektronischen Bauelementen **(Übersicht).**

Eine Diode, einen Transistor oder eine integrierte Schaltung stellt man aus einem einzigen Kristall (Einkristall) eines Halbleiters her.

Atomarer Aufbau. Halbleiteratome bilden ein Kristallgitter. Der Kern eines Silicium-Atoms enthält 14 Protonen und 14 Neutronen. Silicium hat auf der äußeren Schale vier **Valenzelektronen**[1]; d. h. es ist vierwertig. Jedes Elektron davon umkreist den eigenen und je einen benachbarten Atomkern **(Bild 2).**

Tabelle: Halbleiterwerkstoffe

Werkstoff	Anwendung
Silicium (Si)	Dioden, Transistoren, Integrierte Schaltungen, Thyristoren, Solarzellen
Germanium (Ge)	Hochfrequenz-Transistoren, Detektoren radioaktiver Strahlung
Galliumarsenid (GaAs)	Leuchtdioden, Laser, HF-Transistoren
Indiumantimonid (InSb) Indiumarsenid (InAs)	Feldplatten, Hall-Generatoren
Cadmiumsulfid (CdS)	Fotowiderstände, Solarzellen
Siliciumcarbid (SiC)	Heißleiter, Varistoren, Leuchtdioden

Übersicht: Elektronische Bauelemente (Auswahl)

- Diode (Seite 149)
- Heißleiter (Seite 145)
- IGBT
- Kaltleiter (Seite 146)
- Transistor (Seite 155)
- Triac
- Varistor (Seite 144)
- Z-Diode (Seite 150)

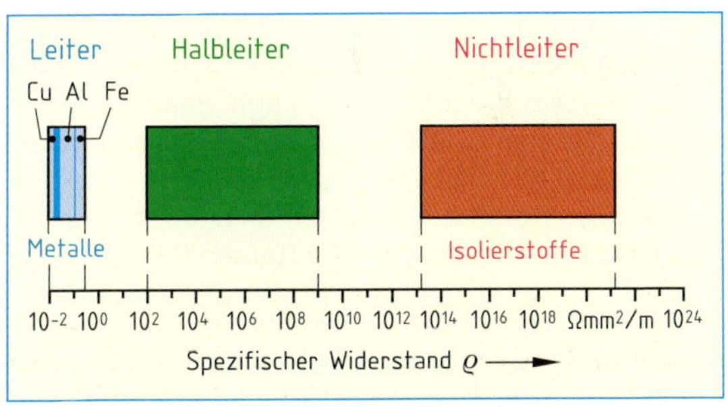

Bild 1: Spezifischer Widerstand von Stoffen

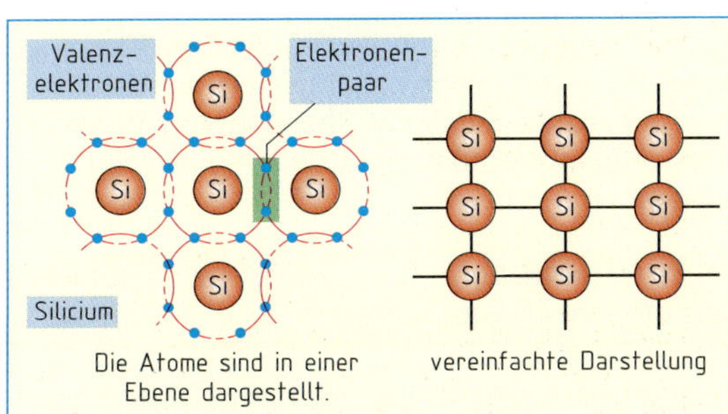

Bild 2: Elektronenpaarbindung von Siliciumatomen

[1] von valere (lat.) = wert sein; valenz (chemische Wertigkeit)

Je zwei Siliciumatome haben ein gemeinsames Elektronenpaar und werden dadurch zusammengehalten (Elektronenpaarbindung).

Eigenleitung. Bei sehr tiefen Temperaturen sind im Siliciumkristall kaum freie Ladungsträger vorhanden. Bei Raumtemperatur schwingen die Atome im Kristallgitter um ihre Ruhelage ungeordnet hin und her (Wärmebewegung). Dadurch brechen einige der Atombindungen auf. Einzelne Außenelektronen entfernen sich von ihren Atomen und sind innerhalb des Kristalls frei beweglich **(Leitungselektronen).** Eine am Halbleiterkristall angelegte Spannung – und damit ein elektrisches Feld – treibt diese Elektronen vom Minus- zum Pluspol **(Bild 1).**

Sobald sich ein Valenzelektron aus seiner Atombindung entfernt, hinterlässt es dort eine Lücke, ein Loch, das man auch **Defektelektron** nennt. Die Löcher tragen ebenfalls zur Stromleitung bei. Ein Valenzelektron einer benachbarten Bindung kann nämlich ein solches Loch ausfüllen. An der Stelle, wo es vorher war, entsteht wieder ein Loch. Dieser Vorgang wiederholt sich laufend. Das Loch wandert durch den ganzen Kristall vom Pluspol zum Minuspol **(Bild 2).**

> Durch eine angelegte Spannung wandern im Halbleiterkristall die Leitungselektronen vom Minus- zum Pluspol und die Löcher vom Plus- zum Minuspol.

Störstellenleitung. Fügt man der Schmelze eines reinen Halbleiterwerkstoffes einen ganz geringen Fremdstoffanteil zu **(dotieren),** steigt die elektrische Leitfähigkeit des Halbleiters stark an. Setzt man z. B. ein einziges Bor-Atom rund 10^5 Siliciumatomen zu, steigt die Leitfähigkeit um das Tausendfache.

N-Leiter. Silicium kann mit fünfwertigen Fremdatomen (z. B. Phosphor oder Arsen) dotiert werden. Für die Elektronenpaar-Bindung werden jedoch nur 4 Valenzelektronen des Phosphoratoms benötigt **(Bild 3).** Das verbleibende 5. Valenzelektron wird somit bei geringer Wärmebewegung des Atoms zu einem frei beweglichen Leitungselektron und hinterlässt ein positiv geladenes Phosphor-Ion. Einen mit fünfwertigen Fremdatomen dotierten Siliciumkristall nennt man **N-Leiter.**

> N-Leiter enthalten freie Elektronen (Leitungselektronen) als Ladungsträger.

P-Leiter. Silicium kann auch mit dreiwertigen Fremdatomen (z. B. Aluminium) dotiert werden. Für die vollständige Elektronenpaar-Bindung fehlt ein Elektron **(Bild 4).**

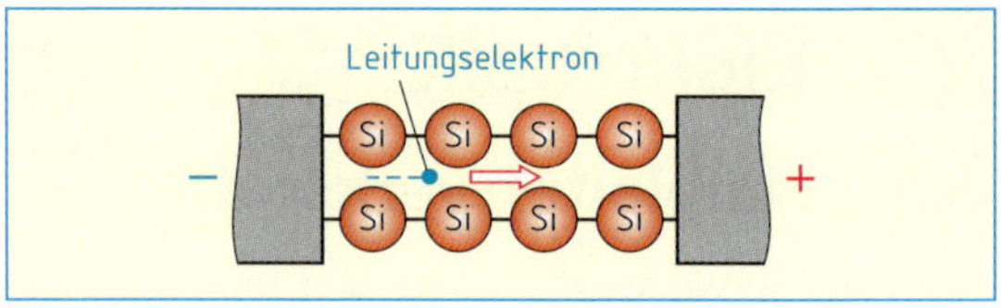

Bild 1: Elektronenleitung im Halbleiter

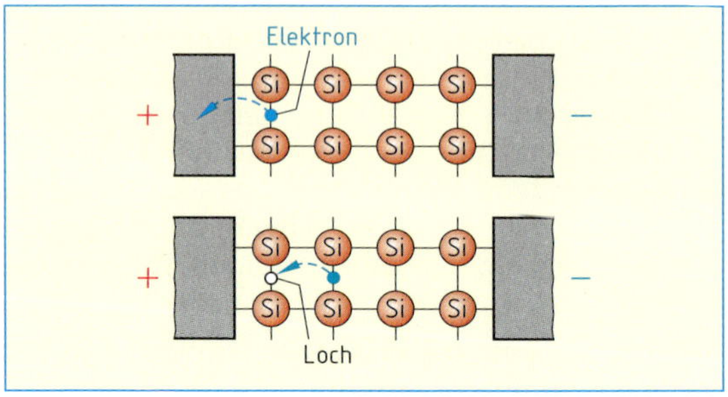

Bild 2: Löcherleitung im Halbleiter

Dotieren[1]

Bei Silicium werden Fremdatome mit niedriger, z. B. drei Valenzelektronen, oder höherer Wertigkeit, z. B. fünf Valenzelektronen, zugefügt.

[1] von dotare (lat.) = ausstatten, mitgeben

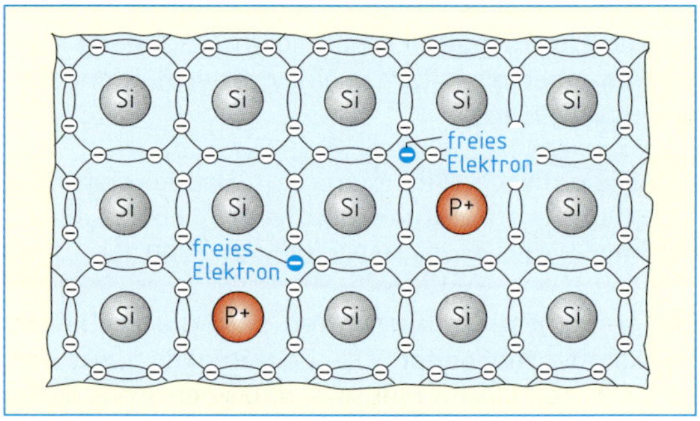

Bild 3: N-Leiter (Silicium mit Phosphor dotiert)

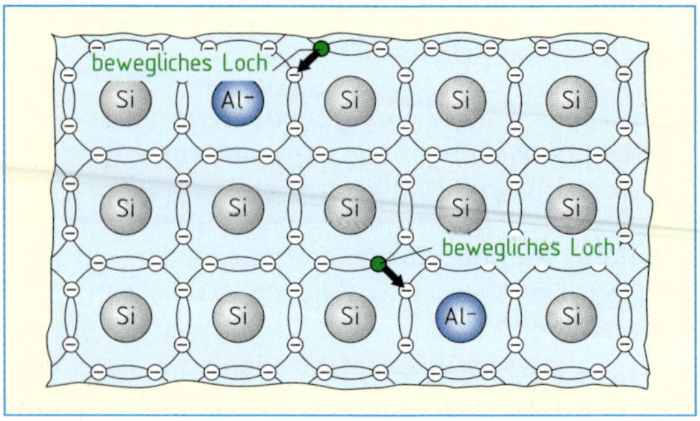

Bild 4: P-Leiter (Silicium mit Aluminium dotiert)

Dort hinterlässt dieses Elektron ein positives Loch (Defektelektron). Aus dem Aluminiumatom wird ein negativ geladenes Ion. Einen mit dreiwertigen Fremdatomen dotierten Siliciumkristall nennt man **P-Leiter.**

P-Leiter enthalten frei bewegliche Löcher (Defektelektronen) als Ladungsträger.

Die durch Dotieren entstandenen P-Leiter und N-Leiter bleiben weiterhin nach außen elektrisch neutral.

Die Leitfähigkeit im dotierten Halbleiter nimmt nur solange zu, bis alle Fremdatome beim N-Leiter ihr überzähliges Elektron abgegeben haben bzw. im P-Leiter von ihrem Nachbaratom je ein Elektron aufgenommen haben.

Die elektrische Leitfähigkeit der Störstellenleitung ist nur wenig temperaturabhängig.

PN-Übergang. Bringt man einen P-Leiter und einen N-Leiter zusammen, entsteht an der Berührungsstelle ein PN-Übergang **(Bild 1).**

An der Grenze vom N- zum P-Leiter dringen ohne angelegte Spannung nur durch die Wärmebewegung Elektronen vom N-Leiter in den P-Leiter ein und rekombinieren[2] dort mit den Löchern. Umgekehrt diffundieren[1] Löcher des P-Leiters in den N-Leiter und verbinden sich dort mit den freien Elektronen **(Bild 1).** Beiderseits der Grenze verarmt der Halbleiterkristall an freien Ladungsträgern: Die Grenzschicht wirkt wie ein Isolator und bildet eine Sperrschicht.

Am PN-Übergang von Halbleitern entsteht eine Sperrschicht.

Fehlen jedoch in der Grenzschicht Leitungselektronen und Löcher, üben die Ladungen der ortsgebundenen Ionen ihren Einfluss aus: Das N-Grenzgebiet ist positiv, das P-Grenzgebiet negativ aufgeladen **(Bild 2).** Diese Raumladungszonen beenden die weitere Diffusion: Die negative P-Grenzschicht zieht die diffundierten Löcher und die positive N-Grenzschicht die eingedrungenen Elektronen zurück. Die Ladungen in der etwa um 1 µm dicken Grenzschicht verursachen eine **Diffusionsspannung** (U_{Diff}) am PN-Übergang. Durch Anlegen einer äußeren Spannung kann der PN-Übergang in Sperrrichtung oder in Durchlassrichtung betrieben werden **(Bild 3).**

Halbleiterdiode, **Seite 149**

Der PN-Übergang wirkt wie ein Kondensator. Die Sperrschicht besitzt eine Kapazität **(Sperrschicht-Kapazität).**

Fachbegriffe Halbleitertechnik

P-Leiter: 3-wertig dotiert, Löcher **(Defektelektronen)** sind Ladungsträger.

N-Leiter: 5-wertig dotiert, freie Elektronen **(Leitungselektronen)** sind Ladungsträger.

Diffundieren[1]: Elektronen des N-Leiters dringen in den P-Leiter ein, Löcher des P-Leiters dringen in den N-Leiter ein.

Rekombinieren[2]: Vereinigung von Ladungsträgern, z.B. Elektron vereinigt sich mit Loch.

Diffusionsspannung: Spannungsabfall an der Raumladungszone eines PN-Übergangs, an dem keine äußere Spannung anliegt.
(bei Si: $U_{Diff} = 0{,}7$ V und bei Ge: $U_{Diff} = 0{,}3$ V).

[1] von diffundere (lat.) = ausbreiten, zerstreuen
[2] von recombinare (lat.) = wiedervereinigen

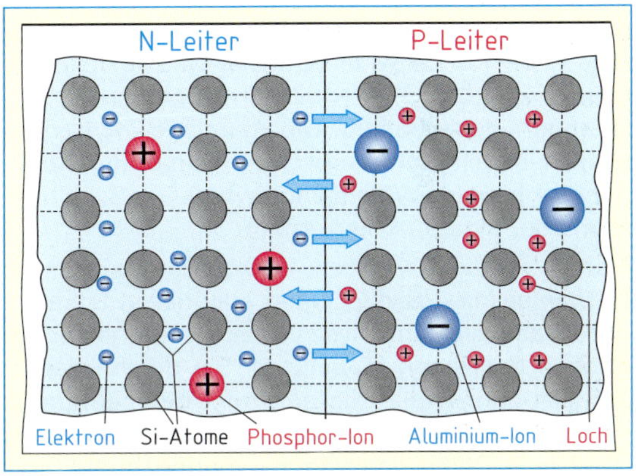

Bild 1: Wirkungsweise des PN-Übergangs

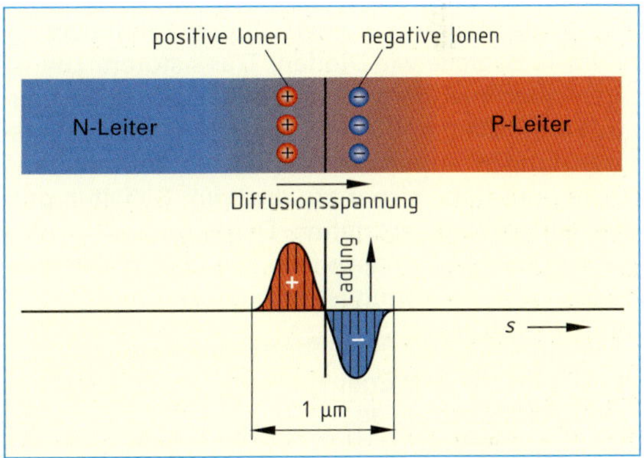

Bild 2: PN-Übergang ohne angelegte Spannung

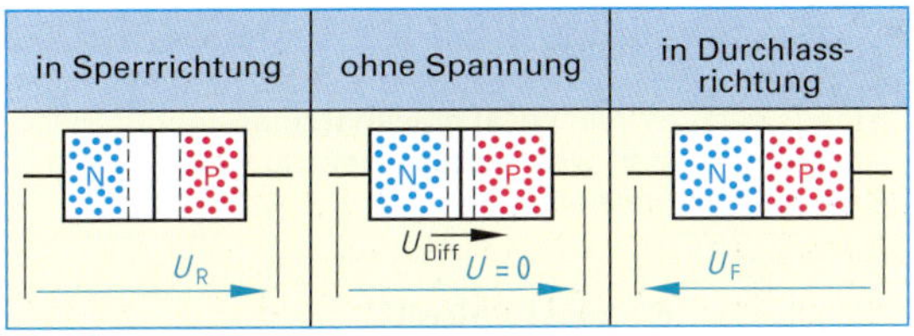

Bild 3: PN-Übergang mit angelegter Spannung

9.2 Halbleiterwiderstände

Halbleiterwiderstände ändern ihren Widerstandswert in Abhängigkeit von einer physikalischen Größe. Sie werden darum häufig als Messumformer in Überwachungsschaltungen oder Steuerungen eingesetzt.

9.2.1 Spannungsabhängige Widerstände (Varistoren)

Der Widerstandswert eines **Varistors**[1] **(VDR**[2]**)** ist von der angelegten Spannung abhängig **(Bild 1)**.

Der Widerstand eines Varistors ist bei angelegter niedriger Spannung groß und bei hoher Spannung klein.

Mit zunehmender Spannung nimmt der Strom durch den VDR zunächst wenig und dann immer stärker zu **(Bild 2)**. Der Kontaktwiderstand der Metalloxidkörner (z. B. Zinkoxid, ZnO) oder Siliciumkarbidkörner, SiC, ist spannungsabhängig. Die Kennlinie $I = f(U)$ ist nichtlinear, aber symmetrisch zum Ursprung. Spannungsabhängige Widerstände werden in Scheibenform oder Blockform hergestellt.

Man verwendet vielfach ZnO-Varistoren, deren Kennlinienknick **(Bild 2)** ihnen annähernd Schalteigenschaften verleiht. Diese Varistoren können Spannungen begrenzen **(Tabelle 1)**. Sie dienen hauptsächlich zum Unterdrücken von Überspannungsimpulsen, seltener zur Spannungsstabilisierung **(Tabelle 2)**. Durch einen Überspannungsimpuls verringert der Varistor seinen Widerstandswert schlagartig von einigen Megaohm auf wenige Ohm.

VDR-Widerstände schützen überspannungsempfindliche Bauteile wie Dioden, Transistoren, Thyristoren oder integrierte Schaltungen. Sie bewahren auch Kontakte und Schalter vor Abbrand. Die Varistoren fangen außerdem die kurzen, aber starken Spannungsstöße sicher ab, die beim Schalten großer Induktivitäten entstehen. Der Schutz wirkt auch gegen Überspannungsspitzen, die über die Verbindungs- oder Versorgungsleitungen kommen.

Die am Ende der Bauteilbezeichnung stehende Zahl gibt die maximal zulässige Betriebsspannung des Varistors an.

Der VDR in **Bild 1** hat damit als maximal zulässige Betriebsspannung 50 V.

Beispiel:

Ermitteln Sie aus der Kennlinie **(Bild 1)** den Widerstandswert des VDR bei **a)** maximal zulässiger Betriebsspannung und **b)** wenn die Betriebsspannung sprunghaft auf 160 V ansteigt.

Lösung:

a) bei 50 V: $\boldsymbol{R} = \mathbf{10^7\ \Omega = 10\ M\Omega}$
b) bei 160 V: $\boldsymbol{R} = \mathbf{10^0\ \Omega = 1\ \Omega}$

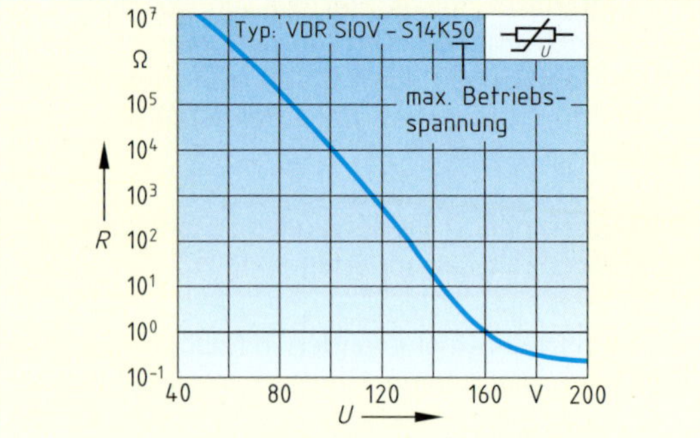

Bild 1: Widerstandskennlinie eines Varistors

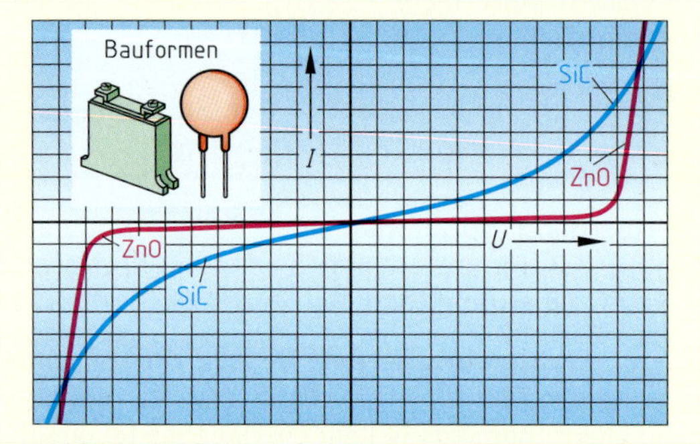

Bild 2: Kennlinien verschiedener Varistoren

Tabelle 1: Kenn- und Grenzwerte von Varistoren aus Zinkoxid (ZnO)

Kenngrößen	Werte
Maximale Betriebsspannung	11 V ... 1,5 kV
Stromimpuls (Stoßstrom)	100 A ... 6,5 kA
Dauerbelastbarkeit	10 mW ... 1 W
Energieabsorption[3]	≤ 160 Ws
Betriebstemperatur	– 40 °C ... + 85 °C
Ansprechzeit	< 50 ns

Tabelle 2: Anwendung von Varistoren

Spannungsbegrenzung

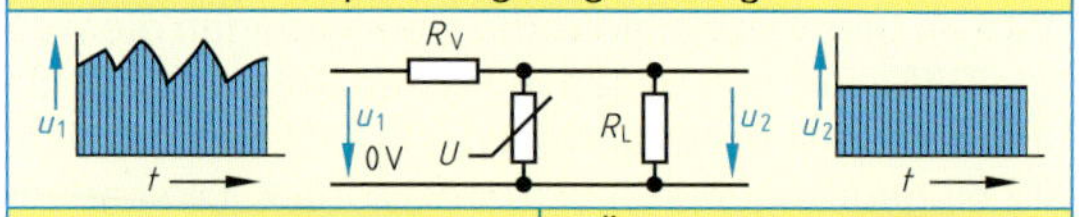

Transistorschutz

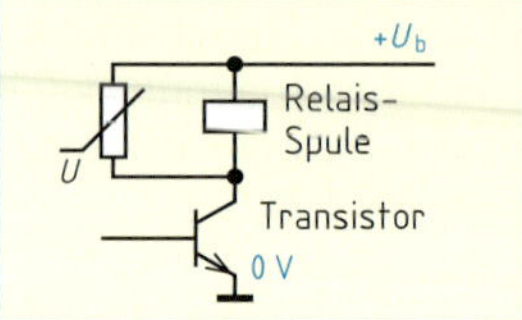

Überspannungsschutz

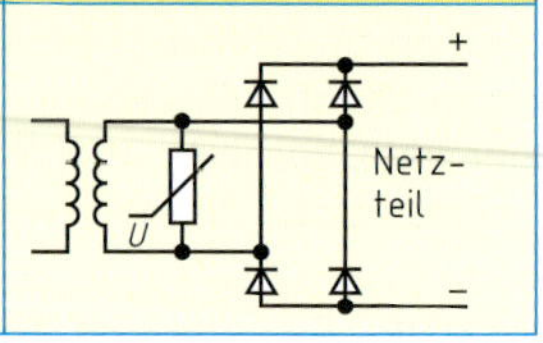

[1] von **Var**iable Re**sistor** (engl.) = veränderlicher Widerstand
[2] von **V**oltage **D**ependent **R**esistor (engl.) = spannungsabhängiger Widerstand
[3] Absorption = Aufsaugen von absorbere (lat.) = verschlingen

9.2.2 Heißleiter (NTC-Widerstände)

Ein Heißleiter (NTC-Widerstand[1]) ist ein temperaturabhängiger Widerstand mit negativem Temperaturbeiwert α. Sein Widerstandswert nimmt mit zunehmender Temperatur ab **(Bild 1)**.

Heißleiter leiten im warmen Zustand besser.

Ein Heißleiter kann seinen Widerstand durch zwei Einflüsse verändern:

- von außen durch die Umgebungstemperatur (fremderwärmter Heißleiter) oder
- von innen durch die Wärme, die infolge des durchfließenden Stromes entsteht (eigenerwärmter Heißleiter).

Fremderwärmte Heißleiter darf der durchfließende Strom nur unmerklich aufheizen **(Bild 2)**. Eigenerwärmte Heißleiter dagegen darf die Umgebungstemperatur kaum beeinflussen.

Heißleiter stellt man aus Metalloxiden, z. B. MgO, TiO_2, her. Nach dem Mahlen und Mischen der Oxide mit Bindemitteln presst man die Masse in Stahlformen in die gewünschte Bauform **(Bild 3)** und sintert sie bei 1200 °C bis 1600 °C. Die Zusammensetzung und die Form eines Heißleiters bestimmen seine Kennwerte **(Tabelle)**.

Fremderwärmte Heißleiter betreibt man im Anstiegsbereich der Kennlinie **(Bild 2)**. Dort ist der Strom noch so gering, dass er den Heißleiter kaum erwärmt. Diese Heißleiter haben meist geringe Abmessungen. Dadurch sprechen sie rasch auf Temperaturschwankungen an. Wegen des großen Temperaturbeiwerts α kann man noch Temperaturdifferenzen bis ± 0,0001 K messen. Festwiderstände, z. B. R = 10 kΩ, in Reihe oder parallel zum Heißleiter geschaltet, linearisieren (begradigen) die Kennlinie $R = f(\vartheta)$ **(Bild 4)**.

Tabelle: Kenndaten von Heißleitern (Beispiele)

Kenngrößen	Heißleiterperle M 812	Scheibenform K 164
Bemessungswiderstand	100 kΩ	100 kΩ
Bemessungsbelastbarkeit	220 mW	750 mW
untere Grenztemperatur	– 55 °C	– 55 °C
obere Grenztemperatur	+ 350 °C	+ 125 °C
Wärmeleitwert	0,7 mW/K	7,5 mW/K
Wärmekapazität	10 mJ/K	150 mJ/K
Abkühlzeitkonstante	≈ 14 s	≈ 20 s

[1] von **N**egative **T**emperature **C**oefficient (engl.) = negativer Temperaturkoeffizient

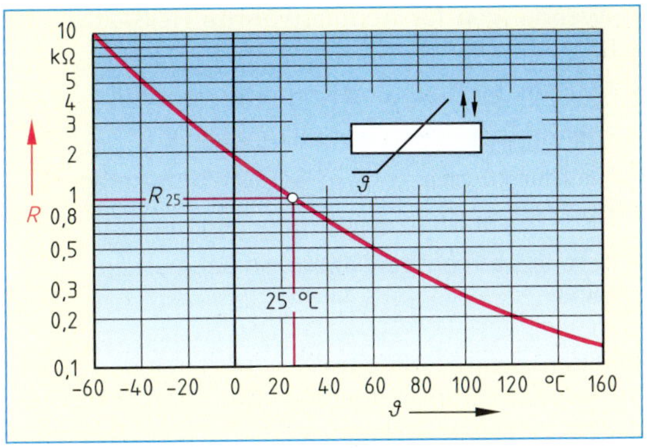

Bild 1: Widerstandskennlinie eines Heißleiters

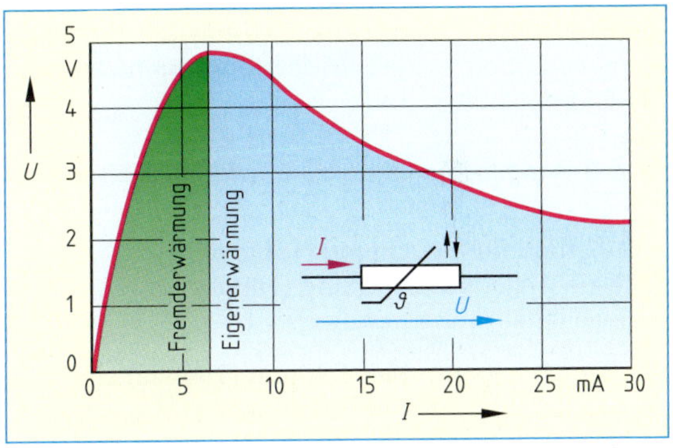

Bild 2: Kennlinie $U = f(I)$ eines Heißleiters

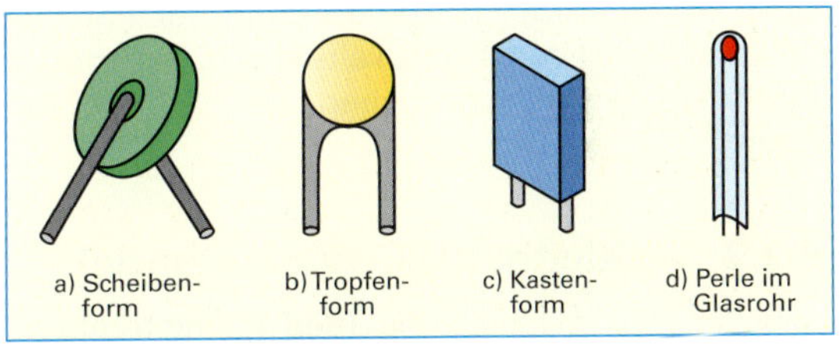

Bild 3: Bauformen von Heißleitern

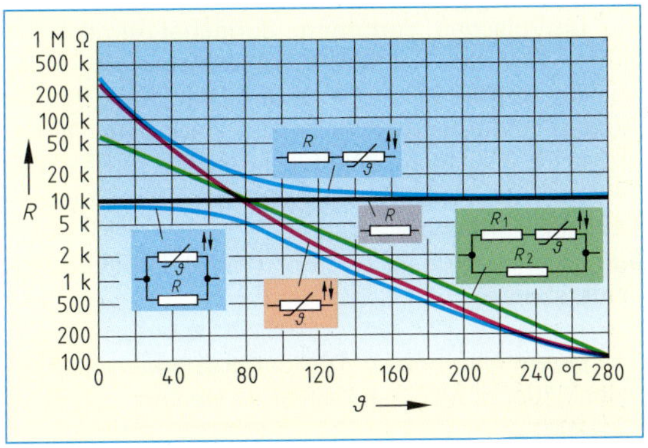

Bild 4: Reihen- und Parallelschaltung von Widerständen und Heißleiter

Anwendungen für fremderwärmte Heißleiter sind z. B.

- Messen der Haut- und Körpertemperatur,
- Leistungsmessung von Mikrowellen,
- Temperaturerfassung in Geräten und Anlagen,
- Messen der Kühlwasser- und Öltemperatur sowie
- Temperaturkompensation von Bauelementen **(Tabelle).**

Eigenerwärmte Heißleiter werden durch den durchfließenden Strom aufgeheizt. Die Temperatur des Heißleiters steigt so lange an, bis sich ein Gleichgewicht zwischen der zugeführten elektrischen Energie (Stromwärme) und der durch Wärmestrahlung und Wärmeleitung wieder an die Umgebung abgegebenen Energie (stationärer Zustand) einstellt. Der Heißleiter verändert seinen Widerstand, wenn ihn ein Medium abkühlt.

Anwendungen für eigenerwärmte Heißleiter sind z. B.

- Christbaum-Beleuchtung **(Tabelle),**
- Relais-Anzugsverzögerung **(Tabelle)** und
- Einschaltstrombegrenzung.

Bei der Christbaum-Beleuchtung **(Tabelle)** sind z. B. 16 Glühlampen 14 V in Reihe an 230 V geschaltet. Fällt eine Glühlampe aus, fließt der gesamte Strom durch den parallel geschalteten Heißleiter. Der NTC-Widerstand erwärmt sich und nimmt einen Widerstand an, der dem Ersatzwiderstand der Parallelschaltung von Lampe und kaltem NTC entspricht. Damit werden die restlichen Glühlampen geschützt.

9.2.3 Kaltleiter (PTC-Widerstände)

Kaltleiter (PTC[1]-Widerstände) **(Bild 1)** sind temperaturabhängige Widerstände mit einem positiven Temperaturbeiwert. Zu ihnen zählen alle Metalle. Kaltleiter aus Halbleiterwerkstoffen zeigen jedoch ein untypisches Verhalten. Zunächst nimmt der Widerstand des Kaltleiters bei ansteigender Temperatur ab **(Bild 2)** wie bei jedem Halbleiter. Bei der Ausgangstemperatur ϑ_A ist der geringste Widerstand R_{min} erreicht. Weiter erwärmt nimmt der Widerstandswert sprungartig um das über Tausendfache bis zum Endwiderstand R_E zu. Bei der Bemessungstemperatur ϑ_N beginnt der Steilanstieg des Widerstandes.

In einem begrenzten Temperaturbereich steigt der Widerstand eines Kaltleiters steil an.

[1] von **P**ositive **T**emperature **C**oefficient (engl.) = positiver Temperaturbeiwert

Tabelle: Anwendungen von Heißleitern

Eigenerwärmt	Fremderwärmt
Christbaum-Beleuchtung	Temperaturmessung
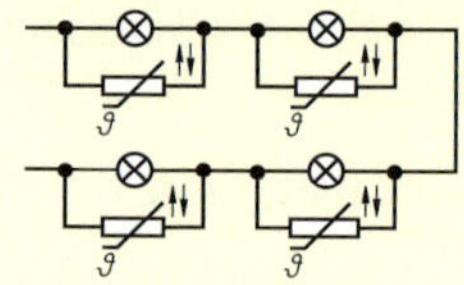	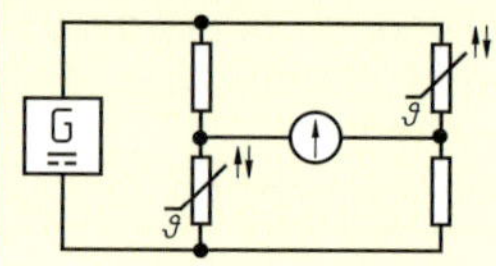
Relais-Anzugsverzögerung	Temperaturkompensation
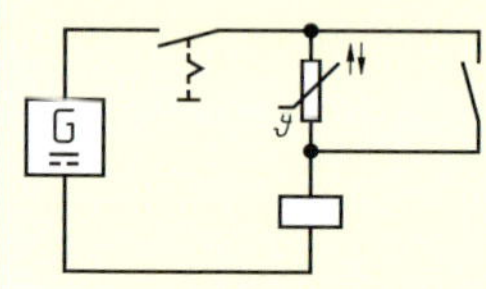	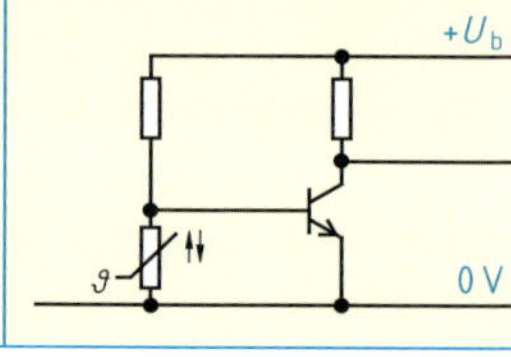

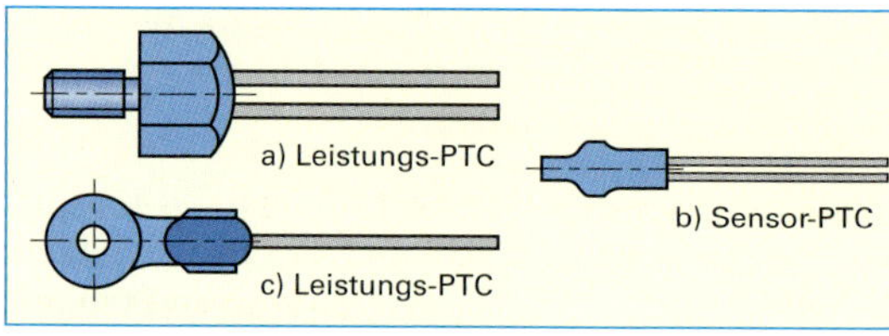

Bild 1: Bauformen von Kaltleitern

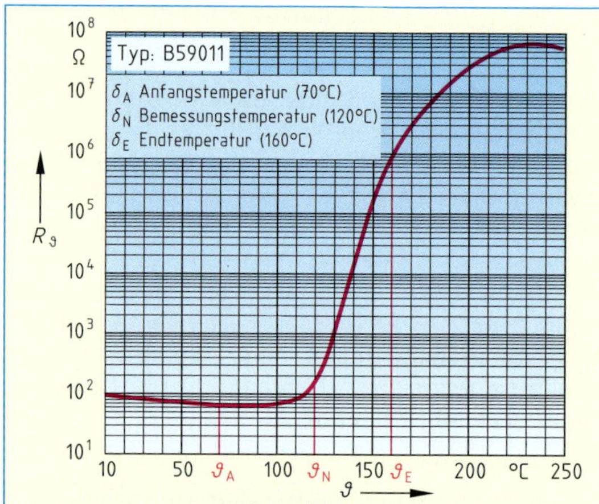

Bild 2: Kennlinie eines Kaltleiters

Beispiel:

a) Welchen geringsten Widerstandswert R_{min} erreicht der PTC-Widerstand B 59011 **(Bild 2)**? **b)** Bei welcher Bemessungstemperatur ϑ_N beginnt der Steilanstieg? **c)** Um welchen Faktor *n* ist der Endwiderstand R_E größer als R_N?

Lösung:

Aus Kennlinie:

a) $R_{min} = 60\ \Omega$ **b)** $\vartheta_N = 120\ °C$

c) $R_N = 150\ \Omega$; $R_E = 900\ k\Omega$; $n = \frac{R_E}{R_N} = \frac{900\ k\Omega}{150\ \Omega} = 6000$

Wichtige Kenndaten von Kaltleitern sind der **Tabelle 1** zu entnehmen.

Fremderwärmte Kaltleiter dürfen vom durchfließenden Strom nur wenig erwärmt werden. Dann beeinflusst fast nur die Umgebungstemperatur den Kaltleiterwiderstand. Der Steilanstieg zwischen R_N und R_E ist der Bereich für Temperaturmess- und Regelaufgaben **(Tabelle 2)**. Eine wichtige Anwendung ist dabei der Übertemperaturschutz elektrischer Maschinen zwischen 60 °C und 180 °C. Der Kaltleiter löst – in die Wicklung eingebaut – das Abschalten der Maschine über Transistorverstärker und Relais aus, wenn die zulässige Wicklungstemperatur überschritten wird.

Eigenerwärmte Kaltleiter erhitzt der durchfließende Strom auf eine Temperatur, bei der die abgeführte Wärme die zugeführte elektrische Energie ausgleicht. Sinkt die Temperatur, nimmt der Kaltleiter wegen des abfallenden Widerstands mehr Strom und damit eine höhere Leistung auf. Die Temperatur des Kaltleiters steigt wieder an. Umgekehrt setzt der Kaltleiter bei Temperaturanstieg seine Leistung herab.

Erhöht sich die Spannung, nimmt der Kaltleiter mehr Leistung auf. Er erwärmt sich dadurch stärker, vergrößert seinen Widerstand und verringert damit die Stromstärke. In einem weiten Bereich ist also die aufgenommene Leistung kaum spannungsabhängig. Ein Kaltleiter findet wegen dieser Eigenschaft als temperaturstabiles Heizelement Verwendung.

Der eigenerwärmte Kaltleiter reagiert bei Abkühlung durch ein anderes Medium, z. B. Öl, mit einem Stromanstieg, weil der Widerstand sinkt **(Bild)**.

Anwendungen von eigenerwärmten Kaltleitern (Tabelle 2) sind z. B.:

- Überlastschutz oder Kurzschlussschutz von Kleinmotoren und Relaisspulen mit in Reihe geschaltetem Kaltleiter **(Tabelle 2)**,
- Strömungsmessung in Flüssigkeiten,
- Flüssigkeitsniveau-Fühler **(Tabelle 2)** und
- Grenzwertgeber der Überfüllsicherung bei Heizöltanks.

Tabelle 1: Kenndaten von Kaltleitern (Beispiele)

Kenngrößen	Messkaltleiter	Überlastschutz
Bemessungstemperatur ϑ_N in °C	40	130
Bemessungswiderstand R_N in Ω	110	13
Anfangstemperatur ϑ_A in °C	0	60
Anfangswiderstand R_A in Ω	95	0,7
Endtemperatur ϑ_E in °C	95	250
Endwiderstand R_E in kΩ	≥ 50	≥ 5
Temperaturbeiwert α_R in 1/K	0,16	0,15
Max. Spannung U_{max} in V	30	30
Abkühlzeitkonst. τ_{th} in s	18	10
Wärmeleitwert G_{th} in mW/K	5,6	5,5

Tabelle 2: Anwendungen von Kaltleitern

Fremderwärmt	Eigenerwärmt
Temperaturmessung	Niveaufühler
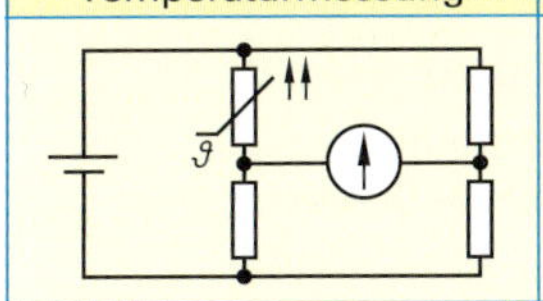	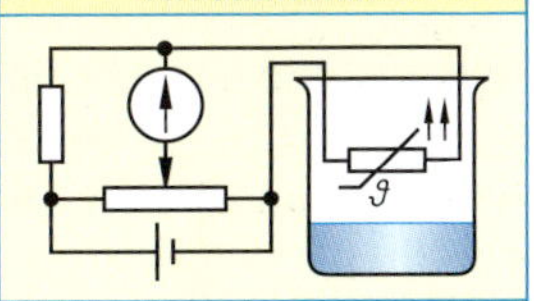
Temperaturregler	Überlastsicherung
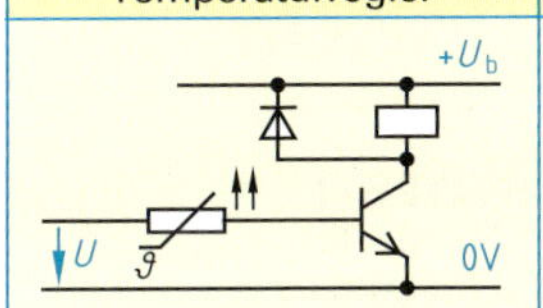	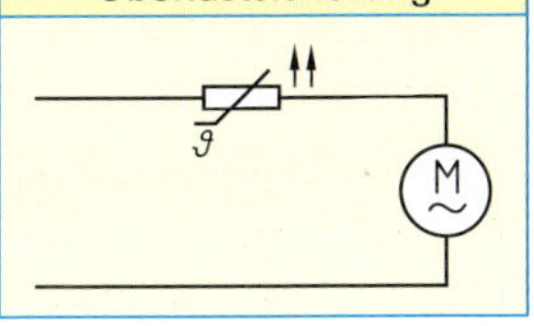

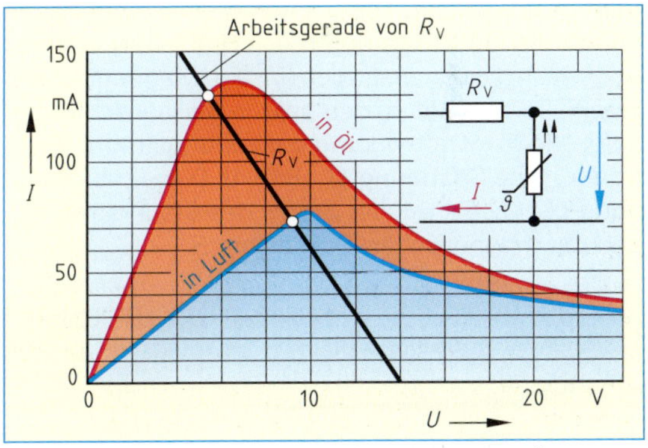

Bild: Kennlinien eines Kaltleiters in Luft und in Öl

Wiederholungsfragen

1. **Welchen Widerstandswert hat ein Varistor, wenn er an einer a) niedrigen und b) hohen Spannung liegt?**
2. **Erklären Sie die Wirkungsweise des Varistors.**
3. **Beschreiben Sie den Überspannungsschutz durch einen Varistor.**
4. **Welches Vorzeichen hat der Temperaturbeiwert a) eines Heißleiters und b) eines Kaltleiters?**
5. **Wie verhält sich ein Heißleiter bei Erwärmung?**
6. **Was versteht man unter a) fremderwärmten und b) eigenerwärmten Heißleitern?**
7. **Wozu verwendet man a) eigenerwärmte und b) fremderwärmte Heißleiter?**
8. **Welche Anwendungen haben a) fremderwärmte, b) eigenerwärmte Kaltleiter?**
9. **Erklären Sie die Funktion der Anwendungsbeispiele von Tabelle 2.**

9.2.4 Feldplatten

Feldplatten werden auch magnetfeldabhängige Widerstände oder MDR[1] genannt. Sie bestehen aus sehr dünnen Halbleiterplättchen, die mäanderförmig auf eine Trägerplatte geklebt sind **(Bild 1)**. In dem Halbleiterplättchen werden Kurzschlussnadeln durch den Einfluss eines äußeren Magnetfeldes aus der Ruhelage gebracht und behindern so den Stromfluss.

> Der Widerstand einer Feldplatte steigt mit der magnetischen Flussdichte.

Die Feldplatte FP 30D 250E **(Bild 2)** hat einen Grundwiderstand $R_0 = 250\ \Omega$ bei $B = 0$ T (Tesla). Wird die magnetische Flussdichte auf 1 T erhöht, steigt der Widerstand der Feldplatte um den Faktor 15 an.

Anwendungen von Feldplatten sind z. B.

- kontaktlos steuerbare Widerstände,
- kontakt- und berührungslose Schalter,
- Drehzahl- und Drehrichtungserfassung,
- Messung von Magnetfeldern und
- Gleichstrommessung mit Stromzangen.

9.3 Hallgeneratoren

Der Hallgenerator[2] wird auch **Hallsonde** oder Hallsensor genannt. Hallgeneratoren werden aus dünnen Halbleiterplättchen in typischen Bauformen **(Bild 3)** hergestellt. Fließt infolge einer angelegten Spannung ein Strom durch das Halbleiterplättchen und wird dieses zusätzlich in ein Magnetfeld gebracht, so entsteht an den beiden Messanschlüssen aufgrund der Kraftwirkung auf Ladungsträger (Elektronen) eine Spannung U_H **(Bild 4)**. Diese Hall-Spannung U_H wächst mit der Stärke des Steuerstromes I und der magnetischen Flussdichte B.

> Der Hallgenerator erzeugt aus einem Strom und einem Magnetfeld eine Spannung (Hall-Spannung).

Anwendungen von Hallgeneratoren sind z. B.

- Magnetfeldmessung,
- potenzialfreie Strommessung,
- berührungs- und kontaktlose Signalgeber.

In der Automobilindustrie finden Hallgeneratoren vielfältige Anwendung, z. B. im Gurtschloss, im Türschließsystem, bei der Pedalzustandserkennung, in Getriebeschaltern oder zur Steuerung der Zündzeitpunkte als Impulsgeber **(Bild 5)**.

[1] MDR von **m**agnetic field **d**epending **r**esistor (engl.) = magnetfeldabhängiger Widerstand
[2] Edwin Herbert Hall, amerikanischer Physiker 1855 bis 1938

> **Feldplatten** ändern ihren Widerstandswert durch den Einfluss eines Magnetfeldes.
>
> **Hallgeneratoren** erzeugen infolge von Stromfluss und einem äußeren Magnetfeld eine Spannung.

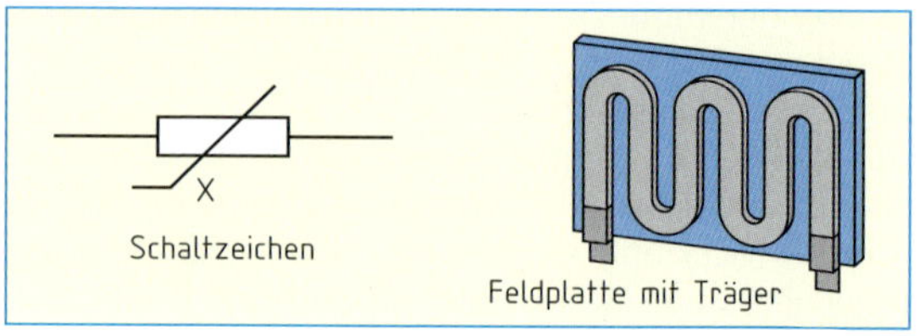

Bild 1: Aufbau einer Feldplatte

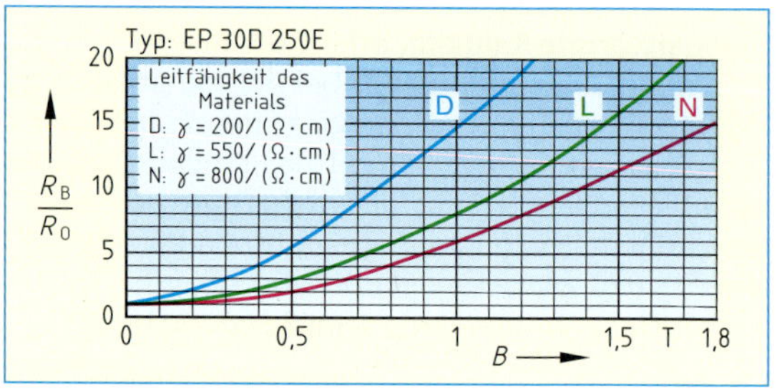

Bild 2: Kennlinien von Feldplatten

Bild 3: Bauformen von Hallgeneratoren

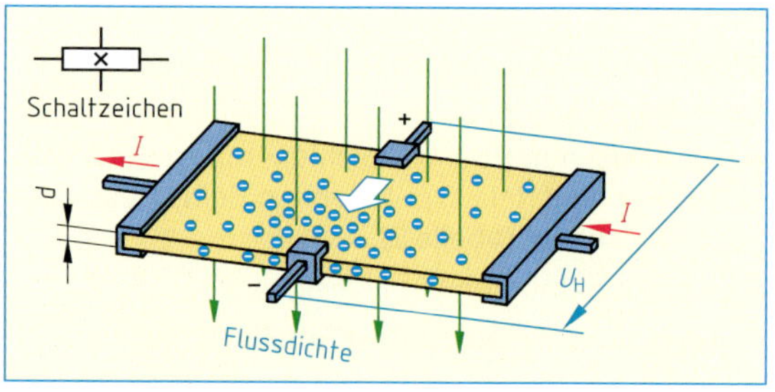

Bild 4: Hall-Effekt

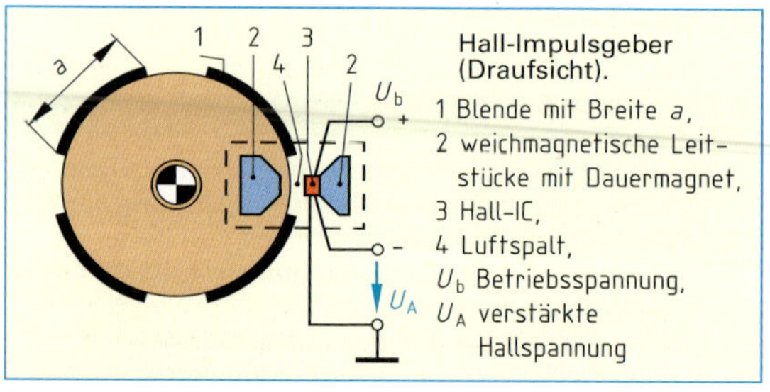

Bild 5: Hall-Impulsgeber

9.4 Halbleiterdioden

9.4.1 Wirkungsweise

Die Halbleiterdiode besteht aus einer P-Schicht und einer N-Schicht **(Seite 143)**, die an den Enden mit metallischen Kontakten versehen sind. Der Anschluss an der P-Schicht heißt Anode, der Anschluss an der N-Schicht Katode.

Versuch: Nehmen Sie von einer Si-Diode, z. B. von der BAY 44, durch Strom- und Spannungsmessung die Kennlinie auf, und zwar in Durchlassrichtung mit der Stromfehlerschaltung und in Sperrrichtung mit der Spannungsfehlerschaltung **(Bild 2)**. Schließen Sie die Schaltungen über einen Vorwiderstand von 1 kΩ an ein einstellbares Netzteil an und erhöhen Sie langsam die Spannung in Durchlassrichtung bis etwa 1 V, in Sperrrichtung bis höchstens 50 V.

In Durchlassrichung fließt nach Überwinden eines Schwellwerts von etwa 0,7 V ein hoher Strom (rund 100 mA bei 0,8 V), in Sperrrichtung dagegen ein geringer, kaum messbarer Strom (≈ 20 nA bei 50 V) **(Bild 3).**

Eine Halbleiter-Diode leitet, wenn man sie in Durchlassrichtung **(Bild 2a)** polt, und sie sperrt den elektrischen Strom, wenn sie entgegengesetzt **(Sperrrichtung Bild 2b)** gepolt ist.

Die Katode ist oft durch einen Ring gekennzeichnet **(Bild 3)**. Je nach Halbleiterwerkstoff unterscheiden sich die Kennwerte der Dioden **(Tabelle)**.

Durchlassrichtung (Forward[1]). Der Pluspol der äußeren Spannungsquelle **(Bild 2a)** wird an die Anode der Diode und der Minuspol der Spannungsquelle an die Katode angeschlossen. Ab der **Schleusenspannung** U_S (Schwellwert) ist die Diffusionsspannung des PN-Übergangs überwunden und ein Durchlassstrom I_F fließt **(Bild 3)**.

Sperrrichtung (Reverse[2]). Der Minuspol der äußeren Spannungsquelle **(Bild 2b)** wird an die Anode der Diode und der Pluspol an die Katode angeschlossen. Auch mit anwachsender Sperrspannung U_R fließt nur ein verschwindend geringer Sperrstrom I_R. Oberhalb der Spitzensperrspannung U_{Rmax} steigt der Sperrstrom jedoch so stark an, dass er die Diode zerstören kann.

9.4.2 Leistungsdioden

Leistungsdioden können große Wechselströme gleichrichten und schalten. Silicium-Halbleiter sind zur besseren Wärmeableitung in ein Metallgehäuse eingebaut **(Bild 4)**, das man direkt auf ein Blech oder auf einen Kühlkörper schrauben kann. Si-Dioden halten Sperrschicht-Temperaturen bis 150 °C aus. Man baut sie für Bemessungssperrspannungen bis 4000 V und für Durchlassströme bis 1000 A.

[1] forward (engl.) = vorwärts
[2] reverse (engl.) = umgekehrt, entgegengesetzt

Dioden verwendet man z. B.
- zum Gleichrichten (Seite 152)
- als Freilaufdiode (Seite 103 und 161)

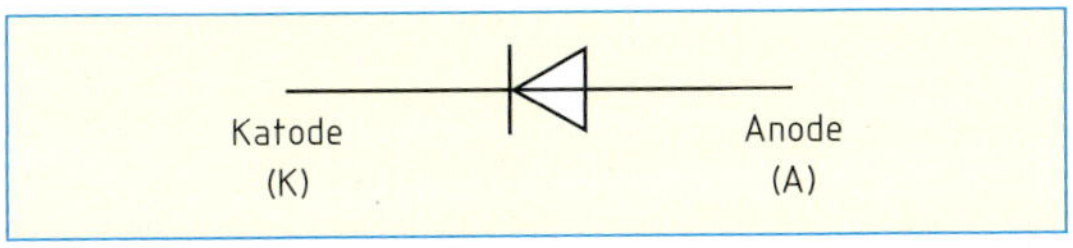

Bild 1: Schaltzeichen Diode

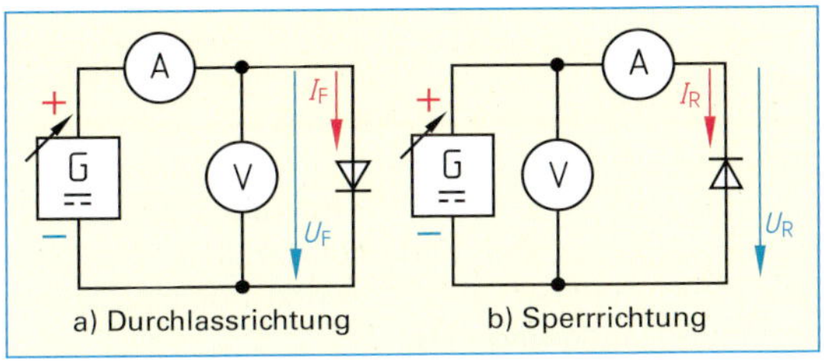

Bild 2: Messschaltung zur Kennlinienaufnahme einer Diode

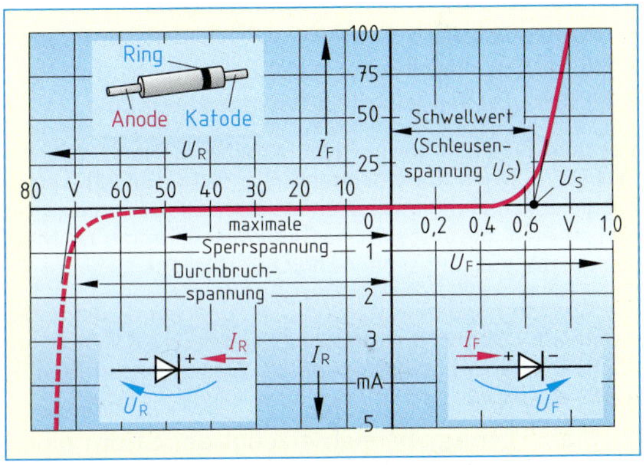

Bild 3: Kennlinie einer Si-Halbleiterdiode (BAY 44)

Tabelle: Vergleich von Germanium- und Siliciumdioden

Kenngröße	Germanium-dioden	Silicium-dioden
Schwellenwert der Durchlassspannung U_S	≈ 0,3 V	≈ 0,7 V
Stromdichte J	0,8 A/mm²	1,5 A/mm²
maximale Betriebstemperatur ϑ_{max}	≈ 75 °C	≈ 150 °C
Wirkungsgrad η	95 %	99 %
Spitzen-sperrspannung U_{Rmax}	30 … 120 V	100 … 2000 V

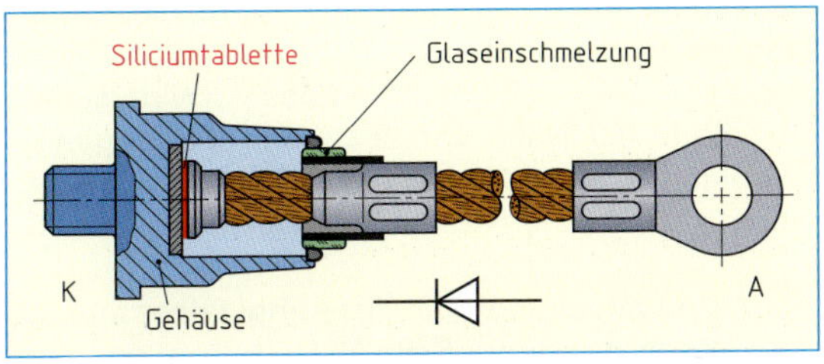

Bild 4: Aufbau einer Silicium-Leistungsdiode

9.4.3 Z-Dioden (Begrenzerdioden)

Die Z-Diode zeigt im Durchlassbereich ein ähnliches Verhalten wie eine Silicium-Diode. Im Sperrbereich steigt bei Erreichen der Durchbruchspannung U_Z der Strom steil an **(Bild 1)**. Deswegen müssen Z-Dioden immer mit Vorwiderstand betrieben werden.

> Die Z-Dioden werden mit Z-Spannungen, z. B. nach E-Reihe **(Seite 35)**, hergestellt. Sie werden immer in Sperrrichtung mit Vorwiderstand betrieben.

Z-Dioden mit einer Z-Spannung $U_Z > 6$ V zeichnen sich durch einen scharfen Knick **(Bild 1)** und einen kleinen differenziellen Widerstand r_z aus, d. h., eine große Stromänderung ΔI_Z bewirkt nur eine kleine Spannungsänderung ΔU_Z.

Anwendungen (Tabelle)

- Stabilisierung von Gleichspannungen,
- Überlastschutz,
- Nullpunktunterdrückung bei Zeigerinstrumenten,
- Schutz von Transistoren bei induktiver Last.

Versuch: Schalten Sie in Reihe zu einer Z-Diode, z. B. zur BZX/C5V6, einen Vorwiderstand $R_v = 560\ \Omega$ **(Bild 2)**. Legen Sie diese Schaltung an eine einstellbare Gleichstromquelle und erhöhen Sie langsam die Eingangsspannung U_1. Messen Sie die Ausgangsspannung U_2.

Die Ausgangsspannung U_2 wächst zunächst gleichmäßig bis etwa zur Nennspannung der Z-Diode von 5,6 V an, bleibt aber dann nahezu stabil, obwohl die Eingangsspannung U_1 weiter ansteigt.

Im Stabilisierungsbereich erzeugt der Strom einen konstanten Spannungsfall an der Z-Diode. Schwankt die Eingangsspannung ($U_1 \pm \Delta U_1$), ändert sich nur der Spannungsfall am Vorwiderstand R_v entsprechend. Durch den Vorwiderstand fließt zusätzlich ein Laststrom, wenn man der Z-Diode einen Lastwiderstand R_L parallel schaltet **(Bild 2)**.

> Der parallel an der Z-Diode angeschlossene Verbraucher erhält eine stabile Spannung abhängig vom Z-Diodentyp, z. B. 5,6 V.

Der notwendige Vorwiderstand R_v liegt zwischen den Größen R_{vmin} und R_{vmax}. Überschreitet der Vorwiderstand den Wert von R_{vmax}, arbeitet die Z-Diode nicht mehr im steilen Teil ihrer Kennlinie. Unterschreitet R_v die Größe von R_{vmin}, wird die Z-Diode überlastet. Man wählt den Wert des Vorwiderstands deshalb in der Nähe von R_{vmax} und die Eingangsspannung U_1 etwa doppelt so groß wie U_2. Dann erhält man auch einen hohen Stabilisierungsfaktor S.

Vorwiderstand, Stabilisierungsfaktor und Kennzeichnung, **Seite 151**

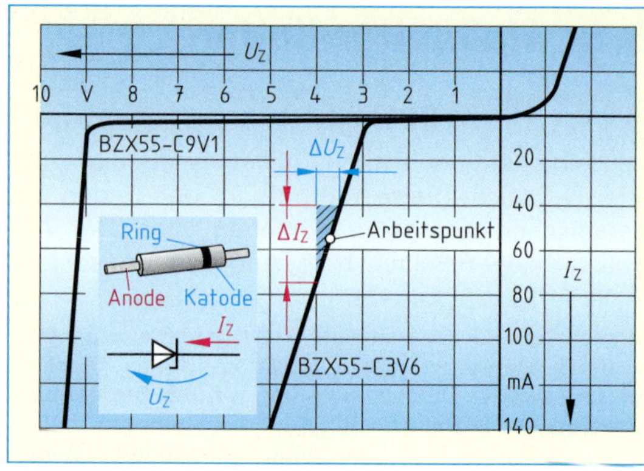

Bild 1: Kennlinien von Z-Dioden

Differenzieller Widerstand

r_z	differenzieller Widerstand in Sperrrichtung	$r_Z = \frac{\Delta U_Z}{\Delta I_Z}$
ΔU_Z	Spannungsänderung um den Arbeitspunkt	
ΔI_Z	Stromänderung um den Arbeitspunkt	$[r_Z] = \frac{V}{A} = \Omega$

Z-Dioden nach der Normreihe E12 haben z. B. die Z-Spannungen 2,7 V, 4,7 V, 5,6 V, 6,8 V, 8,2 V, 12 V.

Tabelle: Anwendung von Z-Dioden

Spannungsstabilisierung	Überlastschutz
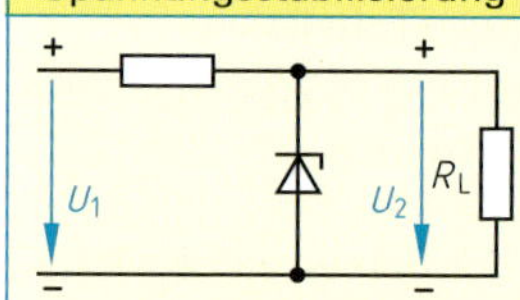	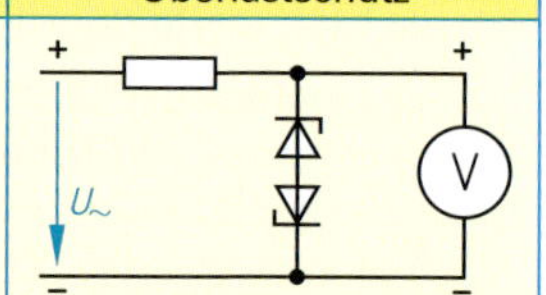
Spannungsstabilisator mit Z-Diode und Transistor	Stromstabilisator mit Z-Diode und Transistor
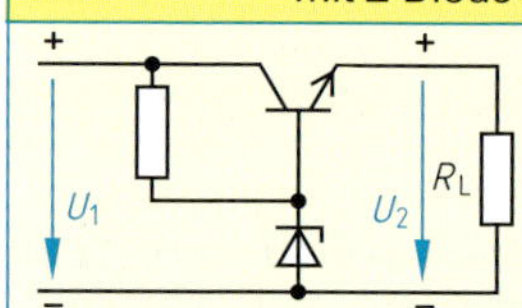	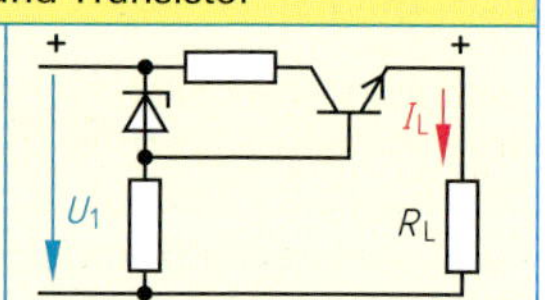

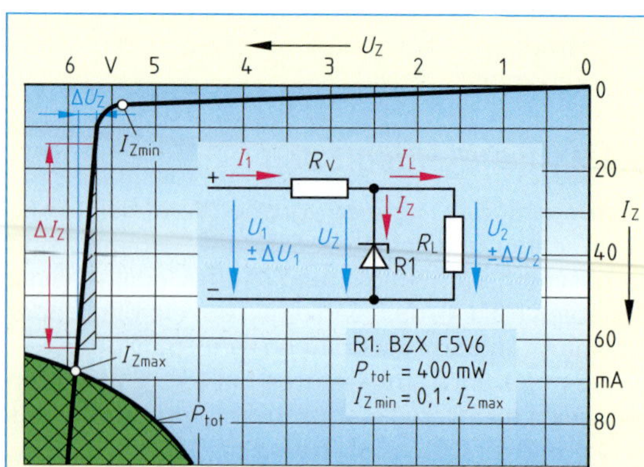

Bild 2: Spannungsstabilisierung mit Z-Diode (BZX C5V6)

Beispiel:

Die Eingangsspannung U_1 = 12 V einer Stabilisierungsschaltung schwankt um 10% **(Bild 2, Seite 150)**. Der Laststrom I_L kann zwischen 0 mA und 20 mA betragen. Berechnen Sie R_{vmin}, R_{vmax} und wählen Sie R_v aus der E12-Reihe **(Seite 35)** aus.

Lösung:

$$I_{Zmax} = \frac{P_{tot}}{U_Z} = \frac{400\text{ mW}}{5{,}6\text{ V}} = 71{,}4\text{ mA}$$

$$I_{Zmin} = 0{,}1 \cdot I_{Zmax} = 0{,}1 \cdot 71{,}4\text{ mA} = 7{,}14\text{ mA}$$

$$\boldsymbol{R_{vmin}} = \frac{U_{1max} - U_Z}{I_{Zmax} + I_{Lmin}} = \frac{13{,}2\text{ V} - 5{,}6\text{ V}}{71{,}4\text{ mA}} = \mathbf{96{,}6\ \Omega}$$

$$\boldsymbol{R_{vmax}} = \frac{U_{1min} - U_Z}{I_{Zmin} + I_{Lmax}} = \frac{10{,}8\text{ V} - 5{,}6\text{ V}}{7{,}14\text{ mA} + 20\text{ mA}} = \mathbf{191{,}6\ \Omega}$$

$$\boldsymbol{R_v} = \mathbf{150\ \Omega}$$

9.4.4 Halbleiterkennzeichnung

Halbleiter, die meist in der Unterhaltungselektronik eingesetzt sind, wie bei Rundfunk-, Fernsehgeräten, kennzeichnet man mit 2 Buchstaben und 3 Ziffern **(Tabelle)**. Halbleiter für andere Aufgaben, z.B. für kommerzielle Zwecke, bezeichnen 3 Buchstaben und 2 Ziffern, z.B. BCY 95.

Beispiel 1:

Um welches Bauelement handelt es sich bei dem Typ BC 140?

Lösung:

B C 140
- 140 — 3. Typennummer
- C — 2. Buchstabe: **NF-Transistor**
- B — 1. Buchstabe: **Silicium**

Z-Dioden erhalten nach der Typangabe, durch einen Schrägstrich abgetrennt, einen Kennbuchstaben für die Toleranz: A: ± 1%, B: ± 2%, C: ± 5%, D: ± 10%. Den Bemessungswert der Durchbruchspannung U_Z gibt eine Dezimalzahl an, bei der statt des Kommas der Buchstabe V steht.

Beispiel 2:

Welche Bauelemente werden mit a) BZY 92/C9V1, b) CQR45, c) BAY 89 bezeichnet?

Lösung:

a) BZY 92/C9V1 ist eine Silicium-Z-Diode (Industrietyp) mit einer Z-Spannung von 9,1 V und einer Toleranz von ± 5%, b) CQR45 kennzeichnet eine Leuchtdiode, c) BAY 89 den Industrietyp einer Silicium-Diode.

Vorwiderstand bei Z-Dioden (Bild 2, Seite 150)

R_v Vorwiderstand
U_1 Eingangsspannung
U_Z Z-Spannung
I_Z Z-Strom
I_L Laststrom

Die Indizes max und min bedeuten den Größt- bzw. den Kleinstwert.

S Stabilisierungsfaktor
U_2 Ausgangsspannung
Δ Differenzzeichen

$$R_{vmin} = \frac{U_{1max} - U_Z}{I_{Zmax} + I_{Lmin}}$$

$$R_{vmax} = \frac{U_{1min} - U_Z}{I_{Zmin} + I_{Lmax}}$$

$$S = \frac{\Delta U_1 \cdot U_2}{\Delta U_2 \cdot U_1}$$

Tabelle: Kennzeichnung von Halbleitern nach Pro-Elektron-Typenschlüssel

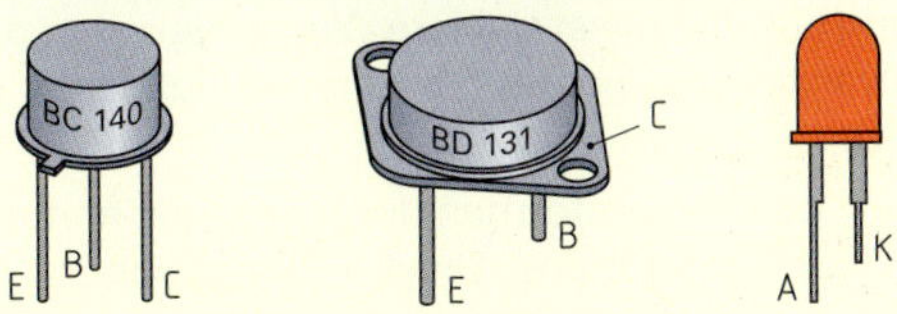

Erster Buchstabe (Halbleiterwerkstoff)

A	Germanium	D	Z.B. Indium-antimonid
B	Silicium	R	Polykristalline Stoffe, z.B. für Feldplatten, Fotobauelemente
C	III-V-Werkstoff, z.B. Gallium-arsenid		

Zweiter Buchstabe (Art des Bauelements)

A	Diode	Q	Strahlungssender
B	Kapazitätsdiode	R	Steuerbarer Gleichrichter
C	NF-Transistor	S	Schalttransistor
D	NF-Leistungs-transistor	T	Steuerbarer Leistungs-gleichrichter
F	HF-Transistor	X	Vervielfacher-Diode
H	Hallgenerator	Y	Leistungsdiode
L	HF-Leistungs-transistor	Z	Z-Diode (Begrenzerdiode)
P	Strahlungs-empfänger		

Dritter Buchstabe und Ziffern

Der 3. Buchstabe kennzeichnet (kommerzielle) Industrietypen. Zahlen, die den Buchstaben folgen, dienen der laufenden Nummerierung.

NF Niederfrequenz, HF Hochfrequenz

Wiederholungsfragen

1. **Wie viele Außenelektronen besitzen die Atome der halbleitenden Grundstoffe?**
2. **Was versteht man unter der Eigenleitung der Halbleiterwerkstoffe?**
3. **Erläutern Sie den Unterschied zwischen Eigenleitung und Störstellenleitung.**
4. **Welche Ladungsträger enthalten P-Leiter, welche N-Leiter und wodurch entstehen sie?**
5. **Erklären Sie die Wirkungsweise einer Halbleiterdiode.**
6. **Wie polt man eine Halbleiterdiode in Durchlassrichtung?**
7. **Was geschieht in einem PN-Übergang, wenn er in Sperrrichtung betrieben wird?**
8. **Welche Besonderheit haben Z-Dioden?**
9. **Warum muss man bei einer Z-Diode eine Strombegrenzung vorsehen?**
10. **Nennen Sie Anwendungen von Z-Dioden.**
11. **Erklären Sie die Bezeichnung BZX C8V2.**

9.4.5 Gleichrichterschaltungen

Die Stromversorgung elektronischer Schaltungen und Geräte erfordert meist eine Gleichspannung. Um eine Gleichspannung zu erhalten, sind Netzteile oder Netzanschlussgeräte **(Bild 1a)** notwendig. Sie setzen eine eingangsseitige Wechselspannung von meist 230 V/50 Hz in eine Gleichspannung bestimmter Höhe, z. B. 24 V, um. Netzanschlussgeräte haben oft den gleichen Aufbau **(Bild 1b)** und unterscheiden sich hinsichtlich der Gleichrichterschaltung.

Aufgaben der einzelnen Bauteile:

- **Überstrom-Schutzeinrichtung:** Schützen das Netzteil vor Überlastung und Kurzschluss.
- **Transformator:** Umsetzen der Netzwechselspannung auf eine meist kleinere Wechselspannung und galvanische Trennung der Versorgungsgeräte vom Netz.
- **Gleichrichter:** Umformen der Wechselspannung in eine Gleichspannung. Diese Gleichspannung setzt sich aus einem hohen Gleichspannungs- und kleinem Wechselspannungsanteil zusammen.
- **Glättungsbauelemente:** Glätten der Gleichrichterausgangsspannung wegen der hohen Welligkeit meist durch Elektrolytkondensatoren.

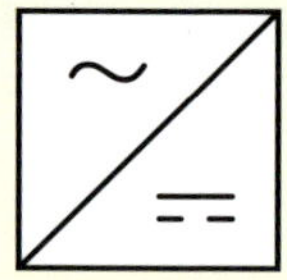

a) Blockschaltzeichen

Netzanschlussgeräte beinhalten:
- Überstrom-Schutzeinrichtung
- Transformator
- Gleichrichter
- Glättungsbauelemente

b) Aufbau

Bild 1: Netzanschlussgerät

Wichtige Gleichrichterschaltungen
- Einpuls-Einwegschaltung (E1U)
- Zweipuls-Mittelpunktschaltung (M2U)
- Zweipuls-Brückenschaltung (B2U)

Abkürzungen von Gleichrichterschaltungen
- E: Einwegschaltung
- B: Brückenschaltung
- U: für ungesteuert*

* Die Ausgangsspannung wird durch die Art der Schaltung bestimmt.

9.4.5.1 Einpuls-Einwegschaltung E1U

Versuch: Schalten Sie eine Siliciumdiode, z. B. BAY44, in Reihe mit einer 12-V-Glühlampe und schließen Sie die Schaltung an einen Stelltrenntransformator **(Bild 2a)** an. Stellen Sie den Transformator so ein, dass die Anschlusswechselspannung $U_1 = 25$ V beträgt. Oszillioskopieren Sie mit einem Zweikanal-Oszilloskop die Spannung U_1 und U_d. Beachten Sie am Oszilloskop die Einstellungen AC oder DC am Eingangswahlschalter.

Die Glühlampe leuchtet, die Spannung u_d an der Glühlampe verläuft impulsförmig und ändert sich mit der Eingangsspannung u_1.

Die Einpuls-Einwegschaltung nutzt nur die positive Netzhalbwelle aus. Bei der positiven Netzhalbwelle leitet die Diode, da die Spannung an der Anode positiver ist, als an der Katode. Liegt die negative Netzhalbwelle an, so sperrt die Diode. Die Last erhält nur die positiven Halbwellen der Wechselspannung und somit eine pulsierende Gleichspannung **(Bild 2b)**.

Die Einpuls-Einwegschaltung ist die einfachste Gleichrichterschaltung und benötigt nur eine Diode.

Wird nach dem Gleichrichter ein Drehspul-Spannungsmesser angeschlossen, so wird die ideelle Leerlauf-Gleichspannung U_{di} (arithmetischer Mittelwert) angezeigt.

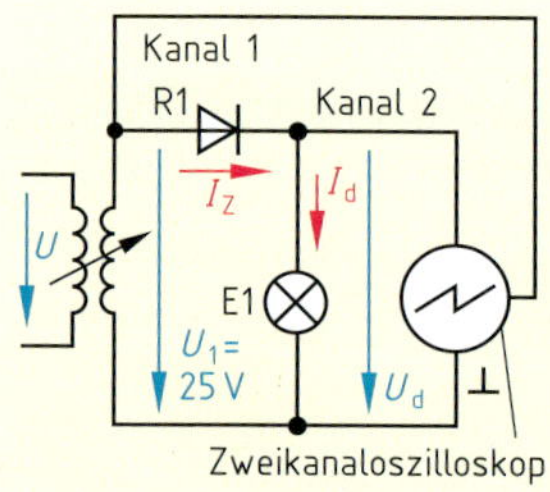

a) Versuchsschaltung

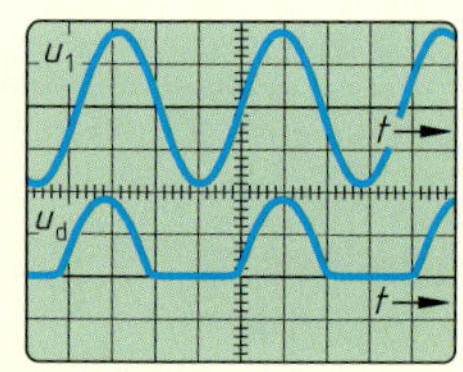

b) Oszillogramm

Bild 2: Einpuls-Einwegschaltung

Eigenschaften der Einpuls-Einwegschaltung E1U
- Hoher Brummspannungsanteil
- 50-Hz-Brummspannung
- Niedriger arithmetischer Mittelwert
- Nur kleine Ströme entnehmbar
- Z. B. für Ladegeräte zu verwenden

Einpuls-Einwegschaltung (E1U)
Spannung, Strom und Leistung

$$U_{di} = 0{,}45 \cdot U_1$$

$$I_Z = I_d$$

$$P_T = 3{,}1 \cdot P_d$$

U_{di} ideelle Leerlauf-Gleichspannung
U_d Gleichspannung bei Belastung
U_1 Anschlusswechselspannung (Effektivwert)
I_Z Zweigstrom (Strom durch eine Diode)
I_d Gleichstrom
P_T Transformatorbauleistung
P_d Gleichstromleistung

9.4.5.2 Zweipuls-Brückenschaltung B2U

Die Zweipuls-Brückenschaltung **(Bild 1a)** nutzt beide Wechselstromhalbwellen aus. Die Brückenschaltung besteht aus vier zu einer Brücke geschalteten Dioden. Sie ist die am häufigsten verwendete Gleichrichterschaltung.

Funktion: Ist die Spannung U_1 positiv **(Bild 1b)**, so kann der Strom I_{Z1} über die Diode R1, den Lastwiderstand R_L und über die Diode R4 fließen. Bei negativer Spannung U_1 fließt der Strom I_{Z2} über die Diode R3, den Lastwiderstand R_L und zurück über die Diode R2. Die Last erhält eine pulsierende Gleichspannung U_d **(Bild 1c)**. Da bei der Zweipuls-Brückenschaltung beide Halbwellen der Wechselspannung genutzt werden, ist die ideelle Leerlauf-Gleichspannung U_{di} (arithmetischer Mittelwert) doppelt so groß wie bei der Einpuls-Einwegschaltung. Er beträgt 90% des Effektivwertes der Wechselspannung U_1. Die Leerlauf-Gleichspannung U_{di} kann, wie bei der E1U-Schaltung, auch hier mit einem Drehspul-Spannungsmesser gemessen werden.

> Die Zweipuls-Brückenschaltung B2U ist die meist verwendete Gleichrichterschaltung. Sie kann für Verbraucherleistungen bis in den kW-Bereich eingesetzt werden.

Brückengleichrichter gibt es als fertig geschaltete Bauelemente **(Bild siehe Beispiel)** im Handel.

9.4.5.3 Zweipuls-Mittelpunktschaltung M2U

Die ungesteuerte Zweipuls-Mittelpunktschaltung (siehe auch Tabellenbuch Elektrotechnik) benötigt einen Transformator mit ausgangsseitiger Mittelanzapfung. Der Gleichrichter besteht aus zwei Dioden. Die Zweipuls-Mittelpunktschaltung findet heute kaum noch Verwendung.

9.4.5.4 Glätten pulsierender Gleichspannungen

Elektronische und elektrische Geräte, z. B. Türsprechanlagen, benötigen batterieähnliche Gleichspannungen. Eine pulsierende Gleichspannung ist aber mit einer Brummspannung u_P überlagert. Diese wirkt sich störend aus, z. B. durch einen Brummton aus dem Lautsprecher.

Versuch: Wiederholen Sie den Versuch auf Seite 152, ersetzen Sie aber die Glühlampe durch einen Spannungsmesser. Messen und oszilloskopieren Sie die Spannung u_d. Schalten Sie parallel zum Spannungsmesser einen Kondensator mit C = 2,2 µF. Messen und oszilloskopieren Sie erneut die Spannung u_d.

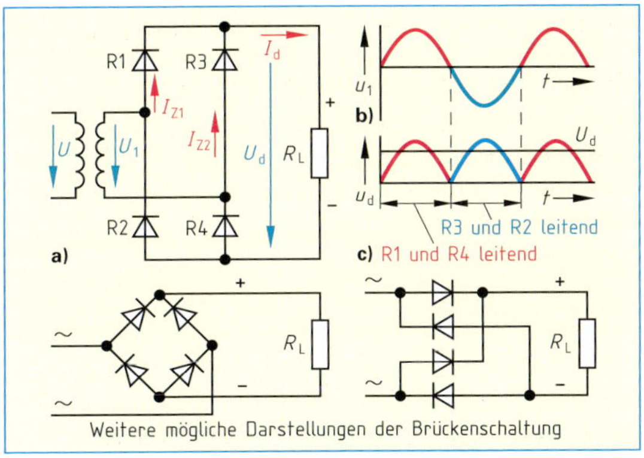

Bild 1: **Zweipuls-Brückenschaltung, a) Schaltung, b) Eingangsspannung, c) Ausgangsspannung**

Eigenschaften der Zweipuls-Brückenschaltung B2U
- Niedriger Brummspannungsanteil
- 100-Hz-Brummfrequenz
- Höherer arithmetischer Mittelwert
- Für größere Ströme geeignet
- Niedriger Glättungsaufwand

Zweipuls-Brückenschaltung B2U
Spannung, Strom und Leistung

$$U_{di} = 0{,}9 \cdot U_1$$

$$I_Z = \frac{I_d}{2}$$

$$P_T = 1{,}23 \cdot P_d$$

U_{di} ideelle Leerlauf-Gleichspannung
U_d Gleichspannung bei Belastung
U_1 Anschlusswechselspannung (Effektivwert)
I_Z Zweigstrom (Strom durch eine Diode)
I_d Gleichstrom
P_T Transformatorbauleistung
P_d Gleichstromleistung

Beispiel:

Erklären Sie das Bezeichnungsschema eines Brückengleichrichters.

Lösung:

B: Brückenschaltung
40: max. effektive Eingangsspannung
C: kapazitive Last (Glättungskondensator) zulässig
1500: Bemessungsstrom in mA mit Kühlung
1000: Bemessungsstrom in mA ohne Kühlung

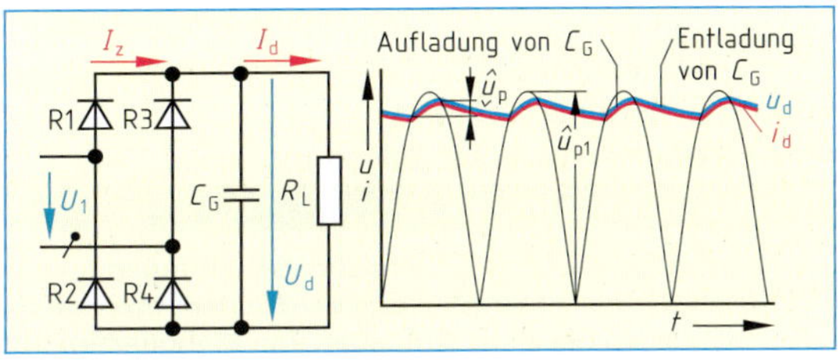

Bild 2: **Glättungsschaltung**

Ohne Kondensator beträgt die Ausgangsspannung des Gleichrichters etwa 11 V, mit Kondensator etwa 30 V. Beim Anschließen des Kondensators wird die Ausgangsspannung geglättet und erhöht.

Die pulsförmige Ausgangsspannung von Gleichrichtern können mit einem Kondensator geglättet werden **(Bild 2, Seite 153)**. Man bezeichnet diesen Kondensator als Glättungskondensator C_G.

Ein am Ausgang des Gleichrichters angeschlossener Kondensator glättet die Ausgangsspannung und erhöht sie ungefähr auf den Scheitelwert der Anschlusswechselspannung U_1.

Bei der Schaltung B2U **(Bild 2, Seite 153)** wird der Kondensator C_G während der Durchlassphase der Dioden aufgeladen. Sinkt die Eingangswechselspannung und somit die Gleichrichterausgangsspannung unter den Wert der Kondensatorspannung, sperren die Gleichrichterdioden und der Kondensator entlädt sich über die Last. Die „Lücken" der Ausgangsspannung werden durch die Kondensatorladung teilweise aufgefüllt. Der Kondensator C_G wirkt während der Spannungslücken als Spannungsquelle.

Beispiel:

Beispiel: Es soll ein Netzanschlussgerät mit den Ausgangsdaten 12 V, 1 A mit einer Zweipuls-Brückenschaltung dimensioniert werden. Berechnen Sie

a) die Transformatorbauleistung P_T, **b)** die Transformatorausgangsspannung U_1 und **c)** die Kapazität des Kondensator C_G bei der Brummspannung $\hat{\check{u}}_{p2} = 3{,}4\ \text{V}$ und $f_p = 100\ \text{Hz}$. Der Spannungsabfall je Diode beträgt $U_F = 0{,}7\ \text{V}$.

Hinweis: Der Kondensator C_G lädt sich auf den Scheitelwert der Wechselspannung U_1 auf. Die Brummfrequenz beträgt bei der BZU-Schaltung 100 Hz.

Lösung:

a) $P_T = 1{,}23 \cdot P_d = 1{,}23 \cdot 12\ \text{V} \cdot 1\ \text{A} = \mathbf{14{,}8\ W}$;

b) $$U_1 \approx \frac{U_d}{\sqrt{2}} + 2 \cdot U_F = \frac{12\ \text{V}}{\sqrt{2}} + 2 \cdot 0{,}7\ \text{V} = \mathbf{9{,}88\ V};$$

c) $$C_G = \frac{0{,}75 \cdot I_d}{f_p \cdot \hat{\check{u}}_{p2}} = \frac{0{,}75 \cdot 1\ \text{A}}{100\ \text{Hz} \cdot 3{,}4\ \text{V}} = \mathbf{2200\ \mu F}$$

Die Kapazität von Kondensatoren ist aber begrenzt, sodass auch nach der Glättung der Ausgangsspannung keine ideale Gleichspannung vorhanden ist. Es bleibt eine Restwelligkeit und deshalb kann zusätzlich noch ein Siebglied zur weiteren Verringerung des Brummanteils u_{p2} nachgeschaltet werden **(Bild)**. Siebglieder bestehen meist aus RC- oder LC-Gliedern mit Tiefpassverhalten, die den Wechselanteil der Mischspannung verringern. Die Qualität einer Glättung oder Siebung wird durch den Glättungsfaktor G und den Siebfaktor s angegeben.

Die Höhe der Brummspannung (Bild) ist abhängig von der:

- Kapazität des Glättungskondensators C_G,
- Frequenz f mit der der Glättungskondensator aufgeladen wird,
- Höhe des Lastwiderstandes.

Die Brummspannung ist umso kleiner, je größer:

- die Kapazität von C_G,
- der Lastwiderstand R_L und
- die Frequenz f der Wechselspannung ist.

Wiederholungsfragen

1 **Nennen Sie wichtige Gleichrichterschaltungen und deren Abkürzung.**
2 **Welche Gleichrichterschaltung wird in der Praxis am häufigsten verwendet?**
3 **Beschreiben Sie a) die Aufgaben von Siebgliedern und b) zeichnen Sie ein LC-Siebglied.**

Glättungskondensator

$$C_G = \frac{0{,}75 \cdot I_d}{f_p \cdot \hat{\check{u}}_{p2}}$$

C_G	Glättungskondensator
I_d	Gleichstrom
f_p	Brummfrequenz
$\hat{\check{u}}_{p2}$	Brummspannung (Spitze-Tal-Wert)

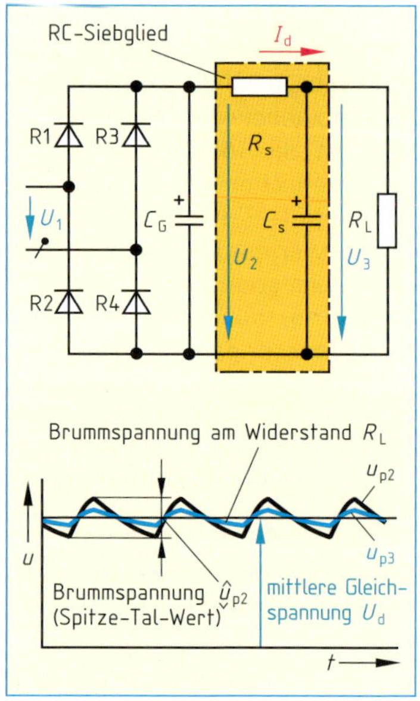

Bild: RC-Siebschaltung

Glättungskondensator

$$G = \frac{U_{p1}}{U_{p2}}$$

$$s = \frac{U_{p2}}{U_{p3}}$$

G	Glättungsfaktor
s	Siebfaktor
U_p	Brummspannung (hier: Effektivwert)
U_{p1}	Gleichrichterausgangsspannung ohne Glättung und Siebung
U_{p2}	Gleichrichterausgangsspannung mit Glättung
U_{p3}	Gleichrichterausgangsspannung mit Glättung und Siebung

9.5 Transistoren

Transistoren[1] sind verstärkende (aktive) Halbleiterbauelemente. Man kann sie in bipolare[2] und unipolare[3] Transistoren einteilen **(Tabelle 1)**.

Tabelle 1: Transistor-Arten mit Schaltzeichen

Bipolare Transistoren			Unipolare Transistoren						
			Uni-junction-Transistor	Feldeffekt-Transistoren					
				Sperrschicht-FET		Isolierschicht-FET			
						P-Kanal		N-Kanal	
NPN	PNP	IGBT*	N-Typ	P-Kanal	N-Kanal	Anreicherung	Verarmung	Anreicherung	Verarmung

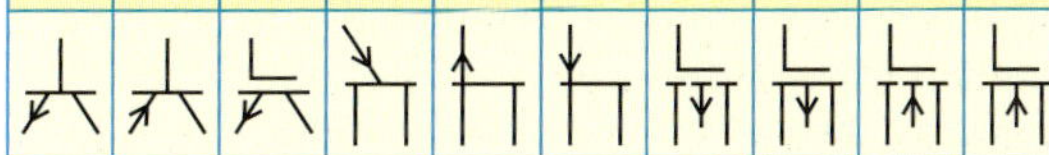

* Der IGBT ist eine Kombination aus einem bipolaren und einem unipolaren Transistor.

9.5.1 Bipolare Transistoren

Bipolare Transistoren stellt man meist aus Silicium her. Sie sind aus drei übereinander liegenden Halbleiterschichten aufgebaut, bei denen sich P- und N-Leiter abwechseln **(Bild 1)**. Je nach Zonenfolge entsteht ein PNP- oder ein NPN-Typ **(Tabelle 2)**. Als Einzeltransistoren setzt man überwiegend NPN-Transistoren ein.

Die drei Halbleiterzonen sind kontaktiert, die Anschlüsse führen nach außen. Die mittlere Zone nennt man **Basis,** die beiden äußeren Emitter und Kollektor. Der **Emitter**[4] sendet Ladungsträger aus, die der **Kollektor**[5] wieder einsammelt. Am Übergang vom N- zum P-Leiter bilden sich Sperrschichten aus, beim bipolaren Transistor also zwei.

Die Basis-Emitter-Strecke ist im Transistorbetrieb in Durchlassrichtung, die Basis-Kollektor-Strecke in Sperrrichtung gepolt. (Der Emitterpfeil im Transistor-Schaltzeichen gibt die technische Stromrichtung an.)

a) Bauformen

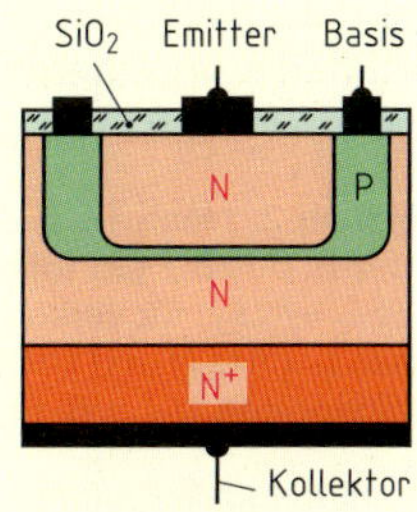

b) NPN-Transistor in Planartechnik

Bild 1: Bauformen und Aufbau bipolarer Transistoren

Versuch 1: Schließen Sie einen Leistungstransistor, z. B. den BD 135, und zwei Strommesser an die Netzgeräte G1 und G2 an (Messschaltung **Bild 2**). (Die beiden Spannungsmesser werden bei diesem Versuch noch nicht gebraucht.) Verändern Sie an G1 den Basisstrom und beobachten Sie die Auswirkung auf den Kollektorstrom.

Eine geringe Basisstromänderung ΔI_B, z. B. 0,5 mA, hat eine große Veränderung des Kollektorstroms ΔI_C, z. B. 50 mA, zur Folge.

Tabelle 2: Aufbau und Schaltzeichen bipolarer Transistoren

Typ	Zonenfolge	Diodenvergleich	Schaltzeichen
NPN	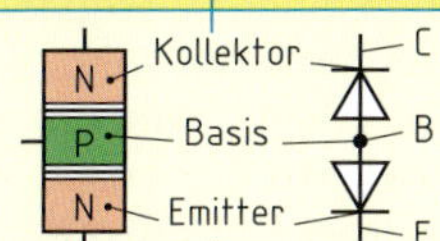		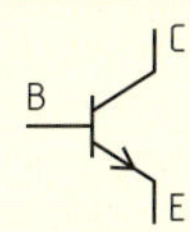
PNP	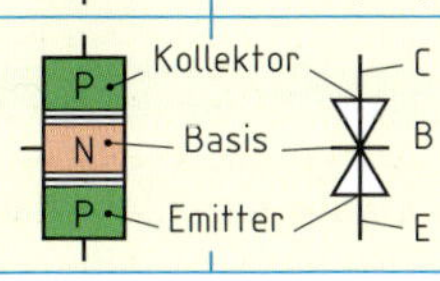		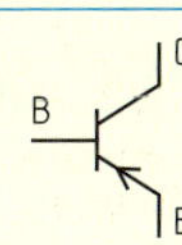

Ein kleiner Basisstrom I_B verursacht beim Transistor einen großen Kollektorstrom I_C. Dies nennt man Stromverstärkung.

Die Emitterzone ist beim bipolaren Transistor stark dotiert, die Kollektorzone etwas weniger. Die außerordentlich dünne Basisschicht (wenige µm dick) enthält nur eine geringe Zahl Fremdatome. Fließt ein Basisstrom, überfluten vom Emitter her viele Ladungsträger (z. B. Elektronen beim NPN-Transistor) die dünne Basisschicht. Diese Schicht ist nur wenig dotiert. Deshalb kann auch nur ein geringer Teil der Elektronen dort mit Löchern rekombinieren.

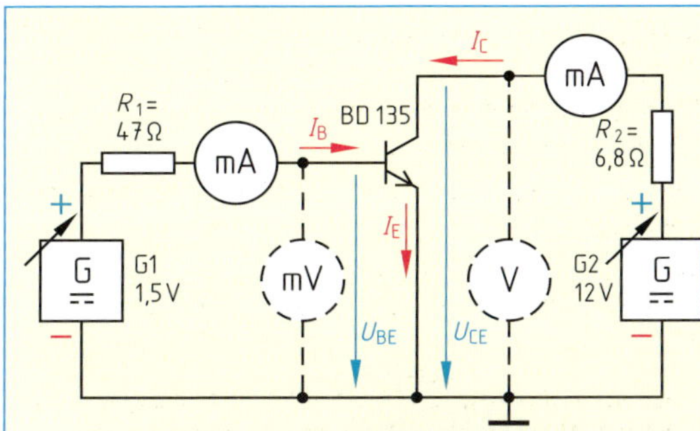

Bild 2: Messschaltung zur Kennlinienaufnahme eines NPN-Transistors in Emitter-Schaltung

[1] von trans (lat.) = hinüber und resistere (lat.) = Widerstand leisten
[2] von bis (lat.) = zwei(mal)
[3] von unus (lat.) = einer
[4] von to emit (engl.) = aussenden, ausströmen
[5] von to collect (engl.) = einsammeln

Die meisten Ladungsträger treibt das elektrische Feld der Basis-Kollektor-Sperrschicht in den Kollektor hinein **(Bild 1)**. So entsteht der hohe Kollektorstrom, der um den Faktor 10 bis 500 größer sein kann als der Basisstrom. Den Quotienten aus Kollektorstrom I_C und Basisstrom I_B nennt man **Gleichstromverhältnis** (Gleichstromverstärkung) *B*.

Für einen Basisstrom $I_B = 2$ mA und einen Kollektorstrom $I_C = 250$ mA wird B = 250 mA/2 mA = 125.

> Im bipolaren Transistor steuert der Basisstrom den Kollektorstrom. Für die Steuerung ist nur eine geringe elektrische Leistung nötig.

Ist die Basis-Emitter-Spannung $U_{BE} = 0$ V oder kleiner als der Schwellenwert von etwa 0,4 V, sperrt der Transistor. Es fließt nur ein verschwindend kleiner Sperrstrom, der von thermisch erzeugten Ladungsträgerpaaren in der Basis-Kollektor-Sperrschicht stammt.

Versuch 2: Nehmen Sie die Kennlinien eines Transistors auf, z. B. des BD 135 **(Bild 2, Seite 155)**, und zwar die Kennlinie $I_C = f(U_{CE})$ für verschiedene Basisströme und die Kennlinien $I_B = f(U_{BE})$ und $I_C = f(I_B)$ jeweils für eine fest eingestellte Spannung U_{CE}, z. B. für $U_{CE} = 6$ V.

*Die **Eingangskennlinie** $I_B = f(U_{BE})$ entspricht einer Diodenkennlinie. Den Zusammenhang zwischen dem Basisstrom und dem Kollektorstrom gibt die **Stromsteuerkennlinie** $I_C = f(I_B)$ an. Abhängig vom eingestellten Basisstrom ergibt sich bei Veränderung von U_{CE} ein entsprechender Kollektorstrom. Diese Kennlinienschar nennt man **Ausgangskennlinienfeld**.*

Da diese drei Kennlinien voneinander abhängig sind, kann man sie auch in einem Vierquadranten-Kennlinienfeld darstellen **(Bild 2)**. Eine Basis-Emitter-Spannung von $U_{BE} = 0{,}65$ V führt zu einem Basisstrom $I_B = 1$ mA. Für den Fall von $U_{CE} = 6$ V fließt damit ein Kollektorstrom $I_C = 150$ mA.

Beispiel:

Ermitteln Sie aus dem Kennlinienfeld **(Bild 2)** bei $U_{CE} = 12$ V und $I_B = 2$ mA die fehlenden Werte für **a)** I_C und **b)** U_{BE}. **c)** Berechnen Sie das Gleichstromverhältnis.

Lösung:

a) $I_C = 250$ **mA**

b) $U_{BE} = 0{,}8$ **V**

c) $B = \frac{I_C}{I_B} = \frac{250 \text{ mA}}{2 \text{ mA}} = 125$

Der Transistorkristall ist mit seinen Anschlüssen in ein Gehäuse aus Kunststoff oder Metall eingebaut.

TO[1] 92 ist ein typisches Gehäuse für Kleinsignaltransistoren, TO 220 und TO 3 dagegen für Leistungstransistoren **(Tabelle)**.

[1] TO, Abkürzung von **T**ransistor **O**utlines

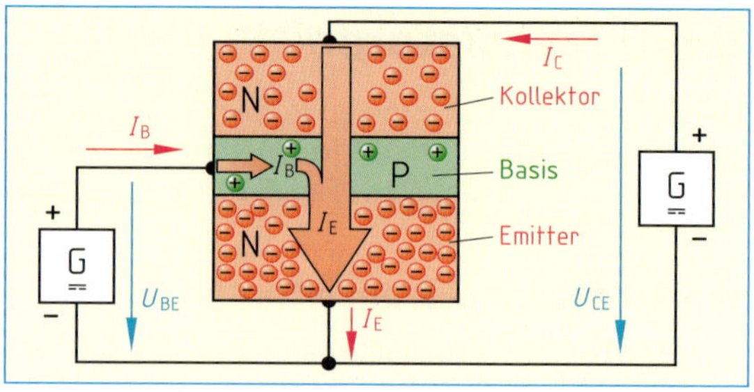

Bild 1: Ströme im NPN-Transistor (Emitter-Schaltung)

Gleichstromverhältnis, Ströme beim Transistor

$$B = \frac{I_C}{I_B} \qquad I_E = I_B + I_C$$

B Gleichstromverhältnis
I_C Kollektorstrom
I_B Basisstrom
I_E Emitterstrom

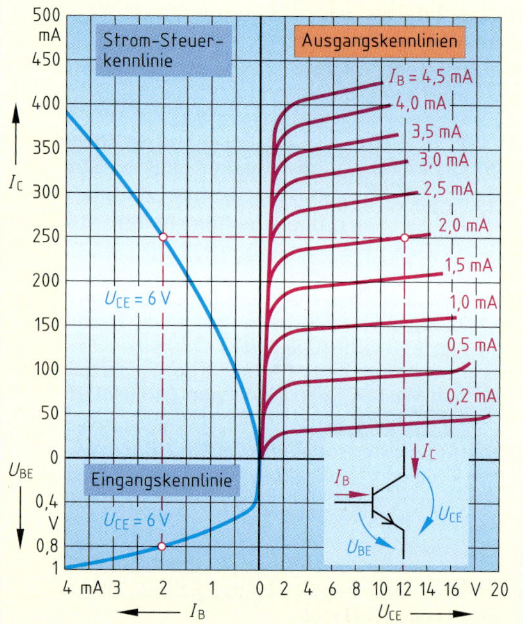

Bild 2: Kennlinienfelder des Transistors BD 135

Tabelle: Gehäuse für Transistoren

Ansichten	Gehäusebez.	Ansichten	Gehäusebez.
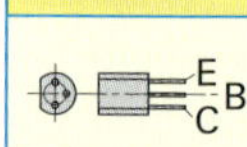 E B C	TO 92 z. B. BC250	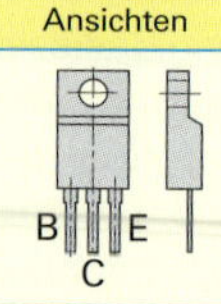 B E C	TO 220 z. B. BD649
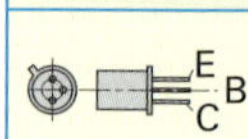 E B C	TO 18 z. B. BC107		
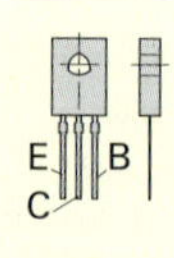 E B C	TO 126 z. B. BD135	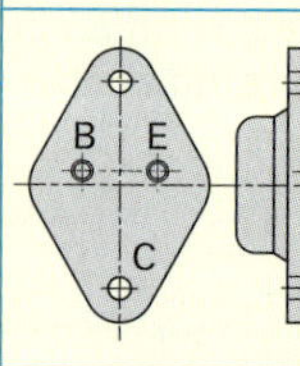 B E C	TO 3 z. B. 2N3055 B Basis C Kollektor E Emitter

9.5.1.1 Transistoren in der Praxis

Transistoren werden in vielen Anwendungen eingesetzt. Je nach Einsatzgebiet werden Transistoren zum Anpassen von Spannungen, Schalten großer Lasten und Verstärken kleiner Signale (Spannungen und Ströme) **(Tabelle 2)** verwendet.

Für alle Anwendungen des Transistors ist Folgendes zu beachten **(Bild)**:

- Der Transistor wird über die Basis-Emitter-Strecke gesteuert. Dazu muss die Basis-Emitter-Strecke in Durchlassrichtung betrieben werden.
- Für den Betrieb ist der Transistor immer an Gleichspannung zu legen.
- Die Transistorströme I_B und I_C sind zu begrenzen.
- Die Verlustleistung P_{tot} darf nicht überschritten werden.
- Je nach Anwendung sind die notwendigen Gleichspannungswerte (Arbeitspunkte) einzustellen.

Der Hersteller von Transistoren gibt deren Kennwerte (z.B. U_{BE}, U_{CE}, I_B und I_C) häufig in Form von Kennlinien an.

📖 Datenblatt NPN-Transistor BC 107, BC 171, BC 237, **Seite 291**

Auch sind die Grenzwerte **(Tabelle 1)** wie maximale Kollektor-Emitterspannung U_{CEmax}, maximaler Kollektorstrom I_{Cmax} und die maximale Verlustleistung P_{tot} zu beachten.

Der Transistor ist so auszuwählen, dass im Betriebsfall keine Grenzwerte überschritten werden.

Beispiel:

Für ein Netzgerät (30 V/2,5 A) ist ein geeigneter Transistor nach **Tabelle 1** auszuwählen.

Lösung:

Aus **Tabelle 1: 2N3055**

$U_{CE} > 30$ V; $I_{Cmax} > 2{,}5$ A

Übersicht:
Anwendungen von Transistoren (Beispiele)

- Bistabile Kippschaltung (Seite 180)
- Dämmerungsschalter (Seite 164)
- Transistor als Schalter (Seite 160)

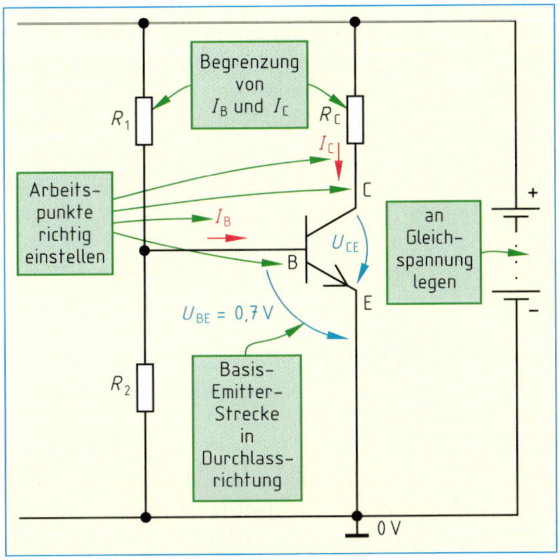

Bild: Anschlussregeln für Transistoren

Tabelle 1: Grenzdaten und Gehäuseformen von Transistoren (Beispiele)

	2N3055	BC 107	BD 237
U_{CEmax} in V	60	45	80
I_{Cmax} in A	15	0,1	2
P_{tot} in W	115	0,3	25
Gehäuse*	TO 3	TO 18	TO 126

* siehe auch **Seite 156** (Tabelle)

Tabelle 2: Einsatzgebiete von Transistoren (Beispiele)

Anpassung von Spannungen	Schalten	Verstärken
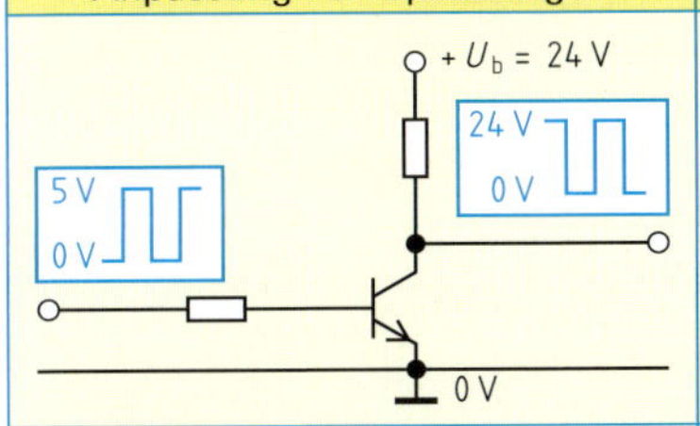	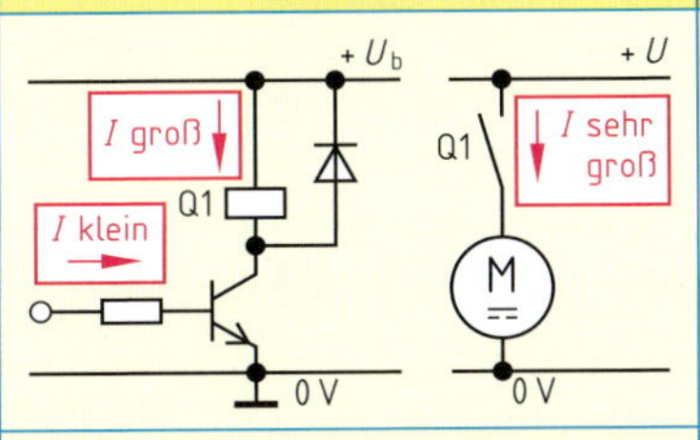	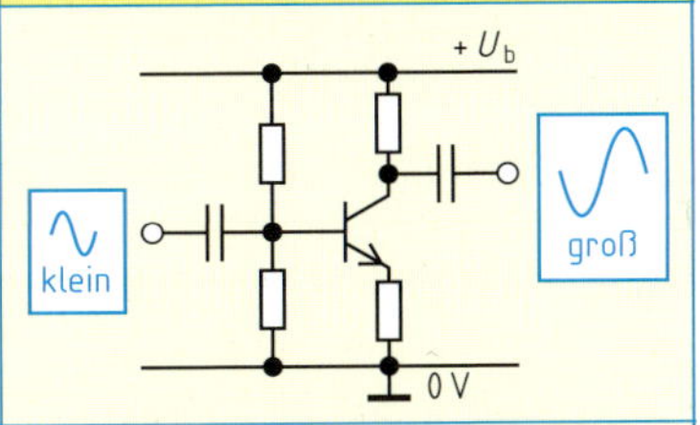
Niederer Spannungswert wird in höheren Spannungswert umgesetzt, z.B. 5 V von Sensor auf 24 V für SPS.	Große Lastströme werden geschaltet, z.B. Steuerstrom für Relais.	Kleine Signale verschiedener Frequenzen werden verstärkt.

9.5.1.2 Einstellung des Arbeitspunktes

Ein Transistor wird als Verstärker z. B. für Wechselspannungen oder als elektronischer Schalter verwendet. Die häufigste Schaltung dazu ist die **Emitter-Schaltung.** Bei ihr liegt der Emitter an Masse bzw. 0 V **(Bild 1 oben).** Der Emitter ist dabei der gemeinsame Anschluss von Eingangs- und Ausgangskreis. Das Eingangssignal, z. B. eine Wechselspannung, liegt zwischen Basis und Emitter, das Ausgangssignal steht an Kollektor und Emitter (bzw. Masse) zur Verfügung. Die Änderungen des Kollektorstromes, verursacht durch Schwankungen des Basisstromes, wandelt der Lastwiderstand R_C am Kollektor in Spannungsänderungen um.

In der Transistorschaltung stellen die Kollektor-Emitter-Spannung U_{CE} und die Basis-Emitter-Spannung U_{BE} den Arbeitspunkt (Gleichspannungswerte) ein. Dabei muss die Basis-Emitter-Strecke in Durchlassrichtung geschaltet sein (U_{BE} = 0,7 V), und die Kollektor-Emitter-Spannung U_{CE} soll bei einem Wechselspannungsverstärker ungefähr $U_b/2$ betragen. Damit kann ein Wechselstromsignal möglichst unverzerrt verstärkt werden.

Wird der Transistor als Wechselspannungsverstärker betrieben, ist eine Einstellung des Arbeitspunktes notwendig.

Mithilfe der Betriebsspannung U_b werden über

- einen Basisvorwiderstand R_v **(Bild 2a)** oder
- einen Basisspannungsteiler R1, R2 **(Bild 2b)**

die notwendigen Arbeitspunkte eingestellt.

Querstrom I_q, **Seite 51**

Beispiel:

Ein Transistor BC 107 in Emitterschaltung soll eine Basis-Emitter-Spannung U_{BE} = 0,62 V bei einem Basisstrom I_B = 0,2 mA durch einen Vorwiderstand R_v oder einen Basisspannungsteiler erhalten **(Bild 2).** Die Betriebsspannung beträgt U_b = 16 V.

a) Wie groß ist der Basisvorwiderstand R_v?

b) Wie groß sind die Widerstände R_1 und R_2, wenn ein Querstrom von $I_q = 3 \cdot I_B$ fließen soll?

Lösung:

a) $R_v = \frac{U_b - U_{BE}}{I_B} = \frac{16\text{ V} - 0{,}62\text{ V}}{0{,}2\text{ mA}} = \mathbf{76{,}9\ k\Omega}$

b) $q = \frac{I_q}{I_B} \Rightarrow I_q = q \cdot I_B = 3 \cdot 0{,}2\text{ mA} = 0{,}6\text{ mA}$

$R_2 = \frac{U_{BE}}{I_q} = \frac{0{,}62\text{ V}}{0{,}6\text{ mA}} = \mathbf{1{,}03\ k\Omega}$

$R_1 = \frac{U_b - U_{BE}}{I_q + I_B} = \frac{16\text{ V} - 0{,}62\text{ V}}{0{,}6\text{ mA} + 0{,}2\text{ mA}} = \mathbf{19{,}23\ k\Omega}$

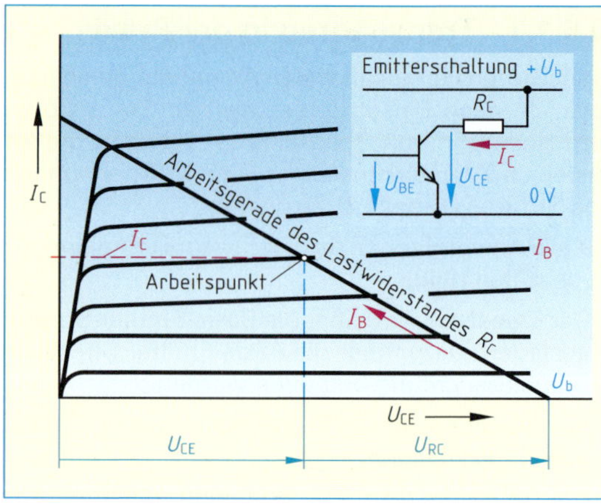

Bild 1: Festlegen des Arbeitspunktes bei einem Wechselspannungsverstärker

Arbeitspunkteinstellung durch
- Basisvorwiderstand
- Basisspannungsteiler

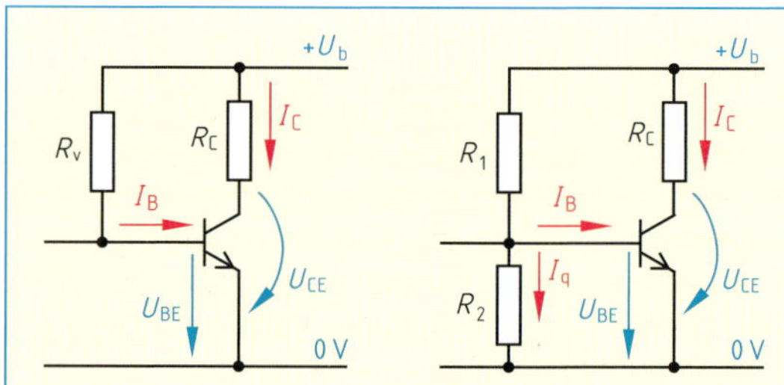

a) Basisvorwiderstand b) Basisspannungsteiler

Bild 2: Erzeugen der Basis-Emitter-Spannung

Arbeitspunkteinstellung

Basisvorwiderstand

$$R_v = \frac{U_b - U_{BE}}{I_B}$$

Basisspannungsteiler

$$R_1 = \frac{U_b - U_{BE}}{I_q + I_B}$$

$$R_2 = \frac{U_{BE}}{I_q}$$

$$q = \frac{I_q}{I_B}$$

R_v	Basisvorwiderstand
R_1, R_2	Spannungsteilerwiderstände
q	Querstromverhältnis (2 … 5)
I_B	Basisstrom
I_q	Querstrom
U_b	Betriebsspannung
U_{BE}	Basis-Emitter-Spannung

9.5.1.3 Stabilisierung des Arbeitspunktes

Durch die Eigenleitung der Transistoren ändern sich die Transistorströme mit der Temperatur **(Bild 1)**.

Mit steigender Temperatur nimmt der Kollektorstrom I_C zu. So beträgt bei einer Basis-Emitter-Spannung U_{BE} = 0,6 V und bei einer Sperrschichttemperatur von 25 °C der Kollektorstrom I_C = 1 mA. Bei 100 °C ändert sich aber der Kollektorstrom I_C von 1 mA auf 12 mA. Dies bedeutet eine Verschiebung des Arbeitspunktes im Kennlinienfeld, dadurch sinkt die Spannung U_{CE}.

Möglichkeiten zur Stabilisierung des Arbeitspunktes

- Stabilisierung durch Heißleiter **(Bild 2a)**,
- Stromgegenkopplung **(Bild 2b)** und
- Spannungsgegenkopplung.

Stabilisierung durch Heißleiter. Bei Erhöhung der Transistortemperatur nimmt der Widerstand R_ϑ des Heißleiters ab **(Bild 2a)**. Damit sinken die Basis-Emitter-Spannung U_{BE} und der Kollektorstrom I_C.

Stromgegenkopplung. Im Emitterkreis wird ein Widerstand R_E ($R_E \approx 0{,}1 \cdot R_C$) eingebaut **(Bild 2b)**. Ein wegen Temperaturanstiegs ansteigender Strom I_C verursacht eine größere Spannung U_{RE}. Da aufgrund des Basisspannungsteilers R_1 und R_2 die Spannung U_{R2} konstant bleibt, wird die Spannung U_{BE} kleiner. Dies hat zur Folge, dass der Transistor wieder mehr sperrt und damit I_C kleiner wird. Der Kollektorstrom wirkt damit gegensteuernd auf den Transistoreingang.

Spannungsgegenkopplung. Legt man den Basisspannungsteiler nicht an die Betriebsspannung U_b, sondern verbindet ihn mit dem Kollektor, bewirkt dies eine Spannungsgegenkopplung.

> Der Emitterwiderstand R_E hält den Arbeitspunkt der Transistorschaltung trotz Temperaturänderung und Exemplarstreuung des Transistors stabil.

Beispiel:

In der Schaltung **(Bild 3)** beträgt die Spannung U_b = 12 V, R_C = 1 kΩ, q = 5, R_E = 100 Ω, B = 80 und U_{BE} = 0,7 V. Die Spannung an R_C beträgt 6 V. Berechnen Sie R_1 und R_2.

Lösung:

$$I_C = \frac{U_{RC}}{R_C} = \frac{6\,\text{V}}{1\,\text{k}\Omega} = 6\,\text{mA}$$

$$I_B = \frac{I_C}{B} = \frac{6\,\text{mA}}{80} = 75\,\mu\text{A}$$

$$I_q = q \cdot I_B = 5 \cdot 75\,\mu\text{A} = 375\,\mu\text{A}$$

$$U_{RE} = R_E \cdot I_E = 6\,\text{mA} \cdot 100\,\Omega = 0{,}6\,\text{V}$$

$$\boldsymbol{R_2} = \frac{U_{BE} + U_{RE}}{I_q} = \frac{0{,}7\,\text{V} + 0{,}6\,\text{V}}{375\,\mu\text{A}} = \mathbf{3{,}5\,k\Omega}$$

$$\boldsymbol{R_1} = \frac{U_b - U_{BE} - U_{RE}}{I_q + I_B} = \frac{12\,\text{V} - 0{,}7\,\text{V} - 0{,}6\,\text{V}}{375\,\mu\text{A} + 75\,\mu\text{A}} = \mathbf{23{,}8\,k\Omega}$$

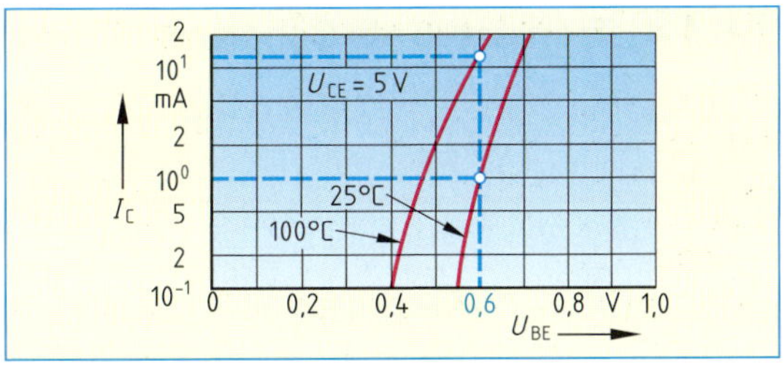

Bild 1: Spannungssteuerkennlinien

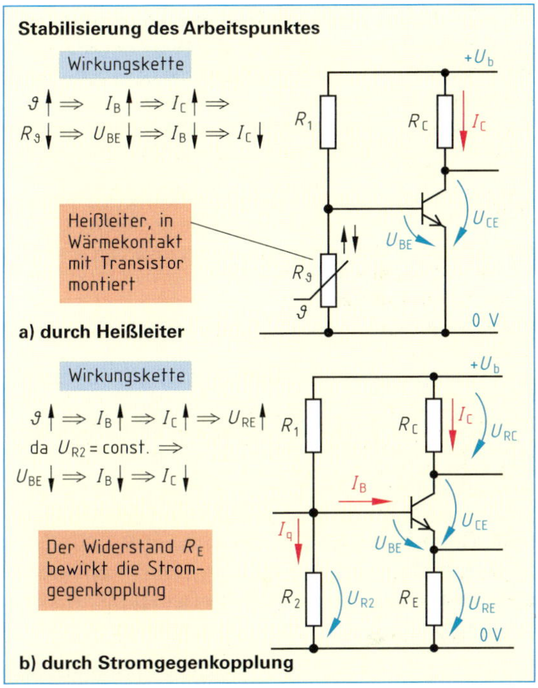

Bild 2: Arbeitspunkteinstellung

Stromgegenkopplung (Es gilt: $I_C = I_E$)

$$R_E = \frac{U_{RE}}{I_C} \qquad R_C = \frac{U_{RC}}{I_C}$$

$$U_{R2} = U_{BE} + U_{RE}$$

$$R_2 = \frac{U_{BE} + U_{RE}}{I_q} \qquad R_1 = \frac{U_b - U_{BE} - U_{RE}}{I_q + I_B}$$

R_E	Emitterwiderstand
R_C	Kollektorwiderstand
R_1, R_2	Basisspannungsteiler
I_q	Querstrom
I_B	Basisstrom
I_C	Kollektorstrom
U_b	Betriebsspannung
U_{RC}	Spannung an R_C
U_{BE}	Basis-Emitter-Spannung
q	Querstromverhältnis (2 ... 5)
U_{R2}	Spannung an R_2
U_{RE}	Spannung an R_E

9.5.1.4 Transistor als Schalter

Den Transistor als Schalter (Bild 1) setzt man ein, um z. B. Leuchten (Bild 1) schnell, kontaktlos und elektronisch ein- oder auszuschalten.

Beim Schalten des Transistors, z. B. bei Kippstufen, sind nur die Schaltzustände „Sperren" (Schalter geöffnet) oder „Leiten" (Schalter geschlossen) wichtig. Als Schalter wirkt die Kollektor-Emitter-Strecke C–E, die sehr hochohmig (gesperrt) bzw. niederohmig (leitend) sein kann. Die Steuerstrecke ist die Basis-Emitter-Strecke B–E.

Versuch: Schalten Sie einen Transistor, z. B. BC 140, über eine Meldeleuchte P1 (12 V, 100 mA) an die Betriebsspannung U_b **(Bild 1)**.

a) Legen Sie an den Eingang vor den Basisvorwiderstand R_v erst 0 V und dann $+U_b$ (Brücke von $+U_b$ an R_v). Messen Sie I_B, I_C und U_{CE}.

Bei gesperrtem Transistor liegt an P1 keine Spannung. Dann sind $I_B = 0$ mA, $U_{CE} = U_b$ und I_C beträgt einige µA. Bei leitendem Transistor liegt an P1 fast die gesamte Spannung von U_b. I_B und I_C sind erheblich größer, und U_{CE} geht fast auf null zurück.

b) Legen Sie nun an den Eingang eine Rechteckspannung mit der Frequenz von etwa 10 Hz und oszilloskopieren Sie die Spannung U_{CE}.

Das Rechtecksignal wird verstärkt und invertiert auf den Ausgang übertragen. Ein- und Ausschalten des Transistors erfolgt im Rhythmus der Rechteckspannung **(Tabelle und Bild 1)**.

Schalten bei ohmscher Last

Im gesperrten Zustand **(Bild 2)** ist der Widerstand R_{CE} der Kollektor-Emitter-Strecke des Transistors sehr groß (Arbeitspunkt A1). Steigt der Basisstrom I_B, sinkt die Kollektor-Emitter-Spannung U_{CE}. Beim Basisstrom I_{Bmin} stellt sich der Arbeitspunkt A2 ein. Der Transistor befindet sich am Sättigungsanfang, die sogenannte Übersteuerung beginnt. Erhöht man U_{BE} und I_B weiter, wandert der Arbeitspunkt des Transistors zum Arbeitspunkt A3. Der Widerstand R_{CE} des Transistors ist nun sehr klein. Die zugehörige Spannung wird **Kollektor-Emitter-Sättigungsspannung** U_{CEsat}[1] genannt. Im Arbeitspunkt A3 ist U_{CEsat} auf eine Restspannung von $U_{CErest} \approx 0{,}2$ V abgesunken.

Transistoren als Schalter haben zwei Schaltzustände: Sie arbeiten in der Sättigung (leitend) oder sind gesperrt (nichtleitend).

Die stabilen Schaltzustände Ein (A3) und Aus (A1) auf der Arbeitsgeraden von R_C im Ausgangskennlinienfeld **(Bild 2)** müssen stets unter der Leistungshyperbel P_{tot} des Transistors liegen. Die Arbeitsgerade darf während des Schaltens die Hyperbel schneiden. Wenn der Schaltvorgang in sehr kurzer Zeit abläuft, z. B. t kleiner als 1 µs, wird der Transistor während des Schaltens thermisch nicht überlastet.

Schaltzeiten sind vom Transistortyp und von der Schaltung abhängig. Um die Schaltzeiten klein zu halten und ein sicheres Schalten zu gewährleisten, werden Transistoren in Schaltverstärkern mit einem um den Übersteuerungsfaktor $ü$ größeren Basisstrom I_B angesteuert.

Um Schalttransistoren sicher durchzuschalten, steuert man die Transistoren mit $I_B = ü \cdot I_{Bmin}$ an. In der Praxis wählt man einen Übersteuerungsfaktor von $ü = 2 \dots 5$.

Durch die Übersteuerung verringern sich die Einschaltzeit und auch die Verlustleistung $P_V = U_{CEsat} \cdot I_C$ des Transistors, weil bei ansteigendem I_C die Sättigungsspannung U_{CEsat} auf Werte von etwa 0,2 V absinkt. Die Ausschaltzeit des Transistors wird jedoch vergrößert, da die Basis von

[1] sat ist die Abkürzung für Saturation (engl.) = Sättigung

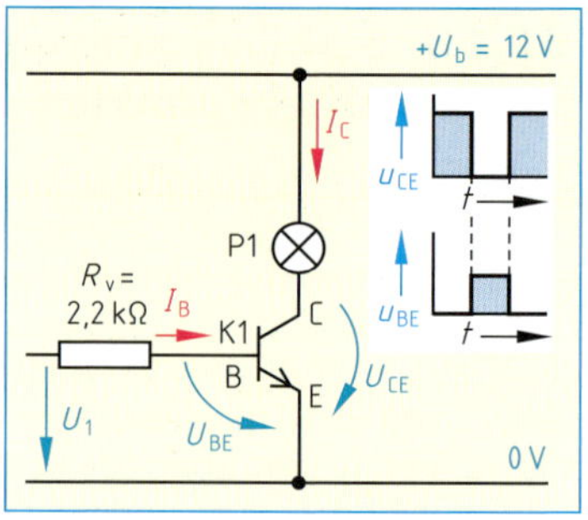

Bild 1: Transistor als Schalter

Tabelle: Spannungsverlauf Transistor als Schalter

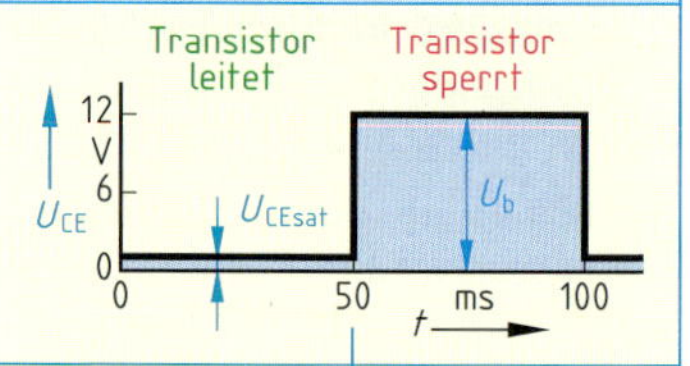

Transistor leitet	Transistor sperrt
$U_{CE} = U_{CEsat}$	$U_{CE} \approx U_b$
I_B groß	$I_B = 0$
I_C groß	$I_C \approx 0$
$R_{CE} \to 0$	$R_{CE} \to \infty$

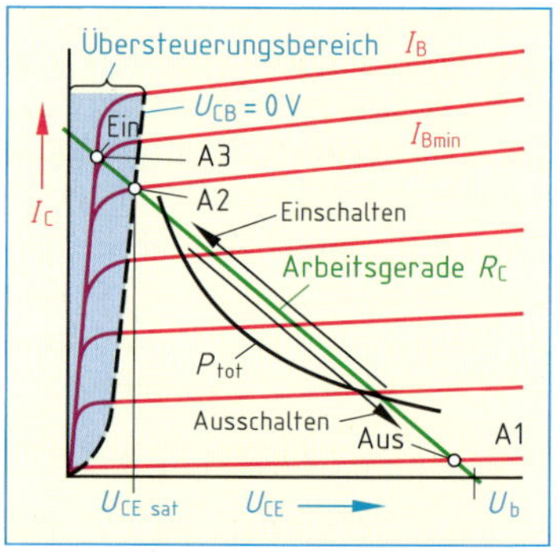

Bild 2: Schaltzustände des Transistors bei Widerstandslast

Transistor als Schalter

$$B = \frac{I_C}{I_B} \qquad I_B = \frac{ü \cdot I_C}{B_{min}} \qquad I_B = ü \cdot I_{Bmin}$$

$$R_v = \frac{(U_1 - U_{BE}) \cdot B_{min}}{ü \cdot I_C}$$

$ü$ Übersteuerungsfaktor
I_B Basisstrom mit Übersteuerung
I_{Bmin} min. erforderlicher Basisstrom an Übersteuerungsgrenze
B_{min} min. Gleichstromverhältnis
I_C Kollektorstrom
R_v Basisvorwiderstand
U_1 Eingangsspannung
U_{BE} Basis-Emitter-Spannung

den vielen Ladungsträgern erst ausgeräumt werden muss. Zur Verringerung der Schaltzeiten wird der Basisvorwiderstand parallel mit dem Beschleunigungskondensator C überbrückt **(Bild 1).** Der Widerstand R1 gewährleistet, dass auch bei offenem Eingang ein definiertes Potenzial an der Basis von K1 liegt **(Bild 1).**

Beispiel:

Die typische Ausgangsspannung eines NAND-Gatters **(Bild 2)** beträgt bei 1-Signal $U_1 = 3{,}4$ V. Bei der Durchlassspannung $U_F = 1{,}65$ V beträgt der Strom durch die LED CQX 35 $I_F = 20$ mA. Der Transistor BC 107 hat folgende Werte: $U_{BE} = 0{,}65$ V, $B_{min} = 120$, $U_{CEsat} = 0{,}2$ V. Bestimmen Sie aus der Reihe E12 **a)** den Kollektorwiderstand R_C und **b)** den Basisvorwiderstand R_v bei einem Übersteuerungsfaktor $ü = 3$.

Lösung:

a) $R_C = \frac{U_b - U_F - U_{CEsat}}{I_F} = \frac{5\text{ V} - 1{,}65\text{ V} - 0{,}2\text{ V}}{20\text{ mA}}$

$R_C = 158\ \Omega$; gewählt $\boldsymbol{R_C = 150\ \Omega}$

b) $R_v = \frac{(U_1 - U_{BE}) \cdot B_{min}}{ü \cdot I_C} = \frac{(3{,}4\text{ V} - 0{,}65\text{ V}) \cdot 120}{3 \cdot 20\text{ mA}}$

$R_v = 5{,}5\text{ k}\Omega$; gewählt $\boldsymbol{R_v = 5{,}6\text{ k}\Omega}$

Schalten bei induktiver Last

Beim Schalten einer induktiven Last **(Bild 3a),** z.B. einer Relaisspule, wird beim Einschalten des Transistors der Stromanstieg durch die Selbstinduktion verzögert und verläuft auf der Einschaltkurve von A1 bis A2 **(Bild 3b).** Beim Ausschalten wird in der Spule eine Induktionsspannung induziert, die ohne Diode R1 einen Strom nach der Ausschaltkurve zur Folge hat.

Beim Ausschalten einer induktiven Last kann eine hohe Induktionsspannung an der Kollektor-Emitter-Strecke entstehen, die den Transistor zerstört.

Als Schutz gegen schädliche Induktionsspannungen wird zur Induktivität meist eine **Freilaufdiode** (**Bild 3a und 3b,** Ausschaltkurve mit R1) oder ein **RC-Glied** parallel geschaltet.

Schalten bei kapazitiver Last

Beim Einschalten einer kapazitiven Last, z.B. dem Ladekondensator eines Netzteils, ist der Kollektorstrom stark erhöht, da der Verlustwiderstand *R* durch den Kondensator *C* kurzgeschlossen wird **(Bild 4a).** Der Einschaltstrom verläuft auf der Kurve Einschalten, ohne R1. Beim Ausschalten von A2 nach A1 sinkt der Strom schnell ab **(Bild 4b).**

Beim Einschalten einer kapazitiven Last kann der Transistor durch den hohen Ladestrom des Kondensators zerstört werden.

Der in Reihe geschaltete Widerstand R1 **(Bild 4a)** begrenzt den Einschaltstrom **(Bild 4b).**

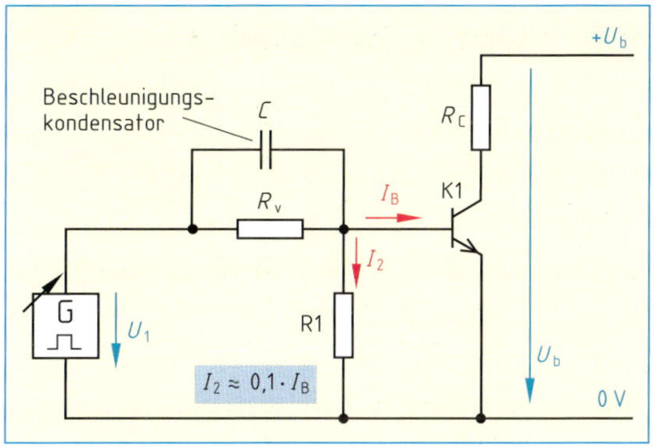

Bild 1: Schaltung zur Schaltzeitverkürzung

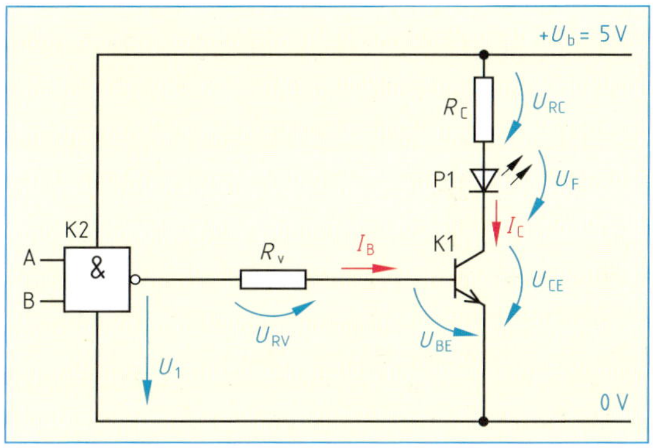

Bild 2: Transistor als Schalter mit NAND-Gatter

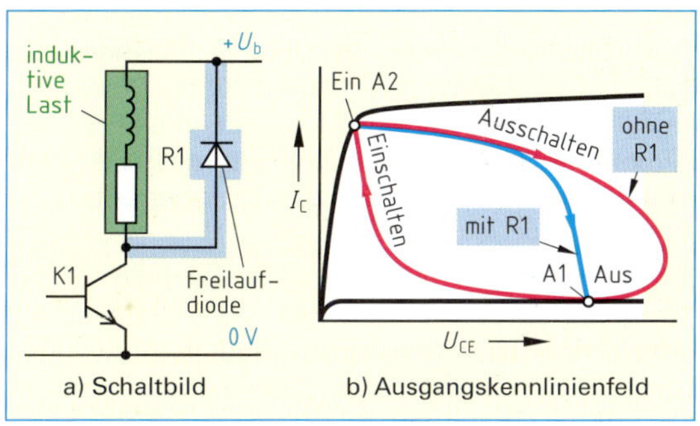

Bild 3: Schaltverhalten bei induktiver Last

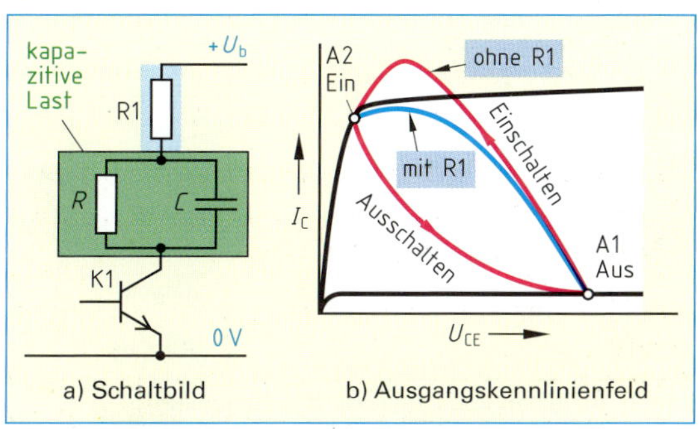

Bild 4: Schaltverhalten bei kapazitiver Last

9.6 Optoelektronik

Die Optoelektronik befasst sich mit elektronischen Bauelementen **(Bild 1),** die im infraroten, im sichtbaren und im ultravioletten Bereich **(Seite 111)** der elektromagnetischen Strahlung eingesetzt werden. Licht, das vom Auge optisch wahrgenommen werden kann, umfasst den Bereich elektromagnetischer Strahlung mit einer Wellenlänge von 380 nm bis 780 nm.

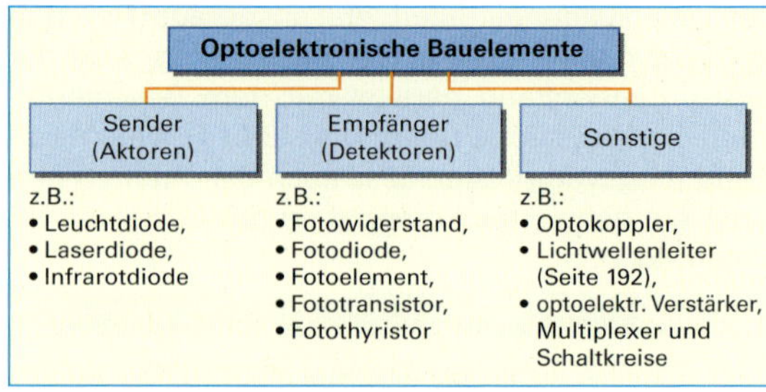

Bild 1: Einteilung optischer Bauelemente

9.6.1 Optoelektronische Sender (Aktoren)

Leuchtdioden

Leuchtdioden (LED[1]) sind lichtemittierende (lichtaussendende) Dioden. Sie sind im Gegensatz zu Glühlampen keine Temperaturstrahler.

Aufbau und Wirkungsweise. Leuchtdioden wandeln den elektrischen Strom innerhalb des PN-Überganges in Licht um. Die Halbleitermaterialien für Leuchtdioden bestehen aus Mischkristallen, z. B. Galliumarsenid (GaAs).

Das Halbleitermaterial, z. B. GaAs, und die Dotierung bestimmen die abgestrahlte Lichtfarbe **(Beispiele Tabelle).** Eine Dotierung mit z. B. Stickstoff (N) oder Phosphor (P) ergibt je nach Dotierungsgrad verschiedene Lichtfarben.

Fließt durch die Leuchtdiode Strom in Durchlassrichtung **(Bild 2),** so strahlt sie Licht ab. Deshalb gibt man in den Datenblättern **(Seite 290)** die Durchlasskennlinie an. Aus der Durchlasskennlinie kann man entnehmen, dass die Durchlassspannung z. B. einer rotleuchtenden Diode etwa $U_F = 1{,}6\,V$ beträgt.

Der maximale Strom I_{Fmax} darf je nach Diodentyp etwa 50 mA nicht überschreiten. Deshalb ist zur Strombegrenzung immer ein Vorwiderstand R_v **(Bild 2)** oder eine Konstantstromquelle notwendig. Leuchtdioden haben eine Lichtausbeute bis zu 100 lm/W (Lumen/Watt).

Tabelle: Halbleiterwerkstoffe von Leuchtdioden

Material und Dotierung	Farbe, Bereich	Wellenlänge in nm	Spannung U_F
GaAsSi	infrarot	930	1,2 V
GaAsP	rot	655	1,6 V
GaAsPN	orange	625	1,6 V
GaAsPN	gelb	590	1,8 V
GaPN	grün	555	1,8 V
InGaN	blau	465	3 V
GaN/InGaN	weiß*	–	3,5 V

* entsteht durch additive Farbmischung von Rot, Grün und Blau

Datenblatt Leuchtdiode CQX35, **Seite 290**

Vorwiderstand und Aufbau von Leuchtdioden

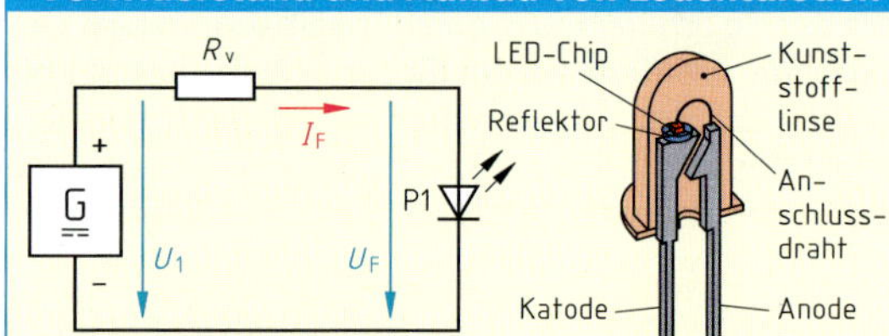

Bild 2: LED mit Vorwiderstand

R_v Vorwiderstand
U_1 Anschlussspannung
U_F Durchlassspannung
I_F Durchlassstrom

$$R_v = \frac{U_1 - U_F}{I_F}$$

Rechenbeispiel, siehe Seite 46

Es gibt Standard-Leuchtdioden **(Bild 3),** Duo- und Blink-Leuchtdioden. Duo-LEDs enthalten zwei Dioden in einem Gehäuse. Zur Ziffern- oder Zahlendarstellung werden mehrere balkenförmige LEDs in Form einer 8

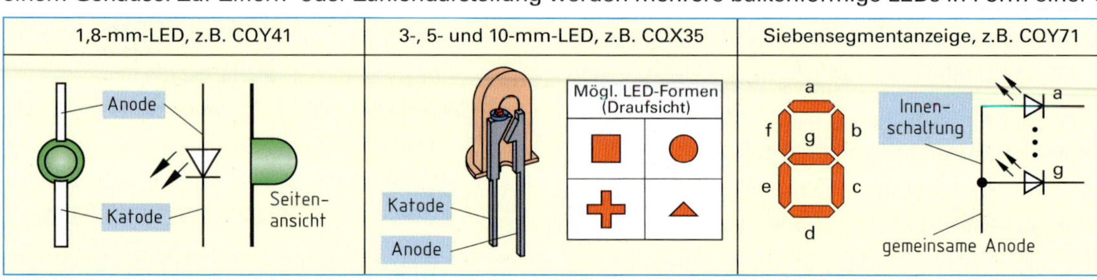

Bild 3: Bauarten von Leuchtdioden (Beispiele)

[1] LED, Abk. für: Light Emitting Diode (engl.) = Licht emittierende Diode; emittieren (lat.) = aussenden

angeordnet (Siebensegmentanzeige). Weitere Anzeigeformate haben z. B. 14 und 16 Segmente. Weiterhin gibt es z. B. LEDs in SMD-Ausführung **(Seite 266)**.

Anwendung. LEDs werden als Anzeigeelemente, z. B. in der Messtechnik, bei Kfz-Armaturen, für Beleuchtungen, in der Werbung **(Bild 1)** sowie bei Verkehrsampeln verwendet. In Taschenlampen verwendet man Power-LED mit Leistungen von 1 bis 2 W. Bündelt man z. B. weiße Leuchtdioden, so kann man diese wie eine Halogenleuchte verwenden. LEDs haben Vor- und Nachteile **(Übersicht)**.

LEDs an Wechselspannung. Werden Leuchtdioden mit Wechselspannung betrieben, darf die maximale LED-Sperrspannung (meist 5 V) nicht überschritten werden. Damit die Sperrspannung während der negativen Halbwelle begrenzt wird, schaltet man antiparallel zur LED P1 eine Diode R3 **(Bild 2)**. Dadurch wird die Sperrspannung an der LED auf etwa 0,7 V begrenzt.

Laserdioden 

Laserdioden **(Bild 3)**, auch Halbleiterlaser genannt, wandeln elektrische Energie in energiereiche Lichtstrahlung um. Eine Laserdiode besteht vor allem aus einem Halbleiterkristall, z. B. Galliumarsenid, mit PN-Übergang, der in Durchlassrichtung betrieben wird. Für die Laseraktivität ist wichtig, dass die Grenzschicht im Inneren des Laserchips als optischer Resonator ausgebildet ist, bei dem die Laserstrahlung hin und her reflektiert wird.

Der aus der Laserdiode austretende Laserstrahl wird meist über optische Linsensysteme gebündelt (fokussiert). Je nach Wellenlänge des ausstrahlenden Laserstrahls hat er im sichtbaren Bereich eine bestimmte Farbe, z. B. bei 655 nm die Farbe Rot.

Laserdioden benötigen eine Spannung von ein bis zwei Volt bei einem Strom von etwa 50 mA. Da Laserdioden gegen Strom- und Spannungsüberlastungen empfindlich sind, wird im Betrieb zusätzlich zur Laserdiode eine Fotodiode **(Bild 3)** verwendet. Mithilfe der Fotodiode wird der Diodenstrom der Laserdiode kontrolliert. Bei der Laserdiode ist auf ausreichende Kühlung zu achten, da auf kleinstem Raum eine hohe Energiedichte durch die Laserstrahlung erreicht wird.

Laserdioden verwendet man z. B. in Laserdruckern, DVD-Laufwerken, Laserpointern und zur Längenmessung.

Durch die hohe Energiedichte können Laserstrahlen die Augen schädigen und die Haut verbrennen. Aus Sicherheitsgründen ist die Leistung der Laserstrahlung, z. B. bei Laserpointern, auf 1 mW begrenzt.

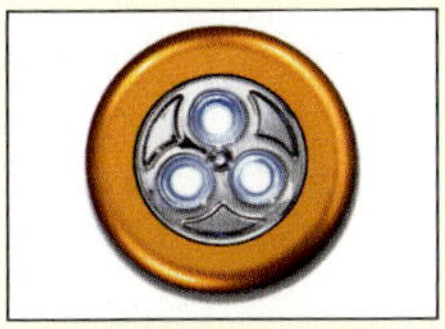

Batterieleuchte mit weißen LEDs bei einer Batterielebensdauer von etwa 100 h

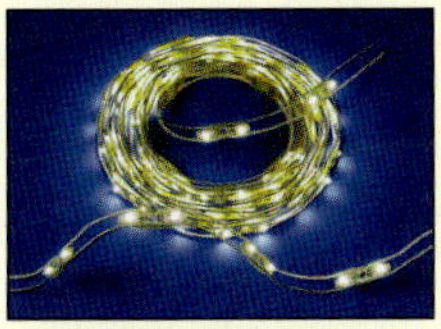

LED-Kette bis zu einer Länge von 9,6 m zur Lichtwerbung, z.B. Leuchtschriften bei Kaufhäusern

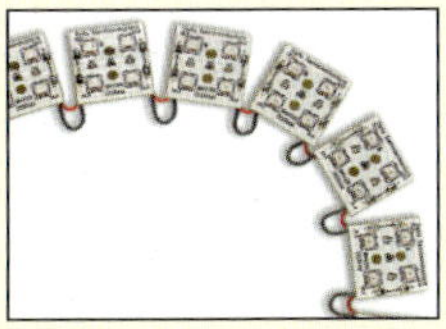

Formbares LED-Modul zur Verwendung in der Lichtwerbung bis zu einer Länge von 550 mm

Bild 1: Anwendungen von LEDs

Übersicht: Vor- und Nachteile von Leuchtdioden (Auswahl)

Vorteile:
- trägheitslos
- lange Lebensdauer (≈ 10 000 h)
- geringer Leistungsverbrauch
- alle Lichtfarben möglich
- Dimmbarkeit (0 ... 100 %)
- stoßfest
- niedrige Ausfallraten
- Betrieb an Kleinspannung
- keine UV- oder IR-Strahlung

Nachteile:
- geringe Lichtstärke
- nicht zur üblichen Raumbeleuchtung geeignet

Organische Leuchtdioden (OLED) bestehen aus halbleitenden Kunststoffen und werden zukünftig z. B. für Displays in mobilen Geräten verwendet.

www.ledinfo.de

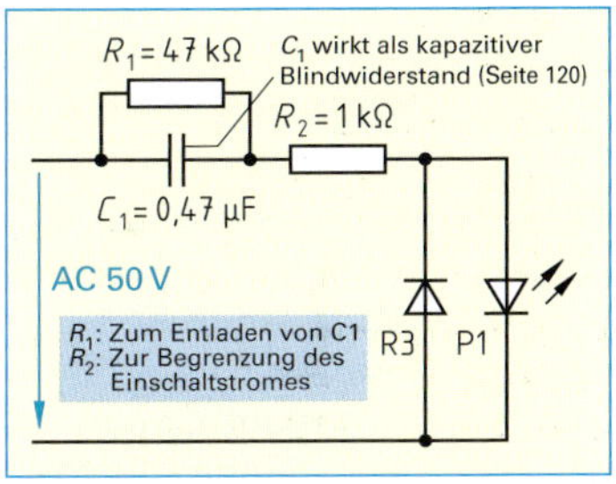

Bild 2: LED an Wechselspannung

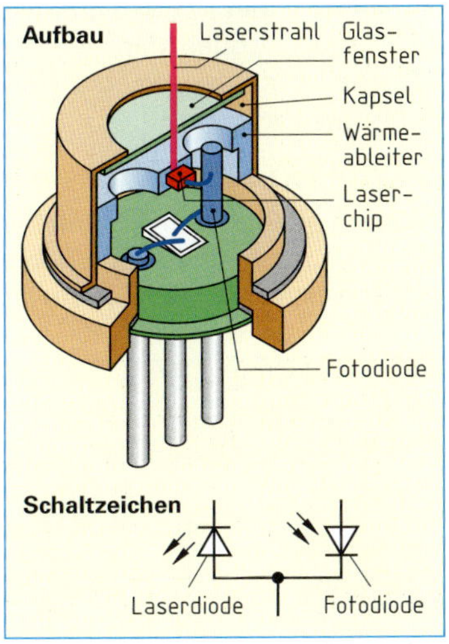

Bild 3: Laserdiode

9.6.2 Optoelektronische Empfänger (Detektoren)

Fotodioden

Fotodioden stellt man meist aus Silicium her. Im Betrieb wird die Fotodiode in Sperrrichtung geschaltet. Ohne Beleuchtung fließt nur ein sehr geringer **Dunkelstrom** (einige µA). Bei Beleuchtung fließt der **Hellstrom** (mehrere mA). Fotodioden verwendet man z. B. zur Lichtstärkemessung und für Lichtsensoren.

Fotowiderstände

Fotowiderstände **(Bild 1 und Bild 5)** ändern ihren Widerstand mit der Beleuchtungsstärke. Dazu wird der Halbleiterwerkstoff, z. B. Cadmiumsulfid (CdS), als dünne Schicht auf einen Träger, z. B. Glas, aufgedampft und in ein Gehäuse eingebaut. Fotowiderstände verwendet man z. B. als Lichtsensor in Dämmerungsschaltern **(Bild 1)**.

Beispiel:

Bestimmen Sie mithilfe des Kennlinienfeldes **(Bild 2)** die Spannung U_{B1} **(Bild 1)** im Leerlauf (ohne K1 und P1) bei $R_2 = 0\ \Omega$ und einer Beleuchtungsstärke von 1000 lx.

Lösung:

1. Arbeitsgerade für $R_1 = 6{,}8\ k\Omega$ bei $U_b = 24$ V einzeichnen
2. Schnittpunkt von Arbeitsgerade und 1000-lx-Gerade ergibt Arbeitspunkt **(Bild 2)** $\Rightarrow$ $\boldsymbol{U_{B1} = 9}$ **V** (Leerlauf)

Fotoelemente

Fotoelemente geben eine elektrische Spannung von etwa 0,4 V ab, wenn Licht auf sie fällt. Ein Fotoelement aus Germanium oder Silicium mit Metall-Halbleiter-Kontakt besteht aus einem flachen P-Leiter, auf den eine hauchdünne, durchsichtige Goldschicht aufgedampft ist. Der PN-Übergang zur Spannungsentnahme bildet sich dann zwischen Halbleiter und der Deckelektrode. Man verwendet Fotoelemente z. B. zur Lichtmessung, bei Lichtsteuerungen und Lichtregelungen.

Solarzellen

Solarzellen **(Bild 3)** sind Halbleiterbauelemente, vergleichbar mit Fotoelementen, die Lichtstrahlung direkt in elektrische Energie umwandeln.

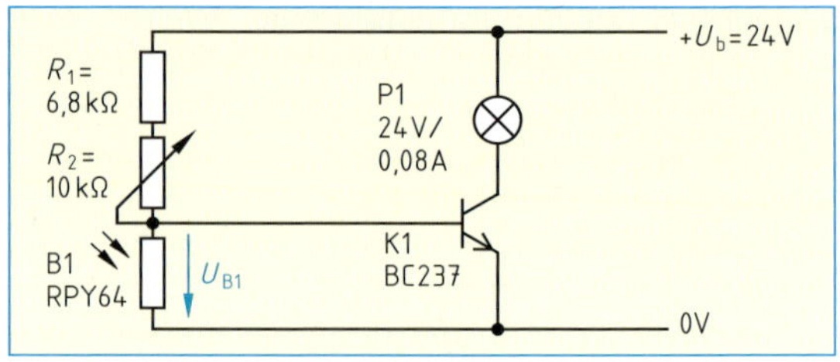

Bild 1: Einfacher Dämmerungsschalter

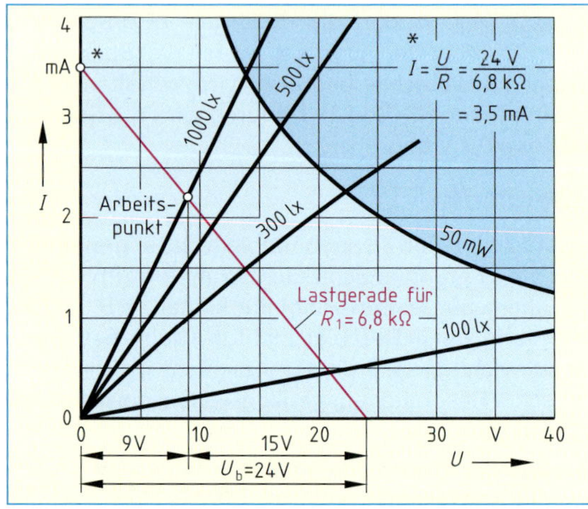

Bild 2: Kennlinienfeld des Fotowiderstandes RPY64

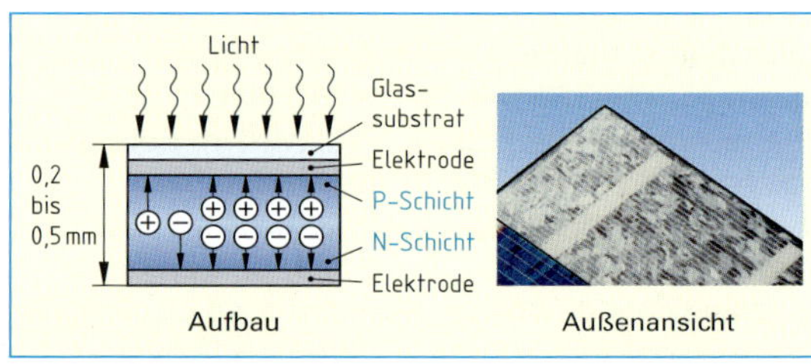

Bild 3: Solarzellen

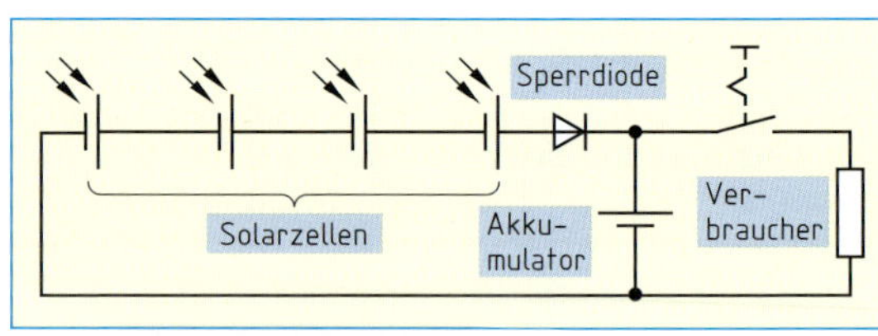

Bild 4: Solarzellen mit Akkumulator

Aufbau	Schaltzeichen und Anwendung	Elektrische Daten (Beispiel: RPY 64)
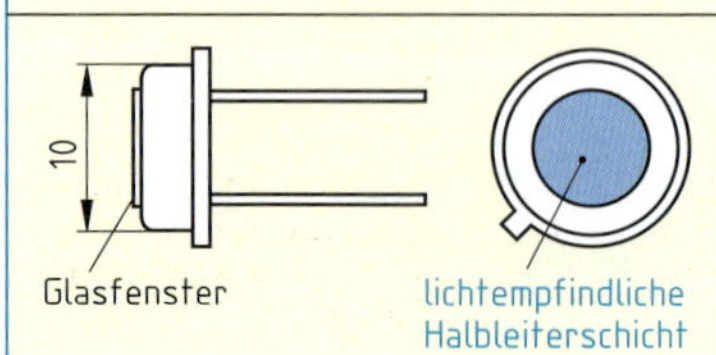	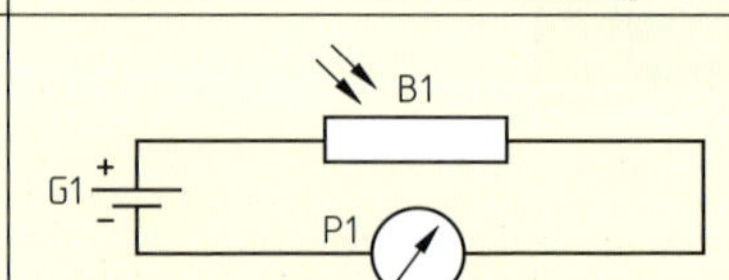 Prinzipschaltung: Belichtungsmesser	**Grenzwerte:** Verlustleistung $P_{tot} = 50$ mW Grenzspannung $U_G = 50$ V **Kennwerte:** Dunkelwiderstand $R_d \geq 100$ MΩ Hellwiderstand $R_h < 3$ kΩ

Bild 5: Fotowiderstand

Solarzellen bestehen aus weniger als einen Millimeter dünnen Halbleiterplättchen aus Silicium. Die Oberfläche der Solarzelle wird durch ein Glas-Substrat vor Umwelteinflüssen geschützt. Zwischen der Ober- und der Unterseite der Solarzelle, den Elektroden, kann eine Gleichspannung entnommen werden. Allerdings können Solarzellen nur einen geringen Teil des einfallenden Lichtes (etwa 17 %) in elektrische Energie umwandeln.

Anwendung von Solarzellen. Spannungserzeugung mit Solarzellen **(Bild 4, Seite 164)** erfolgt für viele Anwendungen, vom Solar-Taschenrechner bis zur Energieversorgung im Kilowattbereich (Fotovoltaikanlagen). Die elektrische Leistung wird von den Abmessungen, dem Wirkungsgrad der Solarzelle und von der Sonneneinstrahlung bestimmt. Beträgt die Fläche der Solarzelle z.B. 100 cm², so kann bei voller Sonneneinstrahlung eine Leistung von 1,7 W, eine Spannung von etwa 0,5 V und ein Strom von 3 A entnommen werden. Höhere Spannungen erhält man durch Reihenschaltung, größere Ströme durch Parallelschaltung einzelner Solarzellen.

Fototransistoren 

Fototransistoren sind Siliciumtransistoren mit einer Lichteintrittsöffnung von einigen mm². Das Licht beeinflusst die Basis-Kollektor-Strecke **(Tabelle 1).** In der Wirkungsweise entspricht ein Fototransistor einer Fotodiode mit einem eingebauten Verstärker. Der Fototransistor weist eine 100- bis 500-mal größere Lichtempfindlichkeit auf als eine vergleichbare Fotodiode.

Tabelle 1: Fototransistor

Aufbau

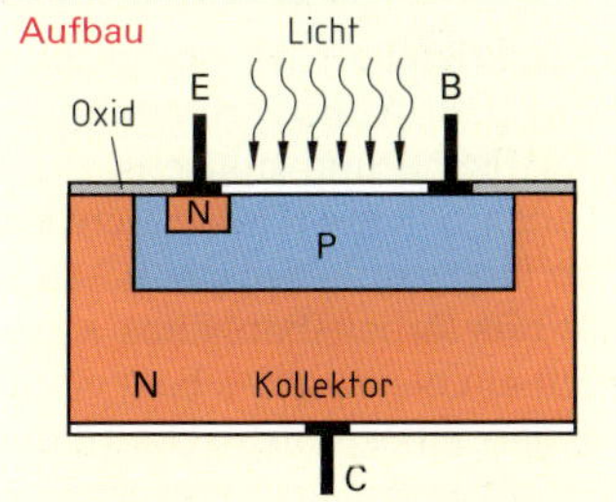

Schaltzeichen und Anschluss

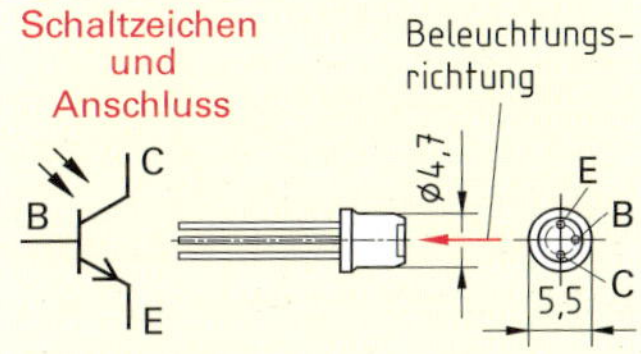

Elektrische Daten (BPX 62)

Grenzwerte:

Spannung	$U_{CE0} = 32$ V
Verlustleistung	$P_{tot} = 0{,}25$ W
Kollektorstrom	$I_{Cmax} = 25$ mA

Kennwerte:

Fotostrom (bei 1000 lx)	$I_p = 1{,}2$ bis 10 mA
Dunkelstrom	$I_d = 5$ nA

Ohne Lichteinfall verhält sich ein Fototransistor wie ein üblicher Transistor. Es fließt nur ein kleiner Kollektor-Emitter-Reststrom (einige nA). Fällt Licht durch die Lichteintrittsöffnung, so werden im PN-Übergang Ladungsträger freigesetzt, wodurch die Leitfähigkeit der Kollektor-Emitter-Strecke steigt. Der Fototransistor leitet besser.

Eine hohe Empfindlichkeit erreicht man bei Betrieb mit offener Basis. Deshalb gibt es auch Fototransistoren ohne Basisanschluss.

Schaltungsbeispiele optoelektronischer Empfänger mit Fototransistoren

Bei optoelektronischen Empfängern werden Änderungen von sichtbarem Licht oder unsichtbarer Strahlung, z.B. IR-Strahlung, in ein elektrisches Signal umgewandelt und dann verstärkt.

Optoelektronische Empfänger bestehen im Prinzip aus einem optoelektronischen Bauelement und einer Verstärkerschaltung, z.B. mit einem Transistor **(Tabelle 2).**

Tabelle 2: Optoelektronische Empfänger (Prinzipschaltungen)

Schaltung	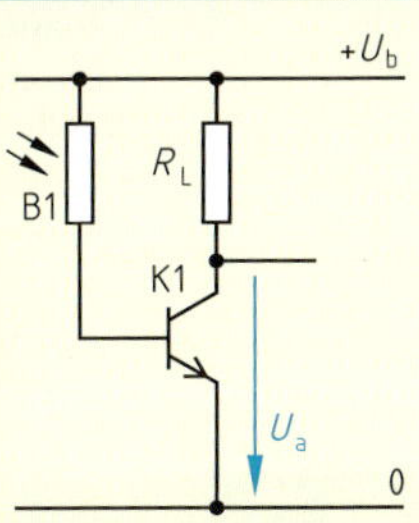	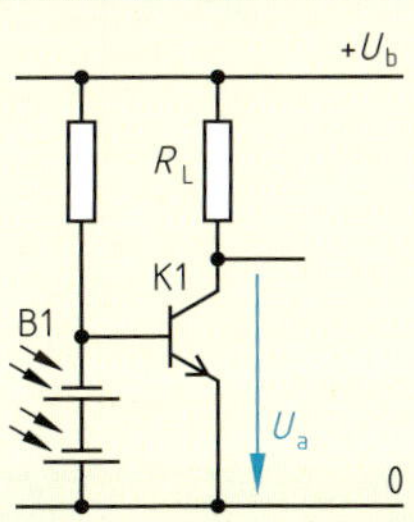	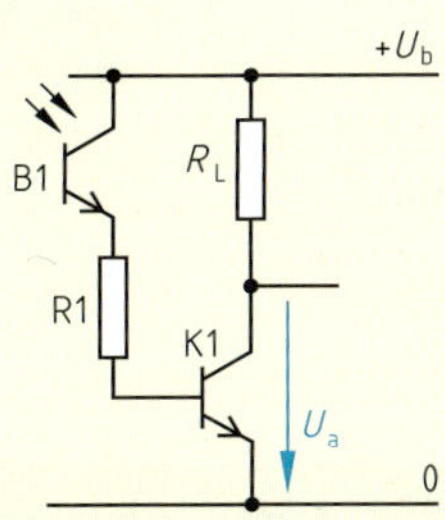	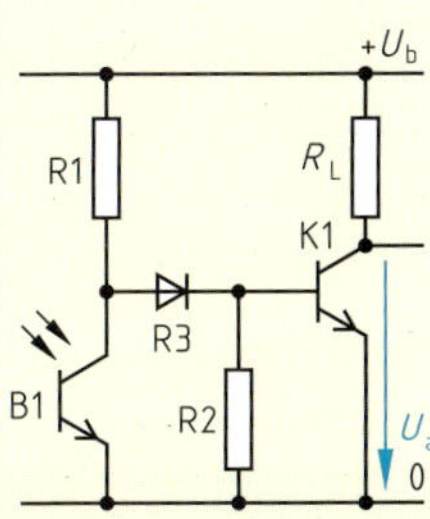
Funktion	Bei Lichteinfall leiten der Fotowiderstand B1 und der Transistor K1 mehr; U_a wird kleiner.	Bei Lichteinfall entsteht am Fotoelement B1 eine Spannung. Der Transistor K1 leitet weniger. U_a wird größer.	Bei Lichteinfall werden der Fototransistor B1 und der Transistor K1 leitend; U_a wird kleiner.	Bei Lichteinfall leitet der Fototransistor B1, der Transistor K1 dagegen nicht; U_a wird größer.

9.6.3 Flüssigkristallanzeigen (LCD[1])

Flüssigkristalle sind organisch-chemische Flüssigkeiten, z.B. Azoxyverbindungen. Diese haben eine dielektrische und optische Richtungsabhängigkeit, die andere Flüssigkeiten nicht haben. Der Arbeitsbereich liegt dabei zwischen –15 °C und 65 °C. Innerhalb des Arbeitsbereiches kann der Kristallaufbau durch ein elektrisches Feld verändert werden. Beim Anlegen eines elektrischen Feldes richten sich die Flüssigkristalle aus und zeigen in Abhängigkeit von der Elektrodenform das erwünschte Bild.

Flüssigkristallanzeigen sind passive Anzeigen, die kein Licht ausstrahlen. Zur Anzeige ist z.B. eine Hintergrundbeleuchtung notwendig.

Aufbau und Verwendung. Bei Flüssigkristall-Anzeigen befindet sich zwischen zwei parallelen Glasplatten eine etwa 10 µm dünne Flüssigkristallschicht **(Bild 1).** Die eine Glasplatte hat die Elektrodenform des gewünschten Bildelementes, z.B. eine Ziffer, ein Buchstabe oder ein Symbol, während auf der anderen gegenüberliegenden Glasplatte sich die gemeinsame Elektrode befindet. Beide Glasplatten haben Elektroden, an die eine Spannung angelegt wird. Flüssigkristallanzeigen werden grundsätzlich mit Wechselspannung betrieben, Gleichspannungen zersetzen die Flüssigkristalle. Flüssigkristallanzeigen benötigen kaum elektrische Energie zur Anzeige, da zum Betreiben lediglich ein elektrisches Feld benötigt wird.

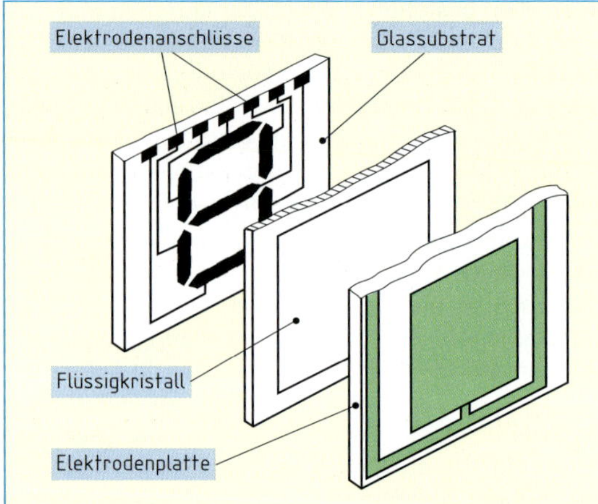

Ansprechspannung:	1 V	bis	40 V
Leistungsaufnahme:	1 µW	bis	1000 µW
Stromaufnahme je cm²:	1 µA	bis	10 µA
Steuerfrequenz:	30 Hz	bis	1,5 kHz
Schaltzeiten:	100 ms	bis	500 ms

Bild 1: Aufbau und Kennwerte von Flüssigkristallanzeigen

9.6.4 Optokoppler

Optokoppler **(Bild 2)** ermöglichen die Übertragung von Signalen zwischen zwei galvanisch getrennten Stromkreisen. Dadurch hat der Laststromkreis keine Rückwirkung auf den Steuerkreis und umgekehrt. Im Inneren des Optokopplers befinden sich eine Leuchtdiode als Sender und z.B. ein Fototransistor als Empfänger. Sender und Empfänger sind lichtdicht nach außen abgeschirmt **(Bild 2b).** Der Optokoppler überträgt Informationen durch Lichtstrahlung von der Leuchtdiode zum Fototransistor **(Bild 2c).**

Bei Optokopplern sind Grenz- und Kenndaten zu beachten **(Bild 2d).** Die **Isolationsprüfspannung** ist die maximal zulässige Spannung, die zwischen dem Ein- und Ausgang des Optokopplers kurzzeitig anliegen darf. Das **Stromübertragungsverhältnis *B*** gibt das Verhältnis von Kollektorausgangsstrom I_C zu Diodeneingangsstrom I_F an. Optokoppler verwendet man z.B. in der Automatisierungstechnik, im **elektronischen Lastrelais (ELR)** und zur Potenzialtrennung bei speicherprogrammierten Steuerungen (SPS).

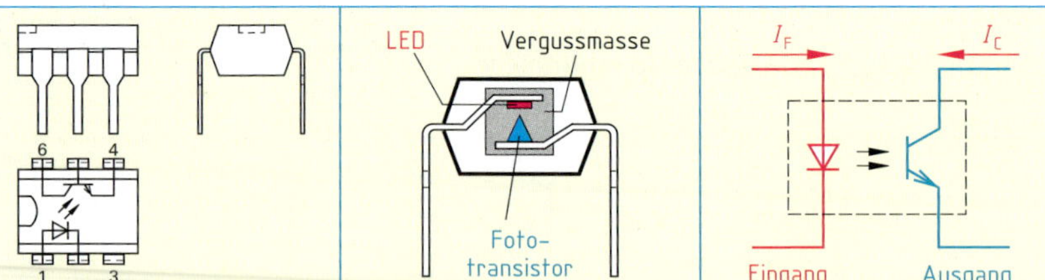

a) Gehäuse b) Aufbau c) Anschluss

- Isolationsprüfspannung 2,5 kV
- Stromübertragungsverhältnis 25 bis 50
- Schaltzeit 3 µs
- Koppelkapazität 1 pF

d) Daten (Beispiele)

Bild 2: Optokoppler

Wiederholungsfragen

1 **In welche Bereiche teilt man optoelektronische Bauelemente ein?**
2 **Zählen Sie Vor- und Nachteile von Leuchtdioden auf.**
3 **Die LED CQX35 (Seite 290) soll an 24 V angeschlossen werden. Berechnen Sie den Vorwiderstand und dessen Leistung bei I_F = 30 mA.**
4 **Warum ist die Leistung eines Laserpointers begrenzt?**
5 **Entwerfen Sie mithilfe eines Fotowiderstandes eine Schaltung, die eine Leuchte über einen Transistor einschaltet, wenn eine bestimmte Lichtstärke unterschritten wird.**

[1] LCD, Abk. von **L**iquid **C**rystal **D**isplay (engl.) = Flüssigkristallanzeige

9.7 Kühlung von Halbleiterbauelementen

Halbleiterbauelemente haben eine Temperaturgrenze, die nicht überschritten werden darf. Die Sperrschicht des Halbleiterkristalls darf höchstens die maximal zulässige Temperatur erreichen. Wird die maximale **Sperrschichttemperatur** überschritten, zerstört die Wärme die Sperrschicht und damit das gesamte Halbleiterbauelement.

Die zulässige Sperrschichttemperatur beträgt bei Silicium etwa 150 °C und bei Germanium etwa 75 °C.

Die maximale Sperrschichttemperatur lässt sich ohne zusätzliche Kühlung nur bei geringen Leistungen einhalten. Bei höheren Leistungsanforderungen müssen Halbleiterbauelemente, z. B. Thyristoren oder Leistungstransistoren, zusätzlich mit wärmeableitenden Kühlkörpern versehen werden **(Bild 1)**.

Beim Betrieb von Halbleiterbauelementen auf Kühlkörpern ist an jeder Übergangsstelle ein **thermischer Widerstand** vorhanden **(Bild 2)**, beginnend bei der Wärmeerzeugung in der Sperrschicht bis zur Wärmeabgabe an die Umgebung. Der innere thermische Widerstand tritt im Inneren beim Übergang der Wärmeenergie von der Sperrschicht zum Gehäuse, der thermische Übergangswiderstand zwischen Gehäuse und Kühlkörper und der thermische Kühlkörperwiderstand zwischen Kühlkörper und Kühlmittel (meist Luft) auf. Um den thermischen Übergangswiderstand möglichst klein zu halten, verwendet man **Wärmeleitpaste.** Bei notwendiger elektrischer Isolation zwischen Bauelement und Kühlkörper werden wärmeleitende Isolierscheiben benötigt **(Bild 3)**.

Der gesamte thermische Widerstand R_{th} ist gleich der Summe der einzelnen thermischen Widerstände $R_{th} = R_{thG} + R_{thÜ} + R_{thK}$. Da der innere thermische Widerstand durch das Halbleiterbauelement festgelegt ist, lassen sich nur der thermische Widerstand zwischen Gehäuse und Kühlkörper und der thermische Widerstand des Kühlkörpers beeinflussen. Er ist von der Verlustleistung des Halbleiters, von Form, Größe, Material, Oberflächenbeschaffenheit und Einbaulage abhängig. Zur Auswahl eines geeigneten Kühlkörpers ist neben der Gehäusebauform und dem zur Verfügung stehenden Platz sein thermischer Widerstand zu berücksichtigen. Für die Berechnung des notwendigen thermischen Widerstandes des Kühlkörpers sind Angaben des Halbleiterherstellers zu ϑ_j, R_{thG} und P_v notwendig.

Für jeden Anwendungsfall ist der thermische Widerstand des Kühlkörpers so auszulegen, dass die Sperrschichttemperatur des Halbleiterbauelementes nicht überschritten wird.

Beispiel:

Es ist der thermische Widerstand eines Kühlkörpers für den Betrieb mit einem Leistungstransistor zu berechnen. Die maximale Sperrschichttemperatur ϑ_j[1] beträgt 150 °C, der innere thermische Widerstand R_{thG} = 1,5 K/W, der thermische Widerstand $R_{thÜ}$ = 0,2 K/W und die Verlustleistung P_V = 30 W. Welchen thermischen Widerstand muss der Kühlkörper mindestens haben, wenn der Leistungstransistor bei einer Umgebungstemperatur ϑ_U von 45 °C betrieben wird?

Lösung:

$$\boldsymbol{R_{thK}} \le \frac{\vartheta_j - \vartheta_U}{P_V} - R_{thG} - R_{thÜ} = \frac{150\ °C - 45\ °C}{30\ W} - 1{,}5\ K/W - 0{,}2\ K/W =$$

$$= 3{,}5\ K/W - 1{,}5\ K/W - 0{,}2\ K/W = \mathbf{1{,}8\ K/W}$$

[1] Index j von junction (engl.) = Verbindung, Sperrschicht

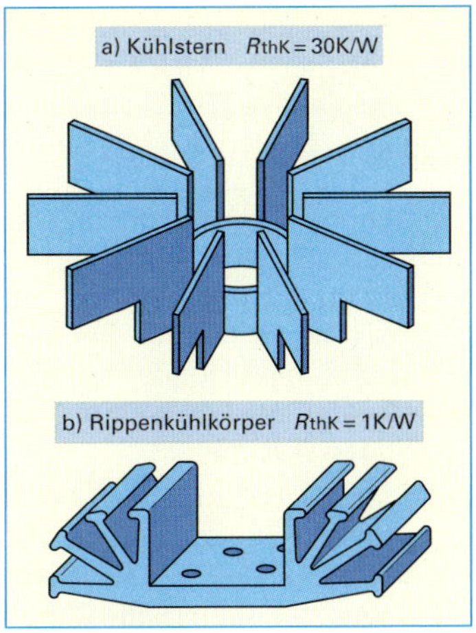

Bild 1: Kühlkörper

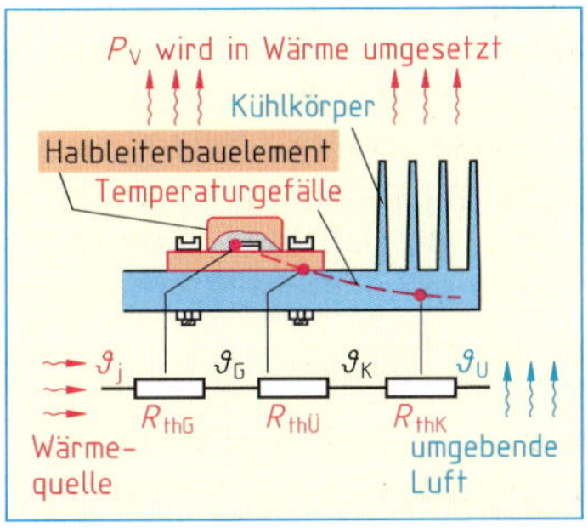

Bild 2: Thermische Widerstände

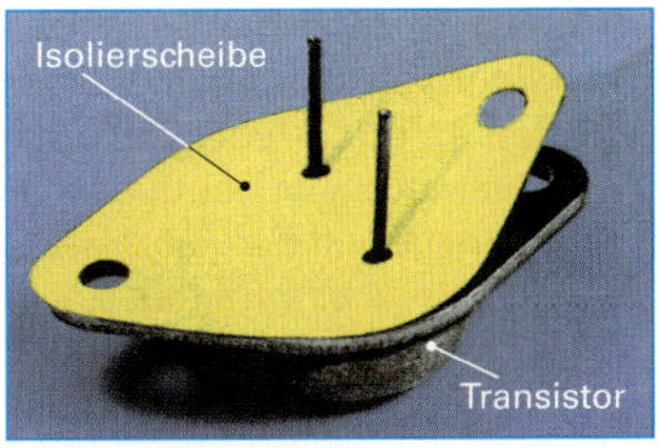

Bild 3: Isolierscheibe

Therm. Kühlkörper-Widerstand

$$R_{thK} \le \frac{\vartheta_j - \vartheta_U}{P_V} - R_{thG} - R_{thÜ}$$

R_{thK}	thermischer Widerstand des Kühlkörpers
R_{thG}	innerer thermischer Widerstand des Halbleiters
$R_{thÜ}$	thermischer Widerstand zwischen Gehäuse und Kühlkörper
ϑ_j	Sperrschichttemperatur
ϑ_U	Umgebungstemperatur
P_V	Verlustleistung

9.8 Integrierte Schaltungen

Integrierte Schaltungen (IC[1]) sind vollständige Funktionseinheiten mit kleinen Abmessungen, in denen sehr viele **aktive** (Transistoren) und **passive** Schaltelemente (Dioden, Kondensatoren, Widerstände) – hier zusammenfassend Funktionselemente genannt – untrennbar voneinander in einem Halbleiterkristall untergebracht sind. Heute verwendet man fast ausschließlich die monolithisch[2] integrierten Schaltungen **(Bild 1)**, die auf einem einzigen Halbleiterplättchen (Chip[3]) Hunderte, oft Tausende von Funktionselementen auf wenigen Quadratmillimetern vereinigen **(Tabelle)**.

Integrierte Schaltungen verwendet man z. B. für
- digitale Schaltungen **(Seite 172)**,
- Analog-Digital-Umsetzer **(Seite 138)**,
- Mikroprozessoren **(Seite 229)**,
- Thyristorsteuerungen.

Aufbau. Auf einer dünnen Silicium-Scheibe von beispielsweise 0,5 mm Dicke mit z. B. 3 Zoll Durchmesser (≈ 76 mm) fertigt man gleichzeitig viele gleichartige Schaltungen **(Bild 2)**. Nach Prüfung der Einzelschaltungen zerlegt man die Scheibe in einzelne Chips und klebt sie auf einen Träger. Dünne Golddrähte verbinden die Chip-Kontaktstellen mit den Anschlussfahnen.

Die dünnen Siliciumscheiben (Wafer[4]) schneidet man aus dem vollen Material, einem Einkristall. Fotolack kommt auf die oxidierte Scheibe, die dann durch Fotomasken mit ultraviolettem Licht belichtet wird. Nach chemischem Ätzen der belichteten Stellen dotiert man den Halbleiter durch **Diffusion** mit Fremdatomen oder durch Beschuss mit den entsprechenden Ionen im Vakuum (Implantation[5]). Die **Ionenimplantation** ist heute das wichtigste Dotierverfahren, um gezielt die Leitungsart an einer Stelle des Halbleiterchips zu verändern.

Funktionselemente. Als aktive Funktionselemente verwendet man vielfach Verarmungstypen der MOSFET, weil diese Transistoren niedrigere Schwellspannungen als die Anreicherungstypen haben (etwa 1,5 V gegenüber 4 V) und nur eine kleinere Versorgungsspannung (zwischen 8 V und 15 V) benötigen.

Zur Verbindung der Funktionselemente untereinander und als Gate-Metall dampft man im Vakuum Aluminium auf und ätzt danach die überschüssigen Metallflächen weg.

Schutz. Eine dicke Siliciumdioxidschicht schützt schließlich die IC-Oberfläche vor Verunreinigungen. Außerdem umpresst man den mit den Anschlüssen verbundenen Chip mit quarzhaltigem Epoxidharz. Ein dicht geschlossenes Gehäuse schützt vor mechanischen und chemischen Einflüssen.

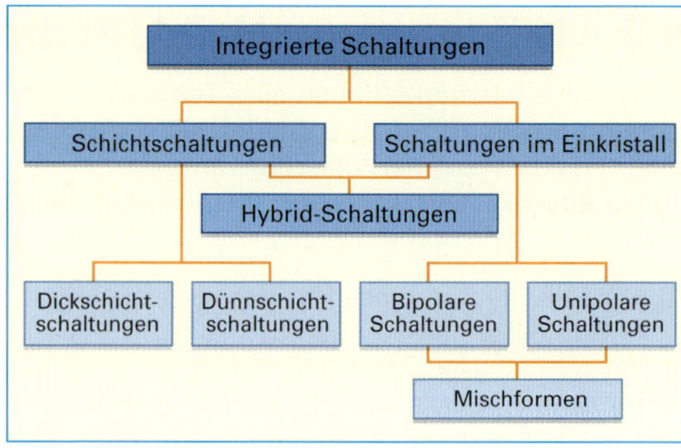

Bild 1: Techniken für integrierte Schaltungen

Tabelle: Integrationsgrade bei integrierten Schaltungen

Integrationsgrad		Durchschnittliche Anzahl der Funktionselemente je Chip
SSI	**S**mall-**S**cale-**I**ntegration (Kleinintegration)	bis 100
MSI	**M**edium-**S**cale-**I**ntegration (Mittlere Integration)	bis 1 000
LSI	**L**arge-**S**cale-**I**ntegration (Großintegration)	bis 100 000
VLSI	**V**ery-**L**arge-**S**cale-**I**ntegration (Größtintegration)	bis 1 000 000
ULSI	**U**ltra-**L**arge-**S**cale **I**ntegration (Extreme Größtintegration)	über 1 000 000

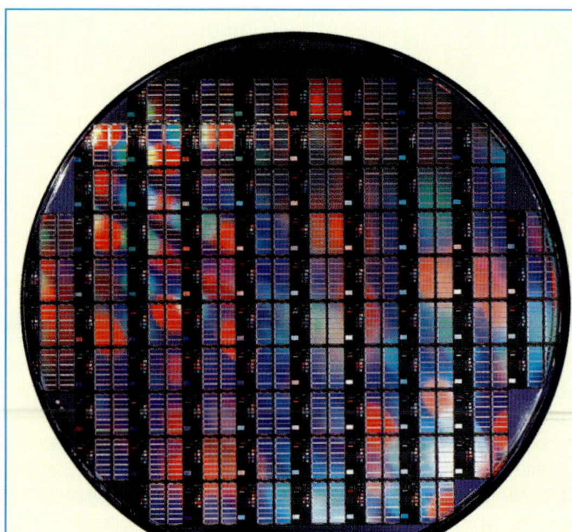

Bild 2: Siliciumscheibe mit integrierten Schaltungen

[1] **I**ntegrated **C**ircuit (engl.) = integrierter Schaltkreis
[2] monolithisch = ein einziger Kristall
[3] Chip (engl.) = Span, Plättchen
[4] wafer (engl.) = Scheibe
[5] implantieren = einpflanzen

Beispiele für häufige Gehäuseformen:

- Dual-in-line-Gehäuse[1] **(Bild 1a)**
- TO-Gehäuse[2] **(Bild 1b)**

Die Struktur und Gestaltung der Chip-Oberfläche ist bei den integrierten Schaltungen nur noch unter dem Mikroskop zu erkennen **(Bild 2)**.

Die einzelnen Funktionselemente im IC **(Bild 2)** entstehen durch Fototechnik und unterschiedliches Dotieren an den verschiedenen Stellen der Chip-Oberfläche. Isolierende SiO_2-Schichten erlauben Leitungskreuzungen **(Bild 3a)**. Widerstände bestehen z. B. aus einer P-dotierten Bahn im N-leitenden Halbleiterkristall **(Bild 3g)**. Den spezifischen Widerstand und die Bahntiefe legt das Dotierverfahren fest.

Kondensatoren hoher Kapazität baut man als gepolte Kondensatoren **(Bild 3b)**, wobei man die Sperrschichtkapazität eines PN-Übergangs nutzt. Die SiO_2-Schicht der Kristalloberfläche bildet das Dielektrikum bei ungepolten Kondensatoren **(Bild 3c)** geringerer Kapazität.

Mit der integrierten Technik lassen sich Dioden **(Bild 3d)** herstellen, auch Sonderformen wie z. B. Z-Dioden.

Bipolare Transistoren **(Bild 3e)** können sowohl als NPN- wie auch als PNP-Transistoren gefertigt werden. MOS-FET **(Bild 3f)** sind von besonderer Bedeutung für integrierte Schaltungen. Sie brauchen nicht unbedingt gegeneinander isoliert zu sein. Die Drain des ersten Transistors kann die Source des zweiten Transistors bilden. Dadurch erreicht man eine hohe Packungsdichte auf dem Chip.

Die einzelnen Funktionselemente liegen neben- und untereinander auf dem Chip **(Bild 3g)**, starr miteinander verbunden. Reparaturen sind auf einem Chip nicht möglich. Die elektrischen Ströme fließen dicht unter der Chip-Oberfläche, also praktisch in einer Ebene.

Wiederholungsfragen

1. **Was versteht man unter a) aktiven und b) passiven elektronischen Schalt- oder Bauelementen?**
2. **Nennen Sie zwei Dotierungsverfahren für integrierte Schaltungen.**
3. **Weshalb bevorzugt man MOS-FET als Transistoren für integrierte Schaltungen?**
4. **Auf welche Weise sind die Funktionselemente einer integrierten Schaltung miteinander verbunden?**
5. **Wie baut man in einem IC Leitungskreuzungen?**
6. **Wie stellt man in integrierten Schaltungen Widerstände her?**
7. **Wie erzeugt man in ICs Kondensatoren a) kleiner und b) größerer Kapazität?**
8. **Welchen Vorteil hat die Ionenimplantation?**

[1] Dual-In-Line (engl.) = zwei Anschlussreihen
[2] TO: von **T**ransistor-**O**utlines

Beispiele integrierter Schaltungen

- Operationsverstärker
- Logische Verknüpfungen (Seite 172)
- Kippschaltungen (Seite 180)
- Spannungsregler

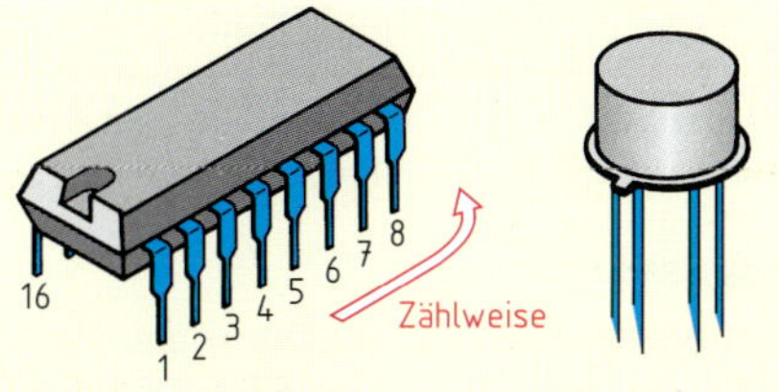

a) Dual-in-Line-Gehäuse **b)** TO-Gehäuse

Bild 1: Gehäuse integrierter Schaltungen

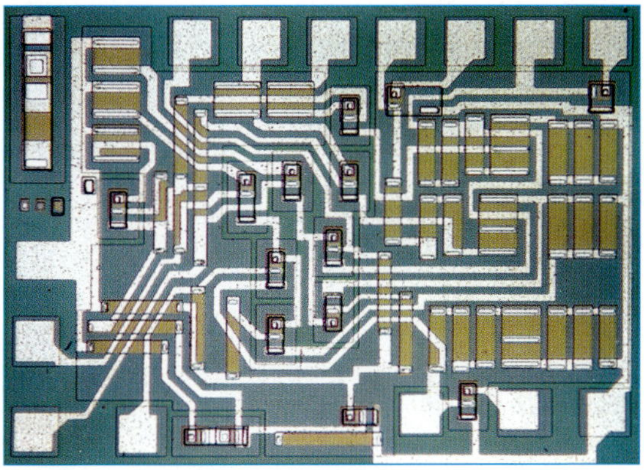

Bild 2: Vergrößerung einer IC-Oberfläche

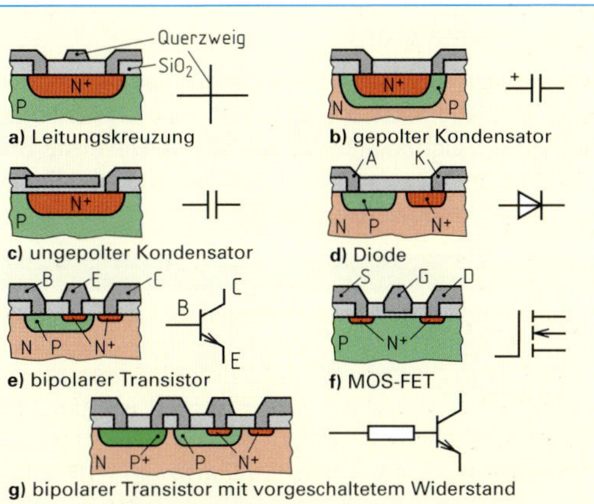

a) Leitungskreuzung **b)** gepolter Kondensator **c)** ungepolter Kondensator **d)** Diode **e)** bipolarer Transistor **f)** MOS-FET **g)** bipolarer Transistor mit vorgeschaltetem Widerstand

Bild 3: Grundstrukturen in integrierten Schaltungen

9.9 Digitaltechnik

9.9.1 Zahlensysteme

Zur Darstellung von Zahlen verwendet man Ziffern und Zahlenzeichen. Die Anzahl der Ziffern innerhalb eines Zahlensystems bezeichnet man als **Basis** ***B*** des Zahlensystems **(Tabelle 1)**.

Die Basis *B* des Zahlensystems gibt die Anzahl der verwendeten Ziffern im Zahlensystem an.

Der **Potenzwert** einer Ziffer ist das Produkt aus der Ziffer und dem zugehörigen Stellenwert **(Tabelle 2 und 3)**.

Dezimalsystem

Das allgemein verwendete Dezimalsystem hat die Basis $B = 10$ und enthält die Ziffern 0 bis 9 **(Tabelle 2)**. Die erste Stelle links vom Komma hat deshalb den Stellenwert $10^0 = 1$, die zweite Stelle den Stellenwert $10^1 = 10$ usw.

Beispiel 1:

Welche Stellenwerte und Potenzwerte haben die Ziffern der Dezimalzahl 154,7?

Lösung:

				Komma
154,7	100	+ 50	+ 4	+ 0,7
Stelle:	3	2	1	1
Stellenwert:	$10^2 = 100$	$10^1 = 10$	$10^0 = 1$	$10^{-1} = 0{,}1$
Potenzwert:	$1 \cdot 100$	$5 \cdot 10$	$4 \cdot 1$	$7 \cdot 0{,}1$

Dualsystem

Das duale Zahlensystem **(Tabelle 3)** hat Potenzen der Basis $B = 2$. Der kleinste Stellenwert für ganze Zahlen ist $2^0 = 1$ **(Tabelle 3)**.

Das duale Zahlensystem eignet sich zur Darstellung binärer, physikalischer Zustände, z. B. Spannung vorhanden = 1 oder keine Spannung = 0. Die Binärzeichen 0 oder 1 bezeichnet man als Bit[1].

Sedezimalsystem

Das Sedezimalsystem (Hexadezimalsystem) mit der Basis $B = 16$ enthält die Ziffern 0 bis 9 und zusätzlich die Zahlenzeichen A bis F **(Tabelle 4)**. Die erste Stelle hat den Stellenwert $16^0 = 1$, die zweite den Stellenwert $16^1 = 16$ usw. **(Beispiel 2)**:

Beispiel 2:

Welche Stellenwerte und Potenzwerte haben die Ziffern der Sedezimalzahl 2AF?

Lösung:

Sedezimalzahl:	**2**	**A**	**F**
Stellenwert:	$16^2 = 256$	$16^1 = 16$	$16^0 = 1$
Potenzwert:	$2 \cdot 16^2 = 512$	$10 \cdot 16^1 = 160$	$15 \cdot 16^0 = 15$

[1] Bit: Kunstwort von engl. binary digit = Binärzeichen

Tabelle 1: Zahlensysteme (Übersicht)

System	Basis *B*	Ziffern
Dual	2	0, 1
Oktal	8	0, 1, 2, 3, 4, 5, 6, 7
Dezimal	10	0, 1, 2, 3, 4, 5, 6, 7, 8, 9
Sedezimal	16	0, 1, 2, ..., 9, A, B, C, D, E, F

Tabelle 2: Aufbau der Dezimalzahl

Beispiel	3	8	5	2 ,	2	5
Benennung	Tausender	Hunderter	Zehner	Einer	Zehntel	Hundertstel
Stelle	4	3	2	1	1	2
Stellenwert	$10^3 = 1000$	$10^2 = 100$	$10^1 = 10$	$10^0 = 1$	$10^{-1} = 0{,}1$	$10^{-2} = 0{,}01$
Potenzwert	$3 \cdot 10^3$	$8 \cdot 10^2$	$5 \cdot 10^1$	$2 \cdot 10^0$	$2 \cdot 10^{-1}$	$3 \cdot 10^{-2}$

Tabelle 3: Aufbau der Dualzahl

Beispiel	1	0	1	1 ,	0	1
Benennung	Achter	Vierer	Zweier	Einer	Halbe	Viertel
Stelle	4	3	2	1	1	2
Stellenwert	$2^3 = 8$	$2^2 = 4$	$2^1 = 2$	$2^0 = 1$	$2^{-1} = \frac{1}{2}$	$2^{-2} = \frac{1}{4}$
Potenzwert	$1 \cdot 2^3$	$0 \cdot 2^2$	$1 \cdot 2^1$	$1 \cdot 2^0$	$0 \cdot 2^{-1}$	$1 \cdot 2^{-2}$

Das Dualsystem enthält nur die Ziffern 0 und 1 und hat damit die Basis $B = 2$.

Tabelle 4: Vergleich von Zahlensystemen

Dezimal		Dual					Sedezimal	
10^1	10^0	2^4	2^3	2^2	2^1	2^0	16^1	16^0
	0					0		0
	1					1		1
	2				1	0		2
	3				1	1		3
	4			1	0	0		4
	5			1	0	1		5
	6			1	1	0		6
	7			1	1	1		7
	8		1	0	0	0		8
	9		1	0	0	1		9
1	0		1	0	1	0		A
1	1		1	0	1	1		B
1	2		1	1	0	0		C
1	3		1	1	0	1		D
1	4		1	1	1	0		E
1	5		1	1	1	1		F
1	6	1	0	0	0	0	1	0

Das Sedezimalsystem erlaubt eine gekürzte Darstellung von Dualzahlen. Die Dualzahl wird dazu von rechts beginnend in Vierergruppen (Tetraden) unterteilt. Vierergruppen mit dem dezimalen Wert 0 bis 9 werden durch die entsprechende Dezimalzahl, Tetraden mit dem Wert 1010 (10) bis 1111 (15) durch die zusätzlichen Zahlenzeichen A bis F dargestellt **(Tabelle 4, Seite 170)**.

9.9.1.1 Umwandlung von Zahlensystemen

Zur Umwandlung von Zahlen beliebiger Zahlensysteme in Dezimalzahlen, z. B. von Dualzahlen in Dezimalzahlen, kann man das **Potenzwert-Verfahren (Beispiel 1)** anwenden. Dabei ermittelt und addiert man alle Potenzwerte der Zahl. Das Ergebnis der Addition ist die gesuchte Dezimalzahl.

Zum Umwandeln von Dezimalzahlen in Zahlen eines anderen Zahlensystems, z. B. in eine Dualzahl, eignet sich das **Resteverfahren (Beispiel 2)**. Dabei wird die Dezimalzahl so oft durch die Basis des gewünschten Zahlensystems dividiert, z. B. durch 2 beim Dualsystem, durch 8 beim Oktalsystem oder durch 16 beim Sedezimalsystem, bis das Ergebnis der Division 0 ist. Die Reste beim Dividieren bilden das Ergebnis **(Beispiel 2)**.

Dualzahlen wandelt man in **Sedezimalzahlen**, indem man die Dualzahlen von rechts beginnend in Vierergruppen unterteilt **(Beispiel 3)**. Jede Vierergruppe wird dann durch die entsprechende Dezimalzahl ersetzt, für die Werte von 10 bis 15 verwendet man die Zahlenzeichen A bis F **(Tabelle 4, Seite 170)**.

9.9.1.2 BCD-Code

BCD-Codes[1] dienen der binär verschlüsselten Darstellungen von Dezimalzahlen **(Tabelle)**. Für jede Ziffer der Dezimalzahl ist dabei eine vierstellige Dualzahl (Tetrade) erforderlich. Die nicht benötigten Dualzahlen für die dezimalen Werte 10 bis 15 bezeichnet man als **Pseudotetraden**. Sie dürfen im BCD-Code nicht verwendet werden.

Für jede Ziffer der Dezimalzahl ist eine vierstellige Dualzahl (Tetrade) erforderlich **(Beispiel 4)**. BCD-codierte Zahlen wandelt man in Dezimalzahlen, indem man von rechts beginnend jede Vierergruppe der Dualzahl durch eine Dezimalziffer ersetzt **(Beispiel 5)**.

Wiederholungsfragen

1. **Welche Basis hat das a) Dezimalsystem, b) Dualsystem und c) das Sedezimalsystem?**
2. **Welches Zahlensystem eignet sich zur Darstellung binärer physikalischer Größen?**
3. **Wandeln Sie die Dezimalzahl 254 in eine Dualzahl um.**
4. **Wie viele Stellen sind erforderlich, um die Sedezimalzahl 2AF3 als Dualzahl anzugeben?**

[1] BCD, Abk. für: Binary Code Dezimal (engl.) = binär codiertes Dezimalsystem

Beispiel 1: Potenzwert-Verfahren

Wandeln Sie die Dualzahl 101011 in eine Dezimalzahl

Lösung:

Dualzahl:	1	0	1	0	1	1	
Stellenwert:	2^5	2^4	2^3	2^2	2^1	2^0	
Dezimalzahl:	32 +	0 +	8 +	0 +	2 +	1	= **43**

Beispiel 2: Resteverfahren

Wandeln Sie die Dezimalzahl 19 mit dem Resteverfahren in eine Dualzahl um.

Lösung:

19 : 2 = 9 Rest 1
9 : 2 = 4 Rest 1
4 : 2 = 2 Rest 0
2 : 2 = 1 Rest 0
1 : 2 = 0 Rest 1 → 1 0 0 1 1

Leserichtung →

Beispiel 3:

Wandeln Sie die Dualzahl 1001 1111 0001 0111 in eine Sedezimalzahl um.

Lösung:

Dualzahl:	1001	1111	0001	0111
Sedezimalzahl:	**9**	**F**	**1**	**7**

Tabelle: 8 – 4 – 2 – 1 Code (BCD-Code)

Wert Dezimalziffer	2^3 (8)	2^2 (4)	2^1 (2)	2^0 (1)
0	0	0	0	0
1	0	0	0	1
2	0	0	1	0
3	0	0	1	1
4	0	1	0	0
5	0	1	0	1
6	0	1	1	0
7	0	1	1	1
8	1	0	0	0
9	1	0	0	1

Die mit einer Tetrade darstellbaren Ziffern 1010 (10_{10}) bis 1111 (15_{10} Pseudotetraden) sind im BCD-Code nicht zugelassen.

Beispiel 4: Umwandeln von Dezimalzahlen in BCD-codierten Zahlen

Stellen Sie die Dezimalzahl 1375 im 8-4-2-1-BCD-Code dar.

Lösung:

Dezimalzahl:	1	3	7	5
8-4-2-1 Code:	**0001**	**0011**	**0111**	**0101**

Beispiel 5: Umwandeln von BCD-codierten Zahlen in Dezimalzahlen

Wandeln Sie die BCD-codierte Zahl 0100 0110 1001 0001 in eine Dezimalzahl um.

Lösung:

BCD-codierte Zahl:	0100	0110	1001	0001
Dezimalzahl:	**4**	**6**	**9**	**1**

9.9.2 Signalarten der Digital- und Steuerungstechnik

In der Digitaltechnik unterscheidet man analoge[1], binäre[2] und digitale[3] Signale **(Tabelle 1)**.

Analoge Signale ändern ihren Wert mit der verursachenden Größe. Die Ausgangsspannung eines als Spannungsteiler geschalteten Potenziometers ändert sich analog mit der Stellung des Schleifers, z. B. mit dem Drehwinkel des Potenziometers.

> Analoge Signale können in einem vorgegebenen Wertebereich, z. B. 0 V ... 5 V, jeden Zwischenwert, z. B. 2,55 V, annehmen. Sie sind stetig veränderbar.

Binäre Signale haben nur zwei mögliche Zustände. Eine Leuchte kann z. B. an Spannung liegen oder spannungsfrei sein.

> Binäre Signale können nur zwei Signalzustände, 0 oder 1, annehmen.

Duales Zahlensystem, **Seite 170**

Digitale Signale ändern ihre Größe sprunghaft und mit gleichem Wertzuwachs. Das digitale Signal eines stufigen Spannungsteilers kann sich z. B. in vier gleichen Schritten vom Wert 0 V bis zum Wert der Betriebsspannung ändern **(Tabelle 1)**.

> Digitale Signale haben mehrere, abzählbare Zustände. Sie sind stufig veränderbar.

9.9.3 Grundverknüpfungen

Alle Steuerungsaufgaben lassen sich mit den drei Grundverknüpfungen UND, ODER und NICHT lösen **(Tabelle 2)**.

9.9.3.1 UND-Verknüpfung

Die UND-Verknüpfung **(Konjunktion[4])** hat am Ausgang nur dann den Wert 1, wenn alle Eingangssignale gleichzeitig den Wert 1 haben **(Tabelle 3)**. Ein typischer Anwendungsfall für eine UND-Verknüpfung ist die Zweihandbedienung, z. B. bei Pressen. Die Presse lässt sich mit dieser Schaltung (UND-Verknüpfung) nur in Betrieb setzen, wenn die beiden getrennt angeordneten Sicherheitstaster gleichzeitig betätigt werden. Diese Schaltung dient der Unfallverhütung.

Datenblätter HCMOS-ICs
www.datasheetcatalog.net

[1] analog (griech.) = entsprechend
[2] binär = aus zwei Werten bestehend
[3] digital = ziffernmäßig, von digitus (lat.) = Finger, mit dem gezählt wird
[4] Konjunktion, von conjunction (engl.) = Verbindung

Tabelle 1: Signalarten

Analogsignal	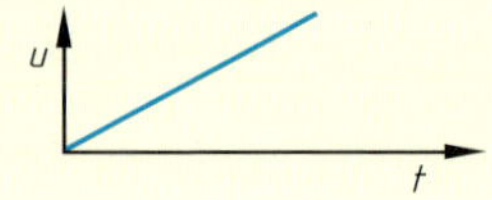
Binärsignal	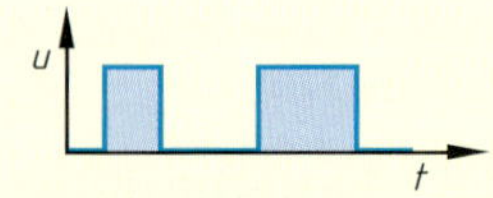
Digitalsignal	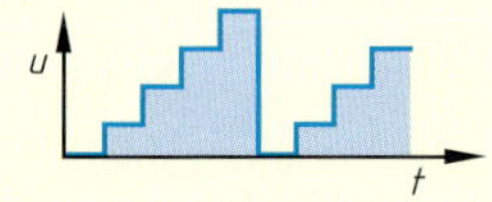

Tabelle 2: Grundverknüpfungen

UND	ODER	NICHT
Schaltzeichen nach EN 60617-12		
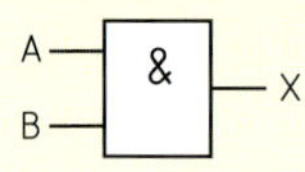	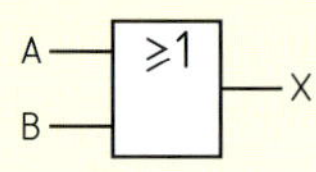	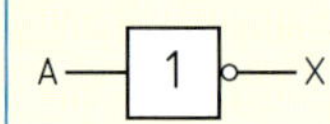
Schaltzeichen nach US-Norm		
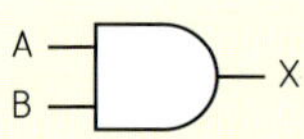	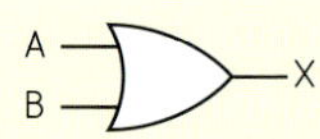	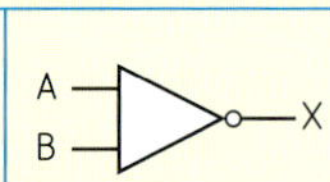

Wichtige ICs der Digitaltechnik
- 74HC00: 4 NAND mit 2 Eingängen
- 74HC02: 4 NOR mit 2 Eingängen
- 74HC08: 4 UND mit 2 Eingängen
- 74HC32: 4 ODER mit 2 Eingängen
- 74HC04: 6 Nicht-Verknüpfungen (Inverter)

Tabelle 3: UND-Verknüpfung

Stromlaufplan

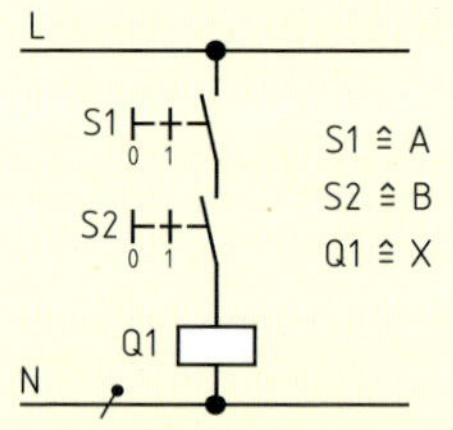

Schaltzeichen und Funktionsgleichung

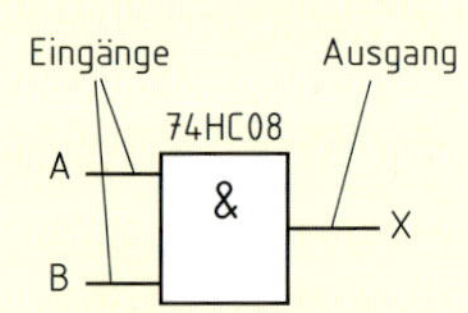

$X = A \wedge B$

Wertetabelle

B	A	X
0	0	0
0	1	0
1	0	0
1	1	1

Zeitablaufdiagramm

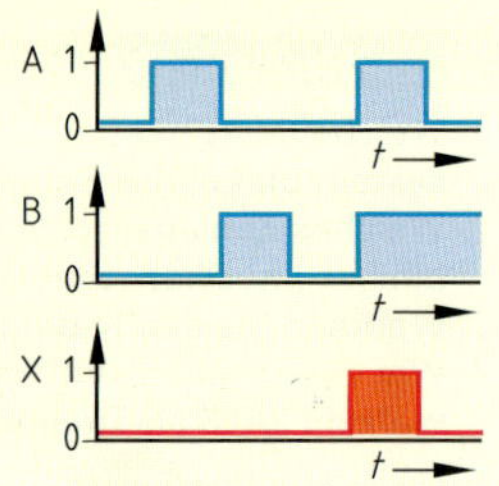

Die Funktion logischer Verknüpfungen lässt sich durch den Stromlaufplan, durch Schaltzeichen, durch die Werte- oder die Arbeitstabelle, durch ein Zeitablaufdiagramm oder mithilfe der Funktionsgleichung beschreiben **(Tabelle 3, Seite 172).**

Versuch 1: Legen Sie an den Baustein 74HC08 (vier UND-Verknüpfungen) die Betriebsspannung U_b = DC 5 V und beschalten Sie die Eingänge **(Bild).** Stellen Sie an den Schaltern S1 und S2 die vier möglichen Schalterkombinationen ein.

Der Ausgang der UND-Verknüpfung hat den Zustand 1, wenn beide Eingänge gleichzeitig den Zustand 1 (etwa + 5 V) haben **(Tabelle 3, Seite 172).**

Die UND-Verknüpfung hat nur dann das Ausgangssignal 1, wenn alle Eingangssignale gleichzeitig den Wert 1 haben.
$X = A \wedge B$ (lies: X = A und B)

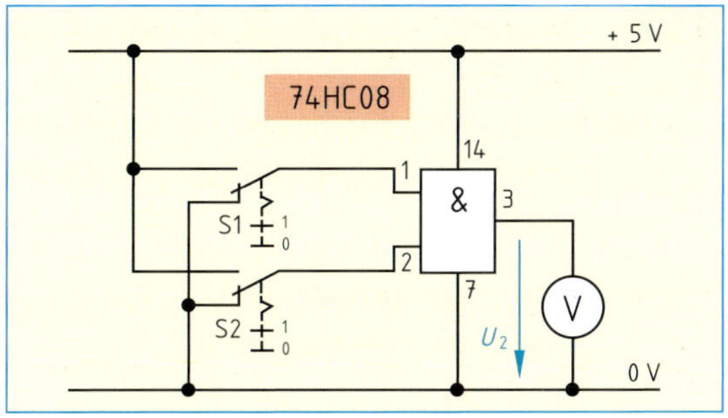

Bild: Verhalten der UND-Verknüpfung

Zählweise bei ICs mit Dual-in-line-Gehäuse

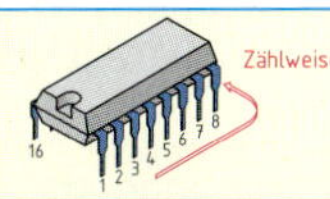

Tabelle 1: ODER-Verknüpfung

Stromlaufplan	Schaltzeichen und Funktionsgleichung
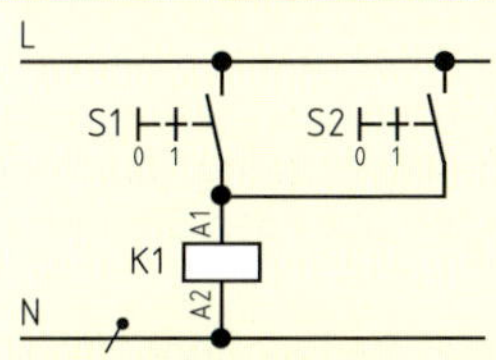	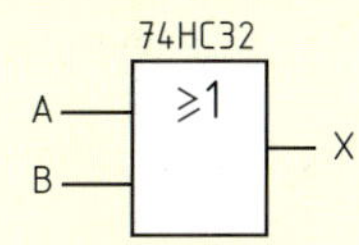 X = A ∨ B

Wertetabelle

B	A	X
0	0	0
0	1	1
1	0	1
1	1	1

Zeitablaufdiagramm

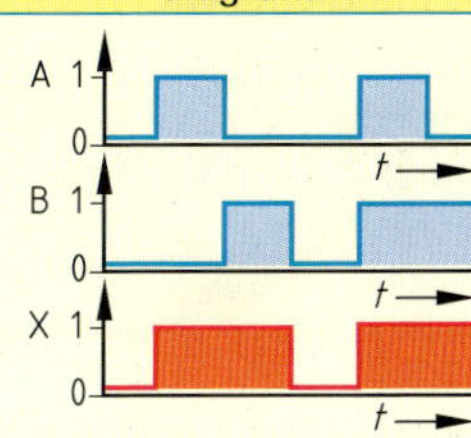

9.9.3.2 ODER-Verknüpfung

Versuch 2: Setzen Sie in die Versuchsanordnung zu Versuch 1 einen Baustein 74HC32 ein (vier ODER-Verknüpfungen). Der Baustein 74HC32 hat die gleiche Anschlussbelegung des IC 74HC08 aus Versuch 1. Wiederholen Sie sinngemäß Versuch 1.

Der Ausgang der ODER-Verknüpfung hat den Zustand 1, wenn an einem oder an beiden Eingängen der Zustand 1 anliegt **(Tabelle 1).**

Am Ausgang der ODER-Verknüpfung (Disjunktion[1]) liegt der Zustand 1, wenn mindestens ein Eingang den Zustand 1 hat.
$X = A \vee B$ (lies: X = A oder B)

Legt man die Störmeldungen, z. B. Wassermangel, Übertemperatur und Brennerstörung einer Heizungsanlage auf die drei Eingänge einer ODER-Verknüpfung, erhält man am Ausgang der Verknüpfung eine Sammelstörmeldung der Heizung. Sie zeigt das Auftreten einer oder mehrerer Störungen an.

9.9.3.3 NICHT-Verknüpfung

Bei der NICHT-Verknüpfung **(Negation[2])** liegt am Ausgang das umgekehrte (invertierte[3]) Eingangssignal. Die Schützschaltung in **Tabelle 2** wirkt wie eine Negation. Betätigt man den Steuertaster S1, zieht das Schütz K1 an und trennt durch seinen Öffnerkontakt die Leuchte P1 vom Netz.

Am Ausgang der NICHT-Verknüpfung liegt immer das invertierte Eingangssignal.
$X = \overline{A}$ (lies: X = A nicht)

Für eine Negation braucht man immer ein aktives Bauelement, z. B. ein Relais oder einen Transistor. Die UND- bzw. die ODER-Verknüpfung lässt sich auch mit passiven Bauelementen, z. B. Widerstände und Dioden, realisieren.

Tabelle 2: NICHT-Verknüpfung

Stromlaufplan	Schaltzeichen und Funktionsgleichung
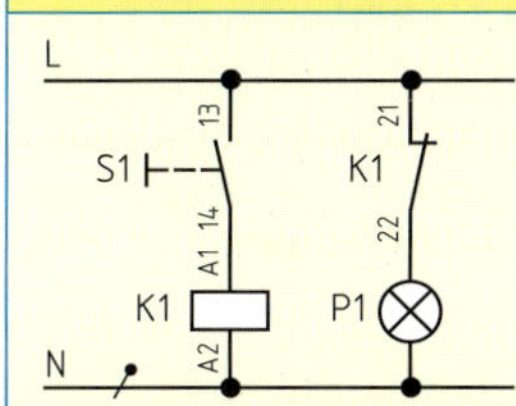	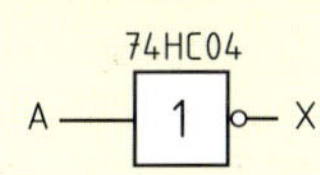 $X = \overline{A}$

Wertetabelle

A	X
0	1
1	0

Zeitablaufdiagramm

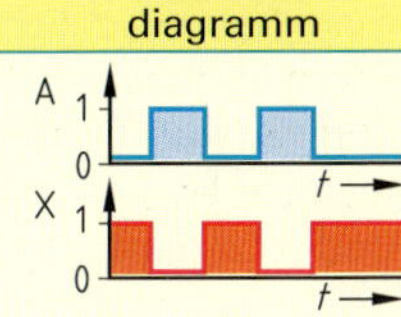

[1] Disjunktion, von disjunctio (lat.) = Trennung
[2] Negation (lat.) = Verneinung
[3] von invertere (lat.) = umwenden, umkehren

9.9.4 Grundverknüpfungen mit Ausgangs- oder Eingangsnegation

Grundverknüpfungen kombiniert man in der Praxis häufig mit der NICHT-Verknüpfung. Dabei kann die Eingangsseite oder die Ausgangsseite negiert sein.

9.9.4.1 Verknüpfungen mit Ausgangsnegation

NAND-Verknüpfung. Negiert man den Ausgang der UND-Verknüpfung, erhält man die NAND-Verknüpfung **(Tabelle 1)**. Die Bezeichnung NAND bedeutet soviel wie **NOT-AND** (Nicht-UND).

> Der Ausgang der NAND-Verknüpfung hat nur dann den Zustand 0, wenn alle Eingänge gleichzeitig den Zustand 1 haben.
> $X = \overline{A \wedge B}$ (lies: X = A und B, nicht)

Am Schaltzeichen kennzeichnet man eine Ausgangsnegation durch einen Kreis am Ausgang der Verknüpfung, in der Funktionsgleichung durch einen durchgehenden Querstrich über den Eingangsvariablen **(Tabelle 1)**.

NOR-Verknüpfung. Eine NOR-Verknüpfung (**NOT-OR**) kann man herstellen, wenn auf die ODER-Verknüpfung eine NICHT-Verknüpfung folgt **(Tabelle 1)**.

> Der Ausgang der NOR-Verknüpfung hat den Zustand 0, wenn mindestens ein Eingang den Zustand 1 hat.
> $X = \overline{A \vee B}$ (lies: X = A oder B, nicht)

Tabelle 1: Grundverknüpfungen mit Ausgangsnegation

NAND-Verknüpfung

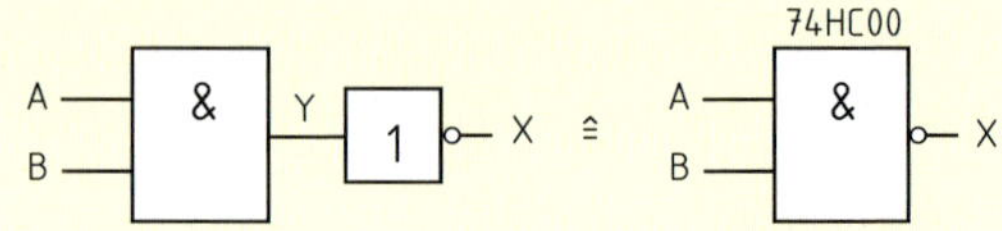

$Y = A \wedge B$
$X = \overline{Y}$

$X = \overline{A \wedge B}$

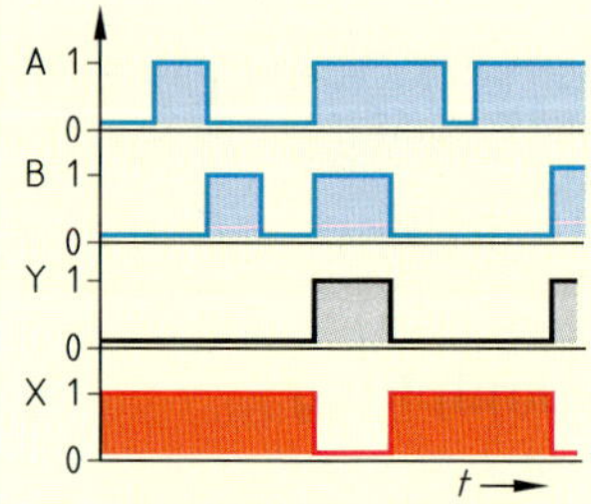

B	A	X
0	0	1
0	1	1
1	0	1
1	1	0

NOR-Verknüpfung

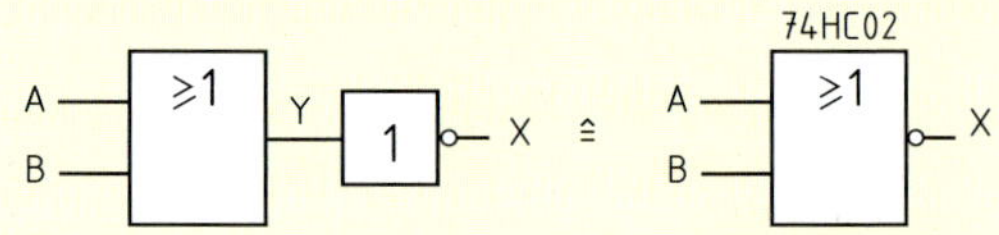

$Y = A \vee B$
$X = \overline{Y}$

$X = \overline{A \vee B}$

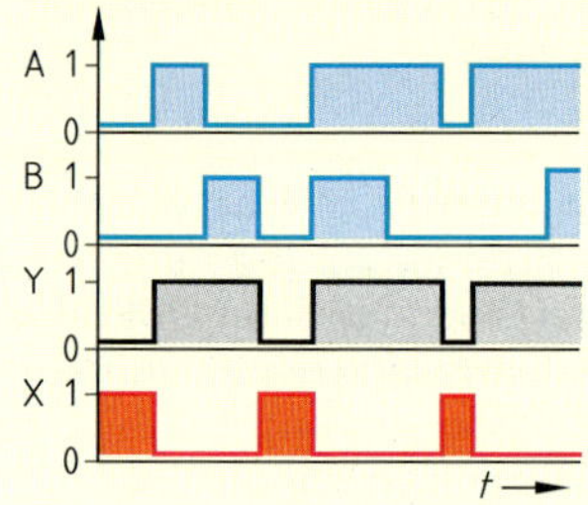

B	A	X
0	0	1
0	1	0
1	0	0
1	1	0

9.9.4.2 Verknüpfungen mit Eingangsnegation

UND-Verknüpfungen mit Eingangsnegation (Tabelle 2) bezeichnet man als **Inhibition**[1] oder Sperr-UND. Damit sperrt man z.B. gleichzeitige Startsignale für Rechtslauf und Linkslauf einer Wendeschaltung. Betätigt man die Taster für Rechtslauf und Linkslauf zusammen, wird kein Steuersignal wirksam (Verriegelung).

ODER-Verknüpfungen mit Eingangsnegation (Tabelle 2) sind **Implikationen**[2]. Die Implikation verwendet man hauptsächlich zum Rücksetzen von RS-Speichern in speicherprogrammierten Steuerungen. Wird z.B. ein Aus-Taster (Öffner) betätigt oder spricht ein Auslöser an, wird das anliegende Signal 0 invertiert und setzt damit den RS-Speicher zurück.

Tabelle 2: Grundverknüpfungen mit Eingangsnegation

Inhibition

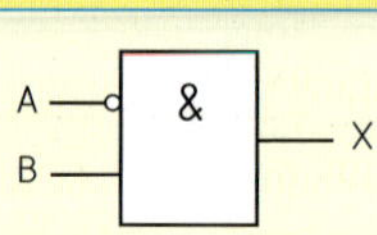

$X = \overline{A} \wedge B$

Implikation

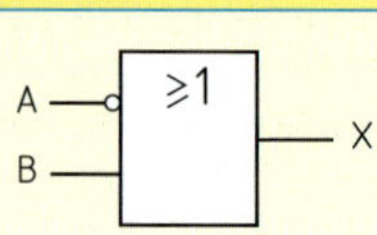

$X = \overline{A} \vee B$

[1] Inhibition, von to inhibit (engl.) = verzögern, hemmen, hindern
[2] Implikation, von implicatio (lat.) = Verflechtung

9.9.4.3 Eingangsbeschaltung logischer Verknüpfungen

Im Versuch zur UND-Verknüpfung **(Bild Seite 173)** haben die Schalter S1 und S2 Umschaltkontakte. Sie legen in jeder Schaltstellung ein definiertes 0-Signal oder 1-Signal an die Eingänge der UND-Verknüpfung. In der Praxis setzt man häufig Geber ein, die nur Schließer- oder nur Öffnerkontakte haben. Legt man z. B. den Schalter S1 in **Bild 1** an +5 V, liegt bei geschlossenem Schalter der Zustand 1 am Eingang der Verknüpfung. Bei geöffnetem Kontakt ist dann aber kein definiertes Eingangssignal vorhanden.

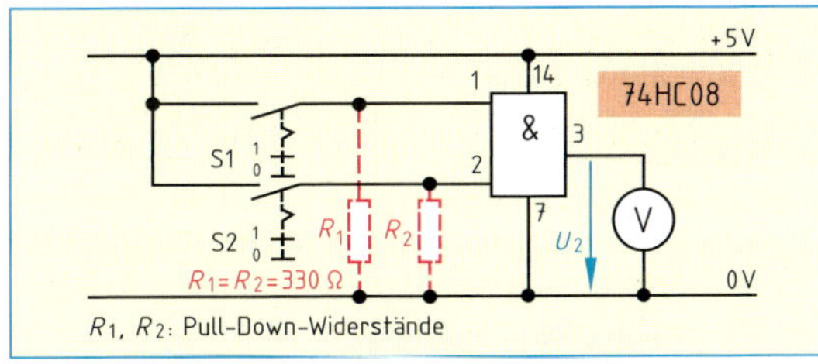

Bild 1: Beschaltung potenzialfreier Eingänge

Versuch 1: Beschalten Sie die Eingänge einer UND-Verknüpfung mit Schließerkontakten **(Bild 1)**. Die rot gezeichneten Widerstände R_1 und R_2 entfallen zunächst. Stellen Sie die vier möglichen Eingangskombinationen an S1 und S2 ein. Messen Sie die Ausgangsspannung U_2.

Der Ausgang der UND-Verknüpfung hat bei allen Eingangskombinationen den Zustand 1.

Versuch 2: Schalten Sie nun die beiden Widerstände R_1 und R_2 **(Bild 1)** zwischen Steuereingang und Masse (0 V). Stellen Sie wieder alle vier Eingangskombinationen ein.

Der Ausgang der UND-Verknüpfung hat jetzt nur den Zustand 1, wenn alle Eingänge den Zustand 1 haben.

Eingänge von TTL[1]- und HCMOS-Schaltkreisen, die nicht belegt oder durch geöffnete Steuerkontakte potenzialfrei sind, erkennen diesen Zustand als 1-Signal. Potenzialfreie Eingänge legt man deshalb über **Pull-Down[2]-Widerstände (Bild 1)** an Masse (0 V).

9.9.4.4 Anwendung der Grundverknüpfungen

Beispiel: Anwendung der Grundverknüpfungen

In einem Wasserwerk sind 3 Pumpen A, B und C installiert. Im Normalbetrieb müssen immer zwei Pumpen in Betrieb sein. Die Leuchtdiode P1 (X) soll den Normalbetrieb anzeigen, die Leuchtdiode P2 (Y) den Störfall.

a) Wertetabelle

C	B	A	X	Y
0	0	0	0	1
0	0	1	0	1
0	1	0	0	1
0	1	1	1	0
1	0	0	0	1
1	0	1	1	0
1	1	0	1	0
1	1	1	0	1

b) Teilfunktionen für X = 1 (Normalbetrieb)

$X1 = A \wedge B \wedge \bar{C}$

$X2 = A \wedge \bar{B} \wedge C$

$X3 = \bar{A} \wedge B \wedge C$

c) Funktionsgleichungen

Normalbetrieb $X = X1 \vee X2 \vee X3$

Normalbetrieb $X = (A \wedge B \wedge \bar{C}) \vee (A \wedge \bar{B} \wedge C) \vee (\bar{A} \wedge B \wedge C)$

Störung $Y = \bar{X}$

d) Funktionsplan (disjunktive Normalform)

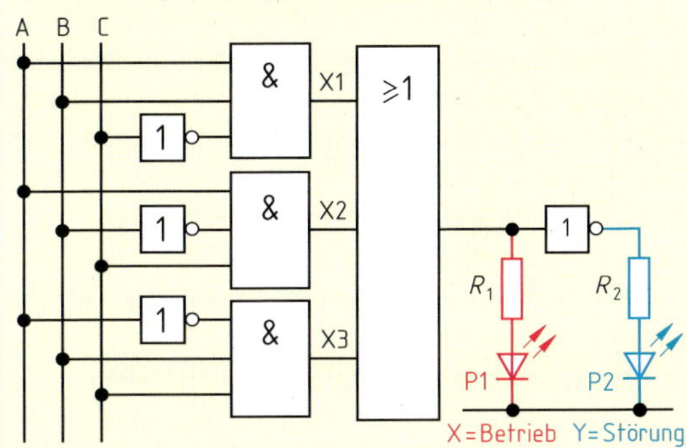

Bild 2: Pumpensteuerung (Beispiellösung)

Lösung:

Erstellen der Funktionsgleichung in ODER-Normal-Form:

- Zunächst erstellt man eine Wertetabelle und trägt die acht möglichen Betriebszustände der Pumpen ein **(Bild 2a)**.
- Jede Zeile mit zwei eingeschalteten Pumpen erhält in der Spalte X eine 1, alle anderen Zeilen eine 0.
- Aus den drei Zeilen mit X = 1 lassen sich nun die drei Teilfunktionen ablesen **(Bild 2b)**.
- Die Teilfunktionen mit X = 1 fasst man in einer ODER-Verknüpfung **(Disjunktion)** zusammen **(Bild 2c)**.

Die so gefundene Funktionsgleichung bezeichnet man als **Funktionsgleichung in ODER-Normalform (disjunktive Normalform)**. Der Wahrheitstabelle ist zu entnehmen, dass die Störungsanzeige P2 (Y) immer leuchten soll, wenn die Betriebsanzeige P1 (X) dunkel ist. Zur Störmeldung Y wird der Betriebszustand X invertiert **(Bild 2d)**.

Wiederholungsfragen

1. **Wodurch unterscheiden sich a) analoge, b) binäre und c) digitale Signale?**
2. **Geben Sie je zwei Anwendungsbeispiele für eine a) UND- und b) ODER-Verknüpfung an.**
3. **Welche Möglichkeiten bestehen, um die Funktion einer Verknüpfung zu beschreiben?**
4. **Aus welchen Grundverknüpfungen besteht eine a) NAND- und b) NOR-Verknüpfung?**

[1] TTL = Abk. für Transistor-Transistor-Logik; [2] pull-down (engl.) = herunterziehen

9.9.5 Schaltkreisfamilien

Schaltkreise der Digitaltechnik lassen sich nur zu einer Schaltung zusammenfügen, wenn die Kennwerte der Schaltkreise aufeinander abgestimmt sind. Wichtige Kennwerte für einen gemeinsamen Betrieb innerhalb einer Schaltung sind die Betriebsspannung, die garantierten Spannungsbereiche für **L-** und **H-Pegel,** die Signallaufzeit und die Belastbarkeit des Schaltkreisausganges.

9.9.5.1 TTL-Schaltkreisfamilie

Bausteine der TTL[1]-Schaltkreisfamilie haben eine Betriebsspannung von 5 V. Sie sind meist in einem **Dual-in-line-Gehäuse**[2], bei Anwendung der SMD-Technik in einem SO-14-Gehäuse untergebracht.

TTL-Standard. Die Grundschaltung dieser Schaltkreisfamilie ist eine NAND-Verknüpfung. Sie wird mit einem Multi-Emitter-Transistor (K1) und nachgeschalteter Inverterstufe (K2) ausgeführt **(Bild 1 a).** Die Inverterstufe bewirkt eine hohe Ausgangsbelastbarkeit **(Tabelle).** Diese Belastbarkeit wird meist durch den Wert **„fan out“** ausgedrückt. Ein Wert fan out = 10 bedeutet, dass ein Schaltkreisausgang 10 gleichartige nachfolgende Schaltkreiseingänge (fan in = 1) ansteuern kann. Die garantierten Spannungsbereiche für die Eingangs- und Ausgangspegel für TTL-Standardbausteine sind in **Bild 2** angegeben.

TTL-Schottky. Bei TTL-Schaltkreisen in Schottky-Technik sind parallel zur Basis-Kollektor-Strecke der Transistoren Dioden mit kleiner Schwellspannung (Schottky-Dioden, $U_S \approx 0{,}4$ V) geschaltet. Damit ergeben sich kleine Signallaufzeiten **(Tabelle).**

TTL-Low-Power-Schaltkreise haben eine kleine Signallaufzeit und eine geringe Verlustleistung **(Tabelle).**

9.9.5.2 CMOS-Schaltkreisfamilie

CMOS[3]-Bausteine haben als Grundschaltung eine komplementäre Schaltstufe aus Feldeffekt-Transistoren **(Bild 1b).** Sie können mit einer Betriebsspannung zwischen 3 V und 15 V versorgt werden. Die Spannungsbereiche der L-Pegel und H-Pegel sind von der Höhe der Betriebsspannung abhängig.

HCMOS-Bausteine der Serie 74HC haben die gleiche PIN-Belegung, Betriebsspannung und Eingangspegel wie TTL-Bausteine **(Tabelle).** Der Ausgangspegel U_{2Hmin} = 3,5 V weicht jedoch vom TTL-Ausgangspegel U_{2Hmin} = 2,4 V ab **(Bild 2).**

Schutz gegen elektrostatische Aufladung bei Arbeiten mit CMOS-Bauelementen, **Seite 235**

[1] TTL = Abkürzung für **T**ransistor-**T**ransistor-**L**ogik
[2] Dual in line (engl.) = zweifach in Reihe
[3] CMOS von **c**omplementary **m**etal **o**xide **s**emiconductor (engl.) = komplementärer Metalloxid-Halbleiter

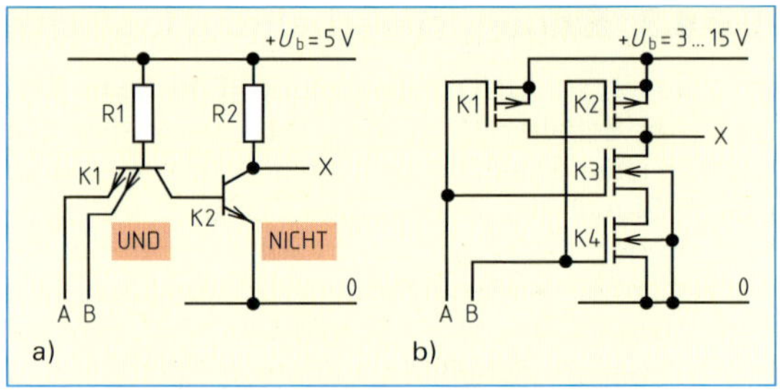

Bild 1: Grundschaltung einer NAND-Verknüpfung a) in TTL-Technik, b) in CMOS-Technik

Bezeichnung von integrierten Schaltkreisen (Beispiele):

- TTL-Bausteine: 74 ..., z. B. 7408,
- HCMOS-Bausteine: 74HC ..., z. B. 74HC08
- CMOS-Bausteine: CD ..., z. B. CD 4007

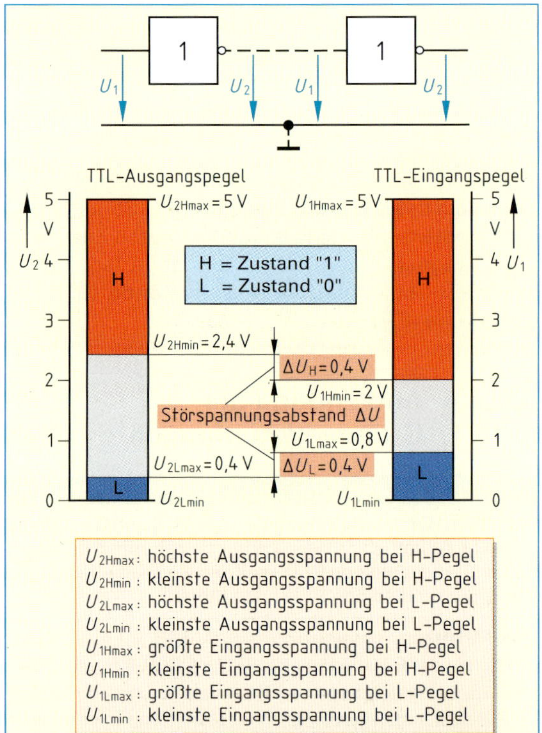

Bild 2: Pegelbereiche für TTL-Schaltkreise an U_b = 5 V

Tabelle: Kennwerte von Logikfamilien

Logikfamilie	Betriebsspannung U_b	Signallaufzeit je Verknüpfung	Verlustleistung je Verknüpfung	Ausgangsbelastbarkeit
TTL-Standard	5 V	10 ns	10 mW	50 mW
TTL-Schottky	5 V	3 ns	19 mW	12 mW
TTL-Low-Power	5 V	8 ns	2 mW	40 mW
CMOS	3 bis 15 V	50 ns	0,01 mW	5 mW
HCMOS*	5 V	12 ns	50 mW	125 mW

* ICs der HCMOS-Serie 74HCXX haben dieselbe Anschlussbelegung wie die ICs der TTL-Standardserie SN74XX.

9.9.6 Schaltalgebra

Die Schaltalgebra ermöglicht die mathematische Beschreibung binärer Verknüpfungen.

Rechenregeln. Zur Verknüpfung einer Variable, z. B. mit der Variable A **(Bild)**, in einer UND- bzw. in einer ODER-Verknüpfung mit der Konstanten 0 oder 1, mit der Variable A selbst oder mit der negierten Variable A, sind Rechenregeln festgelegt **(Bild)**. Für die Vereinfachung von Funktionsgleichungen sind dabei die rot unterlegten Zeilen besonders wichtig.

Das **Vertauschungsgesetz (Kommutativgesetz)** besagt, dass man die Variablen einer Funktionsgleichung, die nur UND- bzw. nur ODER-Verknüpfungen enthält, beliebig vertauschen kann. Das Ergebnis der Funktionsgleichung ändert sich dadurch nicht **(Tabelle)**.

Das **Verbindungsgesetz (Assoziativgesetz)** drückt aus, dass man in einer Funktionsgleichung mit nur einer Verknüpfungsart Klammern setzen, aber auch weglassen darf. Das Assoziativgesetz wendet man z. B. an, wenn die Variablen A, B und C in einer UND-Verknüpfung verarbeitet werden sollen, aber nur ein Baustein zur Verfügung steht, der UND-Verknüpfungen mit zwei Eingängen enthält **(Tabelle)**.

Das **Verteilungsgesetz (Distributivgesetz)** enthält Regeln zum Umformen von Funktionsgleichungen, die sowohl UND- als auch ODER-Verknüpfungen enthalten. Beim Umformen ist jedoch auf eine eindeutige Schreibweise zu achten, z. B. durch den Einsatz von Klammern.

Verknüpfungen in Klammern haben Vorrang vor nicht eingeklammerten Verknüpfungen.

Beispiele:

In der Funktionsgleichung $X = A \wedge (B \vee C)$ wird zunächst die Variable B mit C ODER-verknüpft. Das Verknüpfungsergebnis wird dann mit der Variablen A in einer UND-Verknüpfung verarbeitet.

Eine Schaltung mit der Funktionsgleichung $X = (A \wedge B) \vee (A \wedge C)$ hat am Ausgang X den Zustand 1, wenn die Variablen A und B oder die Variablen A und C den Zustand 1 haben **(Tabelle)**. Die gleiche Funktion wird durch eine nach dem Verteilungsgesetz in UND-Form **(konjunktives Verteilungsgesetz)** umgeformte Funktionsgleichung $X = A \wedge (B \vee C)$ erreicht **(Tabelle)**.

Entsprechend ändert man die Funktionsgleichung $X = (A \vee B) \wedge (A \vee C)$ nach dem **disjunktiven Verteilungsgesetz** in die funktionsgleiche Schaltung $X = A \vee (B \wedge C)$ **(Tabelle)**.

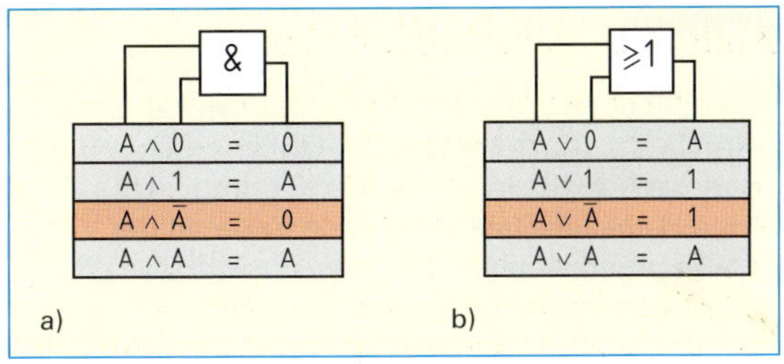

Bild: Rechenregeln der a) UND-Verknüpfung b) ODER-Verknüpfung

Tabelle: Rechengesetze der Schaltalgebra

Vertauschungsgesetz (Kommutativgesetz)

$A \wedge B \wedge C = A \wedge C \wedge B = B \wedge A \wedge C = C \wedge A \wedge B$

Verbindungsgesetz (Assoziativgesetz)

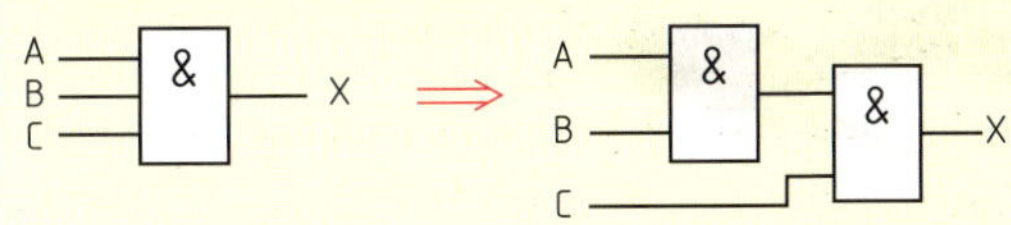

$A \wedge B \wedge C = (A \wedge B) \wedge C = A \wedge (B \wedge C) = (A \wedge C) \wedge B$

Verteilungsgesetze (Distributivgesetze)

Konjunktives Verteilungsgesetz

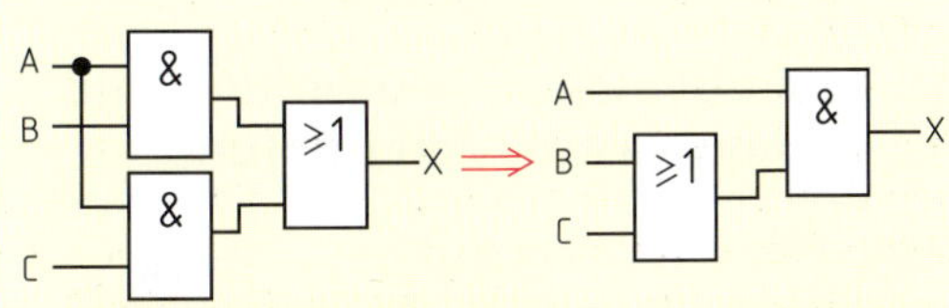

$(A \wedge B) \vee (A \wedge C) = A \wedge (B \vee C)$

Disjunktives Verteilungsgesetz

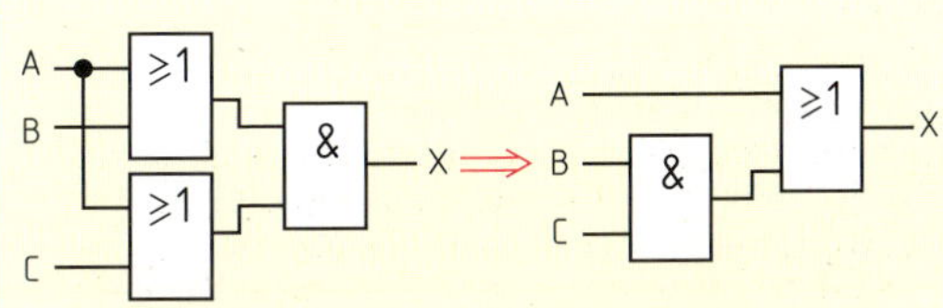

$(A \vee B) \wedge (A \vee C) = A \vee (B \wedge C)$

De morgansche Gesetze

Mithilfe der de morganschen Gesetze kann man NAND- in funktionsgleiche ODER-Verknüpfungen bzw. NOR- in UND-Verknüpfungen umformen **(Tabelle).** Dabei wird jede Variable der Verknüpfungen negiert und das Funktionszeichen der Verknüpfung geändert.

Das **erste de morgansche Gesetz** wandelt eine NAND-Verknüpfung in eine funktionsgleiche ODER-Verknüpfung mit negierten Eingängen um **(Tabelle).**

$$\overline{A \wedge B} = \overline{A} \vee \overline{B}$$

Das **zweite de morgansche Gesetz** setzt eine NOR-Verknüpfung in eine funktionsgleiche UND-Verknüpfung mit negierten Eingängen um.

$$\overline{A \vee B} = \overline{A} \wedge \overline{B}$$

Zwei hintereinander geschaltete Negationen heben sich auf ($\overline{\overline{A}} = A$).

Vereinfachen von Funktionsgleichungen

Beispiel:

Die Schaltung in **Bild 1** soll durch Anwenden der Rechengesetze der Schaltalgebra vereinfacht werden.

Lösung:

Für die gegebene Schaltung bestimmt man zunächst die Teilfunktionen (blaue Ergänzungen in **Bild 1**) und erstellt daraus die Funktionsgleichung der Schaltung **(Bild 1).**

$X = (\overline{A} \wedge \overline{B} \wedge \overline{C}) \vee (A \wedge \overline{B} \wedge \overline{C}) \vee (A \wedge \overline{B} \wedge C) \vee (A \wedge B \wedge C)$

1. Anwenden des Distributivgesetzes (Ausklammern von $(\overline{B} \wedge \overline{C})$ bzw. $(A \wedge C)$:
   $X = [\overline{B} \wedge \overline{C} \wedge (A \vee \overline{A})] \vee [A \wedge C \wedge (B \vee \overline{B})]$
2. Anwenden der Regel $A \vee \overline{A} = 1$ bzw. $B \vee \overline{B} = 1$:
   $\mathbf{X} = (\overline{B} \wedge \overline{C} \wedge 1) \vee (A \wedge C \wedge 1) = \mathbf{(\overline{B} \wedge \overline{C}) \vee (A \wedge C)}$

Bild 2 zeigt die vereinfachte Schaltung.

9.9.7 Antivalenz-Verknüpfung und Äquivalenz-Verknüpfung

Antivalenz-Verknüpfung

Die Antivalenz-Verknüpfung vergleicht die Eingangssignale auf ungleichen Signalzustand.

Bei ungleichen Eingangssignalen, z. B. A = 0 und B = 1 oder A = 1 und B = 0 **(Bild 3)** hat die Antivalenz-Verknüpfung am Ausgang den Zustand 1.

Äquivalenz-Verknüpfung

Die Äquivalenz-Verknüpfung vergleicht die Eingangssignale auf gleichen Signalzustand.

Der Ausgang der Äquivalenz-Verknüpfung hat den Zustand 1, wenn die Eingangssignale den gleichen Wert haben, z. B. A = 0 und B = 0.

Tabelle: Die de morganschen Gesetze

1. de morgansches Gesetz

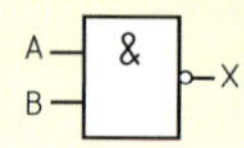

B	A	X
0	0	1
0	1	1
1	0	1
1	1	0

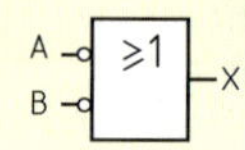

B	A	X
0	0	1
0	1	1
1	0	1
1	1	0

$\overline{A \wedge B} = \overline{A} \vee \overline{B}$

2. de morgansches Gesetz

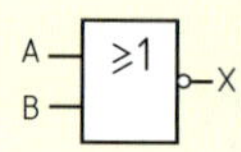

B	A	X
0	0	1
0	1	0
1	0	0
1	1	0

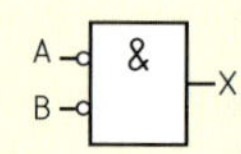

B	A	X
0	0	1
0	1	0
1	0	0
1	1	0

$\overline{A \vee B} = \overline{A} \wedge \overline{B}$

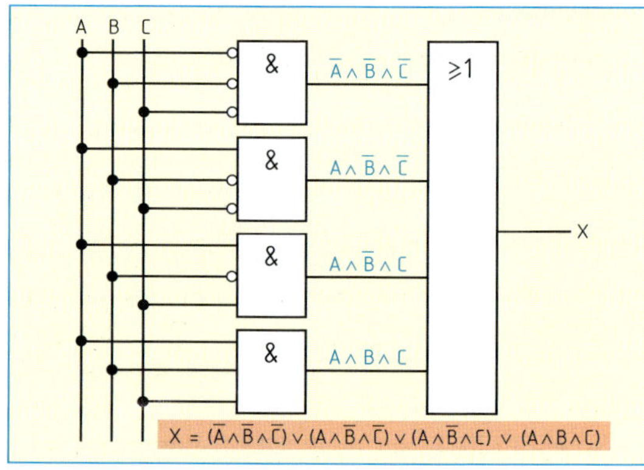

Bild 1: Schaltungsbeispiel

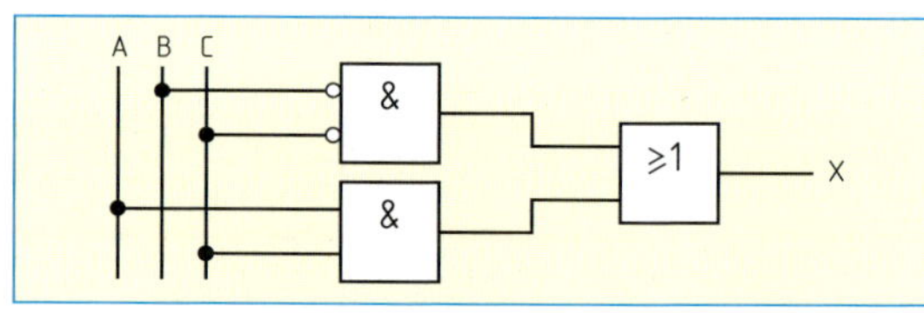

Bild 2: Vereinfachte Schaltung

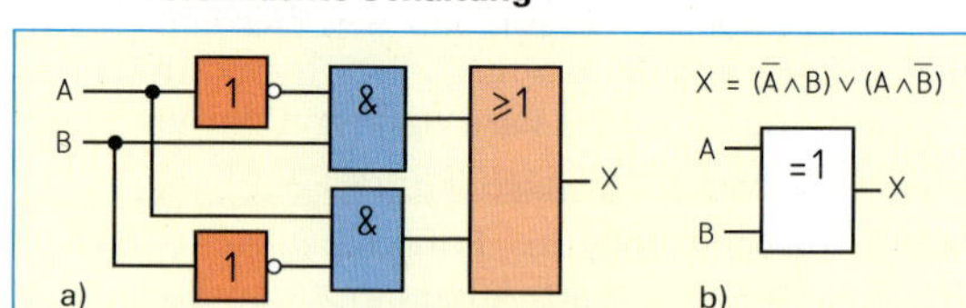

Bild 3: Antivalenz-Schaltung
a) Schaltung, b) Schaltzeichen

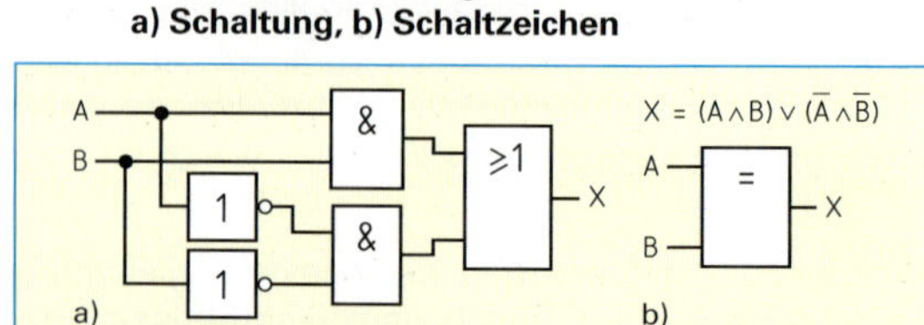

Bild 4: Äquivalenz-Schaltung
a) Schaltung, b) Schaltzeichen

9.9.8 Schaltungen in NAND- und in NOR-Technik

Antivalenz[1]-Verknüpfung (Exklusiv-ODER).

> Die Antivalenz-Verknüpfung (XOR) vergleicht die Eingangssignale auf ungleichen Signalzustand.

Die digitale Auswerteschaltung in **Bild 1a** verarbeitet die Steuersignale der Schalter S1 und S2 und bildet eine Wechselschaltung nach.

Zur Lösung erstellt man eine Wertetabelle mit den vier möglichen Zuständen der Schalter S1 und S2. In der Schalterstellung S1 = S2 soll die Leuchte E1 dunkel sein. Jede Schaltstellungsänderung eines Steuerschalters muss den Betriebszustand der Leuchte E1 ändern. Aus der Wertetabelle **(Bild 1b)** kann man die Teilfunktionen ablesen und daraus die Funktionsgleichung erstellen **(Bild 1c)**. **Bild 2a** zeigt die Schaltung, **Bild 2b** das Schaltzeichen der Antivalenz-Verknüpfung.

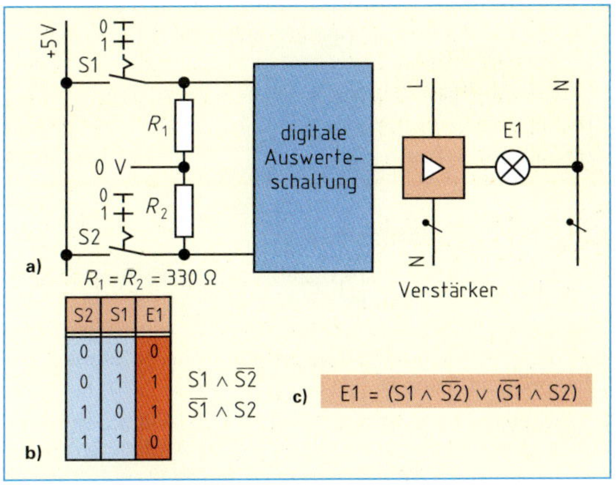

Bild 1: Beispiel a) Schaltung, b) Wertetabelle und c) Funktionsgleichung

Zum Aufbau der Antivalenz-Schaltung aus Grundverknüpfungen **(Bild 2a)** sind drei Schaltkreise erforderlich. Den Aufwand an unterschiedlichen Schaltkreisen kann man verringern, wenn man die Schaltung nur mit NAND- oder nur mit NOR-Verknüpfungen löst. Dabei wird jede Grundverknüpfung z. B. durch eine NAND-Verknüpfung ersetzt **(Bild 3)**.

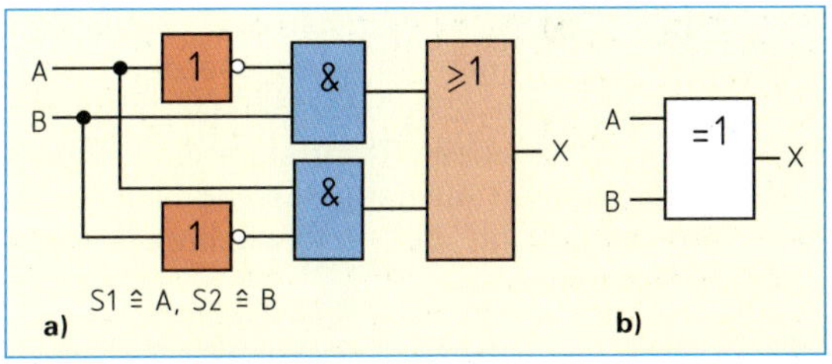

Bild 2: Antivalenz-Verknüpfung a) Schaltung, b) Schaltzeichen

Die Umwandlung der ODER-Verknüpfung in der Exklusiv-ODER-Verknüpfung kann auch durch die de morganschen Gesetze erfolgen:

$$X = (\overline{A} \wedge B) \vee (A \wedge \overline{B})$$

$$X = \overline{\overline{(\overline{A} \wedge B)} \wedge \overline{(A \wedge \overline{B})}}$$

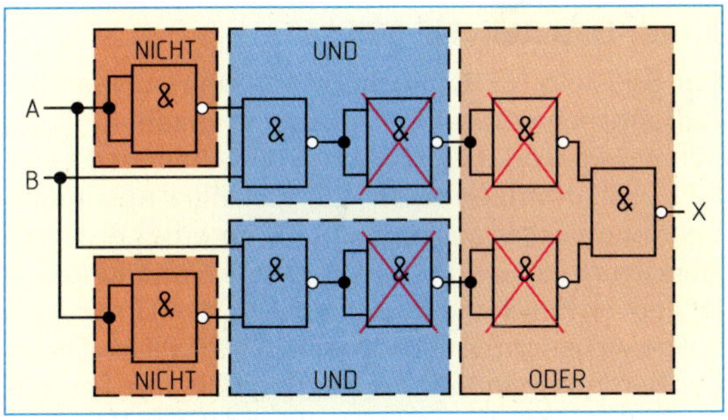

Bild 3: Verknüpfungsglieder einer Antivalenz-Schaltung ersetzt durch NAND-Verknüpfungen

Äquivalenz[2]-Verknüpfung.

> Die Äquivalenz-Verknüpfung vergleicht die Eingangssignale auf gleichen Zustand.

Die Funktionsgleichung der Äquivalenzverknüpfung **(Bild 4)** lautet:

$$X = (A \wedge B) \vee (\overline{A} \wedge \overline{B})$$

Soll die Äquivalenz-Verknüpfung z. B. nur mit NOR-Verknüpfungen erstellt werden, lässt sich die Funktionsgleichung durch Anwenden der de morganschen Gesetze umformen:

$$X = (A \wedge B) \vee (\overline{A} \wedge \overline{B})$$

$$X = \overline{\overline{(\overline{A} \vee \overline{B})} \vee \overline{(A \vee B)}}$$

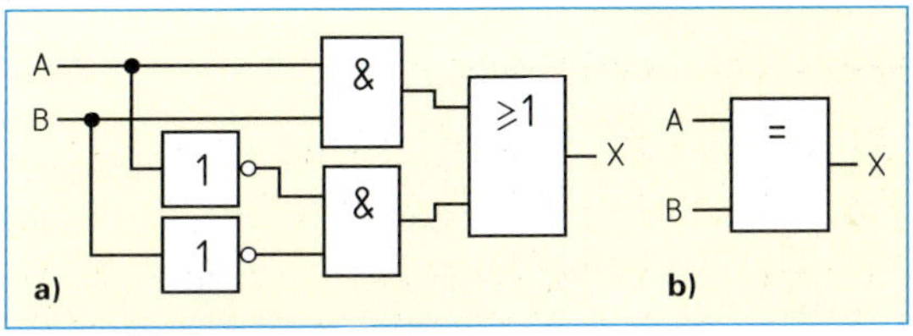

Bild 4: Äquivalenz-Verknüpfung a) Schaltung, b) Schaltzeichen

[1] Antivalenz = gegensätzliche Wertigkeit
[2] Äquivalenz = Gleichwertigkeit

9.9.9 Kippschaltungen

Kippschaltungen ändern ihren Zustand an den Ausgängen Q und $\overline{Q}$ sprunghaft, z. B. von 0 nach 1.

> Die Ausgänge Q und $\overline{Q}$ von Kippschaltungen müssen immer inverse Signale haben, z. B. Q = 0 und $\overline{Q}$ = 1.

Bistabile Kippschaltung

Versuch: Erstellen Sie eine bistabile[1] Kippschaltung **(Bild 1).** Legen Sie an die Eingänge die Signale S[2] = 0 und R[3] = 1 (+U_b = 12 V). Messen Sie die Signalzustände der Ausgänge Q und $\overline{Q}$. Wiederholen Sie den Versuch mit weiteren Signalkombinationen an S und R.

Die bistabile Kippschaltung nimmt nach einem Setzsignal (S = 1) den Zustand Q = 1 und $\overline{Q}$ = 0 an, nach einem Rücksetzsignal (R = 1) den Zustand Q = 0 und $\overline{Q}$ = 1. Mit den Eingangszuständen S = R = 1 hat die Kippschaltung den verbotenen Zustand Q = $\overline{Q}$ = 0. Danach nimmt die Schaltung einen nicht vorhersehbaren Zustand (nicht definierten Zustand) Q = 0 oder Q = 1 an **(Bild 2).**

Eine bistabile Kippschaltung hat zwei stabile Zustände. Sie kippt in den entgegengesetzten (inversen) Zustand, wenn über Vorwiderstände an die Basis des nicht leitenden Transistors ein 1-Signal (+U_b) gelegt wird. Ihr Ausgangszustand bleibt auch dann erhalten, wenn der Eingangsimpuls nicht mehr vorhanden ist.

> Bistabile Kippschaltungen lassen sich auch aufbauen aus:
> - NAND-Verknüpfungen, z. B. 74HCT00
> - NOR-Verknüpfungen, z. B. 74HCT02, **(Seite 174)**

Timer-Baustein NE 555

Der Baustein NE 555 ermöglicht ohne aufwendige Außenbeschaltung den Aufbau von zeitabhängigen Schaltungen oder von Schwellwertschaltern. Er enthält zwei Komparatoren (Vergleicher) und einen Spannungsteiler aus den drei gleich großen Widerständen R_1, R_2 und R_3 **(Bild 3).** Dieser Spannungsteiler liegt an der Betriebsspannung U_b des Timer-Bausteins. An jedem der drei Widerstände fällt ein Drittel der Betriebsspannung U_b ab. Sinkt die am Triggereingang ② angelegte Spannung unter den Wert der Referenzspannung ($^1/_3$ U_b) des invertierenden Komparators, liegt am Komparatorausgang K2 1-Signal, der RS-Speicher K3 wird gesetzt. Damit liegt am Ausgang Q ③ 1-Signal.

Liegt am Schwelleneingang ⑥ des nicht invertierenden Komparators K1 eine Spannung, die größer als $^2/_3$ U_b ist, so hat der Ausgang des Komparators K1 1-Signal, der RS-Speicher K3 wird wieder zurückgesetzt (Q = 0). Gleichzeitig wird der Transistor K4 leitend gesteuert.

[1] bi (lat.) = zwei [2] S von to set (engl.) = setzen
[3] R von to reset (engl.) = zurücksetzen

Übersicht: Kippschaltungen
- Bistabile Kippschaltung **(Bild 1)**
- monostabile Kippschaltung **(Seite 181)**
- astabile Kippschaltung **(Seite 181)**
- Schwellwertschalter mit NE 555 **(Seite 181)**

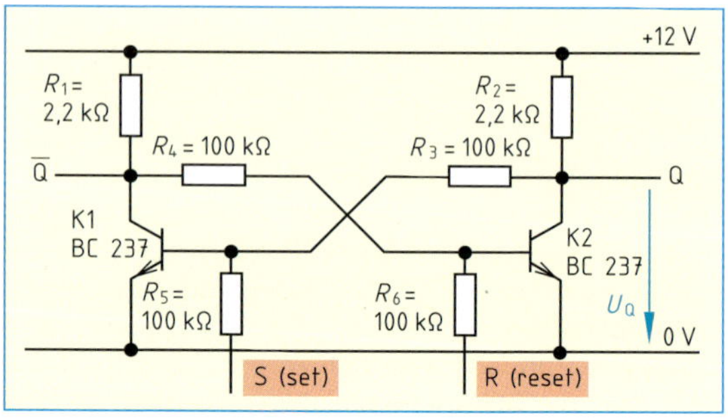

Bild 1: Bistabile Kippschaltung

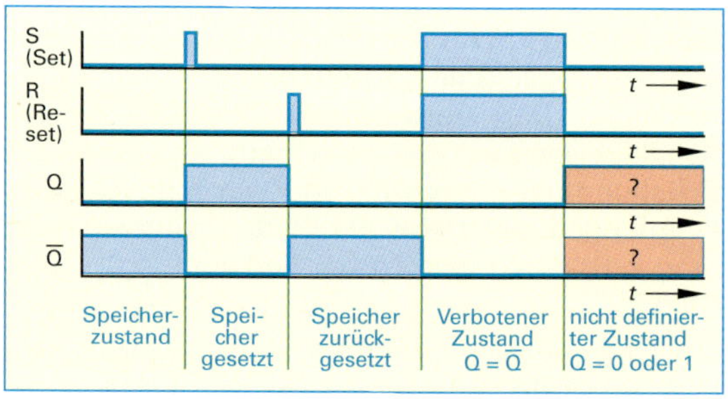

Bild 2: Signalverläufe der bistabilen Kippschaltung

> **Wichtige Kennwerte des Timer-Bausteins NE 555**
> - Betriebsspannung: 4,5 V ... 18 V
> - Ausgangsstrom: maximal 200 mA

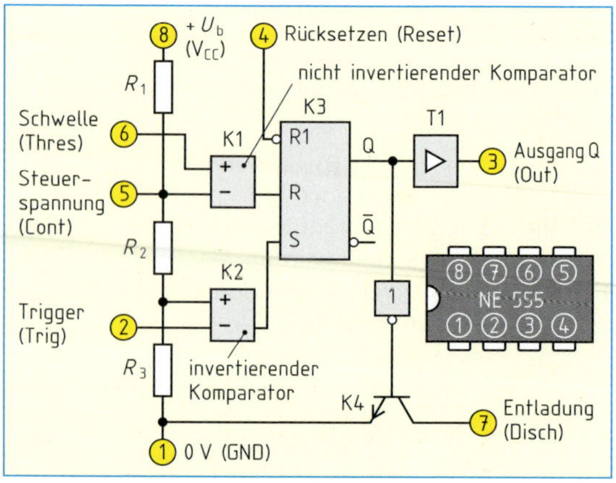

Bild 3: Blockschaltbild Timer NE 555

Kippschaltungen mit dem Timer NE 555

Beschaltet man den Triggereingang ② und den Schwelleneingang ⑥ des Timers NE 555 mit einem RC-Glied, kann man den Timer auch zum Aufbau einer monostabilen oder einer astabilen Kippschaltung verwenden.

Monostabile Kippschaltung

Die Spannung U_C des zeitbestimmenden RC-Gliedes (R_1, C_1) liegt an den Eingängen ⑥ (Schwelle) und ⑦ (Entladung) in **Bild 1.** Durch einen Triggerimpuls am Eingang ② kleiner $^1/_3\ U_b$ setzt der Komparator K2 **(Bild 3, Seite 180)** den RS-Speicher und damit den Ausgang Q ③ auf den Wert 1. Übersteigt die Spannung U_C am Kondensator C₁ den Wert $^2/_3 U_b$ am Eingang (6, Schwelle) des Komparators K1, liegt dessen Ausgang auf 1. Der RS-Speicher wird zurückgesetzt, Ausgang Q ③ = 0. Der Transistor K4 **(Bild 3, Seite 180)** wird leitend und entlädt den Kondensator C_1 des RC-Gliedes.

Die monostabile Kippschaltung erzeugt Ausgangsimpulse bestimmter Zeitdauer.

Astabile Kippschaltung

Bei Anlegen der Betriebsspannung ist der Kondensator C_1 **(Bild 2)** nicht geladen, die Spannung U_C ist kleiner als $^1/_3\ U_b$, der RS-Speicher K3 **(Bild 3, Seite 180)** wird gesetzt (Q = 1). Überschreitet die Spannung U_C den Wert $^2/_3\ U_b$, wird der RS-Speicher zurückgesetzt. Der nun leitende Transistor K4 entlädt den Kondensator C_1 über den Widerstand R_2. Unterschreitet U_C den Wert $^1/_3\ U_b$ wiederholt sich der Vorgang.

Astabile Kippschaltungen erzeugen Rechteckimpulse mit einstellbarer Impuls- und Pausenzeit.

Schwellwertschalter (Schmitt-Trigger)

Schwellwertschalter geben beim Erreichen eines bestimmten Spannungswertes u_{1e} am Eingang E **(Bild 3a)** ein 1-Signal am Ausgang Q ab. Unterschreitet die Eingangsspannung den Spannungswert u_{1a} hat der Ausgang Q wieder den Wert 0.

Die Differenz zwischen Einschaltschwelle u_{1e} und Ausschaltschwelle u_{1a} bezeichnet man als Hysterese Δu_1 **(Bild 3b und 3c).**

Versuch: Bauen Sie mit dem Baustein NE 555 einen Schwellwertschalter **(Bild 3)** auf. Legen Sie an den Eingang zuerst eine sinusförmige, danach eine dreieckförmige Wechselspannung. Oszilloskopieren Sie die Ausgangsspannung u_2.

Die Ausgangsspannung u_2 ist immer rechteckförmig.

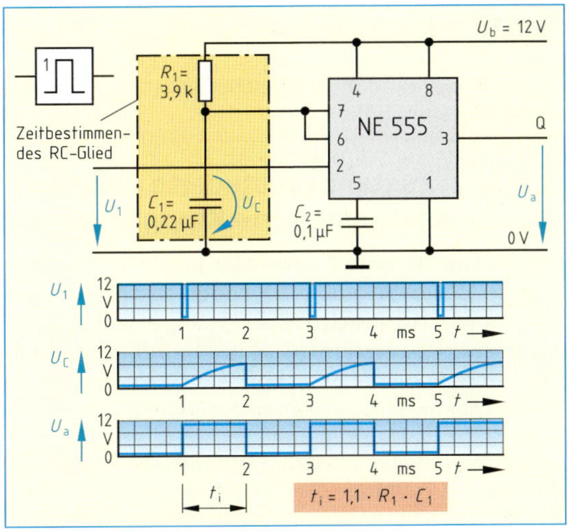

Bild 1: Monostabile Kippschaltung

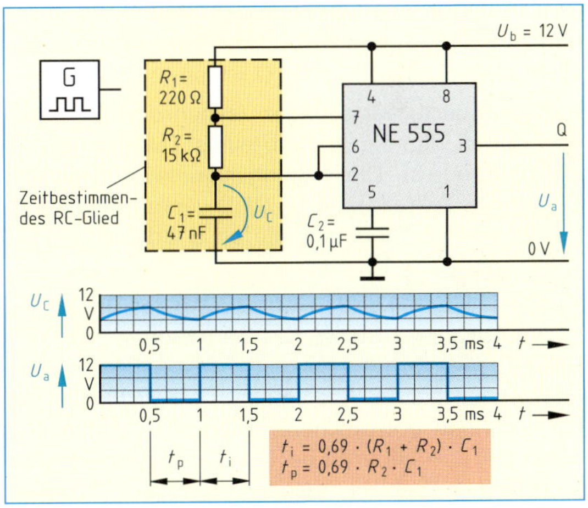

Bild 2: Astabile Kippschaltung

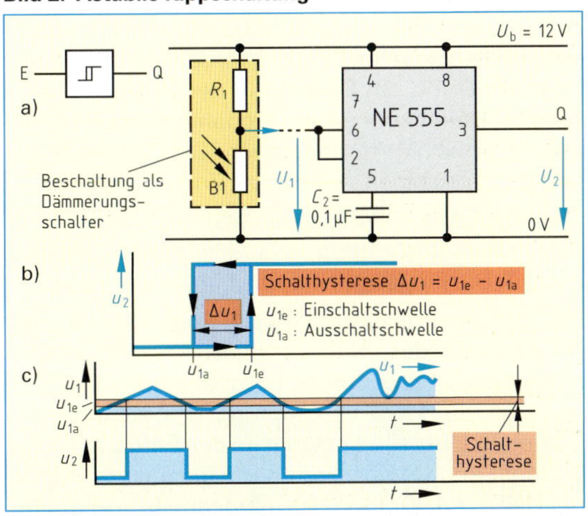

Bild 3: Schwellwertschalter

Schwellwertschalter verwendet man z. B. bei Dämmerungsschaltern **(Bild 3),** zur Formung von Rechteckimpulsen oder zur Signalaufbereitung bei der Datenübertragung.

9.9.10 Kippglieder

> Kippglieder sind elektronische Schaltungen mit Speicherverhalten.

9.9.10.1 Zustandsgesteuerte und taktgesteuerte Kippglieder

Zustandsgesteuerte Kippglieder (asynchrone Kippglieder) bestehen aus NOR- oder aus NAND-Verknüpfungen **(Übersicht)**. Die Eingänge der Kippglieder bezeichnet man mit S (Setzen) und R (Rücksetzen). Die Speicherausgänge sind mit Q und $\overline{Q}$ bezeichnet und haben immer inverse Signale.

> Ein Kippglied ist gesetzt, wenn die Speicherausgänge die Zustände Q = 1 und $\overline{Q}$ = 0 haben.

RS-Kippglieder (NOR-Kippglieder) werden mit Signal 1 gesetzt bzw. zurückgesetzt **(Bild 1)**. Bei R = 1 und S = 1 nehmen beide Speicherausgänge den verbotenen Zustand Q und $\overline{Q}$ = 0 an.

Taktgesteuerte Kippglieder (synchrone Kippglieder) geben Signale mithilfe eines Taktsignales an die Ausgänge ab. Die Eingangssignale sind mit dem Signal am **Takteingang C**[1] UND-verknüpft **(Bild 2)**. Damit werden Steuersignale an S oder R nur bei Takteingang C = 1 wirksam.

Sind C = 1, S = 1 und R = 0, so führt das UND-Glied K1 am Ausgang 1-Signal, K2 aber 0-Signal. Das NOR-Glied K3 muss am Ausgang also 0-Signal, NOR-Glied K4 1-Signal haben. Alle weiteren Möglichkeiten für C = 1 können entsprechend überprüft werden **(Tabelle)**. Bei C = 0 ebenso bei R = S = 0 ist eine Signaländerung am Speicherausgang unmöglich **(Tabelle)**.

D-Kippglieder haben einen Takteingang C und einen D-Eingang[2] (Dateneingang). Das Verknüpfungsergebnis D ∧ C liegt am Eingang S', das Verknüpfungsergebnis $\overline{D}$ ∧ C am Eingang R' des RS-Kippgliedes **(Bild 3)**. Damit können die Eingänge S' und R' niemals gleiche Werte annehmen. D-Kippglieder haben deshalb keinen verbotenen Zustand (Q = $\overline{Q}$).

JK-Kippglieder (Bild 1, Seite 183) besitzen je einen Setz- und Rücksetzeingang sowie den Takteingang C. Die Eingänge sind mit J und K bezeichnet.

Das Zeitablaufdiagramm **(Bild 2, Seite 183)** zeigt die Arbeitsweise des JK-Kippgliedes. Einer der beiden Ausgänge Q bzw. $\overline{Q}$ muss 1-Signal führen. Ist Q = 1, dann ist die UND-Verknüpfung des K-Einganges vorbereitet. Bei K = 1 gelangt an den Eingang 1R das 1-Signal und $\overline{Q}$ wird beim nächsten Takt 1. Nun ist die UND-Verknüpfung des J-Einganges vorbereitet. Mit J = 1 wird das JK-Kippglied mit dem nächsten Takt gesetzt (Q = 1).

[1] von clock (engl.) = Takt
[2] von delay (engl.) = Verzögerung

Übersicht: Kippglieder

1. Zustandsgesteuerte Kippglieder
- NOR-Kippglied (RS-Kippglied)
- NAND-Kippglied (RS-Kippglied)

2. Taktgesteuerte Kippglieder
- Taktzustandsgesteuerte Kippglieder
- D-Kippglied
- JK-Kippglied

3. Flankengesteuerte Kippglieder
- Einflankengesteuertes JK-Kippglied
- Zweiflankengesteuertes JK-Kippglied (JK-Master-Slave-Kippglied)

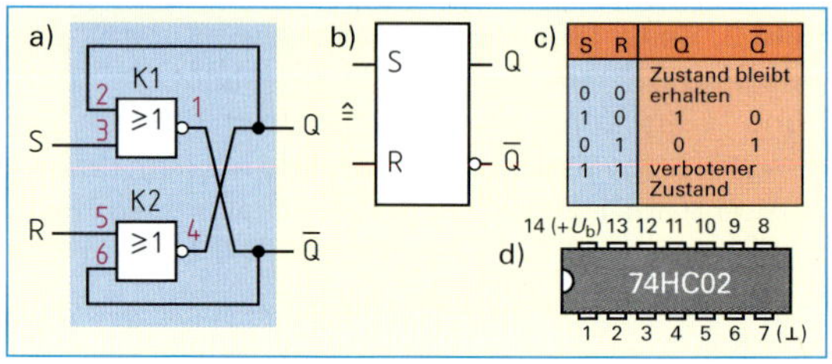

Bild 1: RS-Kippglied (NOR-Kippglied), a) Schaltung, b) Schaltzeichen, c) Wertetabelle, d) Anschlussbelegung

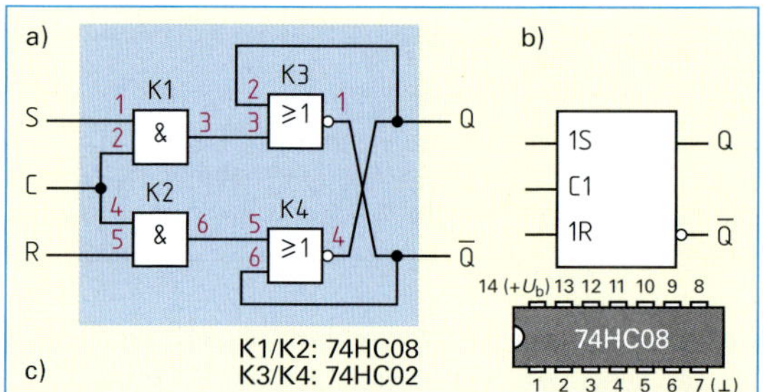

c)

Tabelle: Taktzustandsgesteuertes RS-Kippglied

C	0	0	0	0	1	1	1	1
S	0	0	1	1	0	0	1	1
R	0	1	0	1	0	1	0	1
Q	Speicherzustand					0	1	verboten

Bild 2: Taktzustandsgesteuertes RS-Kippglied, a) Schaltung, b) Schaltkurzzeichen, c) Wertetabelle

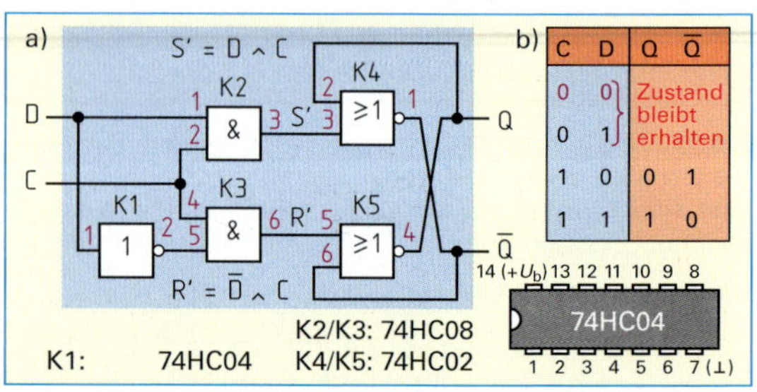

Bild 3: D-Kippglied, a) Schaltung, b) Wertetabelle

Ein JK-Kippglied hat keine verbotenen Eingangskombinationen.

Beim einflankengesteuerten JK-Kippglied kann die Informationsübernahme der an den J- und K-Eingängen anliegenden Signale mit der ansteigenden oder mit der abfallenden Flanke des Taktsignals gesteuert werden **(Bild 2)**. Die Steuerung mit der abfallenden Flanke kennzeichnet man durch einen Negationsring vor dem Takteingang **(Bild 2b)**.

JK-Kippglied mit Reset
Pin-Belegung
74HC73, SN7473

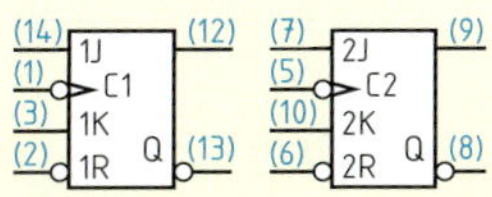

9.9.10.2 Zweiflankengesteuertes JK-Kippglied

Das zweiflankengesteuerte JK-Kippglied (JK-Master-Slave[1]-Kippglied) besteht aus zwei einflankengesteuerten JK-Kippgliedern **(Bild 3b)**. Das Taktsignal des Master-Kippgliedes wird invertiert und dem Takteingang des Slave-Kippgliedes zugeführt. Die Information an den Vorbereitungseingängen (J und K) wird deshalb mit der ansteigenden Flanke des Taktsignals übernommen, zwischengespeichert und mit der abfallenden Taktflanke vom Slave-Kippglied K2 übernommen und steht dann an den Speicherausgängen Q und $\overline{Q}$ an **(Bild 3c)**. Im Schaltzeichen wird die Zweiflankensteuerung durch zwei Winkel an den Ausgängen angegeben **(Bild 3a)**.

Zweiflankengesteuerte JK-Kippglieder sind störsicher, weil zwischen der Informationsübernahme an den J- und K-Eingängen und der Signalausgabe an Q bzw. $\overline{Q}$ eine zeitliche Trennung besteht.

JK-Master-Slave-Kippglieder verwendet man bevorzugt für Zählerschaltungen und für Schieberegister.

Wiederholungsfragen

1. **Beschreiben Sie den Aufbau des RS-Kippgliedes.**
2. **Mit welchem Eingangssignal wird ein**
   a) NOR-Kippglied und
   b) ein NAND-Kippglied gesetzt bzw. zurückgesetzt?
3. **Welche Funktion hat der Takteingang C beim taktzustandsgesteuerten RS-Kippglied?**
4. **Begründen Sie, warum es keinen verbotenen Zustand gibt**
   a) beim D-Kippglied und b) beim JK-Kippglied.
5. **Woran erkennt man am Schaltzeichen eines einflankengesteuerten JK-Kippgliedes die Ansteuerung mit a) ansteigender und b) mit abfallender Flanke?**
5. **Aus welchen Teilen besteht ein zweiflankengesteuertes JK-Kippglied?**

[1] von master (engl.) = Herr; slave (engl.) = Sklave

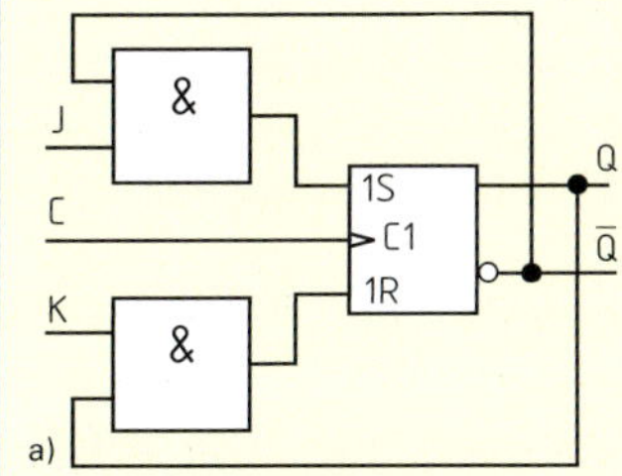

J	K	Q_{tn+1}
0	0	Q_{tn}
0	1	0
1	0	1
1	1	$\overline{Q}_{tn}$

b)

Bild 1: JK-Kippglied, einflankengesteuert

Ausgangszustände des einflankengesteuerten JK-Kippgliedes **(Bild 1)**:
Q_{tn} = Zustand des Ausgangs Q vor dem Takt
Q_{tn+1} = Zustand des Ausgang Q nach dem Takt
$\overline{Q}_{tn}$ = Der Zustand des Ausgangs Q wechselt mit jedem Takt.

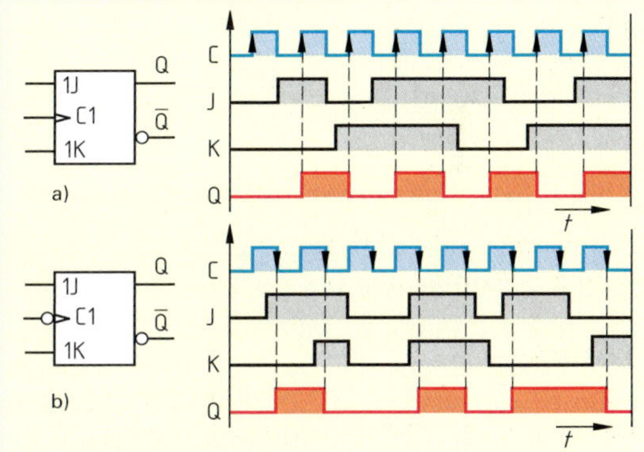

Bild 2: Zeitablaufdiagramm des JK-Kippglieds, gesteuert
a) mit ansteigender Taktflanke
b) mit abfallender Taktflanke

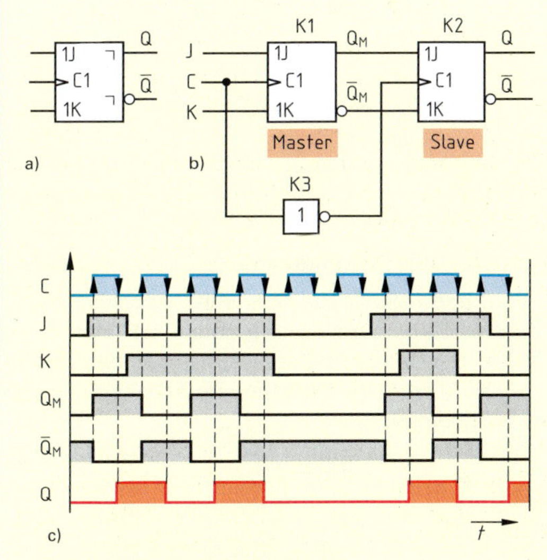

Bild 3: JK-Master-Slave-Kippglied
a) Schaltzeichen, b) Schaltung und
c) Zeitablaufdiagramm

1. Beschreiben Sie den Aufbau eines Siliciumatoms.
2. **a)** Was versteht man unter Dotieren eines Halbleiterwerkstoffes? **b)** Wie erhält man einen N-Leiter bzw. einen P-Leiter?
3. Beschreiben Sie die Wirkungsweise eines PN-Übergangs.
4. **a)** Zu welchen Halbleiterbauelementen gehören die Kennlinien in **Bild 1**? **b)** Zeichnen Sie die zugehörigen genormten Schaltzeichen.

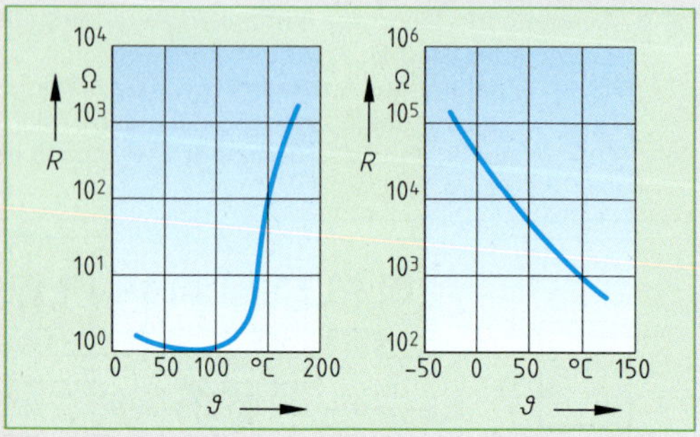

Bild 1: Kennlinien von zwei Halbleiterbauelementen

5. Warum werden in Wicklungen elektrischer Maschinen fremderwärmte Kaltleiter verwendet?
6. In **Bild 2** sind die Kennlinien der Feldplatte FP 30D 250E dargestellt. Die Feldplatte hat einen Grundwiderstand $R_0 = 250\,\Omega$ bei $B = 0$ T. Welchen Widerstandswert R_B nimmt die Feldplatte mit einer Leitfähigkeit L des Materials und einer magnetischen Flussdichte von 1 T an?

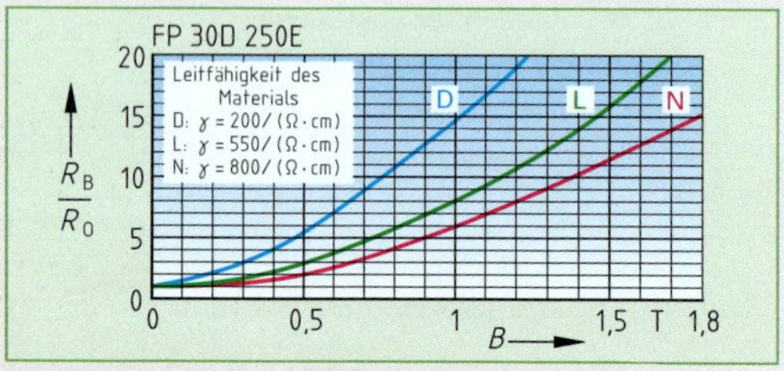

Bild 2: Kennlinien von Feldplatten

7. Nennen Sie Anwendungen von Hallgeneratoren.
8. Auf **Seite 290** ist die Kennlinie der Silicium-Universaldiode BAY 44 dargestellt. **a)** Bestimmen Sie die Schleusenspannung U_s der Diode. **b)** Wird die Verlustleistung im Arbeitspunkt U_F = 1 V überschritten?
9. **a)** Für welche Aufgaben verwendet man Z-Dioden? **b)** In welchem Bereich liegt die Spannung U_Z der Z-Diode BZX 55/C11 **(Seite 290)**? **c)** Warum müssen Z-Dioden mit einem Vorwiderstand betrieben werden?
10. Um welches Bauelement handelt es sich mit der Halbleiterbezeichnung BD 137?
11. **a)** Welche Kennlinien sind in **Bild 3** in den Bereichen I, II und III dargestellt? **b)** Bestimmen Sie das Gleichstromverhältnis bei U_{CE} = 8 V und I_B = 15 mA.

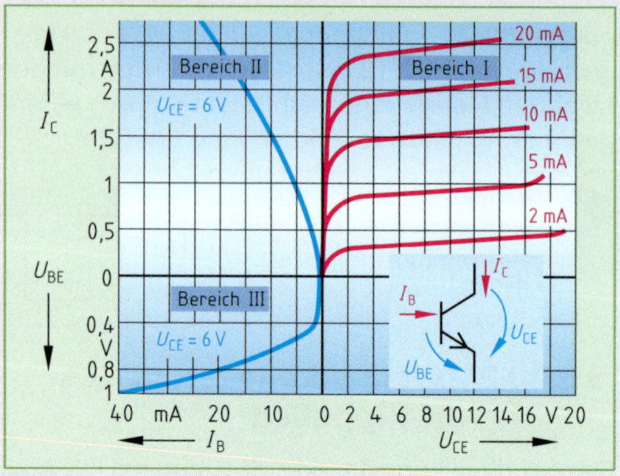

Bild 3: Kennlinienfelder eines Transistors

12. Eine Leuchtdiode CQX 35 Rot **(Seite 290)** soll mit einer Lichtstärke I_v = 2 mcd durch einen NPN-Transistor BC 107 **(Seite 160** und **Seite 291)** angesteuert werden. Die Betriebs- und Eingangsspannung der Schaltung beträgt 5 V. Bei einer Übersteuerung mit $ü$ = 4 ist U_{CEsat} = 0,2 V. **a)** Skizzieren Sie die Schaltung. **b)** Bestimmen Sie die erforderlichen Widerstände R_C und R_V.
13. Welche Aufgabe hat eine Freilaufdiode beim Schalten einer induktiven Last mit einem Transistor?
14. Geben Sie die Grundverknüpfung UND, ODER und NICHT durch Schaltzeichen, Funktionsgleichung und Wertetabelle an.
15. **Bild 4** zeigt den Funktionsplan einer digitalen Verknüpfungsschaltung. Erstellen Sie die Funktionsgleichung der Verknüpfungsschaltung in disjunktiver Normalform (DNF).

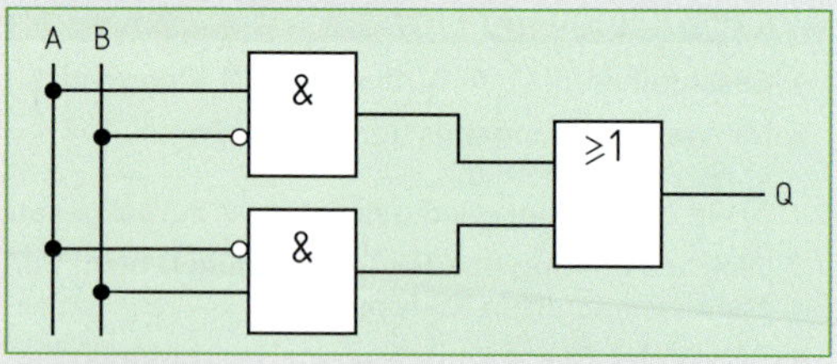

Bild 4: Digitale Verknüpfungsschaltung

16. Wandeln Sie mithilfe der de morganschen Gesetze die Funktionsgleichung aus Aufgabe 15 so um, dass sie **a)** nur durch NAND-Verknüpfungen und **b)** nur durch NOR-Verknüpfungen realisiert werden kann. **c)** Zeichnen Sie die Schaltungen.

* Ergebnisse der Rechenaufgaben Seite 297

10 Elektrische Anlagentechnik

10.1 Energieübertragung und Spannungsebenen

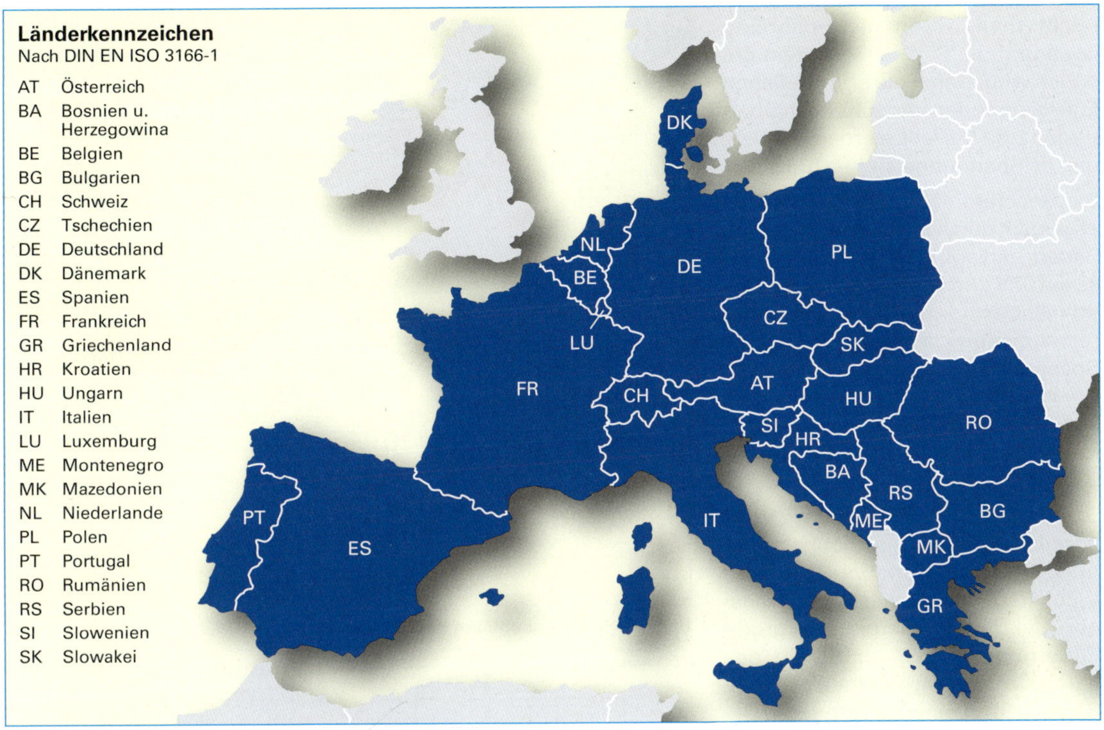

Bild: Mitglieder im Europäischen Verbundnetz

Damit elektrische Energie zu jeder Zeit an jedem Ort in ausreichendem Maße zur Verfügung steht, tauschen die Länder Europas untereinander elektrische Energie aus. Bereits 1951 haben sich die Länder Belgien, Bundesrepublik Deutschland, Frankreich, Italien, das Gebiet des ehemaligen Jugoslawiens, Luxemburg, Niederlande, Österreich, Portugal, die Schweiz und Spanien der **UCPTE**[1] angeschlossen und tauschten untereinander etwa 10 % ihres jährlichen Stromverbrauchs aus.

Durch die Liberalisierung des Strommarktes wurde die Vorgängerorganisation UCPTE 1999 in die **UCTE**[2] umgewandelt. Dieser Nachfolgeorganisation gehören Übertragungsnetzbetreiber in 24 Ländern an **(Bild)**.

Das europäische Verbundnetz bildet die Grundlage für den internationalen Stromaustausch und garantiert gleichzeitig eine hohe Versorgungssicherheit.

Ein wirtschaftlicher Transport elektrischer Energie ist nur über Hochspannungsleitungen von z. B. 110 kV und über Höchstspannungsleitungen von z. B. 220 kV oder 380 kV möglich. Eine weitere Art des Energietransports ist die Hochspannungs-Gleichstrom-Übertragung (HGÜ). HGÜ-Leitungen übertragen elektrische Energie mit einer Spannung von 600 kV. Derartige Leitungen bestehen z. B. zwischen Frankreich und Großbritannien sowie zwischen den Inseln Sardinien und Korsika und dem italienischen Festland.

Ein Verbundnetz entsteht durch Zusammenschalten von Hoch- und Höchstspannungsnetzen verschiedener Verteilungsnetzbetreiber (VNB) bzw. mehrerer Länder. Mithilfe des Verbundnetzes können Engpässe in der Stromversorgung ausgeglichen werden. Fällt ein Kraftwerk aus, erhöhen andere Kraftwerke ihre Leistung entsprechend. Die Verbundpartner sind bei Störfällen in der Lage, innerhalb weniger Minuten große Reserven zu mobilisieren.

[1] UCPTE, Abk. für: Union pour la Coordination de la Production et du Transport de l'Electricité = Union für die Koordinierung der Erzeugung und des Transports elektrischer Energie

[2] UCTE, Abk. für: Union for the Coordination of Transmission of Electricity = Union für die Koordinierung des Transports von Elektrizität

Spannungsebenen

Elektrische Energie kann in größeren Mengen nur über elektrische Leitungen übertragen werden. Kleine Leitungsverluste (Wärmeverluste) erreicht man, wenn die Spannung hoch und die Stromstärke klein gehalten wird. Damit die erforderlichen Energiemengen wirtschaftlich übertragen und verteilt werden können, gibt es Spannungsebenen **(Bild 1)**.

Die Generatoren in den Kraftwerken erzeugen, durch ihre Ausführung und Bauart bedingt, eine Spannung zwischen 6 kV und 30 kV. Durch einen Maschinentransformator wird die Generatorspannung auf die gewünschte Spannungsebene hochtransformiert. Braunkohle- und Kernkraftwerke speisen in die 380-kV-Ebene ein, Steinkohle- und Wasserkraftwerke meist in die 220-kV-Ebene.

Spannungen von 380 kV bzw. 220 kV bezeichnet man als Höchstspannung. Diese Spannungsebene (Höchstspannung) dient dem Transport elektrischer Energie über große Entfernungen, z. B. innerhalb des europäischen Verbundnetzes **(Bild, Seite 185)**. Kleinere Kraftwerke geben elektrische Energie an das 110-kV-Hochspannungsnetz ab. Aus dieser Spannungsebene wird auch die Großindustrie versorgt. Am Mittelspannungsnetz (10 kV bis 30 kV) sind Tarifkunden mit abnehmereigenen Transformatorenstationen und die Ortsnetzstationen für den Niederspannungsbereich (0,4 kV) angeschlossen. Die einzelnen Spannungsebenen sind über Transformatoren miteinander verbunden **(Bild 1)**.

Die Energieversorgung innerhalb eines Gebäudes erfolgt vom Hausanschluss über einen Stromkreisverteiler **(Bild 2)**. Dieser enthält Überstrom-Schutzeinrichtungen (Sicherungen) sowie Fehlerstrom-Schutzeinrichtungen (RCDs).

Stromkreisverteiler verteilen elektrische Energie nach dem Elektrizitätszähler auf einzelne Stromkreise.

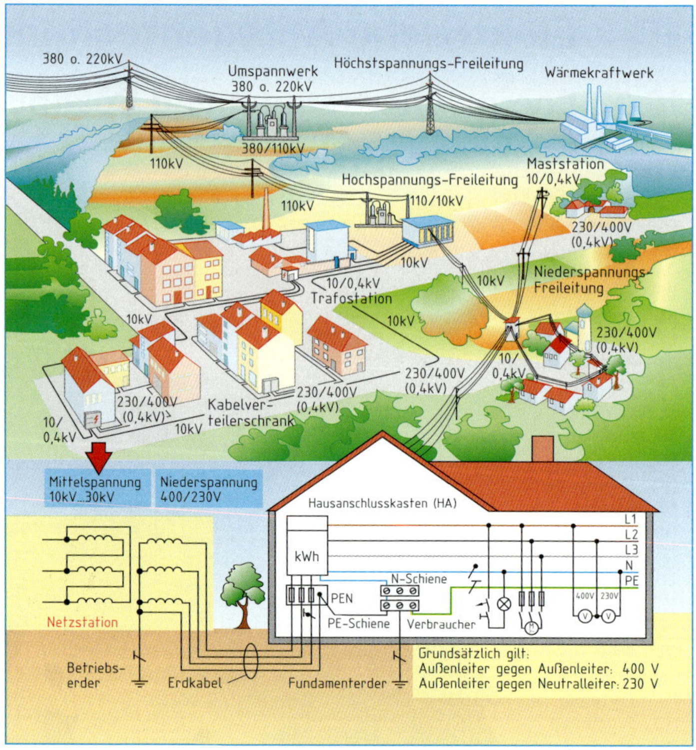

Bild 1: Spannungsebenen der Stromversorgung

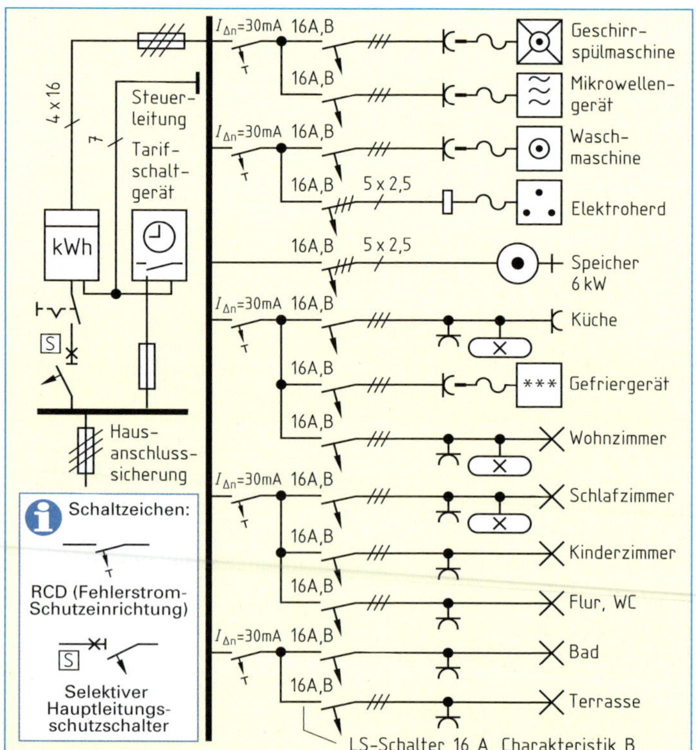

Bild 2: Übersichtsschaltplan eines Stromkreisverteilers (Beispiel)

10.2 Isolierte Leitungen, Kabel und Freileitungen

Aufgabe. Leitungen und Kabel transportieren elektrische Energie vom Erzeuger zum Verbraucher. Sie dienen ebenfalls zur Übertragung von Signalen in Mess-, Steuer- und Regeleinrichtungen.

Aufbau. Isolierte Leitungen und Kabel bestehen aus einer oder aus mehreren gegeneinander isolierten Aderleitungen, die durch eine gemeinsame Umhüllung zusammengefasst sind.

Die in elektrischen Anlagen verlegten isolierten Leitungen und Kabel müssen den gültigen Normen entsprechen.

Normung. Leitungen und Kabel müssen durch den Hersteller normgerecht gekennzeichnet werden. Man unterscheidet:

- Bauarten nach nationalen Normen,
- Bauarten nach harmonisierten Normen.

Bauarten nach nationalen Normen werden mit dem Aufdruck ◁ VDE ▷ oder einem schwarz-roten Kennfaden gekennzeichnet **(Bild a)**.

Bauarten nach harmonisierten Normen werden mit dem Aufdruck ◁ VDE ▷ für Deutschland und dem Harmonisierungskennzeichen ◁ HAR ▷ oder einem schwarz-rot-gelben Kennfaden gekennzeichnet **(Bild b)**.

Ein zusätzlicher Kennfaden (Ursprungszeichen) oder ein Aufdruck auf der Isolierung gibt den Hersteller an.

Farbkennzeichnung. Bei Leitungen und Kabeln mit bis zu 5 Adern müssen die einzelnen Aderisolierungen durch Farben gekennzeichnet werden. Bei mehr als 5 Adern sind die Adern schwarz und mit einem Zahlenaufdruck versehen **(Tabelle 1)**.

Die Farbkennzeichnung ist vorgeschrieben:
- für den Schutzleiter (PE): grüngelb,
- für den Neutralleiter (N): blau,
- für den Schutzleiter mit Neutralleiterfunktion (PEN): grüngelb, zusätzlich sind die Leitungsenden blau zu kennzeichnen.

10.2.1 Isolierte Leitungen

Isolierte Leitungen werden mit und ohne Schutzleiter hergestellt **(Tabelle 1)**. Die Eigenschaften der Leitungen sind durch Kurzzeichen gekennzeichnet. Die Leitungen nach nationaler Norm **(Tabelle 2)** und harmonisierter Norm **(Tabelle 1, Seite 188)** werden unterschiedlich gekennzeichnet.

Beispiele für Leitungsarten:
- Tabelle 2, Seite 188
- Tabelle, Seite 189

Tabelle 1: Aderfarben von Leitungen und Kabeln

Aderzahl	Kabel oder Leitungen: mit Schutzleiter	ohne Schutzleiter
2	– –	BU BN
3	GNYE BU BN	BU BN BK
3*	– – –	BN BK GY
4	GNYE BU BN BK	BU BN BK GY
4*	GNYE – BN BK GY	– – – –
5	GNYE BU BN BK GY	BU BN BK GY BK
>5	GNYE 1 2 3 4	1 2 3 4 5

* In Drehstromkreisen sollen für die drei Außenleiter L1, L2 und L3 die Aderfarben Braun, Schwarz und Grau verwendet werden.

Farbkurzzeichen nach DIN IEC 60757:
BK = schwarz (black) BN = braun (brown),
GY = grau (grey), BU = blau (blue),
GNYE = grüngelb (green-yellow)

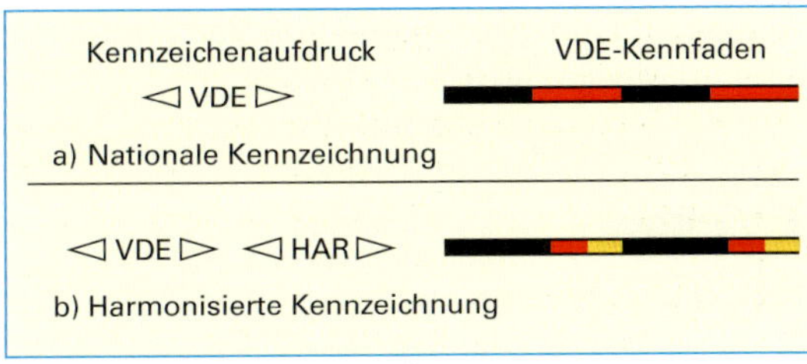

Bild: Leitungskennzeichnung

Tabelle 2: Buchstaben-Kurzzeichen für Leitungen nach nationaler Norm (Auswahl) (nach DIN VDE 0250)

Kurzzeichen	Bedeutung	Beispiel
A	Ader	N4G**A**
B	Bleimantel	NY**B**UY
C	Abschirmung	NSH**C**ÖU
F	Flachleitung (Stegleitung)	NYI**F**
FF	feinstdrähtig	NSL**FF**ÖU
G	Gummiisolierung	N4**G**A
I	Stegleitung (Imputzleitung)	NY**I**F
J	Leitung mit Schutzleiter	NYM-**J**
L	Leuchtröhrenleitung	NY**L**RZY
M	Mantelleitung	NY**M**
N	genormte Leitung	**N**YM
O	Leitung ohne Schutzleiter	NYM-**O**
Ö	ölfest	NSSH**Ö**U
PL	Pendelleitung	N**PL**
R	Rohrdraht	NHY**R**UZY
S	Sonderleitung	N**S**GAÖU
T	Leitungstrosse	N**T**M
U	Umhüllung unbrennbar	NSSHÖ**U**
W	wärmebeständige Leitung	NYFA**W**
Y	Kunststoffisolierung	N**Y**M
Z	Zinkmantel	NYRU**Z**Y

Tabelle 1: Typkurzzeichen für harmonisierte isolierte Leitungen (Auswahl) (nach DIN VDE 0292)

Beispiel: Gummischlauchleitung **H 05 R R -F 3 X 1,5**

Merkmal	Kurzzeichen
Kennzeichnung	
Harmonisierte Leitung	H
Anerkannter nationaler Typ	A**
Bemessungsspannung U_0/U*	
100/100 V	01
300/300 V	03
300/500 V	05
450/750 V	07
Isolierwerkstoff des Leiters	
Ethylenpropylen-Gummi	R
Silikon-Gummi	S
PVC, weich	V
Mantelwerkstoff	
Glasfasergeflecht	J
Polychloropren-Kautschuk	N
Ethylenpropylen-Gummi	R
Silikon-Gummi	S
Textilgeflecht	T
PVC, weich	V
Besonderheiten im Aufbau	
flache, aufteilbare Leitung	H
flache, nicht aufteilbare Leitung	H2
flache Leitung mit 3 oder mehr Adern	H6
Wendelleitung	H8
Leiterform	
feindrähtig (flexible Leitung)	-F
feinstdrähtig (flexible Leitung)	-H
feindrähtig (fest verlegte Leitung)	-K
mehrdrähtiger Rundleiter	-R
eindrähtiger Rundleiter	-U
Lahnlitzenleiter (hochflexibel)	-Y
Aderzahl	
Schutzleiter	
ohne Schutzleiter	X
mit Schutzleiter	G
Leiterquerschnitt in mm²	

* U_0 größte zulässige Spannung Leiter gegen Erde; U größte zulässige Spannung Leiter gegen Leiter

** Andere Typenkurzzeichen sind ebenfalls möglich, sofern keine Verwechslung mit anderen Buchstaben auftritt.

Tabelle 2: Leitungsarten und ihre Verwendungsmöglichkeiten (Beispiele)

Isolierte Leitungen für feste Verlegung

Leitungsaufbau	Bezeichnung	Kurzzeichen	Bemessungsspg. U_0/U	Aderzahl	Verwendung
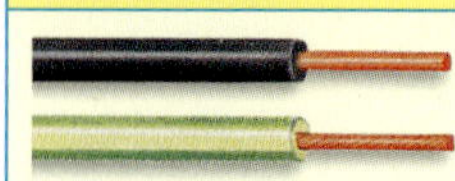	Kunststoffaderleitung	H07V-U H07V-R H07V-K	450/750 V	1	Zur Verlegung in Rohren in trockenen Räumen. Zur inneren Verdrahtung von z. B. Leuchten, Motoren, Verteilungen.
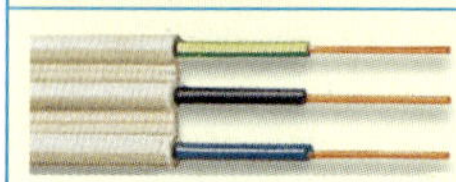	Stegleitung	NYIF	230/400 V	2 ... 5	Nur in trockenen Räumen zur Verlegung in Putz oder unter Putz. Nicht auf Holz, auf Metall, in Hohlräumen, im Bad.
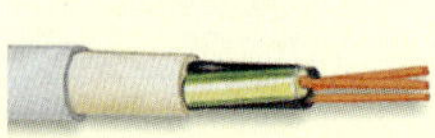	Mantelleitung	NYM	300/500 V	1 ... 7	Zur Verlegung unter Putz, im Putz und auf Putz in trockenen, feuchten, nassen, feuer- und explosionsgefährdeten Räumen. Einschränkung: Nicht im Erdreich.

Isolierte Leitungen zum Anschluss ortsveränderlicher Verbraucher

Leitungsaufbau	Bezeichnung	Kurzzeichen	Bemessungsspg. U_0/U	Aderzahl	Verwendung
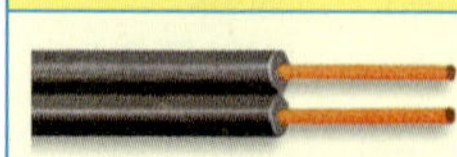	Zwillingsleitung	H03VH-Y	300/300 V	2	Zum Anschluss kleiner Handapparate, z. B. elektrische Rasierapparate. Länge max. 2 m, Strombelastung < 0,2 A.
	Leichte Kunststoffschlauchleitung	H03VV-F	300/300 V	2 ... 3	Bei geringen mechanischen Beanspruchungen für Haushaltsgeräte und Büromaschinen. Nicht geeignet für Koch- und Raumheizgeräte.
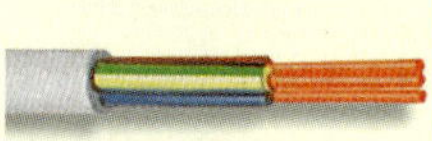	Mittlere Kunststoffschlauchleitung	H05VV-F	300/500 V	2 ... 5	Bei mittleren mechanischen Beanspruchungen für Haushaltsgeräte und Büromaschinen, z. B. Waschmaschinen, Kühlschränke, Wärmegeräte.
	Gummischlauchleitung	H05RR-F	300/500 V	2 ... 5	Bei geringer mechanischer Beanspruchung, für Haushaltsgeräte und Büromaschinen, z. B. Staubsauger, Lötkolben, Küchengeräte.

Tabelle: Sonderleitungen (Auswahl)

Leitungsaufbau	Bezeichnung	Kurzzeichen	U_0/U^* in V	Aderzahl	A^{**} in mm²; d in mm	Verwendung
	PVC-Klingel-Draht	Y-Draht	60	1	$d = 0{,}8$	Für feste Verlegung in Rohren auf und unter Putz, in trockenen Räumen.
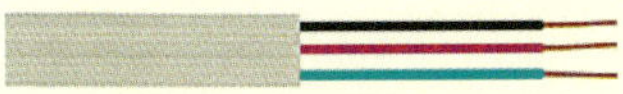	PVC-Klingel-Stegleitung	J-FY	375	2 und 3	$d = 0{,}8$	Für feste Verlegung im und unter Putz, in trockenen Räumen.
	PVC-Klingel-Mantelleitung	YR	100	2 bis 24	$d = 0{,}8$	Für feste Verlegung auf und unter Putz, in trockenen und feuchten Räumen sowie im Freien.
	PVC-Verdrahtungsleitung	H05V-U H05V-K	300/500	1	$A = 0{,}5$ bis 1	Bei geschützter Verlegung in Geräten, in und an Leuchten sowie in Signal- und Steueranlagen, auch in Rohren auf und unter Putz.
	Gummiaderleitung	H03RT-H	300/300	2 und 3	$A = 0{,}75$ bis 1,5	Zum Anschluss von Elektrowärmegeräten im Haushalt und Büro, z. B. Bügeleisen, Heizdecken. Nicht geeignet für gewerbliche Elektrowerkzeuge.
	PVC-Steuerleitung	NYSLYÖ	300/500	3 bis 60	$A = 0{,}5$ bis 2,5	Anschluss- und Verbindungsleitung für Steuergeräte an Werkzeugmaschinen, Fließ- und Montagebändern, in trockenen und nassen Räumen.
	Schweißleitung	H01N2-D	100/100	1	$A = 16$ bis 185	Bei Elektroschweißgeräten im Werkzeug-, Automobil- und Schiffsbau, mechanisch hoch beanspruchbar.
	MSR-Leitung	PYCYM	250/250	2 bis 100	$d = 0{,}6$ und 0,8	Geschirmte, paarig verseilte Leitung zur Messwert- und Prozessdatenübertragung, für feste Verlegung. Vor Sonneneinstrahlung schützen.
	Bus-Leitung	YCYM	250/250	2 und 4	$d = 0{,}8$	Für Europäischen Installationsbus (KNX/EIB), für feste Verlegung, vor Sonneneinstrahlung schützen.
	ASi-Steuerleitung	AS-I	300/500	2	$A = 1{,}5$	Gelbe ASi-Standardleitung zum Übertragen von Daten und Energie über den ASi-Bus. Schwarze Leitung: 24-V-DC-Versorgung. Rote Leitung: 230-V-AC-Versorgung.
	Kommunikationsleitung	J-Y(St)Y	250/250	2 bis 100	$d = 0{,}8$	Im Sprech- und Nebenstellenaufbau, für feste Verlegung, vor Sonneneinstrahlung schützen.

* U_0 größte zulässige Spannung Leiter gegen Erde; U größte zulässige Spannung Leiter gegen Leiter;
** A Leiterquerschnitt; d Leiterdurchmesser

(Nächster Praxistipp: Seite 193)

Situationsbeschreibung:

Bei Elektroinstallationen muss die Verlegung von Leitungen und Kabeln nach DIN-VDE-Vorschriften erfolgen. Betriebsmittel, z. B. Steckdosen, sind fachgerecht anzuschließen. Dabei sind die in DIN VDE 0293 festgelegten Aderfarben **(Seite 187)** der Leitungen zu beachten.

Kabel und Leitungen sind vor Überlast und Kurzschluss zu schützen. Deshalb sind Überstrom-Schutzeinrichtungen **(Seite 194)** notwendig. Maßnahmen zum Personenschutz sind unbedingt einzuhalten!

Leiter	Farbcode*	Hinweise
Außenleiter L1	braun (BN)	Hierzu gibt es keine gültige genormte Zuordnung der Farbkennzeichnungen. Auf Empfehlung des ZVEH (Zentralverband der Elektro- und Informationstechnischen Handwerke) soll die links stehende Farbzuordnung gewählt werden. Für ein und dasselbe Objekt, z. B. innerhalb eines Einfamilienhauses, soll aber die gleiche Zuordnung der Aderfarben eingehalten werden.
Außenleiter L2	schwarz (BK)	
Außenleiter L3	grau (GY)	
Neutralleiter N	blau (BU)	Die blaue Ader darf z. B. auch als Schaltdraht verwendet werden. Voraussetzung: In dem betreffenden Stromkreis oder Leitungsabschnitt ist kein Neutralleiter notwendig.
Schutzleiter PE	grüngelb (GNYE)	Die grüngelbe Ader darf nur als Schutzleiter (PE) oder als Neutralleiter mit Schutzfunktion (PEN) verwendet werden.

* in Klammern: engl. Kurzbezeichnung (BN brown, BK black, GY grey, BU blue, GNYE green-yellow)

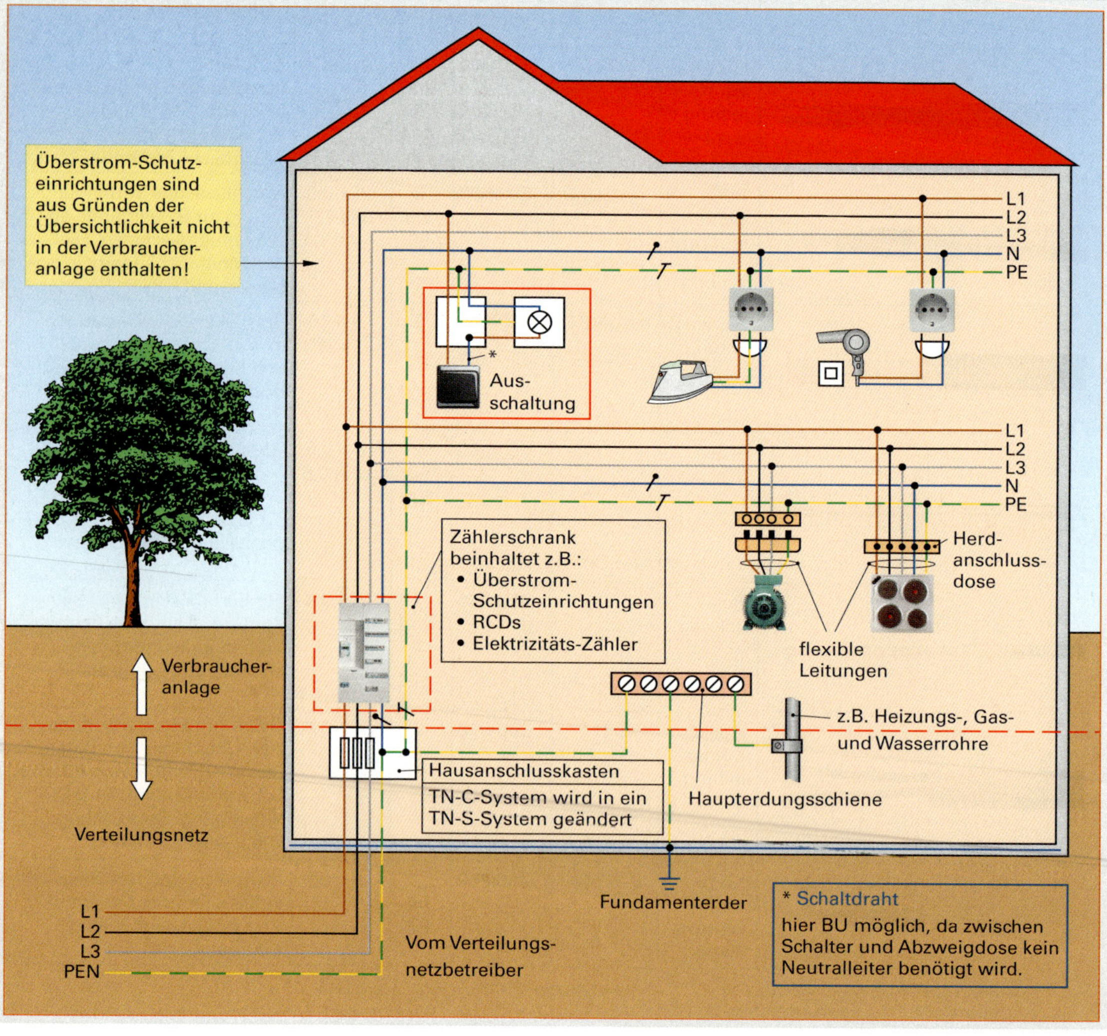

10.2.2 Kabel für Mittelspannungs- und Niederspannungsanlagen

Zum Übertragen und Verteilen elektrischer Energie werden häufig im Erdreich verlegte Kabel verwendet **(Tabelle)**. Kabelnetze sind weniger störanfällig und wartungsbedürftig als Freileitungsnetze; sie sind aber bei der Erstellung teurer. Kabel sind mechanisch robuster aufgebaut als Leitungen, deshalb dürfen sie im Erdreich verlegt werden. Sie sind gegen mechanische Einflüsse und gegen das Eindringen von Feuchtigkeit geschützt.

> **Kabel**
> Kabel dürfen im Gegensatz zu Leitungen im Erdreich verlegt werden.

Nach der Verlegungsart unterscheidet man Innenraum-, Erd- und Unterwasserkabel, nach der Leiterzahl Einleiter- und Mehrleiterkabel und nach der Übertragungsspannung Niederspannungs-, Mittel-, Hoch- und Höchstspannungskabel. (Kabelarten und Kabelkennzeichnung siehe Tabellenbuch Elektrotechnik.)

Tabelle: Kabel (Beispiele)

Kabelaufbau	Typ	Bemessungsspannung* U_0/U	Verwendung
	NAYY Kunststoffkabel mit Aluminium-Leitern	0,6/1 kV	Energiekabel für Ortsnetze und für Industrieanlagen.
	NYCWY Kunststoffkabel mit konzentrischem Schutzleiter	0,6/1 kV	Energiekabel mit konzentrischem Schutzleiter für Hausanschlüsse und Straßenbeleuchtungen, wo mit nachträglichen Beschädigungen zu rechnen ist.
	NAKBA Dreimantelkabel	6/10 kV	Energiekabel als Netzkabel (Mittelspannung); jede Ader mit Bleimantel und Stahlbandbewehrung.

* U_0 größte zulässige Spannung Leiter gegen Erde; U größte zulässige Spannung Leiter gegen Leiter

10.2.3 Freileitungen für Hoch- und Mittelspannungsanlagen

Unter Freileitungen versteht man blanke oder umhüllte und wetterfeste Leitungen, die mit Spannweiten über 20 m in der Luft verlegt sind. Blanke Leitungen werden an Isolatoren befestigt. Der Mindestquerschnitt für Niederspannungsfreileitungen ist 10 mm² Kupfer. Als Leiterwerkstoff wird Kupfer (ein- oder mehrdrähtig) verwendet. Bei Querschnitten über 25 mm² kommen meist Leitungsseile aus Aluminium, Stahlaluminium oder Aldrey zum Einsatz.

Aluminium-Stahl-Seile enthalten einen verseilten Aluminiummantel mit einer Stahlseele **(Bild)**. Das Querschnittsverhältnis von Aluminium zu Stahl ist genormt, z. B. 25/4 mm².

Aldrey mit der Werkstoffbezeichnung EN AW-6101B[EAL-MgSi(B)] ist eine Legierung aus 99 % Aluminium, 0,5 % Magnesium und 0,5 % Silicium. Es hat eine höhere Zugfestigkeit als Aluminium und ist beständiger gegen Korrosion.

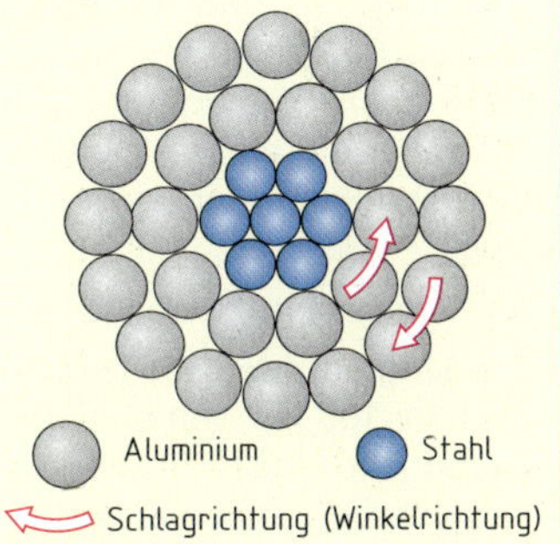

Bild: Aufbau eines Aluminium-Stahl-Seiles

Wiederholungsfragen

1. **Welche Aderfarbe ist für den Schutzleiteranschluss vorgeschrieben?**
2. **Welche Bedeutung haben die Buchstaben-Kurzzeichen a) F, b) J, c) O, d) W, e) ÖU bei isolierten Leitungen?**
3. **Ermitteln Sie die Eigenschaften der folgenden Leitungen: a) H07V-K, b) H05VV-F, c) H03VH-Y, d) H07RN-F und e) H03VVH2-F.**
4. **Was bedeuten bei harmonisierten Starkstromleitungen die Zahlenangaben a) 01, b) 03 c) 05 und d) 07?**
5. **Ermitteln Sie mithilfe des Tabellenbuches Elektotechnik typische Bewehrungsarten bei Kabeln und erläutern Sie deren Aufgabe.**
6. **Begründen Sie, warum bei Freileitungen mit großen Querschnitten als Leiterwerkstoff bevorzugt Aluminium verwendet wird.**

10.2.4 Datenleitungen

Die digitale Datenübertragung, z.B. ISDN und in lokalen Computernetzwerken, erfordert Leitungen, die eine kostengünstige, störungsfreie und schnelle Übertragung ermöglichen **(Bild 1)**.

Zum Aufbau von Datennetzen verwendet man meist **Twisted-Pair[1]-Leitungen** und **Lichtwellenleiter (Übersicht)**.

Eine **Twisted-Pair-Leitung** besteht aus 8, 24 oder 48 isolierten Adern, die immer paarweise miteinander verdrillt (Twisted Pair) sind. Abhängig von der Abschirmung, der Bandbreite und dem Nebensprechen teilt man Twisted-Pair-Leitungen in Leitungskategorien ein. Jede Kategorie ist für einen bestimmten Anwendungsbereich geeignet **(Tabelle)**. Derzeit werden für die Vernetzung von Computern meist Twisted-Pair-Leitungen der Kategorie 5 (Kat 5) verwendet.

Für den Anschluss von Twisted-Pair-Leitungen an Netzwerkverteiler bzw. an die Netzwerkkarte im PC werden sogenannte RJ45[2]-Stecker **(Bild 2)** verwendet. Beim Anschließen der Leitung ist darauf zu achten, dass zusammengehörende Aderpaare an die zugehörigen Pins angeschlossen werden.

Lichtwellenleiter (LWL) übertragen Informationen mithilfe elektromagnetischer Wellen im sichtbaren und infraroten Bereich.

Ein LWL besteht aus einer hochreinen Quarzglasfaser. Durch Aufbringen einer Schutzschicht, dem Primär Coating, wird die Faser flexibel und biegsam. Das Signal wird in der Glasfaser durch Totalreflexion am Glasmantel **(Bild 3)** geführt. Jede Lichtwelle, die sich mit einem unterschiedlichen Eintrittswinkel ausbreitet, bezeichnet man als **Mode**.

Man unterscheidet zwei Fasertypen:

- Die **Singlemodefaser** (SM) kann nur eine Mode bis über 100 km weit übertragen und benötigt als Lichtquelle eine Laserdiode. SM haben geringere Pegeldämpfungen als MM.
- Die **Multimodefaser** (MM) überträgt mehrere Moden bis max. 5 km und benötigt als Lichtquelle eine Leuchtdiode. Zwischen den einzelnen Moden entstehen Laufzeitunterschiede (Modendispersion).

LWL-Kabel können aus einem von Kunststoff umhüllten LWL **(Vollader)** oder bis zu 48 gemeinsam von Kunststoff umhüllten LWL **(Bündelader)** bestehen.

[1] Twisted Pair (engl.) = verdrilltes Aderpaar
[2] RJ, Abk. für **R**egistered **J**ack (engl.) = patentierter Stecker

Übersicht: Arten von Datenleitungen

- Koaxial-Kabel (nur noch in Altanlagen)
- Twisted-Pair-Leitung
- Lichtwellenleiter (SM und MM)

Tabelle: Leitungskategorien

Kategorie	max. Übertragungsfrequenz	Anwendungsbereich
Kat 1	0,1 MHz	Für Alarmsysteme und analoge Sprachübertragung.
Kat 2	4 MHz	Für Sprachübertragung und ISDN.
Kat 3	16 MHz	Datenübertragung bis 16 Mbit/s.
Kat 4	20 MHz	Datenübertragung bis 20 Mbit/s.
Kat 5	100 MHz	Datenübertragung bis 100 Mbit/s.
Kat 6	250 MHz	Datenübertragung bis 250 Mbit/s.
Kat 7	600 MHz	Datenübertragung bis 600 Mbit/s.

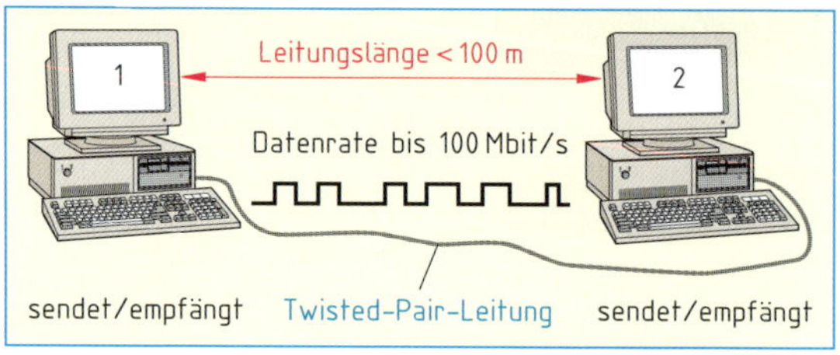

Bild 1: Prinzip der Datenübertragung

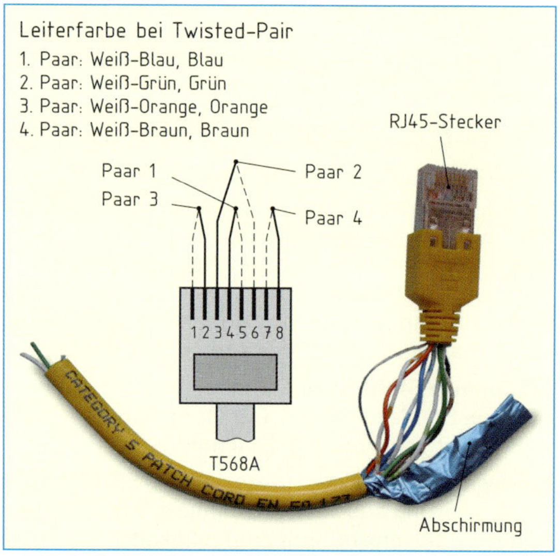

Bild 2: Twisted-Pair-Leitung mit RJ45-Stecker (Leitung aufgeschnitten)

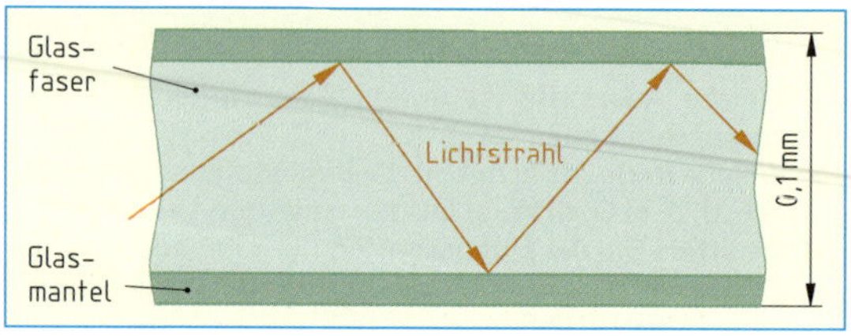

Bild 3: Lichtwellenleiter

(Nächster Praxistipp: Seite 201)

Verlegearten von Leitungen (Beispiele)

Verlegung	auf Putz	im Putz	unter Putz
bevorzugte Leitungsarten	• Mantelleitung • PVC-Aderleitung (im Rohr) • PVC-Klingeldraht (im Rohr) • PVC-Klingelmantelleitung (im Rohr)	• Mantelleitung • Stegleitung	• Mantelleitung • Stegleitung • PVC-Aderleitung (im Rohr) • PVC-Klingeldraht (im Rohr)
Leitungs-befestigung (Beispiele)	• Schraubschellen • Nagelschellen • Abstandsschellen Befestigungsschrauben unterhalb der Leitung anordnen, Ausnahme z. B. bei Mauervorsprüngen. Auf Putz verlegte Leitungen bleiben sichtbar. Sie müssen deshalb gleichmäßig und formschön verlegt werden. 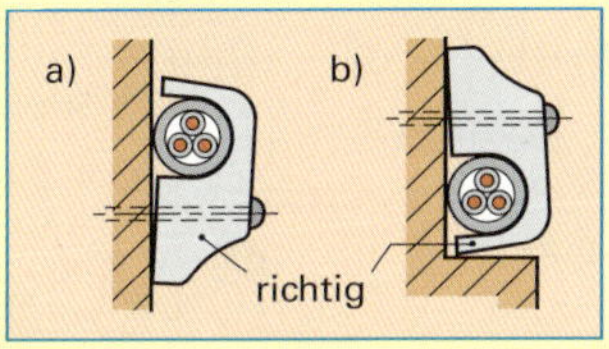 	Befestigung der Stegleitung durch • Stahlnägel 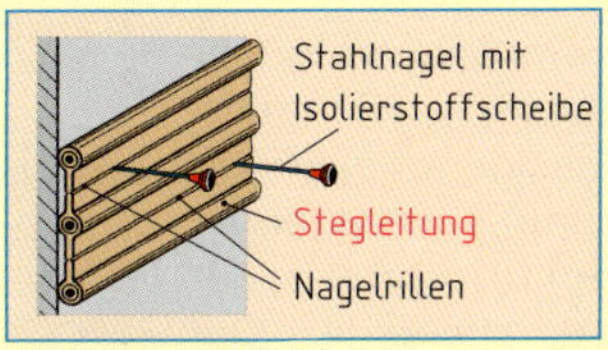 • Gipspflaster 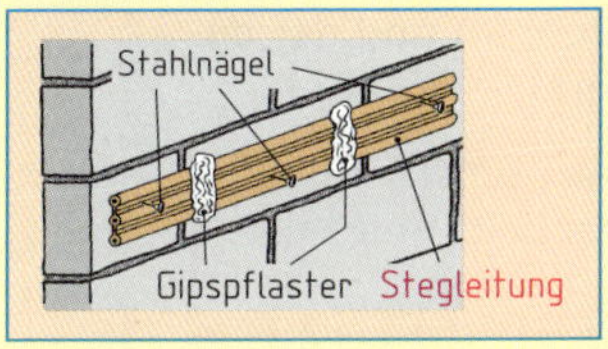 • Klebstoff	Verlegung in ausgefrästen Nuten im Mauerwerk. Schlitztiefe ist so zu wählen, dass die Leitung bündig mit dem Rohmauerwerk abschließt. Befestigungsmittel dürfen die Rohre bzw. Leitungen nicht in der Form verändern und beschädigen. 

Schelleneinteilung bei Verlegung auf Putz:

- Abstand Betriebsmittel - Schelle: $a = 80$ mm
- Abstand Bogenanfang - Schelle: $b = 50$ mm
- bevorzugter gleichmäßiger Abstand c zwischen den Schellen: $c \leq 250$ mm
- Biegeradius R bei Leitungsdurchmesser d: $R \geq 4 \cdot d$
- Bei mehreren parallel verlegten Leitungen wird der äußere Bogen R_2 dem inneren Bogen R_1 angepasst: (e = Abstand zwischen den Leitungen) $R_2 = R_1 + e$
- Berechnung der Schellenanzahl

$$n \geq \frac{x}{c}$$

n: Schellenanzahl
x: Leitungslänge
c: Schellenabstand

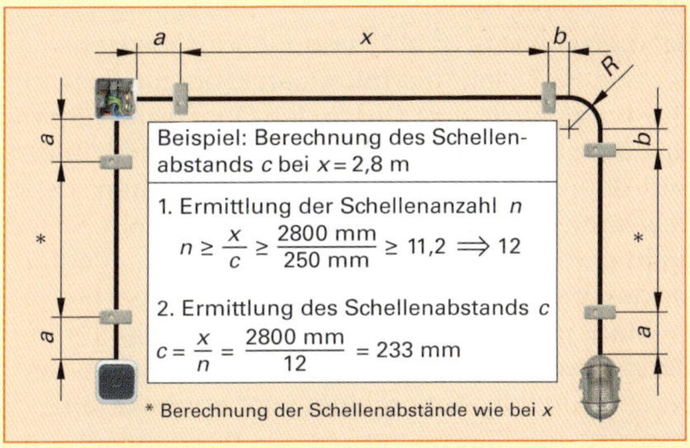

Installationszonen im Wohnbereich:

- Leitungen immer senkrecht bzw. waagerecht verlegen,
- waagerecht: 15 cm bis 45 cm unter der Decke bzw. über dem Fußboden,
- senkrecht: 10 cm bis 30 cm neben Fenstern, Türen, Wandecken,
- bei schrägen Wandflächen z. B. im Dachgeschoss: 15 cm bis 45 cm parallel zur Dachschräge.
- Vorzugsmaße für Auslässe:
  - Schalter 105 cm über Fertigfußboden, an der Schlossseite der Türen,
  - Steckdosen 30 cm über Fertigfußboden,
  - in Arbeitsräumen oberhalb der Arbeitsflächen, z. B. Steckdosen im Küchenbereich: 115 cm über Fertigfußboden.

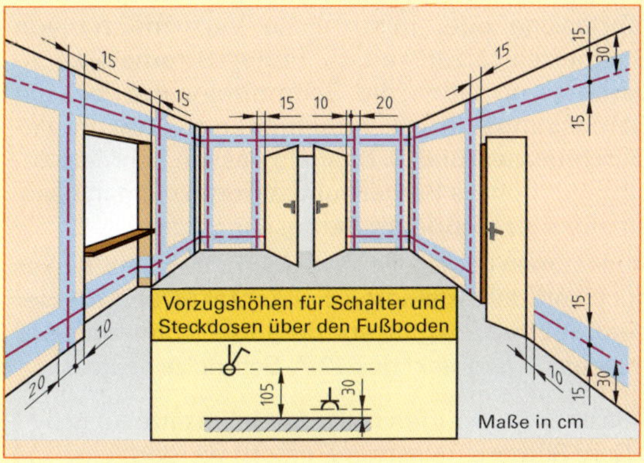

10.3 Schutz elektrischer Leitungen und Verbraucher

Schmelzsicherungen

Wird ein Leiter von einem Strom durchflossen, so erwärmt er sich (Wärmewirkung, **Seite 28**). Durch unzulässig hohe Ströme können Brände entstehen. Um eine Brandgefahr in elektrischen Anlagen zu vermeiden, muss ein zu hoher Strom abgeschaltet werden. Ursache zu hoher Ströme kann eine Überlastung oder ein Kurzschluss sein.

Durch den Einbau von **Überstrom-Schutzeinrichtungen (Übersicht)** in Leitungen, z.B. von Schmelzsicherungen, wird eine unzulässig hohe Erwärmung verhindert. Die Sicherung enthält einen Leiter (Schmelzleiter) mit kleinem Querschnitt, der bei einer zu hohen Stromstärke durchschmilzt. Der Stromkreis wird unterbrochen. Dadurch werden Brand oder Zerstörung der Leitungen und der angeschlossenen Geräte verhindert.

Überstrom-Schutzeinrichtungen schützen Leitungen und Geräte vor Überlastung und Kurzschluss.

Überlastung, Kurzschluss

- **Überlastung** entsteht, wenn in einem fehlerfreien Stromkreis zu viele Verbraucher oder Verbraucher mit einer zu hohen Stromaufnahme angeschlossen sind.
- **Kurzschluss** entsteht z.B. durch Schaltungsfehler oder durch eine leitende Verbindung (Isolationsfehler) zwischen Leitern, die gegeneinander Spannung führen, z.B. zwischen dem Außenleiter (L) und dem Neutralleiter (N).

Übersicht: Überstrom-Schutzeinrichtungen

- Schraubsicherungen
- NH-Sicherungen **(Seite 195)**
- Geräteschutzsicherungen **(Seite 195)**
- Leitungsschutzschalter **(Seite 198)**

Schraubsicherungssysteme

Schraubsicherungssysteme **(Bild 1)** bestehen aus Sicherungssockel, Passeinsatz, Schmelzeinsatz und Schraubkappe.

Schmelzeinsätze (Bild 2) sind zylindrische Hohlkörper aus Porzellan, die mit Quarzsand zur Funkenlöschung gefüllt sind. Durch den Quarzsand führen ein oder mehrere Schmelzleiter, die den Fußkontakt mit dem Kopfkontakt verbinden. Neben dem Schmelzleiter wird vom Fußkontakt aus ein Haltedraht geführt. Am Ende des Haltedrahts ist der farbig gekennzeichnete Unterbrechungsmelder (Kennmelder) befestigt. Bei einem unzulässig hohen Strom werden Schmelzleiter und Haltedraht unterbrochen und der Kennmelder wird abgeworfen.

In den **Sicherungssockel** wird ein **Passeinsatz,** z.B. Passschraube, Passhülse oder Passring, mit dem entsprechenden Werkzeug eingesetzt. Um eine fahrlässige oder irrtümliche Verwendung von Schmelzeinsätzen mit zu hoher Stromstärke zu verhindern, haben die Schmelzeinsätze je nach Bemessungsstrom verschiedene Fußkontakt-Durchmesser **(Bild 3)**. Deshalb passen Schmelzeinsätze für höhere Bemessungsströme nicht in Passeinsätze für niedrigere Bemessungsströme.

Ausnahmen bilden der 10-A-Schmelzeinsatz, den es auch mit dem kleineren Fußkontakt-Durchmesser des 6-A-Einsatzes gibt, und der 13-A-Schmelzeinsatz[1] mit dem Fußkontakt des 10-A-Schmelzeinsatzes.

Passeinsätze dürfen nicht durch Einsätze für größere Bemessungsströme ersetzt werden.

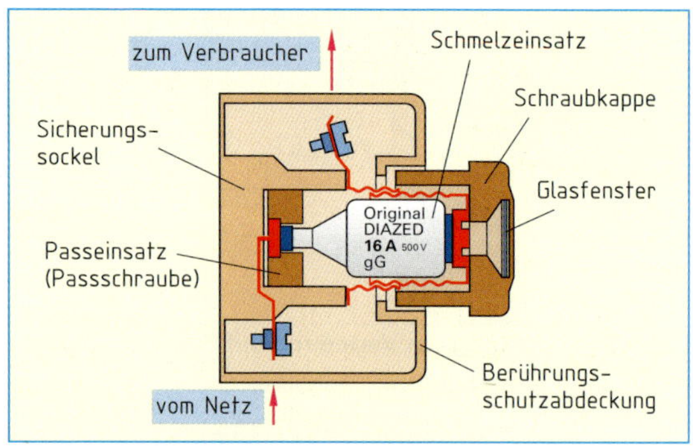

Bild 1: Schraubsicherungssystem (Schraubsicherung mit Schmelzeinsatz)

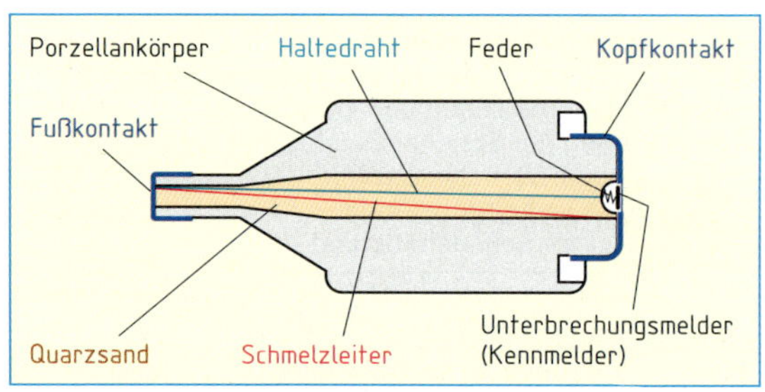

Bild 2: Aufbau des Schmelzeinsatzes

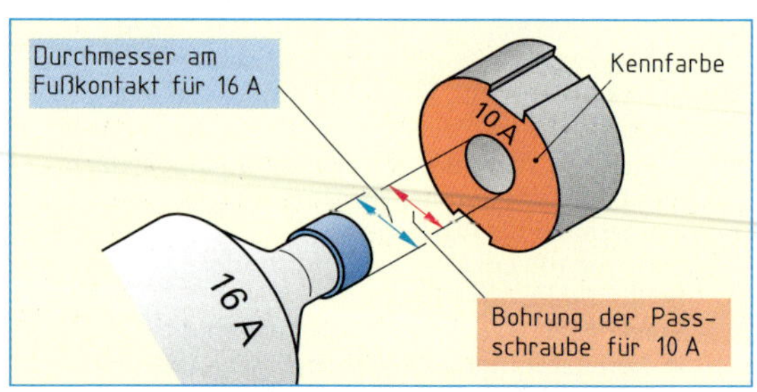

Bild 3: Unverwechselbarkeit der Schmelzeinsätze

[1] Nach DIN VDE 0636

Durchgeschmolzene Schmelzeinsätze müssen gegen neue ausgewechselt werden. Flicken oder Überbrücken von Schmelzeinsätzen ist verboten, weil dadurch der Schutz der Leitung aufgehoben wird (DIN VDE 0100). Ist ein geflickter oder überbrückter Schmelzeinsatz die Brandursache, so kann die Brandversicherung die Entschädigung verweigern.

Sicherungen dürfen nicht geflickt oder überbrückt werden.

Die **Bemessungsstromstärken** der Sicherungseinsätze (Schmelzeinsätze) sind genormt **(Tabelle)**. Die Passeinsätze haben die gleichen Kennfarben wie die Kennmelder der Schmelzeinsätze.

Bei Schraubsicherungssystemen unterscheidet man das ältere **D-System** (DIAZED[1]-System) und das neuere, Platz sparende **D0-System** (NEOZED[2]-System). Beide Systeme sind im Prinzip gleich aufgebaut **(Bild 1)**. Es gibt sie in verschiedenen Baugrößen in den Bemessungsstromstärken von 2 A bis 100 A **(Tabelle)**. Die Bemessungsspannungen sind in der **Übersicht** aufgeführt.

Beim DIAZED-System setzt man meist die Größen D II und D III ein. NEOZED-Systeme gibt es in den Größen D01, D02 und D03.

NH-Sicherungssystem

Das Niederspannungs-Hochleistungssicherungs-System besteht aus dem NH-Sicherungsunterteil und dem NH-Schmelzeinsatz **(Bild 2)**. NH-Sicherungen gibt es in sechs verschiedenen Baugrößen (NH00, NH0[3], NH1 bis NH4 und NH4a) für Bemessungsstromstärken von 2 A bis über 1250 A.

NH-Schmelzeinsätze dürfen nur von Fachkräften mit einem isolierten Aufsteckgriff und einem fest daran angebrachten Unterarmschutz eingesetzt bzw. entfernt werden. Außerdem muss ein Helm mit Gesichtsschutz getragen werden **(Bild 2, Seite 208)**.

Geräteschutzsicherungen

Geräte der Messtechnik und Elektronik, z. B. Netzteile, Rundfunk-, Fernseh- und Messgeräte, werden durch Geräteschutzsicherungen (G-Sicherungen) abgesichert. Der Schmelzeinsatz aus Glas oder Keramik **(Bild 3)** trägt an den Enden Kontaktkappen, die durch den Schmelzdraht miteinander verbunden sind. G-Sicherungen werden meist für die Bemessungsspannung 250 V bei Bemessungsströmen von 0,032 A bis 20 A hergestellt. Entsprechend den Einsatzbereichen unterscheidet man G-Sicherungen in der Abschaltcharakteristik superflink (FF), flink (F), mittelträge (M), träge (T) und superträge (TT).

[1] DIAZED = **Di**ametral **a**bgestufter **z**weiteiliger **Ed**ison-Schraubstöpsel
[2] von neos (griech.) = neu
[3] Für Neuanlagen nicht erlaubt.

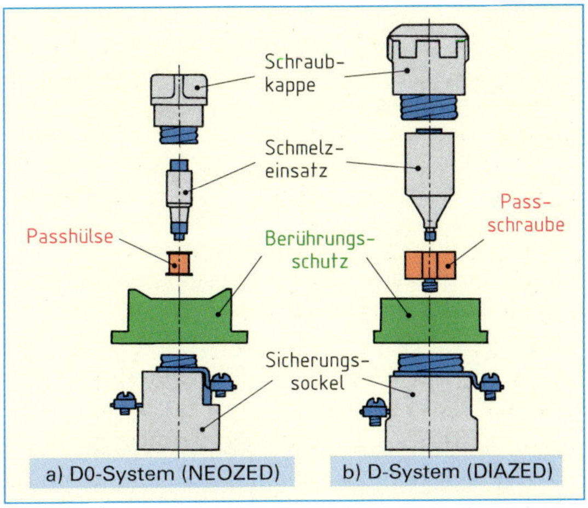

Bild 1: Aufbau a) des D0-Systems, b) des D-Systems

Übersicht: Bemessungsspannungen

- DIAZED-System (D-System): AC und DC 500 V
- NEOZED-System (D0-System): AC 400 V/DC 250 V
- NH-System: AC 500 V/DC 440 V oder AC 690 V/DC 440 V

Tabelle: Schmelzeinsätze

Bemessungsstromstärke in A	Kennfarbe	Größe des Schmelzeinsatzes System D	Größe des Schmelzeinsatzes System D0	Gewinde der Schraubkappe
2	rosa	D II	D01	E 27 (D II) E 14 (D01)
4	braun			
6	grün			
10	rot			
13	schwarz			
16	grau			
20	blau		D02	E 18 (D02)
25	gelb			
35	schwarz	D III		E 33 (D III)
50	weiß			
63	kupfer			
80	silber	D IV H	D03	R1¼ (D IV H) M 30x2 (D03)
100	rot			

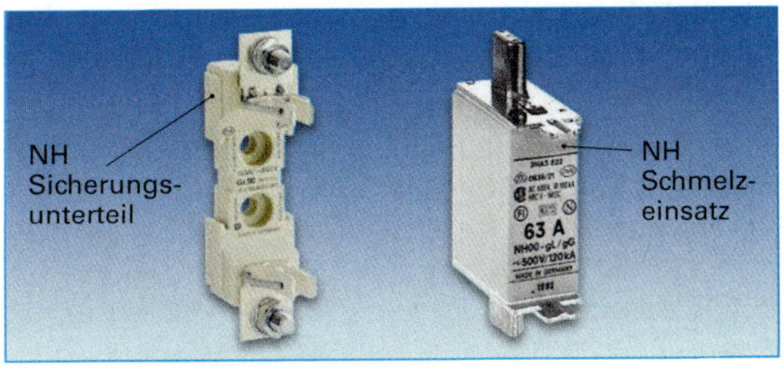

Bild 2: NH-Sicherung

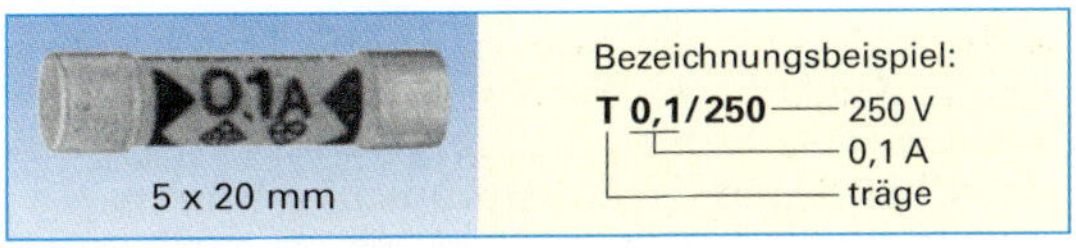

Bild 3: Geräteschutzsicherung

Niederspannngssicherungen teilt man in **Betriebsklassen** ein. Die Betriebsklassen sind durch **zwei Buchstaben** gekennzeichnet, z. B. gG **(Übersicht)**. Der **erste Buchstabe** kennzeichnet den **Ausschaltbereich:**

- **g** = Ganzbereichs-Sicherungseinsatz
- **a** = Teilbereichs-Sicherungseinsatz.

Niederspannungssicherungen mit dem Buchstaben **g** (Ganzbereichs-Sicherungseinsätze) können Ströme bis zu ihrem Bemessungsstrom dauernd führen und Ströme vom kleinsten Schmelzstrom bis zum Bemessungsausschaltstrom zuverlässig abschalten.

Ganzbereichs-Sicherungseinsätze schützen elektrische Anlagen und Verbraucher gegen Überlastung und Kurzschluss.

Sicherungen mit der Kennzeichnung **a** (Teilbereichs-Sicherungseinsätze) können ihren Bemessungsstrom dauernd führen, aber nur Ströme oberhalb eines Vielfachen ihres Bemessungsstromes bis zum Bemessungsausschaltstrom schalten.

Teilbereichs-Sicherungseinsätze werden in der Regel nur zum Kurzschlussschutz eingesetzt.

Der **zweite Buchstabe** gibt die **Anwendung** an.

Teilbereichssicherungen werden immer in Verbindung mit Schutzeinrichtungen eingesetzt, die den Überlastschutz der Anlage übernehmen. Für den Überlast- und Kurzschlussschutz von Leitungen wählt man die Betriebsklasse gG. Die Zeit-Strom-Kennlinie für einen Schmelzeinsatz (13 A) der Betriebsklasse gG ist im **Bild 1** dargestellt.

Für Motorstromkreise werden oft gG-Sicherungseinsätze verwendet, wenn ihre Kennlinien geeignet sind, den Motoranlaufstrom auszuhalten. Sicherungseinsätze zum Schutz von Motorstromkreisen mit der Bezeichnung gM sind speziell für höhere Anlaufströme ausgelegt und durch zwei Stromwerte gekennzeichnet. Der erste Wert bestimmt den Bemessungsstrom, der zweite Wert die Zeit-Strom-Kennlinie.

Selektivität[2]. In Anlagen sind in der Regel mehrere Sicherungen, z. B. 16 A und 35 A, in Reihe geschaltet. Durch dieses gestufte Absichern wird sichergestellt, dass nur die Sicherung unmittelbar vor der Fehlerquelle auslöst. Davor geschaltete Sicherungen lösen nicht aus **(Bild 2)**. Schmelzsicherungen gleicher Charakteristik verhalten sich selektiv, wenn das Verhältnis ihrer Bemessungsströme 1 : 1,6 beträgt.

Übersicht: Beispiele für Bezeichnungen von Sicherungseinsätzen (nach DIN EN 60269-1, früher DIN VDE 0636)

Ganzbereichs-Sicherungseinsätze

- gG[1] kennzeichnet Ganzbereichs-Sicherungseinsätze für allgemeine Anwendung
- gM kennzeichnet Ganzbereichs-Sicherungseinsätze für den Schutz von Motorstromkreisen
- gD kennzeichnet verzögerte Sicherungseinsätze mit Ganzbereichs-Ausschaltvermögen
- gN kennzeichnet nichtverzögerte Sicherungseinsätze mit Ganzbereichs-Ausschaltvermögen

Teilbereichs-Sicherungseinsätze

- aM kennzeichnet Teilbereichs-Sicherungseinsätze für den Schutz von Motorstromkreisen

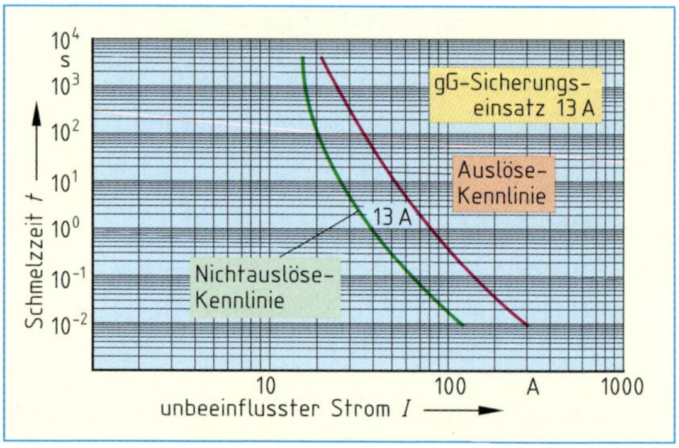

Bild 1: Zeit-Strom-Kennlinie für gG-Schmelzeinsatz 13 A nach DIN VDE 0636, Teil 3

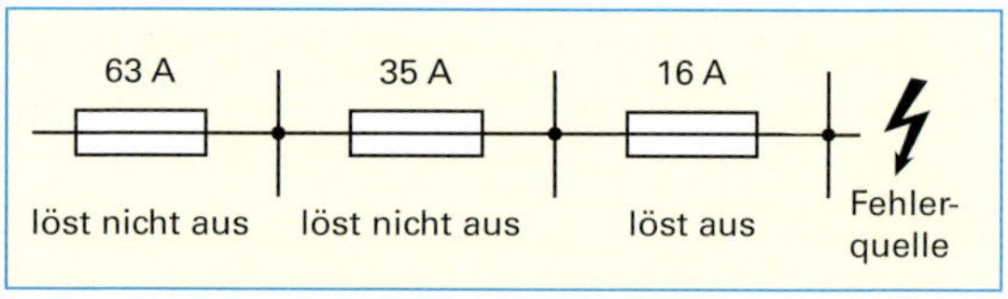

Bild 2: Selektivität von Sicherungen

- Leitungen dürfen nicht höher als zulässig abgesichert werden.
- Überstrom-Schutzeinrichtungen sind überall dort einzubauen, wo sich der Leiterquerschnitt verringert, z. B. beim Übergang von 4 mm² auf 1,5 mm², oder wo sich die Verlegeart oder die Art der Leitung ändert, z. B. von der Verlegeart C nach A2.
- Der Kurzschlussschutz muss am Anfang der zu schützenden Leitung angeordnet sein. Die Sicherung für den Überlastschutz kann im unverzweigten Stromkreis an beliebiger Stelle des Stromkreises angebracht werden.

Bei der Auswahl einer Überstrom-Schutzeinrichtung für einen Stromkreis sind von Bedeutung:
• Bemessungsspannung (Wechselspannung, Gleichspannung), • Bemessungsstrom, • Bemessungsausschaltvermögen, • Betriebsklasse (Strom-Zeit-Verhalten), • Bauform (Art und Größe).

[1] früher gL = Ganzbereichs-Kabel- und Leitungsschutz

[2] von to select (engl.) = aussuchen, auswählen

10.4 Schutzschalter

Schutzschalter trennen Verbraucher oder Anlagenteile selbsttätig vom Netz, wenn eine Überlastung, ein Kurzschluss oder eine gefährliche Berührungsspannung auftritt (DIN VDE 0660).

Freiauslösung. Schutzschalter haben ein **Schaltschloss** mit Freiauslösung, d.h., man kann sie nicht wieder einschalten, solange die Ursache für die Abschaltung besteht, z.B. ein Kurzschluss. Das Auslösen des Schalters wird auch dann nicht verhindert, wenn der Schaltknebel des Schutzschalters von Hand in der „EIN-Stellung" gehalten wird.

Auslösesysteme von Schutzschaltern:
- Thermische Auslöser → Überlastschutz
- Elektromagnetische Auslöser → Kurzschlussschutz

10.4.1 Thermischer Auslöser

Thermische Auslöser **(Bild 1)** haben meist einen **Bimetallstreifen** aus zwei aufeinander gewalzten Metallbändern mit verschiedenen Wärmeausdehnungskoeffizienten. Der Strom des angeschlossenen Verbrauchers fließt über eine Heizwicklung und erwärmt den Bimetallstreifen, der sich dann krümmt. Ist der Krümmungsweg größer als am Auslöser eingestellt, werden Steuerkontakte betätigt **(Bild 1)** oder das Schaltschloss des Schutzschalters entklinkt.

Schutzschalter mit thermischen Auslösern unterbrechen verzögert. Sie schützen Anlagen und Betriebsmittel nur vor Überlastung, jedoch nicht vor Kurzschluss.

10.4.2 Elektromagnetischer Auslöser

Fließt durch die Spule des elektromagnetischen Auslösers **(Bild 2)** ein genügend großer Strom, z.B. bei Kurzschluss, so zieht der Schlaganker an und entklinkt das Schaltschloss des Schutzschalters unverzögert.

Elektromagnetische Auslöser sind Schnellauslöser. Sie schützen Anlagen und Betriebsmittel gegen Kurzschlüsse.

Eine zusätzliche Begrenzung des Kurzschlussstromes wird bei Schutzschaltern mit Bemessungsströmen bis etwa 100 A durch den Einbau eines Schlagankers erreicht **(Bild 2)**. Im Kurzschlussfall wird der Schlaganker sehr schnell in die Spule des Auslösers gezogen, entklinkt das Schaltschloss und schlägt gegen das bewegliche Schaltstück. Der Schaltkontakt öffnet und der Lichtbogen erlischt, bevor der Kurzschlussstrom seinen Höchstwert erreicht.

In Schutzschaltern mit Bemessungsströmen über 100 A liegen das feststehende und das bewegliche Teil des Schaltkontaktes oft parallel zueinander **(Bild 3)**. Durch entgegengesetzte Stromrichtung im feststehenden und im beweglichen Kontaktteil wird bei Kurzschluss durch die wirksamen Magnetfelder das bewegliche Schaltstück vom feststehenden Schaltstück abgestoßen. Die abstoßende Kraft ist umso größer, je höher der Kurzschlussstrom ist. Das vom Auslöser entklinkte Schaltschloss hält die Schaltstücke geöffnet.

Stromdurchflossene parallele Leiter, **Seite 86**

Übersicht: Schutzeinrichtungen
- Schmelzsicherungen **(Seite 194)**
- Leitungsschutzschalter **(Seite 198)**
- Überlastrelais **(Bild 1)**

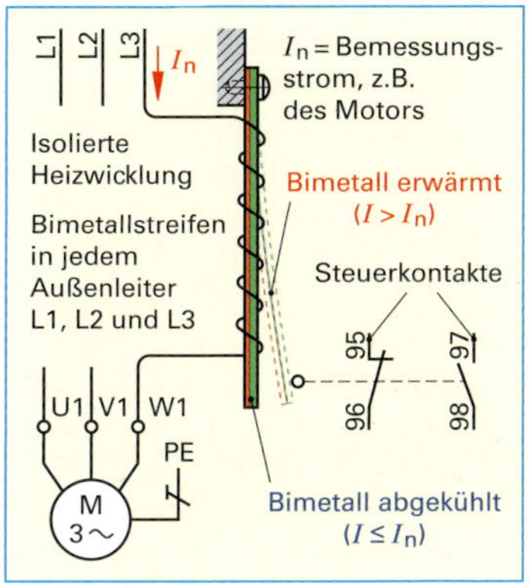

Bild 1: Thermischer Auslöser (Funktionsprinzip)

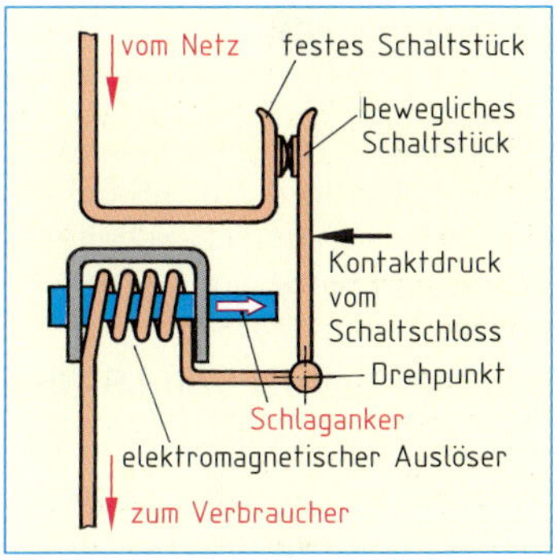

Bild 2: Kurzschlussstrombegrenzung durch Schlaganker

Kurzschlussstrombegrenzer unterbrechen Kurzschlussströme, bevor sie ihren Höchstwert errreichen.

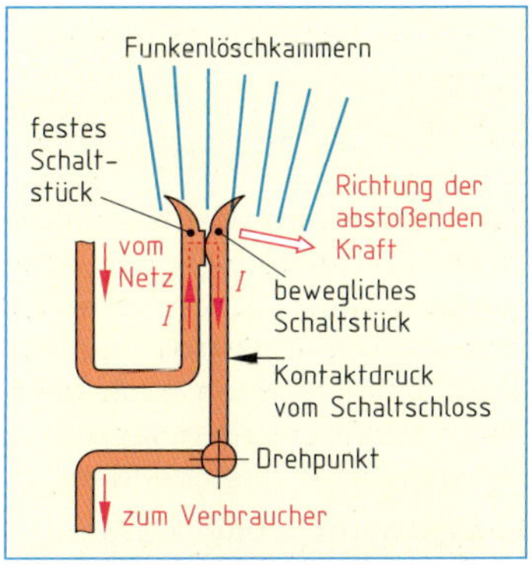

Bild 3: Kurzschlussstrombegrenzung durch parallel angeordnete Schaltstücke

10.4.3 Leitungsschutzschalter

Leitungsschutzschalter schützen Leitungen und Anlagen gegen Überlastung und Kurzschluss.

Leitungsschutzschalter **(LS-Schalter, Bild 1)** sind Überstrom-Schutzeinrichtungen, die man nach dem Auslösen wieder einschalten kann. Sie besitzen einen thermischen und einen magnetischen Auslöser. Beide Auslöser liegen in Reihe. Bei Überlastung erwärmt sich das Bimetall und löst den LS-Schalter aus. Bei Kurzschluss entklinkt der elektromagnetische Auslöser das Schaltschloss unverzögert. Der Schlaganker trennt das Schaltstück, ehe der Kurzschlussstrom seinen Höchstwert erreichen kann.

Tabelle: Bemessungsströme von LS-Schaltern					
2 A	4 A	6 A	10 A	13 A	16 A
20 A	25 A	32 A	40 A	50 A	63 A

LS-Schalter Typ B (Bild 2) übernehmen den Leitungsschutz.

LS-Schalter Typ C und **Typ D** setzt man zum Schutz von Geräten mit hohen Einschaltströmen ein.

LS-Schalter Typ B lösen beim 3- bis 5-fachen Bemessungsstrom aus, LS-Schalter Typ C beim 5- bis 10-fachen und LS-Schalter Typ D beim 10- bis 20-fachen Bemessungsstrom (Seite 286).

Back-up-Schutz von LS-Schaltern

Um eine Beschädigung der LS-Schalter durch zu hohe Kurzschlussströme zu vermeiden, sind LS-Schaltern Überstrom-Schutzeinrichtungen mit einem Bemessungsstrom von höchstens 100 A vorzuschalten (TAB 2007). Sie müssen mindestens die energiebegrenzende Eigenschaft einer Schmelzsicherung der Betriebsklasse gG haben **(Seite 286,** Back-up-Schutz[1]), LS-Schalter sollen auch so ausgewählt werden, dass Selektivität **(Seite 196)** zu vorgeschalteten Schutzeinrichtungen besteht.

10.4.4 Selektiver Hauptleitungsschutzschalter

Zum Freischalten der Kundenanlage schreibt TAB 2007 einen plombier- und sperrbaren selektiven Hauptleitungsschutzschalter (SH-Schalter) mit einem Bemessungsstrom von mindestens 63 A vor. SH-Schalter können nach dem Auslösen wieder eingeschaltet werden, lassen aber ein Einschalten auf einen noch bestehenden Kurzschluss nicht zu.

Energiebegrenzungsklasse und Schaltvermögen sind auf LS-Schaltern durch Bildzeichen angegeben **(Bild 3)**. Die Energiebegrenzungsklasse 3 hat die größte Kurzschlussstrombegrenzung.

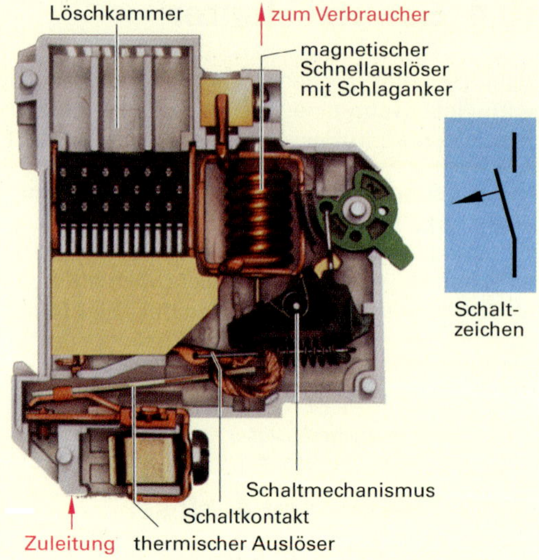

Bild 1: Aufbau eines Leitungsschutzschalters

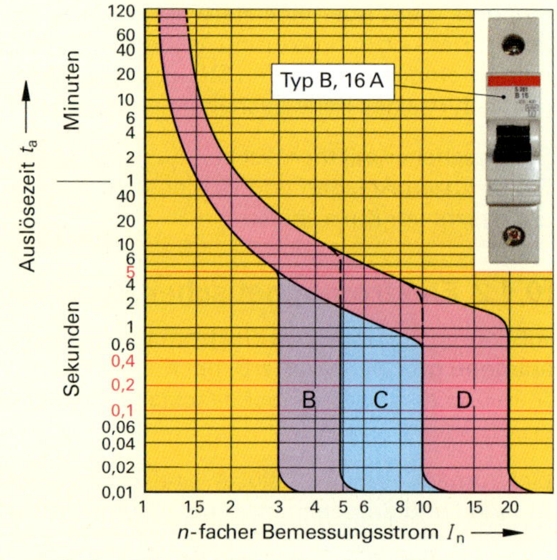

Bild 2: Auslösekennlinien (Typ B, C und D)

Beispiel:

Bei welchem Auslösestrom I_a löst ein 13-A-LS-Schalter Typ B **(Bild 2)** innerhalb der Zeit $t_a = 0{,}4$ s aus?

Lösung:

Aus **Bild 2:** Bei $t_a = 0{,}4$ s muss der 5-fache Bemessungsstrom fließen $\Rightarrow$ $\boldsymbol{I_a} = 5 \cdot I_n = 5 \cdot 13\ \text{A} = \mathbf{65\ A}$

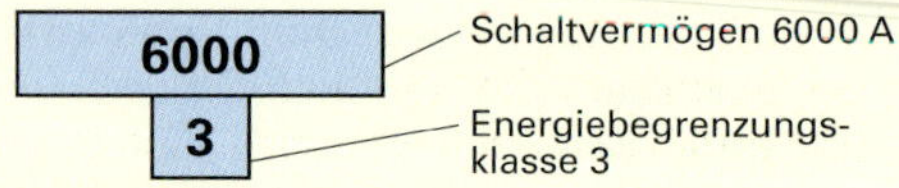

Bild 3: Bildzeichen für das Schaltvermögen und die Energiebegrenzungsklasse bei LS-Schaltern

[1] back-up (engl.) = jemandem den Rücken decken; hier: Schutz durch Vorsicherung

10.5 Bemessung von fest verlegten Kabeln und Leitungen

Die zulässige Strombelastbarkeit von Kabeln und Leitungen hängt hauptsächlich vom verlegten Leiterquerschnitt ab. Sie wird aber auch durch andere Einflussgrößen, z.B. die Umgebungstemperatur, beeinträchtigt **(Übersicht)**. Eine wesentliche Auswirkung auf die Strombelastbarkeit hat die Verlegeart der Kabel oder Leitungen. Eine in ruhender Luft, z.B. einem Installationskanal, oder in einer wärmegedämmten Wand verlegte Leitung kann die durch den Strom erzeugte Wärme schlecht an die Umgebung abgeben. Eine gute Wärmeableitung haben z.B. Kabel und Leitungen, die im Erdreich oder direkt auf oder in der Wand verlegt sind.

Kabel und isolierte Leitungen mit einer guten Wärmeableitung haben eine höhere Strombelastbarkeit.

Nach der Fähigkeit der Kabel und Leitungen, die durch den Strom erzeugte Wärme an die Umgebung abzugeben, sind in DIN VDE 0298 Teil 4 die neun Verlegearten A1, A2, B1, B2, C, D, E, F und G festgelegt.

Verlegearten von Kabeln und isolierten Leitungen, **Seite 287**

Bemessungswert I_r der Strombelastbarkeit. Der Bemessungswert I_r gibt die höchstzulässige Dauerstrombelastbarkeit von Kabeln oder isolierten Leitungen an. Er wird hauptsächlich durch den Nennquerschnitt, durch die zulässige Betriebstemperatur am Leiter und durch die Anzahl der belasteten Adern bestimmt. Man unterscheidet dabei Kabel oder Leitungen mit zwei oder mit drei belasteten Adern.

- Leitungen in Wechsel- oder Gleichstromkreisen zählen ohne Rücksicht auf ihre tatsächliche Aderzahl als Leitungen mit zwei belasteten Adern, z.B. die vieradrige Leitung zu einem Kreuzschalter.
- Drehstromleitungen haben dagegen immer drei belastete Adern.

Abweichende Betriebsbedingungen. Die Strombelastbarkeit I_r wird für einzeln verlegte Kabel oder Leitungen bei einer Umgebungstemperatur von 30 °C angegeben **(Bild 1)**. Weicht die Umgebungstemperatur vom Bezugswert 30 °C ab oder tritt eine Häufung von Leitungen auf **(Bild 2)**, muss die Strombelastbarkeit I_Z für diese abweichenden Betriebsbedingungen berechnet werden. Zur Berechnung sind die Umrechnungsfaktoren f_1 für abweichende Umgebungstemperaturen und f_2 für Häufung von Leitungen oder Kabeln zu berücksichtigen.

Umrechnungsfaktoren:
- f_1 für abweichende Umgebungstemperaturen, **Seite 288**
- f_2 für Häufung von Leitungen, **Seite 288**

Schutz von Leitungen und Kabeln gegen zu hohe Erwärmung. Überstrom-Schutzeinrichtungen **(Seite 297)** schützen Leitungen und Kabel gegen Überlastung und Kurzschluss und damit gegen zu hohe Erwärmung. **Überlastströme** treten in fehlerfreien Stromkreisen durch eine zu hohe Verbraucherleistung auf. **Kurzschlussströme** entstehen in Stromkreisen bei nahezu widerstandslosem Fehler (Kurzschluss) zwischen zwei leitenden Stellen, die betriebsmäßig gegeneinander unter Spannung stehen.

Auslösekennlinien von Überstrom-Schutzeinrichtungen, **Seite 286**

Übersicht: Einflussgrößen auf die Strombelastbarkeit von Kabeln und Leitungen

- Leiterquerschnitt
- Anzahl der belasteten Adern
- Leiterisolierung
- Leitungs- und Kabelaufbau
- Verlegeart
- Umgebungstemperatur
- Häufung von Kabeln oder Leitungen

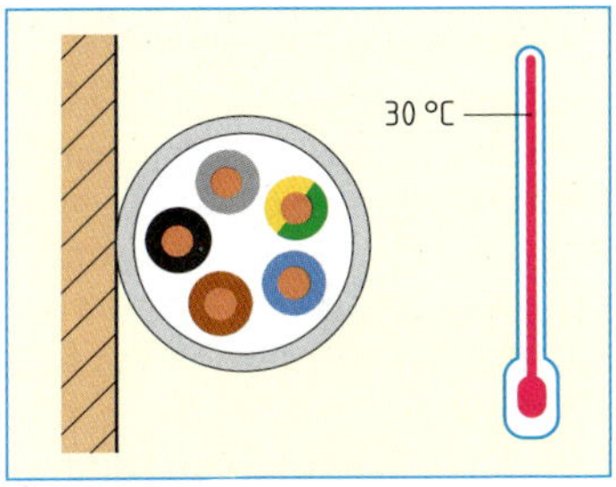

Bild 1: Umgebungstemperatur bei Leitungen oder Kabeln

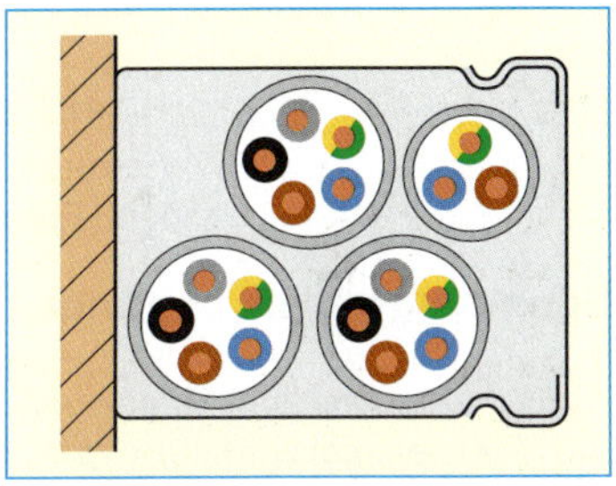

Bild 2: Häufung von Leitungen oder Kabeln in einem Leitungskanal

$$I_Z = I_r \cdot f_1 \cdot f_2$$

I_Z Strombelastbarkeit bei abweichenden Betriebsbedingungen
I_r Bemessungswert der Strombelastbarkeit
f_1 Umrechnungsfaktor für abweichende Umgebungstemperatur
f_2 Umrechnungsfaktor für Häufung von Leitungen oder Kabeln

Übersicht: Arten von Überstrom-Schutzeinrichtungen

- Leitungsschutzsicherungen
- Leitungsschutzschalter
- Leistungsschalter

Bei der Zuordnung von Überstrom-Schutzeinrichtungen zu den Nennquerschnitten von Kabeln oder Leitungen sind zwei Bedingungen zu erfüllen:

- Ein Auslösen der Schutzeinrichtung in fehlerfreien Anlagen wird vermieden, wenn der Bemessungsstrom I_n der Schutzeinrichtung größer oder mindestens gleich groß ist wie der Betriebsstrom I_b der angeschlossenen Verbraucher. Der Bemessungsstrom I_n der Schutzeinrichtung darf aber auch nicht größer sein als die zulässige Strombelastbarkeit I_Z der zu schützenden Leitung **(Tabelle)**.
- Um eine thermische Überlastung der geschützten Leitung zu verhindern, darf der Abschaltstrom I_a der Überstrom-Schutzeinrichtung nicht größer sein als das 1,45-fache der zulässigen Strombelastbarkeit I_Z der Leitung.

Die Bemessungsströme I_n von Überstrom-Schutzeinrichtungen, deren Abschaltstrom I_a kleiner oder höchstens gleich groß ist wie das 1,45-fache ihres Bemessungsstromes, z.B. bei LS-Schaltern Typ B, C und D oder bei Ganzbereichssicherungen gG, können nach der Beziehung $I_n \leq I_Z$ gewählt werden **(Tabelle)**.

Liegt keine Häufung von Leitungen vor und beträgt die Umgebungstemperatur nicht mehr als 25 °C, darf der Bemessungswert I_n der Schutzeinrichtung direkt aus der **Tabelle 3, Seite 288** entnommen werden.

Für Überstrom-Schutzeinrichtungen mit einem Abschaltstrom $I_a > 1{,}45 \cdot I_n$ muss der Bemessungsstrom I_n berechnet werden **(Tabelle)**.

Tabelle: Zuordnung von Überstrom-Schutzeinrichtungen zu den Nennquerschnitten

Bedingung: $I_b \leq I_n \leq I_Z$	
Berechnung des Bemessungsstromes I_n von Überstrom-Schutzeinrichtungen mit einem Abschaltstrom I_a von:	
$I_a \leq 1{,}45 \cdot I_n$	$I_a > 1{,}45 \cdot I_n$
$I_n \leq I_Z$	$I_n \leq \frac{1{,}45}{\chi} \cdot I_Z$

I_b Betriebsstrom des Verbrauchers
I_n Bemessungsstrom der Überstrom-Schutzeinrichtung
I_Z zulässige Strombelastbarkeit der Leitung
I_a Abschaltstrom der Überstrom-Schutzeinrichtung
χ Faktor zur Berechnung des Abschaltstromes, Seite 611

Beispiele für χ-Faktoren. LS-Schalter Typ B, C und D: $\chi = 1{,}45$; Typ L 16 A (nur in Altanlagen zulässig): $\chi = 1{,}75$

Spannungsfall an Leitungen

- Beispiel zum Spannungsfall, **Seite 47**
- Beispiel zur Leitungsberechnung, **Seite 201**

Bei der Ermittlung des Leiterquerschnitts ist neben der Strombelastbarkeit I_Z der Leitung auch der zulässige Spannungsfall ΔU an der Leitung **(Seite 47)** zu berücksichtigen **(Bild)**. Für die Stromstärke zur Berechnung des Spannungsfalls wird eingesetzt:

- In verzweigten Stromkreisen oder in Stromkreisen mit Steckvorrichtungen der Bemessungsstrom der Überstrom-Schutzeinrichtung,
- in unverzweigten Stromkreisen (Endstromkreisen) ohne Steckvorrichtungen, z.B. in Motorstromkreisen, der Bemessungsstrom des Verbrauchers.

Formeln zur Berechnung des Spannungsfalls ΔU

Gleichstrom	$\Delta U = \frac{2 \cdot l \cdot I}{\gamma \cdot A}$
Einphasenwechselstrom	$\Delta U = \frac{2 \cdot l \cdot I \cdot \cos\varphi}{\gamma \cdot A}$
Prozentualer Spannungsfall	$\Delta u = \frac{\Delta U \cdot 100\,\%}{U}$

ΔU Spannungsfall in V
Δu Spannungsfall in %
U Netznennspannung
γ elektr. Leitfähigkeit
I Leiterstrom
A Leiterquerschnitt
l Leitungslänge
$\cos\varphi$ Wirkleistungsfaktor

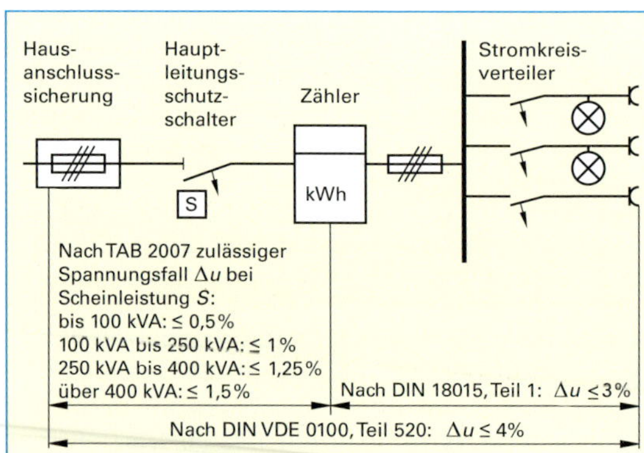

Bild: Zulässiger Spannungsfall

Maximal zulässiger Spannungsfall von der Messeinrichtung bis zum Verbraucher (nach DIN 18015, Teil 1):

- Im 230-V-Netz: 3 % = 6,9 V
- Im 400-V-Netz: 3 % = 12 V

(Nächster Praxistipp: Seite 235)

Situationsbeschreibung:

In einer Montagehalle wird ein Warmwasserbereiter über eine 35 m lange Mantelleitung angeschlossen. Bestimmen Sie mithilfe **Bild 1** und **Bild 2** die Verlegeart und den erforderlichen Leiterquerschnitt der Mantelleitung.

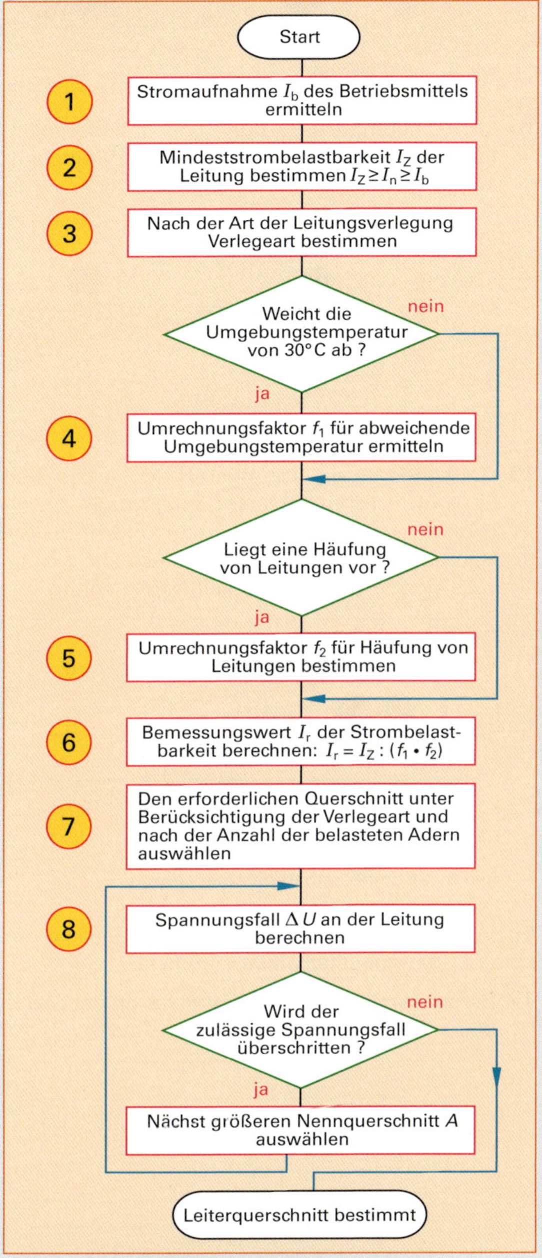

Bild 1: Programmablaufplan einer Leitungsberechnung

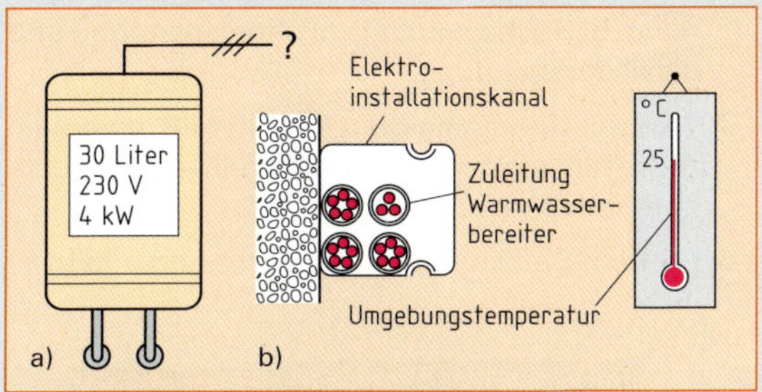

Bild 2: a) Warmwasserspeicher und b) Verlegebedingungen der Zuleitung

Lösung:

① Stromaufnahme des Warmwasserbereiters

$$I_b = \frac{P}{U \cdot \cos\varphi} = \frac{4000\ \text{W}}{230\ \text{V} \cdot 1} = \mathbf{17{,}4\ A}$$

② Der Bemessungsstrom I_n der Überstrom-Schutzeinrichtung muss kleiner oder höchstens gleich groß sein wie die Strombelastbarkeit I_Z der Leitung und größer als die Stromaufnahme I_b des Warmwasserbereiters:
- Stromaufnahme $I_b = 17{,}4$ A
- Überstrom-Schutzeinrichtung $I_n = 20$ A
- Strombelastbarkeit der Leitung $I_Z \geq 20$ A

③ Aus **Tabelle 1, Seite 287: Verlegeart B2,** 2 belastete Adern (Wechselstromkreis)

④ Aus **Tabelle 1, Seite 288** für Umgebungstemperatur 25 °C und PVC-Isolierung: $\mathbf{f_1 = 1{,}06}$

⑤ Aus **Tabelle 2, Seite 288** bei 4 belasteten Leitungen im Elektroinstallationskanal: $\mathbf{f_2 = 0{,}65}$

⑥ Bemessungswert der Strombelastbarkeit

$$I_r = \frac{I_Z}{f_1 \cdot f_2} = \frac{20\ \text{A}}{1{,}06 \cdot 0{,}65} = \mathbf{29\ A}$$

⑦ Aus **Tabelle 2, Seite 287** bei Verlegeart B2 und 2 belasteten Adern: Für $I_r = 29$ A gewählt $\mathbf{A = 4\ mm^2}$

⑧ $$\Delta U = \frac{2 \cdot l \cdot I \cdot \cos\varphi}{\gamma \cdot A} = \frac{2 \cdot 35\ \text{m} \cdot 17{,}4\ \text{A} \cdot 1}{56\ \text{m}/(\Omega \cdot \text{mm}^2) \cdot 4\ \text{mm}^2} = \mathbf{5{,}4\ V}$$

Zulässiger Spannungsfall **Bild, Seite 200:**
$\mathbf{\Delta u = 3\%}$ der Netznennspannung: $\mathbf{\Delta U = 6{,}9\ V}$

5,4 V < 6,9 V, der gewählte Leiterquerschnitt **$A = 4$ mm² Cu** ist ausreichend.

I_b Stromaufnahme des Betriebsmittels
I_n Bemessungsstrom der Überstrom-Schutzeinrichtung
I_r Bemessungswert der Strombelastbarkeit der Leitung
I_Z Strombelastbarkeit der Leitung bei abweichenden Betriebsbedingungen
f_1 Umrechnungsfaktor bei abweichender Umgebungstemperatur
f_2 Umrechnungsfaktor bei Häufung von Leitungen

1. Welche Vorteile für die Energieversorgung bietet das europäische Verbundnetz?

2. Mit welcher Spannungshöhe wird die elektrische Energie übertragen bei **a)** Höchstspannung, **b)** Hochspannung, **c)** Mittelspannung und **d)** Niederspannung?

3. Welche Unterscheidungsmerkmale bestehen zwischen elektrischen Leitungen und Kabeln hinsichtlich ihrer Verlegung?

4. Erklären Sie die Leitungsbezeichnung in **Bild 1**.

Bild 1: Leitungsbezeichnung

5. Geben Sie die Aderfarben einer dreiadrigen Leitung mit Schutzleiter an **a)** für feste Verlegung und **b)** zum Anschluss ortsveränderlicher Betriebsmittel.

6. Nennen Sie Anwendungsbeispiele für die Leitungen **a)** NYM, **b)** H05VV-F und **c)** H03RT-F.

7. Benennen Sie die Einzelteile 1...5 des Schraubsicherungssystems **(Bild 2)**.

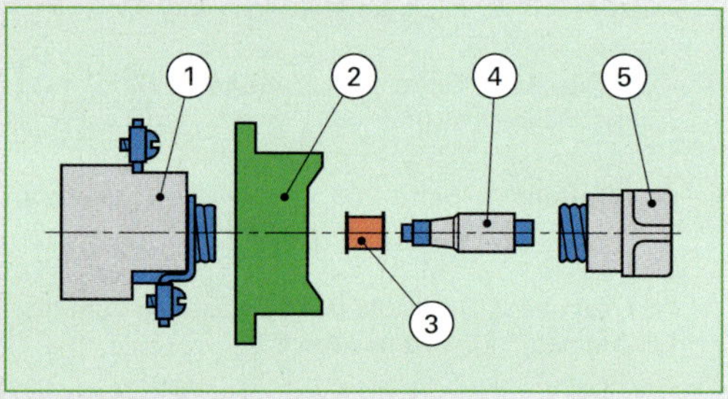

Bild 2: Schraubsicherungssystem

8. Nennen Sie die Bemessungsstromstärken und die zugehörigen Kennmeldefarben für Schmelzeinsätze des D-Systems von 2 A bis 63 A.

9. Worauf ist beim Anschluss des Sicherungssockels von Schraubsicherungen zu achten?

10. Welchen Schutz erfüllen Niederspannungssicherungen mit dem **a)** Ausschaltbereich a und **b)** Ausschaltbereich g?

11. **a)** Welche beiden Auslösemechanismen enthalten Leitungsschutzschalter. **b)** Welche Schutzfunktion haben diese Auslöser?

12. Erklären Sie den Begriff „Freiauslösung" bei Leitungsschutzschaltern.

* Rechenergebnisse Seite 297

13. Nennen Sie die vier Verlegearten der isolierten Leitung in **Bild 3**.

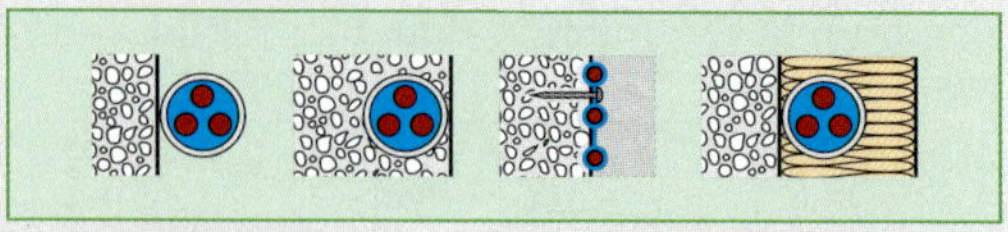

Bild 3: Verlegearten

14. Mit welchem Strom I_r dürfen die drei Mantelleitungen a, b und c **(Bild 4)** bei einem Querschnitt von je 1,5 mm² Kupfer belastet werden?

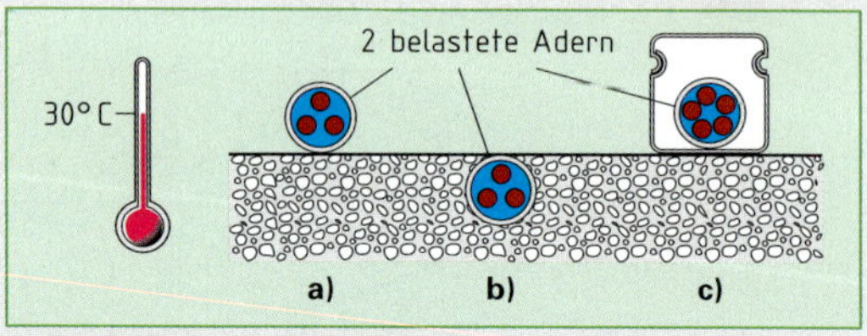

Bild 4: Leitungsverlegung

15. Geben Sie für die Leitungen NYM 5 × 2,5 **(Bild 5)** den Umrechnungsfaktor an **a)** für die abweichende Umgebungstemperatur und **b)** für die Häufung von Leitungen. **c)** Berechnen Sie die zulässige Strombelastbarkeit I_Z der Leitung.

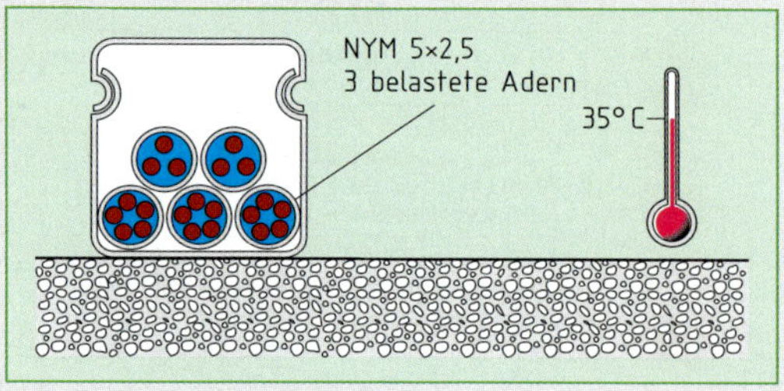

Bild 5: Strombelastbarkeit einer Leitung

16. Von welchen Faktoren hängt bei Gleichstrom der Spannungsfall an Leitungen ab?

17. Berechnen Sie den Spannungsfall an der Steckdosenleitung **a)** in V und **b)** in % **(Bild 6)**.

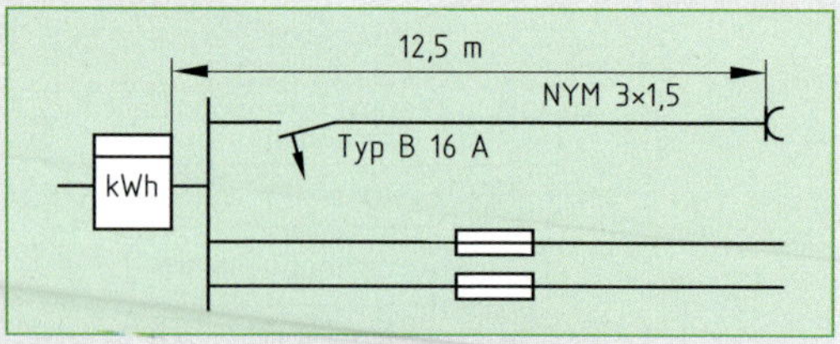

Bild 6: Spannungsfall an Leitungen

18. Welcher Kurzschlussstrom muss in der Steckdosenleitung **(Bild 6)** fließen, damit der LS-Schalter innerhalb von t_a = 0,4 s auslöst? (Auslösekennlinien von LS-Schaltern **Seite 286**).

11 Schutzmaßnahmen

11.1 Gefahren im Umgang mit dem elektrischen Strom

Die meisten Unfälle im Umgang mit dem elektrischen Strom geschehen durch Unachtsamkeit. Um eine Gefährdung zu vermeiden oder zu verringern, ist bei der Nutzung elektrischer Energie besondere Sorgfalt erforderlich.

11.1.1 Wirkungen des elektrischen Stroms im menschlichen Körper

Der elektrische Strom ist für den Menschen und für Tiere aus mehreren Gründen gefährlich. Alle Flüssigkeiten des menschlichen Körpers, z.B. Schweiß, Speichel, Blut und Zellflüssigkeit, sind Elektrolyte, d.h., sie leiten den elektrischen Strom.

Menschliche und tierische Körper leiten den elektrischen Strom.

Fast alle menschlichen Organe funktionieren aufgrund elektrischer Impulse, die vom Gehirn ausgehen. So steuern schwache elektrische Impulse von etwa 50 mV z.B. die Bewegung der Muskeln. Die Impulse werden vom Gehirn durch Nerven an die Muskeln herangeführt. Ist ein Nerv unterbrochen, arbeitet der Muskel nicht mehr, er ist gelähmt. Zwischen den Gehirnzentren, z.B. zwischen Sehzentrum, Bewegungszentrum oder Schmerzzentrum, fließen ebenfalls elektrische Ströme. Der Tod (Gehirntod) wird durch Messen dieser Gehirnströme festgestellt.

Viele Ströme (körpereigene Ströme) können über Elektroden erfasst und gemessen werden. So zeigt z.B. das **EKG** (Elektrokardiogramm) die elektrische Aktivität des Herzens, das **EEG** (Elektroenzephalogramm) die elektrische Aktivität des Gehirns.

Körpereigene Ströme können gemessen werden.

Auch das Herz funktioniert durch elektrische Ströme, die es selbst erzeugt. Es ist also nicht vom Gehirn abhängig. Das Herz erzeugt je Minute etwa 80 Impulse, die der Herzmuskel mit je einer Kontraktion (Zusammenziehung) beantwortet. Wird die nötige Anzahl an Impulsen je Minute nicht mehr geliefert, schlägt es zu langsam.

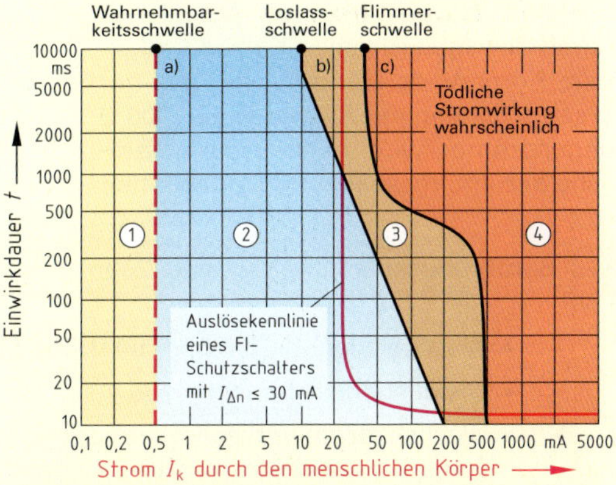

Bereich	Körperreaktionen
①	Keine Reaktion des Körpers
②	Meist keine gefährliche Wirkung
③	Gefahr von Herzkammerflimmern
④	Tödliche Stromwirkung wahrscheinlich

Beispiel: Seite 204

Bild: Wirkungsbereiche bei Wechselstrom 50 Hz auf erwachsene Personen (nach DIN IEC/TS 60479-1)

Von außen kommende Ströme (Fremdströme) können die Funktion von Organen beeinflussen.

Fließt ein Strom durch den menschlichen Körper, z.B. beim Berühren eines unter Spannung stehenden Leiters, so verkrampfen sich die Muskeln, wenn der von außen kommende Strom viel größer ist als der körpereigene Strom. Der Verunglückte ist dann unfähig, die Berührungsstelle wieder loszulassen. Die Reaktionen auf den menschlichen Körper sind abhängig von der Einwirkdauer und der Stromstärke durch den Körper. Aus Untersuchungen hat man vier Wirkungsbereiche festgelegt **(Bild)**.

Fließt Wechselstrom über das menschliche Herz, so versucht es den schnelleren und stärkeren Impulsen von außen zu folgen. Es arbeitet deshalb schneller. Dabei kommt es zu Rhythmusstörungen des Herzens, d.h., das Herz arbeitet unregelmäßig. Fällt der Stromfluss in die so genannte vulnerable (verletzliche) Phase, kommt es zu dem gefährlichen **Herzkammerflimmern.** Als Folge davon fällt die Herztätigkeit aus mit anschließendem Kreislaufstillstand. Aufgrund des Sauerstoffmangels kommt es bereits nach kurzer Zeit zur Schädigung der Gehirnzellen und führt im weiteren Verlauf zum Tod.

Entscheidend für die Folgen eines elektrischen Unfalls ist die Höhe des Stromes, der beim Berühren unter Spannung stehender Teile durch den Körper fließt. Aus Erfahrung weiß man, dass schon eine Stromstärke von 50 mA den Tod herbeiführen kann, wenn der Strom über das Herz fließt.

Der durch den Körper fließende Strom I_K hängt von der Spannung und vom Widerstand des Körpers ab. Dieser **Körperwiderstand** R_K setzt sich aus dem **Körperinnenwiderstand** R_{Ki} und den **Übergangswiderständen** $R_{ü1}$ und $R_{ü2}$ an der Stromeintritts- und Stromaustrittsstelle zusammen **(Bild)**.

Die Übergangswiderstände hängen auch von äußeren Verhältnissen ab. Trockene Haut und trockene Kleidung haben einen großen Widerstand. Bei Feuchtigkeit, z. B. Schweiß oder nassem Fußboden, ist der Übergangswiderstand dagegen gering. Der Übergangswiderstand wird außerdem umso kleiner, je größer die Berührungsfläche ist.

Bei einer Stromstärke von AC 50 mA durch den menschlichen Körper und einem Körperwiderstand R_K, der aus der Ersatzschaltung mit R_{Ki} und $R_ü$ zu 1000 Ω angenommen wird, beginnt die gefährliche Berührungsspannung U_B daher bei:

$$U_B = R_K \cdot I_K$$
$$= 1000\,\Omega \cdot 0{,}05\,\text{A}$$
$$= \mathbf{50\,V}$$

Berührungsspannung U_B, **Seite 209**

- Wechselspannungen über 50 V sind lebensgefährlich.
- Gleichspannungen über 120 V sind lebensgefährlich.
- Wechselstrom mit einer Frequenz von 50 Hz ist gefährlicher als Gleichstrom, weil es bereits bei dieser Frequenz zum Herzkammerflimmern kommen kann.

Folgen und Auswirkungen eines Stromschlages

Die Wärmewirkung des elektrischen Stromes führt bei großer Stromstärke an der Ein- und Austrittsstelle zu **Verbrennungen**. Dort entstehen die so genannten **Strommarken**. Dabei kann es durch Lichtbögen bis zum Verkohlen von Körperteilen kommen (Verbrennungen 4. Grades). Die Folgen starker Verbrennungen führen zur Überlastung der Nieren und damit zum Tode.

Der Strom kann das Blut elektrolytisch zersetzen, vor allem bei längerer Einwirkdauer. Dadurch kommt es zu schweren **Vergiftungserscheinungen**. Solche Folgeerkrankungen können auch erst nach einigen Tagen auftreten. Um sicherzugehen, sollte man daher bei elektrischen Unfällen auch dann einen Arzt aufsuchen, wenn zunächst keine Anzeichen einer Schädigung vorliegen **(Erste Hilfe, Seite 13)**.

Wegen der Unfallgefahr ist das Arbeiten an unter Spannung stehenden Teilen verboten!

Bei Betriebsspannungen über 50 V Wechselspannung oder 120 V Gleichspannung sind Arbeiten an unter Spannung stehenden Teilen nur dann gestattet, wenn diese Teile aus wichtigen Gründen nicht spannungsfrei geschaltet werden können. Solche Arbeiten dürfen jedoch nur durch Elektrofachkräfte mit Zusatzausbildung ausgeführt werden, nicht aber durch Auszubildende (DIN VDE 0105).

Achtung!

- Stromstärken ab 50 mA sind lebensgefährlich.
- Die Gefährdung nimmt mit höherer Stromstärke und längerer Einwirkdauer zu.

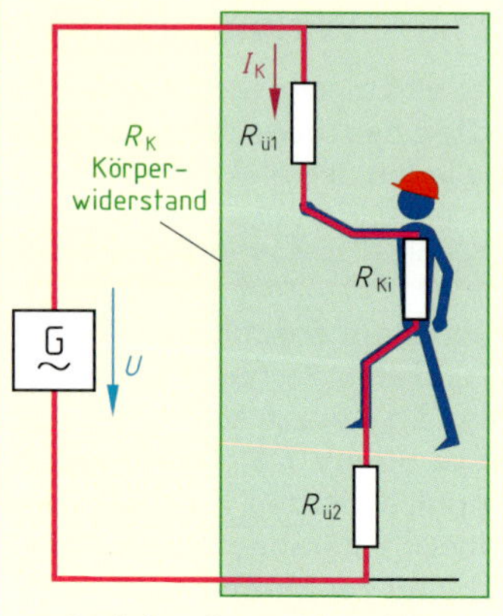

$R_{ü1}$ Leiter-Körper-Widerstand
R_{Ki} Körperinnenwiderstand
$R_{ü2}$ Körper-Leiter-Widerstand
U_B Berührungsspannung
I_K Körperstrom

$$R_K = R_{ü1} + R_{Ki} + R_{ü2}$$
$$U_B^* = R_K \cdot I_K$$

* statt U_B auch U_T

Bild: Körperwiderstand

Beispiel:

Bei der Reparatur einer Lampe berührt ein Elektroinstallateur die Netzwechselspannung $U = 230$ V.

a) Berechnen Sie die Stromstärke I_K die durch den Körper fließt.

b) Welche Gefährdung tritt für den Verunglückten bei einer Einwirkdauer von $t = 0{,}1$ s (siehe **Bild, Seite 203**) ein?

Lösung:

a) $I_K = \frac{U}{R_K} = \frac{230\,\text{V}}{1\,\text{k}\Omega} = \mathbf{230\,mA}$

b) Die Gefährdung liegt im Wirkungsbereich ③ mit der Gefahr des Herzkammerflimmerns.

11.1.2 Direktes und indirektes Berühren

Nach DIN VDE 0100 Teil 200 unterscheidet man zwischen direktem und indirektem Berühren.

Bei **direktem Berühren** hat der menschliche Körper mit betriebsmäßig unter Spannung stehenden Teilen (aktive Teile) Kontakt, z.B. mit einem Leiter **(Bild a)**. Um direktes Berühren zu verhindern, sind betriebsmäßig spannungsführende Teile mit Isolierungen oder Abdeckungen zu versehen **(Seite 212)**.

Indirektes Berühren ist möglich, wenn durch einen Isolationsfehler Spannung an Teile gelangt, die betriebsmäßig keine Spannung führen, z.B. an das Gehäuse (Körper) einer elektrischen Maschine **(Bild b)**. Die durch einen Isolationsfehler entstandene leitende Verbindung nennt man **Körperschluss.**

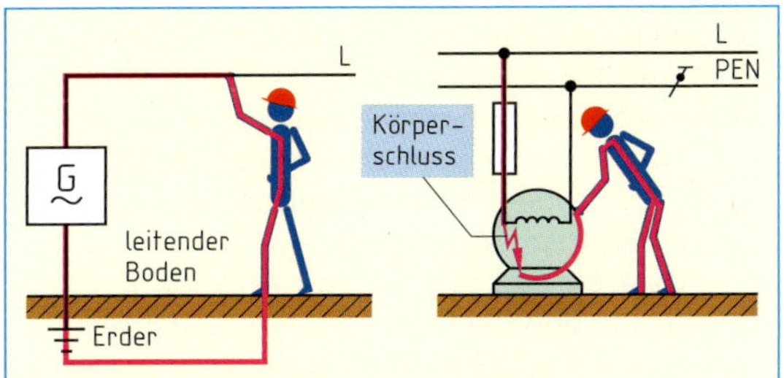

a) Direktes Berühren b) Indirektes Berühren

Bild: Direktes und indirektes Berühren

Direktes Berühren

ist das Berühren aktiver Teile, z.B. eines Leiters, durch Menschen oder Tiere.

Indirektes Berühren

ist das Berühren von Körpern elektrischer Betriebsmittel, die infolge eines Fehlers unter Spannung stehen, durch Menschen oder Tiere.

11.1.3 Fachbegriffe Schutzmaßnahmen

- **Aktives Teil** ist jeder Leiter oder jedes leitfähige Teil, welcher im üblichen Betrieb unter Spannung steht. Dazu zählt auch der **Neutralleiter (N-Leiter),** jedoch nicht der **PEN-Leiter.**
- **Basisschutz (Seite 212),** Schutz gegen elektrischen Schlag, wenn keine Fehlzustände vorliegen.
- **Basisisolierung (Seite 212),** Isolierung von gefährlichen aktiven Teilen, z.B. Leitungen, als Basisschutz.
- **Elektrisches Betriebsmittel,** Produkt, das zum Zweck der Erzeugung, Umwandlung, Übertragung, Verteilung oder Anwendung von elektrischer Energie benutzt wird, z.B. Maschinen, Transformatoren, Schaltgeräte und Steuergeräte, Messgeräte, Schutzeinrichtungen, Kabel und Leitungen sowie elektrische Verbrauchsmittel.
- **Elektrisches Verbrauchsmittel,** elektrisches Betriebsmittel, wandelt elektrische Energie in eine andere Energieform um, zum Beispiel in Licht, Wärme oder mechanische Energie.
- **Erder,** leitfähiges Teil, das in das Erdreich oder in ein anderes leitfähiges Material, z.B. Beton, das in elektrischem Kontakt mit der Erde steht, eingebettet ist.
- **Körper,** leitfähiges Teil eines Betriebsmittels, das berührt werden kann und üblicherweise nicht unter Spannung steht, aber eventuell Spannung führt, wenn die Basisisolierung versagt.
- **Kurzschluss,** zufällig oder absichtlich entstandene leitende Verbindung zwischen zwei oder mehr leitfähigen Teilen, durch welche die elektrischen Potenzialdifferenzen zwischen diesen leitfähigen Teilen auf einen Wert gleich null oder nahezu null fallen.
- **Leitfähiges Teil,** Teil, das elektrischen Strom führen kann.
- **Leiter,** leitfähiges Teil, das dazu vorgesehen ist, einen bestimmten elektrischen Strom zu führen.
- **Neutralleiter (N-Leiter),** Leiter, der mit einem Neutralpunkt elektrisch verbunden und in der Lage ist, zur Verteilung elektrischer Energie beizutragen.
- **Schutzleiter (PE-Leiter),** Leiter zum Zweck der Sicherheit, z.B. zum Schutz gegen elektrischen Schlag.
- **PEN-Leiter,** Leiter, der zugleich die Funktionen eines Schutzleiters und eines Neutralleiters erfüllt.

Nach den VDE-Bestimmungen sind bei Anlagen und Betriebsmitteln mit einer Spannung über 50 V Wechselspannung bzw. 120 V Gleichspannung Maßnahmen zum Schutz bei indirektem Berühren erforderlich. Um sicherzustellen, dass alle erforderlichen Maßnahmen getroffen werden, dürfen nur **Elektrofachkräfte** elektrische Anlagen errichten, abändern, warten oder instand setzen.

Schutzmaßnahmen, Elektrofachkraft, **Seite 208**

11.2 Sicherheitsbestimmungen für Niederspannungsanlagen

Sicherheitsbestimmungen für elektrische Betriebsmittel und für das Errichten elektrischer Anlagen dienen der Verhütung von Unfällen durch elektrischen Strom. Wer elektrische Betriebsmittel, Werkzeuge, Spielzeuge, Haushaltgeräte herstellt oder elektrische Anlagen errichtet, hat beim Errichten, Instandsetzen und Warten von Anlagen Gesetze, Vorschriften und Bestimmungen zu beachten.

Es darf kein Schaden an Lebewesen oder Sachwerten entstehen. Rechtsgrundlage dafür ist das VDE-Vorschriftenwerk.

VDE[1]-geprüfte Betriebsmittel und Geräte tragen das VDE-Prüfzeichen **(Tabelle 1).** Das **Sicherheitszeichen** GS (GS: Geprüfte Sicherheit, **Seite 11**) haben Geräte, die dem **Geräte- und Produktsicherheitsgesetz (GPSG),** den Arbeitsschutzbestimmungen und Unfallverhütungsvorschriften entsprechen. Leitungen mit der Angabe „harmonisiert" **(Tabelle 2)** sind in allen **CENELEC**[2]-Ländern zugelassen.

Neben den VDE-Bestimmungen gelten für die Errichtung von Installationen die **Technischen Anschlussbedingungen** (TAB) des zuständigen **Verteilungsnetzbetreibers** (VNB). Die Anschlussbedingungen regeln den Anschluss an das Niederspannungsnetz des VNB und enthalten insbesondere Regelungen über Anmeldeverfahren, Inbetriebsetzung, Hausanschluss und Messeinrichtungen. Weitere Angaben sind die Bedingungen für den Betrieb elektrischer Geräte, z. B. Entladungslampen, Motoren, Elektrowärmegeräte, Geräte mit Anschnittsteuerungen und die vorgeschriebenen Schutzmaßnahmen.

Tabelle 1: VDE-Prüfzeichen (nach DIN VDE 0024)

Bildzeichen	Bezeichnung und Beispiele
D V E	VDE-Zeichen für elektrotechnische Erzeugnisse, z. B. Installationsschalter und Elektrogeräte
VDE	VDE-Elektronik-Prüfzeichen für Bauelemente und Baugruppen der Elektronik, z. B. Netzteile und Stromrichter
schwarz rot	VDE-Kennfaden für isolierte Leitungen und Kabel zur Herstellung nach nationaler Norm
◁VDE▷	VDE-Kabelzeichen für Aderleitungen, isolierte Leitungen, Kabel und Installationsrohre
	VDE-Funkschutzzeichen für Elektrogeräte
GS geprüfte Sicherheit	VDE-GS-Zeichen nach dem Gerätesicherheitsgesetz für geprüfte Elektrogeräte, z. B. elektrische Werkzeuge

Tabelle 2: CEE-Prüfzeichen (nach DIN VDE 0024)

Bildzeichen	Bezeichnung und Anwendungen
◁VDE▷◁HAR▷	VDE-Harmonisierungskennzeichen für isolierte Leitungen und Kabel
schwarz rot gelb	VDE-Harmonisierungskennfaden für isolierte Leitungen und Kabel
	CEE[3]-Prüfzeichen für Geräte und Installationsmaterial nach CEE-Bestimmungen
CE	CE[4]-Kennzeichnung für Industrieerzeugnisse, die den einschlägigen Gemeinschaftsvorschriften in Europa entsprechen

11.3 Begriffe und Kenngrößen

11.3.1 Schutzklassen

Elektrische Betriebsmittel müssen im Fehlerfall einen Schutz gegen elektrischen Schlag haben, damit z. B. in Wohnungen, Werkstätten, Büros oder Schulen gefahrlos gearbeitet werden kann.

Zum Schutz gegen elektrischen Schlag werden die Betriebsmittel nach ihrer Konstruktion gegen direktes und indirektes Berühren in die **Schutzklassen** I, II und III eingeteilt **(Tabelle 3).**

Tabelle 3: Kennzeichnung der Schutzklassen (nach IEC[5] 417)

Schutzklasse	Kennzeichen	Verwendung bei Schutzmaßnahme:
I		Mit Schutzleiter (Betriebsmittel ist mit Schutzleitersystem der Anlage verbunden, z. B. Elektromotor)
II		Doppelte oder verstärkte Isolierung, früher: Schutzisolierung (Betriebsmittel mit Basisisolierung und zusätzlicher oder verstärkter Isolierung, z. B. Leuchten)
III		Kleinspannung (Anschluss nur an SELV- und PELV-Stromkreise, siehe **Seite 218,** z. B. für Fassleuchten)

[1] VDE, Abk. für: Verband der Elektrotechnik Elektronik Informationstechnik e.V.
[2] CENELEC, Abk. für: Europäisches Komitee für Elektrotechnische Normung
[3] CEE, Abk. für: Internationale Kommission für Regeln zur Begutachtung elektrotechnischer Erzeugnisse
[4] CE, Abk.: hier im Sinn für Europäisches Verwaltungszeichen am Produkt
[5] IEC, Abk. für: Internationale Elektrotechnische Kommission

11.3.2 IP-Schutzarten (nach DIN VDE 0470)

Haushaltgeräte, z. B. Haartrockner oder Heizlüfter, haben Öffnungen für Lufteintritt und Luftaustritt. Um Unfallgefahren zu vermeiden, darf es nicht zur Berührung spannungsführender Teile kommen.

> Je nach Verwendungszweck und Aufstellungsort der Betriebsmittel ist ein Berührungs- und Fremdkörperschutz und ein Schutz gegen das Eindringen von Wasser erforderlich.

Bild 1: Motor mit Schutzart IP 54

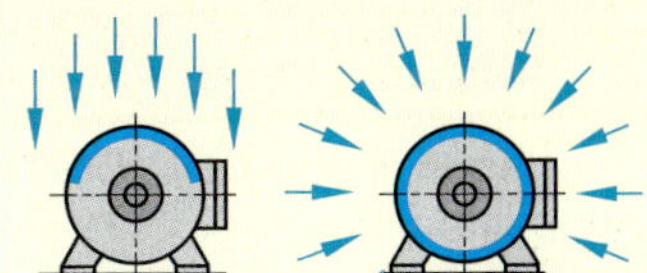

Bild 2: Schutzarten gegen das Eindringen von Wasser

Das Schutzzeichen besteht aus den Buchstaben IP[1] und zwei nachfolgenden Ziffern, z. B. IP 54. Nach IP und den Ziffern können zusätzliche oder ergänzende Buchstaben stehen, z. B. IP 23 CS **(Tabelle)**.

Gehäuse und Klemmenkasten, z. B. von Drehstrom-Normmotoren **(Bild 1)**, entsprechen meist der Schutzart IP 54 **(Tabelle)**. Der Motor ist gegen Staubablagerungen (staubgeschützt) und gegen Spritzwasser aus allen Richtungen geschützt. Schutz gegen Eindringen von Wasser **(Bild 2)** erreicht man durch entsprechende Bauausführung.

Elektrische Betriebsmittel müssen in feuchten und nassen Räumen sowie in geschützten Anlagen im Freien mindestens tropfwassergeschützt sein (IP X1), ungeschützte Anlagen im Freien müssen mindestens der Schutzart IP X3 entsprechen. Bei der Schutzart IP 68 wird zusätzlich der zulässige Druck bei Tauchbetrieb angegeben, z. B. für 3 bar. Neben der Kennzeichnung der Schutzarten durch Buchstaben und Kennziffern wird die Schutzart für Installationsgeräte und elektrische Verbrauchsgeräte durch **Bildzeichen (Symbole)** gekennzeichnet, z. B. bei Leuchten, Wärmegeräten und Elektrowerkzeugen **(Tabelle)**.

Tabelle: Schutzarten elektrischer Betriebsmittel

Erste Ziffer	Schutzgrad: Berührungs- und Fremdkörperschutz	Bildzeichen	Zweite Ziffer	Schutzgrad: Wasserschutz	Bildzeichen
0	Kein besonderer Schutz.	–	0	Kein besonderer Schutz.	–
1	Schutz gegen Eindringen fester Fremdkörper mit einem Durchmesser ≥ 50 mm.	–	1	Schutz gegen senkrecht tropfendes Wasser.	tropfwassergeschützt IP X1
2	Schutz gegen Eindringen fester Fremdkörper mit einem Durchmesser ≥ 12,5 mm.	–	2	Schutz gegen senkrecht tropfendes Wasser, Betriebsmittel bis 15° gekippt.	–
3	Schutz gegen Eindringen fester Fremdkörper mit einem Durchmesser ≥ 2,5 mm.	–	3	Schutz gegen Sprühwasser (Regen) bis zu einem Winkel von 60° zur Senkrechten.	sprühwassergeschützt (regengeschützt) IP X3
4	Schutz gegen Eindringen fester Fremdkörper mit einem Durchmesser ≥ 1 mm.	–	4	Schutz gegen Spritzwasser aus allen Richtungen.	spritzwassergeschützt IP X4
5	Schutz gegen Staubablagerung (staubgeschützt). Vollständiger Berührungsschutz.	staubgeschützt IP 5X	5	Schutz gegen Strahlwasser (Düse) aus allen Richtungen.	strahlwassergeschützt IP X5
6	Schutz gegen Eindringen von Staub (staubdicht). Vollständiger Berührungsschutz.	staubdicht IP 6X	6	Schutz gegen starken Wasserstrahl oder schwere See.	–
Wird neben den Kennbuchstaben IP nur eine Kennziffer für den Schutzgrad benötigt, so ist anstelle der fehlenden Kennziffer ein X zu setzen, z. B. IP X4 oder IP 3X.			7	Schutz gegen Wasser bei Eintauchen des Betriebsmittels unter Druck-, Zeitbedingungen.	wasserdicht IP X7
			8	Schutz gegen Wasser bei dauerndem Untertauchen des Betriebsmittels.	druckwasserdicht IP X8 ...bar

IP-Kennzeichnung durch nachgestellte Buchstaben:

1. Buchstabe		2. Buchstabe	
A	Schutz gegen Zugang mit dem Handrücken	H	Betriebsmittel für Hochspannung
B	Schutz gegen Zugang mit dem Finger	M	Geprüft auf Wassereintritt bei laufender Maschine
C	Geschützt gegen Zugang mit Werkzeugen	S	Geprüft auf Wassereintritt bei stehender Maschine
D	Geschützt gegen Zugang mit Draht	W	Geeignet bei festgelegten Witterungsbedingungen

[1] IP, Abk. für: International Protection (franz.) = Internationaler Schutz

11.3.3 Maßnahmen bei Arbeiten an elektrischen Anlagen

Die Bundesanstalt für Arbeitsschutz und Arbeitsmedizin wertete tödliche Elektrounfälle in Deutschland aus **(Bild 1)**. Neben Industrie und Gewerbe umfasste die Untersuchung auch Freizeit und Haushalt. Es zeigte sich, dass vor allem Leichtsinn, unsachgemäße Bedienung sowie die zweckentfremdete Handhabung und eine laienhafte Reparatur elektrischer Geräte und Anlagen viele Unfälle verursachen. Der überwiegende Teil der Unfälle ereignete sich im Niederspannungsbereich.

Grundsätzlich sind Arbeiten an unter Spannung stehenden Anlagen verboten.

Ausnahmen sind in DIN VDE 0105 festgelegt. Sie gelten für Anlagen mit Spannungen ab AC 50 V oder DC 120 V, wenn beim Abschalten eine Gefahr für Personen oder ein unvertretbar hoher materieller Schaden entstehen würde, z. B. in Glashütten oder in Stahlwerken.

Arbeiten unter Spannung ist nur Elektrofachkräften oder elektrotechnisch unterwiesenen Personen erlaubt. Dabei sind besondere Sicherheitsvorschriften zu beachten.

Um Risiken und Gefahren eines Stromunfalles für die Elektrofachkraft gering zu halten **(Bild 2)**, müssen zur Herstellung des spannungsfreien Zustandes bei Arbeiten an elektrischen Anlagen die **fünf Sicherheitsregeln** eingehalten werden **(Tabelle)**. Vor Beginn der Arbeit ist ein Verbotsschild (Nicht schalten) anzubringen **(Bild 3)**. Eine Arbeitsstelle darf von der Aufsicht führenden Person erst dann freigegeben werden, wenn alle fünf Sicherheitsregeln in der Reihenfolge 1 bis 5 durchgeführt sind. Eine **Elektrofachkraft (EF)** oder eine **elektrotechnisch unterwiesene Person (EUP)** muss den spannungsfreien Zustand der Anlage feststellen **(Bild 4)**. Der Auftrag zum Wiedereinschalten darf erst dann erteilt werden, nachdem die Sicherheitsregeln in der umgekehrten Reihenfolge, also von 5 bis 1, aufgehoben sind.

Tabelle: Die fünf Sicherheitsregeln für Arbeiten im spannungsfreien Zustand (nach DIN VDE 0105)

1. Freischalten	• Freischalten aller Teile der Anlage, an denen gearbeitet werden soll **(Bild 2)**, • LS-Schalter abschalten, Schmelzsicherungen entfernen.
2. Gegen Wiedereinschalten sichern	• Betätigungsmechanismus von Schaltgeräten, z. B. LS-Schalter, durch Schloss sichern, Sicherungseinsätze mitnehmen, Verbotsschilder anbringen **(Bild 3)**.
3. Spannungsfreiheit feststellen	• Spannungsfreiheit durch Fachkraft feststellen, • Anlage mit zweipoligem Spannungsprüfer prüfen **(Bild 4)**.
4. Erden und kurzschließen	• Zuerst immer erden, dann mit den kurzzuschließenden aktiven Teilen verbinden (muss von der Arbeitsstelle aus sichtbar sein). Regel 4 entfällt bei Anlagen unter 1000 V, z. B. in Kabelanlagen, ausgenommen Freileitungen.
5. Benachbarte unter Spannung stehende Teile abdecken oder abschranken	• Bei Anlagen unter 1 kV genügen zum Abdecken isolierende Tücher, Schläuche, Formstücke; über 1 kV sind zusätzlich Absperrtafeln, Seile, Warntafeln erforderlich. • Körperschutz, z. B. Schutzhelm mit Gesichtsschutz, eng anliegende Kleidung und Handschuhe tragen.

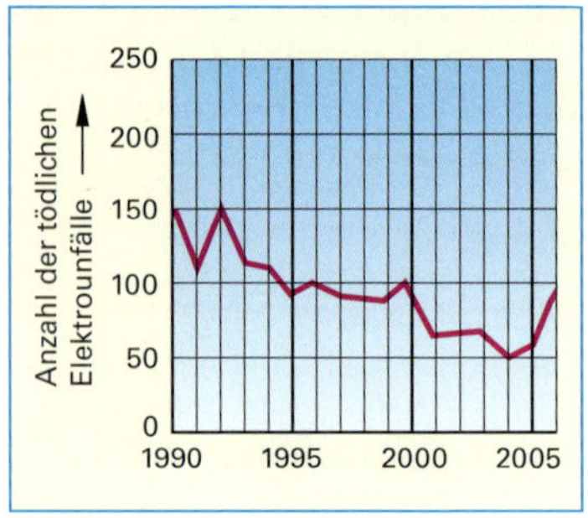

Bild 1: Tödliche Elektrounfälle

www.baua.de
www.bgv.de

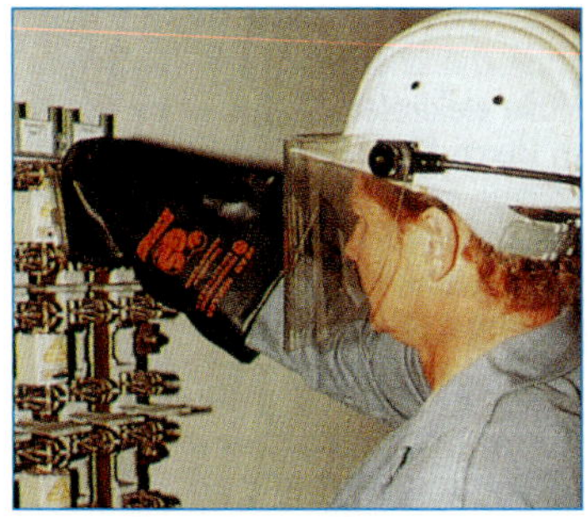

Bild 2: Herausnehmen eines NH-Sicherungseinsatzes

Bild 3: Verbotsschild für Arbeiten an freigeschalteten Anlagen

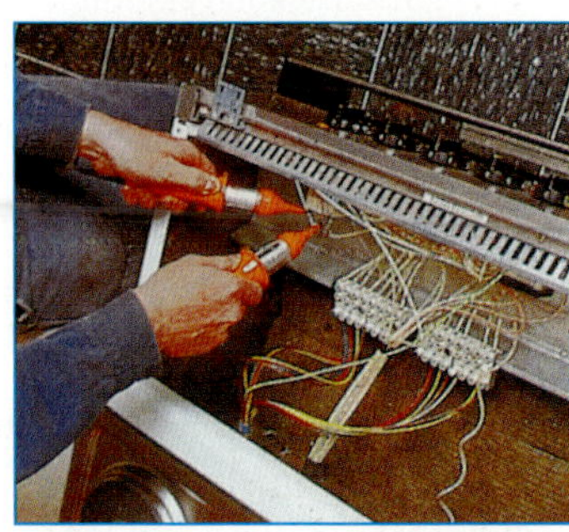

Bild 4: Feststellen der Spannungsfreiheit an einem Elektroherd

11.3.4 Fehlerarten in elektrischen Anlagen

In elektrischen Anlagen können trotz sorgfältiger Installation und Einsatz sicherer Betriebsmittel Isolationsschäden in Form von **Körperschluss, Kurzschluss, Leiterschluss** oder **Erdschluss** entstehen **(Bild 1)**.

Körperschluss ist eine leitende Verbindung zwischen dem Körper und aktiven Teilen elektrischer Betriebsmittel.

Kurzschluss ist eine leitende Verbindung zwischen betriebsmäßig gegeneinander unter Spannung stehenden leitfähigen Teilen. Im Fehlerstromkreis befindet sich kein Nutzwiderstand.

Leiterschluss ist eine leitende Verbindung zwischen Leitern, wenn im Fehlerstromkreis ein Nutzwiderstand oder ein Teil des Nutzwiderstandes liegt.

Erdschluss entsteht bei der Verbindung eines aktiven Leiters oder eines betriebsmäßig isolierten Neutralleiters mit der Erde oder mit geerdeten Teilen.

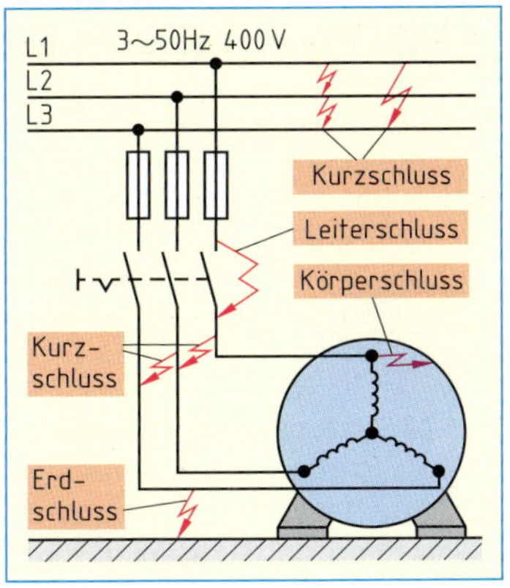

Bild 1: Fehlerarten

Bei einem **vollkommenen Körper-, Kurz- oder Erdschluss** ist der Widerstand im Fehlerstromkreis ≈ 0 Ω. Hat eine leitende Verbindung an der Fehlerstelle einen Widerstand, z. B. durch einen Lichtbogen, so entsteht ein unvollkommener Schluss. **Unvollkommene Schlüsse** sind meist gefährlicher, weil sie oft nicht sofort erkannt werden. Die durch Stromfluss entstehende unzulässige Erwärmung kann zu Bränden führen.

11.3.5 Spannungen im Fehlerfall

Durch eine schadhafte Isolierung kann der Körper eines Betriebsmittels Spannung gegen Erde annehmen, z. B. gegen geerdete Teile (Wasserleitung). Diese Spannung nennt man **Fehlerspannung** U_F **(Bild 2)**.

Die **Berührungsspannung** U_B ist die Spannung, die ein Mensch durch Berührungen, z. B. von Hand zu Hand **(Bild 2)**, überbrückt. Sie kann zwischen gleichzeitig berührbaren leitfähigen Teilen auftreten.

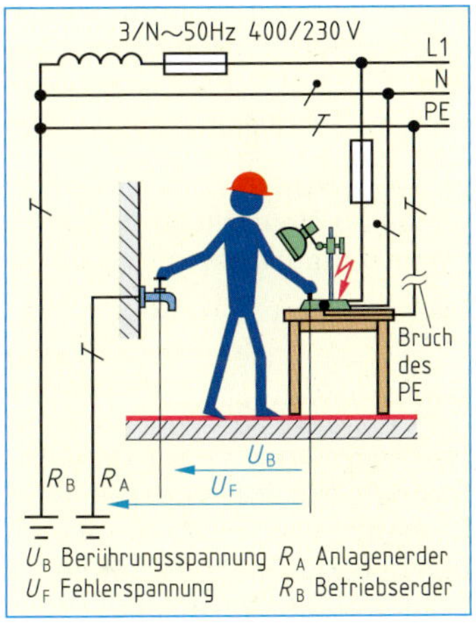

Bild 2: Fehler-, Berührungsspannung

Statt U_B für Berührungsspannung wird auch U_T (T von touch (engl.) = berühren) verwendet.

Die Grenze für die dauernd **zulässige Berührungsspannung** U_L[1] ist international vereinbart **(Tabelle)**. Bis zu dieser Grenze ist sie für Menschen meist nicht lebensbedrohlich.

Tabelle: Zulässige Berührungsspannungen

• für Menschen	AC 50 V DC 120 V
• Kinderspielzeuge • Kesselleuchten	AC 25 V DC 60 V

Eine unterbrochene Freileitung kann einen Erdschluss verursachen **(Bild 3)**. Um die Fehlerstelle bilden sich kreisförmige Spannungspotenziale (**Erderspannung)**, die mit zunehmender Entfernung abnehmen.

Die **Schrittspannung** U_S ist die Spannung, die von einer Person mit der Schrittweite 1 m überbrückt werden kann **(Bild 3)**. Sie ist in der Nähe der Fehlerstelle am größten.

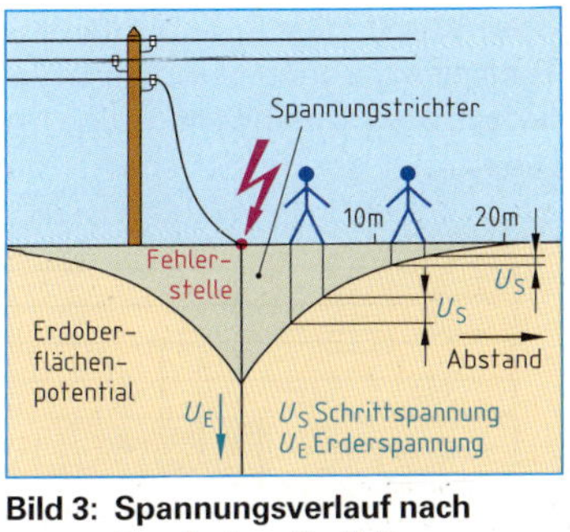

Bild 3: Spannungsverlauf nach Bruch einer Freileitung

Wiederholungsfragen

1. **Was bedeutet die Schutzart IP 54 für elektrische Betriebsmittel?**
2. **Nennen Sie die Sicherheitsregeln 1 bis 5 in der richtigen Reihenfolge.**
3. **Beschreiben Sie a) Kurzschluss, b) Körperschluss und c) Leiterschluss.**
4. **Erklären Sie die Begriffe Fehlerspannung und Berührungsspannung.**
5. **Welche Werte gelten nach DIN VDE als zulässige Berührungsspannung U_L?**

[1] U_L, der Index L von limit (engl.) = Grenze, Grenzwert

11.4 Drehstromsysteme

Im Niederspannungs-Drehstromnetz bezeichnet man die Drehstromsysteme nach den Erdungsverhältnissen des Verteilungssystems des VNB und der Verbraucheranlage. Die Bezeichnung der verschiedenen Verteilungssysteme erfolgt international durch Buchstaben, z. B. TN-, TT- und IT-System **(Tabelle)**.

Im **TN-System** ist der Sternpunkt der Stromquelle direkt geerdet. Die Körper der angeschlossenen Verbraucher sind mit diesem Punkt des Transformators verbunden **(Bild 1)**.

Beim TN-System unterscheidet man drei Arten, TN-S-, TN-C- und TN-C-S-System.

Die Verbindung der Körper im **TN-C-System,** z. B. in öffentlichen Verteilungsnetzen, erfolgt über den PEN-Leiter, d. h., ein Leiter übernimmt Neutralleiter- und Schutzleiterfunktion **(Bild 1)**.

Im **TN-S-System,** z. B. in Installationen in Wohnungen, sind Neutralleiter N und Schutzleiter PE getrennt verlegt **(Bild 2)**.

TN-C-System und TN-S-System können kombiniert in einer elektrischen Anlage als **TN-C-S-System** angewendet werden **(Bild 3)**.

Im **TT-System**, z. B. auf Baustellen, ist ein Punkt der Stromquelle direkt geerdet **(Bild 4)**. Die Körper der Betriebsmittel in der Verbraucheranlage sind mit eigenen Erdern R_A verbunden. Diese sind von der Erdung R_B des Verteilungsnetzes getrennt.

TN- und TT-System können auch kombiniert betrieben werden. In landwirtschaftlichen und gartenbaulichen Betriebsstätten darf die Installation des Wohngebäudes als TN-System ausgeführt sein. In landwirtschaftlich genutzten Räumen, z. B. Ställen, Speichern für Düngemittel oder Getreide, kann auch das TT-System angewendet werden. Steckdosenstromkreise sind dann durch Fehlerstrom-Schutzeinrichtungen **(Seite 219)** mit $I_{\Delta n} \leq 30$ mA zu schützen.

Im **IT-System,** z. B. in Operationssälen, dürfen der Sternpunkt des Spannungserzeugers und aktive Teile nicht geerdet sein. Die Erdung des Verteilungsnetzes über eine hochohmige Impedanz ist erlaubt. Die Körper der Betriebsmittel sind geerdet **(Bild 5)**.

Tabelle: Kennzeichnung von Drehstromsystemen

Beispiel: TN-C-System

T	1. **Buchstabe:** Erdungsverhältnisse der Stromquelle z. B. in der Transformatorenstation **T:** direkte Erdung eines Punktes, z. B. Sternpunkt, über den Betriebserder **I:** Isolierung aller aktiven Teile von Erde oder Verbindung des Punktes mit Erde über eine Impedanz
N	2. **Buchstabe:** Erdungsverhältnisse der Körper innerhalb der elektrischen Anlage **T:** direkte Erdung der Körper der Betriebsmittel **N:** Verbindung der Körper mit dem Betriebserder des Spannungserzeugers
C	3. **Buchstabe:** Anordnung des Neutralleiters N und des Schutzleiters PE im TN-System **S:** PE und N getrennt verlegt **C:** PE und N kombiniert in einem Leiter, dem PEN-Leiter

Abkürzungen: T von terre (franz.) = Erde, I von isolé (franz.) = isoliert, N von neutre (franz.) = neutral, S von separé (franz.) = getrennt, C von combiné (franz.) = kombiniert

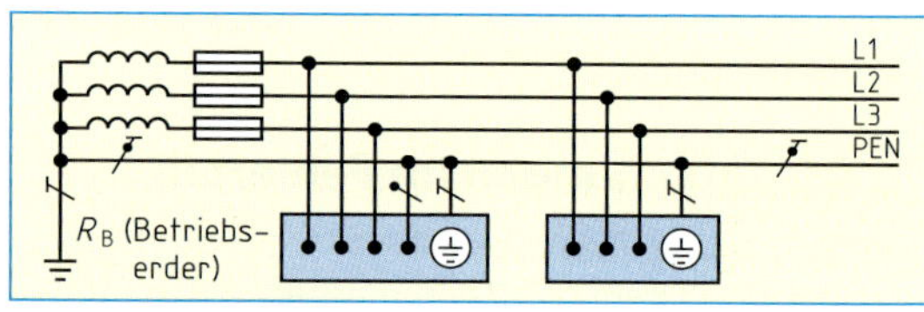

Bild 1: TN-C-System

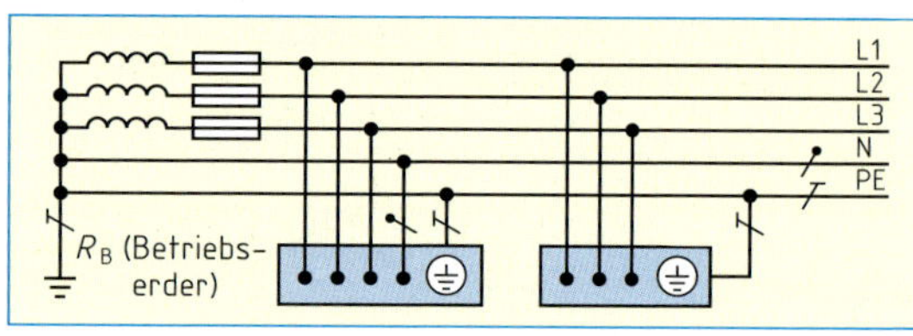

Bild 2: TN-S-System

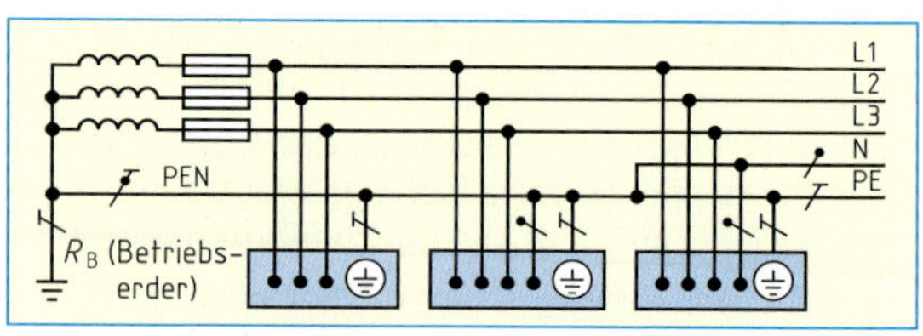

Bild 3: TN-C-S-System

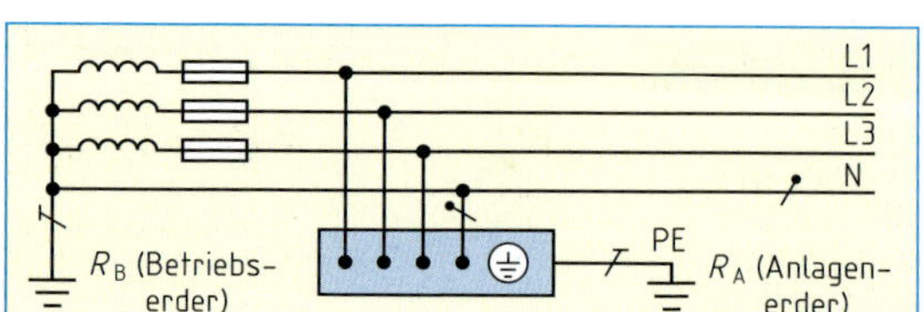

Bild 4: TT-System

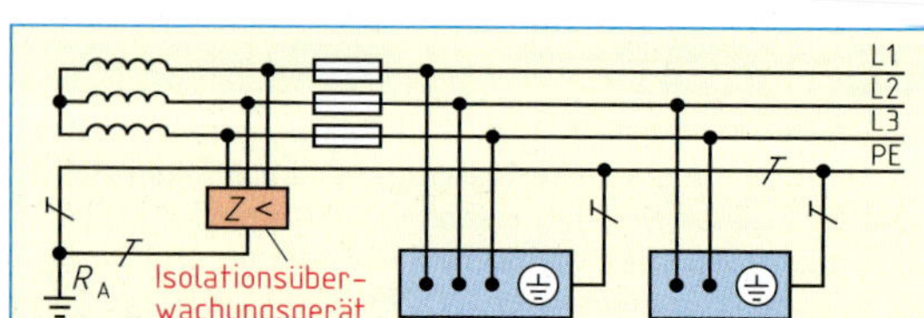

Bild 5: IT-System

11.5 Schutz gegen elektrischen Schlag

Bei ordnungsgemäßem Betrieb einer elektrischen Anlage dürfen Personen und Nutztiere nicht geschädigt werden. Ebenso muss eine Gefährdung von Sachwerten unterbleiben. Deshalb sind zur Vermeidung und Verhütung von elektrischen Unfällen Schutzmaßnahmen **(Übersicht)** vorzusehen. Treten in Anlagen oder Geräten Fehler auf, muss das Bestehenbleiben einer zu hohen Berührungsspannung **(Seite 209)** verhindert werden, z.B. durch automatisches Abschalten der Anlage. In **DIN VDE 0100, Teil 410 „Errichten von Niederspannungsanlagen"** vom Juni 2007 sind die Grundregeln des Schutzes gegen elektrischen Schlag festgelegt.

Eine Schutzmaßnahme gegen den elektrischen Schlag muss immer bestehen aus:
- einer Kombination aus zwei unabhängigen Schutzvorkehrungen, dem **Basisschutz** (Schutz gegen direktes Berühren) und dem **Fehlerschutz** (Schutz bei indirektem Berühren) oder
- einer verstärkten Schutzvorkehrung, z.B. verstärkte Isolierung, die den Basis- und den Fehlerschutz bewirkt.

Bei der Installation einer elektrischen Anlage ist zu beachten, dass in jedem Teil der Anlage **eine** Schutzmaßnahme angewendet, jedoch auch **mehrere** Schutzmaßnahmen angewendet werden können, die sich aber gegenseitig nicht nachteilig beeinflussen dürfen. Die jeweils anzuwendende Schutzmaßnahme ist abhängig von der Auswahl und dem Errichten der Betriebsmittel. Schutz durch automatische Abschaltung der Stromversorgung im Fehlerfall ist die meist angewendete Schutzmaßnahme.

Übersicht: Schutzmaßnahmen (nach DIN VDE 0100, Teil 410, Juni 2007)

Schutzmaßnahmen

Schutzmaßnahme: Automatische Abschaltung der Stromversorgung

Anforderungen an den Basisschutz (Schutz gegen direktes Berühren, **Seite 212**)

Anforderungen an den Fehlerschutz (Schutz bei indirektem Berühren, **Seite 203**)
- Schutzerdung und Schutzpotenzialausgleich
- Automatische Abschaltung im Fehlerfall
- Zusätzlicher Schutz für Endstromkreise für den Außenbereich und Steckdosen

- Schutzmaßnahmen im TN-System **(Seite 214)**
- Schutzmaßnahmen im TT-System **(Seite 215)**
- Schutzmaßnahmen im IT-System **(Seite 216)**
- Kleinspannung FELV **(Seite 218)**

Schutzmaßnahme: Doppelte oder verstärkte Isolierung (Seite 217)

Schutzmaßnahme: Schutztrennung mit nur einem Verbrauchsmittel (Seite 217)

Schutzmaßnahme: Schutz durch Kleinspannung mittels SELV oder PELV (Seite 218)

Zusätzlicher Schutz durch:
- **Fehlerstrom-Schutzeinrichtungen (RCDs) (Seite 219)**
- **Zusätzlicher Schutzpotenzialausgleich**

Anhänge A, B und C in DIN VDE 0100, Teil 410	
A	Vorkehrungen für den Basisschutz unter normalen Bedingungen **(Seite 212)**: • Basisisolierung aktiver Teile • Abdeckungen oder Umhüllungen
Schutzmaßnahmen, wenn nur Elektrofachkräfte oder elektrotechnisch unterwiesene Personen die Anlage betreiben	
B	Vorkehrungen für den Basisschutz unter besonderen Bedingungen **(Seite 212)**: • Hindernisse • Anordnung außerhalb des Handbereichs
C	Schutzvorkehrungen zur ausschließlichen Anwendung in Anlagen, die nur durch Elektrofachkräfte oder elektrotechnisch unterwiesene Personen betrieben und überwacht werden **(Seite 222)**: • Nicht leitende Umgebung • Schutz durch erdfreien örtlichen Schutzpotenzialausgleich • Schutztrennung mit mehr als einem Verbrauchsmittel

11.6 Automatische Abschaltung der Stromversorgung

11.6.1 Anforderungen an den Basisschutz (Schutz gegen direktes Berühren)

Basisschutz unter normalen Bedingungen (nach DIN VDE 0100, Teil 410, Anhang A)

Der **Basisschutz unter normalen Bedingungen** (Schutz gegen direktes Berühren) bezieht sich auf den ungestörten Betrieb (Normalbetrieb). Er soll bewirken, dass bei elektrischen Betriebsmitteln, z.B. Leuchten, die Teile, die Spannung führen, für den Menschen nicht zugänglich sind **(Bild 1)**.

Gefährliche aktive Teile dürfen nicht berührbar sein. Berührbare leitfähige Teile dürfen weder unter Normalbedingungen noch unter Fehlerbedingungen zu gefährlichen aktiven Teilen werden.

Basisschutz (Schutz gegen direktes Berühren) ist erforderlich, wenn die Bemessungsspannung 25 V Wechselspannung oder 60 V Gleichspannung überschreitet.

Basisisolierung aktiver Teile. Aktive Teile sind vollständig mit einer elektrisch und mechanisch widerstandsfähigen Isolierung zu umhüllen **(Bild 2)**. Die Isolierung muss so beschaffen sein, dass man sie nur durch Zerstören entfernen kann. Oxidschichten, Faserstoffumhüllungen, Lack- und Emailleüberzüge erfüllen diese Anforderungen nicht.

Abdeckungen oder Umhüllungen. Abdeckungen oder Umhüllungen, z.B. von Schaltern oder Steckdosen, schützen gegen direktes Berühren **(Bild 3)**. Sie müssen mindestens der Schutzart IP 2X oder IP XXB entsprechen. Bei öffentlichen Einrichtungen ist eine Mindestschutzart von IP 4X oder IP XXD vorgeschrieben. Abdeckungen oder Umhüllungen müssen sicher befestigt und nur mit Werkzeug entfernbar sein.

Schutzarten elektrischer Betriebsmittel, **Seite 207**

Basisschutz unter besonderen Bedingungen (nach DIN VDE 0100, Teil 410, Anhang B)

Der Basisschutz unter besonderen Bedingungen kommt ausschließlich zur Anwendung in Anlagen mit oder ohne **Fehlerschutz** (Schutz gegen indirektes Berühren), die nur von Elektrofachkräften oder elektrotechnisch unterwiesenen Personen betrieben und überwacht werden, z.B. in abgeschlossenen elektrischen Betriebsstätten, das sind, z.B. Transformatorstationen.

Hindernisse. Schutz durch Hindernisse ist vorzusehen, um ein unabsichtliches Berühren aktiver Teile zu verhindern. Da Hindernisse wie z.B. Schutzleisten oder Schutzgitter **(Bild 4)** umgangen werden können, bieten sie keinen vollständigen Schutz gegen direktes Berühren. Hindernisse dürfen ohne Werkzeug entfernbar sein. Sie sind jedoch so zu befestigen, dass ein unbeabsichtigtes Entfernen nicht möglich ist.

Anordnung außerhalb des Handbereichs. Schutz durch Anordnung außerhalb des Handbereichs soll auch ein unbeabsichtigtes gleichzeitiges Berühren aktiver Teile verhindern. Elektrische Betriebsmittel, z.B. Motoren, müssen so angebracht sein, dass sich im Abstand von 2,5 m keine gleichzeitig berührbaren Teile mit unterschiedlichem Potenzial befinden **(Bild 5)**. Auch Freileitungen und Fahrleitungen müssen einen so großen Abstand haben, dass sie von Menschen normalerweise nicht berührt werden können.

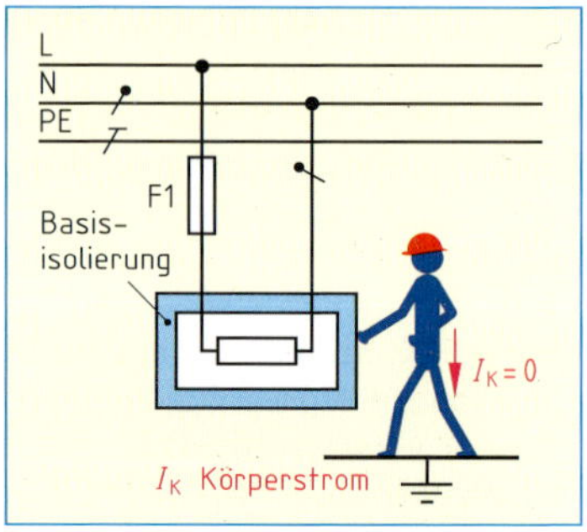

Bild 1: Schutz durch Basisisolierung

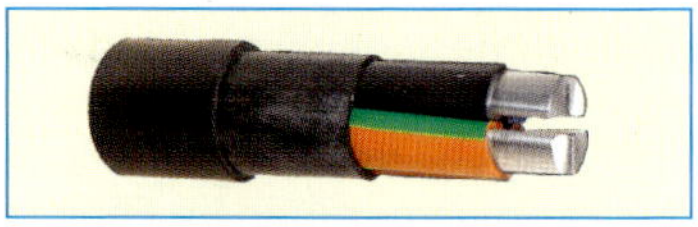

Bild 2: Basisisolierung aktiver Teile

Bild 3: Abdeckungen oder Umhüllungen

Bild 4: Hindernisse

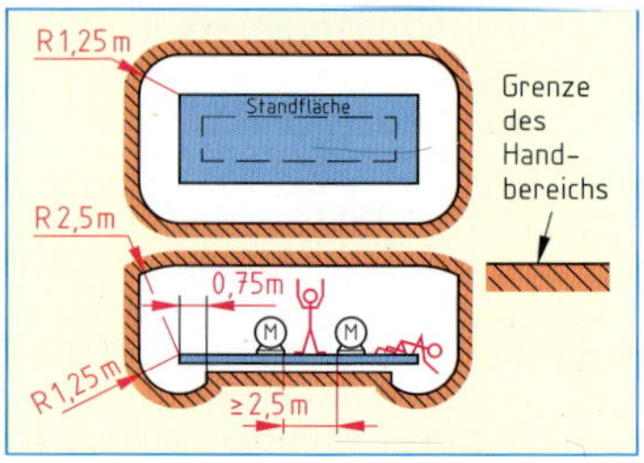

Bild 5: Handbereich

11.6.2 Anforderungen an den Fehlerschutz (Schutz bei indirektem Berühren)

Der **Fehlerschutz** ist ein Schutz gegen den elektrischen Schlag unter Fehlerbedingungen und schützt Menschen und Nutztiere beim Versagen des **Basisschutzes.** Fällt an einem Gerät mit einer Betriebsspannung über AC 50 V, z.B. bei 230 V, der Basisschutz, z.B. infolge eines Isolationsfehlers aus, kann bei einer Berührung, z.B. aktiver Teile, die Gesundheit des Menschen gefährdet werden. Die fehlerhafte Anlage muss jetzt innerhalb einer sehr kurzen Zeit, z.B. 0,4 s **(Tabelle 2, Seite 214),** abgeschaltet werden **(Bild 1).** In Anlagen, bei denen ein Gerät im 1. Fehlerfalle nicht abschalten darf, z.B. in einem Operationsraum, muss eine Schutzeinrichtung ein Signal auslösen **(IT-System, Seite 216).**

Schutzerdung (Erdung über den Schutzleiter). Zum Zwecke der elektrischen Sicherheit müssen ein oder mehrere Punkte eines Netzes, einer Anlage oder eines Betriebsmittels der Schutzklasse I geerdet werden **(Bild 2).** Jeder Stromkreis muss einen Schutzleiter haben, der über eine Schutzleiterklemme oder Schutzleiterschiene geerdet ist.

Schutzpotenzialausgleich über die Haupterdungsschiene. Erdungsleiter und leitfähige Teile eines Gebäudes, z.B. metallene Rohrleitungen von Versorgungssystemen, müssen über die **Haupterdungsschiene (Bild 2)** zum **Schutzpotenzialausgleich** verbunden werden **(Übersicht).**

Automatische Abschaltung im Fehlerfall. Im Falle eines Fehlers, z.B. eines Körperschlusses im TN-System, muss eine Schutzeinrichtung in der geforderten Abschaltzeit **(siehe Tabelle 2, Seite 214)** den Stromkreis automatisch unterbrechen. Eine unzulässig hohe Berührungsspannung an den Körpern der Betriebsmittel wird dadurch verhindert.

Durch die Verbindung des PEN-Leiters über die Haupterdungsschiene mit dem **Fundamenterder** würde auch bei einer Unterbrechung des PEN-Leiters die vorgeschaltete Schutzeinrichtung abschalten **(Bild 2).** Nimmt man an, dass die Verbraucheranlage keinen eigenen Anlagenerder R_A (Fundamenterder) besitzt und der PEN-Leiter vor dem Hausanschluss unterbrochen wird **(Bild 2),** würde bei einphasigen Verbrauchern auch ohne Körperschluss eine gefährliche Spannung am Gehäuse des Betriebsmittels und am Schutzleiter anstehen. Damit im Fehlerfall das Potenzial des Schutzleiters bzw. PEN-Leiters eine möglichst geringe Abweichung gegenüber dem Erdpotenzial aufweist, muss ein Stromrückfluss zum geerdeten Sternpunkt des Transformators gewährleistet sein **(Fehlerstromkreis 2).** Dies wird durch zusätzliche Erdungen im Netz erreicht, besonders an den Eintrittsstellen in das Gebäude, z.B. durch Verbinden mit dem Fundamenterder **(Bild 2).**

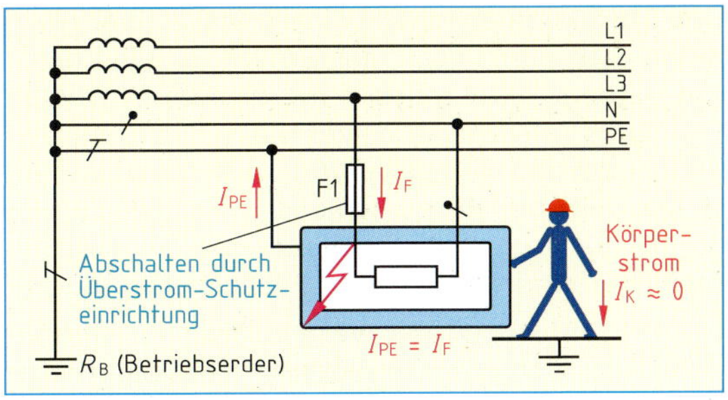

Bild 1: Schutz durch Abschalten

Übersicht: Schutzpotenzialausgleich über die Haupterdungsschiene (Beispiele):

- Antenne, Blitzschutzanlage
- Metallene Gas-, Wasser- und Abwasserleitungen
- Metallene Zentralheizungs- und Klimageräte
- Erder, z.B. Fundamenterder
- Verbindung mit dem PEN/PE-Leiter (TN-System)
- Metallene Gebäudekonstruktionen mit Erdkontakt

Neue – frühere Normbegriffe

- Haupterdungsschiene – Potenzialausgleichsschiene
- Schutzpotenzialausgleich – Potenzialausgleich

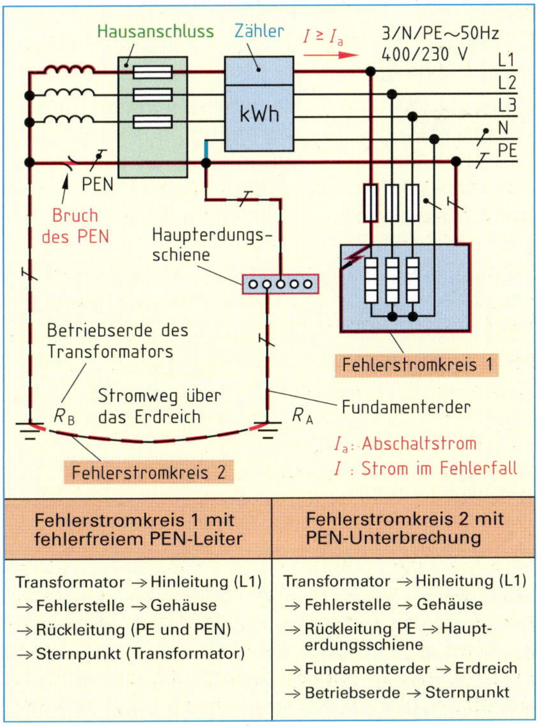

Fehlerstromkreis 1 mit fehlerfreiem PEN-Leiter	Fehlerstromkreis 2 mit PEN-Unterbrechung
Transformator → Hinleitung (L1) → Fehlerstelle → Gehäuse → Rückleitung (PE und PEN) → Sternpunkt (Transformator)	Transformator → Hinleitung (L1) → Fehlerstelle → Gehäuse → Rückleitung PE → Haupterdungsschiene → Fundamenterder → Erdreich → Betriebserde → Sternpunkt

Bild 2: Schutz durch Erdung im TN-C-S-System

11.6.3 Schutz im TN-System

Das TN-System erfordert einen unmittelbar geerdeten Sternpunkt des Transformators. Alle Körper der Betriebsmittel müssen mit diesem geerdeten Punkt des Versorgungsnetzes durch den Schutzleiter PE oder den PEN-Leiter verbunden sein. Im Fehlerfall, z.B. bei Körperschluss, wird der Fehlerstromkreis über den Schutzleiter geschlossen und die Schutzeinrichtung **(Tabelle 1)** ausgelöst **(Bild 1)**.

In Deutschland ist der Verteilungsnetzbetreiber (VNB) verpflichtet, die Bedingung der **„Spannungswaage"** einzuhalten **(Formel, Bild 2)**. Wird diese Bedingung eingehalten, kann am PEN-Leiter, am Schutzleiter oder an Körpern keine unzulässig hohe Berührungsspannung U_L auftreten.

Leiterquerschnitte und Schutzeinrichtungen sind so zu bemessen, dass beim Auftreten eines Fehlers zwischen Außenleiter und Schutzleiter oder mit dem PEN-Leiter verbundenen Körpern die automatische Abschaltung innerhalb der festgelegten Zeit erfolgt **(Tabelle 2)**.

Die in **Tabelle 2** angegebenen Abschaltzeiten gelten für **Endstromkreise** (Steckdosen oder fest angeschlossene Verbrauchsmittel) mit einem Nennstrom bis einschließlich 32 A.

Die Bedingung für die automatische Abschaltung ist erfüllt, wenn die Schleifenimpedanz Z_S keinen größeren Wert hat als aus dem Quotienten von Spannung U_0 und dem Abschaltstrom I_a ($Z_S \leq U_0/I_a$).

Unter Impedanz der Fehlerschleife versteht man die Widerstände des Transformators, des vorgelagerten Stromnetzes, des Außenleiters bis zum Fehlerort und des Schutzleiters **(Bild 2, Seite 213)**. Sie wird durch Messung oder durch Rechnung ermittelt.

Tabelle 2: Maximale Abschaltzeiten im TN-System (nach DIN VDE 0100, Teil 410)

Stromkreis	Nennwechselspannung U_0	Abschaltzeit
Endstromkreise* mit einem Nennstrom bis einschließlich 32 A	$50\,V < U_0 \leq 120\,V$	0,8 s
	$120\,V < U_0 \leq 230\,V$	0,4 s
	$230\,V < U_0 \leq 400\,V$	0,2 s
	$U_0 > 400\,V$	0,1 s
Verteilungsstromkreise	–	5 s

* Endstromkreis, an dem direkt ein Stromverbrauchsmittel oder Steckdosen angeschlossen sind.

Bei Unterbrechung des PEN-Leiters kann in TN-C-Systemen eine große Gefährdung entstehen **(Bild 2, Seite 213)**. Das TN-C-System ist deshalb nur bei fest verlegten Leitungen mit Querschnitten von mindestens 10 mm² Kupfer oder 16 mm² Aluminium zulässig.

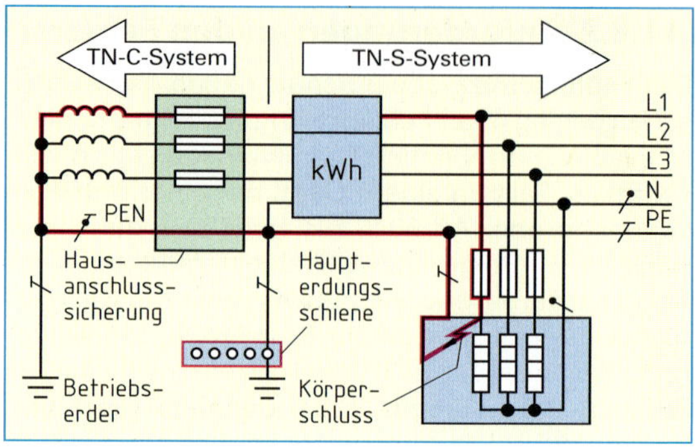

Bild 1: Fehlerstromkreis im TN-System

Tabelle 1: Zulässige Schutzeinrichtungen

im TN-S-System	im TN-C-System
• Überstrom-Schutzeinrichtungen und • Fehlerstromschutzeinrichtungen (RCDs)	• nur Überstrom-Schutzeinrichtungen (keine RCDs)

Spannungswaage

$$\frac{R_B}{R_E} \leq \frac{50\,V}{U_0 - 50\,V}$$

R_B Gesamterdungswiderstand aller Erder
R_E angenommener kleinster Erdübergangswiderstand fremder leitfähiger Teile, die nicht mit dem Schutzleiter verbunden sind und Ursache eines Erdschlusses sein können
50 V Grenze der zulässigen Berührungsspannung
U_0 Spannung eines Außenleiters gegen geerdete Leiter, PEN-Leiter, Neutralleiter oder Schutzleiter

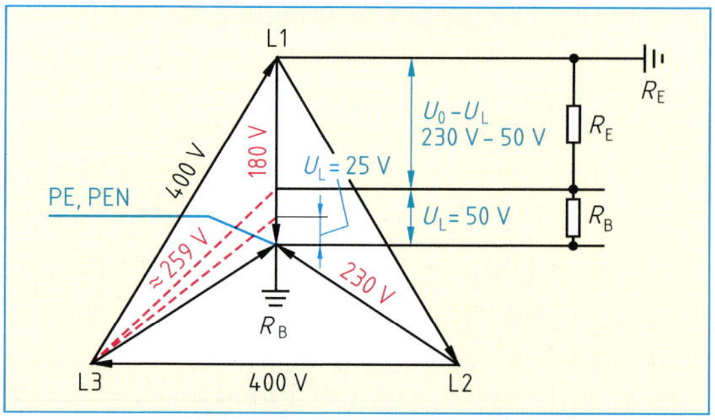

Bild 2: Spannungswaage im TN-System

Abschaltbedingung im TN-System

$$Z_s \leq \frac{U_0}{I_a} \qquad I_K > I_a$$

Z_S Schleifenimpedanz der Fehlerschleife
I_a Abschaltstrom, der die automatische Abschaltung der Überstrom-Schutzeinrichtung oder RCD bewirkt
U_0 Spannung zwischen Außenleiter und Neutralleiter
I_K Kurzschlussstrom

Der Kurzschlussstrom I_K wird von der Schleifenimpedanz Z_S bestimmt.

11.6.4 Schutz im TT-System

Im TT-System wird aus einem Körperschluss ein Erdschluss. Der auftretende Fehlerstrom soll das fehlerhafte Betriebsmittel über Überstrom- oder Fehlerstrom-Schutzeinrichtungen abschalten.

Alle Körper der zu schützenden Betriebsmittel werden an einen gemeinsamen Erder R_A angeschlossen. Der Sternpunkt R_B des Transformators oder Generators ist getrennt geerdet **(Bild 1)**.

Der Erdungswiderstand R_A muss so klein sein, das die Schutzeinrichtung im Fehlerfall auslöst, bevor die zulässige Berührungsspannung U_L am Körper (Gehäuse) überschritten wird.

Verwendung einer Überstrom-Schutzeinrichtung für den Fehlerschutz. Wird eine Überstrom-Schutzeinrichtung eingesetzt, muss wie im TN-System für den Fehlerschutz die Schleifenimpedanz ermittelt werden. Damit die Überstrom-Schutzeinrichtung in der geforderten Abschaltzeit **(Tabelle 1)** auslöst, muss der Wert der Schleifenimpedanz Z_S kleiner oder höchstens gleich groß sein wie aus dem Quotienten der Nennwechselspannung U_0 und dem Abschaltstrom der Überstrom-Schutzeinrichtung I_a ($Z_S \leq U_0/I_a$). Dabei besteht die Schleifenimpedanz Z_S aus den Widerständen der Stromquelle, der Außenleiter, Schutzleiter, Erdungsleiter, Anlagenerder R_A und Erder der Stromquelle R_B **(Bild 2)**.

Diese Forderung ist nur eingeschränkt zu erfüllen, da der Erdschlussstrom über die Erde zur Stromquelle fließt und meist nicht ausreicht, um die Überstrom-Schutzeinrichtung in der vorgeschriebenen Abschaltzeit auszulösen.

Im TT-System sollen vorzugsweise Fehlerstrom-Schutzeinrichtungen (RCDs) eingesetzt werden.

Verwendung einer Fehlerstrom-Schutzeinrichtung für den Fehlerschutz. Hierbei sind die Abschaltzeiten **(Tabelle 1)** und die Bedingung für den Erdungswiderstand $R_A \leq 50\ V / I_{\Delta n}$ zu erfüllen. R_A ist die Summe der Widerstände des Anlagenerders R_{A1} und des Schutzleiters **(Bild 1 und Bild 2)** und $I_{\Delta n}$ der Bemessungs-Differenzstrom der RCD. Da bei einer Leiter-Erde-Spannung von $U_0 = 230$ V im Fehlerfall ein Fehlerstrom von 230 V/50 V · $I_{\Delta n} = 4{,}6 \cdot I_{\Delta n}$ fließt, ist die Einhaltung der Abschaltzeit nach **Tabelle 1** für die RCD sichergestellt.

Selektivität in TT-Systemen wird durch zeitverzögerte Fehlerstrom-Schutzeinrichtungen vom Typ S in Reihe zu nachgeschalteten RCDs erreicht **(siehe Seiten 220 und 221)**.

RCDs bieten einen optimalen Schutz, da die Anlage innerhalb der vorgeschriebenen Zeit abschaltet. Die höchstzulässigen Werte für Erdungswiderstände **(Tabelle 2)** sind gut zu erreichen.

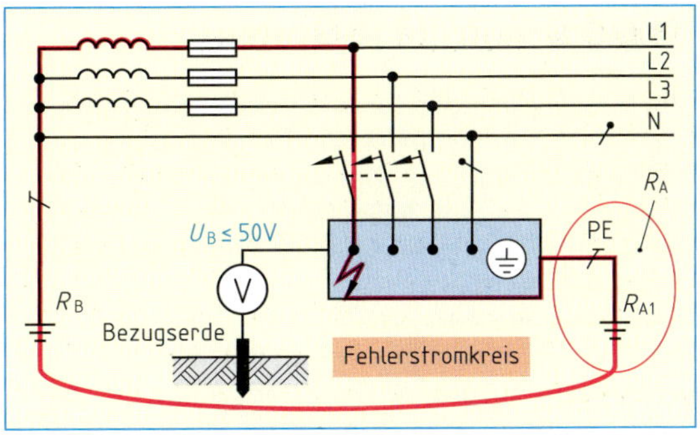

Bild 1: Schutz durch Abschalten im TT-System

Tabelle 1: Maximale Abschaltzeiten im TT-System (nach DIN VDE 0100, Teil 410)

Stromkreis	Nennwechselspannung U_0	Abschaltzeit
Endstromkreise mit einem Nennstrom bis einschließlich 32 A	50 V < U_0 ≤ 120 V 120 V < U_0 ≤ 230 V 230 V < U_0 ≤ 400 V U_0 > 400 V	0,3 s 0,2 s 0,07 s 0,04 s
Verteilungsstromkreise Verbraucherstromkreise	–	1 s

Sind alle fremden leitfahigen Teile an den Schutzpotenzialausgleich über die Haupterdungsschiene angeschlossen, darf für die Überstrom-Schutzeinrichtung die Abschaltzeit des TN-Systems verwendet werden **(Tabelle 2, Seite 331)**.

Z_S Schleifenimpedanz der Fehlerschleife
I_a Strom, der das automatische Abschalten der Schutzeinrichtung bewirkt
U_0 Nennwechselspannung Außenleiter gegen Erde

$$Z_S \leq \frac{U_0}{I_a}$$

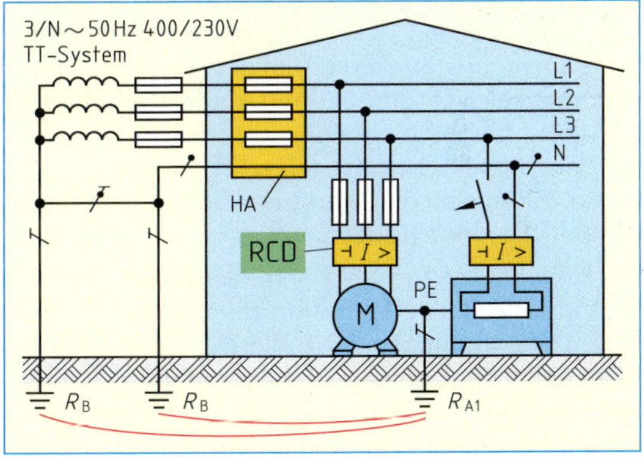

Bild 2: Verbraucheranlage im TT-System mit RCD

R_A höchstzulässiger Erdungswiderstand der Verbraucheranlage
$I_{\Delta n}$ Bemessungs-Differenzstrom

$$R_A = \frac{50\ V}{I_{\Delta n}}$$

Tabelle 2: Höchstwerte für Erdungswiderstände R_A

RCD mit $I_{\Delta n}$	Erdungswiderstand R_A in Ω bei: U_L = 50 V	U_L = 25 V
0,01 A	5000	2500
0,03 A	1665	832
0,3 A	165	82
0,5 A	100	50

11.6.5 Schutz im IT-System

Im IT-System erfolgt beim Auftreten eines ersten Fehlers (Körperschluss) keine Abschaltung, sondern eine Meldung. Bei Auftreten des ersten Fehlers muss eine Isolationsüberwachungseinrichtung ein optisches und/oder akustisches Signal auslösen **(Bild 1)**.

Alle Körper der zu schützenden Betriebsmittel sind gemeinsam zu erden. Der Sternpunkt des Netztransformators oder Generators ist isoliert oder über eine hohe Impedanz geerdet **(Bild 1)**.

Vorgeschrieben ist das IT-System z.B. in Intensivbehandlungsstationen, Operationsräumen sowie im Bergbau und in Hüttenwerken. Es wird auch in Produktionsstätten der chemischen Industrie, als Ersatzstromversorgung bei Einsätzen der Feuerwehr und auf Schiffen eingesetzt.

Im Gegensatz zum TN- und TT-System, bei denen im ersten Fehlerfall, z.B. Körperschluss, abgeschaltet wird, erfolgt im IT-System nur eine Meldung **(Übersicht)**. Beim Entstehen nur eines Fehlers tritt ein geringer Fehlerstrom auf und die zulässige Berührungsspannung wird nicht überschritten. Die Bedingung $R_A \cdot I_d \leq 50$ V muss erfüllt sein. Der Schutzleiter nimmt das Potenzial des den Fehler auslösenden Leiters an. Eine Gefahr besteht nicht, da alle Körper das gleiche Potenzial über den Schutzleiter besitzen. Der Arbeitsprozess, z.B. eine Operation, kann abgeschlossen werden. Der Isolationswiderstand der Verbraucheranlage wird durch eine **Isolationsüberwachungseinrichtung** laufend kontrolliert **(Bild 1)**. Der erste gemeldete Fehler muss rasch behoben werden, da bei einem weiteren Fehler in einem anderen Außenleiter die Überstrom-Schutzeinrichtung des Betriebsmittels abschaltet.

Der Fehler- oder Abschaltstrom fließt dabei über die Stromkreise der fehlerhaften Betriebsmittel. Deshalb ist die Impedanz der Fehlerschleife größer als beim einfachen Fehler im TN-System **(Bild 2)**. Beim Abschalten nach dem zweiten Fehler muss die Schleifenimpedanz die Bedingung $Z_S \leq U : (2 \cdot I_a)$ erfüllen. Bei verteiltem Neutralleiter (Vierleiternetz) verdoppeln sich die Abschaltzeiten **(Tabelle)**.

Wiederholungsfragen

1. **Wodurch unterscheiden sich TN-, TT- und IT-Systeme?**
2. **Welche Abschaltzeiten sind im TN-System zulässig?**
3. **Was versteht man unter Schleifenimpedanz und wie groß darf sie maximal sein?**
4. **Welche Bedeutung hat die Erdung des PEN-Leiters über den Fundamenterder?**
5. **Welche Bedingungen gelten für den Erdungswiderstand R_A im TT-System?**

[1] IMD, Abk. für: **I**nsulation **M**onitoring **D**evice (engl.) = Isolationsüberwachungsgerät

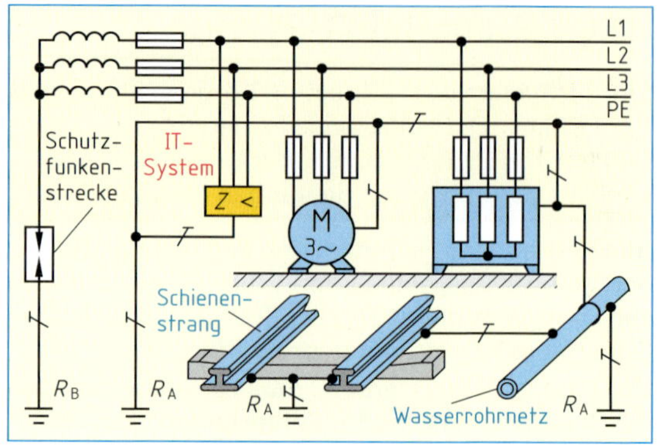

Bild 1: Schutz im IT-System

Erdungsbedingung im IT-System

$$R_A \cdot I_d \leq 50 \text{ V}$$

R_A Summe der Widerstände des Erders und des Schutzleiters der Körper

I_d Fehlerstrom nach dem Auftreten des ersten Fehlers zwischen Außenleiter und Körper

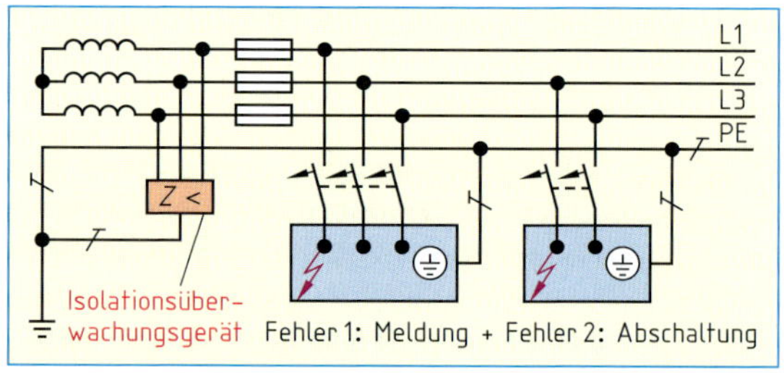

Bild 2: IT-System mit 2 Fehlern

Übersicht: Schutzeinrichtungen im IT-System

- Isolationsüberwachungseinrichtungen (IMDs[1])
- Überstrom-Schutzeinrichtungen
- Differenzstrom-Überwachungseinrichtungen (RCMs, **Seite 338**)
- Fehlerstrom-Schutzeinrichtungen (RCDs, **Seite 336**)

Tabelle: Nennspannungen, Abschaltzeiten und Abschaltbedingungen im IT-System (nach DIN VDE 0100, Teil 410)

Nennspannung U_0/U	Abschaltzeiten im IT-System	
	ohne Neutralleiter	mit Neutralleiter
über 50 V bis 120 V	0,8 s	
über 120 V bis 230 V	0,4 s	
über 230 V bis 400 V	0,2 s	
über 400 V	0,1 s	
Abschaltbedingung	$Z_S \leq \frac{U}{2 \cdot I_a}$	$Z_S \leq \frac{U_0}{2 \cdot I_a}$

Z_S Impedanz der Fehlerschleife

U Nennspannung zwischen Außenleitern

U_0 Nennwechselspannung zwischen Außenleiter und Neutralleiter

I_a Strom, der die automatische Abschaltung des Stromkreises bewirkt (Abschaltzeiten wie im TN-System)

11.7 Doppelte oder verstärkte Isolierung

Die Schutzmaßnahme „Doppelte oder verstärkte Isolierung" verhindert nach einem Fehler in der Basisisolierung eine gefährliche Berührungsspannung an berührbaren Teilen des Betriebsmittels. Die Kennzeichnung für doppelte oder verstärkte Isolierung erfolgt mit dem Symbol **(Bild 1a)**.

Betriebsmittel der Schutzklasse II erhalten das Symbol mit dem Doppelquadrat **(Bild 1a)**.

Bei doppelter oder verstärkter Isolierung sind alle der Berührung zugänglichen Teile, die im Fehlerfall Spannung führen können, mit einer Basisisolierung **(Basisschutz)**, mit einer zusätzlichen Isolierung **(Fehlerschutz)** oder einer verstärkten Isolierung dauerhaft abgedeckt **(Bild 2)**.

Schutz kann auch durch fest eingebaute Isolierstücke, z. B. Zahnräder aus Kunststoff, erreicht werden **(Bild 3)**. Ortsveränderliche, schutzisolierte Betriebsmittel für Wechselspannung haben 2-adrige Anschlussleitungen mit vergossenen Profilsteckern ohne Schutzkontakt und ohne Schutzleiter. Bei Instandsetzung der Anschlussleitung, z. B. mit H05VV-F3G1,5 muss die grüngelbe Ader im Stecker angeschlossen werden. Am Gerät ist der Schutzleiter kurz abzuschneiden und zu isolieren. Er darf innerhalb des schutzisolierten Gerätes nicht mit leitfähigen Teilen verbunden sein. Eine Kennzeichnung erfolgt an der Außen- und Innenseite durch das Symbol nach **Bild 1b**. Doppelte oder verstärkte Isolierung (Schutzisolierung) wird angewendet bei, z. B. Haushaltgeräten, Elektrowerkzeugen **(Bild 3)**, Zählertafeln oder CEE-Steckvorrichtungen.

Bild 1: Symbole für „Doppelte oder verstärkte Isolierung"

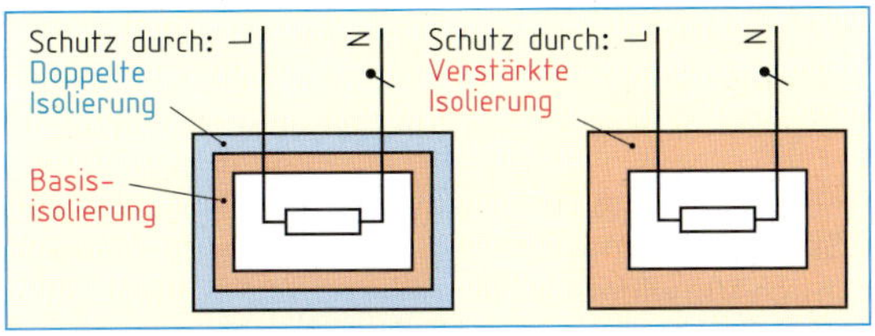

Bild 2: Arten der Isolierung

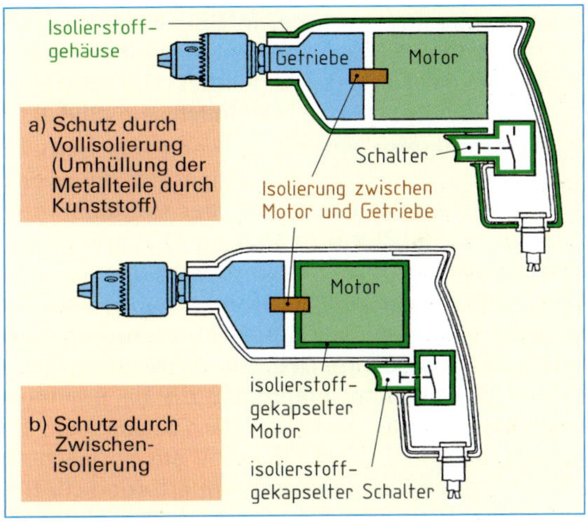

Bild 3: Bohrmaschine mit verstärkter Isolierung

11.8 Schutztrennung

Bei dem Schutz durch Schutztrennung darf nur ein elektrisches Verbrauchsmittel hinter der ungeerdeten Stromquelle angeschlossen werden **(Bild 4)**.

Bei der Schutztrennung wird zwischen dem Netz und dem Verbraucher ein Trenntransformator zur Potenzialtrennung geschaltet.

Der Transformator verhindert, dass am Verbraucher Spannungen aus dem geerdeten, speisenden Netz auftreten. Auf der Ausgangsseite des Transformators besteht keine Spannung gegen Erde. Die Ausgangsspannung darf nicht größer als 500 V sein.

Steckvorrichtungen für den Ausgangsstromkreis dürfen keinen Schutzkontakt haben **(Bild 4)**. Die Verbrauchsmittel dürfen nicht mit dem Schutzleiter und auch nicht mit Erde verbunden werden.

Verwendung findet die Schutztrennung beim Betrieb elektrischer Betriebsmittel bei erhöhter elektrischer Gefährdung, z. B. in Kesselanlagen **(Bild 5)**.

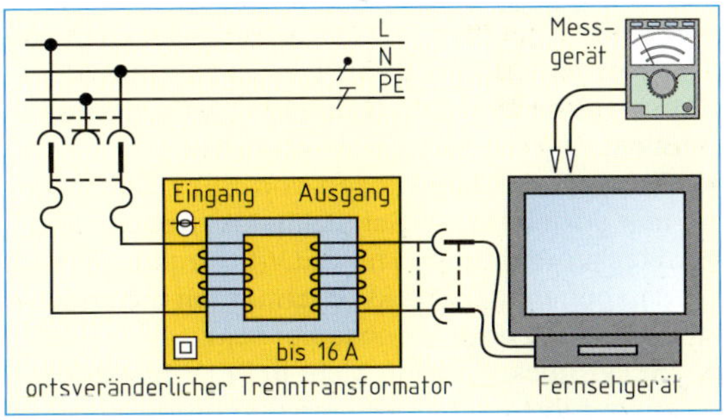

Bild 4: Schutztrennung

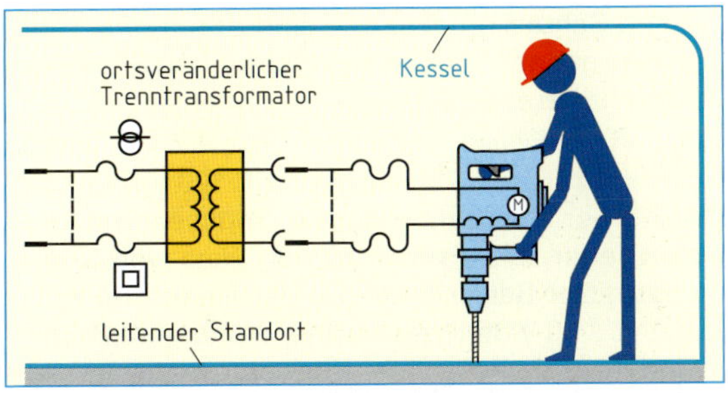

Bild 5: Schutztrennung bei besonderer Gefährdung

11.9 Schutz durch Kleinspannung mittels SELV oder PELV

Die Schutzmaßnahmen **SELV** und **PELV** erfüllen den Basisschutz (Schutz gegen direktes Berühren) und den Fehlerschutz (Schutz bei indirektem Berühren). Die Nennspannung darf AC 50 V oder DC 120 V **(Spannungsbereich I)** nicht überschreiten. Um eine elektrische, sogenannte galvanische Trennung vom Netz zu erhalten, muss Kleinspannung sicher erzeugt werden **(Tabelle)**.

> Kleinspannung darf nicht aus dem Netz durch Spartransformatoren, Spannungsteiler oder durch Vorwiderstände erzeugt werden.

SELV- und PELV-Stromkreise unterscheiden sich in ihrer Verbindung zur Erde. In SELV-Stromkreisen dürfen weder Körper von Betriebsmitteln noch Stromkreise sekundärseitig geerdet oder mit anderen Spannungssystemen verbunden sein **(Bild 1)**.

PELV-Stromkreise entstehen, wenn aus betrieblichen Gründen ein sekundärseitiger Anschluss des Stromkreises oder der Körper der Betriebsmittel geerdet ist **(Bild 2)**, z. B. in Mess- und Steuerstromkreisen sowie in Telekommunikationsanlagen.

Wird in SELV- oder PELV-Stromkreisen die Nennspannung AC 25 V bzw. DC 60 V (oberschwingungsfrei[1]) nicht überschritten, ist kein Basisschutz erforderlich. Bei erhöhter Gefährdung, z. B. bei Spielzeugen, medizinischen Geräten oder Fassleuchten ist bereits bis AC 25 V bzw. DC 60 V ein Basisschutz (Schutz gegen direktes Berühren) erforderlich. Bei elektromedizinischen Geräten, z. B. zur Untersuchung des Körperinneren, ist die Spannung auf 6 V begrenzt.

Steckvorrichtungen **(Bild 3)** in SELV- und PELV-Stromkreisen müssen folgende Anforderungen erfüllen:

- Stecker und Steckdosen von SELV-Stromkreisen dürfen keinen Schutzkontakt haben.
- Steckvorrichtungen für SELV-Stromkreise müssen gegenüber Steckvorrichtungen mit anderer Spannung unverwechselbar sein.
- SELV-Stecker dürfen nicht in PELV-Steckdosen eingeführt werden können und umgekehrt.
- Steckvorrichtungen für PELV-Stromkreise haben Schutzkontakte. Sie sind durch eine Hilfsnase gegenüber Steckvorrichtungen SELV oder mit höherer Spannung unverwechselbar.

FELV-Stromkreise. Im FELV -Stromkreis ist die Spannung auf ≤ AC 50 V oder ≤ DC 120 V begrenzt. Die Körper der Betriebsmittel müssen mit dem Schutzleiter des Primärstromkreises verbunden werden. Der Basisschutz mit der Isolierung muss trotz AC ≤ 50 V dem der Nennspannung im Primärstromkreis entsprechen. Die automatische Abschaltung erfolgt im Primärstromkreis.

> **i**
> - **SELV**, Abk. für: **S**afety **E**xtra **L**ow **V**oltage (engl.) = Kleinspannung SELV
> - **PELV**, Abk. für: **P**rotective **E**xtra **L**ow **V**oltage (engl.) = Kleinspannung PELV
> - **FELV**, Abk. für: **F**unctional **E**xtra **L**ow **V**oltage (engl.) = Funktionskleinspannung FELV

Tabelle: Erzeugung von Kleinspannung

- Sicherheitstransformatoren
- Motorgeneratoren mit getrennten Wicklungen
- elektrochemische Spannungsquellen, z. B. Batterie
- Generator mit Verbrennungsmaschine als Antrieb

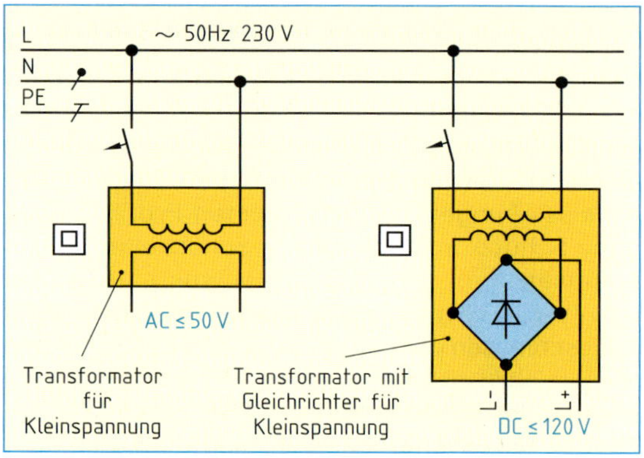

Bild 1: Transformatoren für SELV-Stromkreise

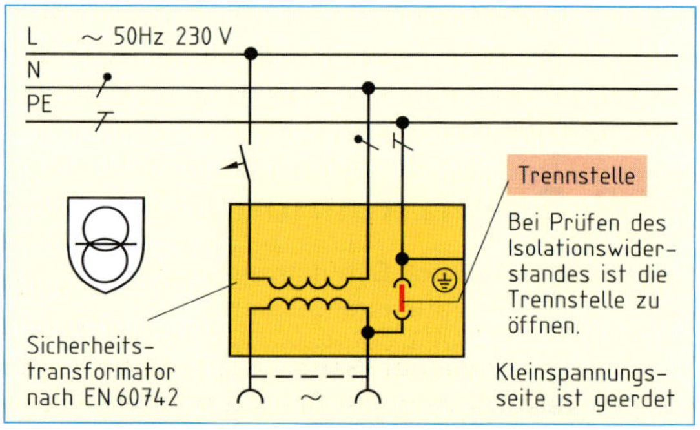

Bild 2: Spannungsquelle für PELV-Stromkreis

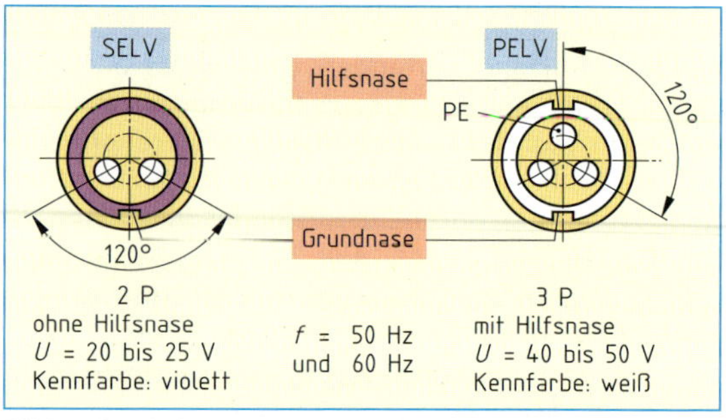

Bild 3: Steckdosen für Kleinspannungsgeräte

[1] oberschwingungsfrei = Welligkeit von nicht mehr als 10 % effektiv bei überlagerter sinusförmiger Wechselspannung

11.10 Zusätzlicher Schutz: Fehlerstrom-Schutzeinrichtungen

Fehlerstrom-Schutzeinrichtungen (RCDs[1]) unterstützen zusätzlich die angewendeten Schutzmaßnahmen, z. B. im TN-System oder TT-System, beim Versagen des Basis- und Fehlerschutzes.

Schutz durch RCDs (FIs) darf nur als zusätzliche aber nicht als alleinige Maßnahme durchgeführt werden und ist kein Ersatz für Schutzmaßnahmen gegen elektrischen Schlag.

Fehlerstrom-Schutzeinrichtungen (RCDs) schalten Betriebsmittel **(Bild 3)** in kurzer Zeit, z. B. 0,2 s, allpolig ab, wenn durch Isolationsfehler eine gefährliche Berührungsspannung auftritt.

Aufbau und Funktion: Alle aktiven Leiter (L1, L2, L3, N), vom Netz zum zu schützenden Betriebsmittel, werden durch einen **Summenstromwandler** geführt **(Bild 1)**. Im fehlerfreien Zustand ist die Summe der zu- und abfließenden Ströme null. Die magnetischen Wechselfelder der Leiter im Summenstromwandler heben sich gegenseitig auf. In diesem Fall wird in der Ausgangswicklung des Summenstromwandlers keine Spannung induziert.

Bei Erdschluss eines Leiters oder bei Körperschluss eines Betriebsmittels fließt ein Teilstrom über die Erde bzw. dem PE-Leiter zum Spannungserzeuger zurück. Dadurch ist die Summe der zu- und abfließenden Ströme nicht mehr null. In der Ausgangswicklung des Summenstromwandlers wird nun eine Spannung induziert, die einen elektromagnetischen Auslöser betätigt **(Bild 1)** die RCD allpolig und somit alle Betriebsmittel **(Bild 3)** abschaltet. Mit einer Prüftaste kann ein Fehler simuliert werden. Damit lässt sich nur die Auslösefunktion der RCD prüfen, nicht aber die Wirksamkeit der Schutzmaßnahme.

Die Auslösung der RCD ist vom Betreiber der Anlage bei nicht stationären Anlagen an jedem Arbeitstag, bei stationären Anlagen mindestens alle 6 Monate zu prüfen.

In Einphasenstromkreisen werden 2-polige RCD vom Typ A verwendet **(Seite 220)**. In Neuanlagen und zur Verbesserung des Schutzumfanges in Altanlagen, z. B. bei nachträglichem Einbau in Stromkreisen für Bade- und Duschräume, setzt man Kombinationen von RCD und LS-Schalter ein **(Bild 2)**. Bei diesen Geräten (RCBO[2]) entfällt der Verdrahtungsaufwand zwischen RCD und LS-Schalter.

RCDs (FIs) mit $I_{\Delta n} \leq 30$ mA sind vorgeschrieben:

- in Steckdosenstromkreisen mit einem Bemessungsstrom nicht größer als 20 A, die für Laien und zur allgemeinen Verwendung bestimmt sind.
- für Endstromkreise für im Außenbereich verwendete tragbare Betriebsmittel mit einem Bemessungsstrom nicht größer als 32 A.

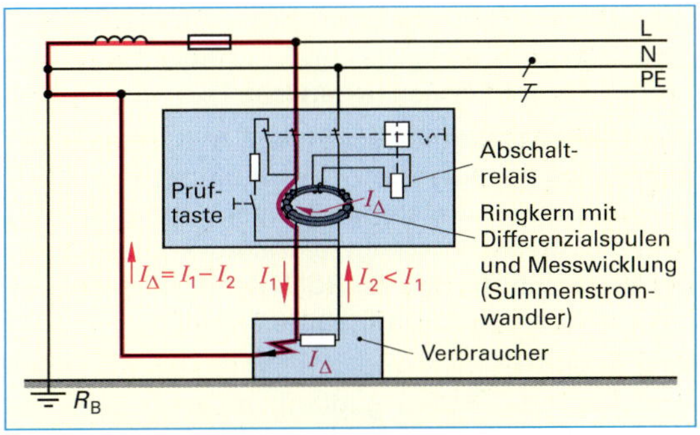

Bild 1: Aufbau und Funktion einer RCD

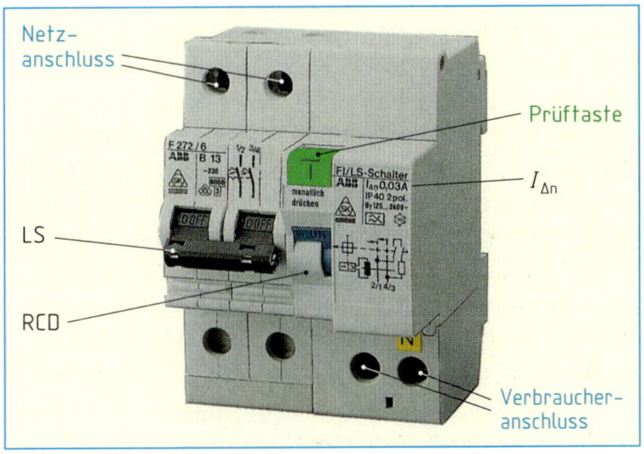

Bild 2: 2-polige RCD (FI/LS-Kombination) 40 A/30 mA

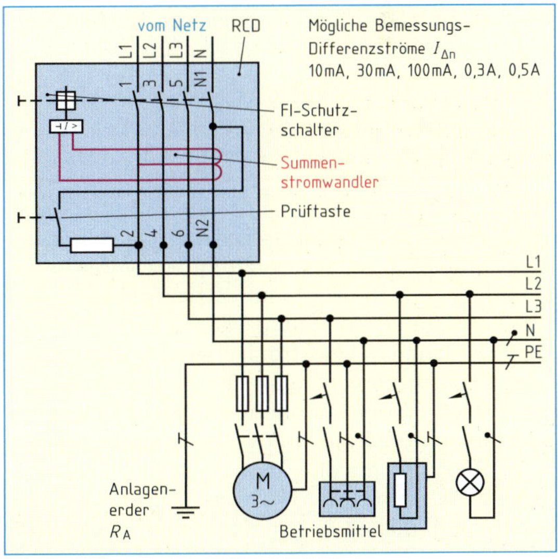

Bild 3: Beispiel einer RCD im TT-System

[1] RCD, Abk. für: Residual Current Protective Device (engl.) = Fehlerstromschutzschalter
[2] RCBO, Abk. für: Residual Current operated Circuit Breakers with integrated Overcurrent Protection (engl.) = Fehlerstromschutzschalter mit zusätzlichem Überstromschutzauslöser

RCDs sind z. B. vorgeschrieben in Baderäumen, Baustellenverteilern, landwirtschaftlichen, gartenbaulichen oder in feuergefährdeten Betriebsstätten, Schwimmbädern, medizinisch genutzten Räumen, Laborräumen, Schulen und Ausbildungswerkstätten.

Fehlerstrom-Schutzeinrichtungen bieten auch Schutz gegen Brände, die durch Erdfehlerströme gezündet werden können **(Übersicht 1).**

In der **Tabelle** sind die maximalen Leistungen angegeben, die bei einer Betriebsspannung von 230 V an Fehlerstellen entstehen können, ohne die RCD oder die Überstrom-Schutzeinrichtung auszulösen. Der Brandschutz, den die RCD bietet, wird von keiner anderen Schutzmaßnahme erreicht.

Sind in elektrischen Anlagen Fehlerstrom-Schutzeinrichtungen (RCDs) geplant, müssen auch die anzuschließenden Betriebsmittel, z. B. Waschmaschine, Elektroherd oder elektronische Betriebsmittel (EB) der Leistungselektronik wie Frequenzumrichter, in die Planung einbezogen werden. Die verwendeten Betriebsmittel entscheiden über den Einbau von RCDs vom **Typ A** oder **Typ B (RCCB[1], Übersicht 2).** Bei der Planung der Niederspannungsanlage einer normalen Hausinstallation ist ein Fehlerstrom-Schutzschalter vom **Typ A** vorzusehen. In Unterrichtsräumen von Schulen mit Experimentiereinrichtungen muss ein Fehlerstrom-Schutzschalter vom **Typ B** eingesetzt werden.

RCDs vom Typ A sind herkömmliche, pulsstromsensitive Fehlerstrom-Schutzeinrichtungen **(Übersicht 2 und Bild).** Sie arbeiten netzspannungsunabhängig und reagieren nur auf sinusförmige Wechselfehlerströme und pulsierende Gleichfehlerströme.

RCDs vom **Typ A** dürfen nicht in Anlagen mit elektronischen Betriebsmitteln, z. B. bei USV- oder in Photovoltaikanlagen eingesetzt werden.

RCDs vom Typ B (RCCB) können auch glatte Gleichfehlerströme und Fehlerströme geringerer und höherer Frequenz als die Netzfrequenz verarbeiten, benötigen jedoch bei glatten Gleichfehlerströmen eine Versorgungsspannung (Hilfsenergie). Sie werden in Anlagen mit elektronischen Betriebsmitteln (EB), z. B. Unterbrechungsfreien Stromversorgungen (USV), Frequenzumrichtern, Schaltnetzteilen, Sanftanlaufgeräten, Photovoltaikanlagen, eingesetzt **(Bild).** In Herstellerunterlagen elektronischer Betriebsmittel muss ein Projektierungshinweis enthalten sein, dass z. B. ein allstromsensitiver RCD vom Typ B netzseitig vor einem vorhandenen RCD Typ A anzuschließen ist **(Bild).**

[1] RCCB, Abk. für: **R**esidual **C**urrent Operated **C**ircuit **B**reaker (engl.) = Fehlerstrom-Schutzschalter

Übersicht 1: Hauptaufgaben der RCDs

- Zusätzlicher Schutz beim Versagen von Vorkehrungen für den Basisschutz (Schutz gegen direktes Berühren)
- Zusätzlicher Schutz beim Versagen von Vorkehrungen für den Fehlerschutz (Schutz bei indirektem Berühren)
- Brandschutz

Tabelle: Leistung an Fehlerstellen bei AC 230 V

Schutzeinrichtung	Wärmeleistung in W
RCD, $I_{\Delta n}$ = 30 mA RCD, $I_{\Delta n}$ = 0,3 A RCD, $I_{\Delta n}$ = 0,5 A	6,9 69 115
Schmelzsicherung oder LS-Schalter 10 A	2300
Schmelzsicherung oder LS-Schalter 16 A	3680

Übersicht 2: Schutzeinrichtungen

Fehlerstrom-Schutzeinrichtungen mit der Funktion: Abschaltung im Fehlerfall

- RCD: Fehlerstrom-Schutzeinrichtung, allgemein
- RCCB, Typ A: Fehlerstrom-Schutzeinrichtung für Wechsel- und pulsierende Gleichfehlerströme
- RCCB, Typ B: Fehlerstrom-Schutzeinrichtung wie Typ A, aber auch für glatte Gleichfehlerströme
- RCBO: Kombination aus Fehlerstrom-Schutzeinrichtung mit LS-Schalter **(Bild 2, Seite 219)**

Differenzstrom-Überwachungseinrichtungen mit der Funktion: Meldung oder Abschaltung im Fehlerfall

- RCM: Überwachungseinrichtung von Differenzströmen **(Seite 221)**

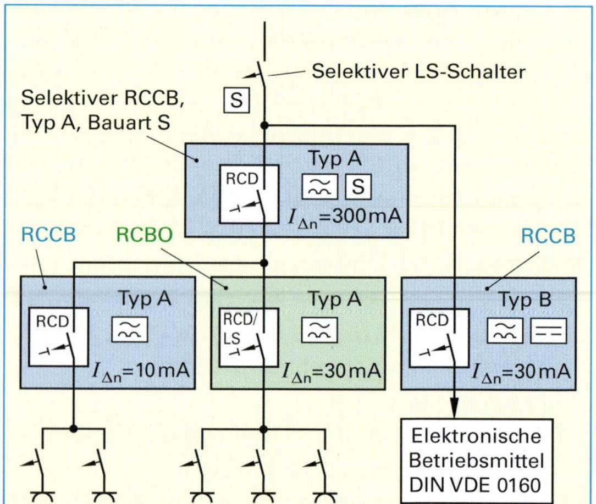

Bild: RCDs vom Typ A und Typ B

Selektive zeitverzögerte RCDs vom Typ A der **Bauart S** dürfen zur Sicherstellung der Selektivität mit mehreren RCDs in Reihe mit RCDs der normalen Bauart verwendet werden. Diese selektiven RCDs werden hauptsächlich, vorrangig in Verteilungsstromkreisen eingesetzt und haben eine Abschaltzeit ≤ 1 s **(Bild, Seite 220)**.

Die Abschaltzeit von RCDs darf 0,2 s nicht überschreiten, wenn bei Wechselfehlerströmen der Bemessungs-Differenzstrom $I_{\Delta n}$ und bei pulsierenden Gleichfehlerströmen der 1,4-fache Bemessungs-Differenzstrom fließt. Wechselströme, die den 5-fachen Bemessungs-Differenzstrom $I_{\Delta n}$ erreichen, sowie pulsierende Gleichfehlerströme mit 5-mal 1,4-fachem Bemessungs-Differenzstrom müssen die RCD in 0,04 s zuverlässig abschalten **(Bild 2b)**.

FI-Schutzschalter neuer Bauart sind kurzimpulsverzögert und stoßstromfest. Diese Eigenschaften verhindern Fehlauslösungen durch atmosphärische Überspannungen, z. B. bei Gewitter, sowie bei hochfrequenten Überspannungen in Industrieanlagen, z. B. in Stromkreisen mit Zentralkompensation oder induktiven Verbrauchern. Die Kennzeichen für besondere Eigenschaften zeigen **Bild 1 und Bild 2**.

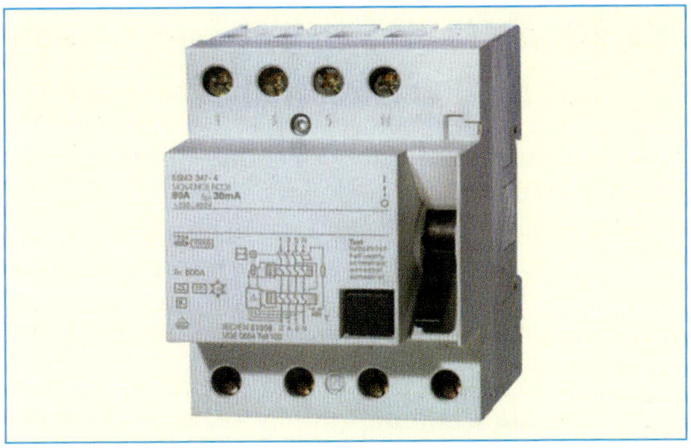

Bild 1: Fehlerstrom-Schutzeinrichtung Typ B

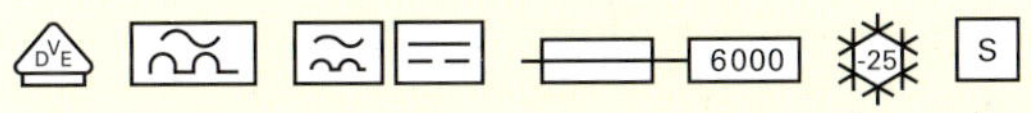

a) b) c) d) e) f)

a) VDE-Prüfzeichen
b) für Wechsel- und pulsierende Gleichfehlerströme, Typ A
c) für Wechsel-, pulsierende Gleichfehlerströme und glatte Gleichfehlerströme, Typ B
d) kurzschlussfest bis z.B. 6 kA
e) für Betrieb bei tiefen Temperaturen, z.B. –25°C
f) RCD Bauart S, selektiver FI-Schutzschalter, Auslösung ≤ 1s erst bei 2-fachem $I_{\Delta n}$

Bild 2: Sinnbilder für die Kennzeichnung von RCDs

11.11 Differenzstrom-Überwachungsgerät

Betriebsmittel können trotz normgerechter Planung Störungen verursachen, die in elektrischen Anlagen zu ungewollten Betriebsunterbrechungen, zu Sachschäden und zu hohen Kosten führen.

In z. B. Computeranlagen setzt man immer weniger RCDs ein, da eine Stromkreisunterbrechung meist Auswirkungen, z. B. Datenverlust, hat. Als Ergänzung zu normalen Schutzeinrichtungen können **Differenzstrom-Überwachungsgeräte (RMCs**[1]**)** in elektrischen Anlagen auftretende Differenzströme überwachen, den aktuellen Wert anzeigen und das Überschreiten von Grenzwerten melden **(Bild 4)**.

Im Gegensatz zu RCDs, die im Fehlerfalle abschalten, können allstromsensitive RCMs zum Melden und/oder zum Abschalten verwendet werden.

Die Funktion einer RCM ist ähnlich der einer RCD. Fließt ein Fehlerstrom, entsteht im Summenstromwandler ein Ansprechdifferenzstrom. Dieser Strom wird in eine Messspannung umgewandelt, mit einem einstellbaren Grenzwert verglichen, löst eine Meldung aus oder aktiviert ein Melderelais.

Einsatz. Anwendungsgebiete sind z. B. Schutz von frequenzgesteuerten Betriebsmitteln, USV-Anlagen, medizinischen Einrichtungen oder EDV-Anlagen, die nicht abgeschaltet werden dürfen.

[1] RCM, Abk. für: **R**esidual **C**urrent **M**onitor (engl.) = Differenzstrom-Überwachungsgerät

www.bender-de.com

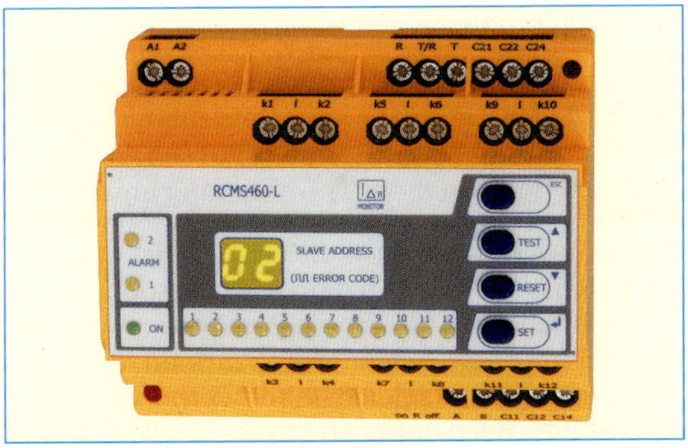

Bild 3: Differenzstrom-Überwachungseinrichtung (RCM)

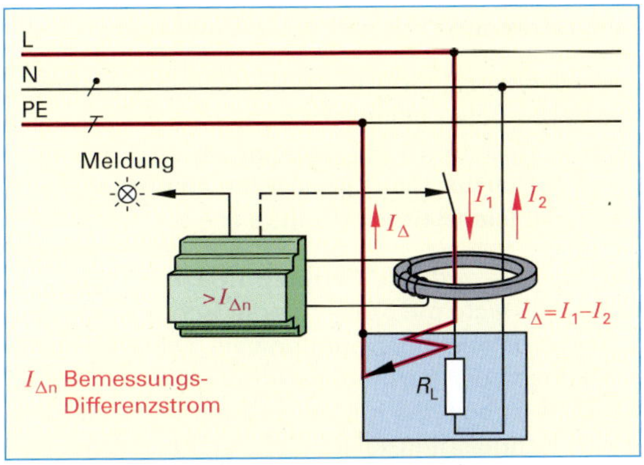

Bild 4: RCM bei Körperschluss im TN-System

11.12 Schutzvorkehrungen für Anlagen, die nur durch Elektrofachkräfte betrieben und überwacht werden

In Anlagen, die unter Überwachung durch Elektrofachkräfte oder elektrotechnisch unterwiesene Personen stehen, dürfen nach DIN VDE 0100, Teil 410 (Anhang) drei besondere Schutzvorkehrungen angewendet werden. Hierbei geht man davon aus, dass in der überwachten Anlage keine unbefugten Änderungen, z.B. von Laien, vorgenommen werden.

Nicht leitende Umgebung. Schutz durch nicht leitende Umgebung liegt vor, wenn z.B. durch isolierenden Fußbodenbelag, isolierende Wände und Abdeckungen oder Gummiunterlagen eine Verbindung des Menschen gegen Erde verhindert wird. Alle von der Standfläche einer Person mit der Hand erreichbaren Gegenstände gelten als innerhalb des Handbereiches liegend. Als Mindestabstand für den Handbereich gilt nach oben 2,5 m, seitlich und nach unten jeweils 1,25 m **(Bild 1)**.

Der Mindestwert des Isolationswiderstandes für Wände und Fußböden beträgt 50 kΩ bei Nennspannungen bis 500 V, bei höheren Nennspannungen 100 kΩ.

Diese Schutzmaßnahme ist bei ortsfesten Betriebsmitteln und Arbeitsplätzen zulässig, z.B. bei Mess- und Prüfplätzen.

In einer nicht leitenden Umgebung darf kein Schutzleiter vorhanden sein. Betriebsmittel, die an Steckdosen ohne PE angeschlossen werden, müssen der Schutzklasse II entsprechen.

Schutz durch erdfreien örtlichen Schutzpotenzialausgleich. Alle Körper elektrischer Betriebsmittel, die innerhalb des Handbereichs berührt werden können, müssen mit einem erdfreien örtlichen Schutzpotenzialausgleichsleiter verbunden werden **(Bild 2)**. Bei einem Fehler nehmen alle Körper der Betriebsmittel gleiches Potenzial an.

Schutztrennung mit mehreren Verbrauchsmittel.

Werden von einem Trenntransformator mehrere Verbraucher gespeist, so müssen die Körper der Verbrauchsmittel untereinander durch einen **isolierten nicht geerdeten Schutzpotenzialausgleichsleiter** verbunden sein.

Der isolierte erdfreie **Schutzpotenzialausgleichsleiter** darf nicht mit Körpern oder Schutzleitern anderer Stromkreise verbunden sein. Die Anschlusssteckdosen der Verbrauchsmittel müssen Schutzkontakte haben, die mit dem isolierten nicht geerdeten Schutzpotenzialausgleichsleiter verbunden sind **(Bild 3)**.

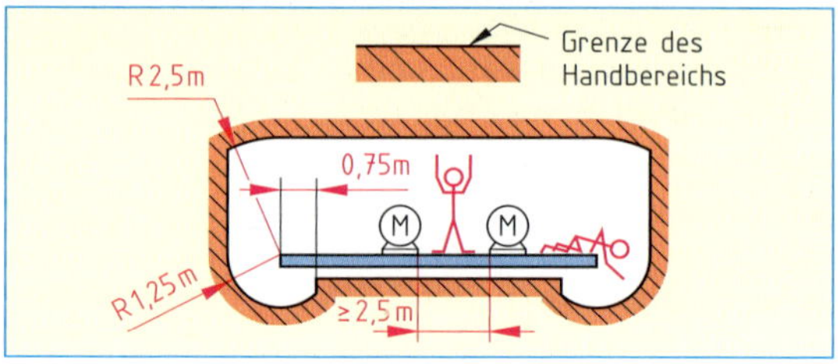

Bild 1: Schutz durch nicht leitende Umgebung

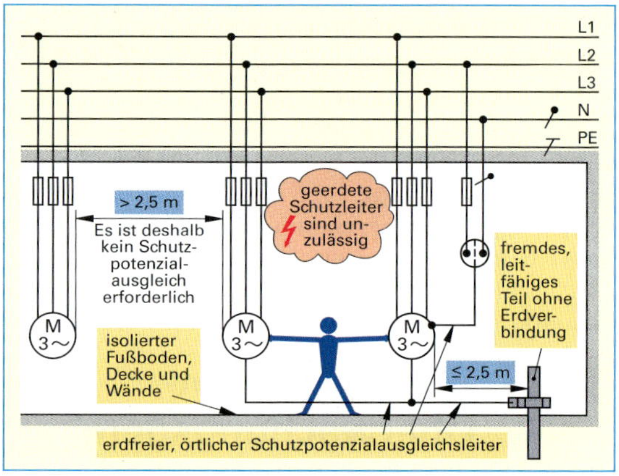

Bild 2: Schutz durch erdfreien Schutzpotenzialausgleich

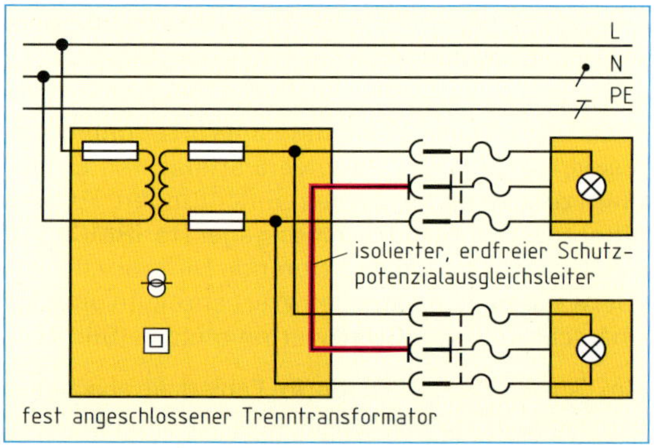

Bild 3: Schutztrennung mit mehreren Betriebsmitteln

Wiederholungsfragen

1 **Nennen Sie Arten von Spannungsquellen zur Erzeugung von Kleinspannung.**

2 **Welche Bedingungen gelten für Stecker und Steckdosen, damit die Forderungen für die Schutzmaßnahme Kleinspannung erfüllt sind?**

3 **Unter welchen Bedingungen gilt Kleinspannung als PELV-Stromkreis?**

4 **Welchen Mindestwiderstand müssen Wände und Fußböden in einer nicht leitenden Umgebung haben?**

5 **Erklären Sie das Prinzip der Schutzmaßnahme Schutztrennung mit nur einem Verbraucher.**

1. Welche schädigende Wirkungen können bei einem elektrischen Schlag auftreten, wenn der Strom durch den menschlichen Körper fließt?

2. Von welchen Faktoren hängt die Stärke des Fehlerstromes durch den menschlichen Körper ab?

3. Eine Person berührt bei der Reparatur einer elektrischen Kochplatte durch Nichtbeachtung der Sicherheitsregeln mit einer Hand die Netzwechselspannung $U = 230$ V und mit der anderen den metallischen Körper **(Bild 1)**. **a)** Berechnen Sie die Stromstärke I_K durch den Körper, wenn der Körperwiderstand 2 kΩ beträgt. **b)** Geben Sie den Wirkungsbereich bei einer Einwirkdauer von 100 ms an **(Seite 203)**. **c)** Bewerten Sie die Ergebnisse.

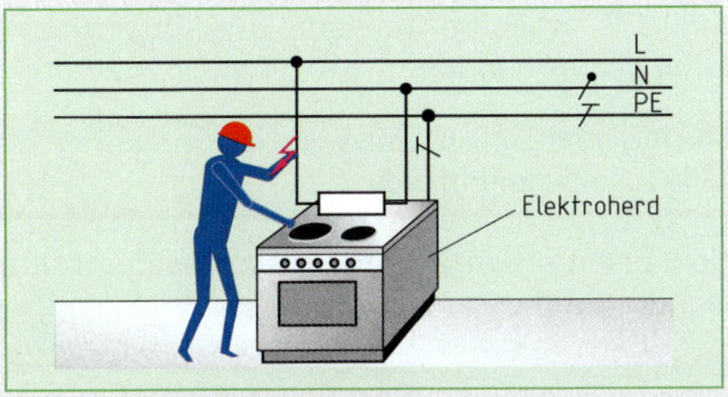

Bild 1: Elektrischer Schlag durch Nichtbeachtung der Sicherheitsregeln

4. In welchen Ausnahmefällen sind Arbeiten unter Spannung zulässig?

5. Was versteht man unter **a)** Anforderungen an den Basisschutz unter normalen Bedingungen und **b)** Anforderungen an den Fehlerschutz?

6. In einer Autowaschanlage wird ein Drehstrommotor aufgestellt. Welche IP-Schutzart nach DIN VDE 0470 muss der Elektromotor mindestens haben?

7. Erklären Sie die Bildzeichen **(Bild 2)**, die auf Betriebsmitteln und Geräten zu finden sind.

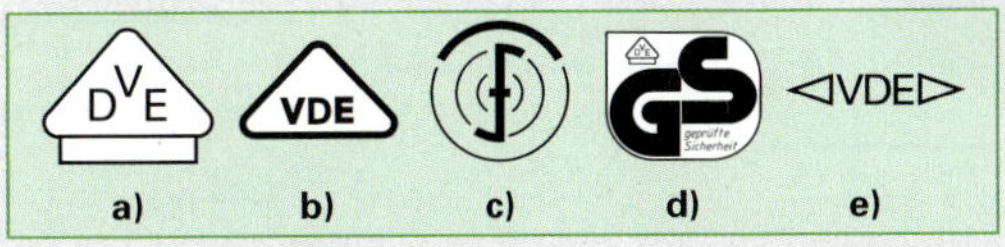

Bild 2: Bildzeichen

8. Eine Ständerbohrmaschine soll von einer Elektrofachkraft repariert werden. Beschreiben Sie die Vorgehensweise nach DIN VDE 0105 (Sicherheitsregeln), damit an der Bohrmaschine gefahrlos gearbeitet werden kann.

9. Was versteht man unter **a)** Berührungsspannung und **b)** welche zulässigen maximalen Werte im Fehlerfall sind für die Berührungsspannung U_L festgelegt?

10. An einem Bügeleisen wurde nach dem Auswechseln der Zuleitung durch einen Laien der Schutzleiter nicht ordnungsgemäß angeschlossen. Eine Person erlitt an 230 V wegen eines Isolationsfehlers einen elektrischen Schlag **(Bild 3)**.

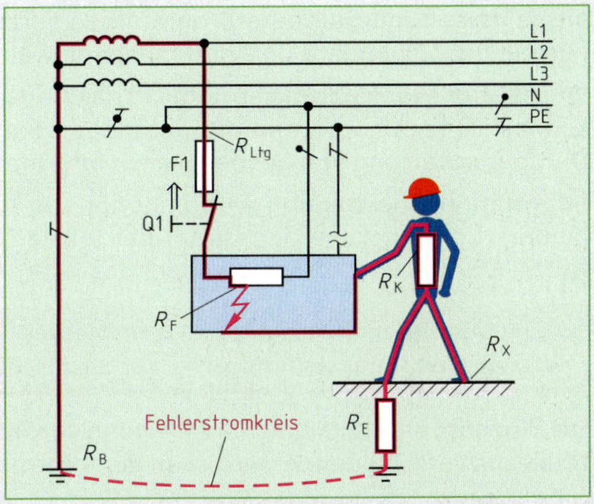

Bild 3: Unfallgefahr durch fehlenden Schutzleiter

Folgende Werte wurden ermittelt: Leitungswiderstand $R_{Ltg} = 0{,}5\ \Omega$, Fehlerwiderstand $R_F = 100\ \Omega$, Standortwiderstand $R_x = 2$ kΩ und Erdübergangswiderstand $R_E = 80\ \Omega$. Berechnen Sie beim Körperwiderstand $R_K = 1$ kΩ **a)** den Fehlerstrom I_F, **b)** die Berührungsspannung U_B. **c)** vergleichen Sie die Berührungsspannung U_B mit der maximal zulässigen Berührungsspannung U_L.

11. Was versteht man **a)** unter den Schutzmaßnahmen Schutz mittels Kleinspannung SELV oder Kleinspannung PELV? **b)** Worin unterscheiden sich die beiden Schutzmaßnahmen?

12. **a)** Wie kann man Kleinspannung sicher erzeugen? **b)** Welche Bedingungen müssen Stecker und Steckdose für Kleinspannung erfüllen?

13. Beschreiben Sie das Drehstromsystem **Bild 4** und geben Sie die Kurzbezeichnung an.

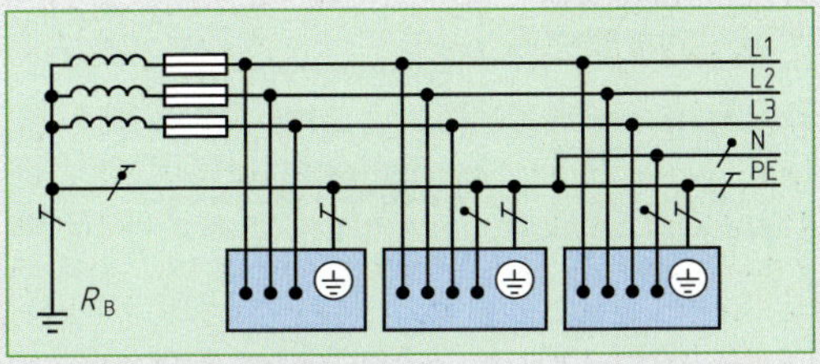

Bild 4: Drehstromsystem

* Ergebnisse der Rechenaufgaben Seite 297

12 Informationstechnik

12.1 Bereiche der Informationstechnik

Im Mittelpunkt der **Informationstechnik (IT)** stehen **IT-Systeme**, d.h. Kombinationen von informationstechnischen Komponenten, z.B. Computer, Eingabegeräte, Ausgabegeräte und Programme. Sie bilden im Verbund ein **Computersystem**, z.B für die Verwaltung in einem Büro oder für die Steuerung einer Fertigungsanlage.

Informationsverarbeitung in einem Computersystem erfolgt durch die Erfassung, Verarbeitung und Ausgabe von Informationen. Mit Eingabegeräten werden z.B. Texte, Bilder oder Messwerte erfasst und anschließend mit Computerprogrammen verarbeitet. Die Ergebnisse werden mit Ausgabegeräten dargestellt oder an andere Computersysteme weitergeleitet.

Informationsspeicherung ermöglicht das Ablegen von Informationen z.B. in Datenbanken. Informationen können über Suchprogramme gefunden, dem Anwender präsentiert oder weiterverarbeitet werden. Durch Auswertung von gespeicherten Informationen können z.B. Statistiken erstellt werden.

Informationsübertragung wird benötigt, um die verschiedenen Computersysteme miteinander zu verbinden. Computer werden dazu über lokale Netzwerke, z.B. in einem Gebäude, oder über weltweite Netze, z.B. das Fernsprechnetz oder das Internet, miteinander verbunden.

Alle technischen Mittel, die der Verarbeitung, Speicherung oder Übertragung von Informationen dienen, werden unter dem Begriff Informationstechnik (IT) zusammengefasst.

Die Planung, Bereitstellung und Wartung von informationstechnischen Systemen setzt bestimmte Kenntnisse aus verschiedenen Bereichen der Informationstechnik **(Bild)** voraus.

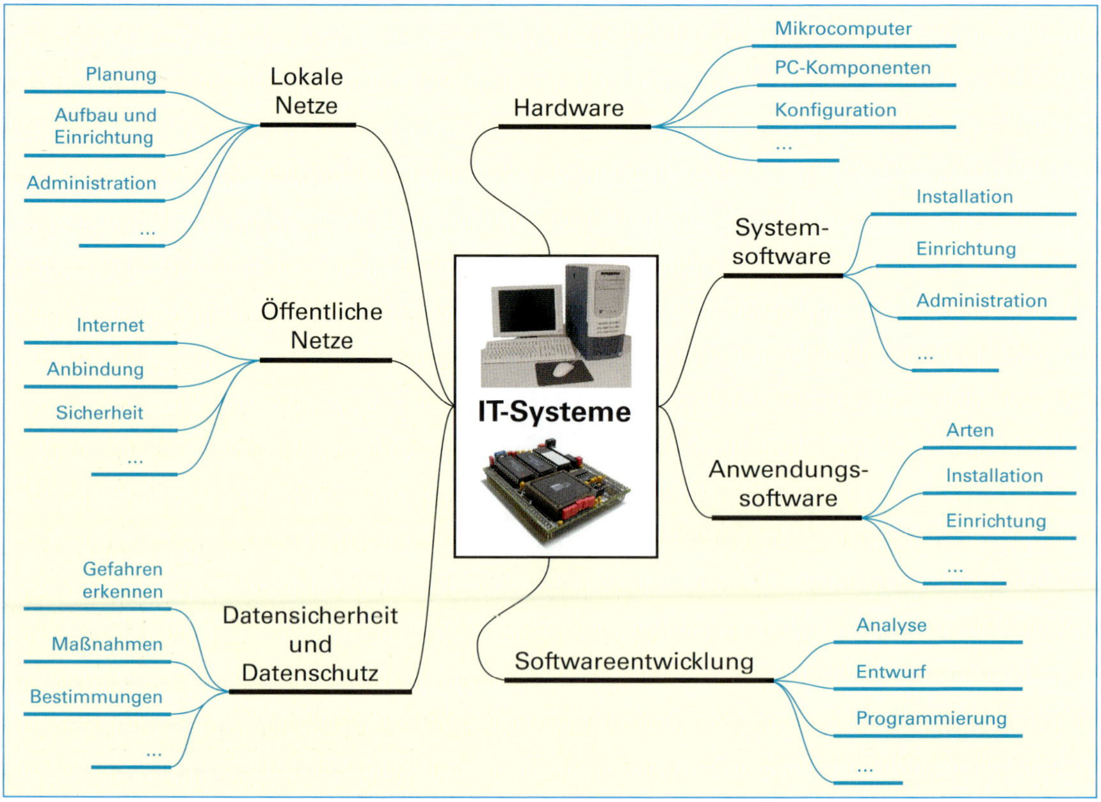

Bild: Bereiche der Informationstechnik (Beispiele)

12.2 Computer, Programme und Peripherie

12.2.1 Bestandteile und Funktionsweise eines Computers

Die Informationsverarbeitung in einem Computer **(Bild 1)** erfolgt ähnlich wie beim Menschen. Mit den Sinnen werden Informationen aufgenommen, mit dem Gehirn verarbeitet und Ergebnisse, z.B. mithilfe der Sprache, ausgegeben.

Den grundlegenden Ablauf von der **E**ingabe über die **V**erarbeitung zur **A**usgabe bezeichnet man als **EVA-Prinzip**.

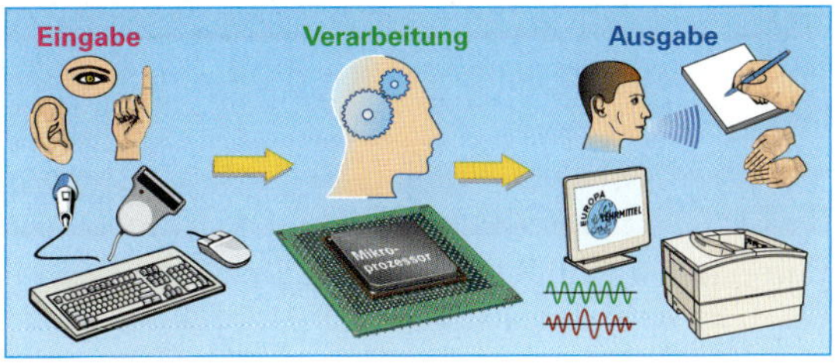

Bild 1: EVA-Prinzip

Ein Computer kann Informationen nur in **binärer** Form verarbeiten. Darum benötigt der Computer Eingabegeräte, z.B. eine Tastatur, für die Informationsaufnahme und Ausgabegeräte, z.B. einen Bildschirm, für die Informationsausgabe. Diese Bestandteile gehören zur Umgebung eines Computers und werden allgemein als Peripherie bezeichnet.

Die Peripheriegeräte arbeiten meistens mit anderen Datenformaten, Geschwindigkeiten und Betriebsspannungen wie der Computer **(Bild 2)**.

Fachbegriffe Computertechnik

- **CPU**, Abk. für: Central Processing Unit (engl.) = Zentrale Prozessoreinheit
- **RAM**, Abk. für Random Access Memory (engl.) = Speicher zum Schreiben und Lesen
- **ROM**, Abk. für Read Only Memory (engl.) = Speicher, der nur zum Lesen genutzt wird
- **Peripherie** (griech.) = am Rande befindlich, Umgebung eines Computers
- **binär** (lat.), Bedeutung in der Informationstechnik: zwei Zustände darstellen, z.B. 0 und 1

Darum wird für die Verbindung von Computer und Peripherie eine **Ein-/Ausgabe-Einheit (E/A)** zur Anpassung benötigt. Die Ein-/Ausgabe-Einheit wird auch als **Schnittstelle** oder **Interface** bezeichnet.

Die Verarbeitung der Daten im Computer wird durch ein Programm gesteuert. Das Programm besteht aus einer Folge von Befehlen für den **Mikroprozessor**. Dieser ist der zentrale Bestandteil des Computers und wird darum auch als **zentrale Prozessoreinheit (CPU)** bezeichnet. Die CPU holt die Befehle aus dem Speicher und führt sie aus. Die Programme müssen dazu im Speicher abgelegt sein. Ein Computer **(Bild 2)** benötigt einen **Arbeitsspeicher (RAM),** z.B. zum Schreiben und Lesen von Daten, und einen stromausfallsicheren **Festwertspeicher (ROM)**, aus dem nur gelesen werden kann.

Für den Datenaustausch mit den Einheiten, z.B. RAM, ROM oder Ein-/Ausgabe, muss die CPU diese mithilfe von Adressen und Steuersignalen gezielt ansprechen können. Dazu sind Verbindungsleitungen für Daten, Adressen und Steuersignale notwendig, die man zusammengefasst als **Systembus** bezeichnet.

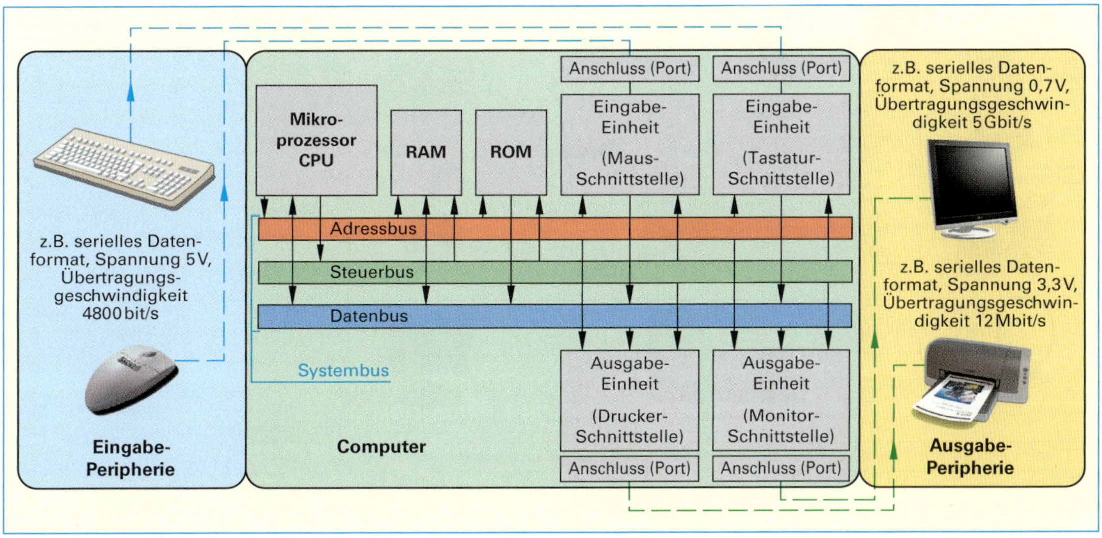

Bild 2: Computer und Peripherie

12.2.2 Hardware, Software und Firmware

Alle materiellen Bestandteile eines Computersystems, z.B. die CPU oder periphere Geräte, bezeichnet man als Hardware.

Programme sind Befehlsfolgen, die in einem Speichermedium abgelegt sind.

Programme werden als Software bezeichnet.

Computer benötigen nach dem Einschalten ein Programm für den Start. Es befindet sich in einem stromausfallsicheren Festwertspeicher (ROM). Diese Kombination wird als **Firmware (Bild 1)** bezeichnet. Ein Beispiel dafür ist das BIOS[1]-ROM **(Bild 2)** in einem PC **(Seite 236)**.

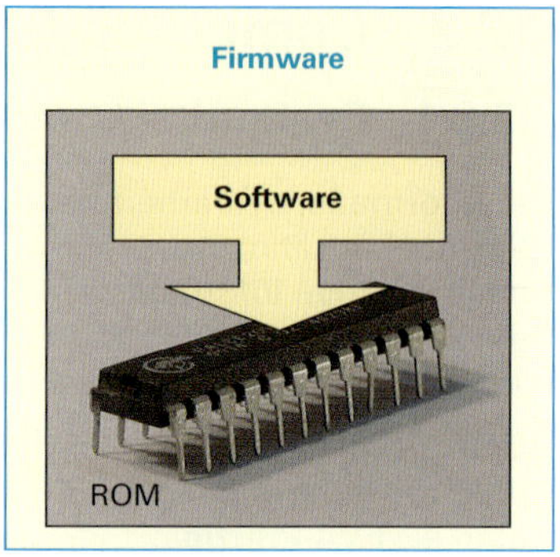

Bild 1: Firmware

12.2.3 Computersystem

Die Kombination von Computer, Peripherie und Software bezeichnet man als Computersystem.

Je nach Anwendungsbereich, z.B. Büroverwaltung oder Mediendesign, wird ein Computersystem **(Bild 3)** unterschiedlich aufgebaut und konfiguriert[2]. Dazu werden die benötigten Peripheriegeräte, z.B. Drucker oder Monitor, über Steckverbindungen mit den Anschlüssen der Schnittstellen verbunden. Ist ein Anschluss am PC nicht vorhanden, z.B. für ein Netzwerk nach dem Ethernet-Standard, kann der PC durch eine Schnittstellenkarte **(Seite 231)**, z.B. eine PCI/Ethernet-Netzwerkkarte, erweitert werden.

Bild 2: BIOS-ROM im PC

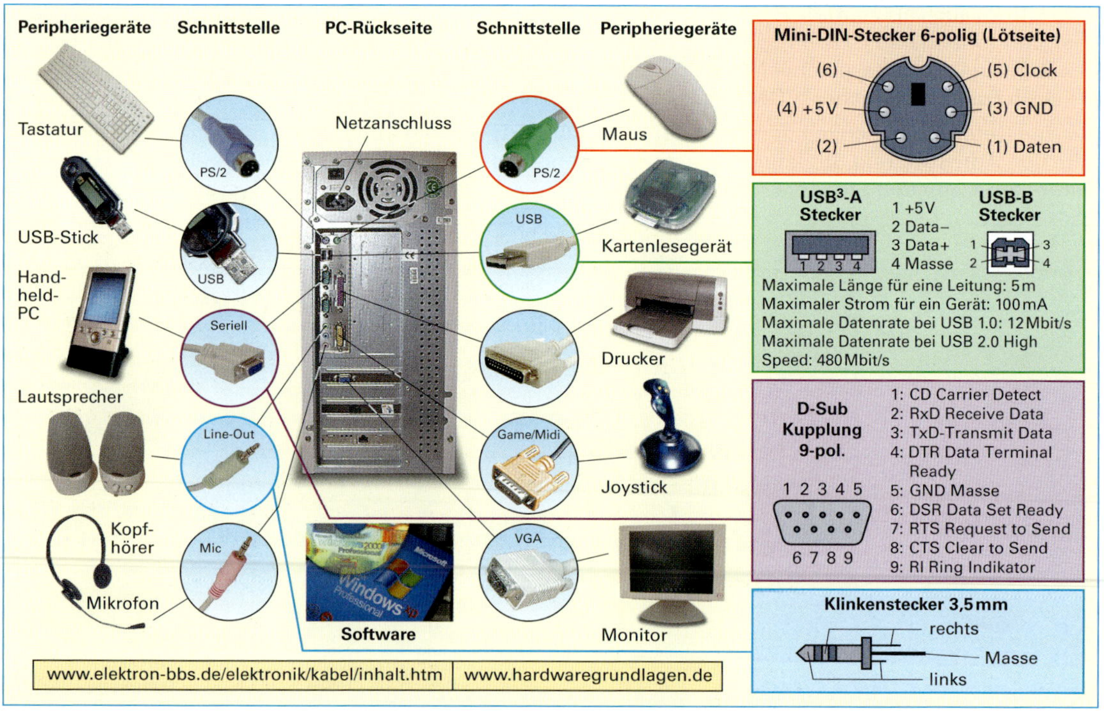

Bild 3: Computersystem

[1] BIOS, Abk. für: **B**asic **I**nput **O**utput **S**ystem (engl.) = Grundlegendes Ein- und Ausgabesystem
[2] konfigurieren (lat.) = gestalten
[3] USB, Abk. für: **U**niversal **S**erial **B**us (engl.) = Universeller Serieller Bus

12.3 Mikrocomputer

Alle Computer, die zur Befehlsbearbeitung einen Mikroprozessor **(Seite 229)** verwenden, werden allgemein als Mikrocomputer bezeichnet. Mikrocomputer werden in verschiedenen Bereichen **(Bild 1)** eingesetzt.

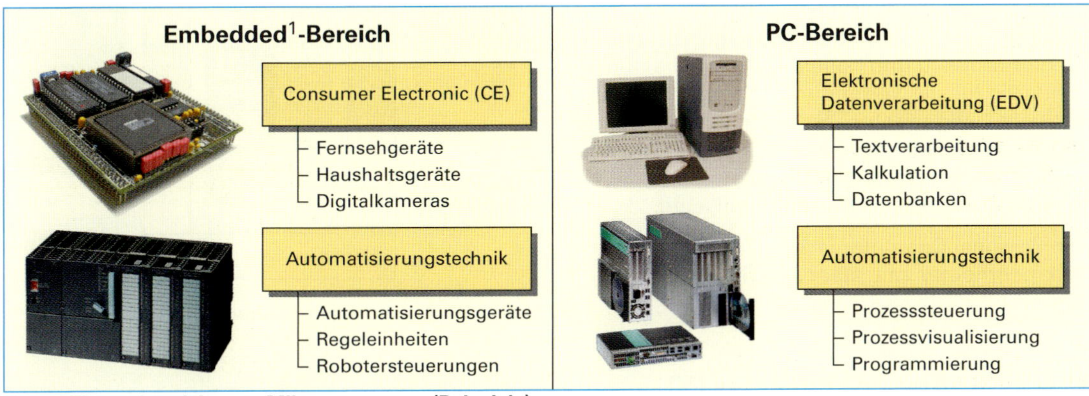

Bild 1: Einsatzbereiche von Mikrocomputern (Beispiele)

Mikrocomputer im Embedded-Bereich

Im **Embedded-Bereich (Bild 1)** werden Mikrocomputer in z.B. Maschinensteuerungen oder Elektrohaushaltsgeräten integriert. Mikrocomputersysteme, die ein fester Bestandteil von z.B. Geräten, Maschinen oder Anlagen sind, werden auch als Embedded Systems bezeichnet.

In Bereichen der **Consumer Electronic (CE)** oder der **Automatisierungstechnik** sind die Bestandteile eines Mikrocomputers **(Bild 2, Seite 225)** meist in einem Integrierten Schaltkreis enthalten. Dieser „Single Chip Mikrocomputer" ist klein und hat einen geringen Energieverbrauch. Er wird als **Mikrocontroller (Bild 2)** bezeichnet.

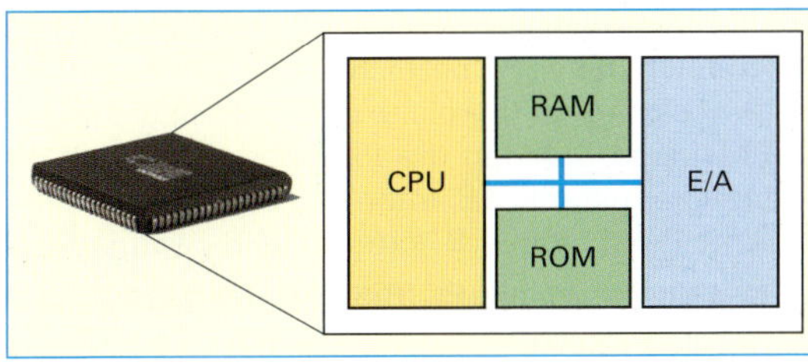

Bild 2: Mikrocontroller

WWW **de.wikipedia.org/wiki/Eingebettetes_System**

Mikrocomputer im PC-Bereich

Seit der Einführung des PC sind bei der Herstellung viele kleine ICs[2] zu immer größeren ICs zusammengefasst worden. Der Verbund dieser ICs wird als **Chipsatz** bezeichnet. Chipsätze werden von verschiedenen Herstellern angeboten und sind auf bestimmte Mikroprozessoren abgestimmt. Zwei wichtige ICs aus dem Chipsatz **(Bild 3)** für eine CPU von INTEL® sind die North- und die Southbridge. Sie ermöglichen den Datenaustausch der CPU mit den anderen Komponenten des Computers. Die Anbindung der CPU an die Northbridge erfolgt über den **Front-Side-Bus** (FSB, **Seite 229**).

Begriffe zum Chipsatz eines PC

- **Northbridge** (engl.), IC zur Anpassung des FSB an z.B. Speicher und Grafikkarte. Wird im Plan für den Chipsatz **(Bild 3)** oben („im Norden") dargestellt.
- **Southbridge** (engl.), IC, der verschiedene Schnittstellen z.B. für Maus, Tastatur oder Festplatte enthält.

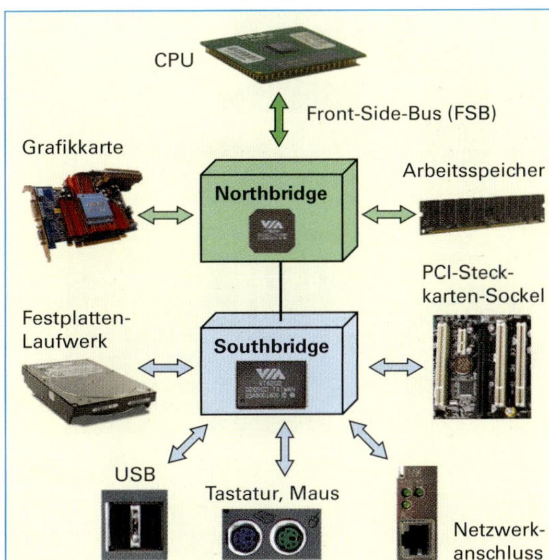

Bild 3: Chipsatz eines PC (Beispiel)

[1] von embedded (engl.) = eingebettet
[2] IC Abk. für: Integrated Circuit (engl.) = Integrierte Schaltung

12.4 Personal Computer (PC)

Der Personal Computer wurde 1981 von IBM in den Markt eingeführt. Dabei entstand auch der Markenname **Personal Computer** bzw. **PC**.

Hersteller von Komponenten für PC entwickeln ihre eigene Hardware und halten sich an die aktuellen Standards für die Verbindung von Hardware und Software, sogenannte Schnittstellenstandards **(Bild 1).** Dadurch ist gewährleistet, dass Hardware und Software von unterschiedlichen Herstellern zusammenarbeiten, also kompatibel[1] sind.

Ein Personal Computer ist ein weit verbreiteter Mikrocomputer mit standardisierten Schnittstellen für Hard- und Software.

Bild 1: PC-Schnittstellenstandards

12.4.1 Komponenten eines PC

Ein PC besteht aus mehreren Komponenten **(Bild 2)**. Das Zentrum bildet das **Mainboard**[2] (Motherboard). Auf ihm befinden sich alle Bestandteile eines Mikrocomputers **(Seite 227)**. Das Mainboard wird auch als **Zentraleinheit** des PC bezeichnet. Dieser Begriff darf nicht mit der zentralen Prozessoreinheit (CPU = Central Processing Unit), welche die Zentrale des Mainboards ist, gleichgesetzt werden. Alle Bestandteile um das Mainboard bilden die Peripherie. Beim PC wird zwischen Peripherie innerhalb des PC-Gehäuses (interne Peripherie), z. B. interne Festplatte oder internes Modem, und Peripherie außerhalb des Gehäuses (externe Peripherie), z. B. externe USB-Festplatte, externes Modem oder Drucker, unterschieden.

Bei der Montage eines PC **(Bild 2)** muss das Mainboard mit dem **Mikroprozessor** und dem **Arbeitsspeicher** (RAM) bestückt werden. Wenn **Grafik-, Sound-** oder **Netzwerkschnittstelle** nicht mit auf dem Mainboard enthalten sind, werden dafür entsprechende Einsteckkarten verwendet. Für die Stromversorgung wird ein **Schaltnetzteil** benötigt, das für alle verwendeten Komponenten eine ausreichende Leistung, z. B. 550 W, zur Verfügung stellen muss.

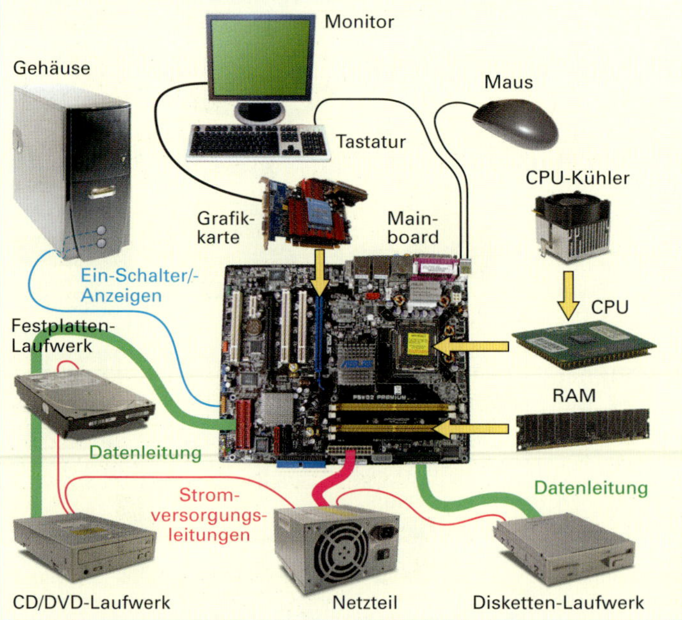

Montageschritte beim PC-Selbstbau

1. Blende für Mainboard-Buchsen (liegt Mainboard bei) an Gehäuse-Rückseite befestigen.
2. Festplatten-, CD/DVD-, Disketten-Laufwerk montieren.
3. Gewindebuchsen für Mainboard-Befestigung in Gehäuse einschrauben.
4. Mainboard montieren. Auf richtige Lage der Buchsen (Rückseite) achten.
5. Netzteil in Gehäuse montieren.
6. Verbindung für Schalter und Anzeigen des Gehäuses zum Mainboard herstellen.
7. Stromversorgungsleitungen anschließen.
8. Datenleitungen anschließen.
9. Arbeitsspeicher einstecken (dabei nicht verkanten).
10. CPU einsetzen.
11. CPU-Kühler montieren.
12. Steckkarten, z.B. Grafikkarte, einstecken.

ESD[3]-Schutzmaßnahmen beachten!

Bild 2: PC-Komponenten

[1] Kompatibilität (lat.) = Vereinbarkeit [2] Mainboard (engl.) = Hauptplatine [3] ESD, Abk für: **E**lectro**s**tatic **D**ischarge (engl.) = Elektrostatische Entladung

12.4.2 Mikroprozessor (CPU)

Der Mikroprozessor **(Bild 1)** ist für die Bearbeitung der Befehle eines Programms zuständig. Ein Befehl wird dem Programmspeicher entnommen und entschlüsselt (decodiert). Anschließend wird der Befehl nach einer im Steuerwerk (CU[1]) gespeicherten Vorschrift abgearbeitet. Mit den nachfolgenden Befehlen wird in gleicher Weise verfahren.

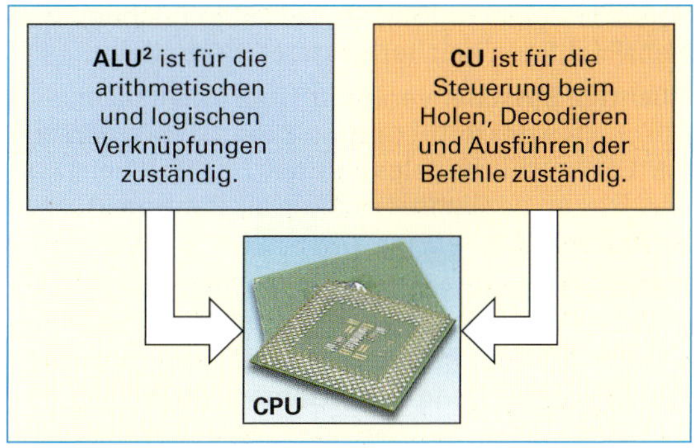

Bild 1: Mikroprozessor

> Der Mikroprozessor ist für das Holen, Decodieren und Ausführen der Befehle eines Programms zuständig.

Je schneller der Ablauf zur Befehlsbearbeitung durchgeführt wird, desto schneller wird ein Programm abgearbeitet. Die Geschwindigkeit wird vom **CPU-Takt** vorgegeben. Der CPU-Takt kann nicht beliebig erhöht werden, da sich ein Mikroprozessor mit zunehmender **Taktfrequenz** z.B. immer stärker erwärmt.

Eine weitere Beeinträchtigung der Arbeitsgeschwindigkeit der CPU ist der Zugriff auf den langsamen Arbeitsspeicher **(RAM, Seite 230)**. Darum besitzen PC-Mikroprozessoren einen internen schnellen Zwischenspeicher, der auch als **Cache-Speicher (Bild 2)** bezeichnet wird. Dieser speichert eine Kopie des momentan zu bearbeitenden RAM-Speicherbereichs. Auf den Cache-Speicher kann die CPU viel schneller zugreifen als auf den RAM. Parallel dazu muss ein **Cache-Controller** ständig die Daten zwischen RAM und Cache-Speicher abgleichen. Die maximale Geschwindigkeit, mit der das gelingt, wird durch die Datenübertragungsrate (Bandbreite) des **Front-Side-Bus**[3] **(FSB)** bestimmt. Je höher die **FSB-Taktfrequenz** und je breiter der Datenbus ist, z.B. 64 Leiterbahnen, desto schneller können die Daten zwischen dem Mikroprozessor und seiner Umgebung ausgetauscht werden. Die Angabe der FSB-Bandbreite erfolgt in Megabyte pro Sekunde (MB/s).

PC-Mikroprozessoren (Beispiele)

- **Intel® Pentium® D820 775**
  Dual Core, CPU-Takt: 2,8 GHz, FSB-Takt: 800 MHz, Cache: 2×1024 KB, Sockel: LGA 775
- **AMD® Athlon® 64 X2 5400+**
  Dual Core, CPU-Takt: 2×2,8 GHz, FSB-Takt: 1000 MHz, Cache: 2×1024 KB, Sockel: AM2

Wichtige Merkmale für PC-Mikroprozessoren

- **Architektur,** z.B. Dual Core
- **CPU-Takt,** z.B. 3,4 GHz
- **FSB-Takt,** z.B. 1066 MHz bzw. **FSB-Bandbreite**
- **Cache-Speichergröße,** z.B. 2 MB
- **Sockelbezeichnung** muss mit Mainboard-Sockel übereinstimmen.

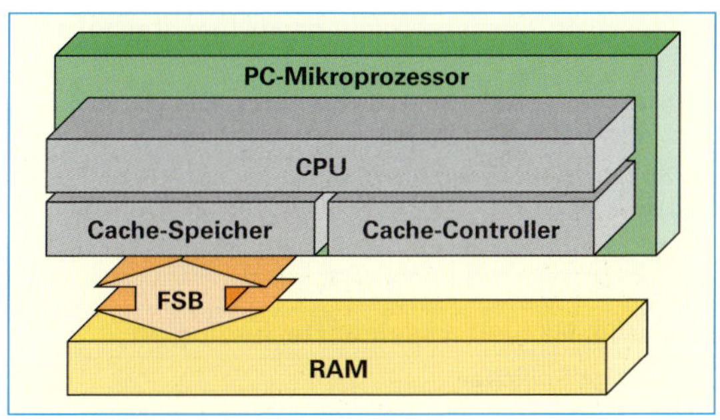

Bild 2: Cache-Speicher einer CPU

WWW
- http://hardware.thgweb.de
- de.wikipedia.org/wiki/Multicore-Prozessor

Eine weitere Möglichkeit für die Erhöhung der Leistungsfähigkeit eines Mikrocomputers ist das parallele Arbeiten mehrerer Mikroprozessoren. Es gibt auch CPUs, die z.B. zwei CPU-Kerne (Dual Core, **Bild 3)** oder vier CPU-Kerne (Quad Core) auf einem Chip beinhalten.

Bild 3: CPU mit zwei CPU-Kernen

[1] CU, Abk. für: **C**ontrol **U**nit (engl.) = Steuereinheit bzw. Steuerwerk
[2] ALU, Abk. für: **A**rithmetic **L**ogic **U**nit (engl.) = Arithmetik-/Logikeinheit bzw. Rechenwerk
[3] Front Side Bus (engl.) = Bus, der die CPU mit dem Mainboard verbindet.

12.4.3 Halbleiterspeicher

Halbleiterspeicher **(Bild 1)** werden in flüchtige und nichtflüchtige Speicher eingeteilt **(Tabelle)**.

Flüchtige Speicher verlieren ihren Inhalt nach dem Abschalten der Betriebsspannung. Sie können von der CPU wahlfrei gelesen oder beschrieben werden. Darum bezeichnet man sie als **Random Access Memory (RAM)**.

Nichtflüchtige Speicher behalten ihren Inhalt, auch wenn keine Betriebsspannung anliegt. Sie können von der CPU nur gelesen werden. Darum bezeichnet man sie als **Read Only Memory (ROM)**.

> ROM: Speicher nur zum Lesen.
> RAM: Speicher zum Schreiben und Lesen.

Mikroprozessoren mit hohen Arbeitsgeschwindigkeiten benötigen schnelle Speicher. Große Programme fordern ein hohes Fassungsvermögen. Um diesen Anforderungen zu genügen, werden die Technologien von Halbleiterspeichern **(Tabelle)** ständig verbessert.

In PCs werden Arbeitsspeicher in Form von **Speichermodulen (Bild 2)** verwendet. Moderne Mainboards bieten die Möglichkeit, auf zwei Speichermodule parallel zugreifen zu können **(Dual-Channel-Betrieb)** und können damit die Datenübertragungsrate nahezu verdoppeln.

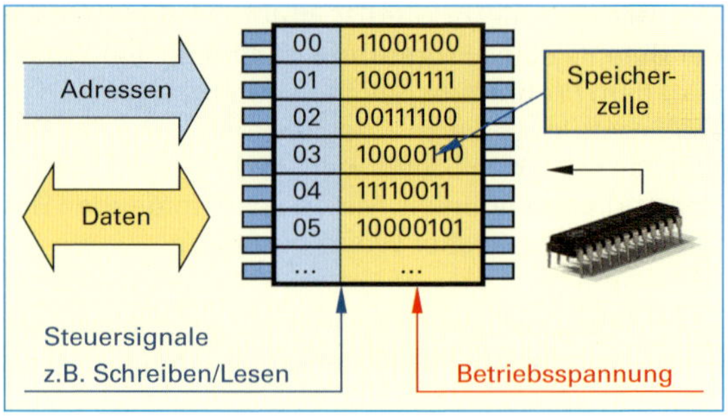

Bild 1: Prinzipaufbau eines Halbleiterspeichers

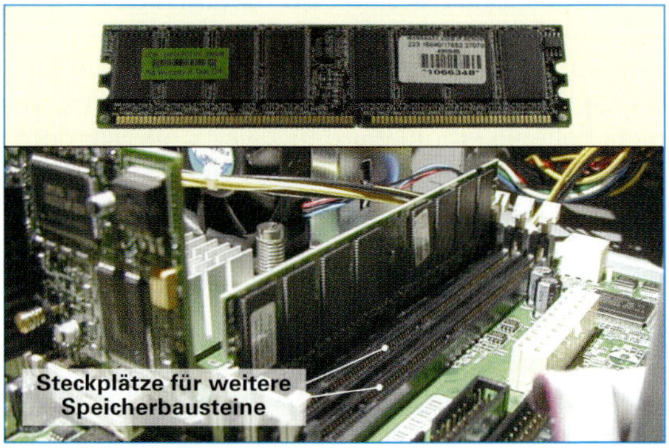

Bild 2: PC-Speichermodul

Wichtige Merkmale von PC-RAM-Speichern

- **Maximale Datenübertragungsrate (Bandbreite),** z. B. 2700 MB/s (Megabyte pro Sekunde)
- **Speicherkapazität (Fassungsvermögen),** z. B. 512 MB (Megabyte)
- **Speichertechnologie,** z. B. SDR-SDRAM, DDR-SDRAM, DDR2-SDRAM

Speichergrößen

- **1 bit** = kleinste Speichereinheit[1]
- **1 B (Byte)** = 8 bit
- **1 Kbit** = 1024 bit
- **1 KB (Kilobyte)** = 1024 Byte
- **1 MB (Megabyte)** = 1024 KB
- **1 GB (Gigabyte)** = 1024 MB

[1] kann den Wert 0 oder 1 annehmen.

Tabelle: Halbleiterspeichertechnologien

Flüchtige Speicher	Nichtflüchtige Speicher
SRAM = Static **RAM** Speicherzellen sind bistabile Kippschaltungen **(Seite 203)**. Ermöglichen große Zugriffsgeschwindigkeit und werden darum z. B. als Cache-Speicher verwendet.	**ROM = R**ead **O**nly **M**emory Speicherzellen werden bereits bei der Herstellung mit den Informationen 0 oder 1 versehen.
DRAM = Dynamic **RAM** Speicherzellen sind kleine Kondensatoren. Ermöglicht hohe Speicherdichten und wird darum z. B. als Arbeitsspeicher im PC verwendet. Beim PC-Arbeitsspeicher werden mehrere RAM-Schaltkreise zu Speichermodulen zusammengefasst. Beispiele für **Technologien von PC-Arbeitsspeichern**: **SDR-SDRAM = S**ingle **D**ata **R**ate **S**ynchronous **DRAM** **DDR-SDRAM = D**ouble **D**ata **R**ate **S**ynchronous **DRAM**	**PROM = P**rogrammable **ROM** Speicherzellen werden durch Zerstören von kleinen Sicherungsbrücken mithilfe eines Programmiergerätes beschrieben. **EPROM = E**rasable **P**rogrammable **ROM** Speicherzellen werden durch Aufbringen von Ladungen auf ein Halbleitermaterial mithilfe eines Programmiergerätes beschrieben und mit UV-Licht gelöscht.
www.hardwaregrundlagen.de/oben08.htm	**EEPROM = E**lectrically **E**rasable **P**rogrammable **ROM** Das Beschreiben der Speicherzellen erfolgt wie beim EPROM. Die Löschung erfolgt jedoch elektrisch, ohne UV-Licht. Anwendung im PC z. B. als BIOS-ROM.

12.4.4 Buskommunikation

Ein Bus im Bereich der Informationstechnik ist ein Leitungssystem zur Kommunikation zwischen mehr als zwei Teilnehmern **(Bild 1).** Teilnehmer (TN) können z. B. Hardware-Komponenten in einem Computer sein, die über verschiedene Busse Daten, Adressen und Steuersignale austauschen. Die Kombination aus **Adress-, Daten- und Steuerbus** ergibt ein **Bussystem (Bild 1).** In der Praxis wird ein Bussystem meistens einfach nur als Bus bezeichnet. Ein Bus, bei dem mehrere Bit gleichzeitig übertragen werden, bezeichnet man als **parallelen Bus (Bild 2).** Bei einem **seriellen Bus (Bild 2)**, z. B. USB, werden Adressen, Steuersignale und Daten bitweise seriell mit geringem Leitungsaufwand übertragen. Bussysteme werden auch standardisiert, z. B. das PCI-Bussystem. Dazu legt man bestimmte Kennwerte, z. B. Datenübertragungsrate oder die maximale Anzahl der Teilnehmer, fest. In einem Computersystem können verschiedene **interne Bussysteme** enthalten sein. Ein PC enthält z. B. den **Front-Side-Bus (FSB)** für die CPU und den **PCI-Bus** für die Steckkarten. Außerhalb des PC können **externe Bussysteme**, z. B. USB, zum Anschluss von peripheren Geräten eingesetzt werden.

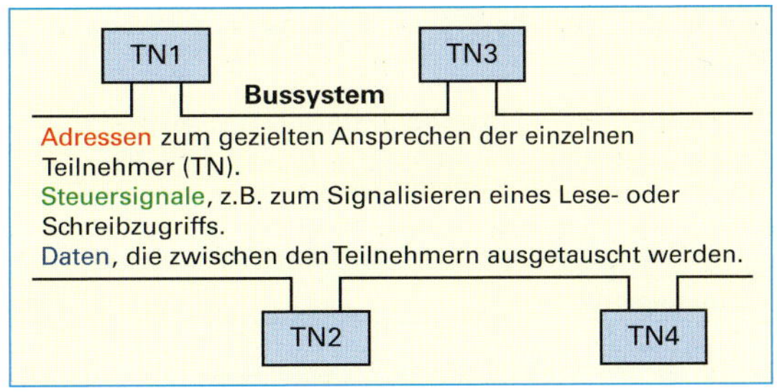

Bild 1: Bestandteile eines Bussystems

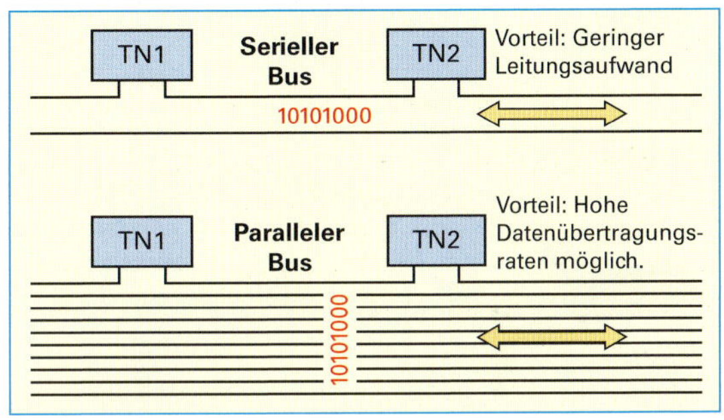

Bild 2: Serieller und paralleler Bus

12.4.5 Ein- und Ausgabe-Einheit

Der Computer arbeitet intern mit anderen Datenformaten, Übertragungsgeschwindigkeiten und Spannungswerten **(Seite 225)** als die Peripheriegeräte.

Die **Ein-/Ausgabe-(E/A)-Einheit** dient zur Anpassung von Peripheriegeräten an den Computer. Sie wird auch als **Interface** oder **Schnittstelle** bezeichnet.

Zum Beispiel ist die Grafikkarte **(Bild 3)** die Schnittstelle vom PC zum Monitor. Peripheriegeräte besitzen Standards für den Anschluss an Schnittstellen, z. B. der DVI-Standard für einen Monitor. Der PC enthält Stecksockel, auch Slots genannt, für die Aufnahme von Schnittstellenkarten. Diese besitzen Standards **(Tabelle)**, z. B. PCIe.

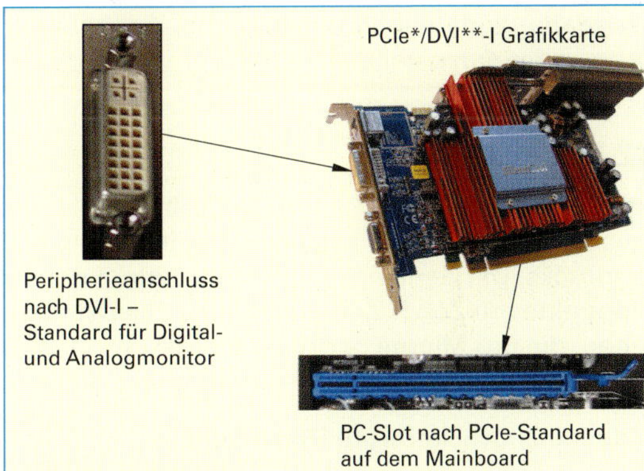

*PCIe, Abk. für: Peripheral Component Interconnect Express (engl.) = Schnelle (hohe Datenrate) Verbindung für Peripherie-Komponenten.
**DVI, Abk. für: Digital Visual Interface (engl.) = Digitale Schnittstelle zur bildlichen Darstellung.

Bild 3: Grafik-Schnittstelle zum Monitor

Tabelle: Standards für PC-Schnittstellen (Beispiele)

Peripherie	Slot-Standard des PC		Anschluss-Standard für Peripherie		Bezeichnung der Schnittstelle im PC
Ethernet-Netzwerk	PCI		Ethernet[2]/ RJ45[3]		PCI/Ethernet Netzwerkkarte
Digital-monitor	PCIe		DVI-I		PCIe/DVI-I Grafikkarte

[1] PCI Abk. für: **P**eripheral **C**omponent **I**nterconnect (engl.) = Verbindung für umgebende Bestandteile (Peripherie-Komponenten)
[2] Ethernet = Standard für ein drahtgebundenes lokales Netzwerk
[3] RJ45, Abk. für: **R**egistered **J**ack (engl.) = Patentierter Stecker Nr. 45, wird für den Anschluss von flexiblen Netzwerkleitungen verwendet.

12.5 Geräte für Eingabe, Ausgabe und Speicherung

12.5.1 Geräte zur Eingabe

Eingabegeräte **(Tabelle 1)** haben die Aufgabe, Eingabeinformationen in eine maschinenlesbare Form umzuwandeln, damit sie der Computer über die Eingabeschnittstelle lesen kann.

Tabelle 1: Eingabegeräte (Beispiele)

Eingabegerät	Funktion
Optische Maus 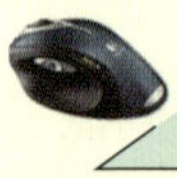 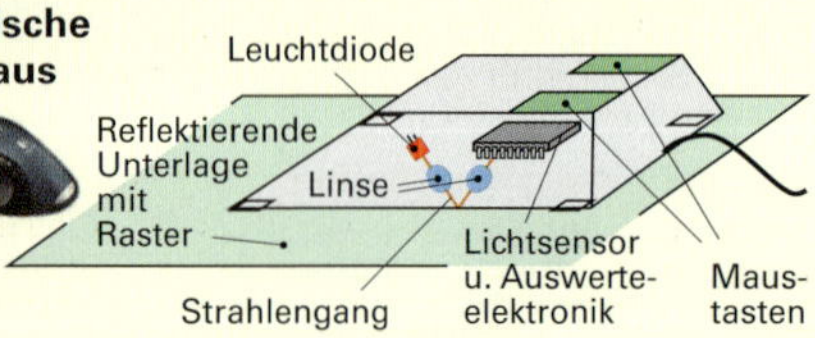	Mit einem mechanischen oder optischen Wandlersystem wird die Bewegung der Maus in elektrische Impulse umgewandelt. Die Impulse gelangen über einen Treiber **(Seite 236)** zum Betriebssystem. Mithilfe des Betriebssystems wird die Position des Mauszeigers auf dem Bildschirm bestimmt.
Scanner  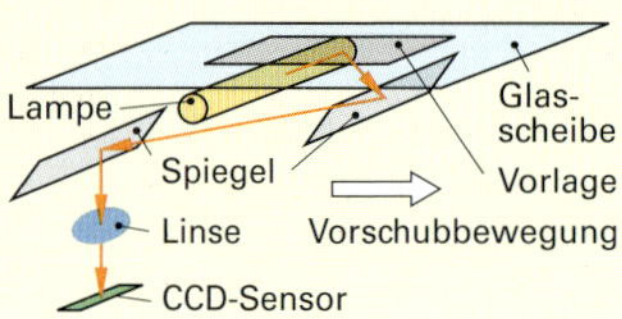	Über eine optische Abtastung, z. B. CCD[1]-Sensor, werden Text- oder Bildvorlagen zeilenweise digitalisiert und als Bilddatei gespeichert. Über eine spezielle OCR[2]-Software kann auch Text in der Bilddatei erkannt und in Textdateien umgewandelt werden, um sie anschließend mit einem Textverarbeitungsprogramm weiterzuverarbeiten.

12.5.2 Geräte zur Ausgabe

Ausgabegeräte haben die Aufgabe, Ausgabeinformationen des Computers als Information für den Anwender darzustellen.

12.5.2.1 Drucker

Die verschiedenen Druckerarten **(Tabelle 2)** nutzen unterschiedliche Technologien zum Erstellen des Druckbildes. Diese Technologien beeinflussen die Eigenschaften des Druckers, z.B. die Genauigkeit des Ausdrucks. Die Genauigkeit gibt man durch die **Auflösung in dpi (dot per inch)** an. Das ist die Anzahl der Bildpunkte pro Zoll (1 Zoll = 25,4 mm). Die **Druckgeschwindigkeit** wird durch die Anzahl der Seiten angegeben, die pro Minute gedruckt werden können. Die durchschnittlichen Kosten für eine gedruckte Seite sind zur Beurteilung der Wirtschaftlichkeit eines Druckers oft wichtiger als der Anschaffungspreis.

Tabelle 2: Druckerarten (Beispiele)

Druckerart	Funktion
Laserdrucker  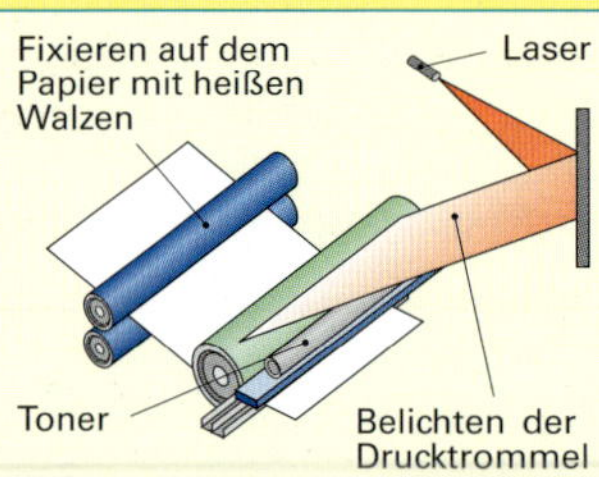	Die elektrostatisch aufgeladene Drucktrommel wird von einem Laserstrahl an den hellen Stellen mehr entladen als an den dunklen. Anschließend durchläuft die Drucktrommel den Toner (pulverförmige Druckfarbe). Der Toner bleibt auf dem Papier nur an den aufgeladenen Stellen haften. Die folgende Erhitzung festigt (fixiert) den Toner auf dem Papier. Auflösung z.B.: 1200 × 600 dpi (Breite x Höhe) Geschwindigkeit z.B.: 20 Seiten/Minute
Tintenstrahldrucker 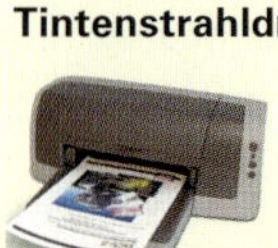 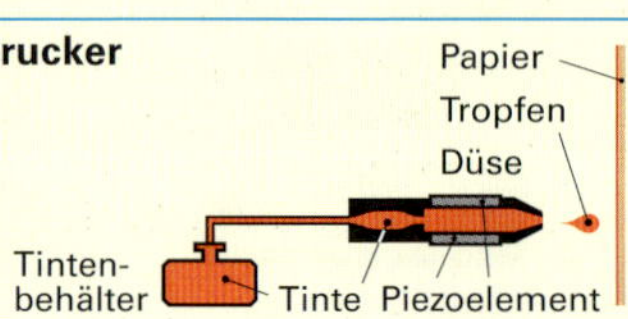	Feinste Tintentröpfchen werden von einem speziellen Druckkopf auf das Papier gespritzt. Tintenstrahldrucker arbeiten langsamer als Laserdrucker. Für gute Druckergebnisse wird geeignetes Papier bzw. Folie benötigt. Auflösung z.B. 1200 × 1200 dpi (Breite x Höhe) Geschwindigkeit z.B.: 8 Seiten/Minute

[1] CCD, Abk. für: **C**harge **C**oupled **D**evice (engl.) = Einheit zur Bildaufnahme, bei der Lichteinwirkung in elektrische Ladung umgewandelt wird.
[2] OCR Abk. für: **O**ptical **C**haracter **R**ecognition (engl.) = Optische Zeichenerkennung

12.5.2.2 Farbmonitore

Bei Farbmonitoren verwendet man verschiedene Bildschirmtechnologien **(Tabelle 1)**. Jede dieser Technologien erzeugt **Bildpunkte (Pixel)** durch **additive Lichtmischung**[1] aus drei Leuchtpunkten mit den Farben Rot, Grün und Blau.

<table>
<tr><th colspan="2">Tabelle 1: Bildschirmtechnologien für Farbmonitore</th></tr>
<tr><th>Technologie</th><th>Funktion, Vor- und Nachteile</th></tr>
<tr><td>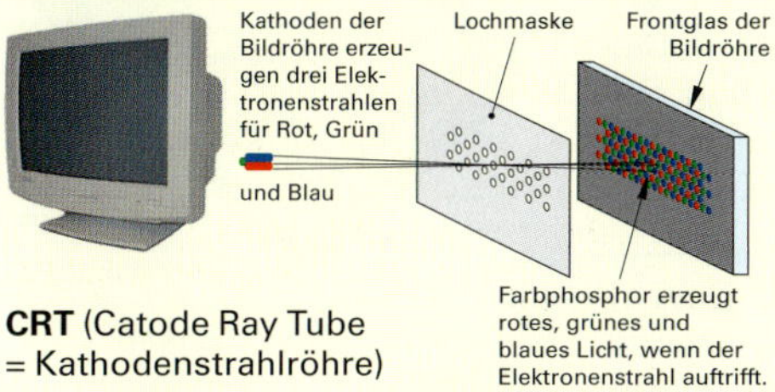

CRT (Catode Ray Tube = Kathodenstrahlröhre)</td><td>In einer Elektronenstrahlröhre wird ein Elektronenstrahl erzeugt. Der Elektronenstrahl wird zeilenweise von oben nach unten über den Bildschirm geführt und regt dabei gezielt rote, grüne und blaue Leuchtstoffe zum Leuchten an.
Vorteile (Beispiele): Hohe Leuchtstärke, großes Kontrastverhältnis und niedrige Reaktionszeit.
Nachteile (Beispiele): Großer Platzbedarf, hoher Energieverbrauch, Bildflimmern und Empfindlichkeit gegenüber fremden Magnetfeldern.</td></tr>
<tr><td>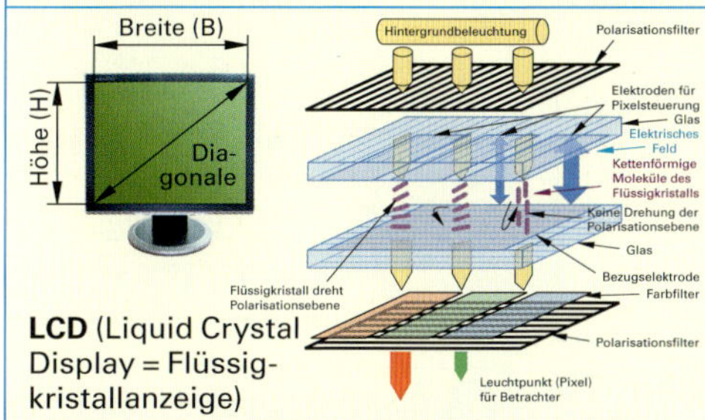

LCD (Liquid Crystal Display = Flüssigkristallanzeige)</td><td>Spezielle Leuchtstofflampen oder LED erzeugen Licht hinter einer Schicht von Flüssigkristallen. Diese können z. B. über Thin-Film-Transistoren (TFT) in ihrer Lichtdurchlässigkeit beeinflusst werden. Gezielt können somit rote, grüne und blaue Lichtpunkte durch Steuerung der entsprechenden Flüssigkristalle lichtdurchlässig und damit hell geschaltet werden.
Vorteile (Beispiele): Flache Form, kein Bildflimmern, niedriger Energieverbrauch, geringe Strahlenbelastung und keine Beeinflussung durch magnetische Felder.
Nachteile (Beispiele): Kleines Kontrastverhältnis, geringe Leuchtstärke und eingeschränkter Betrachtungswinkel.</td></tr>
</table>

Merkmale zur Bilddarstellung, z. B. die Auflösung (Anzahl der Bildpunkte), die maximale Anzahl von Farben und das Format (Verhältnis von Breite zu Höhe) werden in **Grafik-Standards (Tabelle 2)** festgelegt.

Tabelle 2: Grafik-Standards (Beispiele)

Standard	Auflösung (B × H)	Format (B : H)	Max. Farben	Einsatzgebiet (Beispiele)
VGA	640 × 480	4:3	256	Standard-Auflösung bei fehlendem Grafiktreiber.
SVGA	800 × 600	4:3	16,7 Mio.	Vollbilddarstellung bei Videofilm-Wiedergabe.
XGA	1024 × 768	4:3	16,7 Mio.	Weit verbreitete Auflösung bei Standardmonitoren.
WXGA	1280 × 768 1280 × 800	15:9 16:10	16,7 Mio.	Weit verbreitete Auflösungen bei Monitoren mit Breitformat.

Merkmale des Monitors sind z. B. **Bildschirmgröße** (Schirm-Diagonale) und **Auflösung**. Während bei CRT die Diagonale in Zoll über die gesamte Bildröhre gemessen wird, gibt man bei LCD nur den sichtbaren Teil der Schirmoberfläche an. So entspricht ein LCD-Monitor mit der Diagonale von 17 Zoll in etwa einem CRT-Monitor mit 19 Zoll. Zur Darstellung von umfangreichen Bildschirminhalten muss neben der Diagonale auch die Auflösung des Bildschirms größer werden. Bei LCD-Monitoren werden oft weitere Merkmale **(Tabelle 3)** angegeben.

Tabelle 3: Wichtige Merkmale für LCD-Monitore

Merkmal	Bedeutung
Leuchtstärke	Bildhelligkeit (Lichtstärke pro Fläche) in cd/m^2 (Candela pro Quadratmeter), z. B. 300 cd/m^2.
Reaktionszeit	Zeit, z. B. 4 ms, die der Bildschirm benötigt, um auf Änderungen zu reagieren. Ein kleiner Wert ist bei schnellen Bewegungen auf dem Bildschirm wichtig.
Kontrastverhältnis	Verhältnis aus der größten zur kleinsten darstellbaren Bildhelligkeit, z. B. 900 : 1. Je größer das Verhältnis, desto besser werden Helligkeitsunterschiede dargestellt. Das ist besonders bei der Wiedergabe von Videofilmen oder zur Fotodarstellung wichtig.
Betrachtungswinkel	Bereich, innerhalb dessen das Monitorbild vom Betrachter erkennbar ist, z. B. horizontal 160° und vertikal 140°.
Anschlussstandard	Wichtig für den Anschluss des Monitors an die Grafikkarte, z. B. DVI oder VGA.

[1] Additive Lichtmischung = Mischung von Licht durch Zusammenführen von Licht mit den Grundfarben Rot, Grün und Blau

12.5.3 Periphere Geräte zur Datenspeicherung

Ein Computer benötigt für große Datenmengen Speicher, die auch im ausgeschalteten Zustand ihren Inhalt behalten. Dazu werden periphere Geräte, so genannte **Massenspeicher**, verwendet.

Magnetische Speicher sind z.B. **Festplatten-** und **Bandlaufwerke**. Festplattenlaufwerke enthalten Magnetscheiben, Bandlaufwerke, z.B. DAT[1]-Streamer, verwenden Magnetbänder als Datenträger. Die zu schreibende Information wird durch gezielte Magnetisierung mit einem Schreibkopf auf dem ferromagnetischen[2] Datenträger gespeichert. Beim Lesen erzeugt der magnetisierte Datenträger ein elektrisches Signal mit den gespeicherten Informationen.

Magnetische Datenträger sind staub- und kratzempfindlich. Darum hat ein **Festplatten-Laufwerk (Bild 1)** ein luftdicht abgeschlossenes Gehäuse. Massenspeichergeräte mit magnetischen Datenträgern können große Datenmengen speichern, sind aber stoßempfindlich.

Bild 1: Festplatten-Laufwerk

Wichtige Merkmale bei Festplatten-Laufwerken (Hard Disc Drive – HDD)

- **Speicherkapazität** in Gigabyte (GB), z.B. 80 GB
- **Mittlere Zugriffszeit** in Millisekunden (ms), z.B. 8 ms
- **Schnittstelle** zum PC, z.B. ATA[3], SATA[4] oder USB
- **Zwischenspeicher** = (Cache-)Größe in MB, z.B. 8 MB
- **Drehzahl** in Umdrehungen pro Minute (U/min), z.B. 7200 U/min

Optische Speicher sind z.B. **CD- oder DVD[5]-Laufwerke**. Bei einer CD oder DVD werden die Informationen durch Vertiefungen in einer reflektierenden Oberfläche gespeichert. Zur Abtastung **(Bild 2)** wird ein Laserstrahl verwendet. Durch Auswertung des reflektierten Lichtes erhält man die gespeicherte binäre Information. CDs besitzen eine Kapazität von etwa 700 MB. **DVDs** verwenden geringere Abstände zwischen den Spuren und zwischen den Vertiefungen. Die DVD erreicht damit eine höhere Speicherkapazität von etwa 4,7 GB. Zudem können bei einer DVD pro Seite maximal zwei Informationsschichten (Layer) aufgebracht werden. Eine **Double-Layer-DVD (DL-DVD)** erreicht dadurch eine Kapazität von etwa 8,5 GB. Eine CD/DVD wird durch Pressung hergestellt. Bei beschreibbaren Medien, z.B. **CD-R** oder **DVD-R**, werden die Informationen durch einen Laserstrahl geschrieben. Beim „Brennvorgang" wird ein Farbstoff durch Erwärmung mit dem Laser in seinem Reflexionsverhalten verschlechtert. Bei beschreibbaren **CD-RW** oder **DVD-RW** kann der beim „Brennen" veränderte Farbstoff durch Erhitzen mit dem Laser auf eine bestimmte Temperatur wieder in seine ursprüngliche Struktur zurückgewandelt werden. Dadurch werden die Daten auf dem Datenträger gelöscht.

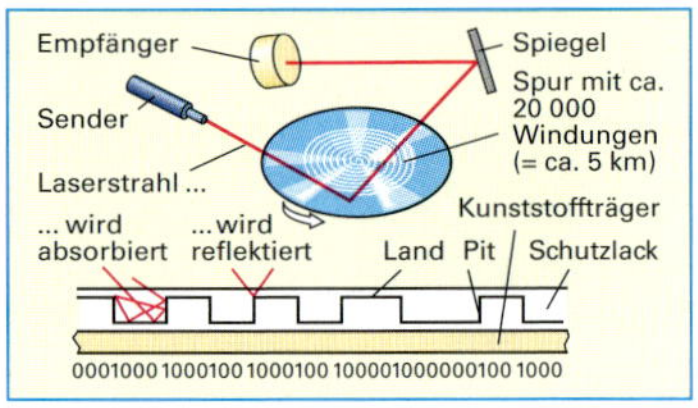

Bild 2: CD-Abtastung

CD-/DVD-Formate/-Kapazitäten

CD-ROM	≈ 700 MB
CD-R, CD-RW	≈ 700 MB
DVD-ROM	≈ 4,7 GB
DVD-/+[1]R	≈ 4,7 GB
DVD-/+[1]RW	≈ 4,7 GB
DVD-/+[1]RAM V2.0	≈ 4,7 GB
DVD-/+[1]R DL	≈ 8,5 GB

Wiederbeschreibbare CDs/DVDs können ca. 1000-mal, eine DVD-RAM sogar ca. 100000-mal neu beschrieben werden.

Geschwindigkeitsangaben bei Laufwerken (Beispiele)

48x[2] bei CD-ROM-Laufwerk
16x[3] bei DVD-ROM-Laufwerk

[1] Die Bezeichnungen – bzw + resultieren aus unterschiedlichen Herstellerstandards. Minus: DVD-Forum, z.B. Pioneer, Toshiba Plus: DVD+RW Alliance, z.B. Dell, Philips
[2] Bedeutet 48-mal schneller als ein CD-ROM-Laufwerk (ca. 150 KB/s) = 7,2 MB/s
[3] Bedeutet 16-mal schneller als ein DVD-ROM-Laufwerk (ca. 1,39 MB/s) = 22,24MB/s

Weiterentwicklungen der DVD, z.B. **Blu-ray**, verwenden noch kleinere Strukturen als herkömmliche DVDs und benötigen darum kurzwelliges blaues Laserlicht zur Abtastung.

Halbleiterspeicher werden z.B. in Speicherkarten **(Bild 3)** eingesetzt. Dazu werden spezielle **EEPROMs (Seite 230)** mit hoher Zugriffsgeschwindigkeit verwendet, die auch als **Flash-Speicher** bezeichnet werden. Vorteile sind z.B. die Unempfindlichkeit gegenüber Erschütterungen und magnetischen Einflüssen.

Bild 3: Speicherkarten

Wichtige Merkmale bei Speicherkarten

- **Speicherkapazität** in GB
- **Datentransferrate** in MB/s
- **Stromaufnahme** in mA

[1] DAT, Abk. für: **D**igital **A**udio **T**ape (engl.) = Magnetband als Datenträger für Datensicherung
[2] ferromagnetisch = magnetisch, wie Eisen (von lat. ferrum)
[3] ATA, Abk. für: **A**dvanced **T**echnology **A**ttachment (engl.) = Anschluss mit erweiterter Technik
[4] SATA, Abk. für: **S**erial-**A**dvanced **T**echnology **A**ttachment (engl.) = Serieller Anschluss mit erweiterter Technik
[5] DVD, Abk. für: **D**igital **V**ersatile **D**isc (engl.) = digitale vielseitige Scheibe

Erweiterung des Arbeitsspeichers

1. Computer herunterfahren, ausschalten und vom Stromnetz sowie der Computer-Netzwerkverbindung trennen.
2. Computergehäuse öffnen.
3. Feststellclips für **Speichermodul** nach außen klappen.
4. Speicherbank in Sockel einlegen und fest eindrücken.
5. Feststellclips wieder zurückklappen.
6. Computer starten und kontrollieren, ob Speichermodul erkannt wird.

ACHTUNG:
- Speichertyp, z. B. DDR-RAM, beachten.
- Computerbauelemente sind empfindlich gegenüber elektrostatischer Entladung.
  Tragen Sie ein Antistatik-Gelenkband mit Verbindung zu einem geerdeten Gegenstand oder entladen Sie Ihren Körper durch vorheriges Berühren des Computergehäuses.

Einbau eines CD-Brenners mit Anschluss für ATA-(IDE[1]-)Schnittstelle

1. Computer herunterfahren, ausschalten und vom Stromnetz sowie der Computer-Netzwerkverbindung trennen.
2. Computergehäuse öffnen.
3. Blende vom Laufwerkschacht entfernen.
4. CD-Brenner mittels Jumper (Steckbrücke) konfigurieren.
5. CD-Brenner in Laufwerkschacht einschieben und befestigen.
6. CD-Brenner mit Mainboard-Anschluss ATA (IDE) verbinden.
7. CD-Brenner an 4-poligen Stromversorgungsstecker (Power) anschließen.
8. Computer starten und mit vom Hersteller geliefertem **Setup-Programm** installieren.

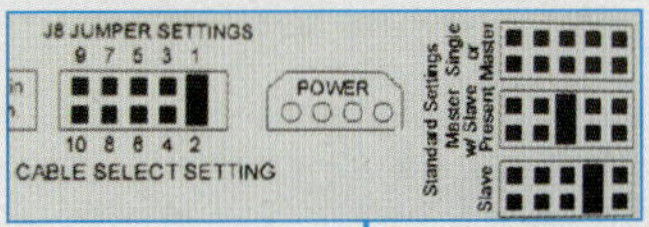

„Master" oder „Slave"

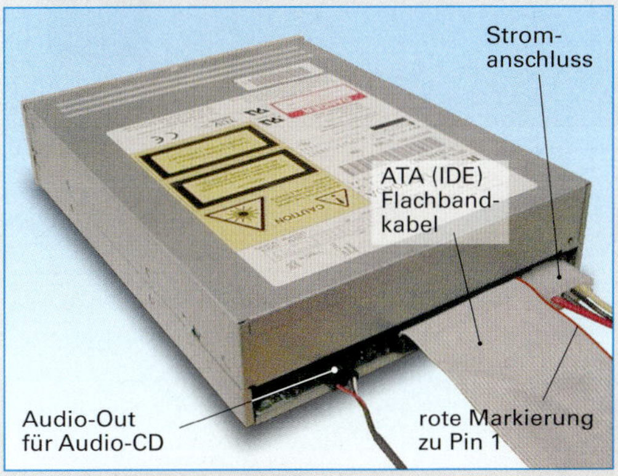

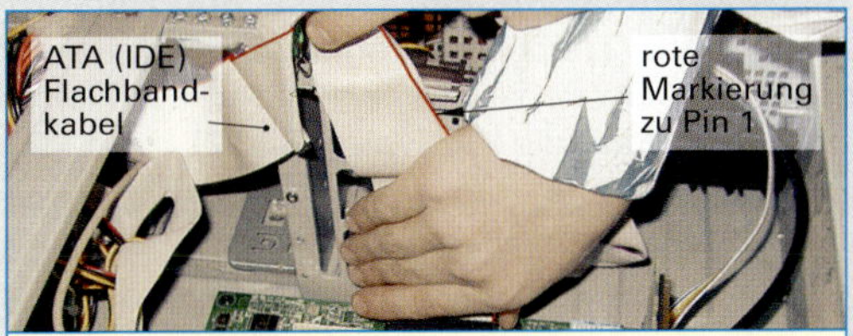

An das ATA-(IDE-)Flachbandkabel können zwei Laufwerke angeschlossen werden. Ein Laufwerk wird als **„Master"** und das andere als **„Slave"** eingestellt. Dadurch werden Konflikte zwischen den beiden Laufwerken verhindert. Bei nur einem Laufwerk wird dieses an das Ende der Leitung angeschlossen und als Master konfiguriert.

Einbau einer Festplatte mit Anschluss für SATA-Schnittstelle

1. Computer herunterfahren, vom Stromnetz sowie der Computer-Netzwerkverbindung trennen.
2. Computergehäuse öffnen. Festplatte in Laufwerkschacht einschieben und befestigen.
3. Festplatte mit SATA-Mainboard-Anschluss über eine SATA-Anschlussleitung verbinden.
4. Festplatte an 4-poligen Stromversorgungsstecker oder SATA-Stromversorgungsstecker (SATA Power) anschließen.
5. Computer starten → Datenträgerverwaltung → Festplatte partitionieren[2] → Festplattenpartitionen formatieren[3]

Befestigen

SATA-Anschlüsse auf Mainboard

SATA- und Stromversorgungsanschluss an Festplatte

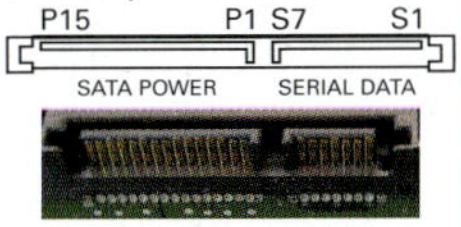

Anschließen

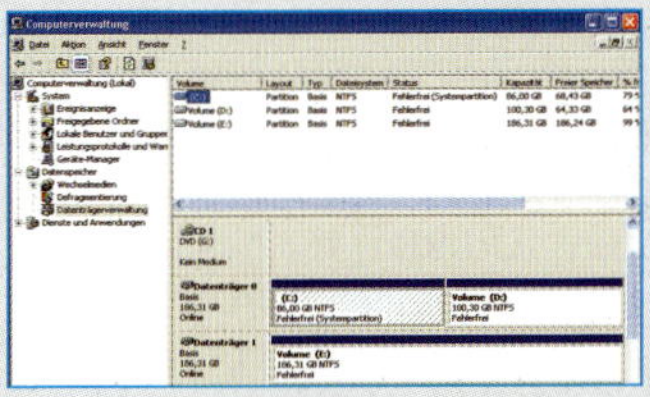

Partitionieren und Formatieren

[1] IDE, Abk. für: **I**ntegrated **D**evice **E**lectronics (engl.) = Integrierte Geräteelektronik, eine andere Bezeichnung für die ATA Schnittstelle **(Seite 234)**
[2] Partitionieren = Einteilung der Festplatte in verschiedene Bereiche
[3] Formatieren = Grundlegendes Format auf der Festplatte für den Dateizugriff anlegen.

(Nächster Praxistipp: Seite 243)

12.6 Software

Software unterteilt man in **System- und Anwendungsprogramme (Bild 1)**.

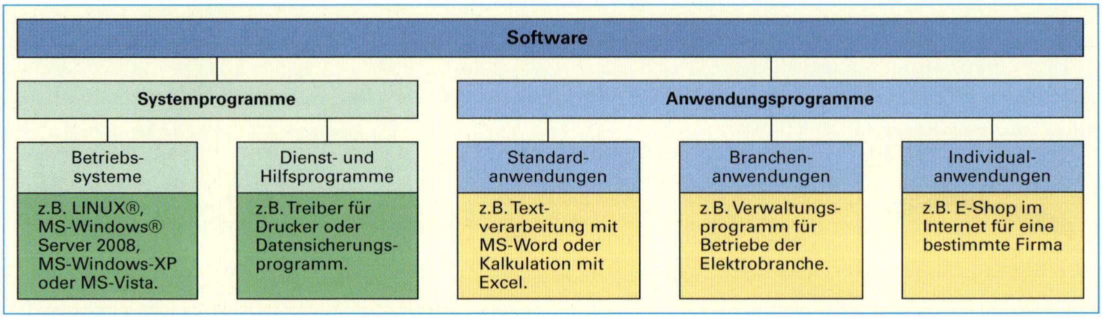

Bild 1: Einteilung der Software

12.6.1 Systemprogramme

Systemprogramme sind für die Verwaltung, Steuerung und Funktion des Computersystems zuständig.

Systemprogramme bestehen allgemein aus dem **Betriebssystem** sowie den **Dienst- und Hilfsprogrammen**, z.B. **Treiberprogrammen**, auch Treiber genannt. Das Betriebssystem benötigt die Treiber für den Zugriff auf die Hardware **(Bild 2)**.

Betriebssystem und Anwendungsprogramme arbeiten eng zusammen. Ein Anwendungsprogramm greift in der Regel über das Betriebssystem auf die Hardware zu. Es muss dazu die vom Betriebssystem bereitgestellte **Schnittstelle (API[1], Bild 2)** verwenden. Diese unterscheidet sich bei den verschiedenen Betriebssystemen. Darum funktioniert ein Textverarbeitungsprogramm z.B. für Microsoft®-Windows® nicht auf einem Rechner mit dem Linux®- Betriebssystem.

Bei einem PC bestehen die Systemprogramme aus dem **Betriebssystem**, z.B. Microsoft-Windows XP, den **Treibern** für die verwendeten Hardware-Komponenten und den Treibern der **BIOS-Firmware (Bild 1, Seite 226)**. Das BIOS enthält ein Testprogramm sowie grundlegende Treiber für die Mainboardhardware. Außerdem ist das BIOS für den Start des Computers **(Bild 3)** zuständig. Dazu wird vom BIOS das Selbsttestprogramm (POST) gestartet, bestimmte Hardware-Einstellungen auf einen Anfangswert gesetzt und zuletzt über die BIOS-Treiber der **Master-Boot-Record (MBR)** auf dem Bootlaufwerk[2] gelesen. Darin befindet sich das **Ladeprogramm (Urlader)** für das auf der Festplatte gespeicherte Betriebssystem. Das Urladeprogramm lädt das Betriebssystem von der Festplatte in den Arbeitsspeicher, es wird gestartet und übernimmt die Kontrolle des Computersystems.

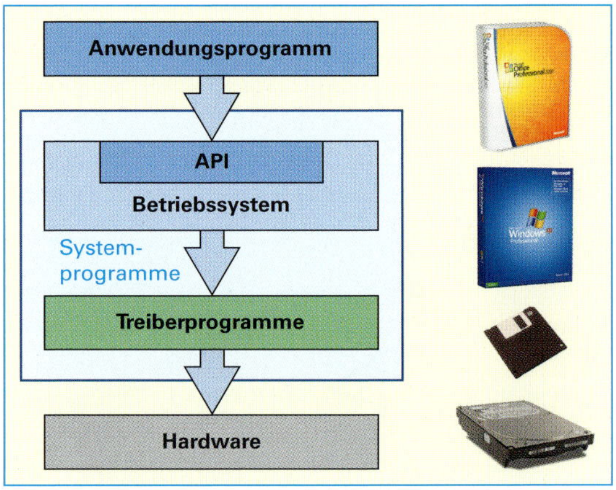

Bild 2: Schichtenarchitektur der PC-Software

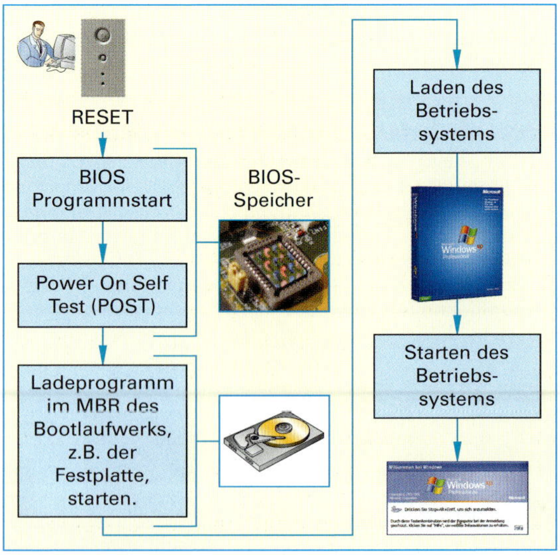

Bild 3: Startprozess eines PC

[1] API, Abk. für: **A**pplication **P**rogramming **I**nterface (engl.) = Programmierschnittstelle für Anwendungsprogrammierung
[2] Bootlaufwerk = Festplatten-Laufwerk, das für den Start des Betriebssystems zuständig ist.

12.6.2 Anwendungsprogramme

Anwendungsprogramme benötigt der Anwender des Computersystems für seine Arbeit, z. B. zum Erstellen einer Präsentation oder zum Schreiben eines Briefs.

Standardanwendungen sind Programme, die von vielen Benutzern benötigt und auf entsprechend vielen Computern angewendet werden. Typische Standardanwendungen sind Programme zur Textverarbeitung, Tabellenkalkulation, Datenbankverwaltung sowie Zeichen- bzw. Grafikprogramme.

Textverarbeitungsprogramme (Bild 1) können verschiedene Schriftarten darstellen, Grafiken und Tabellen in den Text einbinden und den Text in bestimmte Formate, z. B. mehrere Spalten, bringen. Oft wird bereits während der Eingabe die Rechtschreibung überprüft und Flüchtigkeitsfehler, z. B. das Vertauschen von Buchstaben oder fehlende Großschreibung am Satzanfang, automatisch korrigiert.

Tabellenkalkulationsprogramme (Bild 2) ermöglichen das Rechnen (Kalkulieren). In einem elektronischen Arbeitsblatt werden Texte und Zahlen in Felder eingegeben. Durch die Festlegung einer Rechenvorschrift gibt der Benutzer an, wie die Zahlenwerte in den einzelnen Feldern miteinander verknüpft werden. Wird ein Wert in einem Feld geändert, so ändern sich alle Folgeergebnisse automatisch.

Datenbankprogramme können Informationen in Form von Dateien speichern und miteinander verknüpfen. Der Anwender kann meist frei festlegen, aus welchen Dateien Informationen bezogen werden. Die Daten werden in einer Maske, einer Art Karteikarte, dargestellt.

Zeichenprogramme oder **Grafikprogramme** dienen zum Erstellen und Bearbeiten von Zeichnungen und Bildern. Auch das Bearbeiten von Fotos ist möglich.

CAD[1] – Programme (Bild 3) ermöglichen das Konstruieren mit dem Computer. Darin ist neben dem Erstellen von Plänen auch die Dokumentation und **Simulation (Bild 4)** enthalten.

Branchenanwendungen sind auf eine bestimmte Branche, z. B. das Elektrohandwerk, zugeschnitten. Dabei werden mehrere verschiedene Programme, z. B. Buchhaltung, Lagerverwaltung und Fakturierung[2], zu einem großen Softwaresystem kombiniert.

Individualanwendungen sind notwendig, wenn Programme ganz speziell auf einen Betrieb zugeschnitten werden müssen, z. B. die Steuerung eines bestimmten Herstellungsprozesses oder eine Firmen-Website mit E-Shop.

[1] CAD, Abk. für: **C**omputer **A**ided **D**esign = rechnergestütztes Konstruieren
[2] Fakturierung (von lat. factura) = Vorgang im Rechnungswesen, z. B. Rechnung schreiben

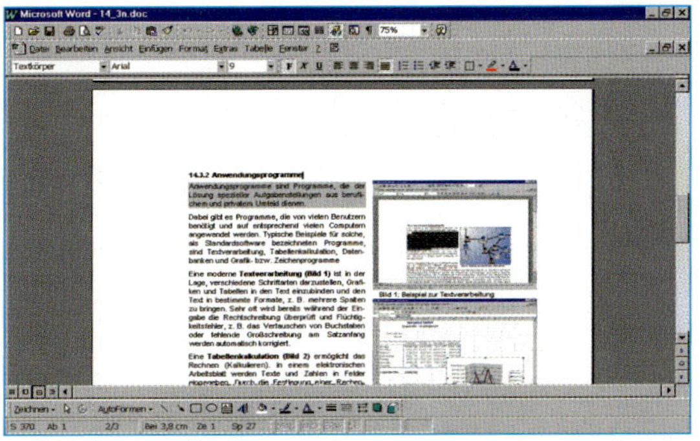

Bild 1: Beispiel zur Textverarbeitung

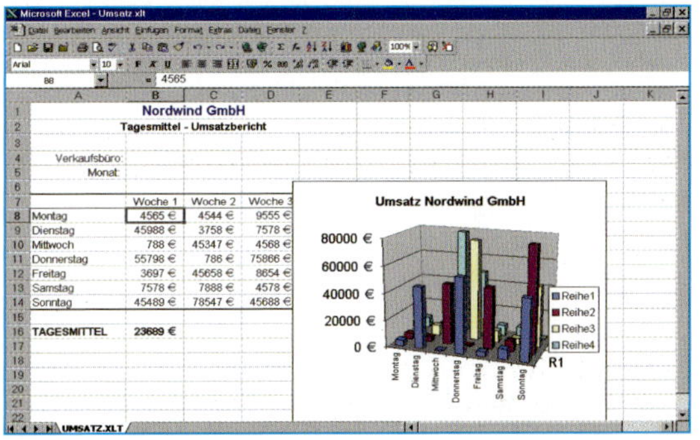

Bild 2: Beispiel zur Tabellenkalkulation

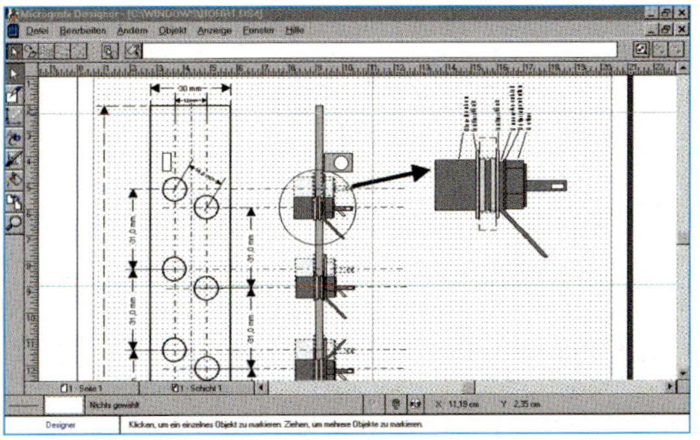

Bild 3: Beispiel zu CAD

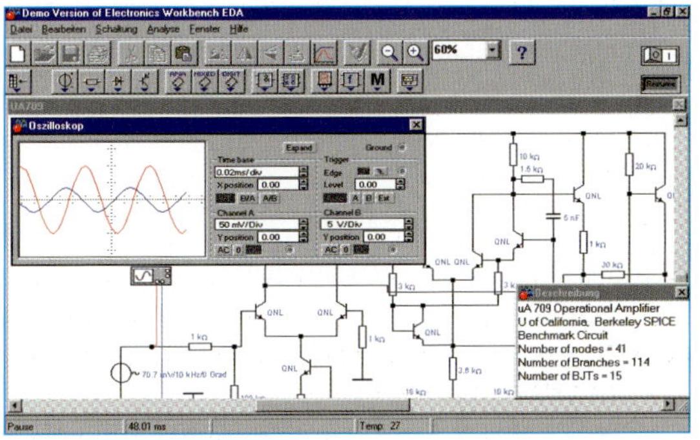

Bild 4: Beispiel zur Elektronik-Simulation

12.6.3 Softwareentwicklung

Softwareentwicklung ist ein komplexer Prozess, der systematisch in verschiedenen Phasen **(Bild)** verläuft.

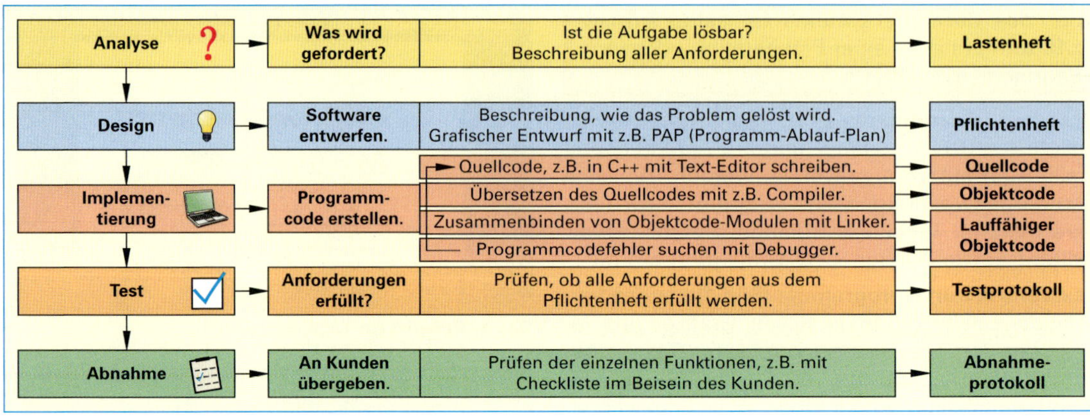

Bild: Phasen der Softwareentwicklung

Grafischer Entwurf mit Modellierungssprache

Beim Entwurf (Design) werden die Struktur eines Programms sowie die damit verbundenen Abläufe hauptsächlich grafisch dargestellt. Diese Art der Aufbereitung wird als Modellierung bezeichnet. Damit die während der Designphase entstehenden Pläne von allen Beteiligten gelesen werden können, existieren genaue Festlegungen über die bei der Modellierung verwendete Symbolik, die als **Notation** bezeichnet wird. Die verschiedenen Modellierungssprachen **(Tabelle 1)** verwenden eigene standardisierte Notationen.

Tabelle 1: Modellierungssprachen (Beispiele) im Vergleich

Bezeichnung	PAP	Struktogramm	UML[1]
Beispiel	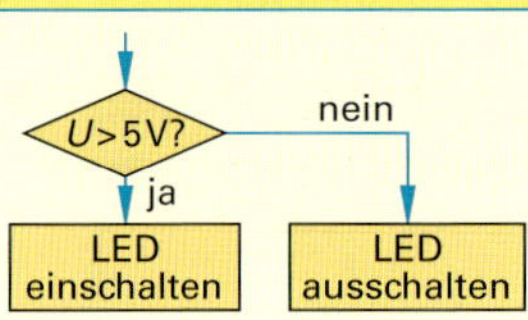	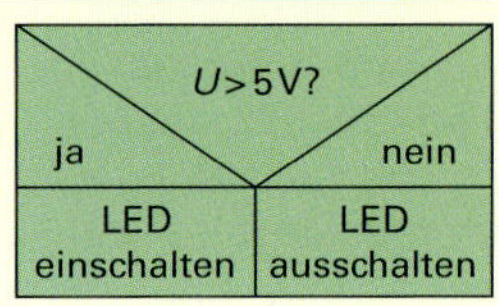	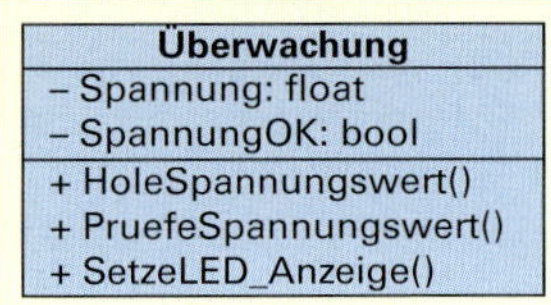

Umsetzen des Entwurfs in ein Programm (Implementierung)

Die grafischen Darstellungen aus der Designphase **(Tabelle 1)** müssen in Befehle für die CPU umgewandelt werden. Dazu werden Programmiersprachen **(Tabelle 2)** verwendet. **Maschinenorientierte Sprachen** orientieren sich am Computer, genauer an der jeweils verwendeten CPU. **Problemorientierte Sprachen** orientieren sich am zu lösenden Problem. Außerdem können diese Sprachen, z. B. C/C++, für verschiedene Computer mit unterschiedlichen Prozessoren verwendet werden, ohne dass sich der Sprachschatz (Syntax) verändert. Zur Übersetzung des in der Programmiersprache geschriebenen Programms **(Quellcode)** in den von der CPU benötigten Code **(Objektcode)** ist ein Übersetzungsprogramm **(Tabelle 2)** notwendig.

Tabelle 2: Maschinen- und Problemorientierte Programmiersprachen (Beispiele)

Sprachart	Programmiersprache	Benötigtes Übersetzungsprogramm
Maschinenorientiert	Assemblersprache	Assembler (von to assemble [engl.] = zusammensetzen)
Problemorientiert	C/C++	Compiler (von to compile [engl.] = zusammenstellen)
	Javascript	Interpreter (engl. = Dolmetscher)

Objektorientierte Programmierung (OOP)

Das Grundprinzip bei der OOP ist, Programmcode und Daten für einen Gegenstand (Objekt) wie in der Realität zusammenzuhalten. Jedes **Objekt** lässt sich durch sein **Verhalten** und seine **Eigenschaften** beschreiben. Vorteile der OOP sind z. B. verbesserte Modularität, Wiederverwendbarkeit und Betriebssicherheit der Software. Für die **Modellierung eines Objektorientierten Designs (OOD)** wird **UML** verwendet.

[1] UML, Abk. für: **U**nified **M**odeling **L**anguage (engl.) = Einheitliche Modellierungssprache

12.7 Vernetzung von Computern

Computer können innerhalb eines Gebäudes oder Grundstückes zu einem Lokalen Netzwerk **(LAN)** oder über das Internet zu einem weltumspannenden Netzwerk **(GAN)** verbunden sein **(Bild)**.

12.7.1 Dienste in Computernetzwerken

Netzwerke ermöglichen den **Informationsaustausch** zwischen Computern sowie die **Nutzung von Diensten**, die im Netzwerk angeboten werden. Computer, die einen oder mehrere Dienste für ein Netzwerk bereitstellen, sind **Server**. Der Dienstnutzer, z. B. ein PC-Arbeitsplatz, wird als **Client** bezeichnet. Die Dienste von Servern im Netzwerk ermöglichen zusätzliche Funktionen für jeden vernetzten PC-Arbeitsplatz.

12.7.2 Netzwerktopologien

Im LAN werden verschiedene Netzwerktopologien[1] **(Bild)**, z. B. **Stern-, Bus- oder Ringtopologie**, verwendet. In einem LAN wird meistens die Sterntopologie angewendet, bei der an einer zentralen Stelle ein **Hub (Sternverteiler)** vorhanden ist. Hubs gibt es mit unterschiedlichen Technologien. Meistens werden Hubs mit Switch-Technologie **(Seite 241)** eingesetzt.

Server-Dienste im LAN (Beispiele)

- **File-Server**
  Speichern und Bereitstellen von Dateien
- **Datenbank-Server**
  Verwalten von Informationen in Datenbanken
- **Print-Server**
  Speichern und Ausführen von Druckaufträgen
- **Intranet-Server**
  Bereitstellen von Webseiten

Wichtige Begriffe bei Netzwerken

- **LAN**, Abk. für: Local Area Network (engl.) = Lokales Netzwerk
- **GAN**, Abk. für: Global Area Network (engl.) = Weltweites Netzwerk
- **Topologie** beschreibt die räumliche Art der Anordnung der Netzwerkknoten, z. B. PC oder Verteiler, zueinander.
- **Hub** (engl.) = Nabe, Mittelpunkt bzw. der Sternpunkt einer Verteilung

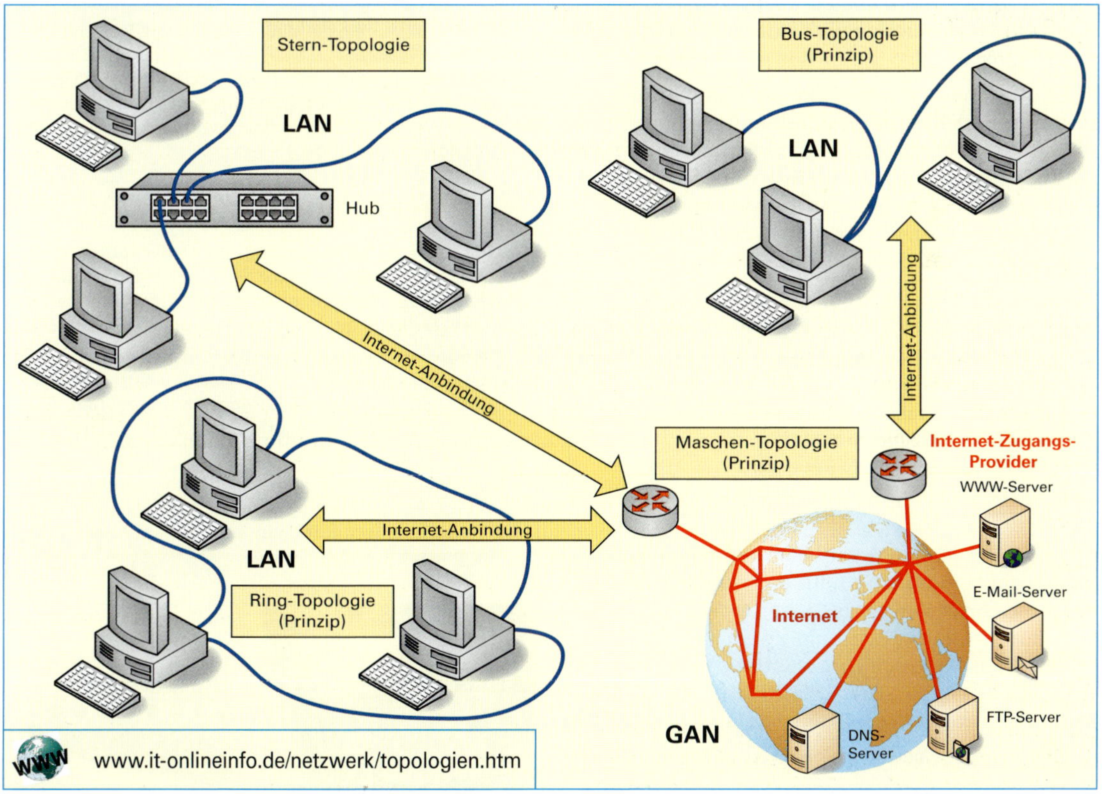

www.it-onlineinfo.de/netzwerk/topologien.htm

Bild: Topologien im lokalen und globalen Netzwerk

[1] Topologie = bei einem Computernetzwerk die Struktur der Verbindungen im Netzwerk

12.7.3 Bestandteile eines lokalen Netzwerkes (LAN) in Sterntopologie

Bei der Sterntopologie werden Endgeräte, z.B. PCs, sternförmig über einen Sternverteiler, z.B. einen Switch **(Bild 1)**, miteinander verbunden.

In kleineren Büronetzwerken („**S**mall **O**ffice, **H**ome **O**ffice" bzw. SOHO-Bereich) wird der Switch wegen geringer Entfernungen manchmal direkt über flexible Anschlussleitungen mit dem PC verbunden. In größeren Netzwerken werden Datenleitungen **(Tabelle, Seite 241)** verwendet. Damit lassen sich wegen der besseren Übertragungseigenschaften auch größere Strecken überbrücken. Am Ende der Leitung ist eine Anschlussmöglichkeit, z.B. für einen PC, vorhanden. Für den PC-Anschluss ist eine **Anschlussdose (Bild 1)** nötig, die auch als Übergang von der unflexiblen Datenleitung auf die flexible Anschlussleitung **(Patchleitung)** dient. Der Übergang der Datenleitung auf den Switch wird über ein **Patchfeld**[1] bzw. **Rangierfeld (Bild 1)** erreicht. Es besteht aus mehreren Anschlussbuchsen, die auf der Rückseite mit jeweils einer Datenleitung verbunden sind. Über Patchleitungen wird ein flexibler Übergang vom Patchfeld zum Sternverteiler, z.B. Switch, hergestellt. Durch die Steckmöglichkeit am Patchfeld kann bestimmt werden, mit welchem Port des Switches eine Anschlussdose und somit ein PC verbunden wird oder ob sie evtl. nicht angeschlossen, also außer Betrieb gesetzt, wird.

Die Komponenten von Netzwerk-Übertragungsstrecken **(Bild 1)** müssen aufeinander abgestimmt sein. Außerdem soll ein Netzwerk unabhängig von der Anwendung, z.B. Ton-, Bild- oder Daten-Übertragung, sein. Dazu gibt es Normen, die die Anforderungen an Netzwerke und deren Bestandteile festlegen.

Wichtige Normen für IT-Gebäudeverkabelungen

- **EIA/TIA 568:** Nordamerikanische Industriespezifikation
- **ISO IEC 11801:** Weltweite Norm, in die auch Inhalte aus EIA/TIA 568 eingeflossen sind.
- **EN 50173:** Europaweite Norm durch Anpassung der ISO IEC 11801 an Europa.

Die EIA/TIA 568 legt die **Farbkennzeichnungen (Bild 2)** der Leitungsadern für das Auflegen der Leitungen z.B. auf Anschlussdosen oder Patchfelder fest. Zum Auflegen wird ein spezielles Werkzeug für LSA[2]-Verbindungen verwendet.

www.pc-adviser.de/netzwerkverkabelung.htm

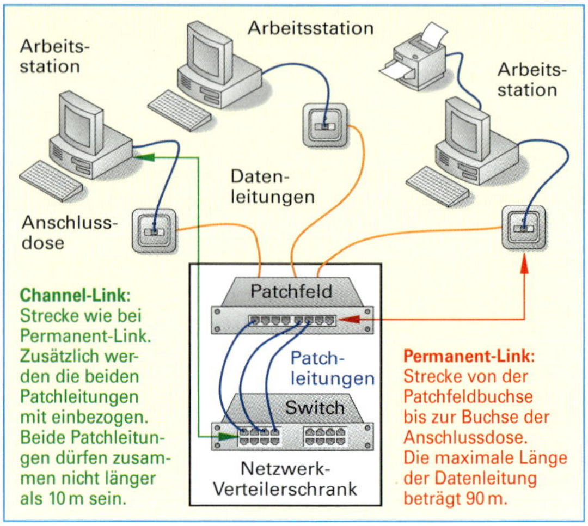

Bild 1: PC-Anschluss an ein Netzwerk

Übersicht: Wichtige Festlegungen für IT-Gebäudeverkabelungen

- **Strukturierte Verkabelung:** Vorgabe einer Struktur für die Verkabelung.
- **Übertragungseigenschaften:** Festlegung von Grenzwerten, z.B. Frequenz, Dämpfung und Übersprechen. Diese Werte werden in Form von Link-Klassen und Kategorien angegeben.

Übertragungseigenschaften nach EN 50173-1 und ISO/IEC 11801

- **Link-Klassen:** Eigenschaften von Übertragungsstrecken, z.B. Channel- oder Permanent-Link **(Bild 1)**, werden als Klassen angegeben. Eine Strecke der Klasse E ist z.B. geeignet für Frequenzen bis 250 MHz.
- **Kategorien:** Eigenschaften von Komponenten einer Übertragungsstrecke, z.B. Anschlussdosen oder Leitungen, werden als Kategorien angegeben. Eine Datenleitung der Kategorie 6 ist z.B. für Frequenzen bis 250 MHz geeignet.

Beispiel: Eine Verbindung aus Datenleitung, Patchleitung, Anschlussdose und Patchfeld, die jeweils der Kategorie 6 entsprechen, ermöglicht eine Übertragungsstrecke der Klasse E.

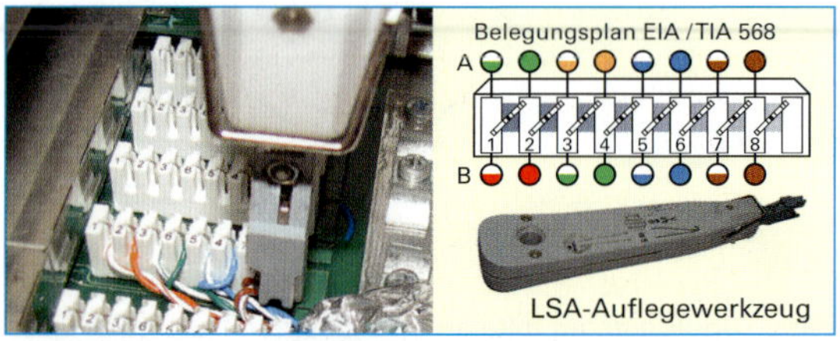

Bild 2: LSA-Verbindungen für Datenleitungen

[1] Patchfeld = Bezeichnung für Steckfeld bzw. Verbindungsfeld
[2] LSA, Abk. für: Löt-, Schraub- und Abisolierfrei

In einem Netzwerk werden je nach Einsatzgebiet verschiedene Leitungsarten **(Tabelle)** benötigt.

Tabelle: Leitungsarten für Computer-Netzwerke (Beispiele)

Leitung	Eigenschaften	Einsatzgebiet
S/STP[1]-Datenleitung 	Gute Übertragungseigenschaften, wenig flexibel, großer Außendurchmesser, Innenleiter (Kupfer) ist eindrähtig	Bei langen Strecken von etwa 10 m bis 90 m und fester Verlegungsart, z.B. in Installationskanälen oder Installationsrohren.
S/FTP[2]-Patchleitung 	Mittlere Übertragungseigenschaften, flexibel, geringer Außendurchmesser, Innenleiter (Kupfer) ist feindrähtig.	Anschluss von z.B. ortsveränderlichen Geräten bei kurzen Strecken. Für steckbare Verbindungen.
Lichtwellenleitung (LWL) 	Sehr gute Übertragungseigenschaften. Keine Beeinflussung durch elektrische und magnetische Felder.	Bei sehr langen Strecken. Im LAN bis etwa 3 km. Im GAN bis etwa 100 km ohne Zwischenverstärker (Repeater).

Der **Sternpunkt** eines Netzwerkes kann unterschiedlich aufgebaut sein. Eine Möglichkeit ist die Verteilung des Sendesignals auf alle Anschlüsse (Ports) über mehrere so genannte **Repeater[3]**, auch **Multiport-Repeater** genannt. In der Praxis bezeichnet man einen Multiport-Repeater einfach als **Hub (Bild 1)**. Der Nachteil beim Hub ist, dass immer nur ein Rechner Daten senden darf, um eine Daten-Kollision zu vermeiden.

Bei der **Switch-Technologie** wird zwischen zwei kommunizierenden Rechnern eine **Brücke (Bridge)** geschaltet, so dass mehrere Kommunikationspartner parallel Informationen austauschen können **(Multiport-Bridge)**. In der Praxis wird die Multiport-Bridge einfach als **Switch (Bild 1)** bezeichnet. Obwohl der Switch eine aufwändigere Technik beinhaltet, sind die Kosten inzwischen kaum höher als bei einem Hub. Darum wird der Hub zunehmend vom Switch verdrängt.

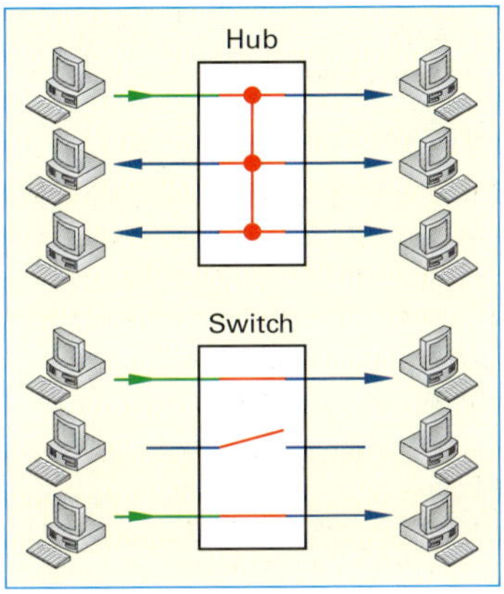

Bild 1: Hub und Switch

12.7.4 Netzwerkprotokoll

Ein Protokoll ist ein festgelegtes Format zur Datenübertragung. Informationen können nur ausgetauscht werden, wenn Sender und Empfänger das gleiche Protokoll verwenden.

Zur Kommunikation über ein Netzwerk müssen verschiedene Bedingungen erfüllt werden, z.B. die Adressierung des entfernten Rechners, die Sicherheit der Übertragung oder die Möglichkeit zur Verwendung unterschiedlicher Medien, z.B. Kupfer oder Funkwellen. Es muss z.B. berücksichtigt werden, dass sich Protokolle, z.B. beim Übergang von Kupferleitung auf eine drahtlose Verbindung wie WLAN **(Seite 242)**, verändern können. Aus diesem Grund wurde ein modulares System entwickelt, das aus verschiedenen Schichten **(Bild 2)** besteht. Jede Schicht hat eine bestimmte Aufgabe. Ändert sich die Anforderung, wird die zuständige Schicht gewechselt. Dieses universelle System ist für alle Hersteller offengelegt und wird als OSI[5]- Schichtenmodell bezeichnet.

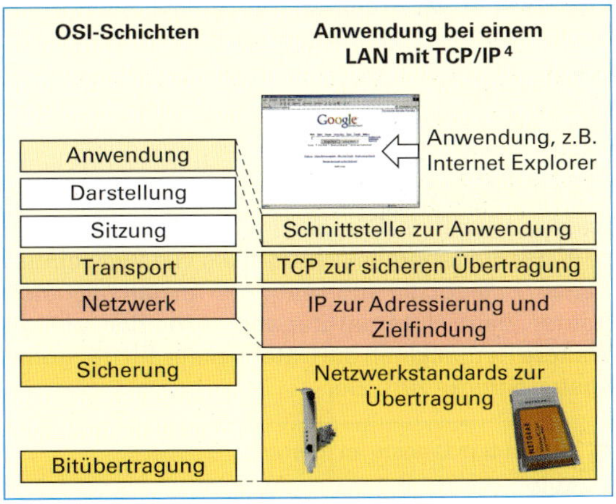

Bild 2: OSI-Schichtenmodell

[1] S/STP, Abk. für: **S**creened **S**hielded **T**wisted-**P**air (engl.) = Verdrillte Kupferleitung mit Schirm pro Adernpaar und Gesamtschirm
[2] S/FTP, Abk. für: **S**hielded **F**oiled **T**wisted **P**air (engl.) = Verdrillte Kupferleitung mit Gesamtschirm als Folie und Metallgeflecht
[3] Repeater = Verstärker, der in zwei Richtungen arbeiten kann.
[4] TCP/IP, Abk. für: **T**ransmission **C**ontrol **P**rotocol/**I**nternet **P**rotocol
[5] OSI, Abk. für: **O**pen **S**ystems **I**nterconnection (engl.) = Offenes System zur Verbindung

TCP/IP-Protokoll

In Netzwerken wird fast ausschließlich das **TCP/IP-Protokoll** eingesetzt. Bei diesem Protokoll besitzt jeder Teilnehmer eine **IP-Adresse**. Diese darf in einem Netzwerk nur einmal vorkommen. Sie besteht aus 32 Bit **(Bild 1)** und wird durch vier Dezimalzahlen dargestellt. Jede IP-Adresse besteht aus einer Netzwerk- und einer Rechneradresse. Zum besseren Verständnis kann der Vergleich mit dem Versenden einer Postkarte verwendet werden. Die Postleitzahl entspricht bei IP der Netzwerkadresse und die Hausnummer im Ort ist mit der Rechneradresse vergleichbar. Damit die Postkarte zum Zielort gelangt, wird sie den Postleitzahlen entsprechend verteilt. Bei einem Netzwerk übernimmt diese Aufgabe ein **Router**.

Drahtlose Netzwerke

Ein drahtloses Netzwerk ermöglicht die Verbindung z. B. über Funkwellen. Ein weit verbreiteter Standard ist **WLAN**[1] **(Bild 2)**.

WWW http://de.wikipedia.org/wiki/WLAN

Praxistipp: Netzwerk einrichten (Seite 243)
WLAN einrichten (Seite 244)

12.7.5 Globales Netzwerk Internet

Das Internet **(Bild 3)** ist ein globales Netzwerk (GAN). Neben der Möglichkeit zur weltweiten Kommunikation stellt es verschiedene Dienste, z. B. WWW, E-Mail, FTP oder DNS, bereit. Bei der Angabe einer Internet-Adresse (URL[2]) in Form eines Domainnamens, z. B. www.firma.de, wird zunächst ein DNS-Server nach der zugehörigen IP-Adresse abgefragt. Darum muss bei den Protokolleinstellungen im Feld DNS **(Bild 1)** die IP-Adresse des DNS-Servers angegeben werden. Wenn die IP-Adresse des entfernten Rechners nicht im Adress-Bereich des eigenen LAN liegt, wird das Paket einem Router (Wegefinder) übergeben. Dieser wird mit seiner IP-Adresse in der Eingabemaske **(Bild 1)** als Gateway eingetragen. Er leitet die Informationen an den nächsten Router beim Internet-Zugangs-Provider weiter. Weitere Router leiten die Datenpakete auf der günstigsten Strecke zum Ziel.

Wichtige Dienste im Internet

WWW, Abk. für: **W**orld **W**ide **W**eb
Bereitstellen von Webseiten

FTP, Abk. für: **F**ile **T**ransfer **P**rotocol
Upload und Download von Dateien

DNS, Abk. für: **D**omain **N**ame **S**ystem
Wandlung URL[2], z. B. www.xy.de in IP-Adresse

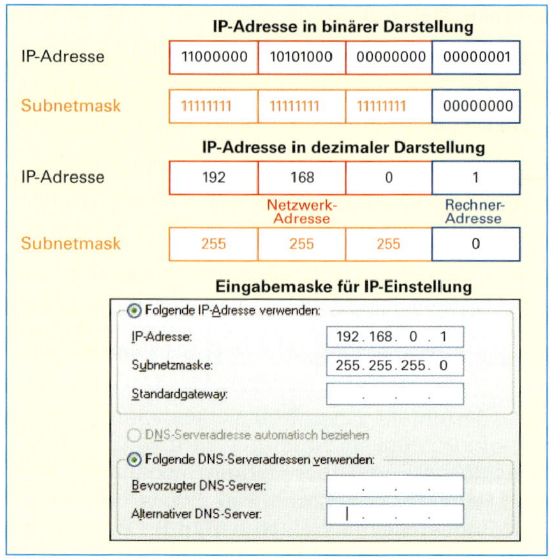

Bild 1: Protokolleinstellungen bei TCP/IP

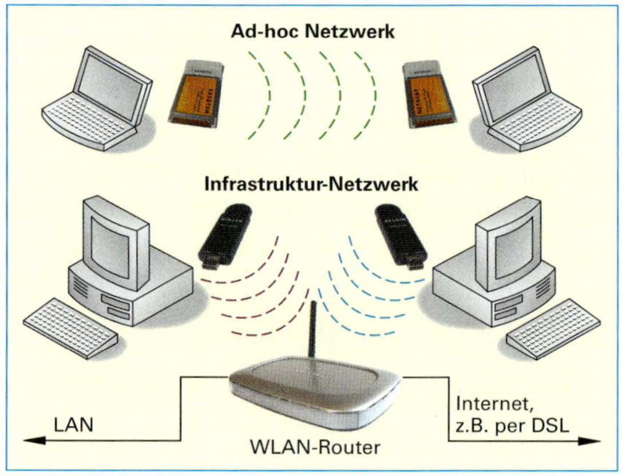

Bild 2: Beispiele für WLAN-Netzwerke

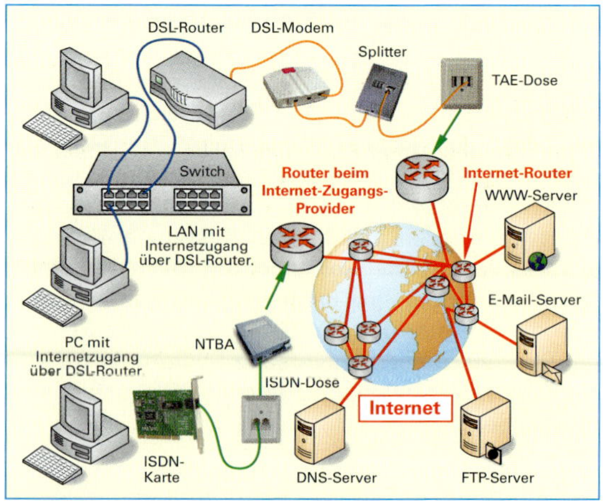

Bild 3: Internet und Internet-Dienste

[1] WLAN, Abk. für: **W**ireless **LAN** (engl.) = Drahtloses lokales Netzwerk
[2] URL, Abk. für: **U**niform **R**esource **L**ocater, Adresse im Internet.

Praxistipp: Verbinden von zwei PCs über ein Netzwerk

(Nächster Praxistipp: Seite 244)

Situationsbeschreibung:

Zwei PCs ohne Netzwerkanschluss sollen über ein lokales Netzwerk (Ethernet-Standard) in einem Büro verbunden werden. Zweck der Verbindung ist der Dateiaustausch. Von einem PC soll jeweils der Zugriff auf einen Ordner des anderen PC ermöglicht werden. Auf beiden PCs besitzt der Anwender die Rechte des Administrators. Als Betriebssystem wird MS-Windows® XP verwendet.

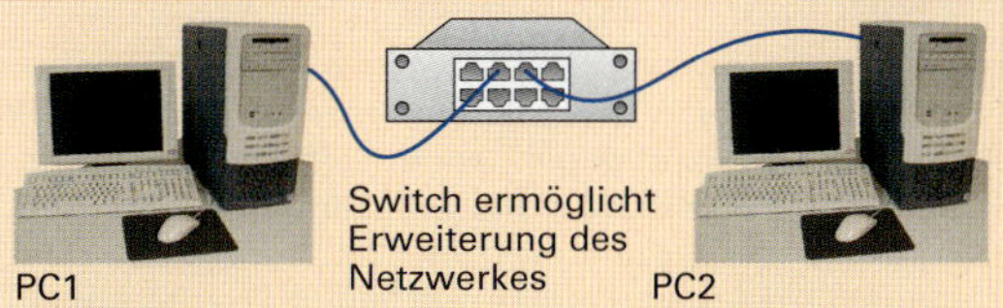

Folgende Arbeiten sind an beiden PCs durchzuführen:

Netzwerkkarte montieren und Treiber installieren

1. Computer herunterfahren, ausschalten und vom Stromnetz trennen
2. Computergehäuse öffnen
3. Rückseitige Blende eines freien Steckplatzes entfernen
4. Netzwerkkarte in einen freien Steckplatz stecken und befestigen
5. Computer starten
6. Evtl. wird Netzwerkkarte vom Betriebssystem nicht erkannt. Es erscheint ein Fenster mit der Aufforderung nach einem Treiber.

Schutz gegen elektrostatische Entladung beachten

Treiber installieren

Den Datenträger zur Netzwerkkarte mit dem Treiber einlegen und bestätigen. Im Gerätemanager prüfen, ob Netzwerkkarte erkannt wurde.

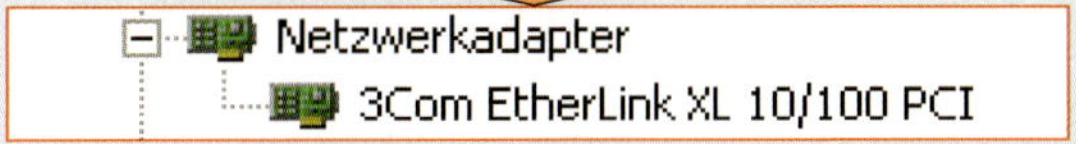

Rechner über Switch verbinden

1. Switch in Betrieb nehmen
2. Verbindungen zu PC über Patch-Leitungen **(Seite 240)** herstellen

Protokolleinstellungen durchführen

1. Startmenü →* Systemsteuerung → Netzwerkverbindungen (1)
2. LAN-Verbindung → RM** → Eigenschaften → Internetprotokoll (TCP/IP) → Eigenschaften (2)
3. „Folgende IP-Adresse verwenden“ aktivieren (3)
4. IP-Adresse und Subnetzmaske eingeben (3)

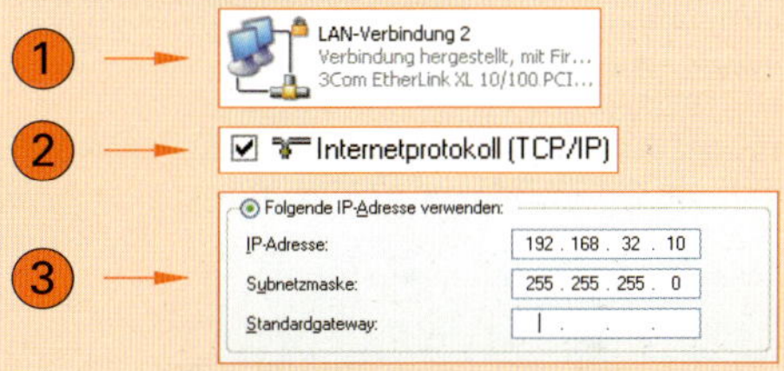

Ordner für Netzwerk-Freigabe anlegen

1. Evtl. ist „Einfache Dateifreigabe“ nicht aktiv
2. Ordner z. B. „NetzDaten“ evtl. unter C:\ erstellen (1)
3. Ordner „NetzDaten“ RM → Eigenschaften → Freigabe
4. Netzwerkfreigabe und Sicherheit → Dateien freigeben ohne Assistenten (2)
5. Dateifreigabe aktivieren
6. Ordner „NetzDaten“ RM → Eigenschaften → Freigabe
7. CB[1] „Diesen Ordner im Netzwerk freigeben“ (3)
8. CB „Netzwerkbenutzer dürfen Dateien verändern“ (3)

Einfache Dateifreigabe aktivieren

1. Explorer → Extras → Ordneroptionen → Ansicht
2. Einfache Dateifreigabe verwenden

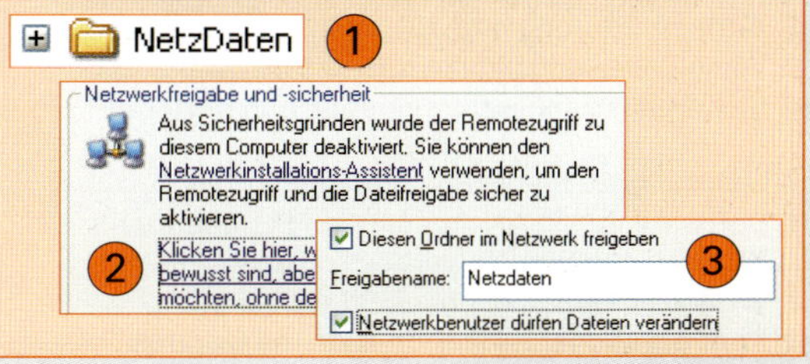

Netzverbindung zu entferntem PC herstellen und testen

1. Im lokalen Ordner „NetzDaten“ eine Textdatei speichern
2. Am entfernten PC → Explorer → Extras → Netzlaufwerk verbinden ... (1)
3. Laufwerksbuchstaben auswählen, z. B. H:
4. Ordnernamen wie folgt eingeben: (1) \\Name_PC[2]\NetzDaten
5. Ordner wird geöffnet
6. Textdatei öffnen, verändern und speichern (2)

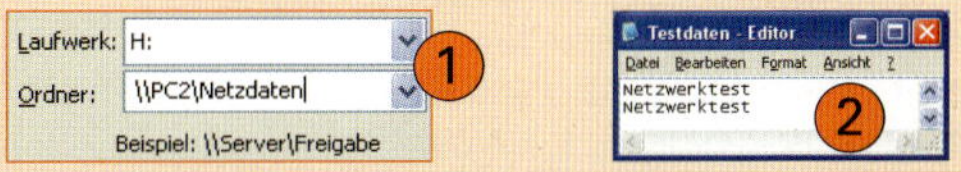

* → Symbol für Doppelklick oder Einfachklick mit linker Maustaste
** RM, Abk. für: rechte Maustaste

[1] CB, Abk. für: Checkbox (engl.) = Quadratisches Feld in der Bildschirmmaske, das durch Anklicken einen bestimmten Zustand aktiviert.
[2] Name_PC, Platzhalter für den Namen des entfernten PC

Praxistipp: Herstellen einer WLAN-Verbindung zu einem Netzwerk

Situationsbeschreibung:

Ein PC soll über WLAN an ein vorhandenes Netzwerk (Ethernet-Standard) angebunden werden. Das vorhandene Netzwerk besitzt die Netzwerkadresse 192.168.32.0. Die drahtlose Verbindung zum Netzwerk muss über einen WLAN Access Point (AP) erfolgen. Durch Verwendung eines AP mit integriertem DSL-Router (= WLAN-Router) soll die Möglichkeit für die Einrichtung eines gemeinsamen Internetzugangs hergestellt werden.

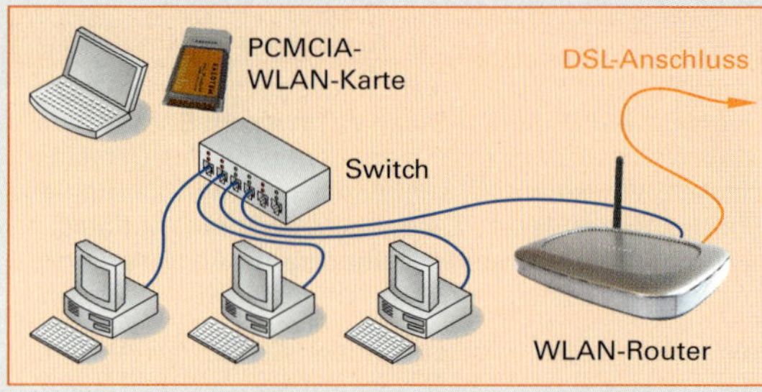

Verbindung zum Access Point (AP) herstellen

1. AP in Grundeinstellung versetzen, evtl. mit Reset-Taste
2. AP an vorhandenes Netzwerk anschließen
3. Einen PC im Netzwerk mit einer IP-Adresse aus dem Netzwerkbereich des Routers konfigurieren **(siehe Praxistipp, Seite 243: Protokolleinstellung)**
4. Internetexplorer starten
5. Folgende Adresse eingeben: http://192.168.0.1
6. Autorisierung mit Benutzernamen und Passwort durchführen. →* AP-Menü erscheint

Grundstellung (Herstellerangaben entnehmen):
IP-Adresse: z. B. 192.168.0.1
Benutzername: z. B. admin
Passwort: z. B. password

Beispiel: Besitzt der Router die Adresse 192.168.0.1 muss eine Rechneradresse aus dem Bereich von 192.168.0.2 bis 192.168.0.254 verwendet werden, z. B. 192.168.0.2.

* →, Symbol für Doppelklick oder Einfachklick mit linker Maustaste

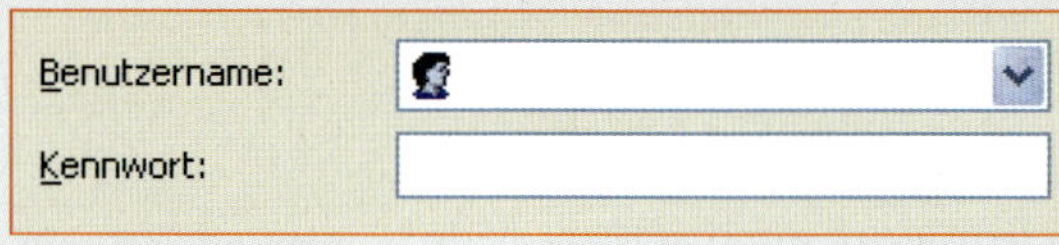

IP-Adresse von AP anpassen

1. AP-Menü → LAN IP-Konfiguration wählen
2. IP-Adresse des AP aus dem Bereich des vorhandenen Netzwerkes z. B. 192.168.32.1 und Subnetmask 255.255.255.0 einstellen
3. PC von IP-Adresse 192.168.0.2 auf die vorhergehende IP-Adresse 192.168.32.x ändern
4. Internetexplorer starten
5. Folgende Adresse eingeben: http://192.168.32.1
6. Autorisierung mit Benutzernamen und Passwort durchführen → AP-Menü erscheint

Wireless-Grundeinstellungen für AP

1. AP-Menü → Wireless-Einstellungen wählen
2. SSID-Feld: Eigenen Namen für Netzwerk eingeben, z. B. mein_wlan und **notieren**
3. Region, Europa wählen
4. Kanal, z. B. 13 wählen
5. Standard: z. B. IEEE 802.11 g+b wählen

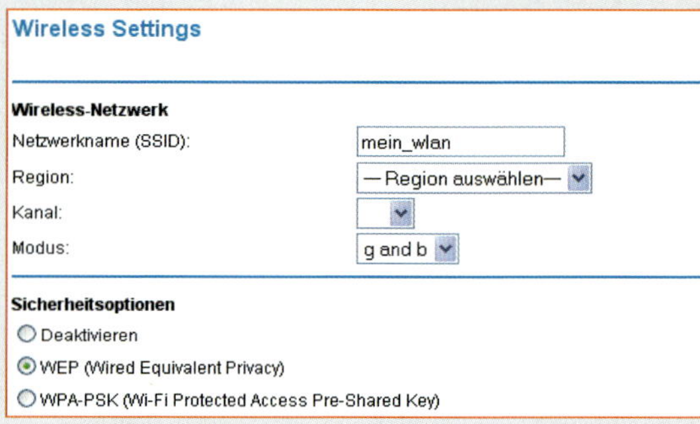

Wireless-Sicherheitseinstellungen (Beispiel WEP)

1. Sicherheitseinstellungen: WEP aktivieren
2. Authentifizierungstyp: automatisch wählen
3. Verschlüsselungsstärke: z. B. 128 Bit
4. Sicherheitsschlüssel 1 eingeben und **notieren**

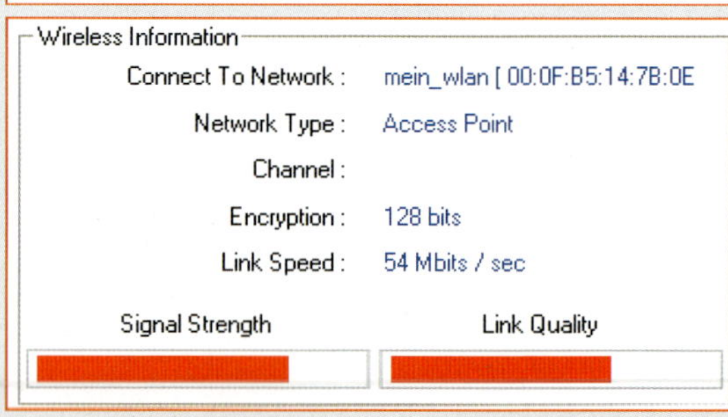

WLAN-Adapter installieren und einrichten

1. Software für WLAN-Adapter auf PC, der über WLAN eingebunden werden soll, installieren
2. WLAN-Adapter z. B. über USB anschließen
3. Konfigurationstool starten, evtl. mit Doppelklick auf WLAN-Symbol in Taskleiste
4. SSID wie bei AP einstellen
5. Sicherheitsschlüssel wie bei AP einstellen
6. Protokolleinstellung für WLAN-Netzwerkverbindung durchführen. Dazu IP-Adresse, die noch nicht vergeben ist, z. B. 192.168.32.5, einstellen **(siehe Praxistipp, Seite 243 Protokolleinstellung)**

Test und Einsatz der WLAN-Verbindung

1. Überprüfen der Feldstärke
   Evtl. Standort von AP der PC verändern, wenn die Feldstärke zu gering ist.
2. Ordner-Freigabe kann wie bei drahtgebundenem Netzwerk **(S. 243)** durchgeführt, getestet und eingesetzt werden.

12.8 Datensicherheit, Datenschutz und Urheberrechte

Datensicherung umfasst Maßnahmen gegen Verlust oder gegen unbeabsichtigte Verfälschung von Daten.

Datenverlust kann z. B. durch defekte Festplattenlaufwerke, plötzlichen Stromausfall oder die Manipulation von Daten durch Computerviren entstehen. Weitere Einflüsse, z. B. Feuer, Wasser oder Diebstahl, gefährden ebenfalls die Sicherheit von Daten. Maßnahmen zur Datensicherheit sind z. B. die Herstellung von Datensicherungen **(Backup)** auf Bandlaufwerken, z. B. einem DAT-Streamer **(Seite 234** und **Bild 1)**. Zur Vorbeugung von Datenverlusten, z. B. beim Ausfall des Festplattenlaufwerkes, werden häufig RAID[1]-Systeme, die Daten auf mehreren Laufwerken speichern, eingesetzt. Beim Defekt eines Festplattenlaufwerks können die Daten aus den anderen Laufwerken wiederhergestellt werden. Gegen Stromausfall wird eine unterbrechungsfreie Stromversorgung verwendet.

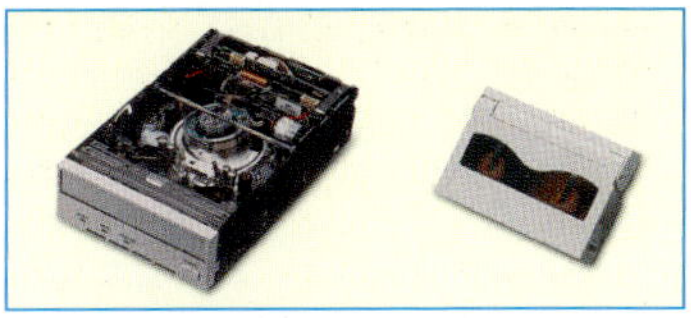

Bild 1: DAT-Streamer

Wo können Daten über mich gespeichert sein?

- Einwohnermeldeamt
- Finanzamt
- Gesundheitsamt
- Polizei
- Bank/Versicherung
- Schule
- KFZ-Zulassungsstelle

Datenschutz dient dem Schutz der Bürger vor Missbrauch von personenbezogenen Daten.

Nach dem Datenschutzgesetz hat jeder Bürger das Recht, über die Speicherung seiner Daten Auskunft zu erhalten.

Das Datenschutzgesetz regelt:

Recht des Bürgers auf die über ihn gespeicherten Daten

- Löschung
- Auskunft
- Berichtigung
- Sperrung

Pflicht der Bearbeiter von personenbezogenen Daten

- Geheimhaltung
- Zuverlässigkeit bei Datenverwendung und Übermittlung

Urheberrechte bzw. Copyright **(Bild 2)** sind Rechte des Urhebers an seinem Werk, z. B. des Programmierers einer Software oder des Designers eines Bildes für das Internet.

Bedeutung von Software-Urheberrechten (Beispiele)

- **Public Domain** Kostenfreie Nutzung, evtl. mit Auflagen
- **Shareware** Freie Weitergabe, Nutzung begrenzt, z. B. 30 Tage
- **Freeware** Kostenfreie Nutzung und Weitergabe

Bild 2: Copyright-Symbol

www.bsi.bund.de
www.www-kurs.de/urheber.htm

12.9 Schädliche Programme (Malware)

Neben den schädlichen Programmen **(Tabelle)** gibt es im Internet weitere Gefahren, z. B. Dialer, die unbemerkt eine teure Internetverbindung herstellen, oder Spyware, die Informationen des Computers, z. B. besuchte Webseitenadressen, weitergeben. Zur Abwehr wird z. B. Antiviren-, Firewall-, Antispy- oder Komplettschutz-Software benötigt. Diese Software muss wegen der Gefahr durch neue Angreifer ständig aktualisiert werden.

Tabelle: Arten von schädlichen Programmen (Beispiele)

Art	Mögliche Verbreitung	Mögliche Gefahren
Virus	Reproduziert sich beim Ausführen eines infizierten Programms unbemerkt durch Einfügen in ausführbare Dateien, z. B. EXE-Dateien.	Löschen oder Manipulation von Anwender- oder Betriebssystemdateien.
Trojaner	Gelangt wie der Virus durch infizierte Programme auf den Rechner und sorgt dafür, dass er z. B. bei jedem PC-Start aktiv wird.	Spioniert Informationen des infizierten Rechners aus und gibt diese unbemerkt, z. B. über das Internet, an andere Personen weiter.
Wurm	Verbreitet sich in einem lokalen Netzwerk oder dem Internet, indem er sich selbst, z. B. über E-Mails, versendet.	An Personen in der Adressliste meines E-Mail-Clients werden vom Wurm E-Mails mit meiner Absenderadresse versendet, an die der Wurm angehängt ist. Blockieren von Netzwerken durch eine Vielzahl von Datensendungen.

[1] RAID, Abk. für: **R**edundant **A**rray of **I**ndependent **D**isks (engl.) = Mehrere Festplatten zur redundanten bzw. mehrfachen Aufzeichnung.

1. Nennen Sie die grundlegenden Bestandteile eines „IT-Systems".

2. Erklären Sie das EVA-Prinzip am Beispiel eines Computersystems zur Büroverwaltung.

3. Ordnen Sie die Geräte in **Bild 1** den PC-Anschlüssen zu.

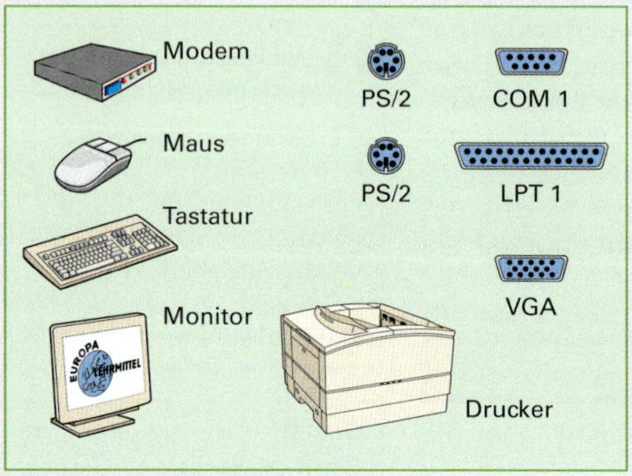

Bild 1: PC-Anschlüsse

4. Nennen Sie die grundlegenden Bestandteile eines Computers, die sich auf einem PC-Mainboard befinden.

5. Warum benötigt ein Computer Firmware?

6. Wodurch unterscheidet sich ein Mikrocontroller von einem Mikroprozessor?

7. Die Datenmenge von 466 944 KB auf einer CD-ROM soll auf die Festplatte übertragen werden. Der CD-Brenner erlaubt Lesen mit max. 7000 KB/s und Schreiben mit max. 4200 KB/s.

   a) Wie lange dauert es mindestens, bis die Daten von der CD auf die Festplatte übertragen sind?

   b) Welche Zeit benötigt eine anschließende Datenübertragung von der Festplatte auf eine CD-R mindestens?

8. Was versteht man bei einem Computer unter einem Programm?

9. Welche Merkmale sind für die Auswahl eines leistungsfähigen Mikroprozessor (CPU) für einen Personal Computer wichtig?

10. Ein Personalcomputer ist mit einem Arbeitsspeicher von 256 MB ausgerüstet. Welcher Speichergröße entspricht dies in bit?

11. Beschreiben Sie die Aufgabe einer Schnittstelle für ein Peripheriegerät in einem Computer.

12. Geben Sie Vor- und Nachteile von einem Laserdrucker im Vergleich zu einem Tintenstrahldrucker an.

13. Warum sollte ein Monitor mit einer größeren Bildschirmdiagonale auch eine höhere Auflösung besitzen?

14. Begründen Sie, warum z. B. eine DVD-R nicht dem Sonnenlicht ausgesetzt werden soll.

15. Warum muss bei der Wahl einer Anwendungssoftware auch das Betriebssystem beachtet werden?

16. Beschreiben Sie die Aufgabe von Treiber-Programmen für die Hardwarekomponenten eines PC.

17. Erklären Sie die Aufgabe von drei verschiedenen Diensten, die in einem Netzwerk bereitgestellt werden können, und nennen Sie die dazugehörenden Bezeichnungen für die Server.

18. Benennen Sie die Netztopologien in **Bild 2**.

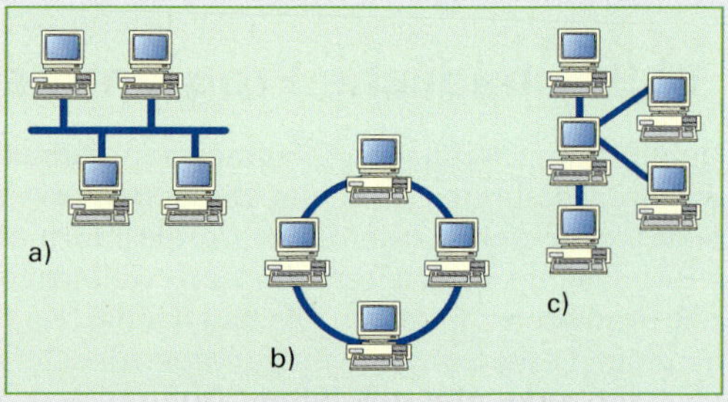

Bild 2: Netzwerktopologien

19. Welche maximale Länge darf eine Netzwerkleitung beim Ethernet-Standard zwischen PC und einem Switch haben?

20. Ordnen Sie die Begriffe „Backup", „Virenscanner", „USV-Anlage" und „Passwort" den Bereichen Datensicherheit und Datenschutz zu.

21. Welche Folgen kann ein „Trojaner" auf einem PC für den betroffenen Anwender haben?

* Ergebnisse der Rechenaufgaben Seite 297

13 Werkstoffe, Fertigungsverfahren, Umweltschutz und Energieeinsparung

13.1 Werkstoffe der Elektrotechnik

Auf der Erde gibt es zahlreiche **Naturstoffe,** z. B. Erze, Kohle und Öl. Sie entstehen ohne menschliches Zutun. Werden Naturstoffe gewonnen und aufbereitet, erhält man **Rohstoffe.** Durch Weiterverarbeitung von Rohstoffen entstehen Werkstoffe, z. B. im Hochofen Eisen aus Eisenerz.

Aus Werkstoffen werden durch Be- und Verarbeitung Fertig- oder Halbfertigerzeugnisse hergestellt.

Die Werkstoffkunde basiert auf Grundlagen der Festkörperphysik, der Chemie und der Elektrochemie. Sie hat bestimmte Themen, Inhalte und Aufgaben **(Übersicht).**

Die Werkstoffe der Elektrotechnik kann man nach ihrer Verwendung einteilen **(Bild 1).**

Konstruktionswerkstoffe, z. B. Eisen und Stahl, sind Werkstoffe für Bauelemente und Bauteile, z. B. Baugruppenträger, Antennenmasten und Gehäuse. Sie übertragen vor allem mechanische Kräfte, erfüllen eine Schutzfunktion vor den Gefahren des elektrischen Stromes und halten Umwelteinflüsse fern.

Hilfsstoffe, z. B. Lote und Flussmittel, Öle, Brenngase und Klebstoffe, werden zur Herstellung von Fertigprodukten benötigt.

Leiterwerkstoffe, z. B. Kupfer und Aluminium, sollen für den Transport des elektrischen Stromes sorgen. Die elektrische Leitfähigkeit ist die wichtigste Eigenschaft dieser Metalle. Das Vermögen, den elektrischen Strom zu leiten, wird durch den spezifischen elektrischen Widerstand angegeben **(Bild 2).** Gute Leiter, z. B. Kupfer, besitzen einen geringen spezifischen Widerstand und somit eine hohe Leitfähigkeit.

Kontaktwerkstoffe, z. B. Silber, Wolfram und Gold, werden für elektrische Kontakte verwendet.

Widerstandswerkstoffe, z. B. Konstantan, sollen den elektrischen Stromfluss gezielt beeinflussen.

Isolierstoffe, z. B. Porzellan und Polyvinylchlorid (PVC), sind nichtleitende Werkstoffe. Sie sollen das Fließen eines elektrischen Stromes verhindern.

Halbleiterwerkstoffe, z. B. Silicium, sind Werkstoffe, deren elektrische Leitfähigkeit durch Dotierung und andere Einwirkungen, z. B. Licht, beeinflusst werden kann.

Magnetwerkstoffe, z. B. Legierungen aus Eisen, Kobalt und Nickel, sind Werkstoffe, die magnetisiert werden können.

Übersicht: Die Werkstoffkunde befasst sich mit:

- Werkstoffaufbau
- Werkstoffeigenschaften
- Werkstofftechnologie
- Werkstoffauswahl
- Werkstoffnormung
- Werkstoffprüfung

ℹ Kennbuchstaben, Kurzzeichen, Benennung von Werkstoffen sind nach DIN EN, DIN EN ISO und DIN genormt.

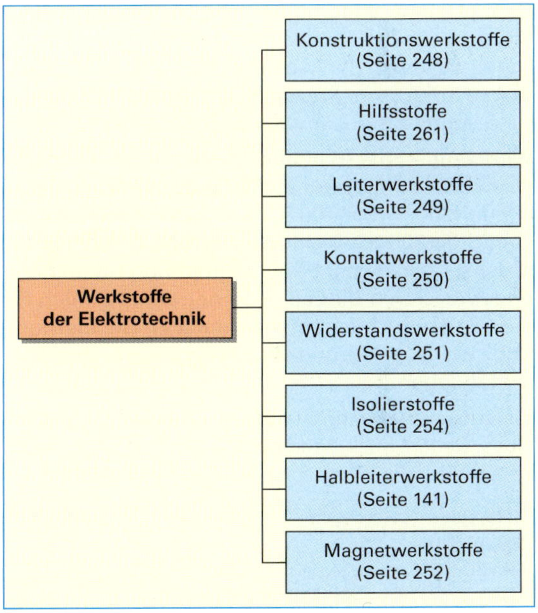

Bild 1: Werkstoffe der Elektrotechnik

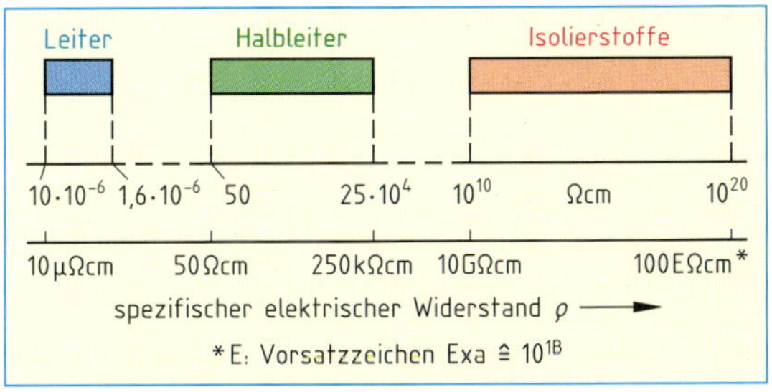

Bild 2: Spezifischer elektrischer Widerstand von Werkstoffen

13.1.1 Stahl und Eisen-Gusswerkstoffe (Normung)

Stahl wird in den unterschiedlichsten Eigenschaften benötigt. Um den für den jeweiligen Verwendungszweck passenden Stahl schnell und den Vorgaben entsprechend auswählen und bestellen zu können, sind die Eigenschaften des Stahls genormt. Die Normung kann sowohl nach DIN als auch nach EURONORM (EN) erfolgen. Die Stähle werden nach ihren Legierungsbestandteilen unterschieden **(Bild 1)**.

Welche Stähle, Stahlbleche und Gusswerkstoffe in Elektromaschinen verwendet werden, zeigt **Bild 2**.

Baustähle. Aus Baustählen werden Stahlgittermasten für Hochspannungsfreileitungen, Stahlgehäuse, Stahlgerüste und Stahlkapselungen für mittlere und große Maschinen, wie z.B. Transformatoren, gefertigt. Ebenso werden daraus Stahlbaukonstruktionen hergestellt.

Baustähle können nicht gehärtet werden.

Qualitätsbaustähle haben eine Kurzbezeichnung, die sich aus der Kohlenstoffkennzahl, den chemischen Zeichen der wesentlichen Legierungselemente und dem prozentualen Anteil der Legierungselemente zusammensetzt **(Beispiel 1).**

Werkzeugstähle (Bild 3) sind die Kaltarbeitsstähle (Werkzeugtemperatur < 200 °C), die Warmarbeitsstähle (200 °C bis 400 °C) und die Schnellarbeitsstähle (bis 600 °C). Die Kurzbezeichnung für Schnellarbeitsstähle besteht aus der Kennung HS und drei oder vier durch Bindestriche getrennte Zahlen für die Legierungselemente **(Beispiel 2).** Die Elementfolge ist festgelegt und die Zahlen entsprechen Prozentangaben.

Eisen-Gusswerkstoffe haben zur Kennzeichnung ein Gusszeichen, bestehend aus 3 bis 5 Buchstaben und der Zahl für die Mindestzugfestigkeit **(Beispiel 3** u. **4.).**

Beispiele zur Normung

Beispiel 1:
60 NiCrMoV 12 4: Legierter Stahl mit 60/100 = 0,6% C, 12/4 = 3% Ni, 4/4 = 1% Cr und geringem Molybdän und Vanadiumgehalt (100 bei C, 4 bei Ni u. Cr: Kennzahlfaktoren).
Verwendung: Kolbenbolzen, Lehren, Feinmessgeräte.

Beispiel 2:
HS 12-1-2-5: Schnellarbeitsstahl mit 12% W, 1% Mo, 2% Va und 5% Co.
Verwendung: Spiralbohrer, Sägeblätter, Fräsen.

Beispiel 3:
EN-GJL-200: Gusseisen mit Lamellengrafit, Mindestzugfestigkeit 200 N/mm².
Verwendung: Maschinengehäuse, Schaltergehäuse.

Beispiel 4:
EN-GJS-600-3U: Gusseisen mit Kugelgrafit, Mindestzugfestigkeit 600 N/mm².
Verwendung: Motorgehäuse, Maschinengehäuse, Kurbelwellen.

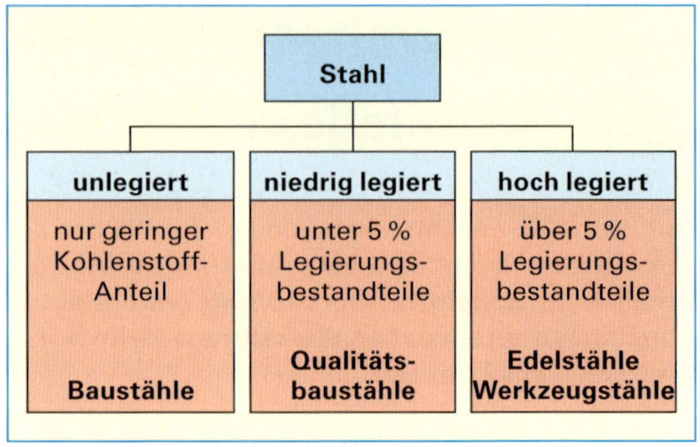

Bild 1: Stahleinteilung nach DIN 17006

Kurzbezeichnungen

- Nach DIN EN 10027

  S235JR

  Unlegierter Baustahl (S) mit einer Mindeststreckgrenze R_e = 235 N/mm²; JR = Kerbschlagarbeit 27 J (Joule) bei 20 °C.
- Nach DIN 17100 (früher)

  St 37-2

  Unlegierter Baustahl (St) mit einer Mindestzugfestigkeit $R_m \approx$ 370 N/mm², Gütegruppe 2.

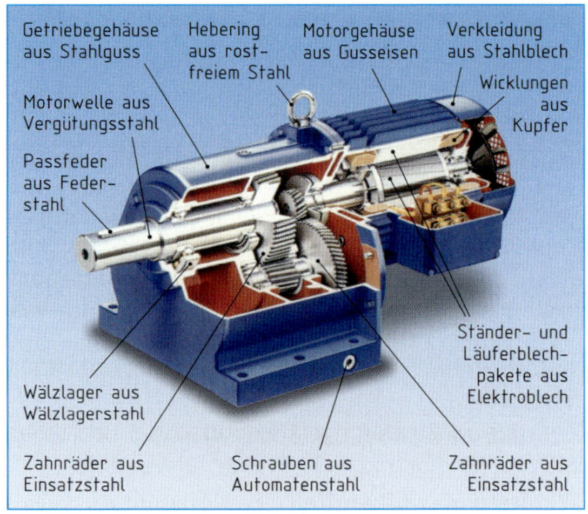

Bild 2: Bauteile und Werkstoffe eines Elektromotors

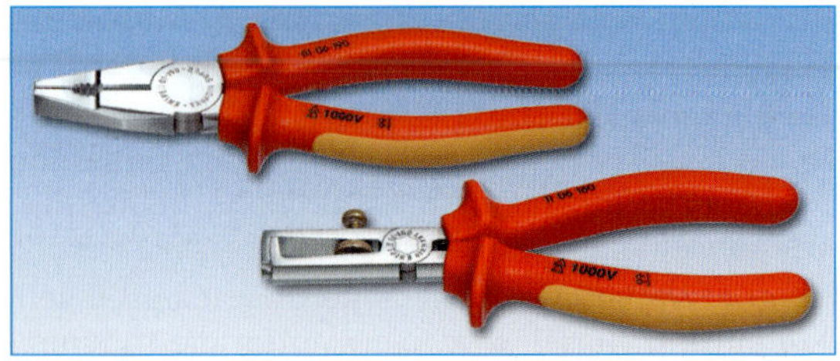

Bild 3: Handwerkzeuge aus Kaltarbeitsstahl

13.1.2 Leiterwerkstoffe

Leiterwerkstoffe dienen dem verlustarmen Transport von elektrischer Energie zwischen Energieerzeugern und -verbrauchern, zur Stromübertragung zwischen Bauelementen einer elektronischen Schaltung **(Bild)** und zur Informationsübertragung.

Leiterwerkstoffe müssen als wichtige Eigenschaft eine große **elektrische Leitfähigkeit** γ[1] **(Tabelle)** haben. Die elektrische Leitfähigkeit hängt von der Anzahl der freien Elektronen (Leitungselektronen) und ihrer Beweglichkeit ab. Diese werden von der Werkstoffreinheit, vom Herstellungsverfahren und von der Leitertemperatur beeinflusst. Weitere Anforderungen an die Leiterwerkstoffe sind in der **Übersicht** angegeben.

Kupfer (Cu). Für die große elektrische Leitfähigkeit von Kupfer ist ein Reinheitsgrad von etwa 99,98% notwendig. Mithilfe elektrolytischer Verfahren wird **Katodenkupfer** hergestellt. Durch nachfolgendes Umschmelzen entsteht dann das in der Elektrotechnik vorrangig eingesetzte **Elektrolytkupfer**.

Elektrolytkupfer wird für Leitungen, Kabel **(Bild a)**, Stromschienen, Wickeldrähte und für Leiterbahnen in gedruckten Schaltungen **(Bild b)** verwendet. Im Elektromaschinenbau wird Kupfer für Wicklungen und Stromwender eingesetzt.

www.kupfer-institut.de

Aluminium (Al). Bei einem Reinheitsgrad zwischen 99,5% und 99,99% beträgt die elektrische Leitfähigkeit nur etwa 60% der Leitfähigkeit von Kupfer **(Tabelle)**.

Wegen des geringen spezifischen Gewichts **(Tabelle)** gegenüber Kupfer wird Aluminium vorrangig für Freileitungsseile und Kabel verwendet, nicht aber für Installationsleitungen, z.B. Mantelleitung (NYM).

Auch Stromschienen werden aus Aluminium hergestellt. Da Aluminium unter Druck „fließt", das bedeutet, es weicht dem Druck aus, können sich Klemmverbindungen lockern, sodass Schweiß- oder spezielle Pressverbindungen notwendig sind. Wegen der elektrochemischen Korrosion ist eine direkte Verbindung von Aluminium und Kupfer zu vermeiden **(Seite 58, Bild 4)**.

[1] griech. Kleinbuchstabe gamma. Nach DIN 1304 sind anstatt γ auch die Formelzeichen K oder σ möglich.

Tabelle: Wichtige Leiterwerkstoffe

Werkstoff	Leitfähigkeit γ	Dichte ρ
Kupfer	$56 \frac{m}{\Omega \cdot mm^2}$	$8{,}9 \frac{kg}{dm^3}$
Aluminium	$35 \frac{m}{\Omega \cdot mm^2}$	$2{,}7 \frac{kg}{dm^3}$

- weitere Leiterwerkstoffe, Tabellenbuch Elektrotechnik
- Leitungen, Kabel, Freileitungen, **Seite 187**

Übersicht: Wichtige Anforderungen an Leiterwerkstoffe

elektrisch	• hohe elektrische Leitfähigkeit γ • kleiner Temperaturkoeffizient α
mechanisch	• hohe Zugfestigkeit • gute Biegbarkeit und Dehnbarkeit • Formbeständigkeit unter Druck
thermisch	• hohe Temperaturbeständigkeit • gute Löt- und Schweißbarkeit
chemisch	• Korrosionsfestigkeit • geringe chemische Reaktionsfähigkeit mit Umgebungsstoffen

a)

b)

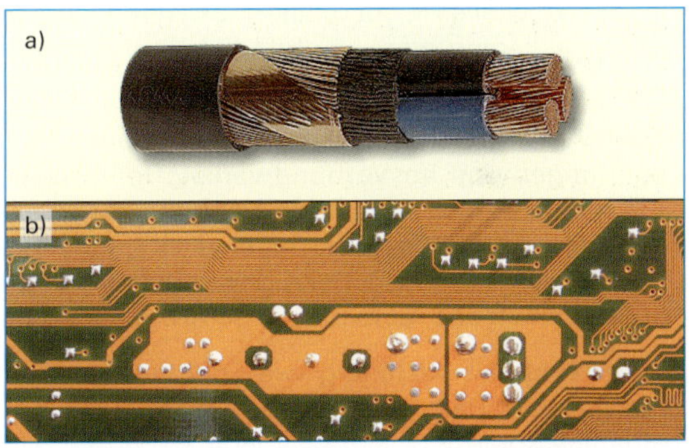

Bild: Anwendungsbeispiele für Elektrolytkupfer

Kupfer- und Aluminiumpreise schwanken stark und sind in der Kalkulation zu berücksichtigen.

Preisbeispiele in US-$ je Tonne		
Datum:	14.06.2007	27.06.2008
Kupferpreis:	7.469,00	8.337,00
Aluminiumpreis:	2.729,50	3.129,00

http://rohstoffe.wallstreet-online.de/kupfer
http://rohstoffe.wallstreet-online.de/aluminium

13.1.3 Kontaktwerkstoffe

Werkstoffe für Schalt-, Steck-, Gleit- und Schleifkontakte sind unterschiedlichen Beanspruchungen ausgesetzt. Kontakte müssen Ströme von wenigen mA bis etwa 60 kA in sehr kurzer Zeit, z. B. in 10 ms, unterbrechen können. An den geschlossenen Kontakten soll der Kontaktwiderstand gering sein, so dass spezielle Leiterwerkstoffe als Kontaktwerkstoffe zur Anwendung kommen. Die wichtigsten Anforderungen an Kontaktwerkstoffe sind in der **Übersicht** angegeben.

Die speziellen Kontaktwerkstoffe (Legierungen oder Verbundwerkstoffe), z. B. als Kontaktnieten, sind auf den Trägerwerkstoff, z. B. Kupfer, aufgebracht oder mit den Trägerwerkstoffen verschweißt **(Bild 1a)**, oft auch aufplattiert. Die Anforderungen an Kontaktwerkstoffe werden nicht nur durch den Einsatz unterschiedlicher Werkstoffe gelöst, sondern auch durch besondere Kontaktformen und -anordnungen **(Bild 1b)**. Kontaktabbrand **(Bild 1a)** bildet sich durch einen **Schaltfunken** oder **Schaltlichtbogen** mit Temperaturen bis 6000 °C.

Werden Strom führende Schaltkontakte geöffnet, kann ein Teil des Kontaktwerkstoffes durch den Lichtbogen schmelzen und verdampfen.

Kupfer (Cu) wird selten als reiner Kontaktwerkstoff eingesetzt, weil es leicht oxidiert. Es ist jedoch der häufigste Legierungswerkstoff für Kontaktwerkstoffe.

Silber (Ag) und **Gold (Au)** werden überwiegend für Legierungen und für Verbundwerkstoffe verwendet. In der HF-Technik werden Kontakte versilbert oder vergoldet. Kontaktierungen bei Halbleiter-Chip-Anschlüssen und Überzüge auf Relaiskontakten werden oft aus reinem Gold gefertigt.

Elektrokohle ist beständig wie Edelmetalle. Man unterscheidet Hart-, Grafit-, Eektrografit- und metallhaltige Kohle.

Für Schleifkontakte **(Bild 2)** wird die Selbstschmierung der Kohle, z. B. bei Motoren mit Stromwendern, ausgenutzt. Kohle schmilzt nicht bei höheren Temperaturen, sondern verdampft ab 3847 °C.

Verbundwerkstoffe für Kontakte vereinigen die positiven Eigenschaften mehrerer Einzelstoffe in einem neuen Werkstoff. Insbesondere werden Werkstoffe mit hoher Leitfähigkeit, hoher Härte, geringer Verschweißbarkeit und hoher Abbrandfestigkeit miteinander verbunden. Bevorzugter Grundwerkstoff ist wegen seiner hohen Abbrandfestigkeit Wolfram.

Übersicht: Wichtige Anforderungen an Kontaktwerkstoffe

elektrisch	• hohe elektrische Leitfähigkeit γ • geringe Materialwanderung
mechanisch	• genügende Festigkeit und Härte
thermisch	• hohe Wärmeleitfähigkeit • hoher Schmelzpunkt • hoher Siedepunkt • geringer Materialverlust durch Lichtbogenabbrand • geringe Neigung zum Verschweißen
chemisch	• beständig gegen chemische Einflüsse • geringe Oxidationsneigung

- **Legierungen** werden hergestellt, indem man mehrere Metalle oder Metalle und Nichtmetalle in einer Schmelze vereinigt.
  Beispiele: **Kupfer + Zink = Messing**
  Kupfer + Zinn = Bronze
- **Verbundwerkstoffe** erhält man durch Zusammenpressen unter hohem Druck und Wärme oder mittels Tränkverfahren, indem man die Poren hochschmelzender poröser Metalle mit niedrigschmelzenden Metallen ausfüllt.

Kennwerte von Kontaktwerkstoffen, Tabellenbuch Elektrotechnik

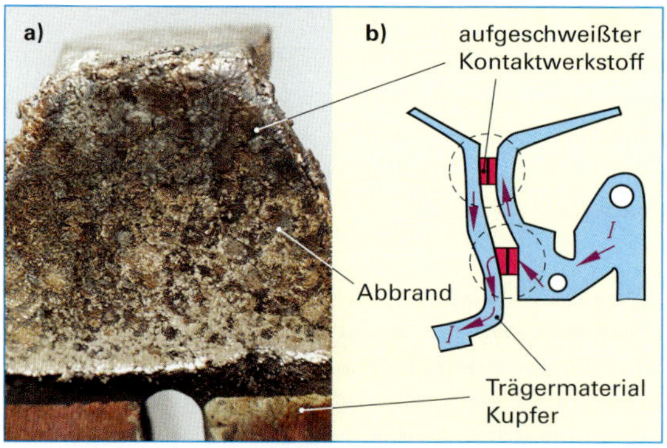

Bild 1: a) Kontaktoberfläche mit Abbrandspuren
b) Prinzip einer Kontaktanordnung

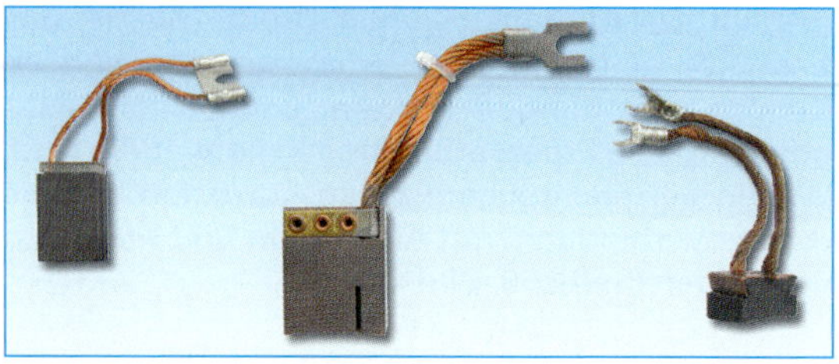

Bild 2: Kohlebürsten für Schleifkontakte (Beispiele)

13.1.4 Widerstandswerkstoffe

Widerstandswerkstoffe werden in der Elektrotechnik für Widerstandsbauelemente und als **Heizleiter** (Heizwiderstände) eingesetzt. Die Einsatzbreite reicht von der Dünnschichttechnik über Einzelbauelemente für integrierte Schaltungen und Messwiderstände bis zu den Hochlastwiderständen. Entsprechend dieser unterschiedlichen Einsatzbereiche der Widerstandswerkstoffe sind auch die Werkstoffanforderungen sehr verschieden **(Übersicht)**.

Die notwendige Verringerung der elektrischen Leitfähigkeit wird durch Legieren erreicht. Der spezifische Widerstand ϱ des Werkstoffes kann damit erheblich erhöht werden. Gleichzeitig lassen sich mit manchen Legierungsbestandteilen die thermischen, mechanischen und chemischen Eigenschaften beeinflussen.

Widerstandswerkstoffe haben einen großen spezifischen Widerstand ϱ bei hoher Temperaturbeständigkeit.

Übersicht: Wichtige Anforderungen an Widerstandswerkstoffe

Elektrisch:
- entsprechend hoher spezifischer Widerstand ϱ,
- kleiner Temperaturkoeffizient α,
- hohe Stromdichte J,
- kleine Thermospannung gegenüber Kupfer (bei Messwiderständen).

Mechanisch:
- gute Bearbeitbarkeit,
- gute Ziehbarkeit,
- Beständigkeit der Werkstoffeigenschaften bei Kaltverformung.

Thermisch:
- geringe Längenänderung bei Temperaturerhöhung,
- hohe Dauertemperaturbelastbarkeit,
- gute Lötbarkeit,
- hoher Schmelzpunkt.

Chemisch:
- hohe Korrosionsbeständigkeit,
- geringe Zunderneigung bei höheren Temperaturen.

Kupfer- und Nickellegierungen gehören zu den wichtigsten Widerstandswerkstoffen **(Tabelle)**. Für Heizleiter ist auch Eisen ein Ausgangsstoff zum Legieren. Neben Drähten zur Herstellung von Widerstandsbauelementen und Heizleitern werden für Schichtwiderstände auch Metall-Legierungen, z. B. PtAg, NiCr sowie Gemenge bestimmter Metalloxide, z. B. Zinnoxid und Kohle, eingesetzt. Für Massewiderstände verwendet man z. B. Gemenge aus Kohlenstoffteilchen und isolierenden Bindemitteln.

Tabelle: Widerstands- und Heizleiterlegierungen (Auswahl)

Kurzzeichen	Zusammensetzung	spezifischer Widerstand ϱ bei 20 °C in $\frac{\Omega \cdot mm^2}{m}$	zulässige Höchsttemperatur an Luft in °C	Anwendungsbeispiele
CuNi2 CuNi6	2 % Ni, Rest Cu 6 % Ni, Rest Cu	0,05 0,10	300 300	Widerstände für kleine Ohmwerte, Heizleiter
CuMn12Ni	12 % Mn, 2 % Ni, Rest Cu	0,43	140	Mess- und Präzisionswiderstände
CuNi44 (Konstantan)	44 % Ni, 1 % Mn, Rest Cu	0,49	600	Widerstände, Potenziometer, Heizleiter
NiCr8020	20 % Cr, Rest Ni	1,08	600 1200	Widerstände für große Ohmwerte, Heizleiter

Wiederholungsfragen

1 **Welche Werkstoffeigenschaften werden von Widerstandswerkstoffen gefordert?**

2 **Warum muss die Thermospannung der Werkstoffe für Messwiderstände gegenüber Kupfer klein sein?**

3 **Warum werden für Widerstandswerkstoffe Legierungen verwendet?**

4 **Nennen Sie Anwendungen von Heizleitern.**

13.1.5 Magnetwerkstoffe

Magnetwerkstoffe teilt man in magnetisch harte und magnetisch weiche Werkstoffe ein.

Magnetisch harte Werkstoffe müssen mit hohem Energieaufwand magnetisiert werden und behalten dann ihre magnetischen Eigenschaften. Magnetisch weiche Werkstoffe sind mit geringem Energieaufwand magnetisierbar und leicht ummagnetisierbar. Sie weisen geringe **Hystereseverluste** (Ummagnetisierungsverluste) auf.

Magnetisches Feld, Seite 75

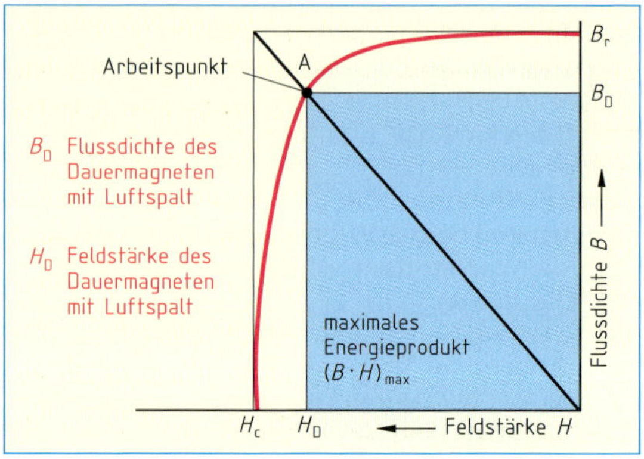

Bild 1: Zusammenhang zwischen Arbeitspunkt und Energieprodukt von Dauermagnetwerkstoffen

13.1.5.1 Magnetisch harte Werkstoffe

Dauermagnete werden aus magnetisch harten Werkstoffen hergestellt. Sie haben eine breite Hystereseschleife **(Seite 83)** mit hoher Koerzitivfeldstärke H_c. Sie beträgt etwa 10 bis 10 000 A/cm.

Um den Magnetismus technisch nutzen zu können, ist ein Luftspalt nötig. Die nutzbare Magnetflussdichte ist kleiner als die Remanenzflussdichte B_r. Starke Dauermagnete mit kleinen Abmessungen erhält man, wenn das Produkt von Flussdichte B und Feldstärke H ein Maximum bildet. Dieses maximale Energieprodukt $(B \cdot H)_{max}$ mit der Einheit J/m³ ist eine Gütekennzeichnung der Dauermagnetwerkstoffe und entspricht der größten rechteckigen Fläche unter der Entmagnetisierungskurve **(Bild 1).** Der vom Hersteller angegebene Arbeitspunkt A bestimmt die Flussdichte B_D des Dauermagneten mit Luftspalt und die zugehörige Feldstärke H_D.

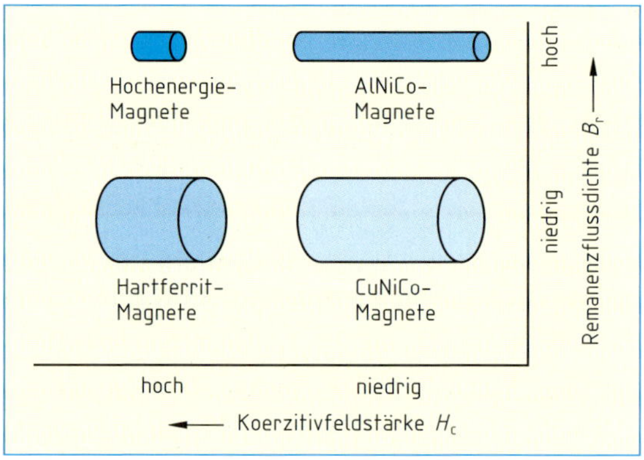

Bild 2: Größenvergleich unterschiedlicher Magnetwerkstoffe bei gleicher Wirkung

Hartferrit-Magnete sind die am häufigsten verwendeten Dauermagnete. Bariumferrit und Strontiumferrit sind Sinterwerkstoffe der Metalloxide BaO_2 und SrO_2 in Verbindung mit Eisenoxid (Fe_2O_3). Hartferrite entsprechen in der Härte und Sprödigkeit einem keramischen Werkstoff. Sie können nur mit Diamantwerkzeugen bearbeitet werden.

AlNiCo-Magnete sind Legierungsmagnete aus Aluminium, Nickel, Cobalt sowie Eisen, Kupfer und Titan (weitere Legierungswerkstoffe für Dauermagnete siehe Tabellenbuch Elektrotechnik).

Hochenergie-Magnete. Die Seltenen Erden Samarium (Sm) und Neodym (Nd) bilden die Grundstoffe zur Herstellung von Magnetwerkstoffen mit höchstem Energieprodukt. Pulvermetallurgisch werden Samarium-Cobalt-Magnete und als Legierung Neodym-Eisen-Bor-Magnete hergestellt. Die hohen Energieprodukte von über 280 kJ/m³ ermöglichen eine wesentliche Verkleinerung der Magnete oder wesentlich stärkere Magnete, bei gleicher Größe gegenüber anderen Dauermagnetwerkstoffen **(Bild 2).**

Kunststoffgebundene Magnete. Die Magnetwerkstoffe werden pulverisiert und mit Duro- oder Thermoplasten vermischt. Durch Pressen oder Spritzgießen werden Magnete hergestellt. Kunststoffgebundene, flexible Magnetplatten und Magnetbänder durchlaufen bei der Fertigung ein gleichbleibendes Magnetfeld, um so die Magnetteilchen in eine Vorzugsrichtung zu bringen.

Verwendung: Magnetisch harte Werkstoffe werden z. B. für Erregermagnete von Gleichstrommotoren und Fahrraddynamos, Messwerke, Sensoren, Lautsprecher, Mikrofone, Hörgeräte, zur Bildkorrektur bei Fernsehbildröhren sowie für magnetische Kupplungen und Spannplatten im Maschinenbau verwendet.

13.1.5.2 Magnetisch weiche Werkstoffe

Spulenkerne, die den Magnetismus einer stromdurchflossenen Spule verstärken und nach Abschalten des Stromes möglichst unmagnetisch sein sollen, werden aus magnetisch weichen Werkstoffen hergestellt. Auch Spulenkerne, die ständig ummagnetisiert werden, z. B. beim Einsatz in Wechselstrommaschinen, werden aus magnetisch weichen Werkstoffen hergestellt, um die Eisenverluste gering zu halten. Magnetisch weiche Werkstoffe besitzen eine schmale Hystereseschleife **(Seite 83)** mit geringer Koerzitivfeldstärke $H_c \approx 0{,}001$ bis 10 A/cm.

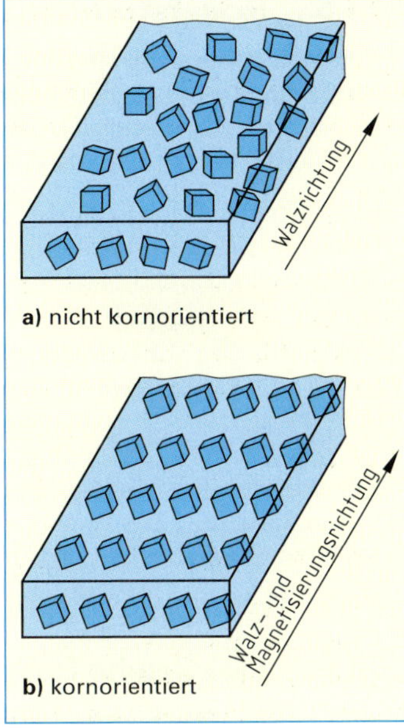

Bild: Gefügebausteine im Elektroblech

Eisenverluste setzen sich aus den Hysteresisverlusten und den Wirbelstromverlusten zusammen.

Elektrobleche, z. B. für Transformatoren, bestehen meist aus Baustahl, dem zur Erhöhung des spezifischen Widerstandes und somit zur Verringerung der Wirbelströme bis etwa 4 % Silicium zulegiert wird. Ein höherer Si-Gehalt macht den Werkstoff spröde. Die Bleche sind mit einer Isolationsschicht, z. B. Glasfilm, Kunstharzlack, Phosphatschicht oder Oxidationsschicht, überzogen. Die Schichtdicke beträgt etwa 1 bis 10 µm. Den Wirkungsgrad von Wechselstrommaschinen kann man so durch die Werkstoffwahl beeinflussen. Die Ummagnetisierungsverluste hängen wesentlich vom Herstellungsverfahren der Bleche ab.

Nichtkornorientierte Elektrobleche (Bild a) werden vorrangig auf eine Dicke von 0,35 bis 0,65 mm warm oder kalt gewalzt. Die Ummagnetisierungsverluste betragen bei diesen Blechsorten 2,35 bis 13 W/kg bei 1,5 T und 50 Hz. Diese Bleche werden in elektrische Maschinen, Schweißtransformatoren, Vorschaltgeräte und Magnetantriebe, z. B. in Schütze, eingesetzt.

Kornorientierte Elektrobleche (Bild b) werden durch eine Glüh- und Kaltwalzbehandlung hergestellt. Dabei werden die Kristalle so angeordnet, dass ihre Kanten in gleicher Richtung verlaufen (kornorientiert). Dadurch erhält das Blech eine **magnetische Vorzugsrichtung**. In dieser Richtung, die der Walzrichtung entspricht, lassen sich kornorientierte Elektrobleche besonders leicht magnetisieren. Für eine vorgegebene magnetische Flussdichte benötigt man einen kleineren Magnetisierungsstrom als bei nicht kornorientierten Blechen. Kornorientierte Bleche werden in Dicken von 0,2 bis 0,35 mm gefertigt. Die Ummagnetisierungsverluste betragen dann nur 0,6 bis 1,2 W/kg. Kornorientierte Bleche werden vorrangig für Leistungstransformatoren und für Strom- und Spannungswandler eingesetzt.

Eisen-Nickel-Legierungen mit 45 bis 83 % Nickel lassen sich durch verschiedene Walz- und Glühverfahren vielen magnetischen Anforderungen anpassen und in der Schutz-, Schalt- und Steuertechnik sowie in der Leistungselektronik (Impulsbetrieb) einsetzen.

Für **Massivkerne** werden magnetisch weiche Legierungen (FeNi, FeCo, FeSi) und Reinsteisen pulverisiert, gepresst und dann gesintert. Breite Anwendung finden diese Kerne in Relais. Magnetisch weiche Gussteile werden aus FeAl-, FeSi-, FeCo-, FeCrAl- und FeAlSi-Legierungen gefertigt, z. B. für Steuermagnete bei Magnetventilen und Schaltmagnete. Magnetisch weiche Verbundwerkstoffe werden aus Eisenpulverteilchen, eingebettet in Isolations- und Bindemittel, hergestellt. Sie werden als Massivkerne bei höheren Frequenzen eingesetzt. **Ferrite** aus oxidischen und magnetisch weichen Werkstoffen werden für Leistungsübertrager ab 10 kHz und in der Nachrichten-, Mikrowellen- und Informationstechnik eingesetzt.

Wiederholungsfragen

1. **Welche Eigenschaften haben a) magnetisch harte und b) magnetisch weiche Werkstoffe?**
2. **Welcher Kennwert eines Dauermagnetwerkstoffes bestimmt seine Unempfindlichkeit gegen magnetische Störfelder?**
3. **Welchen Einfluss hat der Legierungsanteil Silicium bei Elektroblechen?**
4. **Wie wird der Wirkungsgrad von Transformatoren beeinflusst, wenn kornorientierte Bleche für den Magnetkern eingesetzt werden? Begründen Sie Ihre Antwort.**

13.1.6 Isolierstoffe

Isolierstoffe **(Übersicht)** sind elektrisch nicht leitende Stoffe. Sie verhindern das unkontrollierte Fließen eines elektrischen Stromes, z. B. bei der Isolierung einer elektrischen Leitung. Durch Isolierstoffe wird vermieden, dass sich die Leiter metallisch berühren (Betriebsisolierung) oder dass bei Berührung des Kabelmantels kein Strom fließen kann (Schutzisolierung).

Übersicht: Einteilung der Isolierstoffe

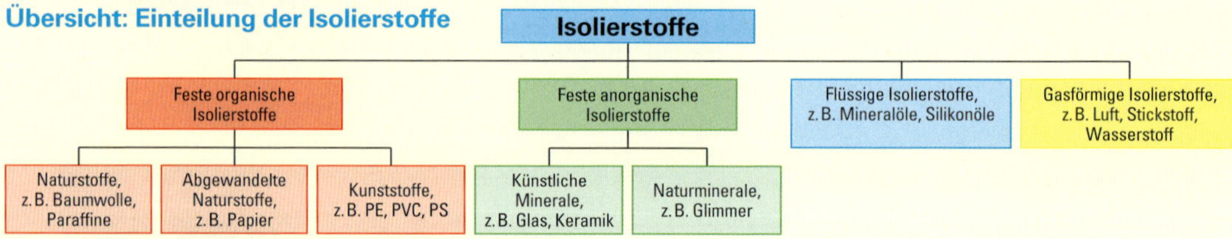

Die Verwendbarkeit von Isolierstoffen ist von ihren elektrischen, thermischen und mechanischen Eigenschaften abhängig. Die Auswahl der Isolierstoffe hängt ferner von der Beständigkeit gegen Umwelteinflüsse, den Möglichkeiten der Formgebung und der Verarbeitung ab.

Isolierstoffe für elektrische Maschinen werden in Isolierstoffklassen, z. B. B, E oder F, eingeteilt.

13.1.6.1 Elektrische Beanspruchung von Isolierstoffen

Zu den elektrischen Eigenschaften zählen

- der spezifische Durchgangswiderstand ϱ_D,
- der Oberflächenwiderstand R_0,
- die Lichtbogenfestigkeit,
- die Kriechwegbildung und
- die Durchschlagfestigkeit E_D.

Dielektrische Eigenschaften unterscheidet man in

- die Permittivitätszahl ε_r (früher Dielektrizitätszahl)
- und den dielektrischen Verlustfaktor $\tan \delta$.

Der **spezifische Durchgangswiderstand** ϱ_D **(Tabelle)** ist der Widerstand eines Würfels mit der Seitenlänge 1 cm. Seine Einheit ist $\Omega \cdot$ cm.

Zum Messen des spezifischen Durchgangswiderstandes werden zwei Elektroden an eine Isolierstoffprobe gelegt **(Bild 1)**. Eine ringförmige Schutzelektrode gewährleistet, dass nur der Durchgangswiderstand der Werkstoffprobe gemessen wird. Der spezifische Durchgangswiderstand verringert sich bei den meisten Stoffen mit zunehmender Temperatur.

Der **Oberflächenwiderstand** R_0 gibt Aufschluss über den Isolationszustand an der Oberfläche eines Isolierstoffs. Er wird in Ω gemessen. Zur Verbesserung des Oberflächenwiderstandes wird z. B. bei gedruckten Schaltungen ein Isolierlack aufgetragen. Dadurch wird eine Veränderung des Oberflächenwiderstandes durch Feuchtigkeit, Staubablagerungen oder andere Verunreinigungen verhindert. Der Oberflächenwiderstand beträgt bei Phenolharz etwa $10^9\ \Omega$ und bei Gummi etwa $10^{11}\ \Omega$.

Bei der Prüfung auf **Lichtbogenfestigkeit** erzeugen zwei aufgesetzte halbrunde Elektroden auf einem Probekörper, z. B. bei 220 V Gleichspannung, einen Lichtbogen. Dadurch prüft man, in welchem Maße der Isolierstoff lichtbogenfest ist oder ob er sich unter dem Einfluss des Lichtbogens wesentlich verändert.

Tabelle: Spezifischer Durchgangswiderstand ϱ_D in $\Omega \cdot$ cm

Holz	10^9	Glas	10^{14}
Porzellan	10^{11}	Glimmer	10^{17}
Polyamid	10^{12}	PVC	10^{16}
Phenolharz	10^{12}	Polystyrol	10^{16}
Epoxidharz	10^{16}	Polyethylen	10^{15}
Polyesterharz	10^{11}	Polytetrafluorethylen	10^{18}
Siliconharz	10^{15}		

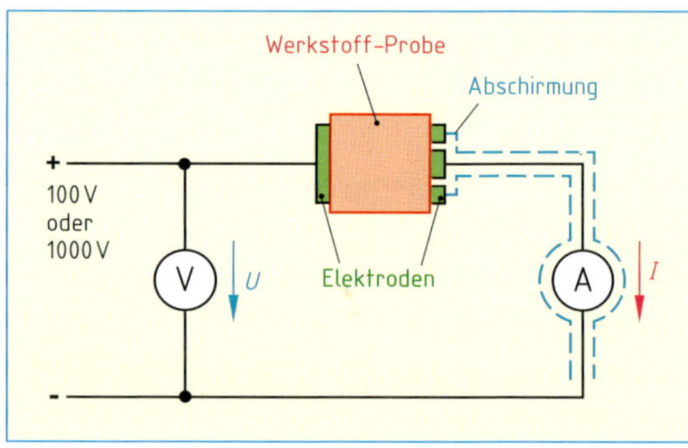

Bild 1: Messen des spezifischen Durchgangswiderstandes

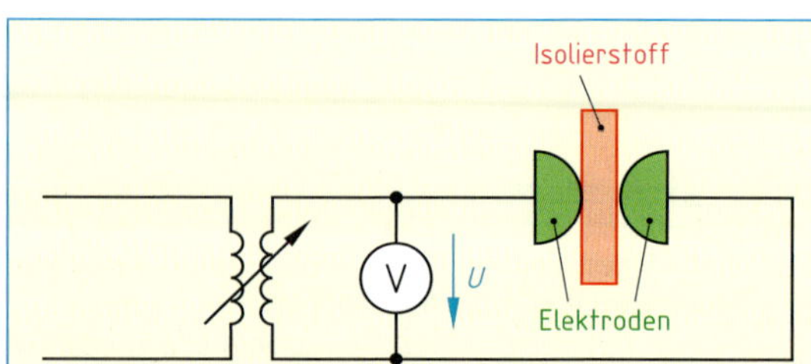

Bild 2: Messen der Durchschlagfestigkeit

Unter **Durchschlagfestigkeit** E_D versteht man die elektrische Feldstärke, bei der ein Durchschlag zwischen zwei Elektroden erfolgt. Zum Messen der Durchschlagfestigkeit **(Bild 2, Seite 254)** werden Elektroden auf die beiden Seiten eines Isolierstoffs aufgesetzt und an Spannung gelegt. Die Spannung wird dabei langsam auf den Prüfwert erhöht und dann eine Minute lang gehalten.

Die Durchschlagfestigkeit hängt vom Werkstoff und von der Dicke des Isolierstoffes ab. Meist gelten die Werte für eine Schichtdicke von 1 mm **(Tabelle 1).** Außerdem hängt die Durchschlagfestigkeit noch von der Temperatur, dem zeitlichen Verlauf der Spannungssteigerung, der Elektrodenform und dem umgebenden Stoff ab.

Durch Verunreinigungen fließen auf der Oberfläche eines Isolierstoffes **Kriechströme.** Dabei kann der Isolierstoff verkohlen oder darin rillenartige **Kriechspuren** entstehen. Die ununterbrochene Kriechspur zwischen Spannung führenden Teilen nennt man **Kriechweg.** Unter **Kriechstromfestigkeit** versteht man die Widerstandsfähigkeit des Isolierstoffes gegen das Entstehen von Kriechspuren durch Ströme auf der Oberfläche der Werkstücke.

Zur Prüfung auf **Kriechwegbildung (Bild)** wird zwischen zwei auf das Prüfstück aufgesetzten Elektroden eine elektrisch leitende Flüssigkeit, z. B. eine 0,1%ige Ammoniumchlorid-Lösung, aufgetropft. Bei einer Wechselspannung von 100 V bis 600 V und maximal 50 Auftropfungen wird der Strom gemessen. Fließen mindestens 0,5 A länger als 2 Sekunden, so ist ein Ausfall, d. h. eine Zerstörung der Isolierstoffoberfläche, vorhanden.

In der Praxis ist die Kriechwegbildung, z. B. bei gedruckten Schaltungen, bei Hochspannungsisolatoren und in Schaltgeräten von Bedeutung.

Tabelle 1: Durchschlagfestigkeit E_D in kV/mm

Luft	2,1	Glas	10 ... 40
Phenolharz	20	Glimmer	30 ... 70
Porzellan	35	Polyvinylchlorid	20 ... 50
Polyamid	50 ... 60	Polyethylen	70 ... 100
Epoxidharz	35	Polytetrafluorethylen	20 ... 40
Polyesterharz	10 ... 15		
Siliconharz	20 ... 70		

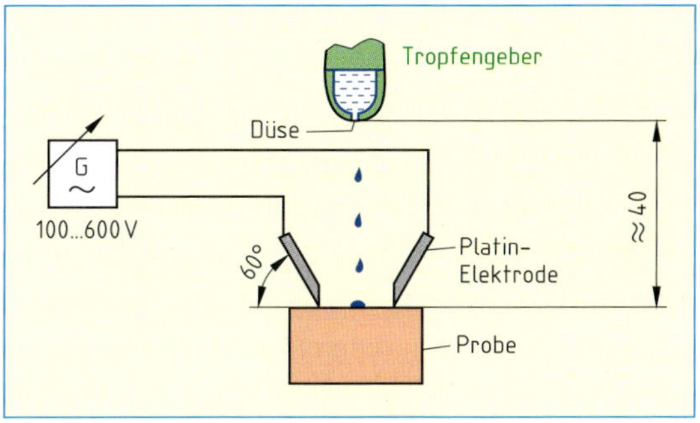

Bild: Prüfen auf Kriechwegbildung

Tabelle 2: Permittivitätszahl ε_r und Verlustfaktor tan δ

Isolierstoff	ε_r	tan δ 50 Hz	tan δ 1 MHz
Luft	1	–	–
Glimmer	6 ... 8	0,002	0,0002
Phenolharz	5	0,3	0,03
Polyethylen	2,3	0,0004	
Polyvinylchlorid	3,4 ... 4	0,02	0,015
Polytetrafluorethylen	2	0,0005	

ε_r: Permittivitätszahl
(ε, griechischer Buchstabe Epsilon)

tan δ: dielektrischer Verlustfaktor
(δ, griechischer Buchstabe Delta)

$$\tan\delta = \frac{\text{Wirkanteil}}{\text{Blindanteil}}$$

Permittivitätszahl

Die Permittivitätszahl (früher Dielektrizitätszahl) ε_r gibt an, um wievielmal die Kapazität z. B. eines Kondensators größer wird, wenn man anstelle von Luft einen anderen Isolierstoff als Dielektrikum verwendet.

Bei Isolierstoffen ist eine möglichst kleine, bei Kondensatoren eine möglichst große Permittivitätszahl erwünscht **(Tabelle 2).** Die Permittivitätszahl mancher Stoffe ist frequenzabhängig, z. B. bei Polyvinylchlorid.

Dielektrischer Verlustfaktor

Der dielektrische Verlustfaktor tan δ ist ein Maß für die dielektrischen Verluste.

Je größer der Wert von tan φ ist, umso größer ist der Energieverlust, wobei die Energie einem elektrischen Wechselfeld entzogen und in Wärme umgewandelt wird.

Bauelemente, z. B. Kondensatoren, sollen einen möglichst kleinen dielektrischen Verlustfaktor haben, um die Wärmeverluste gering zu halten **(Tabelle 2).** Auch Isolierstoffe, z. B. für Hochspannungs- und Hochfrequenz-Kabel, erfordern einen kleinen Verlustfaktor.

13.1.6.2 Anorganische Isolierstoffe

Die anorganischen Isolierstoffe bestehen aus Mineralien der Erdkruste und sind kristallin[1] aufgebaut. In der Elektrotechnik sind vor allem Silikatminerale, z. B. Glimmer, wichtig **(Übersicht).** Häufig werden Naturstoffe als Beimengung zur Herstellung von anderen Stoffen, z. B. von Keramik, Glas oder Porzellan, verwendet.

Übersicht: Anorganische Isolierstoffe (Beispiele)

- Keramik
- Glas
- Glimmer
- Asbest

Keramik-Isolierteile werden wegen ihrer besonders guten elektrischen und thermischen Isoliereigenschaften und wegen der hohen mechanischen Festigkeit, Lebensdauer und Temperaturbeständigkeit in der Elektrotechnik häufig verwendet.

Keramische Werkstoffe sind Sinterprodukte die aus anorganischen Rohstoffen, z. B. Ton, Kaolin oder Speckstein, geformt werden und durch Sintern ihre Festigkeit erhalten. Werkstoffe aus Oxidkeramik, z. B. Aluminiumoxid (Al_2O_3) erreichen eine außergewöhnlich hohe Festigkeit **(Tabelle).** Sie ist um ein Vielfaches größer als die von anderen herkömmlichen Werkstoffen, z. B. Stahl. Oxidkeramik ist etwa doppelt so hart wie Hartmetall, hat einen hohen Schmelzpunkt (etwa 2000 °C bis 3000 °C), ist chemisch beständig, temperatur- und thermoschockbeständig und ein sehr guter elektrischer Isolator. Ein Trennen des Werkstoffes erfolgt z. B. mit Diamant oder mithilfe eines Lasers. Oxidkeramik verwendet man z. B. als Substrat[2] bei der Herstellung von integrierten Schaltungen **(Bild 1)** und als Dielektrikum bei Kondensatoren.

Bild 1: Keramik-Substrat einer integrierten Schaltung

Tabelle: Werkstoffkennwerte von Aluminiumoxid Al_2O_3 (Beispiele)

Dichte:	3,5 kg/dm³
Zugfestigkeit:	250 N/mm²
Schmelztemperatur:	2050 °C
Gebrauchs-temperaturgrenze:	1700 °C
Wärmeleitfähigkeit bei 20 ... 100 °C:	20 W/(mK)
Ausdehnungskoeffizient bei 20 ... 1000 °C:	$8 \cdot 10^{-6}$ 1/K
Spez. Durchgangs-widerstand:	10^{14} Ωcm
Permittivitätszahl bei 1 MHz:	9
Durchschlagfestigkeit:	15 kV/mm

Glas ist durchsichtig, farblos, klar, hart und spröde. Seine Isolierfähigkeit ist temperaturabhängig. Glas findet in der Elektrotechnik, z. B. bei der Herstellung von Glühlampen, Leuchtstofflampen und Ceran-Kochfeldern, Verwendung. In der optischen Nachrichtenübertragung werden Glasfasern als Lichtwellenleiter **(Bild 2)** verwendet.

Glimmer ist ein durchsichtiges, in dünne Blättchen spaltbares, elastisch-biegsames Gestein. Es ist hitzebeständig und hat sehr gute Eigenschaften als elektrischer Isolator. Gespalten verwendet man Glimmer als Dielektrikum in Kondensatoren und zur Isolation, z. B. in Stromwendern von Elektromotoren, sowie bei der Montage von Transistoren auf Kühlkörper. Glimmererzeugnisse aus Spaltglimmer bezeichnet man als **Mikanit.** Dabei werden Spaltglimmerplättchen mit einem Bindemittel, z. B. einem Harz, unter hohem Druck zu Platten gepresst. In der Elektrotechnik verwendet man Mikanit z. B. als Träger für Heizwendeln oder im Elektromaschinenbau.

Asbest ist ein Silikatmineral mit Faserstruktur. In faserigem Zustand ist Asbest weich und biegsam. Asbest ist ferner säurefest und hitzebeständig, wird aber durch längeres Erhitzen brüchig.

Für Asbest besteht seit 2005 ein europaweites Herstellungs- und Verwendungsverbot.

Asbest ist leicht brüchig und fasert. Asbestfasern sind gesundheitsschädlich, da sie in die menschliche Lunge eindringen, aber nicht mehr mit ausgeatmet werden. Als Ersatzstoffe verwendet man z. B. hochfeste Acrylfasern.

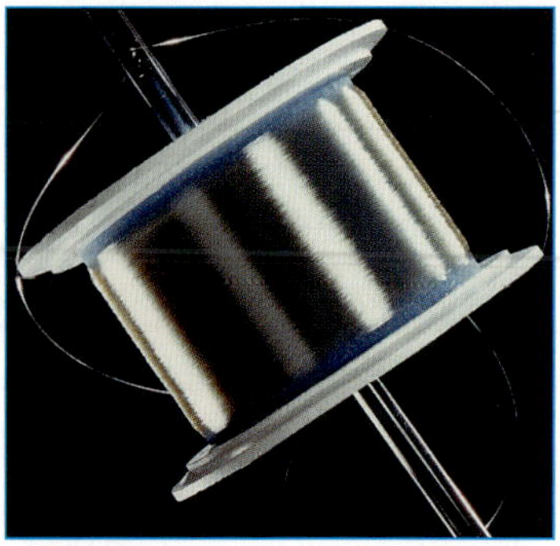

Bild 2: Lichtwellenleiter (aufgerollt)

[1] kristallin (griech.) = aus vielen kleinen Kristallen bestehend
[2] Substrat = Unterlage

13.1.6.3 Organische Isolierstoffe

Aufbau und Einteilung der organischen Isolierstoffe

Organische Isolierstoffe sind aus Makromolekülen[1] aufgebaut. Man unterscheidet Naturstoffe, z.B. Papier, chemisch abgewandelte Naturstoffe, z.B. Glas, und synthetische Stoffe, z.B. Polyethylen. Synthetische Stoffe bezeichnet man allgemein als Kunststoffe oder Plaste.

Kunststoffe sind Werkstoffe, die synthetisch (künstlich) hergestellt werden.

Übersicht: Kunststoffe

- Thermoplaste, z.B. Polyethylen (PE), Polyvinylchlorid (PVC)
- Duroplaste, z.B. Epoxidharz (EP), Polyurethanharz (PUR)
- Elastomere, z.B. Naturkautschuk (NR), Silikonkautschuk (Q)

Organische Isolierstoffe (Naturstoffe)

Als organische Isolierstoffe werden in der Elektrotechnik vor allem die Naturstoffe Papier, Mineralöle, Paraffine und Baumwolle verwendet. Zu den wichtigsten chemisch abgewandelten Naturstoffen zählen z.B. vulkanisierter Kautschuk (Gummi) und Cellulose-Erzeugnisse.

Vollsynthetische Stoffe (Kunststoffe)

Die wichtigsten Grundstoffe bei der Herstellung von Kunststoffen sind Erdöl und Erdgas. Kunststoffe haben vielfältige Eigenschaften. Sie sind z.B. leicht, wasserbeständig, wenig wärmeleitend, elektrisch isolierend und chemisch beständig. Durch **Polymerisation, Polykondensation** oder **Polyaddition** kann man Einzelmoleküle zu Makromolekülen verknüpfen. Makromoleküle bilden Kunststoffe **(Übersicht).**

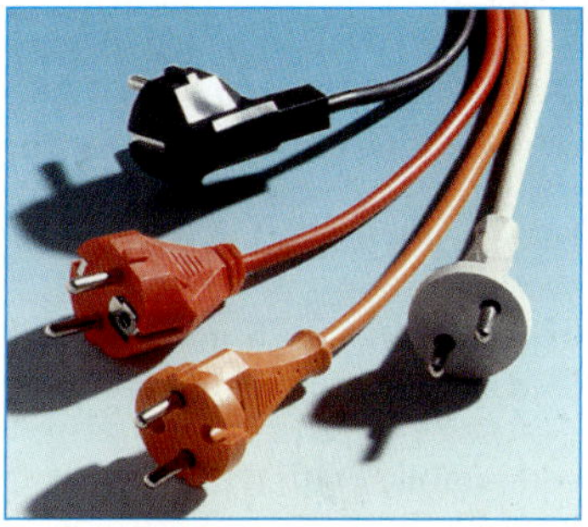

Bild: Stecker aus PVC

Thermoplaste (Plastomere)

Thermoplastische Werkstoffe **(Tabelle)** lassen sich beim Erwärmen sehr gut spanlos verformen, spritzgießen und verschweißen. Thermoplaste sind wiederholt plastisch verformbar.

Tabelle: Wichtige Thermoplaste

Werkstoff	Eigenschaften	Verwendung
Polyvinylchlorid (PVC)	Dichte: 1,35 kg/dm³, höchste Gebrauchstemperatur 80 °C, farblos, durchsichtig, klebbar, schweißbar	Leitungs- und Kabelisolation, Isolierbänder, Installationsrohre, Folien, Steckvorrichtungen **(Bild).**
Polyethylen (PE)	Dichte: 0,92 kg/dm³, höchste Gebrauchstemperatur 110 °C, farblos bis milchig, wachsartig, schweißbar, nicht klebbar	Isolation für Kabel und Leitungen (vor allem in der HF-Technik), Folien, Formteile, Schrumpfschläuche.
Polyamid (PA)	Dichte: 1,14 kg/dm³, höchste Gebrauchstemperatur 150 °C, hornartig, milchig weiß, gleitfähig, schweißbar, abriebfest	Dübel, Schutzhelme, Steuernocken, Steckvorrichtungen, Gehäuse für Elektrogeräte, Isolierstoffträgerteile.
Polytetrafluorethylen (PTFE)	Dichte: 2,2 kg/dm³, höchste Gebrauchstemperatur 250 °C, wachsartig, nicht klebbar, sehr gleitfähig, beständig gegen fast alle Chemikalien	Beschichtung von Haushaltsgeräten, Dichtungen, Isolierschläuche, Leitungsisolation, Spulenkörper, gedruckte Schaltungen.
Polystyrol (PS)	Dichte: 1,1 kg/dm³, höchste Gebrauchstemperatur 90 °C, glasklar, polierfähig, klebbar, hart, spröde, beständig gegen verdünnte Säuren und Laugen	Drucktasten, Zeichenschablonen, Gehäuse für Elektrogeräte, Schaugläser, geschäumtes Polystyrol, z.B. für Dämmstoffe und Verpackungsmittel.
Weitere Thermoplaste siehe Tabellenbuch Elektrotechnik.		

[1] makros (griech.) = groß

Duroplaste (Duromere)

Duroplaste **(Tabelle)** sind Kunststoffe, die nach dem Aushärten spanabhebend, nicht aber spanlos verformt werden können. Erwärmt man Duroplaste, so erweichen sie nicht, sondern verbrennen oder verkohlen. Bei normaler Temperatur, z.B. 20 °C, sind sie hart und spröde. Beim Überschreiten der höchsten Gebrauchstemperatur, die vom Werkstoff abhängt **(Tabelle)**, werden sie zersetzt.

Duroplaste sind im gehärteten Zustand nicht mehr erweichbar, nicht lösbar und schwer entflammbar.

Die zu den Duroplasten zählenden Harze, z.B. Epoxidharz, verwendet man häufig als Bindemittel. Daraus stellt man Schichtpressstoffe her, deren Harzträger z.B. aus Papier, Chemie- oder Glasfasern bestehen können. Sind die Harzträger endlose Fasern, z.B. Kohlenstofffasern, so entstehen bei richtiger Anordnung der Fasern Faser-Verbundwerkstoffe oder Hochleistungs-Verbundwerkstoffe. Dadurch erhält man Werkstoffe hoher Festigkeit bei geringer Dichte. Faserverbundwerkstoffe werden z.B. im Flugzeugbau, Schiffsbau und für Schutzhelme verwendet. Harze bringt man mithilfe eines Härters zum Erstarren. Sie sind nur während einer beschränkten Zeit, der sogenannten Topfzeit, gießbar. Wird z.B. Epoxidharz mit Glasseide vergossen, so erhält man sehr stabile Platten **(Bild 1)**.

Beim Umgang mit Epoxidharzen ist Haut- und Augenkontakt sowie das Einatmen der Dämpfe zu vermeiden. Die Verarbeitungshinweise des Herstellers sind zu beachten.

Bild 1: Gedruckte Schaltung mit einem Träger aus Epoxidharz

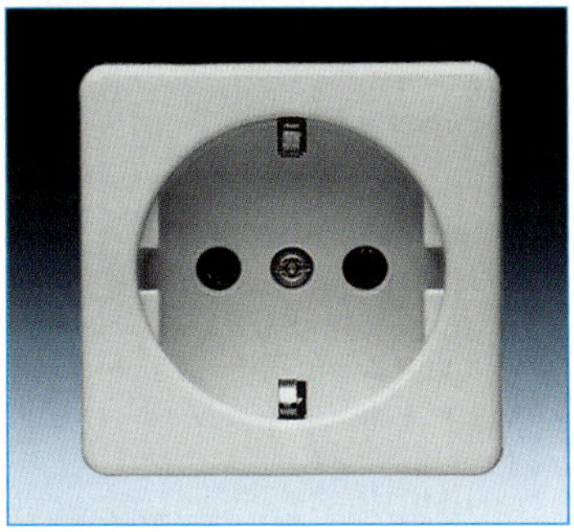

Bild 2: Steckdose aus Duroplast

Tabelle: Wichtige Duroplaste

Werkstoff	Eigenschaften	Verwendung
Phenol-Formaldehyd-Harz (PF)	Dichte: 1,25 kg/dm^3, höchste Gebrauchstemperatur 130 °C, hart, spröde, gut kriechstromfest, dunkle Farbtöne	Als Basismaterial für gedruckte Schaltungen **(Seite 263)**, Spulenkörper, Klemmbretter, Schalterteile **(Bild 2)**.
Epoxidharz (EP)	Dichte: 1,2 kg/dm^3, höchste Gebrauchstemperatur 150 °C, hart, zäh, vergießbar, gut klebfähig, chemisch beständig	Als Gießharz bei Elektromotoren, Kabelmuffen und Multilayern **(Seite 264)**, gedruckten Schaltungen, Gehäuse.
Ungesättigte Polyesterharze (UP)	Dichte: 1,2 kg/dm^3, höchste Gebrauchstemperatur 150 °C, hart bis weich, zäh, klar, klebbar, gut vergießbar	Verteiler- und Schaltschränke, als Magnetdatenträger bei Ton- und Videobändern, Disketten, Gießharz, Gehäuse.
Polyurethanharz (PUR)	Dichte: 1,25 kg/dm^3, höchste Gebrauchstemperatur 100 °C, hart bis weich, elastisch, schäumbar, gute Haftfähigkeit	Rundfunk- und Fernsehgehäuse, zur Klebstoffherstellung, für Lacke, zum Ausschäumen, z.B. von Kühlschränken, Gießharz.
Melamin-Formaldehyd-Harz (MF)	Dichte: 1,5 kg/dm^3, höchste Gebrauchstemperatur 120 °C, hart, schlagzäh, kriechstromfest, lichtbeständig, zerbrechlich	Schalter, Steck- und Abzweigdosen, Bügeleisengriffe, für Leime, Lacke und Bindemittel, Teile der Autoelektrik.
Silikonharz (SI)	Dichte: 1,9 kg/dm^3, höchste Gebrauchstemperatur 300 °C, hart bis weich bzw. elastisch, sehr geringe Wasseraufnahme, ölbeständig	Imprägnieren von Wicklungen, von Motoren und Transformatoren, Einbetten von Elektronikteilen, Formmasse.

Elastomere (Elaste)

Kunststoffe mit gummiähnlichem (elastischem) Verhalten nennt man Elastomere.

Elastomere bestehen aus langen Polymerketten, die durch Vulkanisation vernetzt sind, wie z. B. Naturkautschuk, Styrol-Butadien-Kautschuk, Nitrilkautschuk und Chloroprenpolymerisate. Die Elastomere können aber auch im Polyadditionsverfahren, z. B. als Polyurethanelastomere, hergestellt werden.

Wird Naturkautschuk erwärmt und mit Schwefel behandelt, so erhält man Gummi. In der Elektrotechnik verwendet man Gummi vor allem zur Isolation flexibler Leitungen. Styrol-Butadien-Kautschuk und Butadien-Kautschuk sind synthetisch (künstlich) hergestellte Kautschukarten. Beide Arten werden für technische Gummiartikel wie Mantelisolierungen von Leitungen und Kabeln sowie für Steckvorrichtungen verwendet.

Chloropren- und vor allem Silikonkautschuk **(Tabelle)** haben eine besonders hohe Temperaturbeständigkeit. Sie sind beständig gegen verdünnte Säuren, sind schwer entflammbar und witterungsfest. Deshalb verwendet man z. B. Chloropren-Kautschuk in der Elektrotechnik, z. B. als Außenmantel von Schlauchleitungen für mittlere mechanische Beanspruchungen **(Bild)**.

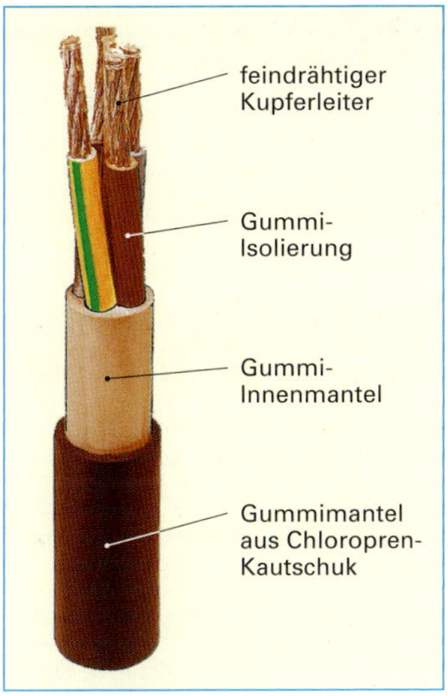

Bild: Schlauchleitung

Tabelle: Betriebstemperaturen von Elastomeren bei Leitungen und Kabeln

Elastomer	zulässige Betriebstemperatur
Naturkautschuk	60 °C
Chloroprenkautschuk	60 °C
Silikonkautschuk	180 °C

13.1.6.4 Flüssige und gasförmige Isolierstoffe

Flüssige und wachsartige Stoffe werden in der Elektrotechnik zur Isolierung, zum Tränken von Papier und Geweben sowie als Vergussmassen benutzt. Es kommen dafür Erdölerzeugnisse infrage, wie z. B. Vaseline, Paraffine und Bitumen. Neben diesen Naturprodukten werden auch synthetische Stoffe verarbeitet, z. B. Fluorkohlenwasserstoffe und Silikone.

Isolieröle haben die Aufgabe, die Isolation zu verbessern, schädliche Hohlräume auszufüllen und die Verlustwärme abzuführen, z. B. bei Transformatoren. Sie dürfen andere Isolierstoffe, z. B. Papier oder Gewebe, nicht angreifen und sollen saugfähige Isolierstoffe tränken und so vor Feuchtigkeitsaufnahme schützen.

Polychlorierte Biphenyle (PCB), z. B. Chlophen, dürfen seit 1.1.2000 als Isolierflüssigkeit nicht mehr verwendet werden. Sie sind verboten. Chlophen ist feuerhemmend. Man verwendete Chlophen als Kühl- und Isoliermittel, in Transformatoren und Kondensatoren. Wird Chlophen auf Temperaturen von 300 °C bis 1000 °C erwärmt, z. B. bei einem Brand, können hochgiftige Stoffe entstehen, z. B. Dioxin. Deshalb hat man Clophen durch Silikonöle ersetzt.

Übersicht: Isoliergase

- **Natürliche Gase,** z. B.
  - Luft,
  - Stickstoff,
  - Wasserstoff
- **Synthetische Gase,** z. B.
  - Schwefelhexafluorid SF_6,
  - Tetrafluormethan,
  - Trichlorfluormethan

Silikonöle sind klare, geruchs- und farblose Flüssigkeiten. Silikonöl bleibt bis zu einer Temperatur von etwa –50 °C flüssig und neigt nicht zum Verharzen. In der Elektrotechnik verwendet man Silikonöl als Isolieröl in Transformatoren und Schaltgeräten.

Bitumen ist ein teerähnliches Produkt und wird in der Elektrotechnik als Tränk- und Vergussmasse verwendet, z. B. bei Kabelmuffen.

Isoliergase (Übersicht) haben eine geringere Dichte als Isolierflüssigkeiten, sind unempfindlich gegen Verunreinigungen und haben eine größere Beweglichkeit als Flüssigkeiten. Gasförmige Isolierstoffe werden vor allem in der Hochspannungstechnik, z. B. für gasisolierte Schaltanlagen, verwendet. Druckluft verwendete man z. B. als Schaltenergie in Hochspannungsschaltern. Stickstoff wird als Druckgas in Hochspannungskabeln, Kondensatoren und Transformatoren eingesetzt.

13.2 Verbindungen (Fügen)

Durch Fügen werden lösbare oder unlösbare Verbindungen hergestellt **(Übersicht)**. Unlösbare Verbindungen können nur durch Zerstörung des Verbindungsmittels, z.B. des Lotes, getrennt werden.

Übersicht: Einteilung von Verbindungen

- **Lösbare Verbindungen**
  z.B. Schrauben, Stecken, Klemmen
- **Unlösbare Verbindungen**
  z.B. Löten, Kleben, Nieten

13.2.1 Lösbare Verbindungen in der Elektrotechnik

Schrauben verwendet man in der Elektrotechnik z.B. zum Verbinden von Sammelschienen oder von Gehäuse und Deckel, zum Befestigen von Drehknöpfen und Schaltern sowie zum Klemmen von Leitern.

Klemmen (Bild 1) teilt man in Schraubklemmen und schraublose Klemmen ein. Den notwendigen Kontaktdruck erreicht man durch die Schraube oder durch Federkraft.

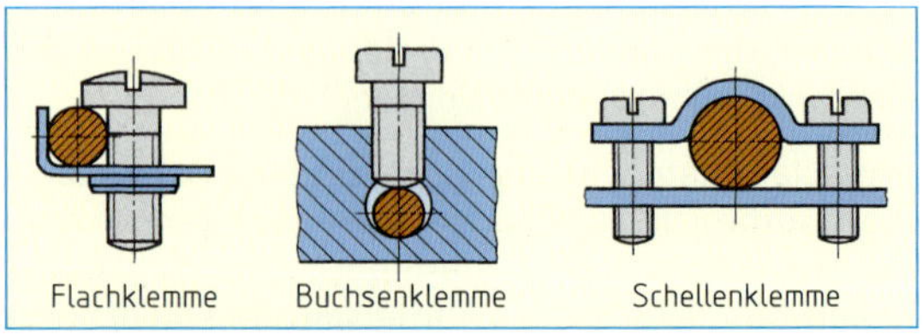

Bild 1: Klemmenarten

Federklemmverbindungen sind universelle Verbindungssysteme für ein-, mehr- und feindrähtige Kupferleiter von 0,08 mm^2 bis 35 mm^2. Dabei verwendet man z.B. das Käfigzugfeder-Anschlusssystem **(Bild 2)**. Zum Anschließen des Leiters wird die Käfigzugfeder heruntergedrückt und der abisolierte Leiter in die Klemmstelle eingeführt. Der Leiter wird im Bereich der Kontaktzone mit querschnittsgerechter Klemmkraft von der Käfigzugfeder gegen die Stromschiene gedrückt. Käfigzugfeder-Verbindungen sind lösbar, rüttelsicher und wartungsfrei.

Bild 2: Käfigzugfeder-Anschlusssystem

Steckverbinder (Bild 3) für gedruckte Schaltungen auf Leiterplatten bestehen aus einer Messer- und Federleiste. Die Messerleiste wird auf der Leiterplatte montiert, die Federleiste am Aufbaurahmen.

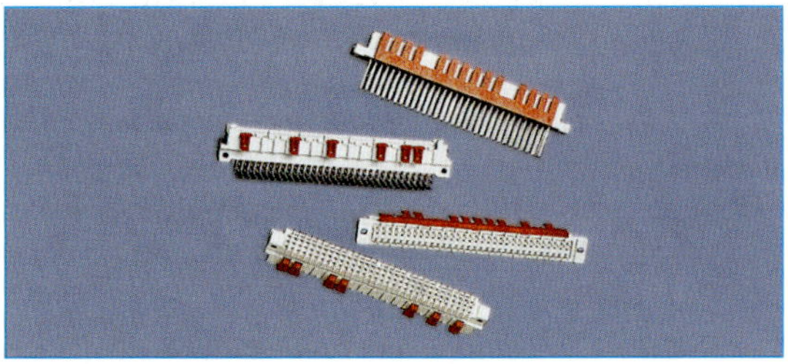
Bild 3: Steckverbinder für Leiterplatten

13.2.2 Unlösbare Verbindungen in der Elektrotechnik

Unlösbare Verbindungen sind z.B.

- **Quetschen,**
- **Löten,**
- **Kleben.**

Bei der **Quetschverbindung** werden die abisolierten mehr- oder feindrähtigen Leiter z.B. in eine Aderendhülse oder in einen Kabelschuh eingeführt **(Bild 4)**. Die leitende Verbindung wird mithilfe einer Zange **(Bild 5)** hergestellt. In der Praxis werden für den Fachbegriff Quetschen auch Pressen oder Crimpen[1] verwendet.

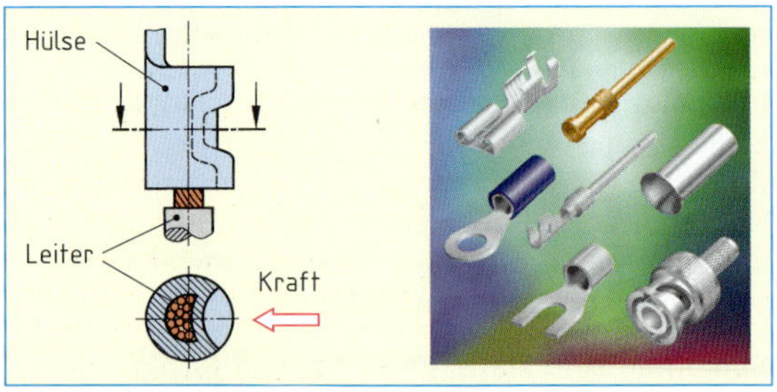

Bild 4: Quetschverbindung

Bild 5: Quetschzange

[1] to crimp (engl.) = pressen

Löten

Löten (Übersicht) ist das Verbinden metallischer Werkstoffe mithilfe eines Lotes. Werkstoff und Lot bilden eine Legierung. Durch Löten entsteht eine unlösbare Verbindung.

Beim Löten benetzt das flüssige Lot die Lötstelle. Dies wird erreicht, wenn die Lötstelle metallisch rein ist und der Werkstoff und das Lot ausreichend erwärmt werden. Bei zu niedriger Arbeitstemperatur entsteht ein hoher elektrischer Widerstand (Kaltlötstelle), bei zu hoher Arbeitstemperatur verdampfen Bestandteile des Lotes. Die Lötstelle wird spröde. Eine einwandfreie Lötstelle hat eine glatte und metallisch glänzende Oberfläche. Auch ist der Abstand (Lötspalt) zwischen den zu lötenden Teilen zu beachten. Damit das flüssige Lot durch Kapillarwirkung in den Lötspalt hineingezogen wird, sollte der Lötspalt maximal 0,2 mm betragen.

Lote sind **Hilfsstoffe** der Elektrotechnik und werden in Weich- und Hartlote unterteilt. Als Weichlote werden Legierungen aus Zinn (Sn), Silber (Ag) und/oder Gold (Au) verwendet. Die Zusammensetzung bestimmt die Arbeitstemperatur, z.B. 221 °C bei dem Lot S-Sn96Ag4. In der Elektrotechnik verwendet man Weichlote in Drahtform mit eingelagertem Flussmittel. Das Kurzzeichen für Weichlote beginnt nach internationaler Norm mit dem Buchstaben S **(Bild 1)**. Das Weichlöten wird in der Elektrotechnik häufig verwendet, weil Lötverbindungen elektrisch gut leiten. Allerdings ist die Festigkeit der verwendeten Zinn-Lote sehr gering. Hartlote, z.B. das Silberhartlot B-Ag 63 Cu Zn-690/730, verwendet man, wenn Verbindungen höher mechanisch belastet werden müssen.

> Seit 1.7.2006 ist durch EU-Richtlinien Blei in der Elektronikfertigung verboten.

Flussmittel sollen Oxide bzw. Verunreinigungen lösen oder chemisch binden, den Fluss des Lotes begünstigen und eine weitere Oxidation verhindern. Die Wahl des Flussmittels richtet sich nach dem Lötverfahren und dem Werkstoff des Werkstücks. Zum Weichlöten wird in der Elektrotechnik als Flussmittel häufig Kolophonium verwendet. Im Elektrolot ist das Flussmittel Kolophonium in Pulverform eingearbeitet. Deshalb muss bei Verwendung eines Elektrolotes kein Flussmittel der Lötstelle zugeführt werden. Die Flussmittelkennzeichnung erfolgt nach DIN EN 29454 mithilfe von drei Ziffern **(Bild 2)**.

Die **Lötverfahren** können nach der Arbeitstemperatur und nach der Art der Erwärmung eingeteilt werden. Nach der Art der Erwärmung unterscheidet man beim Weichlöten hauptsächlich das Kolben-, Tauch-, Schwall- und Induktionslöten. Bei der **Kolbenlötung** erwärmt der Lötkolben eine Lötspitze. Für Lötarbeiten an empfindlichen Bauteilen, wie z.B. Feldeffekt-Transistoren **(Seite 155)**, werden temperaturgeregelte Lötstationen **(Bild 3)** verwendet. Industrielle Lötverfahren sind das **Schlepplöten**, das **Wellenlöten (Bild 4)** und das Induktionslöten. SMD-Bauelemente werden im Reflow-Verfahren **(Seite 267)** gelötet.

Zum **Entlöten** von elektronischen Bauelementen mit dem Lötkolben wird eine Entlötpumpe oder ein Metallgeflecht (Lötsauglitze) verwendet, welches das Lötzinn aufsaugt. Die Lötsauglitze wird mit der Lötkolbenspitze auf die Lötstelle gedrückt. Nach Erwärmung der Litze wird das schmelzende Lot durch Kapillarwirkung aufgesaugt. Entlötarbeiten werden auch mit Entlötgeräten ausgeführt, bei denen das flüssige Lot mit Vakuum von der Lötstelle abgesaugt werden kann **(Bild 3)**.

Übersicht: Fachbegriffe Löten

- Weichlöten < 450 °C
- Hartlöten > 450 °C
- Hochtemperaturlöten > 900 °C
- Arbeitstemperatur: Temperatur, bei der das Lot benetzt, fließt und bindet

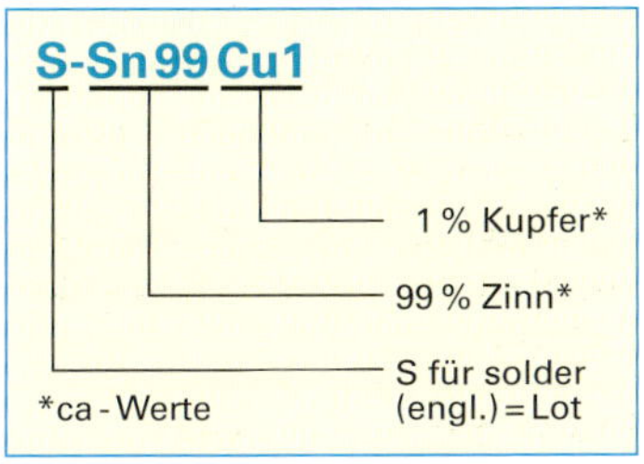

Bild 1: Weichlot der Elektrotechnik (Beispiel)

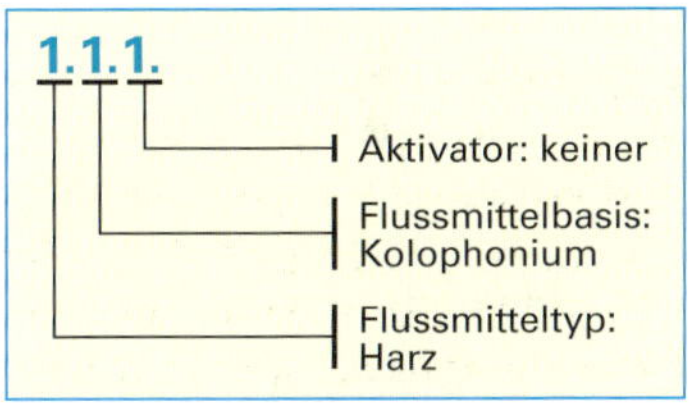

Bild 2: Flussmittel der Elektrotechnik (Beispiel)

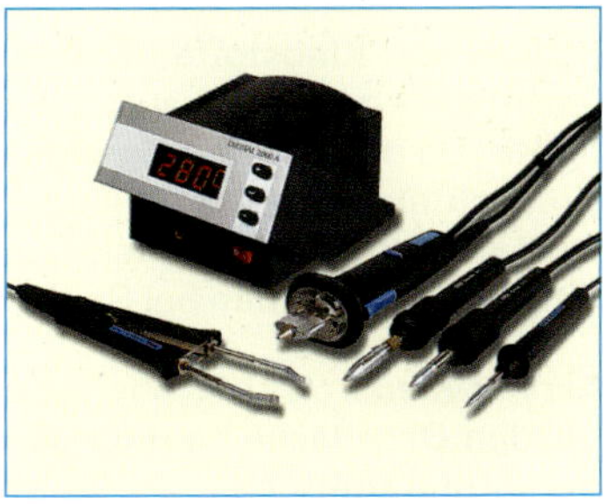

Bild 3: Löt- und Entlötstation

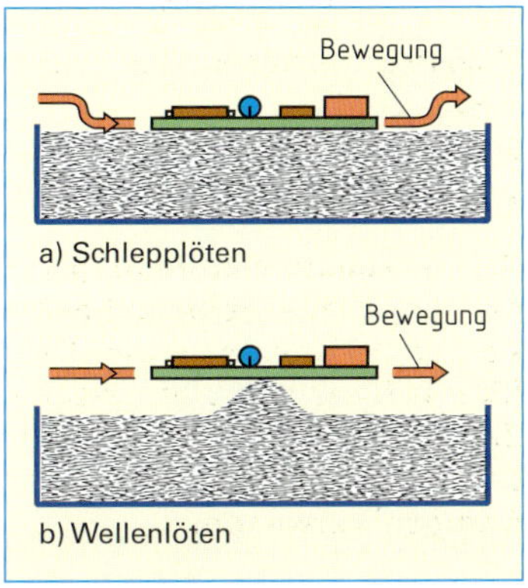

Bild 4: Lötverfahren

Kleben

Kleben ist das Verbinden von Fügeteilen mit einem Klebstoff zu einer unlösbaren Verbindung. Durch Kleben kann man auch unterschiedliche Werkstoffe verbinden, z. B. Metall und Glas. Klebeverbindungen dichten Fügeteile ab, schützen vor Korrosion und sind elektrisch isolierend. Die Funktion einer Klebeverbindung hängt von der Oberflächenhaftung des Klebstoffs am Fügeteil (Adhäsion) und von der Festigkeit innerhalb des Klebstoffs (Kohäsion) ab.

Die zu verklebenden Oberflächen müssen vor dem Kleben gereinigt werden. Fremd- und Oberflächenschichten sind, z. B. durch Entfetten, oder falls notwendig, mechanisch zu beseitigen.

Die häufigste Ursache für eine nicht haltbare Klebeverbindung ist nicht der Klebstoff, sondern eine ungenügend vorbereitete Oberfläche.

Adhäsion[1], sind physikalische Haftkräfte an Kontaktflächen zweier Stoffe.

Kohäsion[2], sind Kräfte die zwischen den Molekülen eines Körpers herrschen und diese zusammenhalten.

[1] adhäsiv (lat.) = anhaftend
[2] kohäsiv (lat.) = zusammenhaltend

Übersicht: Klebstoffarten (Auswahl)

- Anaerobe Klebstoffe
- Cyanacrylat-Klebstoffe
- Acrylat-Klebstoffe
- Epoxidharz-Klebstoffe
- Fotoinitiierte Klebstoffe

Klebstoffe kann man nach Arten einteilen **(Übersicht).** Weiterhin unterscheidet man Ein- und Zweikomponenten-Klebstoffe. **Einkomponenten-Klebstoffe,** z. B. Cyanacrylat-Klebstoffe, enthalten alle zum Kleben notwendigen Klebstoffbestandteile. **Zweikomponenten-Klebstoffe,** z. B. Epoxidharz-Klebstoffe, bestehen aus zwei Teilen, dem Binder und dem Härter. Vor dem Auftragen sind beide Komponenten zu mischen. Nach dem Mischen ist der Zweikomponenten-Klebstoff nur für eine bestimmte Zeit, der sogenannten Topfzeit, z. B. innerhalb von 7 Minuten, verwendbar.

Bild: Cyanacrylat-Klebstoff zur Spulendrahtfixierung

Anaerobe Klebstoffe härten unter Luftabschluss bei gleichzeitigem Metallkontakt schnell aus. Verwendung: Metall-Metall-Verbindung, z. B. zur Schraubensicherung.

Cyanacrylat-Klebstoffe härten durch Luftfeuchtigkeit aus. Als Luftfeuchtigkeit genügt die auf der Fügeteiloberfläche vorhandene Feuchtigkeit. Da die Aushärtung innerhalb von Sekunden abläuft, werden sie auch als Sekunden-Klebstoffe bezeichnet. Verwendung: Kunststoff-Kunststoff- und Metall-Kunststoff-Verbindungen, z. B. zur Fixierung von Drahtenden bei Spulen **(Bild).**

Acrylat-Klebstoffe bestehen aus einem Harz und Aktivator (Beschleuniger), die getrennt auf die zu verklebenden Oberflächen aufgetragen werden. Eine Aushärtung beginnt dann, wenn beide Oberflächen in Berührung kommen.

Epoxidharz-Klebstoffe ermöglichen hohe Festigkeiten und Temperaturen bis etwa 200 °C. Die Aushärtung des Klebstoffes erfolgt z. B. in einem Wärmeofen. Verwendung: Metall-Metall-Verbindung, z. B. Einkleben von Hartmetallen in Sägeblättern, aber auch Keramik-Verbindungen.

Fotoinitiierte Klebstoffe härten durch die Bestrahlung mit UV- oder sichtbarem Licht sehr schnell, z. B. in 1 s, aus. Verwendung: Zum Abdichten, zur SMD-Bauteilebefestigung **(Seite 266).**

Polyurethan-Klebstoffe erreichen hohe Festigkeiten und werden zum Kleben und Vergießen von Bauteilen in der Elektrotechnik sowie im Maschinenbau eingesetzt.

Das Auftragen von Klebstoffen in der Industrie erfolgt z.B. mit Dosierpistolen die von Hand oder mit Druckluft betrieben werden. Je nach Oberfläche der Fügeteile erfolgt der Klebstoffauftrag punkt-, raupen- oder tropfenförmig.

Beim Umgang mit Industrie-Klebstoffen sind Schutzbrille und Handschuhe zu tragen. Hautkontakt ist zu vermeiden. Der Arbeitsplatz ist ausreichend zu belüften.

13.3 Gedruckte Schaltungen

Als Träger von Bauelementen und Verbindungsleitern ist die gedruckte Schaltung **(Bild 1)** Bestandteil vieler elektrotechnischer und elektronischer Geräte.

Gedruckte Schaltungen halten und verbinden elektrische und elektronische Bauelemente.

Gedruckte Schaltungen ermöglichen die automatisierte Serienfertigung elektrischer Geräte bei gleichbleibenden elektrischen Eigenschaften. Als Ausgangs- oder **Basismaterial** werden zur Herstellung gedruckter Schaltungen isolierende Materialien, z.B. Epoxidharz, Phenolharz, Polyester, Polyamid, Polyolefine oder Keramik, verwendet. Dieses Basismaterial wird als Platte oder Folie ein- oder beidseitig mit einer Kupferfolie bedeckt (kaschiert) und als Träger für die Bauelemente verwendet. Die Dicke der Kupferfolie beträgt meist 35 µm. Je nach Anordnung der Leiterbahnen unterscheidet man verschiedene Leiterplatten **(Bild 2).** Für gedruckte Schaltungen gibt es verschiedene Herstellverfahren.

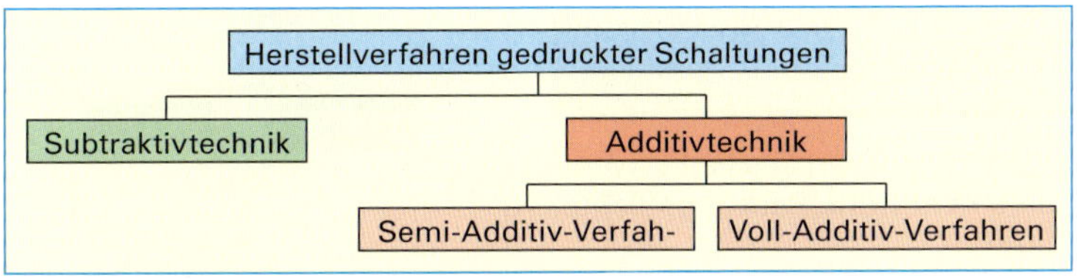

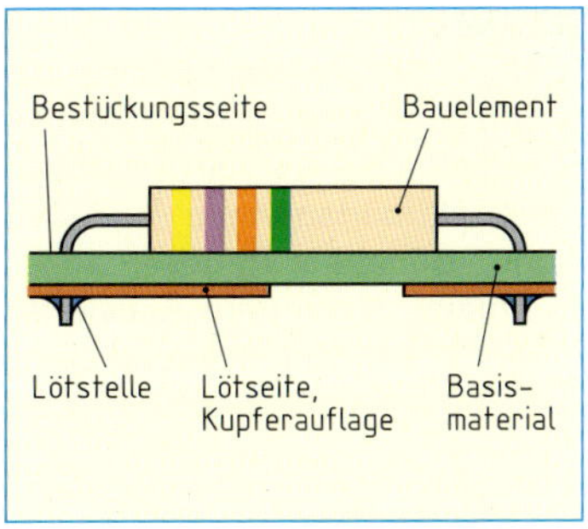

Bild 1: Schnitt einer gedruckten Schaltung

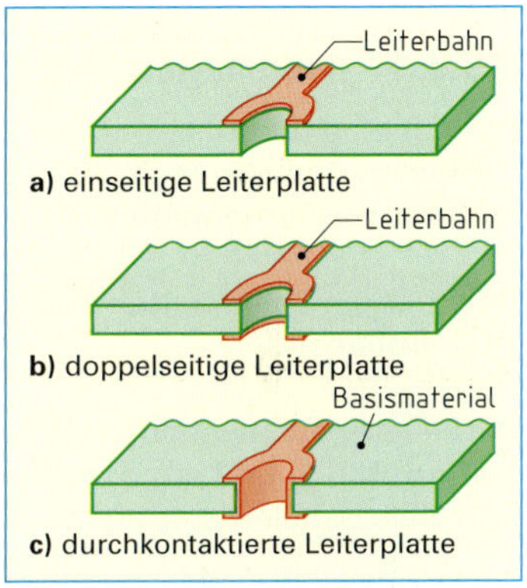

Bild 2: Arten von Leiterplatten

13.3.1 Subtraktiv-Technik

Bei der Subtraktivtechnik[1] entsteht das Leiterbild durch chemisches Entfernen überschüssiger Kupferfolie, also durch Ätzen.

Mithilfe eines Druckprozesses, z.B. Foto- oder Siebdruck, wird ein Ätzschutz als Positivdruck auf das kupferkaschierte Basismaterial aufgebracht **(Bild 3).** Das Druckbild enthält die späteren Leiterzüge der gedruckten Schaltung und darf von den verwendeten Ätzmitteln nicht angegriffen werden. Das Ätzen erfolgt in Ätzmaschinen, die Lösungsmittel auf die Platinen sprühen, z.B. Eisen(III)-chlorid oder Ammoniumpersulfat. Durch den Ätzvorgang wird das freiliegende, nicht abgedeckte Kupfer abgeätzt. Nach dem Ätzen werden die Leiterplatten gereinigt, der Decklack bzw. die Druckfarbe entfernt und mit einem Schutzüberzug und einem Kennzeichnungsdruck versehen.

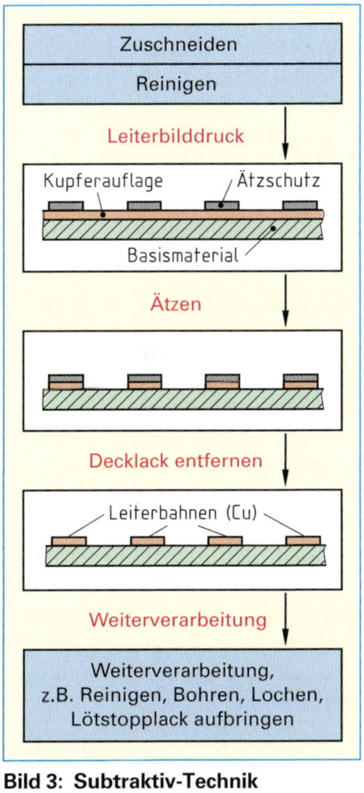

Bild 3: Subtraktiv-Technik

13.3.2 Additiv-Technik

Bei der Additiv-Technik[2] wird das Leiterbild durch Kupferabscheidung auf unkaschiertes Basismaterial aufgebracht.

Durch die Additiv-Technik können sehr schmale Leiterbahnen von etwa 0,1 mm Breite bei gleichzeitig engen Leiterbahnabständen hergestellt werden, da keine Unterätzung (Einbuchtung der Leiterbahnen) entstehen kann. Weiterhin ermöglicht die Additiv-Technik auch Durchkontaktierung, d. h. Verbindungen von der einen Leiterplattenseite zur anderen **(Bild 2c).**

[1] subtraktiv (lat.) = vermindern, [2] additiv (lat.) = hinzufügen

Die Herstellung gedruckter Schaltungen nach der Additiv-Technik erfordert unkaschiertes Basismaterial, das mit einem besonderen Haftgrund (eine Art Klebstoff) beschichtet ist. Nach dem Lochen oder Bohren der Platine wird ein negatives Leiterbild aufgebracht. Ein negatives Leiterbild bedeutet ein Ausfüllen der Zwischenräume, z.B. mit Druckfarbe, sodass der vorgesehene Platz für die Leiterbahnen und Lötaugen frei bleibt. Nach dem Aktivieren des Haftgrundes verkupfert man in einem Metallbad stromlos Leiterbahnen und Lötaugen. In mehreren Arbeitsgängen wird dann das Leiterbild auf 35 µm verstärkt.

Um Durchkontaktierungen oder metallische Schutzüberzüge zu erhalten, ist die Anwendung des Semi-Additiv-Verfahrens von Vorteil **(Bild 1)**. Als Schutzüberzüge gegen Umwelteinflüsse verwendet man eine Zinn-Blei-Schicht oder auch Silber- und Goldauflagen.

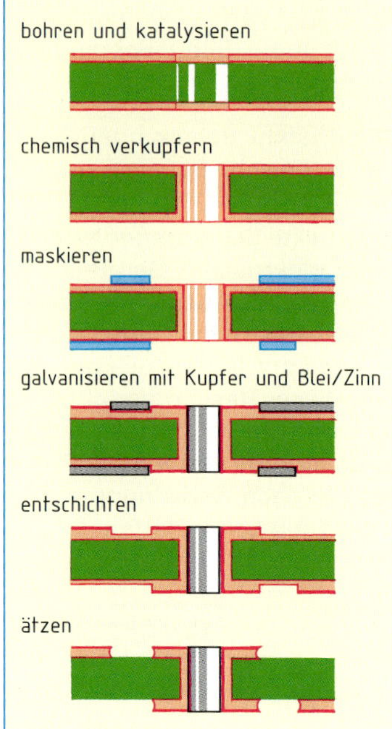

Bild 1: Semi-Additiv-Verfahren

13.3.3 Mehrlagen-Leiterplatten (Multilayer)

Bei aufwendigen elektronischen Schaltungen reichen die beiden Leiterebenen doppelseitiger Schaltungen nicht mehr aus. Weitere Ebenen sind zur Aufnahme von Leiterbahnen notwendig.

Mehrlagen-Leiterplatten (Multilayer) bestehen aus mehr als zwei Leiterebenen.

Die Leiterebenen befinden sich vor allem im Inneren des Isolierwerkstoffes **(Bild 2)** und ermöglichen so eine sehr hohe Packungsdichte, also viele Bauelemente auf engem Raum.

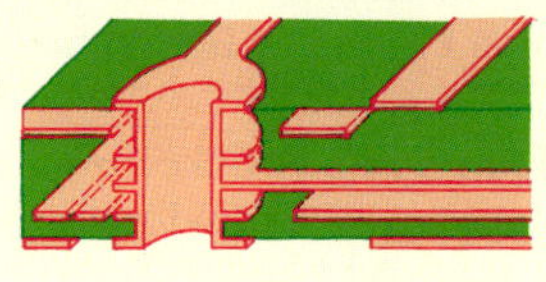

Bild 2: Mehrlagen-Leiterplatte

Zur Herstellung von Mehrlagen-Leiterplatten werden meist dünne kupferkaschierte Epoxidharz-Platinen verwendet. Dabei stellt man die einzelnen Lagen durch Ätzen her, wobei die Durchkontaktierung sehr genau sein muss. Beim Übereinanderstapeln werden als Zwischenlagen Klebefolien, sogenannte Prepregs[1], eingelegt. Anschließend erfolgt ein Pressen, wobei die Zwischenräume unter Druck und Wärme ausgefüllt werden und dadurch ein homogener Block entsteht. In der Praxis können Mehrlagen-Leiterplatten bis zu 24 Ebenen hergestellt werden. Gängig sind vor allem Vierebenen-Leiterplatten. Mehrlagen-Leiterplatten werden für aufwendige elektronische Schaltungen, z.B. in der Mess- und Computertechnik, verwendet.

13.3.4 Drucktechniken

Die Grundlage beim Herstellen einer gedruckten Schaltung ist das Leiterbild **(Bild 3)**, das auf das Basismaterial übertragen wird. Dazu muss das Leiterbild kantenscharf, maßgenau und chemisch beständig gegenüber den verwendeten Ätzlösungen sein. Zum Übertragen des Leiterbildes verwendet man vor allem den Siebdruck oder den Fotodruck. Der Siebdruck ermöglicht Leiterbreiten und Leiterabstände über 0,3 mm. Leiterbreiten unter 0,3 mm mit einer Toleranz von ± 0,05 mm erreicht man mit dem Fotodruck. Das Leiterbild kann positiv bei der Subtraktiv-Technik oder negativ bei der Additiv-Technik aufgebracht werden. Notwendig dazu ist eine Ablichtung des Layouts[2], einer Druckvorlage, die aufgrund des Schaltbildes erstellt wurde. Das Layout kann manuell, z.B. durch Klebetechnik, oder maschinell mithilfe von Computern erstellt werden.

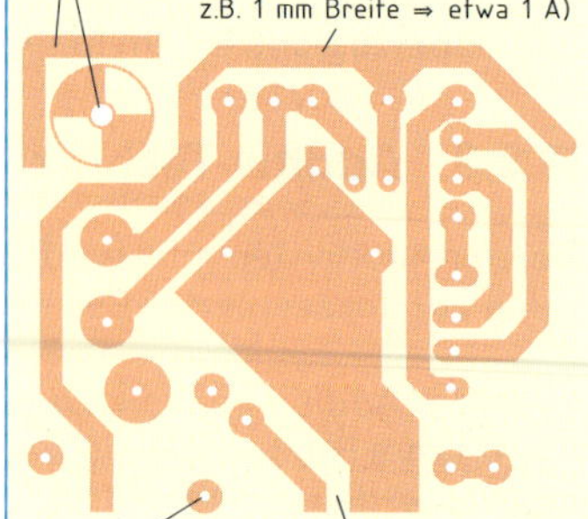

Bild 3: Teil eines Leiterbildes

[1] nicht ausgehärtete Kunststofffolien
[2] Layout (engl.) = Grundriss, Lageplan

Siebdruck

Das Siebdruck-Verfahren ermöglicht wirtschaftliche Produktion großer Stückzahlen von gedruckten Schaltungen.

Beim Siebdruck wirkt ein Drucksieb als Schablone. Drucksiebe bestehen aus feinmaschigem Gewebe aus Textil, Kunststoff oder Metall, wobei die Maschen des Siebes mit Lack oder Folie teilweise geschlossen sind. An den offenen Stellen, dem Leiterbild, kann Druckfarbe vom Drucksieb auf die kupferkaschierte Platinenoberfläche gepresst werden. Die Druckfarbe schützt das darunter liegende Kupfer beim Ätzen, sodass nur die nicht abgedeckten Zwischenräume des Kupfers in Lösung gehen. Nach dem Ätzen wird die Druckfarbe entfernt, die Platine gereinigt und zu einer gedruckten Schaltung weiterverarbeitet.

Das Leiterbild wird auf das Drucksieb im Maßstab 1 : 1 fotografisch übertragen.

Fototechnik

Bei der Fototechnik wird die Platinenoberfläche mit einer lichtempfindlichen Schicht versehen und darauf das Leiterbild kopiert. Die Fototechnik ermöglicht höhere Genauigkeiten als die Siebdrucktechnik.

Werden keine vorbeschichteten Platinen verwendet, kann kupferkaschiertes Material mit einem Fotolack, dem Fotoresist[1], versehen werden. Ultraviolettes Licht, z.B. von Leuchtstofflampen oder Quecksilberdampflampen überträgt das Leiterbild auf die Platine. Nach dem Belichten der Platine wird diese, z.B. mit Natronlauge, entwickelt. Nach dem Entwickeln sind die Leiterbahnen und die Lötaugen mit einer ätzfesten Schicht bedeckt. Erst jetzt kann eine Ätzung erfolgen. Dabei wird das freiliegende Kupfer in den Zwischenräumen entfernt.

Sollen die Leiterbahnen zusätzlich mit einem Schutzüberzug, z.B. einer Zinn-Blei-Legierung, versehen sein, so wird dazu das Negativ-Verfahren verwendet. Beim Positiv-Verfahren **(Bild)** ist ein zusätzlicher Schutzüberzug nicht möglich.

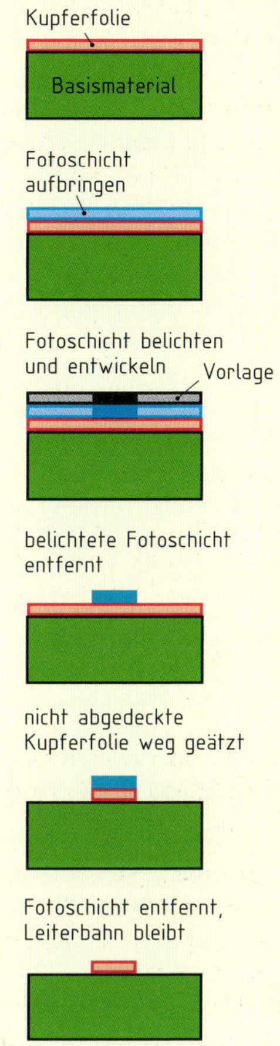

Bild: Fotoverfahren (Positiv)

Drucktechniken
- Siebdruck für große Stückzahlen
- Fotodruck für hohe Genauigkeit

13.3.5 Prüfen von gedruckten Schaltungen

Nach dem Ätzen der Platinen sind optische Kontrollen und elektrische Prüfungen notwendig **(Übersicht)**. Bei der optischen Kontrolle werden z.B. Leiterbahnbreiten, Lötaugen oder Leiterbahnabstände auf ihre Sollwerte überprüft. Auch darf ein Versatz (Verschiebung) zwischen dem Lochbild und Druckbild bestimmte Toleranzen nicht überschreiten.

Elektrische Prüfungen gedruckter Schaltungen umfassen auch den richtigen Stromfluss und die Kurzschlussfreiheit zwischen unabhängigen Leiterbahnen. Weiterhin prüft man den ohmschen Widerstand der Leiterbahnen. Bei höheren Stückzahlen werden zur Überprüfung Testsysteme mit Testadaptern benutzt. Werden die Platinen als fehlerfrei erkannt, folgt die Bestückung.

Übersicht: Prüfverfahren gedruckter Schaltungen
- **Optische Prüfungen** z.B. Leiterbahnbreite, Leiterbahnabstände, Form, Aussehen der Leiterbahnen und Lötaugen
- **Elektrische Prüfungen** z.B. Leiterbahnwiderstand, Kurzschlussfreiheit zwischen den Leiterbahnen, Funktion der Schaltung

[1] von Resistenz (lat.) = Widerstand leisten

13.3.6 SMD-Technik

Bei der SMD-Technik setzt man unbedrahtete elektrische Bauelemente, z.B. Widerstände, Kondensatoren, Dioden, Transistoren und integrierte Schaltungen, auf die Oberfläche von Leiterplatten auf **(Bild 1)**. Hierbei werden jedoch die Bauelemente nicht durch Bohrungen gesteckt wie bei herkömmlichen gedruckten Schaltungen **(Seite 263)**, sondern eben auf der Oberfläche der Leiterplatte durch Lötpaste oder nichtleitenden Kleber fixiert und dann an den Anschlussflächen gelötet. Dazu sind Miniaturbauelemente mit Anschlussflächen oder kurzen Anschlussbeinen notwendig **(Bild 2)**. Solche kleinere Bauelemente ergeben eine höhere Packungsdichte; die Leiterplatten werden kleiner. Bei der Mischtechnik werden Bauelemente mit herkömmlichen Anschlussdrähten und SMD-Bauteile kombiniert. Eine Mischbestückung ist dann notwendig, wenn die Schaltung Bauelemente enthält, die es als SMD-Bauelement noch nicht gibt, z.B. Hochlastwiderstände. Als Trägerwerkstoffe (Basismaterial) für Leiterplatten verwendet man bei der SMD-Technik z.B. Epoxidharz, Polyamid und Keramik.

SMD

Abkürzung von **S**urface **M**ounted **D**evices (engl.) = oberflächenmontierte Bauteile

Bild 1: SMD-Platine

Bild 2: Bauelemente für die SMD-Technik (Beispiele)

Die SMD-Technik ermöglicht eine leichte, kompakte und wirtschaftliche Bauweise von Geräten. Sie erhöht die Zuverlässigkeit und verbessert das hochfrequente Verhalten von Schaltungen.

13.3.6.1 Bestückungsverfahren

Oberflächenmontierbare Bauelemente werden auf der Leiterplatte nur aufgesetzt. Im Gegensatz zur automatischen Bestückung von Bauelementen mit Anschlussdrähten sind deshalb bei diesem Verfahren keine besonderen Führungswerkzeuge zum Einfädeln der Anschlussdrähte erforderlich.

Man unterscheidet manuelle und automatische Bestückung.

Bei **manueller Bestückung** (Handbestückung) werden die Bauteile mit Bestückungshilfen, z.B. einer Unterdruckpumpe mit Vakuumpipette, aus Vorratsmagazinen entnommen und der Leiterplatte von Hand zugeführt. Die manuelle Bestückung wird vor allem für Labormuster und Einzelstücke verwendet.

Automatische Bestückungsmaschinen (Bild 3) ermöglichen eine flexible Produktgestaltung und beschleunigen die Fertigung. Automatische Bestückung kann simultan[1] oder sequenziell[2] erfolgen. Unter automatischer Simultanbestückung versteht man das Bestücken einer Leiterplatte mit möglichst allen Bauteilen in einem Arbeitsgang.

Bild 3: Maschinelle SMD-Bestückung

[1] simultaneous (engl.) = gleichzeitig, gemeinsam
[2] sequence (engl.) = fortlaufend, nacheinander zu verarbeiten

Dazu werden mithilfe eines Greifers zwischen 30 und 200 Bauelemente gleichzeitig (simultan) aufgenommen und auf der Leiterplatte abgesetzt. Diese Bestückungsmethode ist für eine hohe Bestückungsleistung (zwischen 30 000 und 300 000 Bauelemente je Stunde) ausgelegt, ist aber auf quader- und zylinderförmige Bauformen beschränkt.

Bei der sequenziellen Einzelbestückung werden die Bauelemente einzeln (sequenziell) aus einem Vorratsbehälter entnommen und auf der Leiterplatte aufgesetzt. In einer Stunde lassen sich etwa 1000 bis 3500 Bauteile verarbeiten. Diese Bestückungsmethode wird mithilfe von Computern gesteuert, wodurch die Reihenfolge der Bestückung und die Koordinaten zum Ablegen des Bauteiles auf der Platine programmierbar sind. Bei Änderung der Leiterplatte wird die Fertigung durch Bauteil- und Programmwechsel schnell angepasst. Während der sequenziellen Einzelbestückung kann eine Bauelemente-Identitätsprüfung[1] erfolgen, d.h., während des Bestückungsvorganges wird geprüft, ob jeweils das richtige Bauelement zugeführt wird.

Übersicht: Ziele der SMD-Technik

- Miniaturisierung
- hohe Qualität
- Kostenverringerung
- höhere Zuverlässigkeit

13.3.6.2 Kleben von SMD-Bauteilen

SMD-Bauteile müssen, z.B. bei der Mischbestückung **(Bild 1)** und beim Wellenlöten, durch Kleber auf der Leiterplatte befestigt werden, da die Leiterplatte im Lötbad um 180° gewendet wird. Dazu muss ein Kleber mit ausreichender Haftfestigkeit verwendet werden, damit die Bauelemente auf der Oberfläche der Leiterplatte halten. Bestimmend ist die Form des sogenannten Kleberpunktes, der so gestaltet sein muss, dass das Bauelement sicher benetzt wird und dass die Anschlussflächen frei von Klebstoff bleiben **(Bild 2).** Den Kleber kann man z.B. mit einem Dosiergerät **(Bild 1a)** oder mit dem Siebdruckverfahren **(Seite 265)** aufbringen.

13.3.6.3 Lötverfahren der SMD-Technik

Nach dem Bestücken und Kleben der SMD-Bauelemente auf die Leiterplatte beginnt der Lötprozess **(Bild 1e).**

> An die Bauelemente für die SMD-Technik werden beim Löten hohe thermische Anforderungen gestellt.

Man verwendet bei Reparaturen neben der Handlötung auch maschinelle Verfahren, z.B. das Wellen- oder Schlepplöten **(Seite 261),** das Laserlöten und das **Reflowlöten**[2]. Beim Reflowlöten werden die Bauelemente in die zuvor auf die Platine aufgebrachte Lötpaste gesetzt. Die Lötpaste wird dabei durch eine Schablone oder Kartusche gepresst. Durch Aufschmelzen der Lötpaste wird eine Verbindung zum Lötanschluss (Pad) hergestellt. Beim Reflowlöten wird z.B. durch Infrarot-Strahlung, Heizplatte oder Heißluft die Wärme erzeugt.

Nach dem Abschluss aller Fertigungsschritte wird die Leiterplatte geprüft.

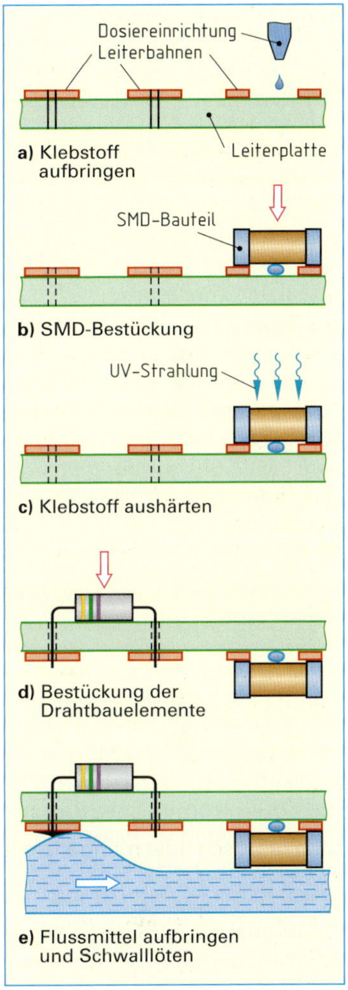

Bild 1: Fertigungsschritte einer Mischbestückung

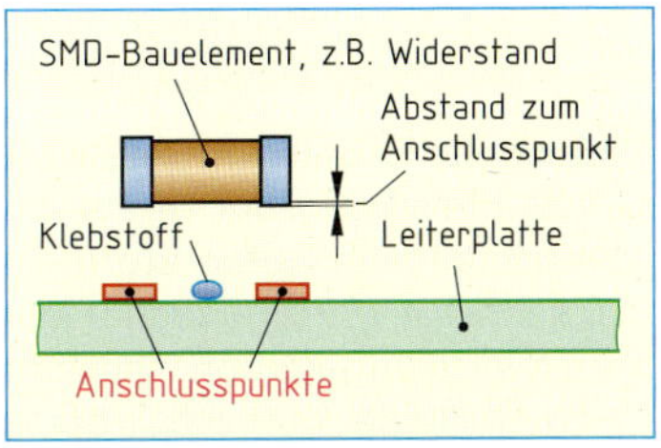

Bild 2: Aufbringen des Klebers bei der SMD-Technik

[1] von identitas (lat.) = Übereinstimmung, völlige Gleichheit
[2] to reflow (engl.) = überfluten

13.4 Umweltschutz

Umweltschutz umfasst alle Maßnahmen zum Schutz der natürlichen Lebensgrundlagen von Menschen und Tieren **(Übersicht).** Rechtsgrundlage sind das Bundes-Immissionsschutzgesetz (BImSchG: Gesetz zum Schutz des Menschen und seiner Umwelt vor schädlichen Einwirkungen durch Luftverunreinigung, Geräusche oder Erschütterungen) und weitere Gesetze, die z. B. den Wasserhaushalt, die Abwasser- und die Abfallbeseitigung regeln.

Übersicht: Umweltschutz

Umweltschutz umfasst Maßnahmen:

- zur Reinhaltung der Luft
- zum Gewässer-, Boden- und Landschaftsschutz
- zur Lärmminderung
- zur Abfallverwertung und Abfallbeseitigung
- zur Elektromagnetischen Verträglichkeit (EMV)

Umweltschutz ist unverzichtbar. Wirtschaftliches Handeln muss den Umweltschutz berücksichtigen.

Eine große Umweltbelastung entsteht bei der Energieumwandlung durch die Emission[1] von Gasen, Ruß oder Staubteilchen in die Luft, aber auch durch Schall und Abwärme.

Die jährliche Schadstoffemission in der Bundesrepublik Deutschland, aufgeteilt in vier Verursacherbereiche, zeigt das nebenstehende **Bild.** Zum Umweltschutz gehört auch, dass Anlagen und Geräte bezüglich ihrer Störaussendung und Störfestigkeit den EMV[2]-Bestimmungen und EN-Normen entsprechen, weil sich elektromagnetische Felder, z. B. als Elektrosmog, negativ auf die Gesundheit von Menschen auswirken können.

Elektrische Felder, **Seite 66**
Elektromagnetische Felder, **Seite 80**

Jährl. Schadstoffemission 2005 in Mio. Tonnen
(Quelle: www. bmwi.de vom 20.4.07)

Schadstoffe	Haushalt und Kleingewerbe	Kraftwerke	Industrie	Verkehr
Kohlendioxid (CO_2)	216	362	78	164
Stickoxid (NO_2)	0,145	0,285	0,094	0,747
Schwefeldioxid (SO_2)	0,120	0,290	0,113	0,002
Kohlenmonoxid (CO)	2,730	0,133	0,570	1,575
Staub	0,029	0,013	0,050	0,061

Bild: Anteile an der Schadstoffemission

13.4.1 Umweltschutz im Betrieb

Am Arbeitsplatz sind Menschen neben der physischen und psychischen Belastung einer Reihe von Umwelteinflüssen ausgesetzt, die durch Fertigungsverfahren oder durch Hilfs- und Betriebsstoffe entstehen. Physische (körperliche) Belastungen können durch geeignete Werkzeuge, z. B. elektrische Schrauber, verringert werden. Psychische Belastungen, also nicht-körperliche Belastung, lässt sich z. T. durch eine ansprechende Arbeitsplatzgestaltung abbauen, z. B. durch helle, freundliche Räume und durch eine gute Arbeitsorganisation, die auch soziale Aspekte berücksichtigt, z. B. gleitende Arbeitszeit.

Gesundheitsschädigende Stoffe im Betrieb. Umgebungseinflüsse durch schädigende Stoffe in Form von Stäuben, Dämpfen oder Gasen, durch Lärm, Vibration oder durch Strahlung beeinträchtigen die Gesundheit und das Wohlbefinden des Menschen. Sie können Erkrankungen fördern und zu Arbeitsunfällen führen. Gesundheitsschäden lassen sich vermeiden, wenn Verfahren oder Hilfs- und Betriebsstoffe nicht ausschließlich nach wirtschaftlichen Gesichtspunkten ausgewählt werden. Viele schädliche Stoffe können durch schadstofffreie oder durch weniger schädliche Stoffe ersetzt werden. Durch Absauganlagen oder durch Filter lassen sich Schadstoffe entfernen.

Technische Regeln für Gefahrstoffe (TRGS). Um eine Gefährdung der Menschen durch gefährliche Stoffe, z. B. Bleistaub oder Quecksilber, gering zu halten, wurden im Bundesarbeitsblatt 01/2006 die Technischen Regeln für Gefahrstoffe TRGS 900 veröffentlicht. Für etwa 260 verschiedene Stoffe sind in der TRGS 900 nach Auswertung technischer, arbeitsmedizinischer und arbeitshygienischer Kenntnisse Schadstoffgrenzwerte angegeben. Diese **Arbeitsplatzgrenzwerte** (AGW) geben die maximal zulässige Konzentration an, die in der Luft am Arbeitsplatz nicht überschritten werden darf **(Tabelle 1, Seite 269).**

[1] Emission (in der Technik) = Abblasen von Gasen, Ruß oder Staubteilchen in die Luft
[2] EMV, Abkürzung für: Elektromagnetische Verträglichkeit

Tabelle 1: Arbeitsplatzgrenzwerte nach TRGS 900 (Beispiele)

Schadstoffe	Bleistaub	Zinnstaub	Quecksilber	Phenol	Tetrachlorethan	Toluol	Aceton
TRGS-Werte in mg/m³	0,1	2	0,1	7,8	7	190	1200

Durch verantwortungsvollen Umgang mit gesundheitsschädigenden Stoffen kann jeder am Fertigungsprozess Beteiligte beitragen, schädigende Auswirkungen auf die Gesundheit zu vermeiden **(Tabelle 2)**.

Tabelle 2: Gesundheitsschädigende Stoffe, Umgang und Auswirkungen

Gesundheitsschädigende Stoffe	Umgang mit Schadstoffen	Gesundheitsschädigende Wirkung
• Reinigungs-, Lösungs- und Entfettungsmittel, z. B. Trichlorethen (Tri) Perchlorethen (Per)	• Hautkontakt vermeiden, Dämpfe nicht einatmen! • Abluft- und Belüftungseinrichtungen vorsehen!	• Häufiger Hautkontakt und Einatmen der Dämpfe kann zu schweren Lungen-, Nieren- und Leberschäden führen
• Kühl- und Schmierstoffe • Mineralöle mit chemischen Zusätzen	• Hautkontakte verhindern, Schutzhandschuhe tragen! • Ölnebel absaugen, Maschinen kapseln!	• Erkrankungen der Haut (Öl-Akne, Öl-Ekzem), Reizung oder Infektion der Atemwege.
• Schwermetallhaltige Feinstäube und Dämpfe beim Löten: Blei, Cadmium; beim Schweißen: Zink, Chrom, Mangan	• Feinstäube und Dämpfe nicht einatmen! • Absaugvorrichtung benutzen, bei Umluftanlagen Filter einsetzen!	• Schwere Vergiftung und Schädigung des Blutes!
• Feinstäube und Rußpartikel, Schleifstäube • Abgase z.B. in Härtereien und bei der Stahlherstellung	• Durch Belüftung für staubfreie Atemluft sorgen, Absaugvorrichtung benutzen! • Staubschutzmaske tragen!	• Bei lang andauerndem Einatmen staubhaltiger Luft werden Atmungsorgane geschädigt (Staublunge, Krebsgefahr!)
• Asbest z. B. in Wärmedämmungen, Dichtungen, Bremsbelägen und als Asbestzement	• Asbest fachgerecht entsorgen! • Staubschutzmaske tragen! • Asbeststaub nicht einatmen! • Asbest-Verbundstoffe nicht trennschleifen!	• Einatmen von Asbeststaub verursacht Asbestose und Lungenkrebs!

13.4.2 Wiederverwertung und Entsorgung von Abfallstoffen

Hilfs- und Betriebsstoffe verursachen bei der Herstellung von Produktionsgütern Kosten. Durch sparsamen Werkstoffeinsatz kann man diese Kosten senken und gleichzeitig aktiven Umweltschutz betreiben. Viele Werkstoffabfälle, z. B. aus Aluminium, Kupfer, Stahl oder aus Kunststoff, sind ohne großen Aufwand zur Wiederverwertung (Recycling) geeignet **(Tabelle, Seite 270)**.

Das **Kreislaufwirtschafts- und Abfallgesetz** (KrW-/AbfG) regelt den ordnungsgemäßen Umgang mit Abfällen **(Übersicht)**. Danach sind Abfälle grundsätzlich zu vermeiden, unvermeidbare Abfälle wieder zu verwerten. Sind Abfälle nicht wieder verwertbar, so sind sie ordnungsgemäß, ggf. als Sondermüll, zu entsorgen. Zur Rücknahme von Abfällen, z. B. von Verpackungen oder von verbrauchten Batterien, sind Hersteller und Händler verpflichtet. Verbrauchte Batterien werden in ihrem Auftrag von der Stiftung „Gemeinsames Rücknahmesystem, GRS" Verpackungen durch das „Duale System" zurückgenommen **(Symbole Bild)**.

Übersicht: Umgang mit Abfällen

- **Abfall grundsätzlich vermeiden,** z. B. keine unnötigen Verpackungen.
  Wenn nicht möglich:
- **Abfall verwerten,** z. B. durch Wiederverwertung (Recycling) von Kupfer oder Aluminium.
  Wenn nicht möglich:
- **Abfall entsorgen,** z. B. durch Hochtemperaturverbrennung oder durch Endlagerung.

a) b)

Bild: a) Gemeinsames Rücknahme-System Batterien (GRS)
b) Grüner Punkt Duales System

Ältere Anlauf-, Betriebs- oder Kompensationskondensatoren und Öltransformatoren können polychlorierte Biphenyle **(PCB)** enthalten. Diese unter der Handelsbezeichnung z. B. Clophen, Askarel oder Arcolor vertriebenen Isolieröle sind heute nicht mehr zulässig. Sie zersetzen sich im Temperaturbereich zwischen 400 °C und 800 °C in hochgiftige Dämpfe, darunter das gefährliche Dioxin.

PCB-haltige Betriebsmittel sind speziellen Entsorgungsunternehmen als Sondermüll zu übergeben.

Isolieröle von Transformatoren prüft man auf PCB-Belastung durch Zusetzen von zwei Kontrollflüssigkeiten zu einer Ölprobe **(Bild)**. Nimmt die Ölprobe eine andere Farbe an als die Kontrollflüssigkeit, liegt eine PCB-Belastung vor. Das PCB-belastete Isolieröl wird in einer Hochtemperaturanlage verbrannt, der entleerte Transformator mit Bindemittel gefüllt und zur Endlagerung gebracht.

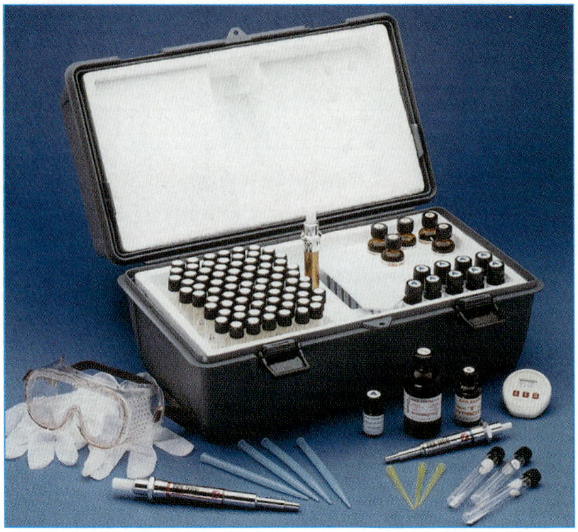

Bild: Messkoffer zum Prüfen von Isolierölen auf ihren PCB-Gehalt

Kühlgeräte können im Kältekreislauf Fluorchlorkohlenwasserstoff **(FCKW)** als Kältemittel enthalten. Fluorchlorkohlenwasserstoffe in der Luft schädigen die Ozonschicht. Deshalb muss das Kältemittel vor der Verschrottung aus dem Kältekreislauf abgesaugt und an den Hersteller zur Wiederverwertung oder zur Entsorgung zurückgegeben werden.

Tabelle: Wiederverwertung und Entsorgung von Abfallstoffen

Abfallstoffe	Wieder verwertbare Stoffe	Zu entsorgende Reststoffe
• Leitungen und Kabel; nach Leitermaterial getrennt sammeln	Aluminium, Kupfer, Blei, Stahlblech	Kunststoff- und Gummiisolierung (Sondermüll)
• Leuchtstofflampen und Quecksilberdampflampen	Glas, Quecksilber	Leuchtstoffe und Lampenfassungen (Sondermüll)
• Blei-Akkumulatoren	Blei, Batteriesäure	Bleischlämme und Batteriegehäuse (Sondermüll)
• Nickel-Cadmium-Akkumulatoren • Quecksilber-Batterien	Nickel, Cadmium, Quecksilber	Entsorgung durch den Hersteller, Nicht zum Hausmüll geben!
• Lösungsmittel, z.B. Tri, Per oder Tetra und die gelösten Stoffe	Lösungsmittel; Aufbereitung in Spezialbetrieben	Klärschlamm zur Hochtemperaturverbrennung (Sondermüll)
• Isolieröle, Schmieröle, Fette	Öle und Fette; getrennt sammeln, nicht mischen!	Aufbereitung bzw. Entsorgung durch Spezialbetriebe
• Papier, Pappe, Kartonagen	Papier, Pappe, unbeschichtete Kartonagen	Beschichtete Kartonagen zur Müllverbrennung

Wiederholungsfragen

1 **Geben Sie die vier Verursacherbereiche und ihren Anteil an der Schadstoffemission an.**

2 **Nennen Sie wieder verwertbare Werkstoffe der Elektrotechnik.**

3 **Geben Sie den Grenzwert der maximalen Arbeitsplatzkonzentration (MAK-Wert) an für a) Quecksilber, b) Trichlorethen.**

4 **Auf welche Schadstoffe muss man bei der Entsorgung von Kühlschränken besonders achten?**

5 **Wie sind Kondensatoren oder Transformatoren mit PCB-haltigen Isolierölen zu entsorgen?**

6 **Nennen Sie wieder verwertbare Abfallstoffe, die in Ihrem Betrieb anfallen.**

13.5 Energieeinsparung

Für alle technischen Vorgänge wird Energie benötigt. Damit ist Energie eine tägliche, notwendige Grundlage unseres Lebens.

Eine sichere Energieversorgung ist für den technischen und sozialen Fortschritt notwendig.

Energie kann weder erzeugt noch verbraucht werden. Energie kann man nur in andere Energieformen umformen. Trotzdem wird umgangssprachlich der Begriff Energieverbrauch verwendet. So wird z.B. in der Glühlampe elektrische Energie in Licht umgewandelt. Dieses Licht lässt sich aber nicht wieder nutzbringend in eine andere Energieform umwandeln. Man sagt: Elektrische Energie wurde verbraucht.

Vorhersagen zum weltweiten Energieverbrauch gehen von einem starken Anstieg aus **(Bild 1)**. So wird z.B. heute etwa zweieinhalbmal mehr Energie verbraucht als im Jahr 1960. Da aber die primären Energievorräte Erdöl, Erdgas, Uran und Kohle unserer Erde zu Ende gehen, ist eine Energieeinsparung notwendig. Man schätzt, dass bei unverändertem Verbrauch von Erdöl, Erdgas (fossile[1] Energieträger) und Uran die Energievorräte etwa in der Mitte dieses Jahrhunderts erschöpft sein werden **(Bild 2)**. Kohle kann dagegen etwas länger zur Energieversorgung beitragen.

Energieeinsparung und ein rationeller Energieeinsatz sind notwendig, um fossile Energieträger zu schonen und Umweltbelastungen zu verringern.

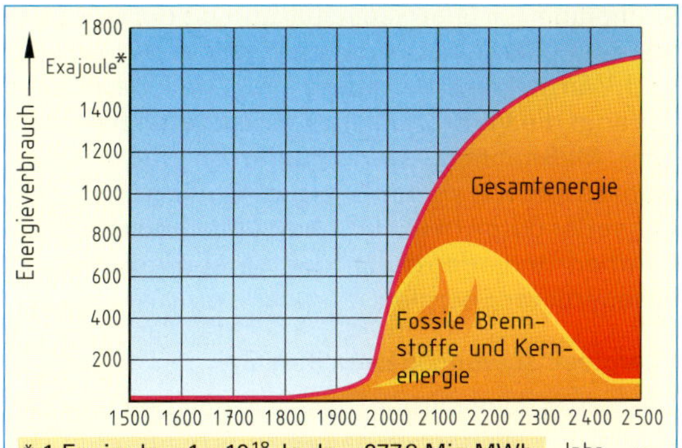

* 1 Exajoule = 1 x 10^{18} Joule = 277,8 Mio MWh

Bild 1: Entwicklung des Weltenergieverbrauchs

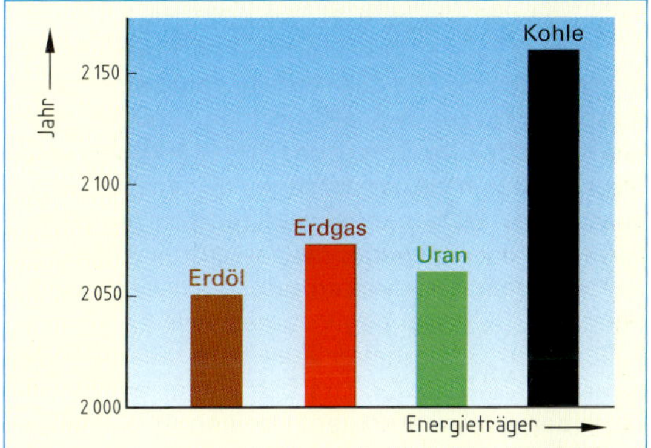

Bild 2: Geschätzte Vorräte wichtiger Energieträger

13.5.1 Rationeller Umgang mit Energie

Jedem Einzelnen ist es möglich, durch sein Verhalten Energie zu sparen. Höhere Energieeinsparungen sind dort möglich, wo hoher Energieverbrauch vorliegt. So wird z.B. im Privathaushalt etwa die Hälfte der Energie durch Heizung (49 %) verbraucht **(Bild 3)**. An zweiter Stelle des Energieverbrauchs steht das Kraftfahrzeug (34 %), danach die Warmwasserbereitung (8 %). Zur Senkung des Energieverbrauches hat der Gesetzgeber Verordnungen und Gesetze für den Verbrauch, aber auch für den Erzeuger erlassen.

Energieeinsparverordnung (EnEV)

Zur Energieeinsparung bei Neubauten wurde die am 1. Februar 2002 in Kraft getretene Energieeinsparverordnung (EnEV) beschlossen. Die EnEV fasst die bisherigen Anforderungen der Wärmeschutz-Verordnung und der Heizungsanlagen-Verordnung zusammen. Ziel der Verordnung ist es, bei Gebäuden den Jahresheizwärmebedarf unter 70 kWh/m² Wohnfläche abzusenken.

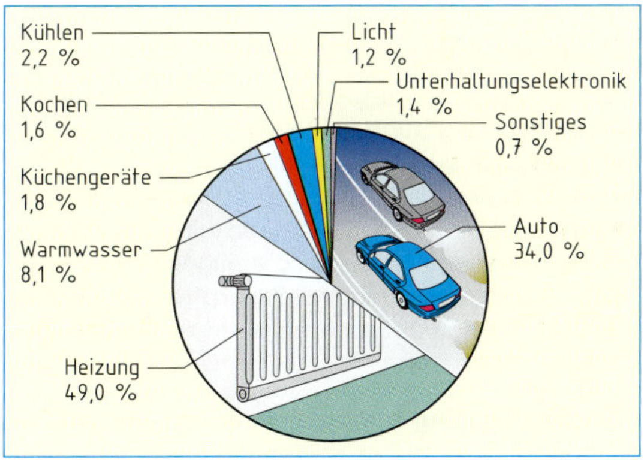

Bild 3: Verteilung des privaten Energieverbrauchs

Gesetze zum Energieeinsatz (Auswahl)

- Energieeinsparverordnung (EnEV)
- Energieeinsparungsgesetz (EnEG)
- Kraft-Wärme-Kopplungsgesetz (KWKG)
- Erneuerbare-Energien-Gesetz (EEG)

[1] fossil (lat.) = ausgegraben, urzeitlich

Grundlage zur Energieeinsparung ist der gesamte Energiebedarf eines Neubaus für Heizung, Lüftung und Warmwasserbereitung. Von den Bauherren verlangt die Verordnung nur wirtschaftlich vertretbare Maßnahmen. Den Bauherren und Planern steht es frei, wie sie den Energiestandard erreichen, entweder durch bauliche, anlagentechnische Maßnahmen und/oder durch den verstärkten Einsatz erneuerbarer Energien.

Energieeinsparungsgesetz (EnEG)

Das Energieeinsparungsgesetz regelt den energiesparenden Wärmeschutz bei zu errichtenden Gebäuden. Dabei werden besondere Anforderungen an heizungs- und raumlufttechnische Anlagen sowie an Brauchwasseranlagen gestellt.

Kraft-Wärme-Kopplungsgesetz (KWKG)

Am 1. April 2002 ist das Gesetz für die Erhaltung, die Modernisierung und den Ausbau der Kraft-Wärme-Kopplung (KWK) in Kraft getreten. Bei der Kraft-Wärme-Kopplung erzeugt das Kraftwerk gleichzeitig Strom und Wärme, wodurch der Gesamtwirkungsgrad bis zu 90 % betragen kann. Man nutzt also zusätzlich die Abwärme, die sonst über Kühltürme verloren geht, zum Heizen oder zur Warmwasserbereitung. Betreiber begünstigter KWK-Anlagen erhalten vom Gesetzgeber Zuschlagszahlungen bis zum Jahr 2010. Besonders begünstigt werden die Betreiber von neu errichteten kleinen KWK-Anlagen bis 50 kW und künftig auch Brennstoffzellen-Anlagen. Brennstoffzellen **(Seite 60)** erzeugen Gleichstrom aus Wasserstoff und Sauerstoff durch elektrochemische Reaktionen.

Erneuerbare-Energien-Gesetz (EEG)

Das Erneuerbare-Energien-Gesetz regelt die Abnahme und die Vergütung von elektrischer Energie, die ausschließlich aus Wasserkraft, Windkraft, Solaranlagen, Geothermie, Deponiegas, Klärgas, Grubengas oder aus Biomasse gewonnen wird. Verteilungsnetzbetreiber, die Netze für die allgemeine Versorgung betreiben, sind gesetzlich verpflichtet, diese so erzeugte Energie abzunehmen und zu festgelegten Preisen zu vergüten.

Energieeinsparung durch sparsame Haushaltsgeräte

Neue Haushaltsgeräte haben meist einen wesentlich höheren Wirkungsgrad (Energieeffizienz) als ältere Geräte, wobei besondere Einflussfaktoren beachtet werden müssen. Um dem Verbraucher bei Neugeräten, z.B. Haushaltslampen, Kühl- und Gefrierschränken, Geschirrspülern, Waschmaschinen und Wäschetrocknern, Entscheidungshilfen zu geben, hat man das EU-Energie-Etikett **(Bild)** eingeführt. Der Kennbuchstabe „A" steht z.B. für einen niedrigen, „G" für einen hohen Verbrauch. Die Kenn-

Erneuerbare Energien*

Energiequellen, die praktisch unerschöpflich sind, z. B. Sonnenenergie, Erdwärme, Wind und Gravitation (Anwendung: Gezeitenkraftwerke).

* auch als regenerative Energien bezeichnet
regenerativ (lat.) = erneuerbar

Einflussfaktoren auf den Energieverbrauch von Haushaltsgeräten

- **Gerätealter**
- **Benutzungshäufigkeit**
- **Wartung**
- **Aufstellungsort**
- **Betriebsweise,** z.B. Dauerbetrieb, Stand-by-Betrieb
- **Programmwahl,** z.B. bei Geschirrspülern
- **Beladung,** z.B. bei Waschmaschinen

Energieeffizienzklasse

- Es gibt die Kennbuchstaben A bis G.
- Der Energieverbrauch steigt von A nach G.
- Bei der Energieeffizienzklasse A+ verbrauchen z.B. Kühlgeräte etwa ein Viertel weniger als vergleichbare Modelle der Energieeffizienzklasse A.

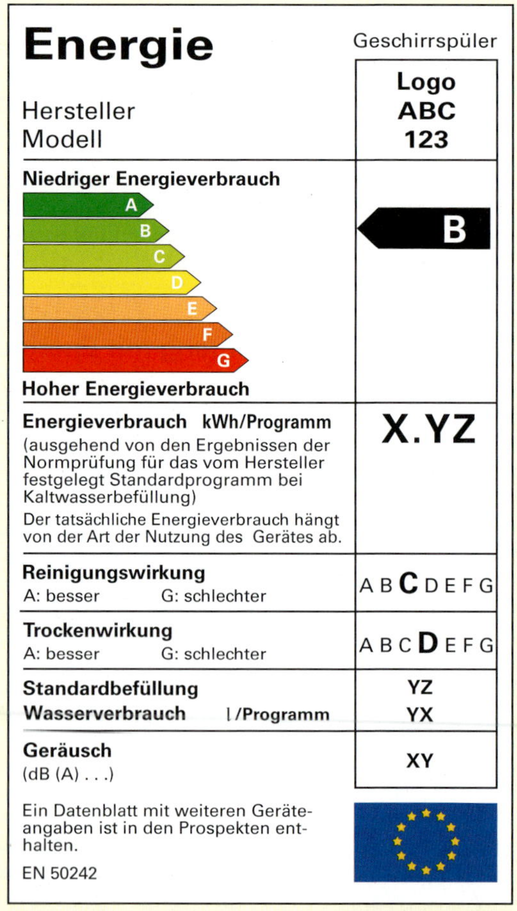

Bild: EU-Energie-Etikett, z. B. eines Geschirrspülers

zeichnungspflicht beruht auf Richtlinien der Europäischen Union. Weitere Hilfen beim Kauf elektrischer oder elektronischer Geräte sind der „Blaue Engel" **(Bild a)** sowie das neue Zeichen „Energy" der Gemeinschaft Energielabel Deutschland **(Bild b)**.

Geräte, die das Energielabel tragen, weisen einen niedrigen Energieverbrauch auf und vermindern die Betriebskosten und die Umweltbelastung.

Das Umweltzeichen „Blauer Engel" kennzeichnet verbraucherbezogene Produkte und Dienstleistungen. Ausgezeichnet werden Produkte und Dienstleistungen, die besonders umweltfreundlich sind und zugleich hohe Ansprüche an den Arbeits- und Gesundheitsschutz sowie an die Gebrauchstauglichkeit stellen. Bei der Vergabe des Umweltzeichens wird besonders auf einen sparsamen Rohstoffeinsatz, umweltschonende Produktion und recyclingfähige Konstruktion sowie umweltbewusste Entsorgung geachtet.

Mit dem Umweltzeichen „Blauer Engel" werden auf freiwilliger Basis die positiven Umwelteigenschaften von Produkten und Dienstleistungen durch Hersteller gekennzeichnet.

13.5.2 Stand-by-Betrieb

Pro Jahr werden in Deutschland durch den Stand-by-Betrieb, also durch ständige Bereitschaft von elektrischen Geräten, 2 bis 3 Mrd. kWh elektrischer Energie teilweise unnötig verbraucht. Dies entspricht dem Energieverbrauch von etwa einer Million Haushalte. Elektrische Kleingeräte, z.B. Schaltuhren, Videorecorder, haben geringe Stand-by-Leistungen zwischen 1 W und 10 W. Bedingt durch ständige Bereitschaft ergibt sich aber ein erheblicher Energieverbrauch **(Tabelle)**, da das Gerät auch im Stand-by-Betrieb Energie benötigt.

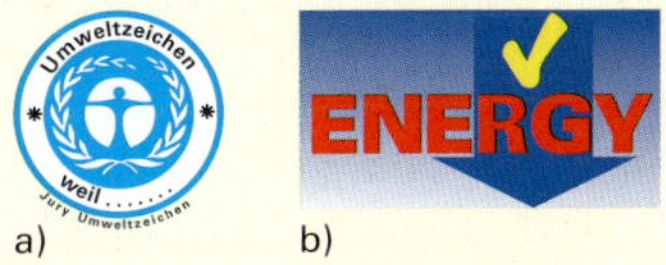

a) b)

Bild: Umweltzeichen und Energielabel

Deutsch – Englisch

- Betriebskosten: *cost of operation*
- Energiesparen: *energy reduction*
- Energiesparlampe: *energy saving bulb*
- Energieverbrauch: *energy consumption*
- Umweltschutz: *environment protection*
- Umweltzeichen: *ecolabel*

* weitere deutsch-englische Begriffe: Seite 624

Tabelle: Jährlicher Energieverbrauch elektrischer Kleingeräte im Stand-by-Betrieb in einem Haushalt (Beispiele)

Gerät	Leistung	Energieverbrauch
Antennenverstärker	4 W	35 kWh
Anrufbeantworter	6 W	53 kWh
elektrische Uhr	2 W	17 kWh
Klingeltrafo	0,8 W	7 kWh
Schaltuhr	1,5 W	13 kWh
Videorecorder	10 W	85 kWh

Elektrische Arbeit, **Seite 37**

Betriebskosten Stand-by-Betrieb

Eine Anschlussleistung von einem Watt verursacht im Jahr einen Stromverbrauch von 8,76 kWh. Als Energiekosten (Stromentgelt) entstehen dadurch bei einem Arbeitspreis von 0,19 €/kWh etwa 1,66 € pro Jahr.

Beispiel:

Ein Satellitenreceiver mit einer Leistung von 8 W wird ganzjährig am Wechselspannungsnetz betrieben. Berechnen Sie **a)** den jährlichen Energieverbrauch (elektrische Arbeit) W und **b)** die Kosten VE bei einem Arbeitspreis $VP = 0{,}19$ €/kWh. **c)** Wie viele Stunden kann ein Computer mit einer Leistung von 210 W bei dem gleichen Energieverbrauch wie bei Teilaufgabe a) betrieben werden?

Lösung:

a) $\boldsymbol{W} = P \cdot t = 8\,\text{W} \cdot 365 \cdot 24\,\text{h} = 70080\,\text{Wh} = \mathbf{70\,kWh}$

b) $\boldsymbol{VE} = W \cdot VP = 70\,\text{kWh} \cdot 0{,}19\,€/\text{kWh} = \mathbf{13{,}30\,€}$

c) $\boldsymbol{t} = \frac{W}{P} = \frac{70\,\text{kWh}}{0{,}21\,\text{kW}} = \mathbf{333\,h}$

Eine Energieeinsparung ist meist nur durch Trennen des Gerätes vom Netz z.B. durch eine schaltbare Steckdose möglich. Beim Kauf von Geräten, die oft im Stand-by-Modus betrieben werden, z.B. Videorecorder, Fernsehgeräte, Mobiltelefone, sollte auf einen niedrigen Verbrauchswert im Stand-by-Betrieb geachtet werden.

13.5.3 Tipps zum Energiesparen

Etwa ein Drittel des gesamten Energiebedarfs wird in privaten Haushalten verbraucht.

Regeln zum Energiesparen:
1. Unnötigen Energieverbrauch vermeiden.
2. Verluste minimieren.
3. Technische Verbesserungen nutzen.
4. Energierückgewinnung künftig einplanen.
5. Einsatz erneuerbarer Energien ausschöpfen.

Folgende Beispiele können als Anregung zur Energieeinsparung dienen:

- Künftig Energiesparlampen verwenden. Diese benötigen nur etwa $\frac{1}{5}$ der Energie herkömmlicher Glühlampen. Da die Lebensdauer von Energiesparlampen das 8fache der Glühlampen beträgt, ergibt sich trotz des höheren Anschaffungspreises eine Energie- und Kosteneinsparung **(Tabelle)**.
- Beleuchtungskörper regelmäßig reinigen.
- Energiesparen durch Verzicht auf Stand-by-Betrieb. Manche Geräte, z. B. Anrufbeantworter, Faxgeräte, benötigen durch ständigen Stand-by-Betrieb Energie.
- Ältere Geräte verbrauchen im Stand-by-Betrieb pro Jahr z. B. etwa 150 kWh, Neugeräte nur etwa 10 kWh pro Jahr.
- Geräte mit ständigem Stand-by-Betrieb zu bestimmten Zeiten, z. B. nachts, durch schaltbare Steckdosen vom Netz trennen.
- Computer und Monitor mithilfe des Power-Managements **(Bild)** z. B. nach einer Stunde abschalten.
- Bei Neukauf von Geräten, z. B. Kühlschrank, auf niedrigen Energieverbrauch durch Kontrolle mithilfe der Energieeffizienzklasse achten (sparsame Geräte haben die Kennzeichnung A⁺, A oder B).
- Hohe Energieverbraucher, z. B. beheizte Aquarien, vermeiden. Sie benötigen etwa 1000 kWh pro Jahr.
- Kühl- und Gefriergeräte sparen etwa 5 % Energie, wenn sie in einem kühlen Raum aufgestellt werden. Direkte Sonneneinstrahlung vermeiden.
- Nicht befüllte Räume in Kühl- und Gefriergeräten benötigen auch Energie. Deshalb bei Neukauf die Gerätegröße den persönlichen Bedarf anpassen.
- Die Lagertemperatur soll bei Kühlschränken etwa 8 °C und bei Gefriergeräten etwa – 18 °C betragen.
- Bei Senkung der Raumtemperatur um 1 °C wird etwa 6 % weniger Heizenergie benötigt.

Energieverbrauch (Aufteilung)
- Industrie (26 %)
- Verkehr (28 %)
- Handel und Gewerbe (16 %)
- Private Haushalte (30 %)

Quelle: Bundesministerium für Wirtschaft und Technologie

Tabelle: Vergleich der Kosten von Glüh- und Energiesparlampe

	Glühlampe	Energiesparlampe
Anschaffungspreis	0,50 €	5 €
Leistung (elektr.)	60 W	11 W
Lebensdauer	1000 h	8000 h
Energiekosten für 8000 h Betrieb bei 0,14 €/kWh	67,20 €	12,32 €
Anschaffungskosten Energiekosten	8 × 0,5 € + 67,20 €	1 × 5 € + 12,32 €
Gesamtkosten für 8000 h Betrieb	= 71,20 €	= 17,32 €
Ersparnis mit Energiesparlampe		**53,88 €**

In Deutschland gilt das „Gesetz über das Inverkehrbringen, die Rücknahme und die umweltverträgliche Entsorgung von Elektro- und Elektronikgeräten (Elektro- und Elektronikgerätegesetz, Elektro G)". Es verbietet den Einsatz bestimmter Schadstoffe, z. B. von mehr als 0,1 Gewichtsprozent Blei und Quecksilber, in fast allen neuen Elektro- und Elektronikgeräten.

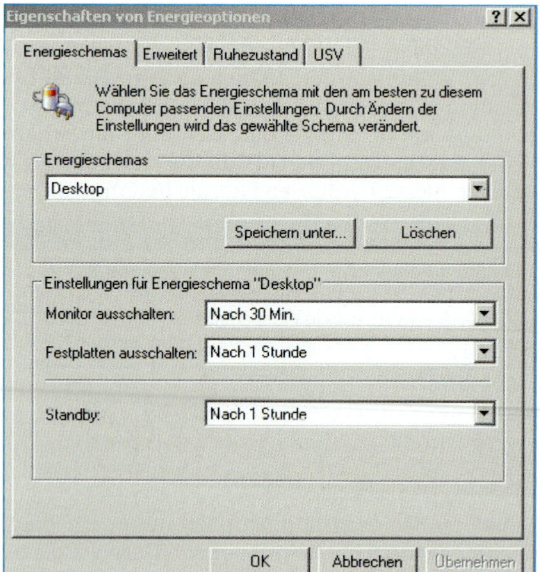

Bild: Power-Management beim Computer

Wiederholen – Anwenden – Vertiefen: Werkstoffe, Fertigg., Umwelt*

1. Nennen Sie je drei Beispiele für **a)** Konstruktionswerkstoffe und **b)** Hilfswerkstoffe der Elektrotechnik.
2. Wodurch wird die elektrische Leitfähigkeit bei Halbleiterwerkstoffen, z.B. Silicium, beeinflusst?
3. Nennen Sie je zwei **a)** Leiterwerkstoffe, **b)** Widerstandswerkstoffe und **c)** Kontaktwerkstoffe. Geben Sie je zwei Anwendungsbeispiele an.
4. Um welche Werkstoffe handelt es sich bei **a)** PVC, **b)** PS, **c)** PE, **d)** PA und **e)** EP?
5. Warum verwendet man in geschlossenen Leuchten Isolierschläuche aus Silikon?
6. Darf man in einem Elektrogerät, z.B. in einem Warmwasserspeicher, zur Wärmeisolierung Asbest verwenden? Begründen Sie Ihre Entscheidung.
7. Aus welchem Werkstoff besteht der Außenmantel der Leitung H07V-U?
8. Um wievielmal höher ist die Durchschlagfestigkeit von Epoxidharz im Vergleich zur Luft?
9. Warum verwendet man z.B. bei Freileitungen und Niederspannungskabeln Aluminium statt Kupfer?
10. Nennen Sie zwei Anwendungsbeispiele für Elektrokohle.
11. Für welche Verbindungsart werden Aderendhülsen aufgebracht?
12. Wodurch unterscheiden sich Weich- und Hartlöten?
13. Nennen Sie industrielle Lötverfahren.
14. Welches Weichlot wird in der Elektrotechnik bevorzugt verwendet?
15. Nennen Sie Vorteile von Klebeverbindungen.
16. Welche Bedeutung haben die Zeichen nach **Bild 1**?

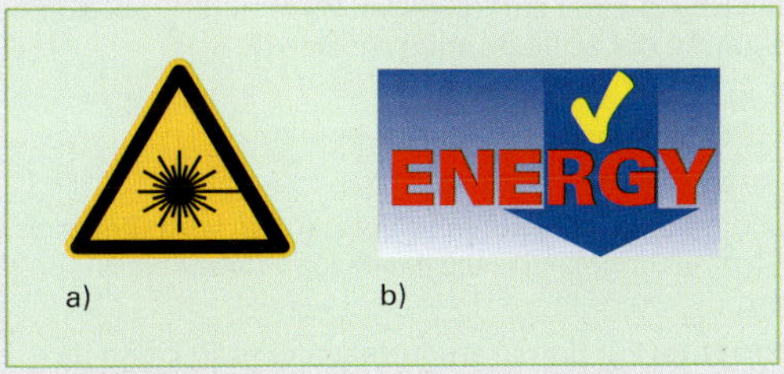

Bild 1: Zeichen

17. Nennen Sie drei Basismaterialien für gedruckte Schaltungen.
18. Beschreiben Sie den Aufbau einer Mehrlagen-Leiterplatte.
19. Nennen Sie Vorteile der SMD-Technik.
20. Was versteht man unter Reflowlöten?
21. Zeichnen Sie mithilfe der Stückliste und des Bestückungsplanes **(Bild 2)** den aufgelösten Stromlaufplan eines Durchgangsprüfers.

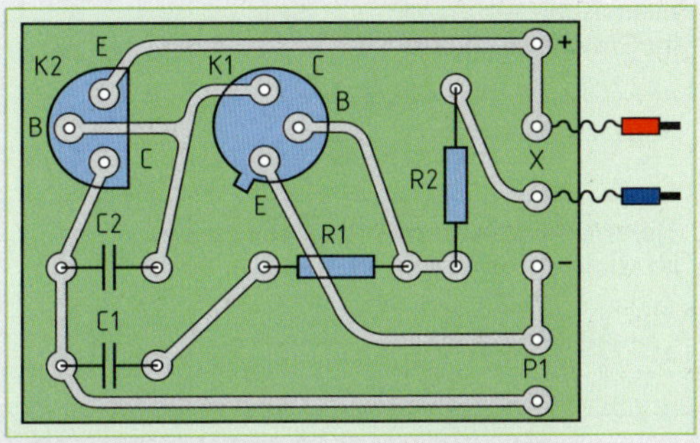

Bild 2: Bestückungsplan (Leiterbahnseite)

Stückliste:

K1:	NPN-Transistor, z. B. BC 237
K2:	PNP-Transistor, z. B. BC 250
R1:	Widerstand 1 kΩ
R2:	Widerstand 100 kΩ
C1:	Kondensator 47 nF
C2:	Kondensator 10 nF
P1:	Lautsprecher 8 Ω/50 mW
X:	Prüfanschlüsse

22. Erklären Sie den Begriff Recycling.
23. Wie werden **a)** Batterien und **b)** Leuchtstofflampen vorschriftsmäßig entsorgt?
24. Nennen Sie Beispiele für erneuerbare Energien.
25. Übersetzen Sie folgende Fachbegriffe in die englische Sprache: Energiesparen, Energiesparlampe, Energieverbrauch und Umweltschutz.
26. Eine Uhr (230 V/3 W) wird ganzjährig bei einem Arbeitspreis von 0,23 €/kWh betrieben. Berechnen Sie **a)** die elektrische Arbeit, **b)** die Kosten und **c)** die möglichen Betriebsstunden einer 8-W-Energiesparlampe bei gleichem Energieverbrauch.

* Ergebnisse der Rechenaufgaben Seite 297

Wichtige Formeln (1)

Formelzeichen nach: **DIN 1304**

Bezeichnung	Formel	Hinweise
Ohmsches Gesetz (Seite 32) 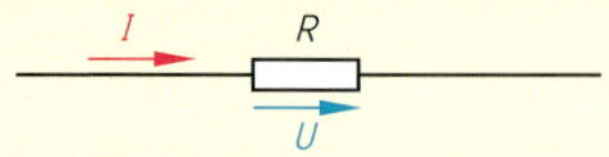	$I = \frac{U}{R}$	Bei gleichbleibendem ohmschen Widerstand R verhalten sich Stromstärke I und Spannung U proportional.
Leiterwiderstand *R* (Seite 33) 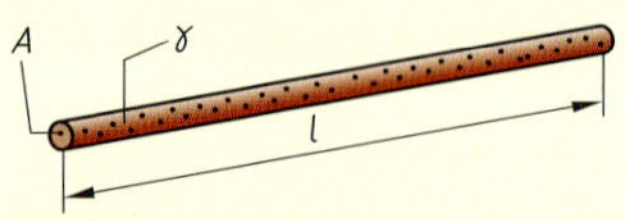	$R = \frac{l}{\gamma \cdot A}$ $\varrho = \frac{1}{\gamma}$	Der Leiterwiderstand R wird von der Leiterlänge l, dem Leiterquerschnitt A und der elektrischen Leitfähigkeit γ bzw. vom spezifischen Widerstand ϱ des Materials bestimmt. **Beachte:** Nach DIN VDE sind Leiter-Mindestquerschnitte **(Tabelle 4, Seite 288)** einzuhalten.
Elektrische Arbeit *W* im Gleichstromkreis (Seite 38) 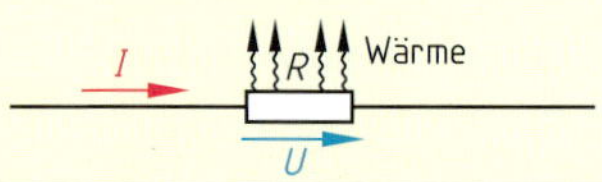	$W = U \cdot I \cdot t$	Elektrische Arbeit W wird vom Elektrizitätszähler gemessen und in kWh angezeigt. Arbeit muss aufgewendet werden, um Energie umzuwandeln.
Elektrische Leistung *P* im Gleichstromkreis (Seite 39) 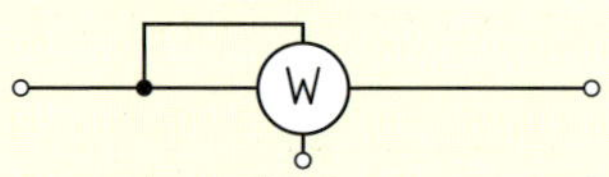	$P = U \cdot I$	Die elektrische Leistung P kann direkt mit einem Wirkleistungsmesser und nur im Gleichstromkreis indirekt mit einer U-I-Messung ermittelt werden.
Wirkungsgrad η (Seite 41) 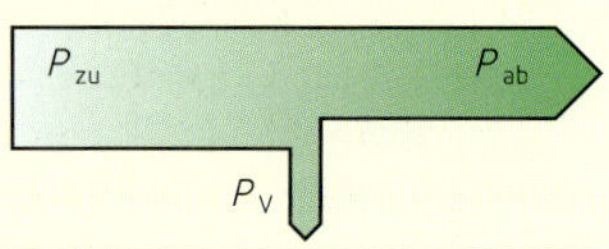	$\eta = \frac{P_{ab}}{P_{zu}}$ $\eta \leq 1$	Der Wirkungsgrad η gibt das Verhältnis von abgegebener, nutzbarer Leistung P_{ab} zur aufgenommenen Leistung P_{zu} an (P_V: Verlustleistung). **Beachte:** Bei Elektromotoren steht auf dem Leistungsschild immer die an der Welle abnehmbare Leistung P_{ab}, bei elektrischen Geräten, z. B. Heizofen P_{zu}.
Spannungen an der Reihenschaltung (Seite 44) 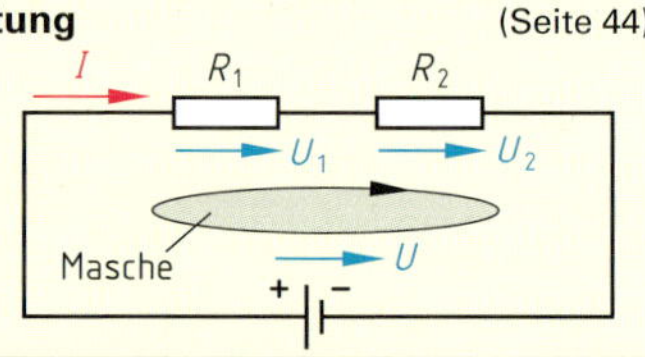	$U = U_1 + U_2 + \ldots$ $\frac{U_1}{U_2} = \frac{R_1}{R_2}$ $\Sigma U = 0$	Die Summe der Teilspannungen U_1, U_2, ... ist gleich der Gesamtspannung U. Die Spannungen verhalten sich zueinander, wie die zugehörigen Widerstände. Für einen geschlossenen Umlauf (Masche) ist die Summe aller Spannungen gleich Null. Bsp.: $U_1 + U_2 - U = 0$ **Beachte:** Richtung der Spannungspfeile.
Gesamtwiderstand *R* einer Reihenschaltung (Seite 45) 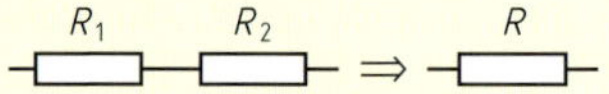	$R = R_1 + R_2 + \ldots$	Der Gesamtwiderstand R einer Reihenschaltung ist gleich der Summe der Einzelwiderstände R_1, R_2, ... **Beachte:** In der Reihenschaltung ist der Strom an jeder Stelle gleich groß.
Stromteilung, allgemein (Seite 48) (Knotenpunktregel) 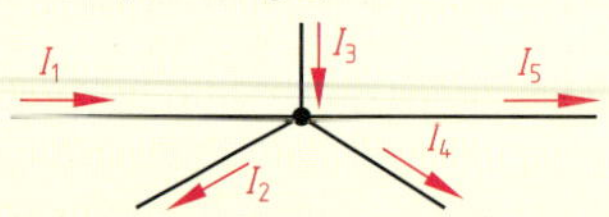	$\Sigma I_{zu} = \Sigma I_{ab}$	An einem Knotenpunkt (Stromverzweigungspunkt) ist die Summe der zufließenden Ströme (ΣI_{zu}) gleich der Summe der abfließenden Ströme (ΣI_{ab}). Bsp.: $I_1 + I_3 = I_2 + I_4 + I_5$
Stromteilung in der Parallelschaltung (Seite 48) 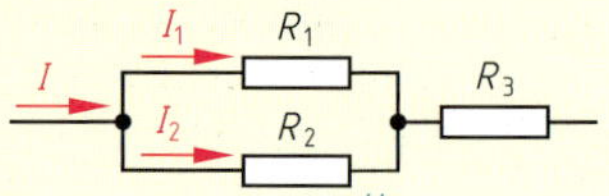	$\frac{I_1}{I_2} = \frac{R_2}{R_1}$ $\frac{I_1}{I} = \frac{R_1 \parallel R_2}{R_1}$	In parallel geschalteten Widerständen verhalten sich die Ströme umgekehrt, wie die dazugehörenden Widerstände. **Beachte:** Für die Stromaufteilung hat R_3 keine Bedeutung. R_3 bestimmt aber den Gesamtstrom I mit. (Das Zeichen ‖ bedeutet parallel geschaltet).

Wichtige Formeln (2)

Formelzeichen nach: **DIN 1304**

Bezeichnung	Formel	Hinweise
Ersatzwiderstand der Parallelschaltung (Seite 49) 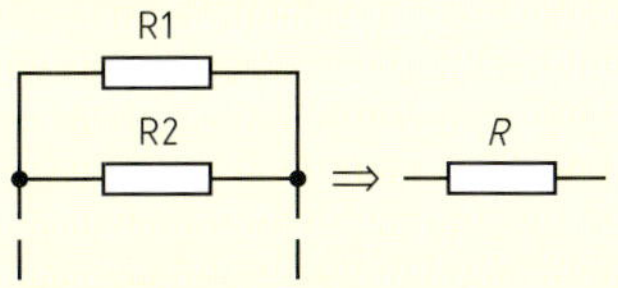	$\frac{1}{R} = \frac{1}{R_1} + \frac{1}{R_2} + \ldots$ Bei zwei ohmschen Widerständen gilt: $R = \frac{R_1 \cdot R_2}{R_1 + R_2}$	Der Kehrwert des Ersatzwiderstandes *R* ist gleich der Summe der Kehrwerte der Einzelwiderstände R_1, R_2, … **Beachte:** Der Ersatzwiderstand *R* von parallel geschalteten Widerständen ist immer kleiner als der kleinste Einzelwiderstand.
Spannungsquelle bei Belastung (Seite 55) 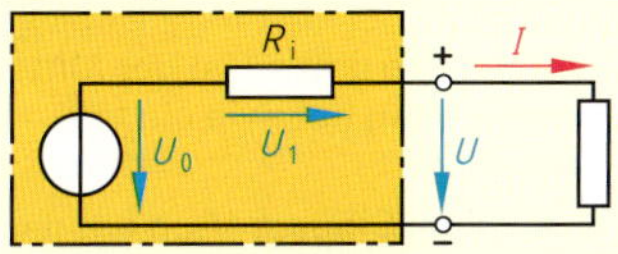	$U = U_0 - (I \cdot R_i)$	Die Klemmenspannung *U* einer Spannungsquelle ist bei Belastung um den inneren Spannungsfall U_i ($U_i = I \cdot R_i$) kleiner als die Leerlaufspannung U_0.
Elektrische Feldstärke *E* (Seite 65) 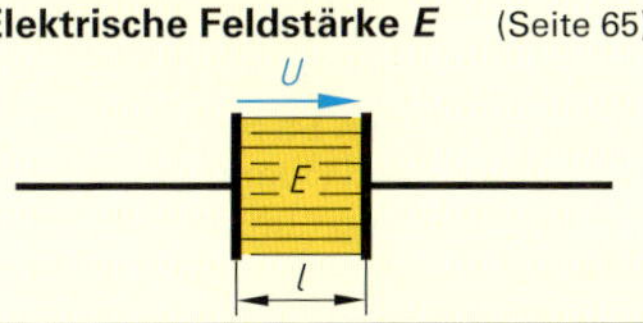	$E = \frac{F}{Q}$ $E = \frac{U}{l}$	Die elektrische Feldstärke *E* bewirkt eine Kraft *F* auf eine elektrische Ladung *Q*. **Beachte:** Nur im homogenen Feld kann die elektrische Feldstärke *E* als Spannung *U* pro Abstand *l* ermittelt werden.
Kapazität *C* des Kondensators (Seite 68) 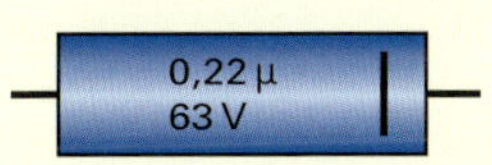	$C = \varepsilon \cdot \frac{A}{l}$ mit $\varepsilon = \varepsilon_0 \cdot \varepsilon_r$	Die Kapazität *C* bestimmt die Speicherfähigkeit für elektrische Ladungen eines Kondensators. Elektrische Feldkonstante ε_0: $8{,}85 \cdot 10^{-12}\ \frac{As}{Vm}$ ε_r gibt an, wie viel mal größer *C* wird, wenn statt Luft ein anderer Isolierstoff als Dielektrikum verwendet wird.
Zeitkonstante τ beim Kondensator (Seite 69) 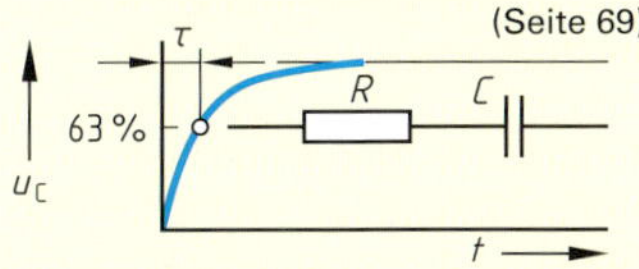	$\tau = R \cdot C$ $t_C \approx 5 \cdot \tau$	Die Zeitkonstante τ beim Kondensator bestimmt die Zeitdauer t_C für den praktischen Auflade- bzw. Entladevorgang. **Beachte:** R (in kΩ) · C (in µF) = τ (in ms)
Gesamtkapazität *C* der Reihenschaltung (Seite 71) 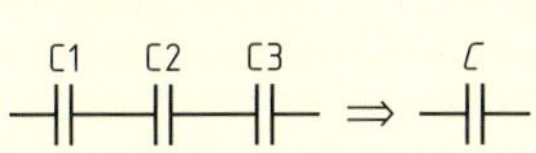	$\frac{1}{C} = \frac{1}{C_1} + \frac{1}{C_2} + \ldots$ Bei zwei Kondensatoren gilt: $C = \frac{C_1 \cdot C_2}{C_1 + C_2}$	Der Kehrwert der Gesamtkapazität *C* einer Reihenschaltung von Kondensatoren ergibt sich aus den Kehrwerten der Einzelkapazitäten C_1, C_2, …
Gesamtkapazität *C* der Parallelschaltung (Seite 71) 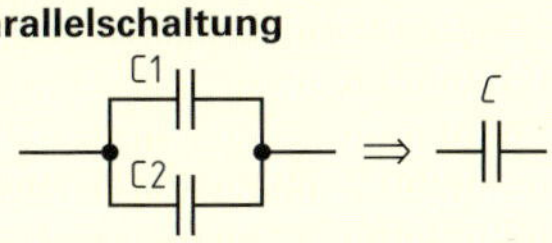	$C = C_1 + C_2 + \ldots$	Die Gesamtkapazität *C* einer Parallelschaltung von Kondensatoren ergibt sich aus der Summe der Einzelkapazitäten C_1, C_2, …
Elektrische Durchflutung Θ einer Spule (Seite 79) 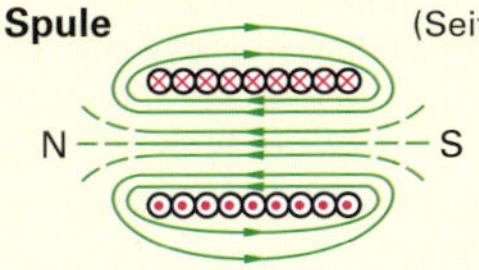	$\Theta = I \cdot N$	Die elektrische Durchflutung Θ wird bei einer Spule durch das Produkt der Windungszahl *N* und der Stromstärke *I* bestimmt. Man erreicht die gleiche Durchflutung einer Spule mit einer großen Stromstärke und kleiner Windungszahl oder mit kleiner Stromstärke und großer Windungszahl.

Infoteil

Wichtige Formeln (3)

Formelzeichen nach: **DIN 1304**

Bezeichnung	**Formel**	**Hinweise**
Induktionsgesetz, allgemein (Seite 90) 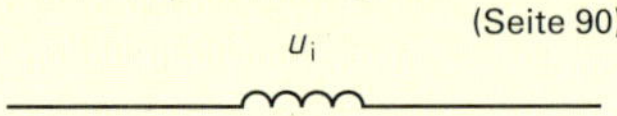	$u_i = -N \cdot \frac{\Delta\Phi}{\Delta t}$	Eine Induktionsspannung u_i wird erzeugt, wenn sich in einer Spule der magnetische Fluss in einer bestimmten Zeit ändert ($\Delta\Phi / \Delta t$). **Beachte:** Lenzsche Regel (Seite 88)
Kreisfrequenz ω (Seite 115) 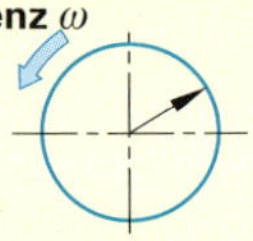	$\omega = 2\pi \cdot f$	Die Kreisfrequenz ω ist das Produkt vom Bogenmaß 2π (entspricht dem Drehwinkel 360 °) und der Frequenz f.
Effektivwerte bei (Seite 116) **Sinus-Wechselstrom** I **Sinus-Wechselspannung** U 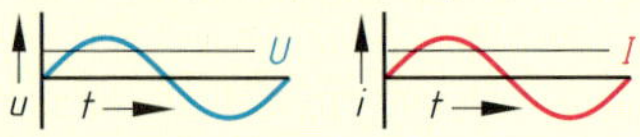	$I = \frac{\hat{i}}{\sqrt{2}}$ $U = \frac{\hat{u}}{\sqrt{2}}$	Der Effektivwert eines Wechselstromes I ist der Mittelwert, der die selbe Wärmewirkung hat, wie ein entsprechender Gleichstrom. **Beachte:** Der Effektivwert ist bei Sinusgrößen um das $\sqrt{2}$-fache kleiner als der Scheitelwert.
Scheinwiderstand Z (Seite 118) **im Wechselstromkreis** 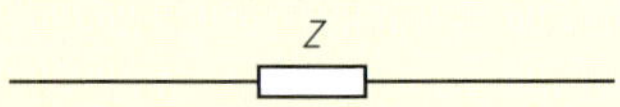	$Z = \frac{U}{I}$	Im Wechselstromkreis begrenzt immer der Scheinwiderstand Z (Gesamtwiderstand) den Strom I. Er berücksichtigt neben dem ohmschen Widerstand und je nach Schaltung auch den induktiven und/oder den kapazitiven Blindwiderstand.
Induktiver Blindwiderstand X_L (Seite 119) 	$X_L = \omega \cdot L$	Der induktive Blindwiderstand X_L einer Spule wird nur bei Wechselstrom wirksam.
Kapazitiver Blindwiderstand X_C (Seite 120) 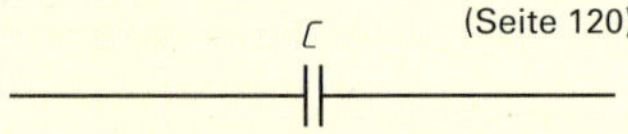	$X_C = \frac{1}{\omega \cdot C}$	Der kapazitive Blindwiderstand X_C wird nur bei Wechselstrom wirksam.
Spannungsfall ΔU (Seite 200) **an Gleichstromleitungen** 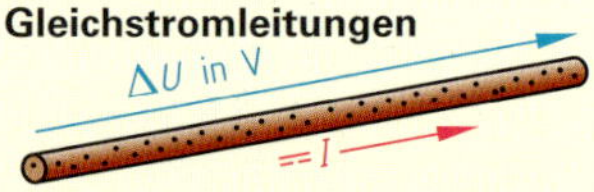	$\Delta U = \frac{2 \cdot l \cdot I}{\gamma \cdot A}$	Der Spannungsfall ΔU hängt von der Leiterlänge l, der Stromstärke I, vom Leiterwerkstoff γ und vom Leiterquerschnitt A ab.
Spannungsfall ΔU (Seite 200) **an Wechselstromleitungen** 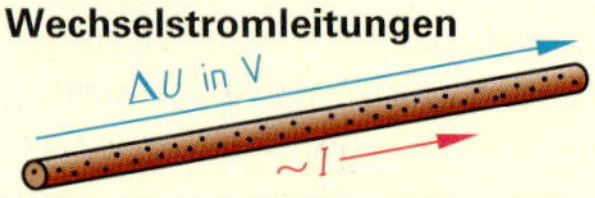	$\Delta U = \frac{2 \cdot l \cdot I \cdot \cos\varphi}{\gamma \cdot A}$	Der Spannungsabfall ΔU bei Wechselstromleitungen wird auch durch Blindwiderstände beeinflusst, die durch den Leistungsfaktor $\cos\varphi$ erfasst sind.
Prozentualer Spannungsfall Δu (Seite 200) 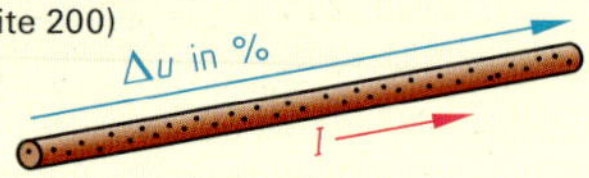	$\Delta u = \frac{\Delta U \cdot 100\ \%}{U}$	Zulässiger Spannungsfall Δu nach DIN: • 3 % der Netznennspannung U zwischen Zähler und Verbraucher, z. B. 6,9 V bei 230 V. • 4 % insgesamt zwischen Hausanschlusskasten und Verbraucher.
Transistorströme (Seite 156) 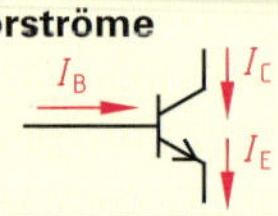	$I_E = I_B + I_C$	Beim bipolaren Transistor ist der Emitterstrom I_E der größte Strom. **Beachte:** $I_B << I_C \Rightarrow I_C \approx I_E$
Gleichstromverhältnis B (Seite 156) **des Transistors** 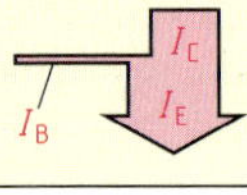	$B = \frac{I_C}{I_B}$	Das Verhältnis B drückt die Gleichstromverstärkung des Transistors im Arbeitspunkt aus. Der Kollektorstrom I_C ist um den Faktor B größer als der Basisstrom I_B. **Beachte:** B hat keine Einheit.

Schaltzeichen (1)

DIN EN 60617

Schaltzeichen für Übersichtsschaltpläne

Schaltzeichen	Benennung*	Schaltzeichen	Benennung*	Schaltzeichen	Benennung*
	Steckdose, allgemein (Socket outlet [power], general symbol)		Dose, allgemein (Box, general symbol)		Leuchtenauslass (Lighting outlet)
	Schutzkontaktsteckdose (Socket outlet [power] with protective contact)		Abzweigdose (Subscriber tap-off)		Leuchte, allgemein (Lamp, general symbol)
3	Schutzkontaktsteckdose (dreifach); (Multiple sok-ket outlet [power])		Anschlussdose (Connection box)		Leuchte mit Schalter (Lamp with switch)
3/N/PE	Drehstromsteckdose, fünfpo-lig (3+N+PE) (Three-phase AC plug socket)		Verteiler (Distribution centre)		Leuchtstofflampe (Flourescentlamp, general symbol)
	Steckdose, abschaltbar (Socket outlet [power] with single-pole switch)		Fernmeldesteckdose (Socket outlet [telecom-munications])		Leuchtstofflampen, 2-flammig (Flourescent-lamp with 2 tubes)
	Rasiersteckdose (Shaver outlet)		Antennensteckdose (Socket outlet [frequency modulation], television)		Punktleuchte (Projector, general symbol)

Schaltzeichen für Elektrogeräte

Schaltzeichen	Benennung*	Schaltzeichen	Benennung*	Schaltzeichen	Benennung*
	Elektroherd, allgemein (Electric range, electric kitchen stove)		Warmwasserspeicher (Hot water tank)	* * *	Tiefkühlgerät (Cooling unit)
	Mikrowellenherd (Microwave)		Durchlauferhitzer (Instantaneous water heater)	* / * * *	Gefriergerät (Freezer)
	Backofen (Backing oven)		Waschmaschine (Washing maschine)		Elektrowärmespeicher (Electric heat accumulator)
	Infrarot-Grill (Infrared grill)		Wäschetrockner (Tumble-drier)	*	Klimagerät, allgemein (Climate control unit)
	Infrarot-Strahler (Infrared-heater)		Geschirrspülmaschine (Dishwasher)		Ventilator (Ventilator, fan)

Schaltzeichen für Leitungen und Leitungsverlegung

Schaltzeichen	Benennung*	Schaltzeichen	Benennung*	Schaltzeichen	Benennung*
	Leiter, allgemein (Connection, line, gene-ral symbol)		Leiter mit Aderzahl-angabe, Bsp.: 3 Leiter (Three connections)		Bsp.: 3 Leiter, PE und N (3-phase wiring with neutral- and protective conductor)
	Leiter, beweglich (Flexible connection)	3	Leiter, vereinfachte Darstellung (Three con-nections simplify)		Leitung nach oben füh-rend (Wiring going upwards)
	Leiter, geschirmt (Screened connection)		Neutralleiter (N) (Neutral conductor)		Leitung nach unten füh-rend (Wiring going downwards)
	Leiter, koaxial (Coaxial pair)		Schutzleiter (PE) (Protective conductor)		Leitung nach oben und unten (Wiring passing through vertically)
	Leitung, geplant (Cable planned)		PEN-Leiter (Combined protective and neutral conductor)		Fernsprechleitung (Telephone line)
	Leitung, auf Putz verlegt (Cable exposed)		Leitung, im Putz verlegt (Cable plastered)		Leitung, unter Putz verlegt (Cable laid flush)

* englischer Fachbegriff in Klammern

Infoteil

Schaltzeichen (2)

DIN EN 60617

Schaltzeichen für Installationsschaltungen

Übersichts-schaltplan	Stromlaufplan	Bezeichnung*	Übersichts-schaltplan	Stromlaufplan	Bezeichnung*
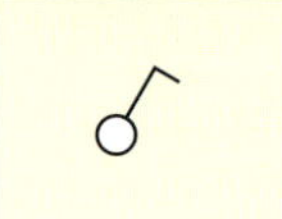	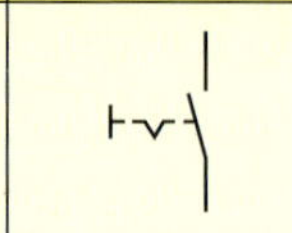	Ausschalter, einpolig (Single pole switch)	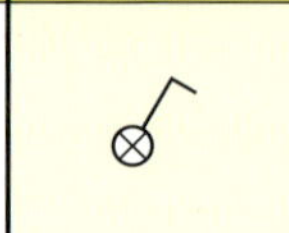	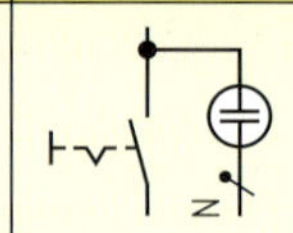	Schalter mit Beleuchtung (Single pole switch with pilot lamp)
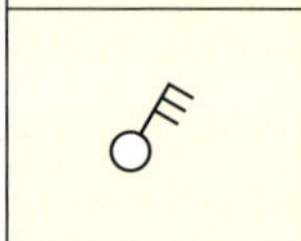	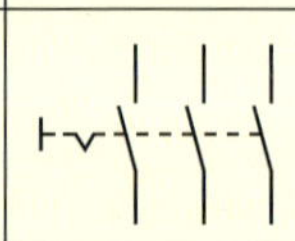	Ausschalter, dreipolig (Three-pole switch)	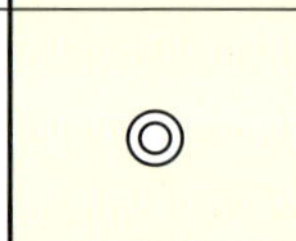	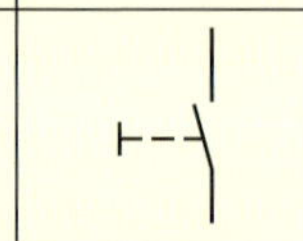	Taster (Push-button)
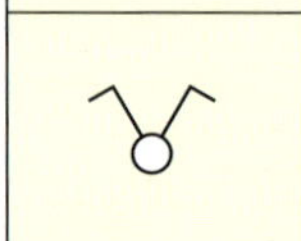	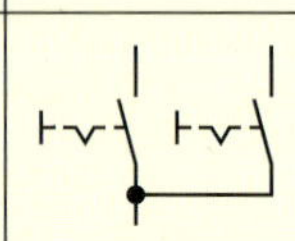	Serienschalter (Multiposition single pole switch, for example for different degrees of lighting)	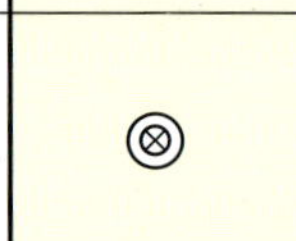	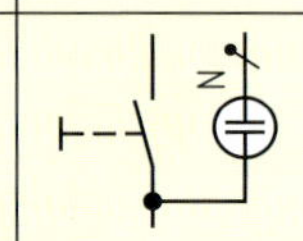	Taster mit Beleuchtung (Push-button with indicator lamp)
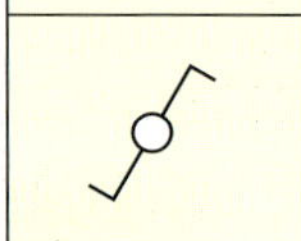	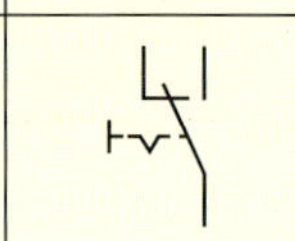	Wechselschalter (Two-way single pole switch)	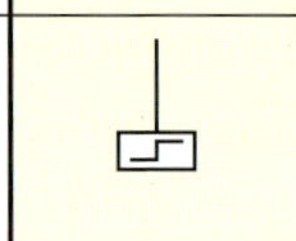	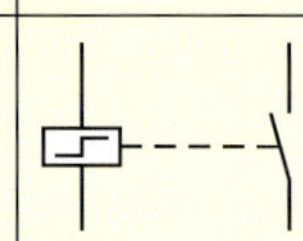	Stromstoßschalter (Current impulse switch)
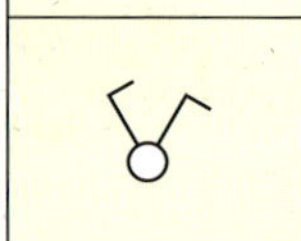	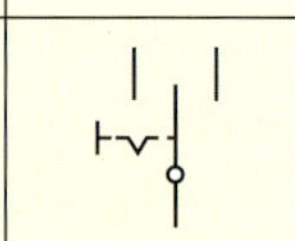	Jalousien-, Gruppenschalter (Jalousie switch)	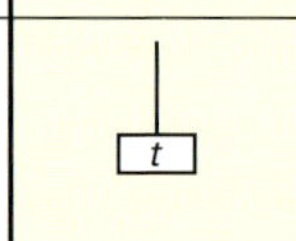	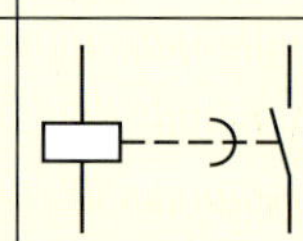	Treppenhaus-Zeitschalter (Period limiting switch)
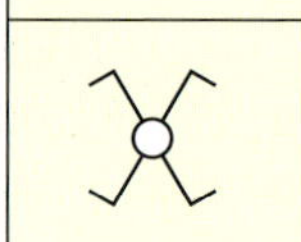	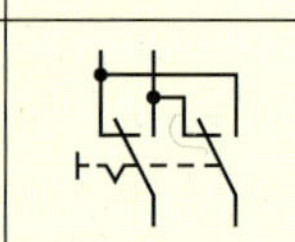	Kreuzschalter (Intermediate switch)	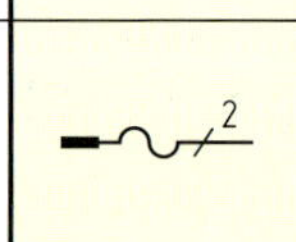	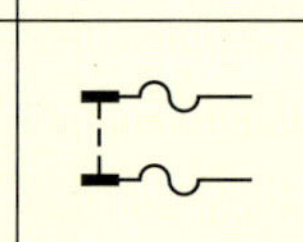	Stecker, 2polig (Plug, twopole)
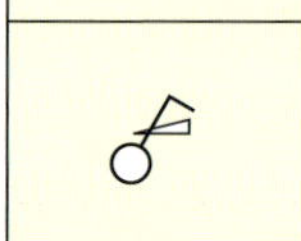	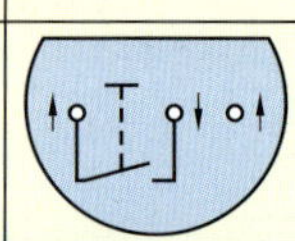	Dimmer (Dimmer)	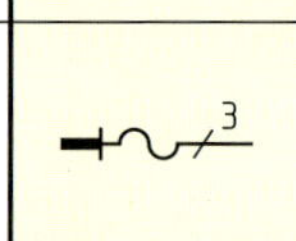	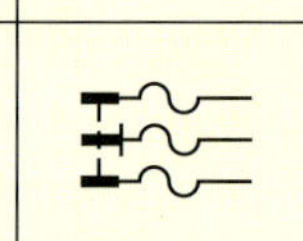	Schutzkontaktstecker (Earthing-contact plug)

Schaltzeichen für Trenn-, Last- und Leistungsschalter

einpolig	allpolig	Bezeichnung*	einpolig	allpolig	Bezeichnung*
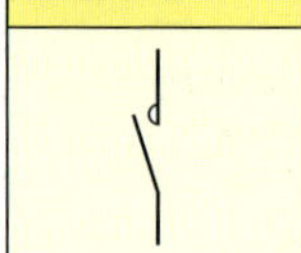	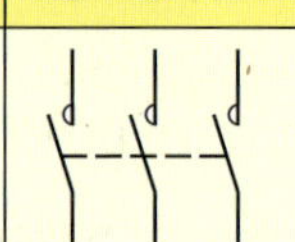	Schütz (Contactor)	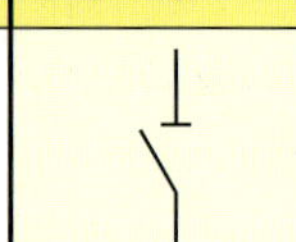	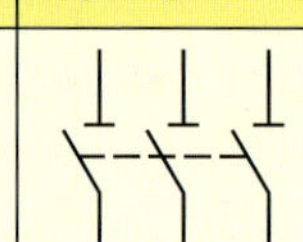	Trennschalter (Disconnector)
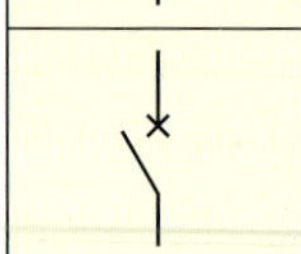	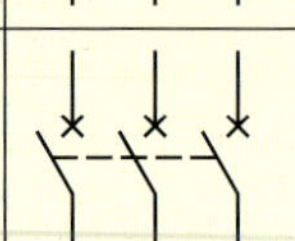	Leistungsschalter (Circuit braker)	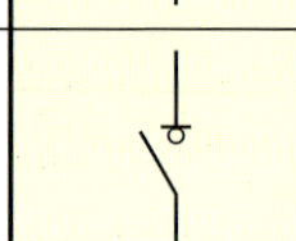	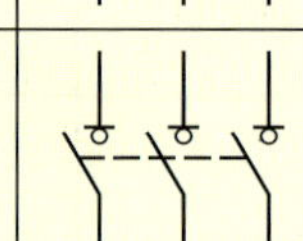	Lasttrennschalter (Switch-disconnector)
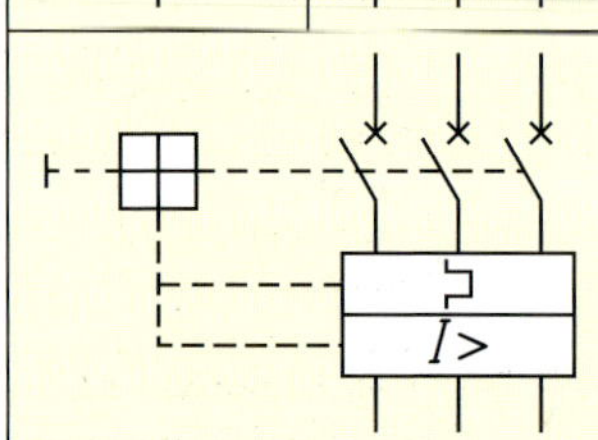		Leistungsschalter mit • thermischem Überlastauslöser und • magnetischem Kurzschlussauslöser (Circuit braker with thermal overcurrent release and instanteneous release)	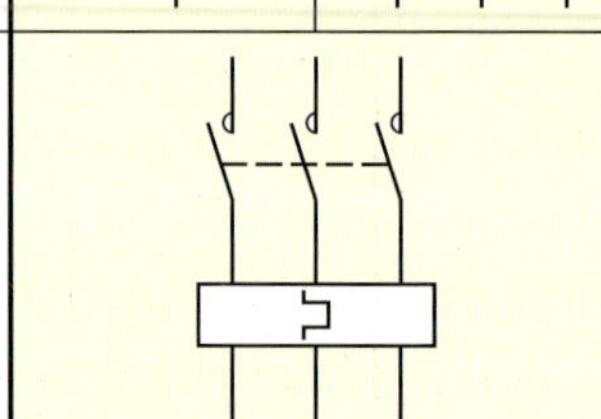		Schaltschütz mit angebautem thermischem Überlastrelais (Contactor with thermal overcurrent release)

* englischer Fachbegriff in Klammern

Schaltzeichen (3)

DIN EN 60617

Schalterantriebe

	Handbetätigung, allgemein (Manually actuator, general symbol)		Betätigung durch Drücken (Operated by pushing)		Betätigung durch Ziehen (Operated by pulling)
	Betätigung durch Rollen (Operated by roller)		Betätigung durch Schlüssel (Operated by key)		Betätigung durch Drehen (Operating by turning)
	Schützspule (Operating device)		Antrieb, ansprechverzögert (Relay coil of a slow-operating relay)		Antrieb, rückfallverzögert (Relay coil of a slow-releasing relay)
	Thermoschalter (Self-operating thermal switch)		Überlastrelais (Thermal relay)		Schaltschloss (Tip-free mechanism)
	Remanenzrelais (Remanent relay)		Thermisches Relais (Operating device of thermal relay)		Elektronisches Relais (Operating device of an electronical relay)
	Näherungsschalter allgemein (Proximity switch, make contact)	Fe	Durch Annähern von z. B. Stahl (Proximity switch, operated on approach of iron)		Durch Annähern von Magneten (Proximity switch, operated on the approach of magnet)

Kontaktarten

	Schließer (Make contact)		Öffner (Break contact)		Wechsler (Umschaltkontakt) (Change-over breake before make contact)
	Wechsler, unterbrechungsfrei (Change-over make before break contact)		Zwillingsschließer (Contact with two makes)		Zwillingsöffner (Contact with two breakes)

Meldeeinrichtungen

	Wecker, Klingel (Bell)		Gong, Einschlagwecker (Single-stroke bell)		Hupe (Horn)
	Meldeleuchte (Signal lamp)		Sirene (Siren)		Schnarre (Buzzer)
	Hörkapsel (Earphone)		Mikrofon (Microphone)		Lautsprecher (Loudspeaker)

Passive Bauelemente

	Widerstand, allgemein (Resistor)		NTC-Widerstand (NTC-resistor)		PTC-Widerstand (PTC-resistor)
	VDR-Widerstand (Voltage dependent resistor)		LDR-Widerstand (Light dependent resistor)		Feldplatte (Magnetoresistor)
	Potenziometer (Potenziometer)		Einstellbarer Widerstand (Resistor with preset adjustment)		Heizwiderstand (Heating element)
	Kondensator, ungepolt (Capacitor)		Elektrolyt-Kondensator (Polarized capacitor)		Einstellbarer Kondensator (Capacitor with preset adjustment)
	Induktivität (Inductor)		Induktivität mit Magnetkern (Inductor with magnetic core)		Induktivität, einstellbar (Continously variable inductor)
	Transformator (Transformer with two windings)		Spartransformator (Auto-Transformer)		Transformator, einstellbar (Transformer with variable coupling)

* englischer Fachbegriff in Klammern

Schaltzeichen (4)

DIN EN 60617

Überstrom-Schutzeinrichtungen, Spannungsquellen

	Sicherung, allgemein (Fuse, general symbol)*		Sicherg. mit gekennz. Netzseite (Fuse with the side, that remains live after blowing)		Leitungsschutzschalter (Automatic cut out; line safety switch)
	Gleichstromquelle (Battery, Priary cell, direct current voltage source)		Gleichstromquelle, einstellbar (Mains power supply, ergulated)	G ~	Wechselstromnetzgerät (Sine-wave generator)
G	Gleichstromnetzgerät (Mains power supply)	G	Gleichstromnetzgerät einstellbar (Generator, adjustable)	G ~	Wechselstromnetzgerät einstellbar (Sine-wave generator, adjustable)

Halbleiterbauelemente

	Diode, allgemein (Diode)		Leuchtdiode (Light emitting diode)		Fotodiode (Photodiode)
	Diac (Diac)		Z-Diode (Breakdown diode)		Kapazitätsdiode (Capacitance diode)
	NPN-Transistor (NPN transistor)		PNP-Transistor (PNP transistor)		NPN-Transistor m. Metallgehäuse (NPN; collector connected to the envelope)

Binäre Verknüpfungen

&	UND-Verknüpfung (AND element)	≥1	ODER-Verknüpfung (OR element)	1	Negation (Nicht-Verknüpfung) (Negator, Notelement)
&	NAND-Verknüpfung (NAND element)	≥1	NOR-Verknüpfung (NOR element)	=1	Antivalenz-Verknüpfung (Exclusive-OR-element)
&	Inhibition (Inhibition)	≥1	Implikation (Implication)	=	Äquivalenz-Verknüpfung (Logic identy element)

Messgeräte

A	Strommesser (Ammeter)	V	Spannungsmesser (Voltmeter)	W	Leistungsmesser (Wattmeter)
kWh	kWh-Zähler (Watt-hour meter)	Ω	Widerstandsmesser (Megger)		Oszilloskop (Oscilloscope)

Sinnbilder für Skalen von Messgeräten

	Drehspulmesswerk (moving coil movement)		Dreheisenmesswerk (Moving iron movement)		Elektrodynamisches Messwerk (Electrodynamic movement)
	Gebrauchslage waagerecht (Location horizontal)	⊥	Gebrauchslage senkrecht (Location vertical)	30°	Gebrauchslage mit Neigungswinkel (position of use)
	Gleichstrom (Direct current)	~	Wechselstrom (Alternating current)		Gleich- und Wechselstrom (Direct current and alternating current)
≋	Drehstrom (Three phase current)	☆	Prüfspannung 500 V (Test voltage 500 V)	2	Prüfspannung 2 kV (Test voltage 2 kV)

* englischer Fachbegriff in Klammern

Wichtige elektrotechnische Symbole

DIN VDE 0710
DIN VDE 0113
DIN VDE 0470

Elektrotechnische Symbole für Strom- und Spannungsarten

Gleichstrom, Gleichspannung, DC	Wechselstrom, Wechselspannung, AC	Gleichstrom und Wechselstrom	Drehstrom	Mischstrom, UC

Symbole an Leuchten

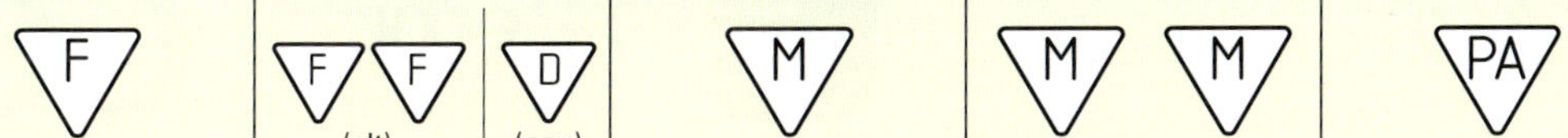

Leuchten für Montage auf brennbarem Material	(alt) (neu) Leuchten für begrenzte Oberflächentemperatur	Möbelleuchten	Montage in Möbeln mit unbekannten Entflammungseigenschaften	Thermisch geschütztes Vorschaltgerät

Symbole für Schutzklassen und Explosionsschutz

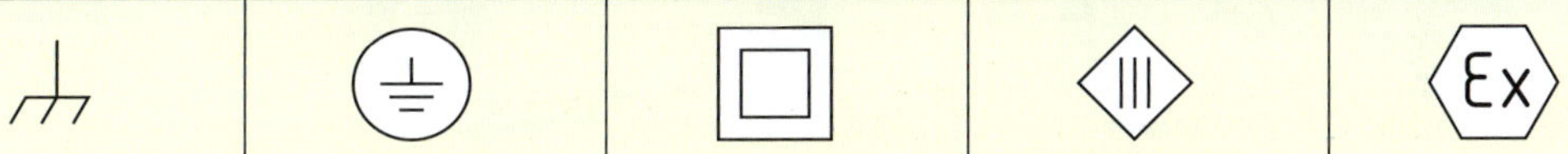

Masse	Schutzleiter (Schutzklasse I)	Schutzisolierung (Schutzklasse II)	Kleinspannung (Schutzklasse III)	Explosionsschutz

Symbole für die Betätigung von Bedienteilen

EIN-AUS	AUS	Start (eines Vorgangs)	Stopp (eines Vorgangs)	Not-Aus

Bedeutung der Farben von Leuchtmeldern (gilt auch für Taster)

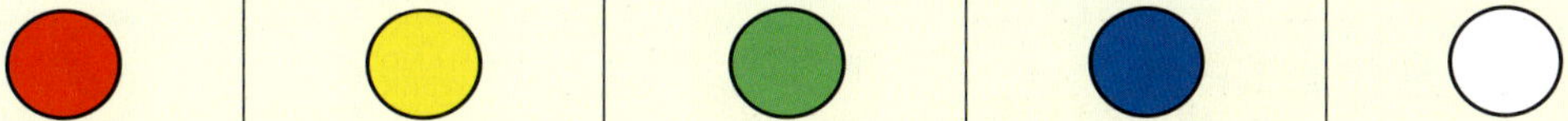

Notfall, gefahrbringender Zustand	Anormal, bevorstehender kritischer Zustand	Normal	Zwingend, Handlung durch den Bediener erforderlich	Neutral, andere Zustände

Symbole für IP-Schutzarten

IP 21		IP 33		IP 54		IP 55		IP 65	
Schutz gegen		Schutz gegen		Schutz gegen		Schutz gegen		Schutz gegen	
Berühren mit den Fingern (Ø ≥ 12,5 mm)	Senkrechtes Tropfwasser	Berühren mit Werkzeugen (Ø ≥ 2,5 mm)	Sprühwasser bis zu 60° schräg, regengeschützt	Vollständiger Berührungsschutz, staubgeschützt	Spritzwasser aus allen Richtungen	Vollständiger Berührungsschutz, staubgeschützt	Strahlwasser aus allen Richtungen	Vollständiger Berührungsschutz, staubdicht	Strahlwasser aus allen Richtungen

Wichtige Prüfzeichen und Symbole

Prüfzeichen

VDE-Zeichen für elektrotechnische Erzeugnisse	VDE-Zeichen für Bauelemente und Baugruppen der Elektronik	VDE-Kabelzeichen für Leitungen, Kabel und Installationsrohr	VDE-EMV-Zeichen für Elektrogeräte	VDE-GS-Zeichen nach dem Geräte- und Produktsicherheitsgesetz
Prüfzeichen für Erzeugnisse nach harmonisierten Zertifizierungsverfahren	VDE-Harmonisierungskennzeichnung	CECC-Zeichen für Elektronikbauteile	EMV Konformitätsnachweis für Europa, USA, Japan, Australien/Neuseeland	Konformitätserklärung der Beachtung aller relevanten Vorschriften durch den Hersteller
TÜV-GS-Zeichen nach dem Geräte- und Produktsicherheitsgesetz	EMV Konformitätsnachweis durch TÜV	Europaweiter Sicherheits-Konformitätsnachweis (Keymark)	Umweltsiegel für recycinggerechte Konstruktion und umweltschonende Produktion	Luxemburger Prüfzeichen für elektrotechnische Produkte
USA-Prüfzeichen	Österreichisches Prüfzeichen	Schweizerisches Prüfzeichen	Italienisches Prüfzeichen	Dänisches Prüfzeichen

Allgemeine Symbole und Logos

Zentralverband Elektrotechnik und Elektroindustrie	Zentralverband der elektrotechnischen und informationstechnischen Handwerke	Elektroinnung	Handwerksbetrieb	Handwerkskammer
Industrie- und Handelskammer	Berufsgenossenschaft der Feinmechanik und Elektrotechnik	E-Check Prüfplakette	Europäischer Installations Bus KNX/EIB	Inhaber des Logos hat einen zertifizierten EIB-Kurs bestanden
Duales System (umweltgerechte Entsorgung)	Betrieb mit Qualitätsmanagement vom TÜV zertifiziert	Agentur für Arbeit	Deutsches Institut für Normung	Technischer Überwachungsverein

Kennzeichnung von Widerständen und Kondensatoren

DIN EN 60062

Farbschlüssel für Kohleschichtwiderstände

Kennfarbe	Kurzzeichen	1. Ziffer	2. Ziffer	Multiplikator	Toleranz in %
		Widerstandswert in Ω			
	BK (sw)	–	0	1	–
	BN (br)	1	1	10^{1}	±1
	RD (rt)	2	2	10^{2}	±2
	OG (or)	3	3	10^{3}	–
	YE (ge)	4	4	10^{4}	–
	GN (gn)	5	5	10^{5}	±0,5
	BU (bl)	6	6	10^{6}	±0,25
	VT (vi)	7	7	10^{7}	±0,1
	GY (gr)	8	8	10^{8}	–
	WH (ws)	9	9	10^{9}	–
keine	–	–	–	–	±20
Silber	SR –	–	–	10^{-2}	±10
Gold	GD –	–	–	10^{-1}	±5

Farbschlüssel für Metallschichtwiderstände

Kennfarbe	1. Ziffer	2. Ziffer	3. Ziffer	Multiplikator	Toleranz in %
	Widerstandswert in Ω				
	–	0	0	1	–
	1	1	1	10^{1}	±1
	2	2	2	10^{2}	±2
	3	3	3	10^{3}	–
	4	4	4	10^{4}	–
	5	5	5	10^{5}	±0,5
	6	6	6	10^{6}	±0,25
	7	7	7	10^{7}	±0,1
	8	8	8	10^{8}	–
	9	9	9	10^{9}	–
keine	–	–	–	–	–
Silber	–	–	–	10^{-2}	±10
Gold	–	–	–	10^{-1}	±5

E-Reihen für Widerstände und Kondensatoren

<table>
<tr><td>E6</td><td colspan="4">1,0</td><td colspan="4">1,5</td><td colspan="4">2,2</td><td colspan="4">3,3</td><td colspan="4">4,7</td><td colspan="4">6,8</td></tr>
<tr><td>E12</td><td colspan="2">1,0</td><td colspan="2">1,2</td><td colspan="2">1,5</td><td colspan="2">1,8</td><td colspan="2">2,2</td><td colspan="2">2,7</td><td colspan="2">3,3</td><td colspan="2">3,9</td><td colspan="2">4,7</td><td colspan="2">5,6</td><td colspan="2">6,8</td><td colspan="2">8,2</td></tr>
<tr><td>E24</td><td>1,0</td><td>1,1</td><td>1,2</td><td>1,3</td><td>1,5</td><td>1,6</td><td>1,8</td><td>2,0</td><td>2,2</td><td>2,4</td><td>2,7</td><td>3,0</td><td>3,3</td><td>3,6</td><td>3,9</td><td>4,3</td><td>4,7</td><td>5,1</td><td>5,6</td><td>6,2</td><td>6,8</td><td>7,5</td><td>8,2</td><td>9,1</td></tr>
<tr><td>E48</td><td colspan="2">1,00
1,05
1,10
1,15</td><td colspan="2">1,21
1,27
1,33
1,40</td><td colspan="2">1,47
1,54
1,62
1,69</td><td colspan="2">1,78
1,87
1,96
2,05</td><td colspan="2">2,15
2,26
2,37
2,49</td><td colspan="2">2,61
2,74
2,87
3,01</td><td colspan="2">3,16
3,32
3,48
3,65</td><td colspan="2">3,83
4,02
4,22
4,42</td><td colspan="2">4,64
4,87
5,11
5,36</td><td colspan="2">5,62
5,90
6,19
6,49</td><td colspan="2">6,81
7,15
7,50
7,87</td><td colspan="2">8,25
8,66
9,09
9,53</td></tr>
</table>

Alphanumerische Kennzeichnung von Widerständen und Kondensatoren

Widerstände	R33	3R3	33R	K33	3K3	33K	M33	3M3	33M
	0,33 Ω	3,3 Ω	33 Ω	0,33 kΩ	3,3 kΩ	33 kΩ	0,33 MΩ	3,3 MΩ	33MΩ
Kondensatoren	4p7	47p	n47	4n7	47n	µ47	4µ7	47µ	m47
	4,7 pF	47 pF	0,47 nF	4,7nF	47 nF	0,47 µF	4,7 µF	47 µF	0,47 mF

Auslösekennlinien von Überstrom-Schutzeinrichtungen

DIN VDE 0636
DIN VDE 0641

Strom-Zeit-Kennlinien von Niederspannungssicherungen gG (früher gL)

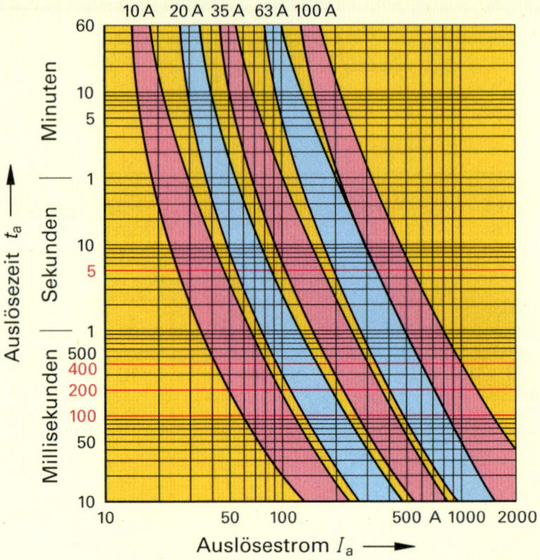

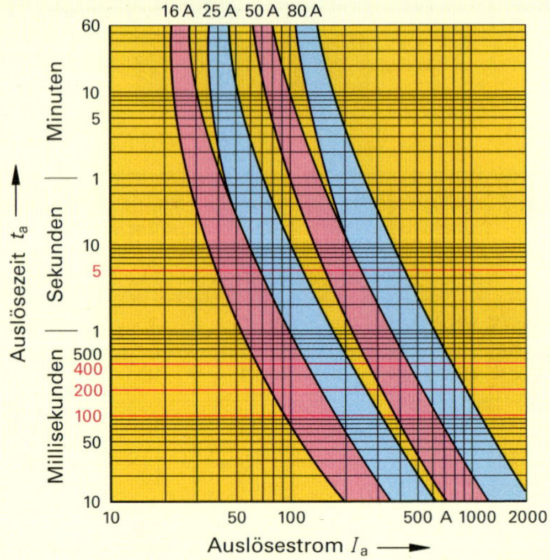

Kennlinie der Schmelzsicherung gG 13 A (nach DIN VDE 0636 Teil 3): Seite 196

Auslösekennlinien von Leitungsschutzschaltern (LS-Schalter)

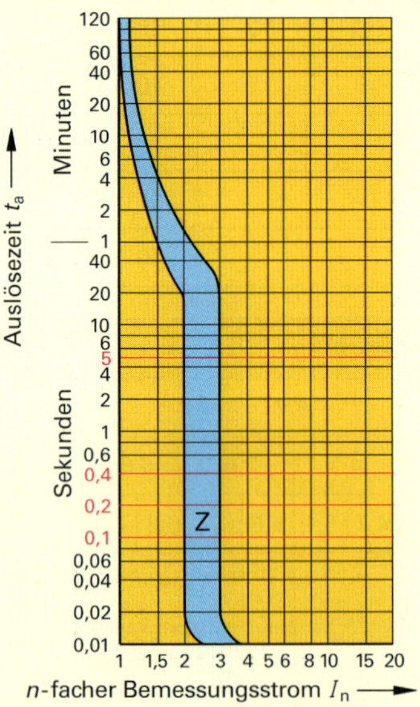

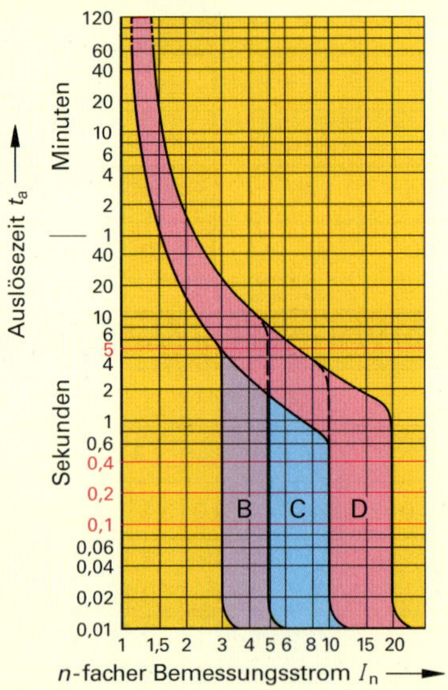

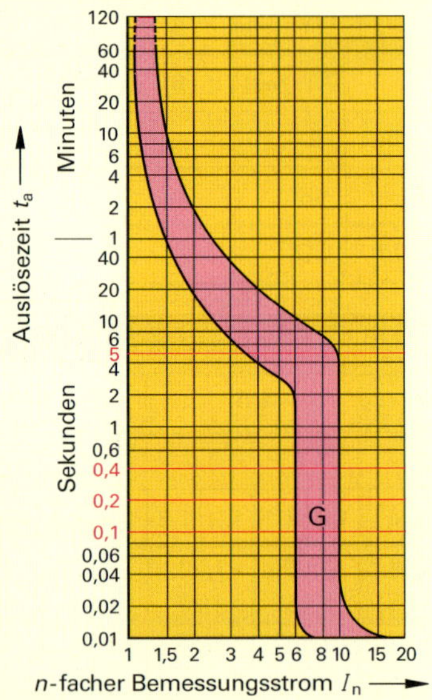

Abschaltströme; χ-Faktoren[1] von LS-Schaltern zur Berechnung des Abschaltstromes I_a (Auswahl)

Charakteristik	Z[2]	B	C	D	G[2]
χ-Faktoren	1,20	1,45	1,45	1,45	1,35
Abschaltstrom I_a	$3 \cdot I_n$	$5 \cdot I_n$	$10 \cdot I_n$	$20 \cdot I_n$	$10 \cdot I_n$

Anwendungsbeispiele:

- Z: Halbleiterschutz, Spannungswandler
- B: Hausinstallation
- C: Kleintransformatoren, Motoren, Beleuchtungsstromkreise
- D, G: Motorstromkreise oder Transformatoren mit hohem Einschaltstrom

[1] Χ = Griechischer Kleinbuchstabe chi
[2] LS-Schalter Typ Z und G lösen im Überlastbereich früher aus (χ = 1,2 … 1,35) als LS-Schalter des Typs B, C und D (χ = 1,45)

Verlegearten und Strombelastbarkeit von Kabeln und isolierten Leitungen

nach DIN VDE 0298 Teil 4

Tabelle 1: Verlegearten von Kabeln und isolierten Leitungen

Verlegeart		Verlegebedingungen (Wichtige Beispiele)
A1	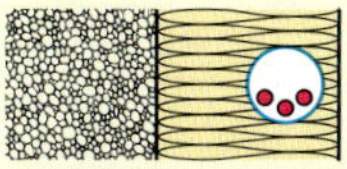	**Referenzverlegeart*: Verlegung in wärmegedämmten Wänden** • Aderleitungen im Elektroinstallationsrohr, • Aderleitungen in Formleisten oder in Formteilen.
A2	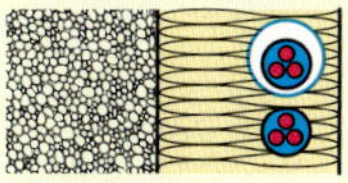	• Mehradrige Kabel oder mehradrige Mantelleitungen im Elektroinstallationsrohr, • mehradrige Kabel oder mehradrige Mantelleitungen in einer wärmegedämmten Wand.
B1	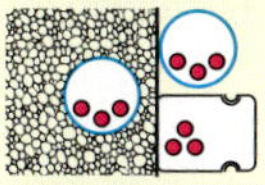	**Referenzverlegeart: Verlegung in Elektroinstallationsrohren** • Aderleitungen im Elektroinstallationsrohr auf oder in der Wand, • Aderleitungen, einadrige Kabel oder Mantelleitungen im Elektroinstallationskanal.
B2	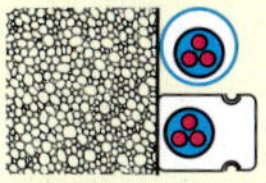	• Mehradrige Kabel oder Mantelleitungen im Elektroinstallationsrohr auf der Wand, • mehradrige Kabel oder Mantelleitungen im Elektroinstallationskanal, • mehradrige Kabel oder Mantelleitungen im Sockelleisten- oder im Unterflurkanal.
C	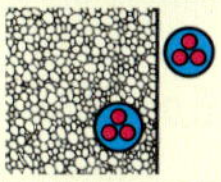	**Referenzverlegeart: Verlegung direkt auf dem Untergrund (Wand)** • Ein- oder mehradrige Kabel oder Mantelleitungen auf oder in der Wand oder unter der Decke, • Stegleitungen im oder unter Putz.
D		**Referenzverlegeart: Verlegung in der Erde** • Mehradriges Kabel oder mehradrige ummantelte Installationsleitung im Elektroinstallationsrohr oder im Kabelschacht in der Erde.
E	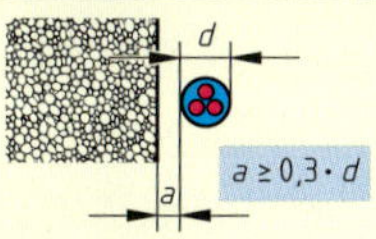	**Referenzverlegeart: Verlegung frei in der Luft** • Mehradrige Kabel oder mehradrige Mantelleitungen frei in der Luft verlegt mit einem Mindestabstand $a \geq 0{,}3 \cdot d$ zur Wand (d = Leitungsdurchmesser), • Kabel oder Leitungen auf gelochten Kabelrinnen oder auf Kabelkonsolen.
F	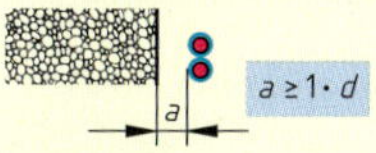	• Einadrige Kabel oder einadrige Mantelleitungen mit gegenseitiger Berührung verlegt und mit einem Mindestabstand $a \geq 1 \cdot d$ zur Wand.
G	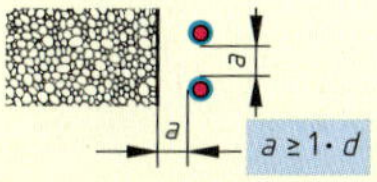	• Einadrige Kabel oder einadrige Mantelleitungen mit einem gegenseitigen Abstand $a \geq 1 \cdot d$ verlegt und einem Mindestabstand $a \geq 1 \cdot d$ zur Wand, • Blanke Leiter oder Aderleitungen auf Isolatoren.

* Referenzverlegeart: Grundsätzliches Merkmal der Verlegeart, z. B. in wärmegedämmten Wänden oder frei in der Luft

Tabelle 2: Bemessungswert I_r der Strombelastbarkeit von Kabeln und Leitungen für feste Verlegung in den Verlegearten A1, A2, B1, B2, C und D bei einer Umgebungstemperatur von 30 °C

nach DIN VDE 0298, Teil 4 (Auszug)

Verlegeart	A1		A2		B1		B2		C		D	
belastete Adern	2	3	2	3	2	3	2	3	2	3	2	3
Nennquerschnitt in mm² Cu	Bemessungswert I_r der Strombelastbarkeit in A für PVC-isolierte Kabel und Leitungen mit einer Betriebstemperatur am Leiter bis 70 °C											
1,5	15,5	13,5	15,5	13	17,5	15,5	16,5	15	19,5	17,5	18,5	15,5
2,5	19,5	18	18,5	17,5	24	21	23	20	27	24	25	21
4	26	24	25	23	32	28	30	27	36	32	32	27
6	34	31	32	29	41	36	38	34	46	41	40	34
10	46	42	43	39	57	50	52	46	63	57	54	45
16	61	56	57	52	76	68	69	62	85	76	69	59
25	80	73	75	68	101	89	90	80	112	96	88	76
35	99	89	92	83	125	110	111	99	138	119	106	91

Bemessungswerte I_r für die Verlegearten E, F, und G siehe DIN VDE 0298, Teil 4 oder Tabellenbuch Elektrotechnik

Umrechnungsfaktoren, Strombelastbarkeit, Mindestquerschnitte elektrischer Leiter

DIN VDE 0298
DIN VDE 0520

Tabelle 1: Umrechnungsfaktoren f_1 für abweichende Umgebungstemperaturen nach DIN VDE 0298, Teil 4 (Auszug)

Umgebungstemperatur in °C	10	15	20	25	30	35	40	45	50	55	60	65	70
PVC-Isolierung[1]	1,22	1,17	1,12	1,06	1,0	0,94	0,87	0,79	0,71	0,61	0,5	–	–
Gummi-Isolierung[2]	1,29	1,22	1,15	1,08	1,0	0,91	0,82	0,71	0,58	0,41	–	–	–

Grenztemperaturen am Leiter: [1] PVC: 60 °C bis 90 °C; [2] Natürlicher oder synthetischer Kautschuk 60 °C

Tabelle 2: Umrechnungsfaktoren f_2 bei Häufung von Kabeln oder Leitungen auf der Wand, im Rohr oder im Kanal verlegt nach DIN VDE 0298, Teil 4 (Auszug)

Anordnung der Leitungen		Anzahl der mehradrigen Leitungen oder Anzahl der Wechsel- oder Drehstromkreise									
		1	2	3	4	5	6	7	8	9	10
Gebündelt direkt auf der Wand, auf dem Fußboden, im Elektroinstallationskanal oder -rohr, auf oder in der Wand	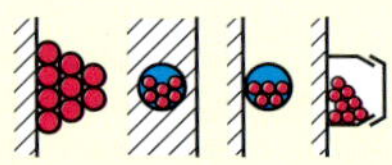	1,0	0,8	0,7	0,65	0,6	0,57	0,54	0,52	0,5	0,48
Einlagig ohne Zwischenraum auf der Wand oder auf dem Fußboden ohne Zwischenraum	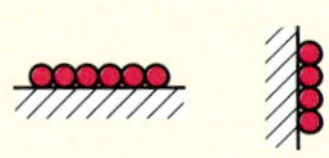	1,0	0,85	0,79	0,75	0,73	0,72	0,72	0,71	0,7	0,7

Umrechnungsfaktoren für weitere Leitungsanordnungen: Tabellenbuch Elektrotechnik oder DIN VDE 0298, Teil 4

Tabelle 3: Zuordnung von Leitungsschutzsicherungen gG und LS-Schaltern Typ B, C und D mit einem Abschaltstrom $I_a \leq 1{,}45 \cdot I_n$, zu den Nennquerschnitten isolierter Leitungen bei Dauerbetrieb (umgerechnet auf eine Umgebungstemperatur von 25 °C) nach DIN VDE 0298, Teil 4 (Auszug)

Verlegeart	A1		A2		B1		B2		C		D	
belastete Adern	2	3	2	3	2	3	2	3	2	3	2	3
Nennquerschnitt in mm² Cu	Bemessungsstrom I_n der Überstrom-Schutzeinrichtung in A für PVC-isolierte Kabel und Leitungen* mit einer Betriebstemperatur am Leiter bis 70 °C											
1,5	16	10 (13)	16	13	16	16	16	16	20	16	16	16
2,5	20	16	16	16	25	20	20	20	25	25	25	20
4	25	25	25	20	25 (32)	25	25	25	35 (32)	25 (32)	25 (32)	25
6	35 (32)	25 (32)	25 (32)	25	35 (40)	35 (32)	35 (40)	35 (32)	35 (40)	35 (40)	35 (40)	35 (32)
10	35 (40)	35 (40)	35 (40)	35 (40)	50	50	50	35 (40)	63	50	50	35 (40)
16	63	50	50	50	80	63	63	63	80	80	63	63
25	80	63	63	63	100	80	80	80	100	100	80	80
35	100	80	80	80	125	100	100	100	125	125	100	80

* Häufung von Leitungen nicht berücksichtigt; abweichende Bemessungsströme für LS-Schalter in Klammern

Tabelle 4: Mindestquerschnitte von elektrischen Leitern

Kabel und Leitungen		Stromkreisart	Leiter Werkstoff	Leiter Mindestquerschnitt in mm²
Bei fester Verlegung	Kabel, Mantelleitungen und Aderleitungen	Leistungs- und Beleuchtungsstromkreise	Cu Al	1,5 16
		Melde- und Steuerstromkreise	Cu	0,5
	blanke Leiter	Leistungsstromkreise	Cu Al	10 16
		Melde- und Steuerstromkreise	Cu	4
Bewegliche Leitungen			Cu	0,75
Schutzpotenzialausgleichsleitungen, Erdungsleitungen				
Schutzpotenzialausgleich über die Haupterdungsschiene			Cu	6
Schutzpotenzialausgleich in Baderäumen, geschützt verlegt			Cu	2,5
Schutzpotenzialausgleich in Baderäumen, ungeschützt verlegt			Cu	4

Normspannungen, Normfrequenzen und deren Kennzeichnungen

DIN IEC 60 038*
DIN EN 60 059
DIN EN 61 293
DIN 40 005

Gleichspannungen unter 750 V**

2,4 V	**3 V**	4 V	4,5 V	5 V	**6 V**	7,5 V	9 V	**12 V**	15 V	**24 V**	30 V	**36 V**
40 V	**48 V**	**60 V**	**72 V**	80 V	**96 V**	**110 V**	125 V	**220 V**	250 V	**440 V**	600 V	

Wechselspannungen unter 120 V**

5 V	**6 V**	**12 V**	15 V	**24 V**	36 V	42 V	**48 V**	60 V	100 V	**110 V**	–	–

Wechselstromnetze mit Spannungen zwischen 100 V und 1000 V

Einphasen-Dreileiternetze (60 Hz)	240/120 V	–	–
Drehstom-Vierleiter- oder Dreileiternetze (50 Hz)	400/230 V	690/400 V	1000 V

Drehstromnetze mit Spannungen über 1 kV

3 kV	6 kV	10 kV	20 kV	35 kV	66 kV	110 kV
132 kV	220 kV	380 kV	420 kV	525 kV	765 kV	1200 kV

Frequenzen**

Industrielle Anwendung in Hz				**50**	**100**	**150**	**200**	**250**	**300**	**400**	**500**
600	750	**1000**	1200	1500	**2000**	2400	3000	**4000**	8000	**10000**	–
Energieversorgung: 50 Hz				elektrische Bahnen: 16 ⅔ Hz				Luftfahrttechnik: 400 Hz			

Kennzeichnung zur Stromversorgung elektrischer Betriebsmittel (Beispiele)

Bezeichnung	verkürzte Angabe	Grafische Darstellung
Gleichstrom 5 A	DC 5 A	⎓ 5 A
Wechselstrom 5 A	AC 5 A	∼ 5 A
Gleichspannung 24 V	DC 24 V	⎓ 24 V
Wechselspannung 230 V	AC 230 V	∼ 230 V
Wechsel- oder Gleichspannung 12 V	AC/DC 12 V	≂ 12 V
Wechsel- oder Gleichspannung 0 bis 60 V	AC/DC 0 bis 60 V	≂ 0 bis 60 V
Einphasen-Dreileitersystem mit einem Außenleiter, einem Neutral- und einem Schutzleiter 230 V, 50 Hz	1/N/PE AC 230 V 50 Hz	1/N/PE ∼ 230 V 50 Hz
Drehstrom-Dreileitersystem 400 V	3 AC 400 V	3 ∼ 400 V
Drehstrom-Fünfleitersystem mit getrenntem Neutral- und Schutzleiter 400/230 V	3/N/PE AC 400/230 V	3/N/PE ∼ 400/230 V

* Diese Norm enthält auch Spannungswerte, die im Ausland gültig sind.
** Vorzugswerte halbfett

Infoteil

Dioden

BAY 44
CQX 35
BZX 55 …

Silicium-Universaldiode BAY 44 (Auszug aus dem Datenblatt)

Grenzwerte	
Sperrspannung	U_{Rmax} = 50 V
Durchlassstrom	I_{Fmax} = 250 mA
Sperrschicht-temperatur	$\vartheta_{j\,max}$ = 150 °C
Verlustleistung	P_{tot} = 250 mW

Anschluss:

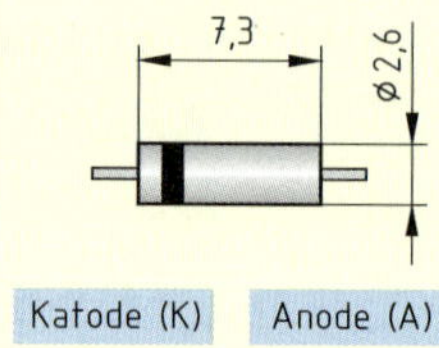

Schaltzeichen:

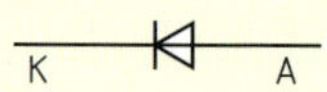

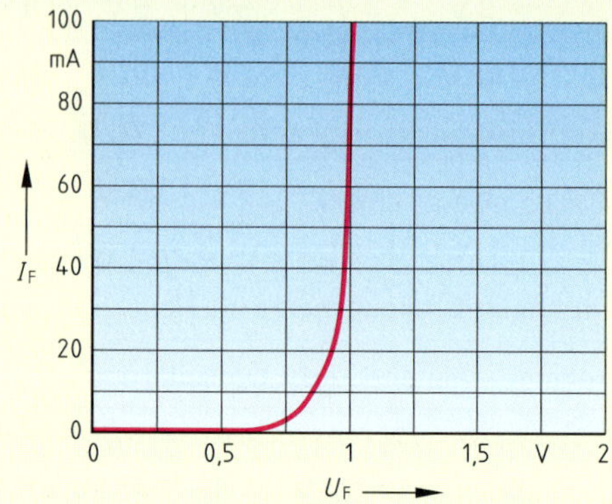

Leuchtdiode CQX 35 rotleuchtend (Auszug aus dem Datenblatt)

Grenzwerte	
Sperrspannung	U_{Rmax} = 5 V
Durchlassstrom	I_{Fmax} = 50 mA
Verlustleistung	P_{tot} = 100 mW

Anschluss:

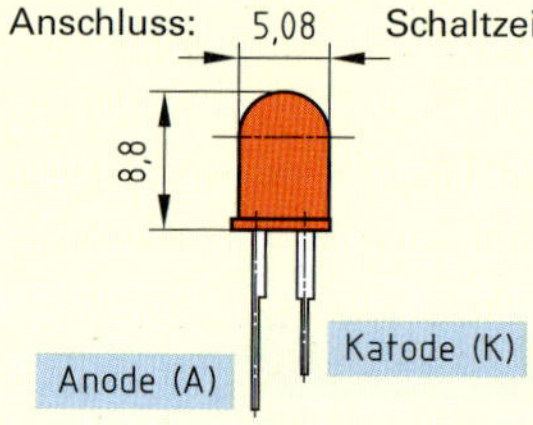

Schaltzeichen:

Durchlassstrom I_F in Abhängigkeit von der Durchlassspannung U_F

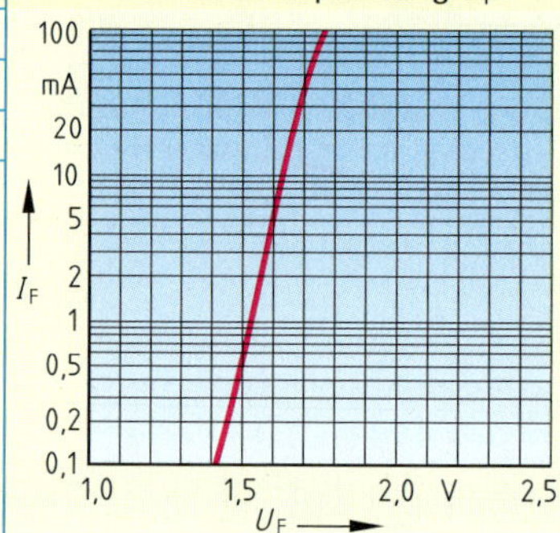

Lichtstärke I_v in Abhängigkeit vom Durchlassstrom I_F

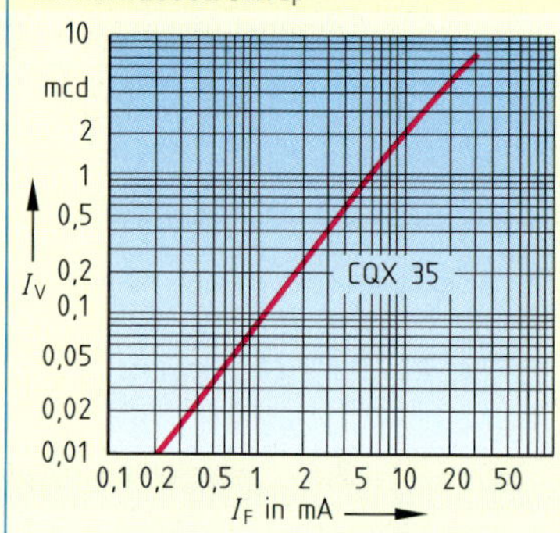

Z-Dioden BZX 55/C4V7… BZX 55/C 18 (Auszug aus dem Datenblatt)

Grenzwerte	
Verlustleistung	P_{tot} = 500 mW
Z-Strom	$I_Z = P_{tot}/U_Z$
Sperrschicht-temperatur	$\vartheta_{j\,max}$ = 175 °C
Wärmewiderstand	R_{thU} = 300 K/W

Z-Spannung bei I_Z = 5 mA

Diode	U_Z in V
BZX55/C4V7	4,4 … 5,0
BZX55/C6V2	5,8 … 6,6
BZX55/C7V5	7,0 … 7,9
BZX55/C9V1	8,5 … 9,6
BZX55/C10	9,4 … 10,6
BZX55/C11	10,4 … 11,6
BZX55/C12	11,4 … 12,7
BZX55/C13	12,4 … 14,1
BZX55/C16	15,3 … 17,1
BZX55/C18	16,8 … 19,1

Anschluss:

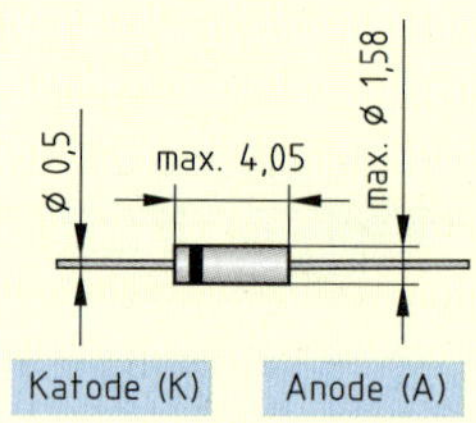

Schaltzeichen:

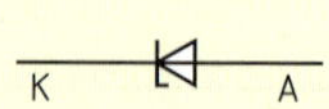

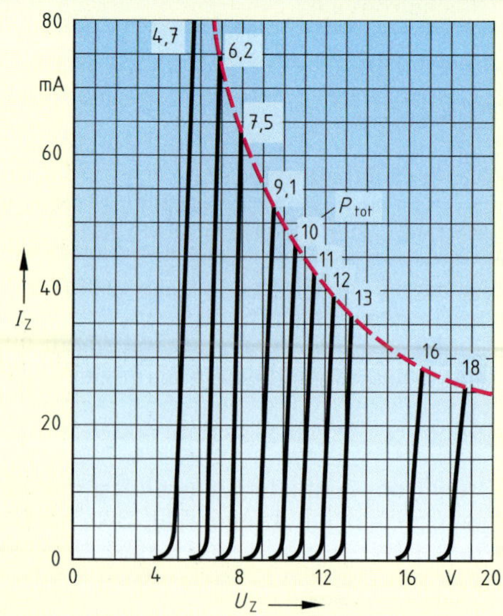

NPN-Transistor

BC 107
BC 171
BC 237

Grenzwerte			
Kollektor-Emitterspannung	U_{CE} = 50 V		
Basis-Emitterspannung	U_{BE} = −5 V		
Kollektorstrom	I_C = 100 mA		
Basisstrom	I_B = 50 mA		
Verlustleistung bei 25 °C	P_{tot} = 300 mW		
Gleichstromverhältnis *B* bei:	min.	typ.	max.
U_{CE} = 5 V, I_C = 2 mA	180	290	460
U_{CE} = 5 V, I_C = 100 mA	150	200	300

Schaltzeichen

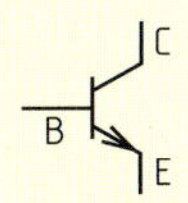

Anschlüsse

BC 107

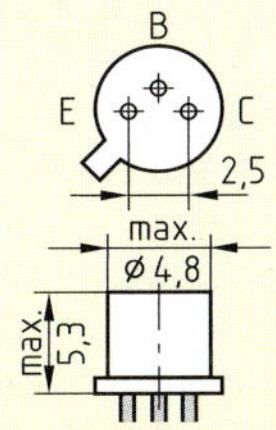

BC 171, BC 237

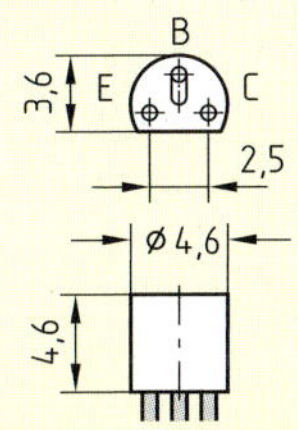

Vierquadrantenkennlinienfeld

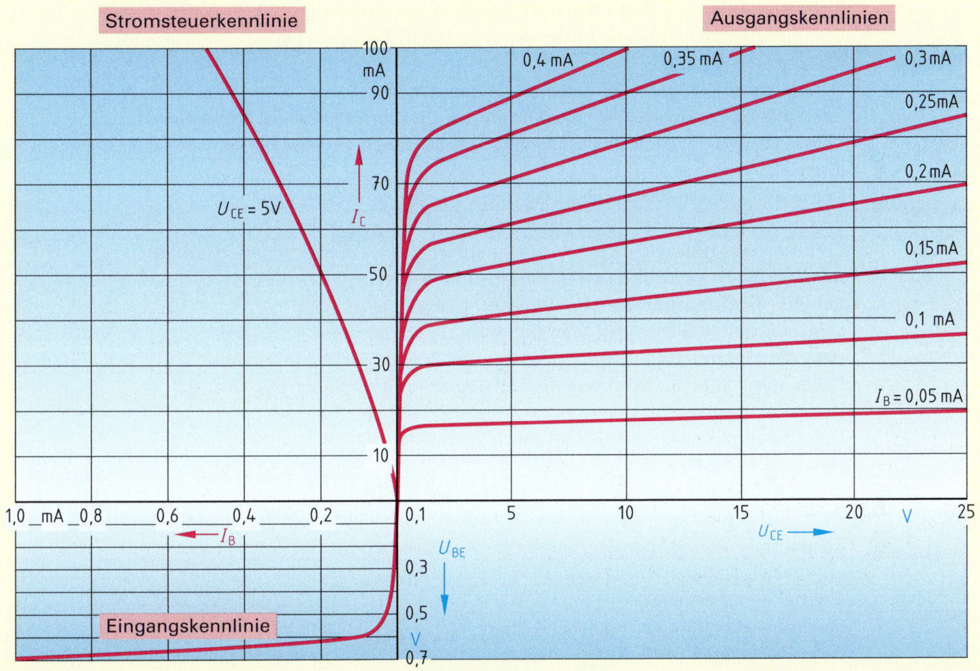

Eingangskennlinie I_B = f (U_{BE})

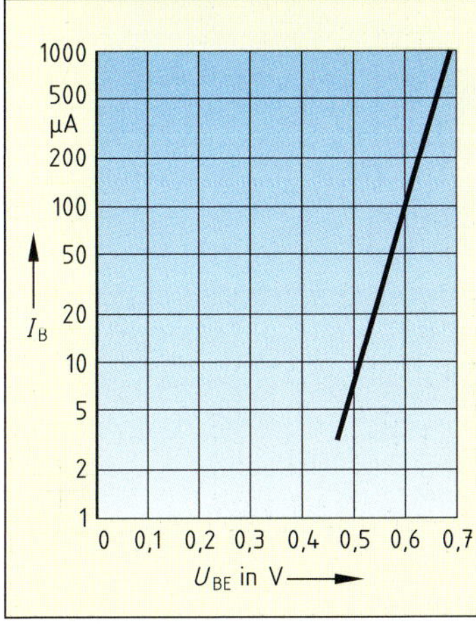

Ausgangskennlinie I_C = f (U_{CE})

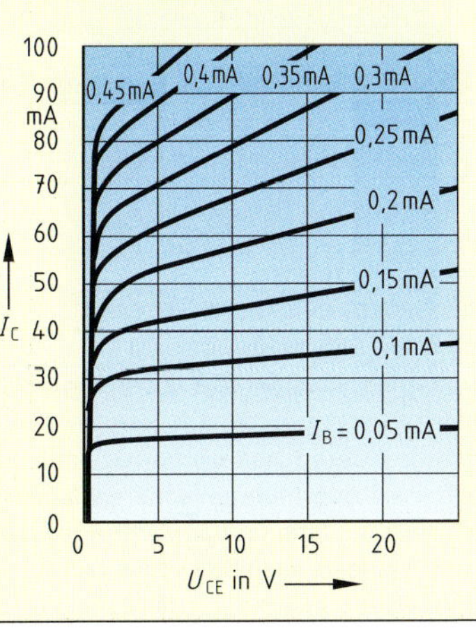

Gleichstromverhältnis $B = f (I_C)$

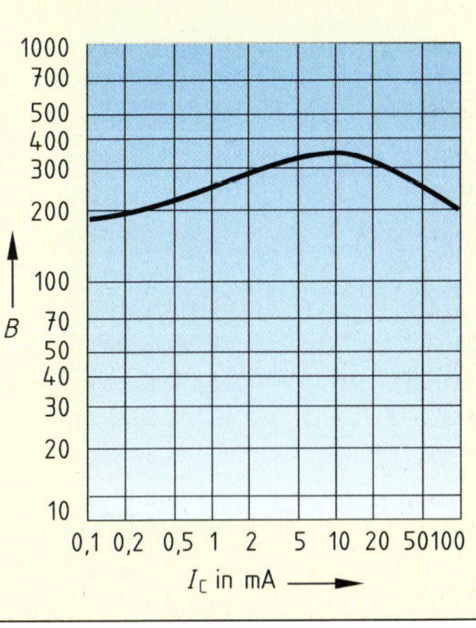

Infoteil

Wichtige Abkürzungen von AC bis ISDN

Abkürzung	Erklärung, Hinweise
AC	Alternating Current (Wechselstrom)
ALU	Arithmetic Logic Unit (arithmetische logische Einheit)
ASCII	American Standard Code for Information Interchange (Amerikanischer Standard-Code)
ASI	Aktor-Sensor-Interface
AST	Anwendungsschnittstelle (beim EIB)
AWL	Anweisungsliste
BCD	Binary Coded Decimal (binär codiertes Dezimalsystem)
BGV	Berufsgenossenschaftliche Vorschriften
BIOS	Basic Input-Output-System (Grundlegendes Ein-Ausgabe-System)
BMA	Brandmeldeanlage
BNC	Bayonet Nut Connection (Bajonett-Steckverbindungssystem)
CAD	Computer Aided Design (Rechnerunterstütztes Konstruieren)
CAE	Computer Aided Engineering (Rechnerunterstützte Entwicklung)
CD-ROM	Compact Disc ROM
CE	Communauté Européen (Europäische Gemeinschaft)
CEE	International Commission for Conformity Certification of Electrical Equipment
CENELEC	Comité Européenne de Normalisation Electrotechnique (Europäisches Komitee für elektrotechn. Normung)
ChemG	Chemikaliengesetz
CIM	Computer Integrated Manufactoring (Rechnerintegrierte Fertigung)
CMOS	Complementary Metal Oxide Semiconductor (Komplementärer Metalloxid-Halbleiter)
CNC	Computerized Numerical Control (Rechnerunterstützte numerische Steuerung)
CPU	Central Processing Unit (Zentrale Verarbeitungseinheit)
CRT	Cathode Ray Tube (Katodenstrahl-Röhre)
DC	Direct Current (Gleichstrom)
DFÜ	Datenfernübertragung
DIN	Deutsches Institut für Normung (früher: Deutsche Industrienorm)
DMS	Dehnungsmessstreifen
DOS	Disk Operating System (Disketten-Betriebssystem)
DRAM	Dynamisches RAM
DSL	Digital Subscriber Line (Neue Form des Breitband-ISDN)
EEPROM	Electrically Erasable Programmable ROM (Elektrisch löschbarer Nur-Lese-Speicher)
EGA	Enhanced Graphics Adapter (Adapter für verbesserte grafische Auflösung)
EIBA	European Installation Bus Association
EMA	Einbruchmeldeanlage
EMV	Elektromagnetische Verträglichkeit
EnEV	Energieeinsparverordnung
EPROM	Erasable Programmable ROM (Löschbarer programmierbarer Nur-Lese-Speicher)
ESD	Electrostatic Discharge (Elektrostatische Entladung)
ETS	EIB Tool Software
EVG	Elektronisches Vorschaltgerät
FELV	Functional Extra Low Voltage (Funktionskleinspannung)
FET	Feldeffekttransistor
FRED	Fast Recovery Epitaxial Diode (schnelle Schaltdiode)
FUP	Funktionsplan
GefStoffV	Gefahrstoffverordnung
GPSG	Geräte- und Produktsicherheitsgesetz
GTO	Gate-Turn-Off (Über das Gate abschaltbarer Thyristor)
HGÜ	Hochspannungs-Gleichstrom-Übertragung
HTML	Hypertext Markup Language (Hypertext-Auszeichnungssprache)
IAE	ISDN-Anschluss-Einheit
IEC	International Electrotechnical Commission (Internationale Elektrotechnische Kommission)
IGBT	Insulated Gate Bipolar Transistor (Bipolarer Isolierschicht-Transistor)
IMD	Insulation Monitoring Device (Isolationsüberwachungsgerät)
IP	International Protection (Schutzart nach DIN VDE 0470)
ISDN	Integrated Services Digital Network (Integrierte Dienste im digitalen Netz)

Wichtige Abkürzungen von KNX bis ZVEI

Abkürzung	Erklärung, Hinweise
KNX	Konnex, europäischer Standard für Haus- und Gebäudesystemtechnik
KOP	Kontaktplan
KVG	Konventionelles Vorschaltgerät
LAN	Local Area Network (lokales Netzwerk)
LCD	Liquid Crystal Display (Flüssigkristall-Anzeige)
LDR	Light Dependent Resistor (Lichtabhängiger Widerstand)
LED	Light Emitting Diode (Lichtaussendende Diode)
LEMP	Licht-Elektro-Magnetischer Puls
LNB	Low Noise Block Converter (Konverter mit niedrigem Rauschen)
LVK	Lichtstärkeverteilungskurve
MAK	Maximale Arbeitsplatz-Konzentration
MDR	Magnetic Field Depending Resistor (Magnetfeldabhängiger Widerstand)
MFV	Mehrfrequenzwahlverfahren
MSN	Multiple Subscriber Number (Mehrfachrufnummer)
NAV	Niederspannungs-Anschluss-Verordnung
NFN	TAE-Anschlussbezeichnung: Nicht-Fernsprechen /Fernsprechen /Nicht-Fernsprechen
NTA	Network Termination Analog (Analoger Netzwerk-Basisanschluss)
NTBA	Network Termination Basic Access (Netzanschlussgerät)
NTC	Negative Temperature coefficient (Negativer Temperaturbeiwert)
PC	Personal Computer (Persönlicher Computer)
PCB	Polychlorierte Biphenyle
PE	Protection Earth (Schutzleiter)
PELV	Protective Extra Low Voltage (Kleinspannung)
PEN	Protection Earth Neutral (Neutralleiter mit Schutzfunktion)
PROM	Programmierbarer ROM
PTC	Positive Temperature Coefficient (Positiver Temperaturbeiwert)
RAM	Random Access Memory (Speicher mit wahlfreiem Zugriff)
RCD	Residual Current Protective Device (Fehlerstrom-Schutzeinrichtung)
RCM	Residual Current Monitor (Differenzstrom-Überwachungsgerät)
ROM	Read Only Memory (Nur-Lese-Speicher)
SELV	Safety Extra Low Voltage (Sicherheits-Kleinspannung)
SMD	Surface Mounted Devices (Oberflächenmontierte Bauteile)
SPS	Speicherprogrammierbare Steuerungen
TAB	Technische Anschlussbedingungen
TAE	Telekommunikations-Anschluss-Einheit
TCP	Transmission Control Protocol
TLN	Teilnehmer (Busteilnehmer)
TO	Transistor Outlines (Gehäuseformen)
TTL	Transistor Transistor Logik
TÜV	Technischer Überwachungsverein
UAE	Universal-Anschluss-Einheit
UC	Universal Current (Allstrom, Mischstrom)
UHF	Ultra High Frequency (Ultrahohe Frequenz)
UKW	Ultrakurzwelle
USV	Unterbrechungsfreie Stromversorgung
UVV	Unfallverhütungsvorschriften
VDE	Verband der Elektrotechnik Elektronik Informationstechnik e.V.
VDR	Voltage Dependent Resistor (Spannungsabhängiger Widerstand)
VGA	Video Graphics Array (Farb-Grafik-Adapter)
VHF	Very High Frequency (Sehr hohe Frequenz)
VNB	Verteilungsnetzbetreiber
WAN	Wide Area Network (Netzwerk für große Entfernungen)
WWW	World Wide Web (Weltweites Netz)
ZVEH	Zentralverband der Elektro- und Informationstechnischen Handwerke
ZVEI	Zentralverband Elektrotechnik- und Elektronik-Industrie

Infoteil

Fachbegriffe Englisch – Deutsch
accident prevention … equipment

• Weitere Fachbegriffe Englisch – Deutsch bei der Schaltzeichenübersicht **Seite 279**

accident prevention symbol, Unfallverhütung, Zeichen
active power, Wirkleistung
active resistance, Wirkwiderstand
air conditioning, Klimaanlage
alarm systems, Alarmanlagen
alternating current, Wechselstrom
amplifier, Verstärker
amplitude factor, Scheitelfaktor
antenna socket, Antennensteckdose
anti-interference sign, Funkschutzzeichen
apparent power, Scheinleistung
appliance, Gerät
apprentice, Auszubildende/r
areas near bathtub, Bereiche bei Badewanne
arm's reach, Handbereich
asynchronous motor, Asynchronmotor
atomic structure, Atombau
attenuation by air chamber, Luftkammerdämpfung
automatic control device, Regeleinrichtung
automatic control engineering, Regelungstechnik
autotransformer, Spartransformator
auxilliary contactor, Hilfsschütz
backing-off voltage, Gegenspannung
base insulation, Basisisolation
base voltage divider, Basisspannungsteiler
battery, Batterie
battery charger, Ladegerät
belt drive, Riementrieb
bolt, Schraube, Bolzen
brake, Bremse
braking by reverse current, Gegenstrombremsung
branch box, Abzweigdose
breakdown torque, Kippmoment
breaker, Öffner
bridge circuit two pulse, Brückenschaltung, Zweipuls-
busline, Busleitung
cable, Kabel
cable race, Kabelkanal
call button, Ruftaste
capacitance, Kapazität
capacitor, Kondensator
Centronics-interface, Centronics-Schnittstelle
channel, Kanal
charging current, Ladestrom
chart, Diagramm, Tabelle
circuit, Stromkreis
circuit diagram, Schaltbild
circuit symbol, Schaltzeichen
coaxial transmission, Koaxialleitung
coil, Spule
color codes, Kennfarben
color identification, Farbkennzeichnung
comparator, Vergleicher
compensation, Kompensation
component, Bauelement
conductance, Leitwert
conductor, Leiter
conductor cross section, Leiterquerschnitt
connection, Verbindung
construction, Bau, Konstruktion
consumption, Verbrauch
contact (touch), direct, Berühren, direktes
contact protection, Berührungsschutz
contact voltage, Berührungsspannung
contactor, Schütz
contactor circuits, Schützschaltungen
continuity tester, Durchgangsprüfer
continuous flow heater, Durchlauferhitzer
control characteristic, Steuerkennlinie
control circuit, Steuerschaltung
control engineering for buildings, Gebäudeleittechnik
control loop, Regelkreis
control panel, Steuerfeld
control unit, Steuergerät
control transformer, Steuertransformator
control, electronic, Steuerung, elektronische
control, hydraulic, Steuerung, hydraulische
controlled system, Regelstrecke
controlled variable, Regelgröße
converter, Stromrichter
cooling device, Kühlkörper
copper, Kupfer
counter, Zähler (digitaler)
cross section, Querschnitt
current carrying capacity, Belastbarkeit von Leitungen
current density, Stromdichte
current error circuit, Stromfehlerschaltung
current impulse switch, Stromstoßschalter
current intensity, Stromstärke
cut-off, Ausschaltung
danger, Gefahr
danger report system, Gefahrenmeldeanlage
data sheet, Datenblatt
defect, Fehler, Schaden
development, Entwicklung
diameter, Durchmesser
digital technology, Digitaltechnik
direct current, Gleichstrom
direct-current braking, Gleichstrombremsung
direct-current controller, Gleichstromsteller
direct-current motor, Gleichstrommotor
disc, Diskette
display, Anzeige
doorbell system, Hausklingelanlage
double-point controller, Zweipunktregler
drawing, Zeichnung
drive technology, Antriebstechnik
duration of impulse, Impulsdauer
ear protection, Gehörschutz
earthed plug, Schutzkontaktstecker
earth electrode, Erder
efficiency factor, Wirkungsgrad
electrical charge, elektrische Ladung
electric cooker, Elektroherd
electric motors, Elektromotoren
electric work, elektrische Arbeit
electrical engineering, Elektrotechnik
electrical installation, Elektroinstallation
electrician, Elektriker, Elektrotechniker
electricity board, Energieversorgungsnetz
electricity meter, Elektrizitätszähler
electromagnetic compatibility, Elektromagnetische Verträglichkeit
electromagnetic waves, Elektromagnetische Wellen
elevator, Aufzug
emergency, Notfall
emergency stop installation, NOT-AUS-Einrichtung
emergency symbol, Rettungszeichen
energy saving lamp, Energiesparlampe
energy transmission, Energieübertragung
engineer, Ingenieur, Techniker
equipment, Ausrüstung, Geräte

Fachbegriffe Englisch – Deutsch
equipotential bonding strip ... protective equipments, overload

equipotential bonding strip, Potenzialausgleich
error types, Fehlerarten
expansion of measuring ranges, Messbereichserweiterung
fault to exposed conductive part, Körperschluss
fault finding, Fehlersuche
female plug, Buchse
fibre-optic cable, Lichtwellenleiter
final control element, Stellglied
fire extinguisher, Feuerlöscher
first aid, Erste Hilfe
flag, Merker
flip-flop, bistabile Kippschaltung
fluorescent lamp, Leuchtstofflampe
force, Kraft
foreign matter protection, Femdkörperschutz
forward, vorwärts
forward direction, Durchlassrichtung
free-wheeling diode, Freilaufdiode
frequency, Frequenz
frequency converter, Umrichter
function chart, Funktionsplan
function extra-low voltage, Funktionskleinspannung
function key, Funktionstaste
fuse, Sicherung
fuse link, Schmelzeinsatz
gas discharge lamps, Gasentladungslampen
gate intercom, Torsprechanlage
general-view circuit diagram/block diagram, Übersichtsschaltplan
generator, Generator
glow lamp, Glimmlampe
halogen lamp, Halogenlampe
hard disc, Festplatte
harmonized heavy current line, harmonisierte Starkstromleitungen
hearing protection, Gehörschutz
heating element, Heizelement
high voltage, Hochspannung
holding current, Haltestrom
house connecting box, Hausanschlusskasten
icon, Symbol
impedance, Scheinwiderstand
inductance, Induktivität
initial start up, Erstinbetriebnahme
initial torque, Anzugsmoment
input, Eingabe
input voltage, Eingangsspannung
installation, Installation, Einbau
installation earth electrode, Anlagenerder
installation pipe, Installationsrohr
installation types, Verlegearten
instant value, Augenblickswert
instructions, Anweisungen
insulating materials, Isolierstoffe
insulation measuring, Isolationsmessung
insulator, Nichtleiter
intercom, Haussprechanlage
intercom systems, Sprechanlagen
interference, Störung
inverse current, Sperrstrom
inverse voltage, Sperrspannung
lamp, Glühlampe
leakage current, Ableitstrom
level, Pegel
life span, Lebensdauer
light emitting diode (LED), Leuchtdiode
lighting, Beleuchtung
light/lamp, Leuchte
lightning protector, Blitzschutzanlage
load current, Laststrom
load resistance, Lastwiderstand
loop impedance, Schleifenimpedanz
low-voltage system, Niederspannungsnetz
machine, Maschine, Gerät
magnetic field, Magnetfeld
magnetic field dependent resistor (MDR), magnetfeldabhängiger Widerstand
magnetic materials, Magnetwerkstoffe
magnetization characteristic, Magnetisierungskennlinie
main line, Hauptleitung
mains supply, Netzversorgung
mains switch, Hauptschalter
make contact, Schließer
male plug, Stecker
mandatory signs, Gebotszeichen
manual, Handbuch
master antenna system, Gemeinschaftsantennenanlage
materials, Werkstoffe
maximum-minimum value, Spitze-Tal-Wert
measurement, Messung
measurement instrument, Messinstrument
memory, Speicher
mica, Glimmer
microcomputer, Mikrocomputer
microphone, Mikrophon
motor protective relay, Motorschutzrelais
mouse, Maus
multicycle control, Schwingungspaketsteuerung
multimeter, Vielfachmessinstrument
neutral conductor, Neutralleiter
nominal power, Nennleistung
number systems, Zahlensysteme
open-wire lines, Freileitungen
operating mode, Betriebsart
operating system, Betriebssystem
operational amplifier, Operationsverstärker
operational test, Funktionsprüfung
opto-coupler, Optokoppler
oscilloscope, Oszilloskop
output, Ausgabe
output voltage, Ausgangsspannung
overcurrent relay, Überlastrelais
overload protection, Überstrom-Schutzeinrichtung
panel, Schalttafel, Platte
parallel connection, Parallelschaltung
password, Kennwort
peak value, Scheitelwert
period duration, Periodendauer
permanent magnet, Dauermagnet
phase control with rising edge, Anschnittsteuerung
phase shifting, Phasenverschiebung
photo element, Fotoelement
photovoltaic, Fotovoltaik
plug connector, Steckverbinder
pole changing, Polumschaltung
positive temperature coefficient (PTC), positiver Temperaturbeiwert
potentiometer, Potenziometer
power, Leistung
power factor, Leistungsfaktor
power loss, Leistungsverlust
power output, Leistungsabgabe
power station, Kraftwerk
power supply, Stromversorgung
power triangle, Leistungsdreieck
power-measuring device, Leistungsmessgerät
preparation, Vorbereitung
presentation, Vorführung, Präsentation
printer, Drucker
producer, Produzent, Hersteller
production hall, Produktionshalle
programmable logic control, speicherprogrammierbare Steuerung
programming, Programmierung
prohibition signs, Verbotszeichen
protection, Schutz
protection by disabling, Schutz durch Abschaltung
protection categories, Schutzklassen
protection insulation, Schutzisolierung
protective conductor, Schutzleiter
protective equipments, overload, Schutzeinrichtungen, Überstrom-

Infoteil

Fachbegriffe Englisch – Deutsch protective extra low voltage (PELV) … wire cutter

protective extra low voltage (PELV), Kleinspannung
protective measures, Schutzmaßnahmen
protective separation, Schutztrennung
proximity switch, Näherungsschalter
pulse amplitude modulation, Pulsamplitudenmodulation
pulse width modulation, Pulsweitenmodulation
push-button, Taster
qualification, Qualifikation, Ausbildung
quality factor, Gütefaktor
radio interference, Funkstörung
random access memory (RAM), Schreib-Lese-Speicher
range selection, Messbereich
rate, Geschwindigkeit
rated power, Bemessungsleistung
reactive power, Blindleistung
receiver, Empfänger
rectifier, Gleichrichter
rectifier diode, Gleichrichterdiode
regulation, Verordnung, Vorschrift
relay, Relais
releasing characteristic, Auslösekennlinie
repair, Reparatur
repeated testing, Prüfung, Wiederholungsprüfung
report, Bericht
residual current protective device (RCD), Fehlerstrom-Schutzeinrichtung
resistor, Widerstand
resonance frequency, Resonanzfrequenz
resonant circuit, Schwingkreis
responsibility, Verantwortung
reverse, umgekehrt, entgegengesetzt, rückwärts
reversing control, Wendeschaltung
root-mean-square, Effektivwert
rotation frequency, Umdrehungsfrequenz
rotor current, Läuferstrom
rule, Vorschrift, Regel
safety, Sicherheit
safety boots, Sicherheitsschuhe
safety glasses, Schutzbrille
safety isolating transformer, Sicherheitstransformator
safety regulations, Sicherheitsbestimmungen
satellite reception, Satellitenempfang
saw tooth, Sägezahn
scale division, Skaleneinteilung
screen, Bildschirm
screwdriver, Schraubendreher
semiconductor, Halbleiter
semiconductor materials, Halbleiterwerkstoffe
sensors, Sensoren
sequence, Reihenfolge
sequential control, Ablaufsteuerung
series connection, Reihenschaltung
servo motor, Servomotor
setting up, Inbetriebnahme
seven-pulse switch, Siebentaktschalter
shaded-pole motor, Spaltpolmotor
sheath, Ummantelung
short circuit/short, Kurzschluss
shut-down current, Abschaltstrom
shut-down delay, Abschaltverzögerung
sign, Zeichen
signaling system, Signalanlagen
silicon, Silicium
sine alternating current, Sinuswechselstrom
single way connection, Einwegschaltung
single-phase motor , Einphasenmotor
sliding rotor motor, Schleifringläufermotor
slip, Schlupf
smoothing, Glättung
smoothing circuit, Glättungsschaltung
sockets, Steckdosen
solar cells, Solarzellen
soldering iron, Lötkolben
speaker, Lautsprecher
square, Quadrat
squirrel-cage motor, Käfigläufermotor
star connection, Sternschaltung
star-delta connection, Sterndreieck-Schaltung
starter, Anlasser
starting current, Anzugsstrom
step, Schritt
stepping motor, Schrittmotor
storage/memory, Speicher
sun-blind circuit, Jalousieschaltung
supplier, Lieferant, Anbieter
surface mounted device (SMD), oberflächenmontiertes Bauelement
surname, Nachname
switch, Schalter
switch clock, Schaltuhr
synchronous motor, Synchronmotor
technical college, Berufsschule
test, prüfen, testen
test lead, Messleitung
test run, Testlauf
test voltage, Prüfspannung
testing, Prüfung
testing of protection measures, Prüfen der Schutzmaßnahmen
thermo couple, Thermopaar
three-phase power supply, Drehstromnetz
thyristor, Thyristor
time relay, Zeitrelais
timetable, Stundenplan, Fahrplan
tool, Werkzeug
torque, Drehmoment
to trigger, auslösen
trade, Handwerk, Beruf
transformer, Transformator
transformer for use with toys, Spielzeugtransformator
transistor, Transistor
transmission, Übertragung
transmission ratio, Übersetzungsverhältnis
transmitter, Sender
transversal current, Querstrom
triangle connection, Dreieckschaltung
trigger, bimetal, Auslöser, Bimetall
trigger, electromagnetic, Auslöser, elktromagnetischer
tube wirings, Schlauchleitungen
turn-on delay, Einschaltverzögerung
types of protection, Schutzarten
universal motor, Universalmotor
user, Anwender
value added tax, Mehrwertsteuer
velocity of light, Lichtgeschwindigkeit
virgin test, Erstprüfung
voltage, Spannung
voltage dependent resistor (VDR), spannungsabhängiger Widerstand
voltage divider, Spannungsteiler
voltage drop, Spannungsfall
voltmeter, Spannungsmesser
warning signs, Warnzeichen
wave length, Wellenlänge
welding equipment, Schweißgerät
winding, Wicklung
wire-break security, Drahtbruchsicherheit
wire cutter, Seitenschneider

Ergebnisse der Rechenaufgaben

Seite	Aufgabennummer und Ergebnisse
43	**2. a)** $F_G = 19{,}6$ N; **b)** $F_G = 3{,}2$ N; **6.** $\varphi_1 = 2$ V; $\varphi_2 = 4$ V; $\varphi_3 = 6$ V; **14. a)** $I = 2{,}17$ A; **b)** $R = 0{,}71\ \Omega$; **15. a)** $R = 882\ \Omega$; **b)** $R_{20} = 88{,}7\ \Omega$; **c)** $I_{20} = 2{,}59$ A; **d)** $I_{20} \approx 10 \cdot I_{\vartheta}$; **16.** $R = 56 \cdot 10^4\ \Omega \pm 10\,\% = 560\ \mathrm{k\Omega} \pm 10\,\%$
63	**1. a)** $I_1 = I_2 = 0{,}169$ A; **b)** $U_1 = 4{,}563$ V; $U_2 = 25{,}35$ V; **3. a)** $U = 24$ V; $I = 0{,}83$ A; $P = 20$ W; **d)** $I = 0{,}279$ A; **4.** $U_{H1} = 18$ V; $U_{H2} = 6$ V; **5.** $U_{AB} = +5$ V … -5 V; **6.** S1 offen: $U_1 = U_3 = 12$ V; $I_1 = I_3 = 0{,}04$ A; S1 geschlossen: $U_1 = 8$ V; $U_3 = 16$ V; $I_1 = 0{,}053$ A; $I_3 = 0{,}107$ A; **7.** Bei $I_1 = 100$ mA: $U = 1{,}42$ V; $R_{L1} = 14{,}2\ \Omega$; bei $I_2 = 1{,}8$ A: $U = 0{,}06$ V; $R_{L2} = 0{,}033\ \Omega$
74	**5.** $U = 216$ V; **9. b)** $C = 2200$ nF = 2 200 000 pF; **11.** $C = 2{,}1\ \mu$F; **12. b)** $t_C = 517$ ms; $u_C = 14{,}8$ V; **17. a)** 22 nF; **b)** 0,47 μF; **c)** 5,6 nF; **d)** 0,82 pF; **e)** 100 μF
93	**2.** Lötkolbenspitze kalt ⇒ magnetischer Temperaturfühler zieht beweglichen Dauermagneten an Schalter geschlossen ⇒ Heizung ein; Temperatur erreicht Curiepunkt ⇒ Dauermagnet verliert seine magnetischen Eigenschaften ⇒ Dauermagnet fällt ab ⇒ Schalter offen ⇒ Heizung aus **6. a)** 57,14 %; **b)** unwirtschaftlich; **7.** $N = 12$ Windungen **14.** $u_i = 1200$ V
109	**4. b)** A: 5; B: 5; C: 6; **11. b)** $I = 0{,}25$ mA
121	**2. a)** $\overline{u} = 0$ V; $U = 7{,}07$ V; **b)** $\overline{u} = 0$ V; $U = 5{,}77$ V; **c)** $\overline{u} = 0$ V; $U = \hat{u} = 10$ V; **d)** $\overline{u} = 6$ V; $U = 7{,}7$ V; **3. b)** $\lambda = 3$ m; **8. a)** $u = 162{,}5$ V; **b)** $u = 233$ V; **13. a)** $L = 684$ mH; **b)** $C = 22\ \mu$F **9. a)** $X_{L1} = 63\ \Omega$; $X_{L2} = 138\ \Omega$; $X_{L3} = 207\ \Omega$; **b)** $X_L = 35{,}8\ \Omega$; **c)** $I_{bL1} = 159$ mA; $I_{bL2} = 72$ mA; $I_{bL3} = 48$ mA; **d)** $I_{bL} = 279$ mA
140	**5. a)** $U = 38$ V; **b)** $F = 0{,}9$ V; **7. a)** $R_i = 1{,}2\ \mathrm{M\Omega}$; **b)** $P = 3$ mW; **8. b)** $R_p = 0{,}15\ \Omega$; **12. a)** $F = \pm\, 0{,}0055$ V; **b)** $F = \pm\, 0{,}184$ V; **c)** $F = \pm\, 6{,}25$ V; **13. c)** $U = 18$ V
184	**6.** $R_B = 2\ \mathrm{k\Omega}$; **8. a)** $U_S \approx 0{,}8$ V; **b)** Nein, da $P_V = 90$ mW ⇒ $P_V < P_{tot}$; **9. b)** $U_Z = 10{,}4$ V ... 11,6 V; **11. b)** $B = 133$; **12. b)** $R_C = 318\ \Omega$; $R_V = 38{,}5\ \mathrm{k\Omega}$; **15.** $Q = (A \wedge \overline{B}) \vee (\overline{A} \wedge B)$; **16. a)** $Q = \overline{\overline{(A \wedge \overline{B})} \wedge \overline{(\overline{A} \wedge B)}}$; **b)** $Q = \overline{\overline{(\overline{A} \vee B)} \vee \overline{(A \vee \overline{B})}}$
202	**14. a)** $I_r = 19{,}5$ A; **b)** $I_r = 19{,}5$ A; **c)** $I_r = 16{,}5$ A; **15. a)** $f_1 = 0{,}94$; **b)** $f_2 = 0{,}6$; **c)** $I_Z = 11{,}28$ A; **17. a)** $U = 4{,}76$ V; **b)** $u = 2{,}07$ %; **18.** $I_K = 80$ A
223	**3. a)** $I_K = 115$ mA; **b)** Wirkungsbereich 3; **c)** Gefahr von Herzkammerflimmern; **10. a)** $I_F = 72$ mA; **b)** $U_B = 72$ V; **c)** $U_B = 72\ \mathrm{V} > U_L$ ⇒ nicht zulässig!
246	**7. a)** 66,71 s; **b)** 111,18 s; **10.** 256 MB = 262 144 KB = 268 435 456 Byte = 2 147 483 648 bit = 2 097 152 Kbit = 2048 Mbit = 2 Gbit
275	**26. a)** $W = 26\,280$ Wh = 26,28 kWh; **b)** $VE = 6{,}04$ Euro; **c)** $t = 3285$ h

Firmenverzeichnis

Die Autoren bedanken sich bei den nachfolgenden Firmen und Institutionen für ihre Unterstützung.

ABB STOTZ-Kontakt GmbH
69123 Heidelberg

AEG Hausgeräte GmbH
90429 Nürnberg

Akkumulatorenwerke HOPPECKE
59929 Brilon

Amphenol Tuchel Electronics GmbH
74080 Heilbronn

BASF AG
67069 Ludwigshafen

BEHA-AMPROBE GmbH
79286 Glottertal

W. Bender GmbH & Co. KG
35301 Grünberg

Berufsgenossenschaft der Feinmechanik und Elektrotechnik
50968 Köln

Com Pro Hard- und Software Vertriebs GmbH
70718 Stuttgart

Degussa AG
63403 Hanau

Deutsches Museum (Bildstelle)
80306 München

Deutsches Kupferinstitut e.V.
40474 Düsseldorf

Draloric Electronics GmbH
95085 Selb

E.G.O. Elektro-Gerätebau GmbH
75038 Oberdingen

ENERMET GmbH
47269 Duisburg

ERSA GmbH
97877 Wertheim

Felten & Guilleaume Carlswerk AG
51063 Köln

Fluke Deutschland GmbH
34123 Kassel

Fritz Fuss GmbH & Co
72458 Albstadt

Hager Tehalit Vertriebs GmbH & Co. KG
66440 Blieskastel

Haller & Co, Relaisfabrik
78564 Wehingen

Hameg
60528 Frankfurt

Hartmann & Braun AG
60484 Frankfurt

Hoechst Ceram Tec AG
95100 Selb

IBM Deutschland
70548 Stuttgart

Informationszentrale der Elektrizitätswirtschaft e.V.
60055 Frankfurt

Knipex-Werk C. Gustav Putsch
42334 Wuppertal

Kopp, Heinrich AG
63793 Kahl

Maxtor EMEA
91300 Massy Cedex, Frankreich

Meilhaus Electronic GmbH
82178 Puchheim

Moeller GmbH
53115 Bonn

OSRAM GmbH
81536 München

Phywe Systeme GmbH
37079 Göttingen

S. Siedle & Söhne
78120 Furtwangen

Siecor GmbH & Co. KG
96465 Neustadt

SIEMENS AG
91050 Erlangen
80312 München
90475 Nürnberg
93009 Regensburg

Sony Deutschland GmbH
81617 München

Valvo
20095 Hamburg

VARTA Batterie AG
30419 Hannover

WAGO-Kontakttechnik GmbH
32423 Minden

Wilhelm Westermann
68177 Mannheim

Wickmann-Werke AG
58415 Wirten

Zentralverband des Deutschen Elektrohandwerks
60450 Frankfurt

Sachworte

* = vordere Innenumschlagseite
** = hintere Innenumschlagseite